생활코딩!

Node.js

노드제이에스 프로그래밍

생활코딩!

Node.js 노드제이에스 프로그래밍

지은이 이고잉

펴낸이 박찬규 기획 · 구성 위키북스 편집팀 디자인 북누리 표지디자인 Arowa & Arowana

펴낸곳 위키북스 전화 031-955-3658, 3659 팩스 031-955-3660

주소 경기도 파주시 문발로 115, 311호(파주출판도시, 세종출판벤처타운)

가격 32,000 페이지 624 책규격 188 x 240mm

1쇄 발행 2021년 03월 30일

2쇄 발행 2022년 09월 30일

ISBN 979-11-5839-238-3 (93000)

등록번호 제406-2006-000036호 등록일자 2006년 05월 19일

홈페이지 wikibook.co.kr 전자우편 wikibook@wikibook.co.kr

처음 프로그래밍을 시작하는 입문자의 눈높이에 맞춘

생활코딩! Node.js 노드제이에스 프로그래밍

이고잉 지음 / 위키북스 기획·편집

목차와 학습 목표

1. 자바스크립트와 Node.js 편

목차와 학습 목표

목차와 학습 목표

2. MySQL 편

목차와 학습 목표

3. Express 편

목차와 학습 목표

4. 쿠키와 인증 편

5. 세션과 인증 편

목차와 학습 목표

6. Passport.js 편

Passport.js 편은 PDF로 제공됩니다. 홈페이지(https://wikibook.co.kr/nodejs/)의 [관련 자료] 탭에 공개돼 있으며 무료로 내려받을 수 있습니다.

7. 다중 사용자 편

다중 사용자 편은 PDF로 제공됩니다. 홈페이지(https://wikibook.co.kr/nodejs/)의 [관련 자료] 탭에 공개돼 있으며 무료로 내려받을 수 있습니다.

목차와 학습 목표

8. 구글 로그인 편

구글 로그인 편은 PDF로 제공됩니다. 홈페이지(https://wikibook.co.kr/nodejs/)의 [관련 자료] 탭에 공개돼 있으며 무료로 내려받을 수 있습니다.

9. 페이스북 로그인 편

페이스북 로그인 편은 PDF로 제공됩니다. 홈페이지(https://wikibook.co.kr/nodejs/)의 [관련 자료] 탭에 공개돼 있으며 무료로 내려받을 수 있습니다.

학습 계획표

웹 페이지를 동적으로 만들어주는 자바스크립트는 Node.js의 등장으로 그 가능성이 훨씬 커지면서 전 세계에서 가장 인기 있는 언어로 자리매김했습니다. 이고잉 님의 Node.js 강의는 이러한 Node.js뿐만 아니라 자바스크립트 기초부터 MySQL, 익스프레스 프레임워크, Passport까지 Node.js를 중심으로 하나의 애플리케이션을 제작하고 개선해 나가는 일련의 과정들을 초심자의 눈높이에서 상세하게 다루고 있습니다. 이 책을 모두 읽고 나면 자바스크립트와 Node.js를 기반으로 동적인 웹 애플리케이션을 자유자재로 구현할 수 있게 될 것입니다.

	1일차	2일차	3일차	4일차	5일차
1주차 자바스크립트와 Node.js	• 수업 소개 • 실습 준비	• 자바스크립트 기초 1 • URL • Node.js 기초	• 자바스크립트 기초 2	• 자바스크립트 제어문	• 파일 읽기 • 자바스크립트 함수 • 코드 정리정돈
	01~05장	06~13장	14~18장	19~22장	23~27장
	6일차	7일차	8일차	9일차	10일차
2주차 자바스크립트와 Node.js	• 동기/비동기 • 콜백 • 패키지 매니저	• HTML 폼 • 데이터 전송/처리	• 글 수정 기능	• 자바스크립트 객체	• Node.js 모듈 • 보안
	28~29장	30~33장	34~38장	39~43장	44~48장
	11일차	12일차	13일차	14일차	15일차
3주차 MySQL	• MySQL 소개 • 실습 준비	• 글 CRUD • JOIN	• 저자 CRUD • 코드 정리정돈	• 저자 관리 기능	• 보안
	01~04장	05~09장	10~14장	15장~19장	20~22장
	16일차	17일차	18일차	19일차	20일차
4주차 Express	• Express 소개 • 실습 준비	• 페이지 CRUD	• 미들웨어	• 정적 파일 • 에러 처리 • 라우터	• 보안 • 익스프레스 제너레이터
	01~03장	04~08장	09~11장	12~14장	15~17장
	21일차	22일차	23일차	24일차	25일차
5주차 쿠키와 인증	• 쿠키 소개 • 실습 준비	• 쿠키 생성/읽기 • 쿠키 활용	• 세션과 영구 쿠키 • 쿠키 옵션	• 쿠키를 이용한 인증 구현 1	• 쿠키를 이용한 인증 구현 2
	01~02장	03~05장	06~08장	09장	09~10장

	26일차	27일차	28일차	29일차	30일차
6주차 세션과 인증	• 세션 소개 • 실습 준비 01~02장	• expression-session 옵션 • session 객체 • 세션 스토어 03~05장	• expression-session을 이용한 인증 구현 1 06장	• expression-session을 이용한 인증 구현 2 06장	• expression-session을 이용한 인증 구현 3 06~07장
	31일차	**32일차**	**33일차**	**34일차**	**35일차**
7주차 Passport.js	• Passport.js 소개 • 실습 준비 01~02장	• 로그인 기능 • 자격 확인 03~05장	• 로그인/로그아웃 06~07장	• 플래시 메시지 08~09장	• 코드 정리정돈 10~11장
	36일차	**37일차**	**38일차**	**39일차**	**40일차**
8주차 다중 사용자	• 수업 소개 • 회원가입 UI 01~03장	• 회원 정보 저장 • 로그인 기능 04~06장	• 접근 제어 1 07~08장	• 접근 제어 2 09~10장	• 비밀번호 저장 11~12장
	41일차	**42일차**	**43일차**	**44일차**	**45일차**
9주차 구글 로그인	• 수업 소개 • 실습 준비 01~02장	• Passport.js 설정 03장	• 사용자 인증 04장	• 인증 절차 05장	• 사용자 추가 06~07장
	46일차	**47일차**	**48일차**	**49일차**	**50일차**
10주차 페이스북 로그인	• 수업 소개 • 실습 준비 01~02장	• 비밀 정보 관리 • 사용자 인증 03~04장	• 인증 절차 05장	• 이메일 scope • 회원 생성 06~07장	• 회원 정보 관리 08~09장

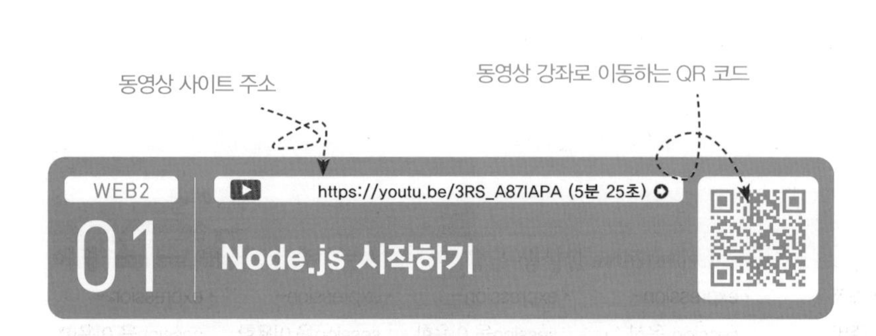

이 책에서는 스마트폰만 있다면 어디서든 동영상 강좌를 볼 수 있도록 QR 코드를 제공합니다. PC를 사용 중이라면 아래 URL에서 유튜브 동영상 강좌와 예제 코드가 담긴 페이지를 제공하고 있으니 참고하세요.

- http://wikibook.github.io/nodejs

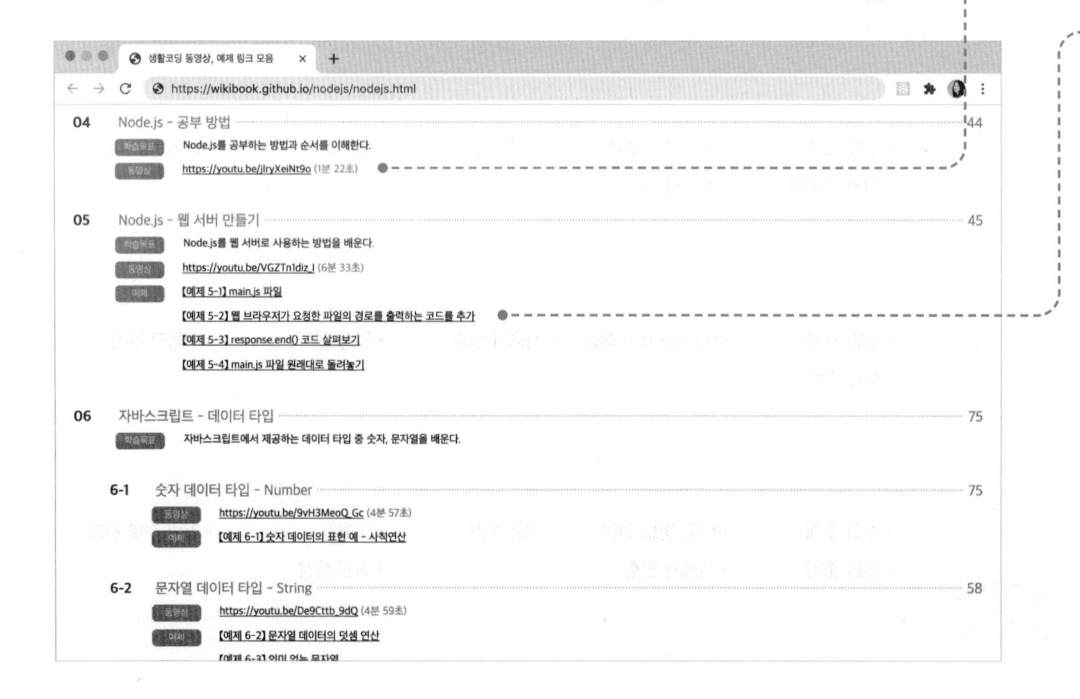

유튜브 동영상 강좌를 클릭하면 동영상을 감상할 수 있는 유튜브 페이지로 이동합니다.

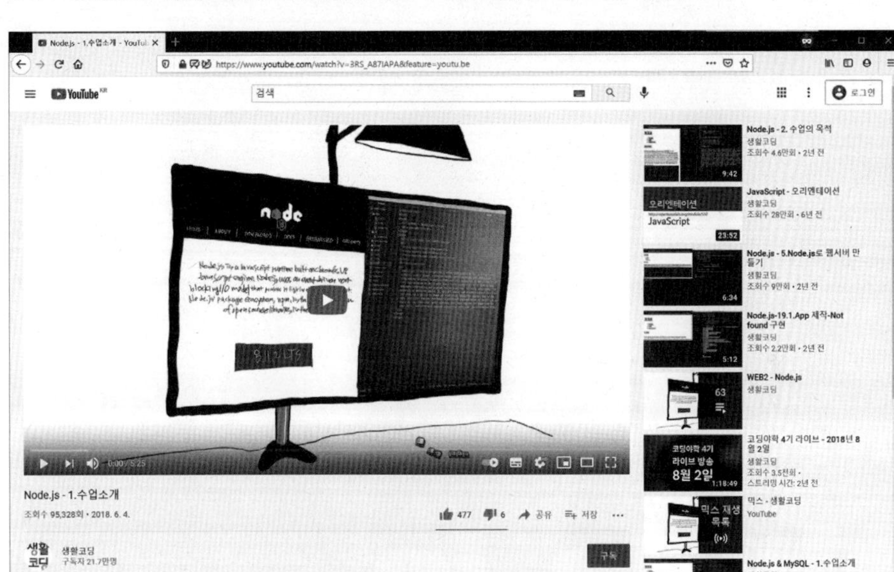

예제 코드 링크를 클릭하면 예제 코드가 담긴 깃허브 저장소로 이동하며, 이곳에서 예제 코드를 확인하고 내려받을 수 있습니다.

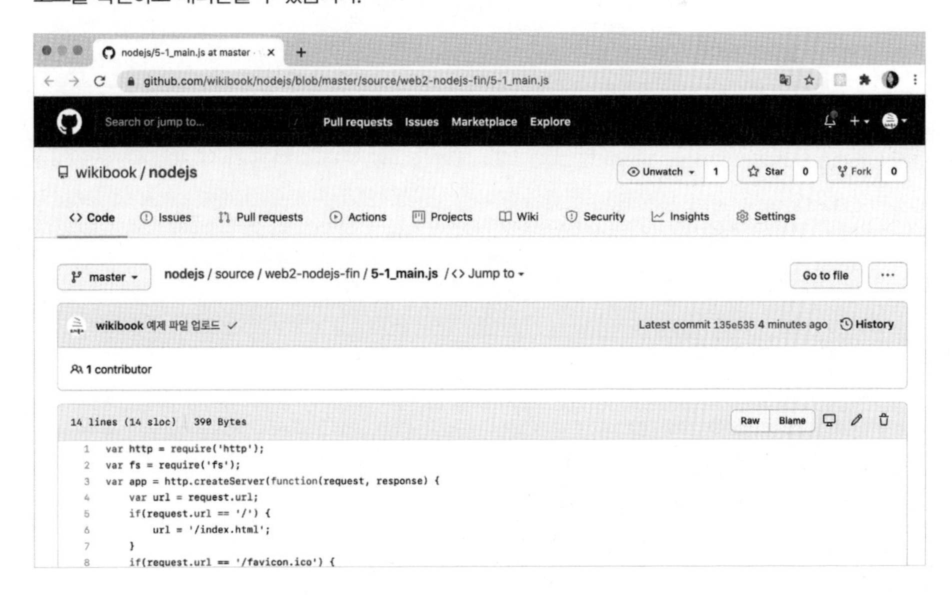

나의 첫
프로그래밍 교과서
LEARNING
SCHOOL

처음 프로그래밍을 시작하는 입문자의 눈높이에 맞춘

생활코딩! Node.js 노드제이에스 프로그래밍

01 자바스크립트와 Node.js

WEB2

https://youtu.be/3RS_A87IAPA (5분 25초)

01 Node.js 시작하기

이 책은 자바스크립트를 이용해 Node.js를 제어함으로써 동적으로 HTML 코드를 생성하는 방법을 다룹니다. 1억 개의 페이지로 이뤄진 웹 사이트를 제작해야 한다고 상상해 보세요. 게다가 중간에 HTML 코드의 구조를 바꿔야 한다면 어떨까요? 이런 상황에서 느낄 절망감을 상상할 수 있는 사람이라면 이 책을 통해 혁명적인 변화를 겪을 수 있습니다.

Node.js의 탄생 배경

1990년 웹이 처음 등장하면서 인류는 정보를 웹 페이지로 표현할 수 있고, 인터넷을 통해서 웹 페이지를 전송하게 됐습니다. 이로써 종이에 담겨있던 수많은 정보가 빠른 속도로 웹 페이지로 만들어지기 시작하면서 지적인 빅뱅의 신호탄이 됐습니다.

웹의 초창기에는 웹 페이지를 작성할 수 있는 HTML만으로도 사람들이 행복해했습니다. 하지만 사람의 욕심은 끝이 없어, 웹이 등장한 직후에 여러 가지 불만이 쏟아져 나왔습니다. 그 수많은 불만 중 우리의 관심사는 HTML을 직접 타이핑해서 웹 페이지를 수동으로 만드는 것에 지쳤다는 것입니다. 사람이 직접 HTML을 코딩해서 웹 페이지를 하나하나 만들어야 했기 때문에 HTML 구조를 바꾸려면 수많은 웹 페이지의 HTML 코드를 수동으로 수정해야 했습니다.

또 방문자들이 직접 글을 올릴 수 있게 하고 싶었지만, 그렇다고 해서 웹 페이지가 담긴 파일을 방문자들이 마음대로 수정할 수 있게 하는 것은 너무 위험한 일이었습니다. 따라서 웹 사이트의 소유자만 콘텐츠를 추가할 수 있었습니다.

이처럼 웹이 성장의 한계에 봉착하자 몇몇 선구자들은 귀찮고 반복적인 HTML 작성 작업을 기계가 대신하면 좋겠다는 욕심을 품게 됩니다. 즉, 이미 자바스크립트에 익숙한 웹 개발자들이 새로운 컴퓨터 언어를 배우지 않고도 웹 페이지를 자동으로 생성하는 서버 쪽 애플리케이션을 만들 수 있게 하고 싶었습니다. 이 욕망을 해소하고자 일군의 컴퓨터 공학자들이 나섰고, 이러한 맥락에서 출현한 기술이 바로 Node.js입니다.

자바스크립트의 변신

Node.js가 출현하기 전의 이야기를 좀 더 해보겠습니다. 웹이 태어난 지 5년 뒤인 1995년의 일입니다. 상업용 웹 브라우저로서 최초로 성공한 넷스케이프(Netscape)를 만든 넷스케이프 커뮤니케이션 사에서는 브랜든 아이크(Brendan Eich)에게 자바스크립트(JavaScript) 제작을 의뢰합니다. 그가 만들기 시작한 자바스크립트로 인해 웹은 사용자와 상호작용하는 애플리케이션의 면모를 갖추게 됩니다. 문서로 시작했던 웹이 애플리케이션으로 확장하는 혁신적인 변화의 순간이었습니다.

이때까지만 해도 자바스크립트는 웹 브라우저에서 유일하게 사용할 수 있는 독점적인 컴퓨터 프로그래밍 언어라고 할 수 있었습니다. 한편, 부정적으로는 웹 브라우저에 갇힌 편파적인 언어라는 평도 있었습니다. 이러한 이중적인 평가 속에서 자바스크립트는 꾸준하게 사용자를 늘려갔습니다.

그러던 중 2008년 자바스크립트의 역사를 근본적으로 바꿔놓는 중요한 사건이 일어났습니다. 구글이 크롬 웹 브라우저에서 동작하는 자바스크립트 성능을 개선하고자 V8 엔진을 개발했고 이를 오픈소스로 공개한 사건입니다. 이 V8 엔진에 기반을 두고 라이언 달(Ryan Dahl)은 Node.js를 만들기 시작했습니다. 자바스크립트가 웹 브라우저를 제어한다면, Node.js는 자바스크립트를 이용해서 웹 브라우저가 아닌 컴퓨터 자체를 제어합니다. 마치 파이썬과 자바, PHP, 루비와 같은 프로그래밍 언어처럼 말입니다.

Node.js라는 새로운 도구를 손에 쥔 웹 개발자들은 이미 익숙한 자바스크립트를 이용해 웹 페이지를 자동으로 생성하는 애플리케이션을 만들기 시작했습니다. 웹 개발자들은 Node.js에 열광했고, 웹 브라우저라는 울타리에 갇혀 있던 자바스크립트는 빠른 속도로 웹 브라우저 밖으로 팽창하기 시작했습니다. 쉽다는 이유로, 또 웹 브라우저에서만 사용할 수 있다는 이유로 오랫동안 천대받던 자바스크립트가 가장 뜨거운 컴퓨터 언어로 인생 역전되는 순간이었습니다.

지금부터 자바스크립트를 이용해 웹 페이지를 찍어내는 거대한 공장인 웹 애플리케이션의 공장장이 되어 봅시다. HTML을 코딩하는 지루하고 단순한 일은 웹 애플리케이션에 맡기고 이제 콘텐츠를 생산하는 창의적인 일에 전념할 수 있게 될 것입니다.

자, 준비됐나요? 출발합니다!

인터넷, 웹서버, HTML이 낯설어요.

이 책은 독자 여러분이 인터넷과 HTML에 관해 알고 있다고 가정합니다. 따라서 인터넷이나 웹서버, HTML에 관해 모른다면 이 책을 보기가 어려울 수 있습니다. 이 책을 혼자서 시작할 수 있을지 궁금하다면 선수 과정에서 제공하는 소스 코드[1]를 해석해보세요. 해석할 수 있다면 이 책을 시작해도 좋지만, 그렇지 않다면 「생활코딩! HTML+CSS+자바스크립트」[2] 책을 먼저 보는 것이 좋습니다.

1 https://github.com/web-n/web1_html_internet

2 https://wikibook.co.kr/html-css-js/

WEB2

https://youtu.be/vT51SuzozLc (9분 41초)

02 수업의 목적

이번 장에서는 이 책을 통해 완성할 웹 애플리케이션이 어떤 기능으로 구성되는지 소개합니다. 이번 장을 보면서 지금 자신이 Node.js 수업을 시작할 준비가 됐는지, 아니면 나중에 학습해야 하는 것이 좋을지 판단해보세요.

Node.js가 나오기 전의 웹 페이지

이 책을 모두 학습했을 때 독자 여러분이 다다를 수 있는 최종 목적지를 살펴보겠습니다. 우선 Node.js가 웹 개발에서 어떠한 역할을 하는지 알아보고자 가정을 해보겠습니다. 다음과 같은 네 개의 페이지로 구성된 웹 사이트를 제작했다고 생각해보세요.

- index.html
- 1.html
- 2.html
- 3.html

index.html 파일은 다음처럼 작성했습니다. 목록을 표현한 <ol> 태그를 중점적으로 봐주세요.

web2-nodejs/index.html

```
<!doctype html>
<html>
    <head>
        <title>WEB1 - Welcome</title>
        <meta charset="utf-8">
    </head>
    <body>
        <h1><a href="index.html">WEB</a></h1>
        <ol>
            <li><a href="1.html">HTML</a></li>
            <li><a href="2.html">CSS</a></li>
            <li><a href="3.html">JavaScript</a></li>
        </ol>
    </body>
</html>
```

이 문서를 웹 브라우저에서 열면 다음처럼 보입니다.

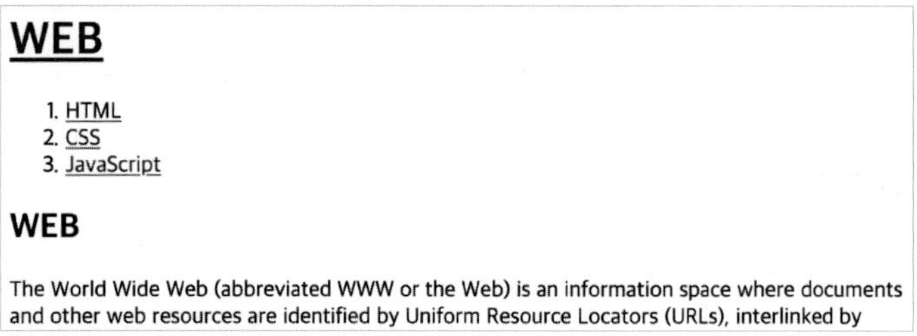

WEB

1. HTML
2. CSS
3. JavaScript

WEB

The World Wide Web (abbreviated WWW or the Web) is an information space where documents and other web resources are identified by Uniform Resource Locators (URLs), interlinked by

그림 2-1 index.html을 웹 브라우저로 연 모습

나머지 웹 페이지에서도 각 HTML 문서에 연결되는 링크를 목록으로 제공합니다.

web2-nodejs/1.html, web2-nodejs/2.html, web2-nodejs/3.html

```
… 생략 …
  <body>
    <h1><a href="index.html">WEB</a></h1>
    <ol>
      <li><a href="1.html">HTML</a></li>
      <li><a href="2.html">CSS</a></li>
      <li><a href="3.html">JavaScript</a></li>
    </ol>
  </body>
… 생략 …
```

이렇게 구성된 웹 사이트를 '생산성'이라는 관점에서 살펴보겠습니다. 앞에서 제시한 웹 사이트는 총 4개의 페이지로 구성되지만, 웹 페이지가 1억 개라고 가정해보겠습니다. 그리고 누군가가 우리 웹 사이트에서 숫자로 표현된 순서가 있는 목록을 순서가 없는 목록으로 바꿔 달라고 하면 어떻게 해야 할까요?

홈페이지(index.html)로 가서 순서가 있는 목록(Ordered List)인 <ol> 태그를 순서가 없는 목록(Unordered List)인 <ul> 태그로 바꾸면 됩니다.

web2-nodejs/index.html

```
… 생략 …
    <h1><a href="index.html">WEB</a></h1>
    <ul>
      <li><a href="1.html">HTML</a></li>
```

```
        <li><a href="2.html">CSS</a></li>
        <li><a href="3.html">JavaScript</a></li>
    </ul>
… 생략 …
```

WEB

- HTML
- CSS
- JavaScript

WEB

The World Wide Web (abbreviated WWW or the Web) is an information space where documents and other web resources are identified by Uniform Resource Locators (URLs), interlinked by

그림 2-2 <ul> 태그로 변경한 모습

<ul> 태그로 바꿨더니 숫자는 사라지고 순서가 없는 목록이 보입니다. 그러나 목록에서 HTML을 클릭하면 다시 숫자로 된 목록이 나옵니다.

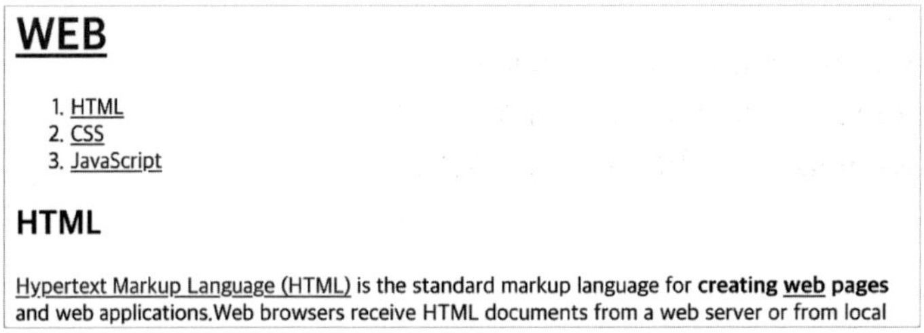

WEB

1. HTML
2. CSS
3. JavaScript

HTML

Hypertext Markup Language (HTML) is the standard markup language for **creating web pages** and web applications.Web browsers receive HTML documents from a web server or from local

그림 2-3 HTML을 클릭해 1.html 파일을 연 모습

지금 우리가 접속한 1.html에는 여전히 <ol> 태그로 돼 있기 때문입니다. 그럼 어떻게 해야 할까요? 1.html 파일뿐만 아니라 목록에 해당하는 각 HTML 파일을 모두 열어서 수정해야 합니다. 그런데 앞에서 우리가 제작한 웹 사이트는 페이지가 1억 개라고 가정했습니다. 즉, 1억 개의 웹 페이지를 모두 열어서 <ol> 태그를 <ul> 태그로 바꿔야 합니다. 실제로 이러한 작업을 해야 한다면 정말 고통스러울 겁니다. 결국 웹 페이지가 많아지는 것에 한계가 있는 구조라고 볼 수 있습니다. 바로 이러한 상황에서 우리를 구원해줄 수 있는 도구가 바로 Node.js입니다.

Node.js가 나온 후의 웹 페이지

앞에서 작성한 웹 사이트에 Node.js를 적용해보겠습니다. 먼저 파일 구성은 다음처럼 바뀝니다.

- data
  - └ css
  - └ html
- node_modules
- main.js
- package.json
- Template.js

```
1  var http = require('http');
2  var fs = require('fs');
3  var url = require('url');
4
5  function templateHTML(title,
6      return `
7      <!doctype html>
8      <html>
9          <head>
```

그림 2-4 Node.js를 적용한 후의 파일 구성

여러분이 이 책을 모두 읽고 난 다음 손에 쥐게 될 소스 코드입니다. 일단 main.js 파일에 있는 내용은 자바스크립트라는 컴퓨터 언어의 문법으로 돼 있습니다. 이 책에서는 자바스크립트의 주요 문법도 살펴볼 것입니다.

web2-nodejs/main.js

```
var http = require('http');
var url = require('url');
var fs = require('fs');
var qs = require('querystring');
var Template = require('./Template');
http.creatServer(function (req, res) {
    var parsedUrl = url.parse(req.url, true);
    switch(parsedUrl.pathname) {
        … 생략 …
    }
}).listen(8000, '127.0.0.1');
```

물론 지금은 이 소스 코드가 하나도 이해되지 않을 것입니다. 아직 안 배웠으니까 당연합니다. 지금은 제가 짚어드리는 부분에 집중하면 됩니다.

일단 앞에서 살펴본 바와 같이 웹 페이지가 1억 개라고 했을 때, Node.js와 같은 기술을 사용하지 않으면 파일을 하나하나 열어서 1억 개에 달하는 페이지를 모두 고쳐야 합니다. 그런데 Node.js를 사용하면 Template.js라는 단 하나의 파일만 고치면 됩니다.

먼저 Template.js 파일을 잠깐 살펴보면 우리가 아는 HTML 코드가 보입니다.

web2-nodejs/Template.js

```
module.exports = {
    html:function(list, articleTag, navTag=''){
        var i = 0;
        … 생략 …
        return `
            <!doctype html>
            <html>
                <head>
                    <title>WEB1 - HTML</title>
                    <meta charset="utf-8">
                </head>
                <body>
                    <h1><a href="/">WEB</a></h1>
                    <ol>
                        ${listTag}
                    </ol>
                    ${navTag}
                    ${articleTag}
                </body>
            </html>
        `;
    },
    nav:function(updateId = false, deleteId = false) {
        … 생략 …
```

HTML 코드에서 <ul>이라고 돼 있는 부분을 <ol> 코드로 바꾸면 웹 페이지는 숫자로 된 순서 있는 목록으로 바뀝니다. 다른 페이지 역시 클릭해보면 숫자 목록으로 바뀌는 것을 확인할 수 있습니다.

그림 2-5 Template.js 파일을 변경하면 전체 웹 페이지에 변경이 적용됨

즉, Node.js와 같은 기술을 사용하면 단 하나의 파일(Template.js) 안에 HTML 코드가 있고, 해당 코드만 바꾸면 지금까지 만든 1억 개의 웹 페이지의 내용을 시간 들이지 않고 한 번에 바꿀 수 있습니다. 정말 대단하지 않나요?

이것이 가능한 이유는 우리가 1억 개의 웹 페이지를 저장한 것이 아니라, 사용자가 어떤 페이지를 요청할 때마다 Node.js와 같은 기술로 그 순간순간에 웹 페이지를 생성하기 때문입니다.

방문자가 직접 웹 페이지를 생성할 수도 있어요

Node.js와 같은 기술을 사용하기 전에는 사용자로부터 콘텐츠를 받을 방법이 없었습니다. 만약에 사용자의 참여를 유도하려면 사용자에게 이메일과 같은 방법으로 글을 받은 다음에 3.html, 4.html과 같이 직접 HTML 파일을 만들어야 했습니다. 즉, 사용자의 참여가 제한됐습니다.

하지만 우리가 Node.js로 만들 웹 애플리케이션에는 다음 그림처럼 create 링크가 있습니다. 첫 번째 입력란에 'JavaScript'라고 입력하고 두 번째 입력란에 'JavaScript is ...'라고 입력한 다음 [Submit] 버튼을 클릭하면 data 폴더 아래에 JavaScript라는 파일이 생성됩니다.

그림 2-6 [create] 링크를 통해 글 생성하기

그리고 이 파일을 열어 보면 본문으로 썼던 내용이 보입니다.

web2-nodejs/data/JavaScript

```
JavaScript is ....
```

그리고 다음처럼 글 목록에 'JavaScript'라는 항목이 추가된 모습을 볼 수 있습니다.

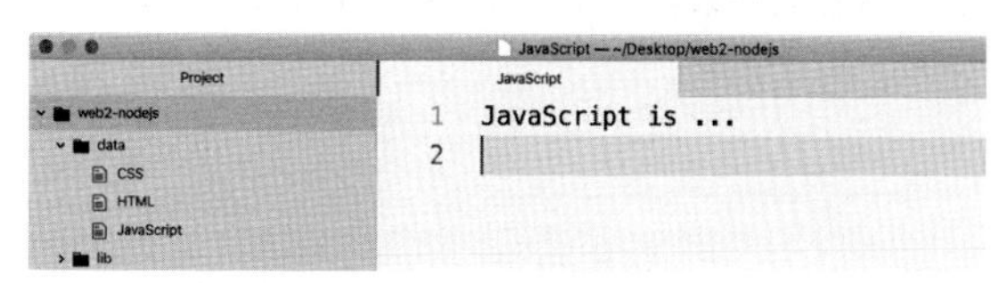

그림 2-7 글 목록에 추가된 JavaScript 파일

이번에는 내용을 수정하기 위해 update 링크를 클릭한 다음 제목을 'js'로 수정하고 [Submit] 버튼을 클릭해 보겠습니다. 그러면 파일 이름과 글의 제목이 'js'로 바뀝니다.

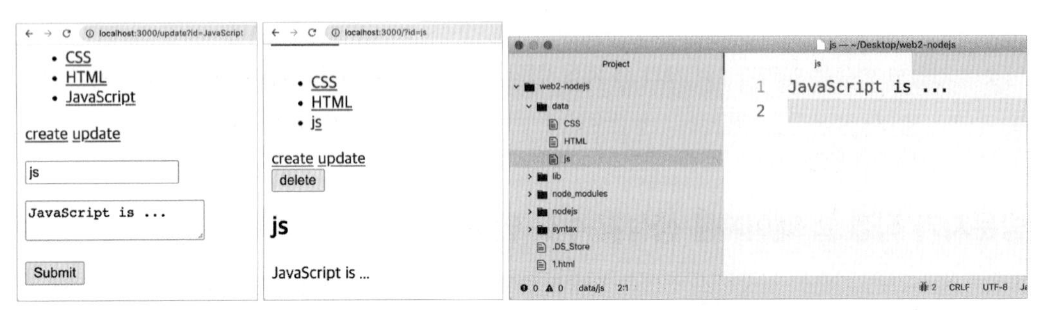

그림 2-8 [update] 링크를 통해 글 수정하기

그리고 [delete] 버튼 누르면 해당 파일이 삭제됩니다.

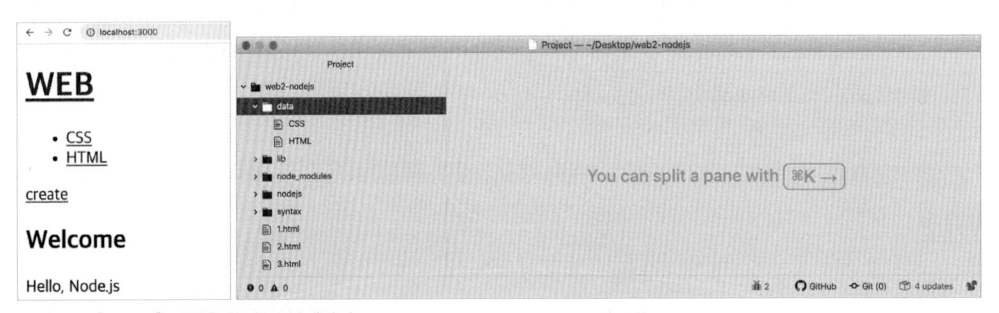

그림 2-9 [delete] 버튼을 통해 글 삭제하기

우리는 자바스크립트로 작성된 Node.js를 이용해 웹 사이트에 방문하는 사용자에게 콘텐츠의 읽기뿐만 아니라, 쓰기, 수정, 삭제의 네 가지 작업을 모두 제공할 수 있습니다. 바로 이런 일이 가능해지면서 사용자들이 직접 자신의 콘텐츠를 웹에 올릴 수 있게 됐습니다. 이때부터 인터넷이라는 정보 세상은 폭발적인 속도로 팽창했습니다. 그 역사적인 순간에 지금 우리가 보고 있는 Node.js와 같은 기술이 있습니다.

지금까지 이 책에서 다루는 내용을 모두 학습했을 때, 이 책의 최종 결과물을 통해 여러분이 얻을 수 있는 효과를 살펴봤습니다. 다음 장부터 Node.js를 차근차근 공부해봅시다.

WEB2

https://youtu.be/0P8r0XqYfVw (2분 17초)

03 Node.js – 설치

이번 장에서는 운영체제별로 Node.js를 설치하는 방법을 소개합니다. 자신의 컴퓨터에 Node.js를 설치하는 일은 까다로울 수 있습니다. 혹시 설치가 잘 안 되면 이 장 뒤쪽의 '리눅스와 코드애니웨어에 Node.js 설치하기'를 참고하세요. 해당 절에서는 자신의 컴퓨터에 별도로 프로그램을 설치하지 않고도 온라인으로 실습에 참여할 수 있는 방법을 소개합니다.

Node.js 설치

본격적인 설치에 앞서 아직 Node.js가 낯설고 어렵게 느껴질 수 있으므로 우선 익숙한 것부터 살펴보면서 이해를 돕고자 합니다. 우리가 흔히 사용하는 웹 애플리케이션은 웹 브라우저 위에서 돌아가는 웹 애플리케이션(웹 사이트, 웹 페이지)입니다. 이 웹 애플리케이션을 만들려면 HTML을 이용해 웹 브라우저가 가지고 있는 여러 가지 기능 중 필요한 기능을 호출합니다.

웹 애플리케이션
HTML
웹 브라우저

그림 3-1 웹 애플리케이션의 동작 환경

Node.js도 마찬가지입니다. 웹 애플리케이션이 웹 브라우저 위에서 작동하는 것처럼 Node.js 애플리케이션은 'Node.js 런타임'이라고 하는 프로그램 위에서 작동합니다. 이때 Node.js 애플리케이션은 자바스크립트라는 컴퓨터 언어를 이용해 만드는데, Node.js 런타임이 가지고 있는 여러 가지 기능 중 필요한 기능을 호출함으로써 Node.js 애플리케이션을 만듭니다. 따라서 맨 먼저 각자의 운영체제에 Node.js 런타임을 설치해야 합니다.

Node.js 애플리케이션
자바스크립트
Node.js 런타임

그림 3-2 Node.js 애플리케이션의 동작 환경

이 책에서는 자바스크립트라는 컴퓨터 언어를 이용해 Node.js 애플리케이션을 어떻게 만드는지 공부합니다.

윈도우에 Node.js 설치하기

https://youtu.be/QVR5HASMdfk
(6분 28초)

윈도우에 Node.js를 설치하는 방법을 알아보겠습니다. 먼저 Node.js 홈페이지(https://nodejs.org)에 접속한 다음 'LTS'라고 표시된 버전을 내려받습니다.

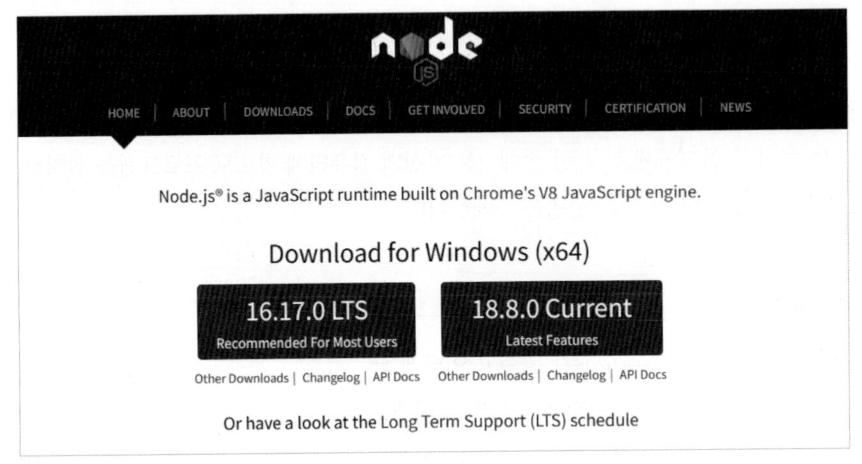

그림 3-3 Node.js 홈페이지에서 LTS 버전 내려받기

LTS는 어떤 의미인가요? 최신 버전을 두고 왜 LTS 버전을 내려받나요?

LTS는 Long-Term Support의 약자로 30개월 동안 중대한 버그가 발생했을 때 이를 수정해 주는 버전을 말합니다. 반면 현재 버전은 개발 중인 버전으로서 최신 기능을 사용할 수 있다는 이점은 있지만, 향후 패치를 통해 동작 방식이 바뀌거나 사라질 수 있습니다. 따라서 고객들이 사용하는 애플리케이션에서는 문제가 발생하지 않도록 안정성이 보장되는 LTS 버전을 사용해야 합니다(참고: https://nodejs.org/en/about/releases/).

잠시 후 내려받기가 완료되면 내려받은 설치 파일을 실행합니다. Node.js 설치 마법사가 나오면 [Next] 버튼을 누릅니다.

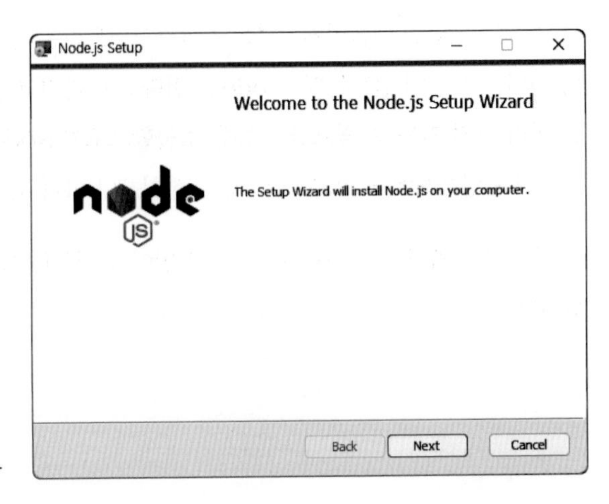

그림 3-4 Node.js 설치 과정 – 설치 마법사 시작

라이선스 안내 화면이 나오면 **동의한다는 의미의 체크박스에 체크**하고 [Next] 버튼을 누릅니다.

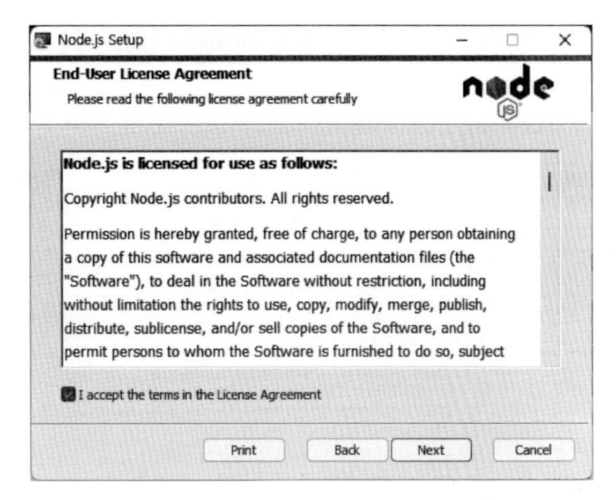

그림 3-5 Node.js 설치 과정 – 라이선스 동의

설치할 경로를 확인하고 [Next] 버튼을 누릅니다.

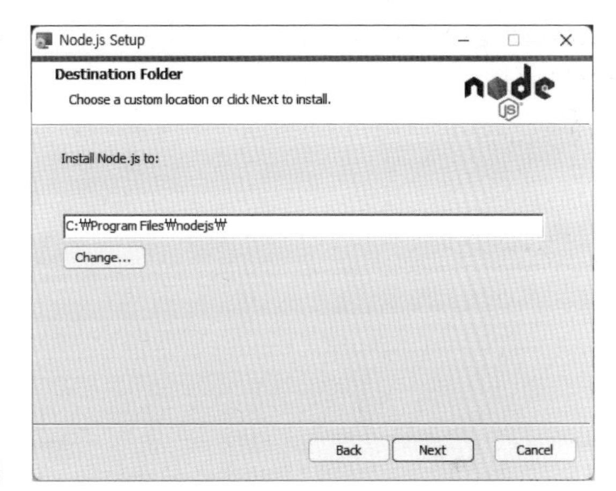

그림 3-6 Node.js 설치 과정 – 설치 경로 지정

설정 화면은 기본 그대로 두고 [Next] 버튼을 누릅니다.

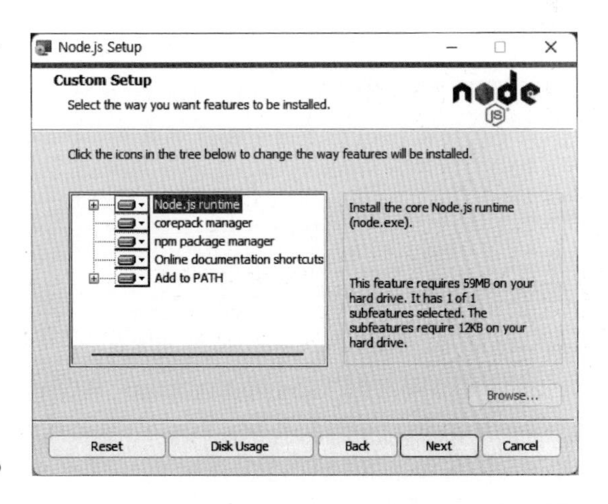

그림 3-7 Node.js 설치 과정 – Custom Setup

설치 준비를 마쳤습니다. 이제 [**Install**] 버튼을 눌러 설치를 시작합니다.

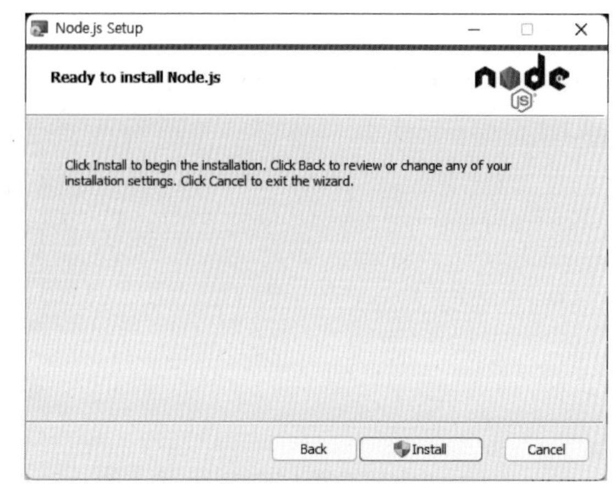

그림 3-8 Node.js 설치 과정 – 설치 시작

Node.js 설치를 완료했습니다. [**Finish**] 버튼을 클릭해 설치 마법사를 종료합니다.

그림 3-9 Node.js 설치 완료

이제 Node.js가 잘 설치됐는지 확인해보겠습니다. 키보드에서 [**윈도우**] + [**R**] 키를 눌러 '실행' 창을 열고 'cmd'를 입력한 다음 엔터 키를 누릅니다.

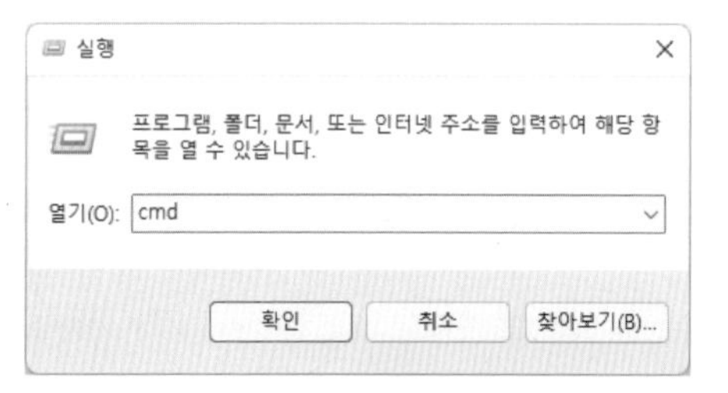

그림 3-10 실행 창에서 명령 프롬프트 실행

그러면 그림 3-11과 같은 프로그램이 실행됩니다. 이는 컴퓨터를 명령으로 제어할 수 있는 프로그램으로서 '명령 프롬프트(Command Prompt)', '터미널(Terminal)', '콘솔(Console)' 등의 이름으로 불립니다. 여기서 `node -v`라는 명령을 입력하고 엔터를 눌러보겠습니다.

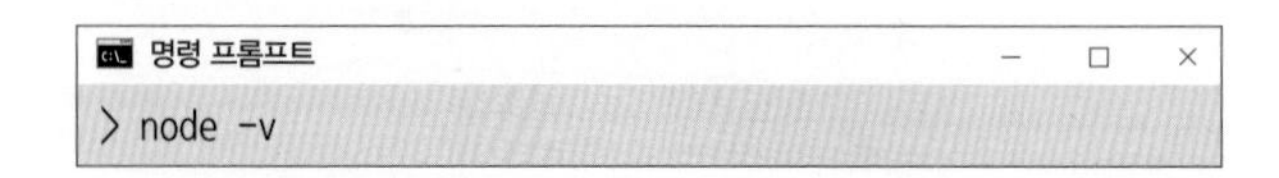

이때 여러분이 설치한 Node.js의 버전이 출력되면 Node.js를 제대로 설치한 것입니다.

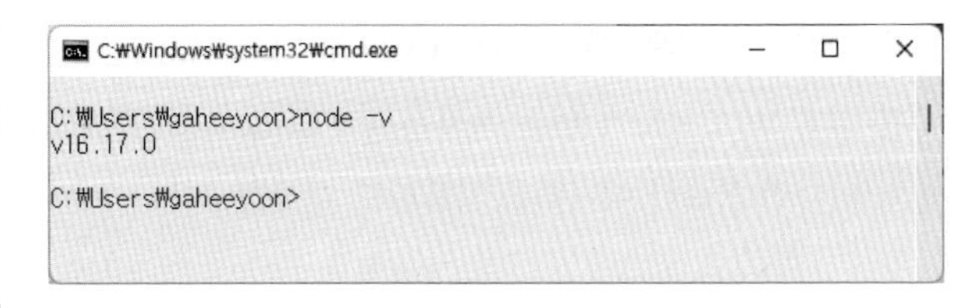

그림 3-11 node -v 명령으로 Node.js 설치 확인

그리고 node라는 명령을 입력하고 엔터를 눌러보겠습니다.

그러면 자바스크립트 코드를 이용해 Node.js 런타임에 명령할 수 있는 상태가 됩니다.

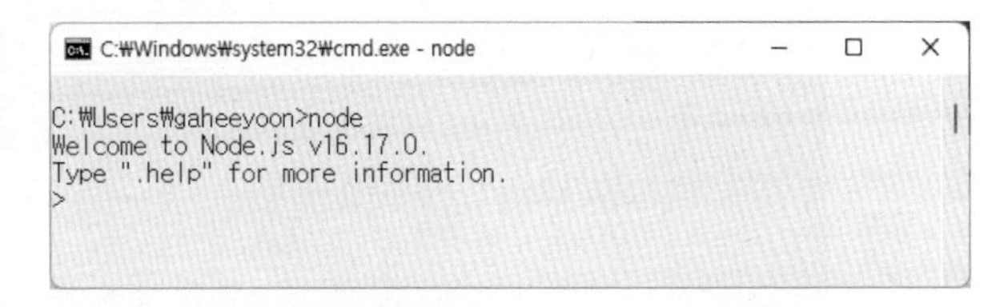

그림 3-12 node 명령으로 Node.js 실행

예를 들어, 다음과 같은 코드를 입력해보겠습니다.

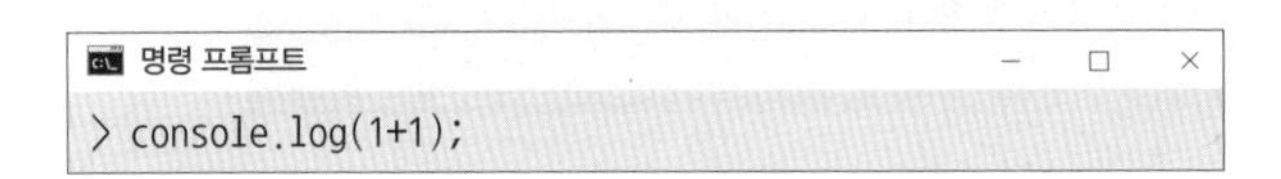

화면에 숫자 2가 출력되는 모습을 확인할 수 있습니다.

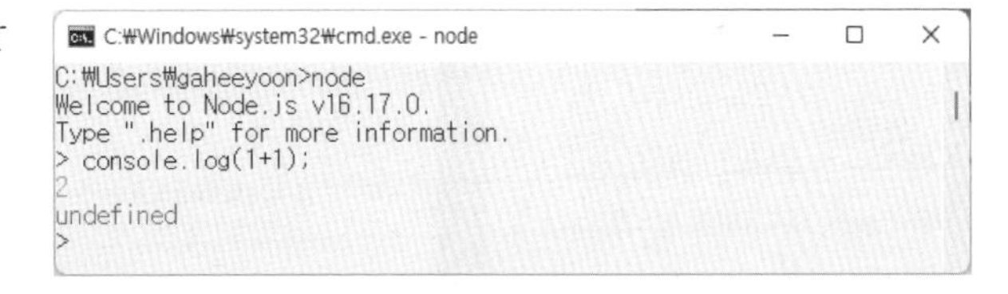

그림 3-13 간단한 코드 실행

명령 모드에서 빠져나오려면 키보드에서 [Ctrl] + [C] 키를 두 번 누르거나 .exit 명령을 입력하고 엔터를 누릅니다.

자, 이제 바탕화면에 web2-nodejs라는 이름의 폴더를 하나 만들어봅시다. 이 폴더에 이 책에서 실습하는 예제 파일을 넣을 것입니다.

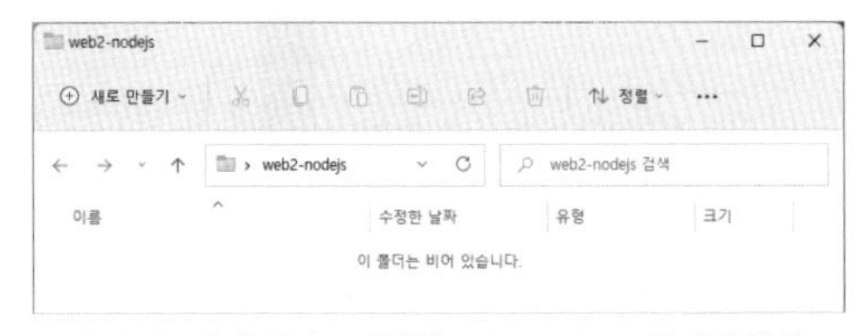

그림 3-14 예제 폴더로 사용할 web2-nodejs 폴더를 생성

다음으로 이 폴더를 VS Code(Visual Stoudio Code)라는 에디터 프로그램에 프로젝트 폴더로 등록해봅시다. VS Code가 없는 독자는 'VS Code 내려받기'를 참고해 설치하거나, 평소에 사용하던 에디터가 있다면 익숙한 에디터를 사용해도 괜찮습니다.

VS Code 내려받기

이 책에서는 VS Code(Visual Studio Code)라는 에디터를 사용합니다. VS Code는 무료로 사용할 수 있는 에디터이며, VS Code 공식 홈페이지(https://code.visualstudio.com/)에서 내려받을 수 있습니다. VS Code의 홈 페이지에서 [Download] 버튼을 클릭합니다[1].

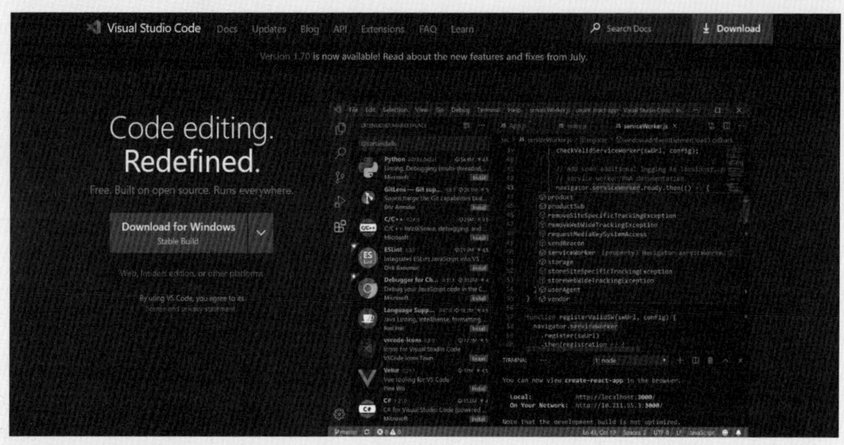

그림 3-15 VS Code 공식 홈페이지

그러면 VSCodeUserSetup.exe 파일이 다운로드됩니다. 파일 다운로드가 끝나면 파일을 실행해 VS Code 에디터를 설치합니다. 설치 과정에서 별도로 설정할 내용은 없으므로 설치가 끝나기까지 기다립니다. 설치가 끝나고 VS Code를 실행하면 다음과 같은 화면이 나타납니다.

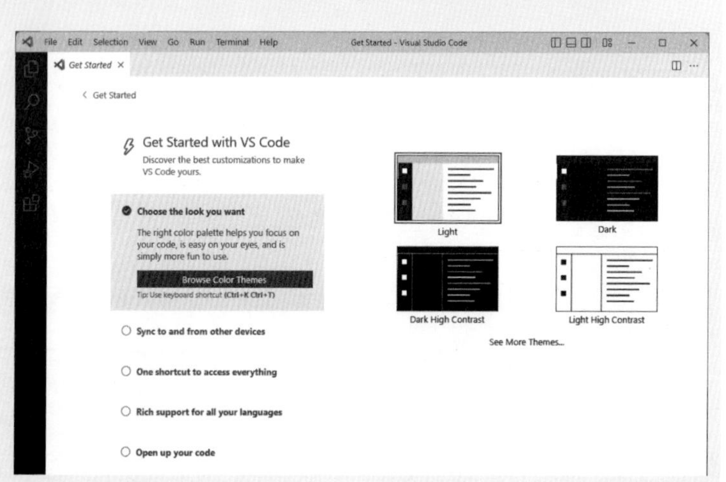

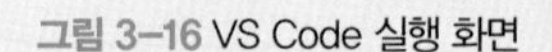

그림 3-16 VS Code 실행 화면

1 옮긴이: 생활코딩 동영상에서는 아톰(Atom) 에디터 프로그램을 사용하지만, 아톰 에디터의 프로젝트가 2022년 12월에 중단될 예정이라서 이 책에서는 VS Code로 설명하겠습니다

VS Code를 열고 상단 메뉴에서 [File] → [Add Folder to Workspace...]를 선택한 후 앞서 바탕화면에 만들어둔 web2-nodejs 폴더를 선택합니다. 그럼 왼쪽에 web2-nodejs 폴더가 표시됩니다.

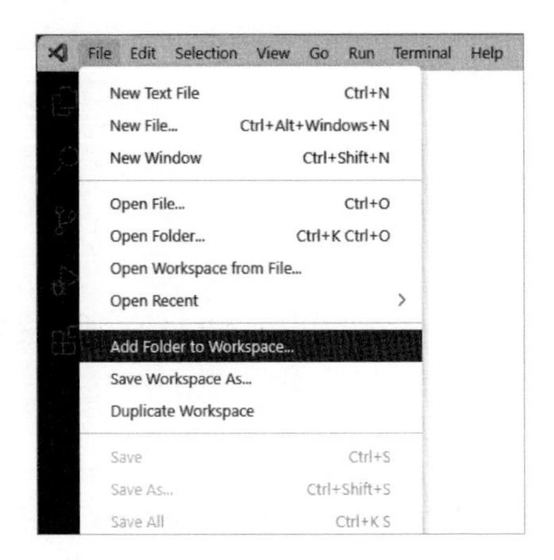

그림 3-17 VS Code에서 프로젝트 폴더 추가하기

그럼 이번에는 이 폴더 안에 파일을 만들겠습니다. web2-nodejs 폴더에서 마우스 오른쪽 버튼을 클릭한 후 컨텍스트 메뉴에서 [New File]을 선택합니다.

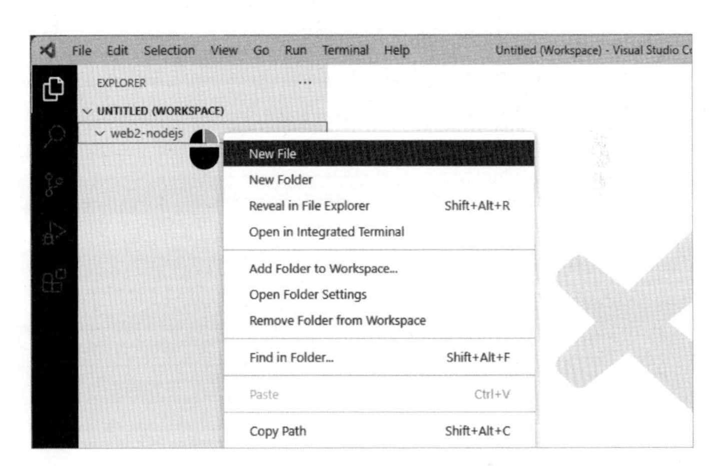

그림 3-18 새로운 파일 만들기

파일명을 입력하는 곳에 helloworld.js를 입력하고 엔터 키를 누릅니다.

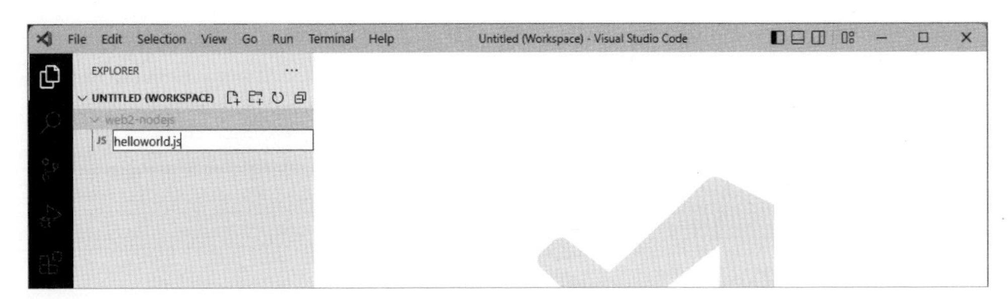

그림 3-19 새로 생성할 파일의 이름 지정

그리고 나면 프로젝트에 앞에서 만든 helloworld.js 파일이 생성되는 모습을 확인할 수 있습니다. 이 파일에 앞서 명령 프롬프트에서 입력한 console.log(1+1);을 입력하고 저장합니다.

web2-nodejs/helloworld.js

```
console.log(1+1);
```

그런데 앞서 명령 프롬프트에서 한 것처럼 Node.js에서 어떤 작업을 할 때마다 이렇게 직접 코드를 타이핑하는 것은 어려운 일입니다. 그래서 지금부터는 자주 수행하는 작업은 파일(여기서는 helloworld.js)에다가 작성해 두고 Node.js한테 '코드를 타이핑하는 게 귀찮으니까 저 파일에 있는 걸 실행해 줘'라고 하는 방법을 살펴보겠습니다.

다음과 같은 명령 프롬프트(터미널, 콘솔)에서 표시한 부분은 현재 자신이 머물고 있는 디렉터리를 나타냅니다. 즉, 저는 현재 C 드라이브의 Users라는 디렉터리 아래의 gaheeyoon이라는 디렉터리에 머물고 있다는 뜻입니다. 다시 말해 여기서 제가 어떤 명령을 실행하면 그 명령은 현재 디렉터리에 있는 파일과 디렉터리를 대상으로 실행된다는 뜻입니다.

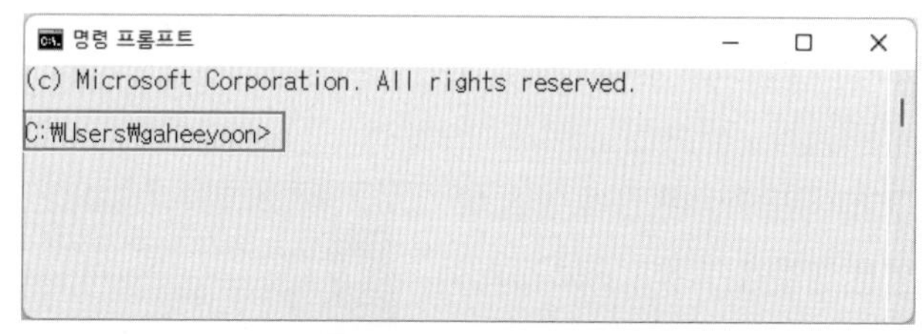

그림 3-20 명령 프롬프트에서 꺽쇠 기호 왼쪽 경로의 의미

여기서 web2-nodejs 폴더가 있는 데스크톱으로 이동해봅시다. 명령 프롬프트에서 현재 위치를 데스크톱으로 바꾸려면 먼저 다음과 같이 파일 탐색기에서 바탕화면에 있는 web2-nodejs 폴더 안까지 이동한 다음, 파일 탐색기 상단의 경로 표시줄을 web2-nodejs까지 클릭하고 마우스 오른쪽 버튼을 클릭한 후 컨텍스트 메뉴에서 [주소 복사]를 선택합니다.

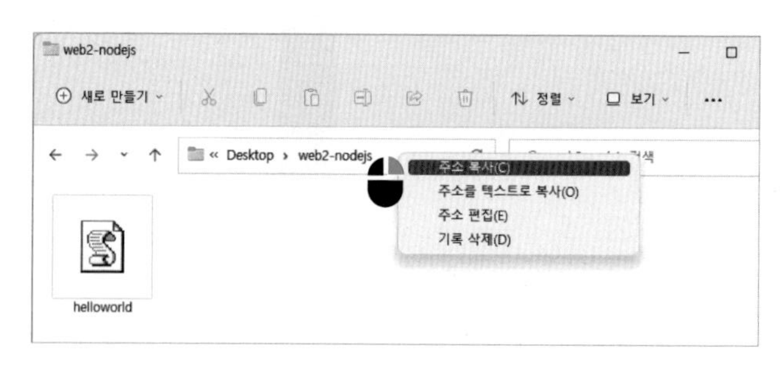

그림 3-21 web2-nodejs 폴더에서 주소 복사하기

여기서는 명령 프롬프트에서 디렉터리를 바꾸려는 것이므로 디렉터리를 바꾸는 명령어인 cd(change directory)를 입력하고 한 칸 띄운 다음, 마우스 오른쪽 버튼을 클릭해 앞에서 복사한 경로를 붙여넣기 합니다. 그리고 엔터를 치면 보다시피 우리가 원하는 바탕화면의 web2-nodejs 디렉터리로 이동합니다.

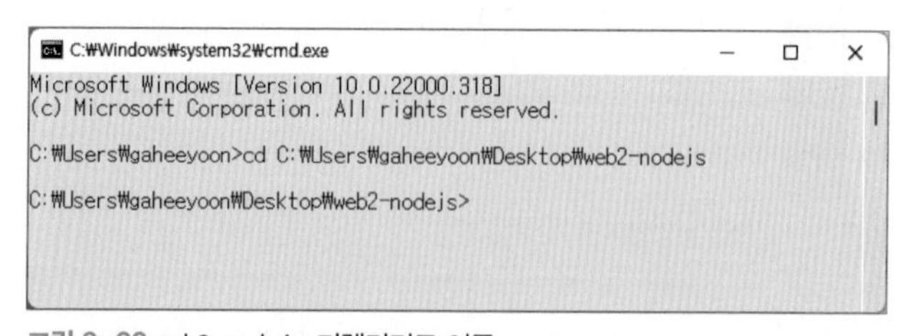

그림 3-22 web2-nodejs 디렉터리로 이동

이번에는 여기서 dir이라고 입력해봅시다.

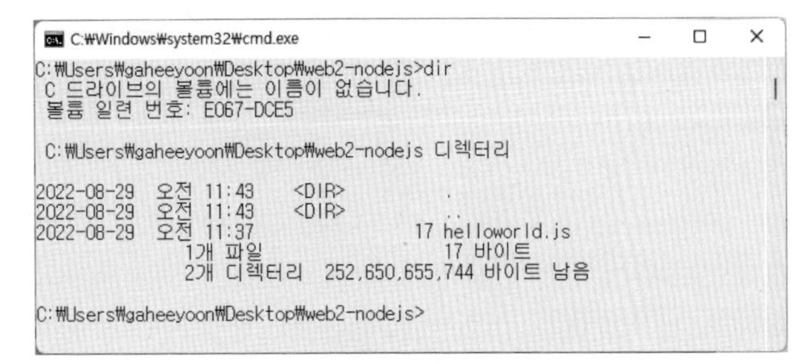

그림 3-23 web2-nodejs 디렉터리에서 dir 명령어로 현재 경로에 있는 파일 확인

그러면 현재 디렉터리에 존재하는 파일이 표시됩니다. 보다시피 helloworld.js 파일도 보이며, 우리가 현재 이곳에 위치한다는 것을 나타냅니다. 그럼 여기서 다음과 같은 명령어를 입력해봅시다.

이때, 결과로 2가 출력되면 지금까지 설명한 내용을 잘 따라온 것입니다.

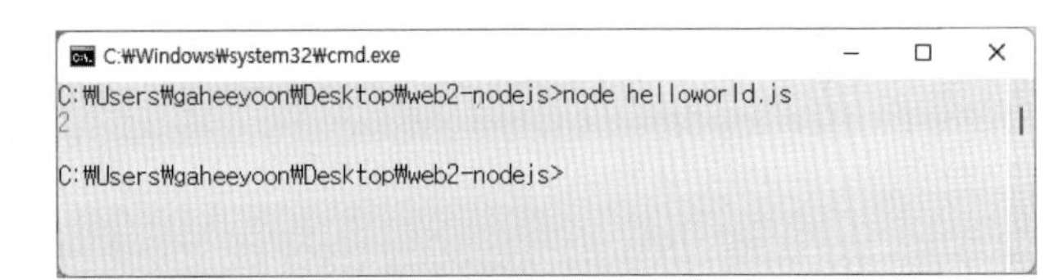

그림 3-24 node helloworld.js 명령어의 실행 결과

환경 변수 설정하기

node helloworld.js 명령어를 입력했는데 "'node'은(는) 내부 또는 외부 명령, 실행할 수 있는 프로그램, 또는 배치 파일이 아닙니다."와 같은 오류가 발생했다면 다음 과정을 따라 환경 변수를 등록합니다.

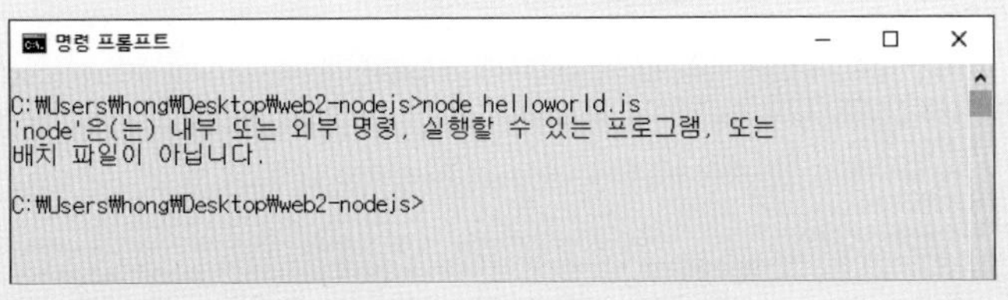

그림 3-25 환경 변수를 설정하지 않아서 발생하는 문제

환경 변수는 운영체제가 참조하는 변수입니다. 환경 변수를 설정하지 않고 특정 프로그램을 실행하려면 해당 프로그램이 설치된 경로로 이동한 다음 실행 파일을 실행해야 합니다. 환경 변수를 설정하면 매번 실행 파일의 경로로 이동하지 않고 모든 경로에서 프로그램을 실행할 수 있습니다.

환경 변수를 설정하기 위해 [Windows 설정(또는 제어판)] – [시스템] – [정보] – [고급 시스템 설정] – [환경 변수]로 이동합니다.

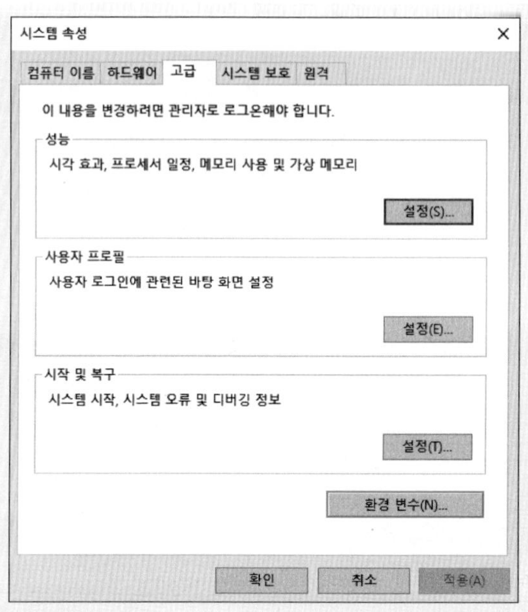

그림 3-26 고급 시스템 설정에서 환경 변수 선택

환경 변수 창이 열리면 사용자 변수 또는 시스템 변수에 있는 Path를 선택한 다음 [편집] 버튼을 클릭합니다(사용자 변수는 특정 사용자에게 적용되는 환경 변수이고, 시스템 변수는 모든 사용자에게 공통으로 적용되는 환경 변수입니다).

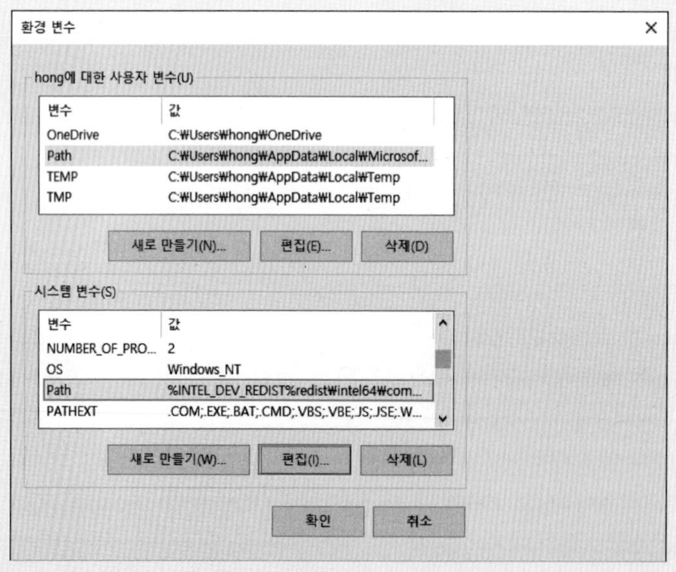

그림 3-27 사용자 변수 또는 시스템 변수에서 Path를 선택하고 편집

환경 변수 편집 창이 열리면 [새로 만들기] 버튼을 클릭하고 노드가 설치된 경로를 입력합니다. 노드를 설치하면서 경로를 변경하지 않았다면 일반적으로 C:\Program Files\nodejs\에 실행 파일이 있습니다(그림 3-6 참고).

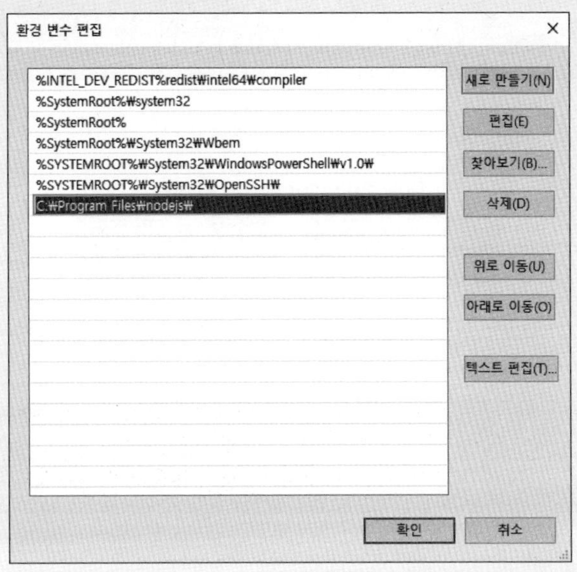

그림 3-28 환경 변수를 새로 만들고 노드의 실행 파일이 위치한 경로 추가

환경 변수를 설정했으면 컴퓨터를 재시작한 다음 다시 node 명령어를 입력해봅니다.

앞으로 이 수업을 진행하면서 Node.js와 관련된 여러 가지 파일을 만들면 방금 한 것과 똑같은 방법으로 바탕화면의 web2-nodejs 폴더로 이동한 다음에 실행하면 됩니다.

이렇게 해서 윈도우에서 Node.js를 설치하고 실행하는 방법까지 살펴봤습니다.

macOS에 Node.js 설치하기

macOS 환경에 Node.js를 설치하고 실행하는 방법을 소개하겠습니다. 먼저 Node.js 홈페이지에 접속합니다.

https://youtu.be/xH8Ofrm5JkU (7분 6초)

- https://nodejs.org

Node.js 설치 파일을 내려받는 화면에서 'LTS'라고 표시된 버전을 내려받습니다.

그림 3-29 Node.js 홈페이지에서 LTS 버전 내려받기

LTS는 어떤 의미인가요? 최신 버전을 두고 왜 LTS 버전을 내려받나요?

LTS는 Long-Term Support의 약자로 30개월 동안 중대한 버그가 발생했을 때 이를 수정해 주는 버전을 말합니다. 반면 현재 버전은 개발 중인 버전으로서 최신 기능을 사용할 수 있다는 이점은 있지만, 향후 패치를 통해 동작 방식이 바뀌거나 사라질 수 있습니다. 따라서 고객들이 사용하는 애플리케이션에서는 문제가 발생하지 않도록 안정성이 보장되는 LTS 버전을 사용해야 합니다. (참고: https://nodejs.org/en/about/releases/)

잠시 후 내려받기가 완료되면 내려받은 설치 파일을 실행합니다. Node.js 설치 창이 나오면 [계속] 버튼을 클릭해 설치를 시작합니다.

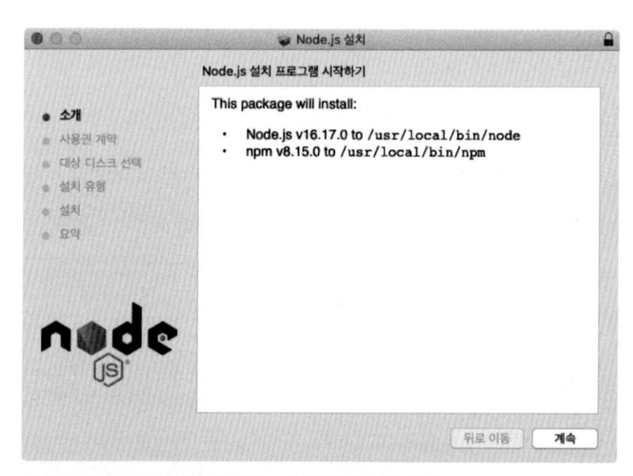

그림 3-30 Node.js 설치 과정 – 설치 프로그램 시작

사용권 계약 화면이 나오면 **[계속]** 버튼을 클릭한 다음 **[동의]** 버튼을 클릭합니다.

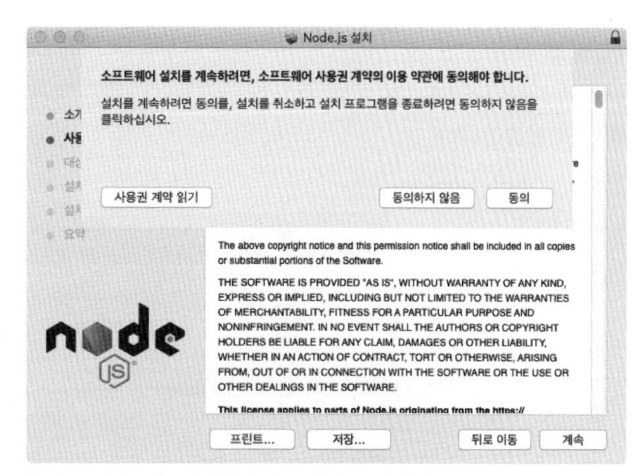

그림 3-31 Node.js 설치 과정 – 사용권 계약에 동의

설치 유형 화면이 나오면 설치할 경로를 지정한 다음 **[설치]** 버튼을 클릭해 설치를 시작합니다.

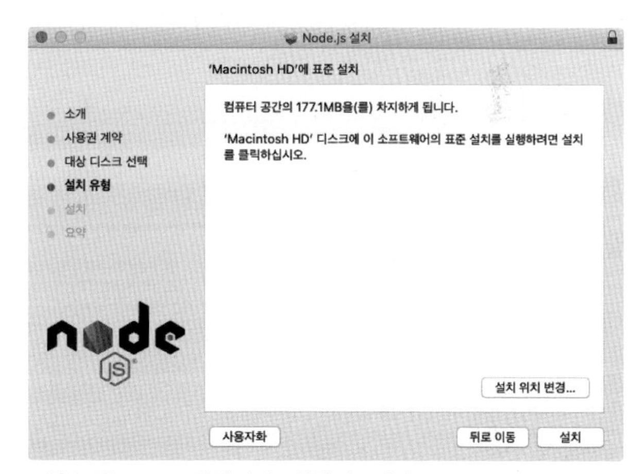

그림 3-32 Node.js 설치 과정 – 설치 경로 지정

잠시 후 설치가 끝나고 다음과 같이 설치 요약 화면이 나오면 **[닫기]** 버튼을 클릭해 설치를 완료합니다.

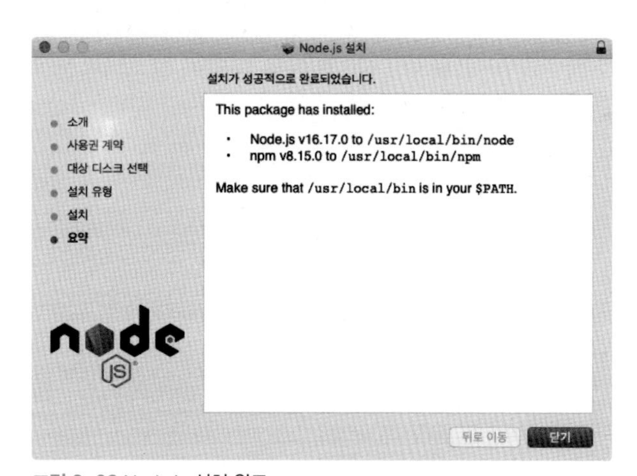

그림 3-33 Node.js 설치 완료

이제 Node.js가 잘 설치됐는지 확인해보겠습니다. 메뉴 막대의 오른쪽에 있는 돋보기 모양의 아이콘을 클릭해 '스포트라이트'를 실행합니다. 스포트라이트에서 'terminal'을 입력한 다음 엔터 키를 눌러서 터미널을 실행합니다.

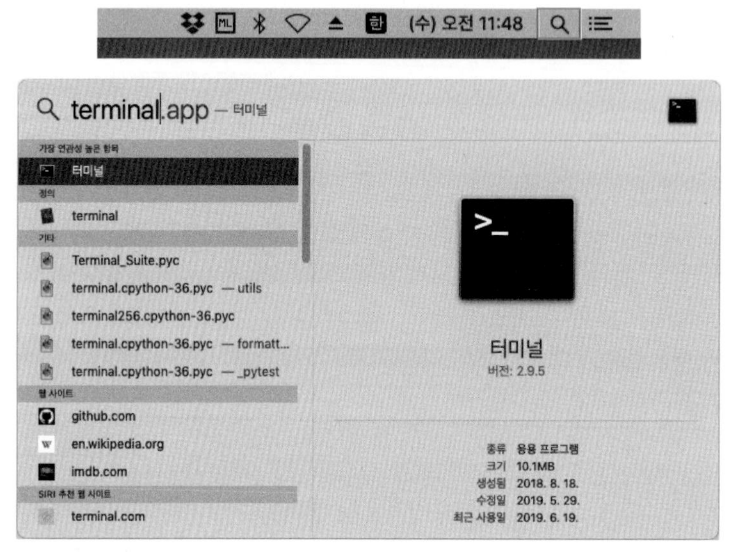

그림 3-34 스포트라이트에서 터미널 실행

그러면 다음 그림과 같은 프로그램이 실행됩니다. 이 프로그램에서 **node -v**라는 명령을 입력하고 엔터를 눌러보겠습니다.

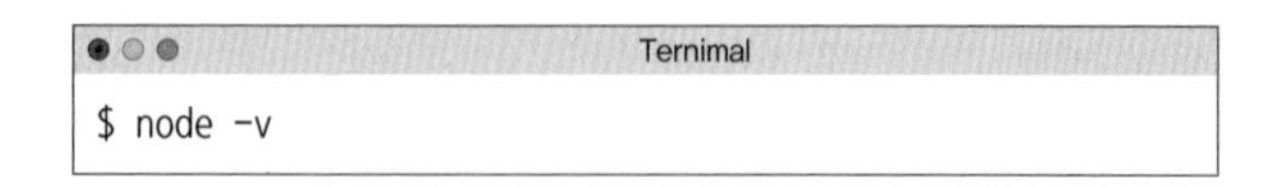

이때 여러분이 설치한 Node.js의 버전이 출력되면 Node.js를 제대로 설치한 것입니다.

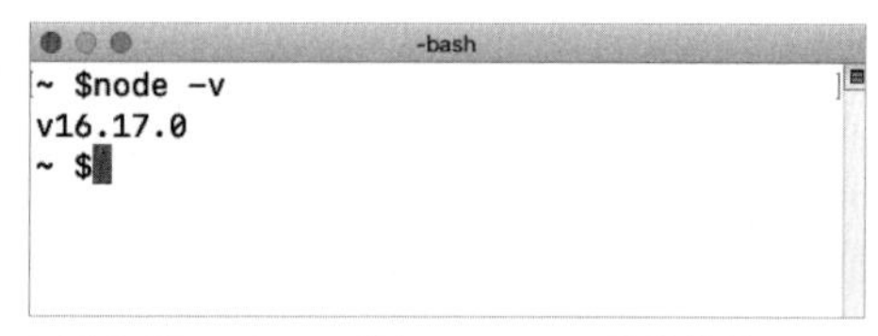

그림 3-35 node -v 명령으로 Node.js 설치 확인

node라는 명령을 입력하고 엔터를 눌러서 Node.js를 실행해보겠습니다.

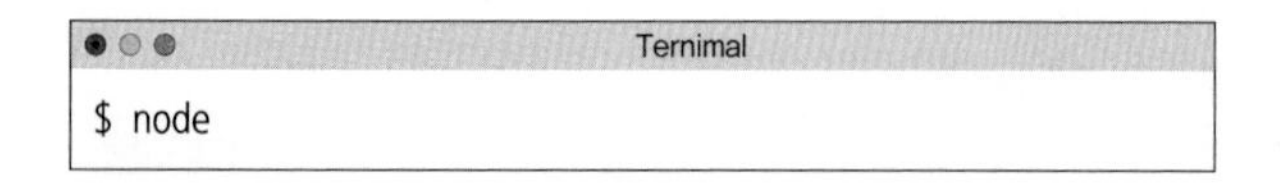

그러면 자바스크립트 코드를 이용해 Node.js 런타임에 명령할 수 있는 상태가 됩니다.

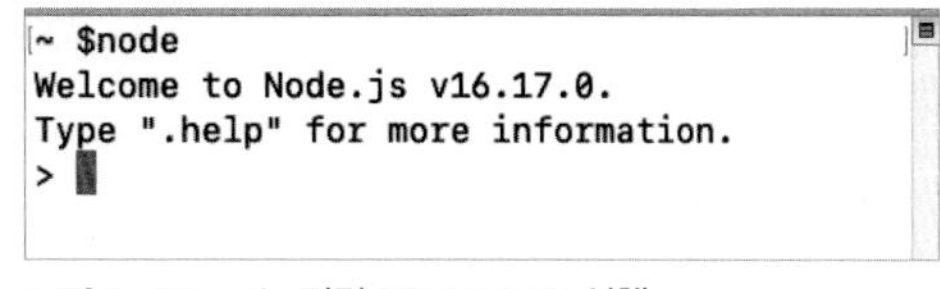

그림 3-36 node 명령으로 Node.js 실행

예를 들어, 다음과 같은 코드를 입력해보겠습니다.

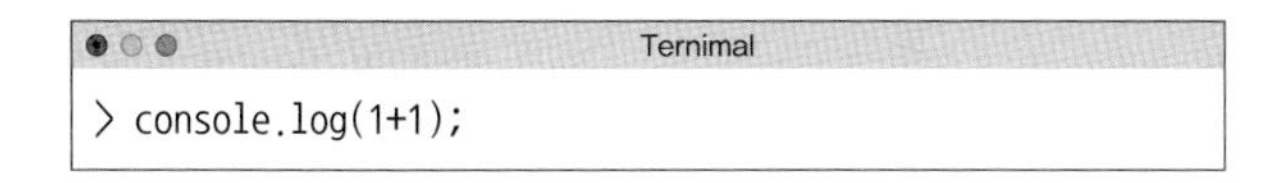


```
> console.log(1+1);
```

화면에 숫자 2가 출력되는 모습을 확인할 수 있습니다.

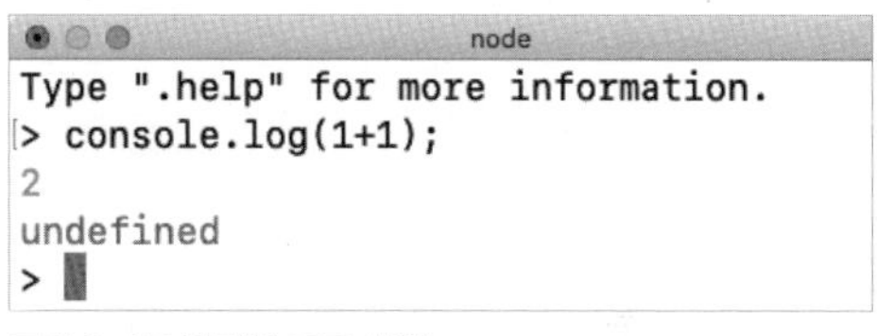

그림 3-37 간단한 코드 실행

명령 모드에서 빠져나오려면 키보드에서 [Ctrl] + [C] 키를 두 번 누르거나 .exit 명령을 입력하고 엔터를 누릅니다.

이렇게 Node.js를 이용해 프로그램을 실행할 수 있습니다. 하지만 프로그램의 양이 많거나 Node.js로 코딩할 줄 모르는 사람도 실행할 수 있게 하려면 터미널에서 입력하는 방법이 아닌 코드를 파일에 저장하고 파일을 실행할 수 있게 해야 합니다.

자, 이제 바탕화면에 web2-nodejs라는 이름의 폴더를 하나 만들어봅시다. 이 폴더에 이 책에서 실습하는 예제 파일을 넣을 것입니다.

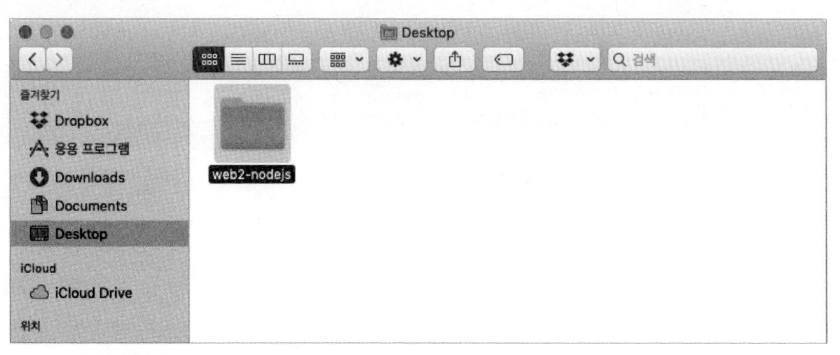

그림 3-38 web2-nodejs 디렉터리 생성

다음으로 이 폴더를 VS Code(Visual Studio Code)라는 에디터 프로그램에 프로젝트 폴더로 등록해 봅시다. 먼저 VS Code를 실행합니다.

그림 3-39 VS Code 에디터 실행

VS Code 내려받기

이 책에서는 VS Code(Visual Studio Code)라는 에디터를 사용합니다. 평소에 사용하던 에디터가 있다면 익숙한 에디터를 사용해도 괜찮습니다. VS Code는 무료로 사용할 수 있는 에디터이며, VS Code 공식 홈페이지(https://code.visualstudio.com/)에서 내려받을 수 있습니다[2].

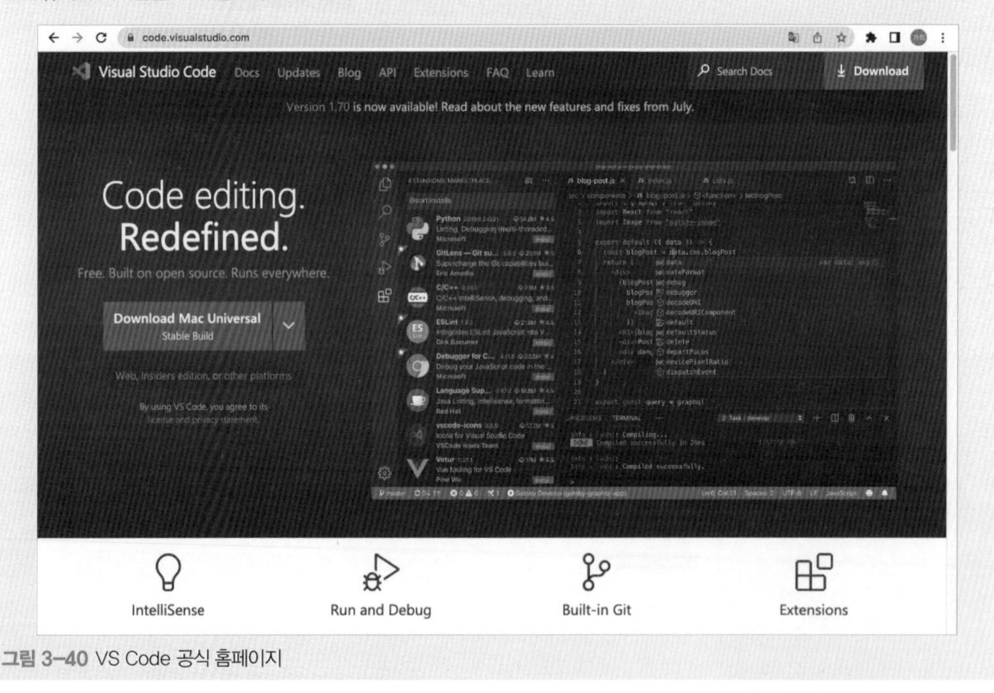

그림 3-40 VS Code 공식 홈페이지

2 엮은이: 생활코딩 동영상에서는 아톰(Atom) 에디터 프로그램을 사용하지만, 아톰 에디터의 프로젝트가 2022년 12월에 중단될 예정이라서 이 책에서는 VS Code로 설명하겠습니다

VS Code를 열고 상단 메뉴에서 **[File] → [Add Folder to Workspace...]**를 선택합니다. 그다음 바탕 화면(Desktop)에 만들어둔 `web2-nodejs` 디렉터리를 선택하고 **[열기]** 버튼을 클릭합니다.

그림 3-41 VS Code에서 `web2-nodejs` 폴더를 워크스페이스로 추가

VS Code의 왼쪽에 있는 EXPLORER에서 `web2-nodejs` 폴더가 추가된 모습을 볼 수 있습니다. 이 폴더에 새로운 파일을 생성해보겠습니다. `web2-nodejs` 폴더에서 마우스 오른쪽 버튼을 클릭한 다음 **[New File]**을 선택하고, 파일 이름을 `helloworld.js`라고 입력합니다.

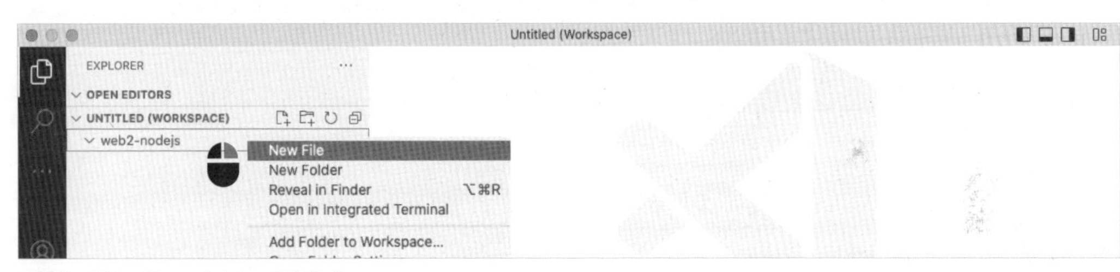

그림 3-42 `helloworld.js` 파일 추가

새로 생성된 `helloworld.js` 파일에 다음과 같은 코드를 입력하고 저장하겠습니다.

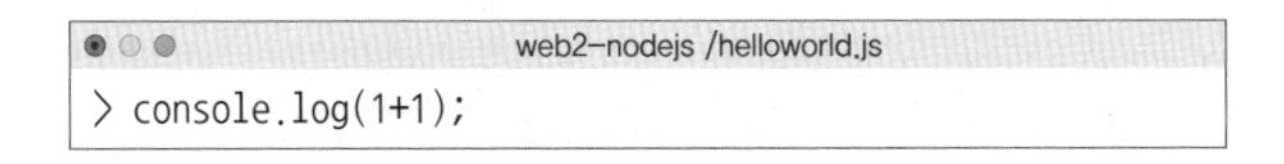

web2-nodejs /helloworld.js

```
> console.log(1+1);
```

이 파일을 터미널에서 실행해보겠습니다. 먼저 이 파일이 위치한 경로로 이동하기 위해 터미널에서 다음 명령어를 입력합니다.

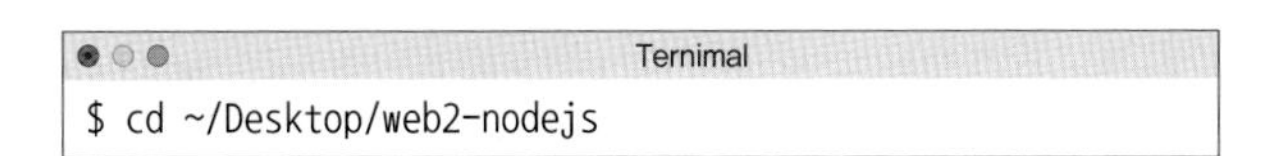

Ternimal

```
$ cd ~/Desktop/web2-nodejs
```

web2-nodejs 경로로 이동한 후 다음 명령을 입력해보겠습니다.

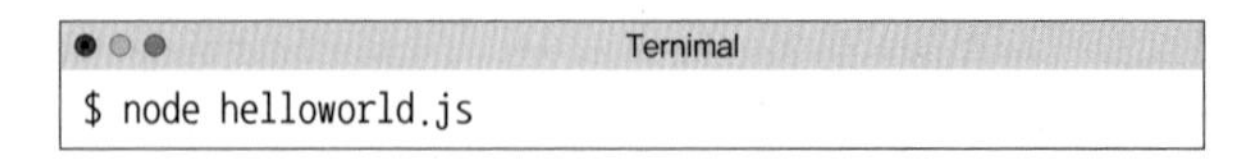

그럼 다음과 같이 Node.js 런타임이라는 프로그램이 helloworld.js에 들어 있는 코드를 읽고 실행한 후 그 결과를 보여줍니다.

그림 3-43 helloworld.js 파일의 실행 결과

파일이 위치한 경로로 이동하기

앞서 만든 파일을 실행하려면 파일이 위치한 경로까지 이동해야 합니다. helloworld.js 파일이 있는 경로까지 이동하는 명령은 다음과 같습니다.

```
$ cd ~/Desktop/web2-nodejs
```

명령어를 구성하는 각 부분의 의미는 다음과 같습니다.

- cd: change directory의 약자로 현재 위치한 경로를 바꾸겠다는 뜻입니다.
- ~: 현재 로그인된 사용자의 홈 디렉터리를 의미합니다.
- Desktop: 바탕화면 디렉터리를 의미합니다.

즉, 바탕화면에 있는 web2-nodejs 폴더로 이동하는 명령입니다.

그림 3-44 helloworld.js 파일이 위치한 경로 확인

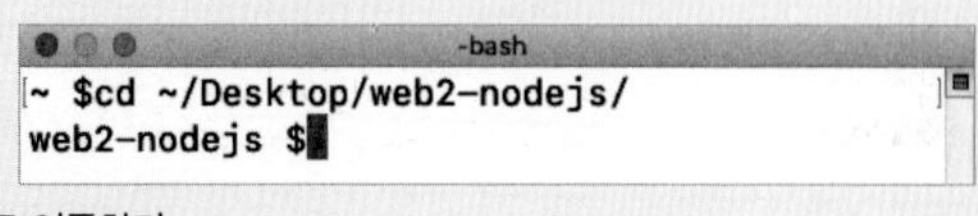

그림 3-45 파일이 위치한 경로로 이동하기

리눅스와 코드애니웨어에 Node.js 설치하기

https://youtu.be/0Ge0VS-wGe0
(5분 9초)

이번 수업에서는 리눅스 환경에서 Node.js를 사용하는 방법을 소개합니다. 앞에서 윈도우나 macOS에서 Node.js를 설치하는 방법을 살펴봤는데, 여러 가지 이유로 실습이 잘 안 될 수 있습니다. 그럴 때 여기서 소개하는 방법을 이용해도 좋습니다.

여기서 소개하는 코드애니웨어(codeanywhere)는 컴퓨터를 임대해주는 서비스입니다. 코드애니웨어는 코딩하는 데 필요한 여러 가지 준비물이 갖춰진 환경을 제공하기 때문에 쉽게 사용할 수 있고, 한달에 약 $3의 비용으로 실습 환경을 쉽게 마련할 수 있다는 장점이 있습니다(Starter 기준).

다음 주소에서 코드애니웨어 홈페이지에 접속합니다.

- https://www.codeanywhere.com/

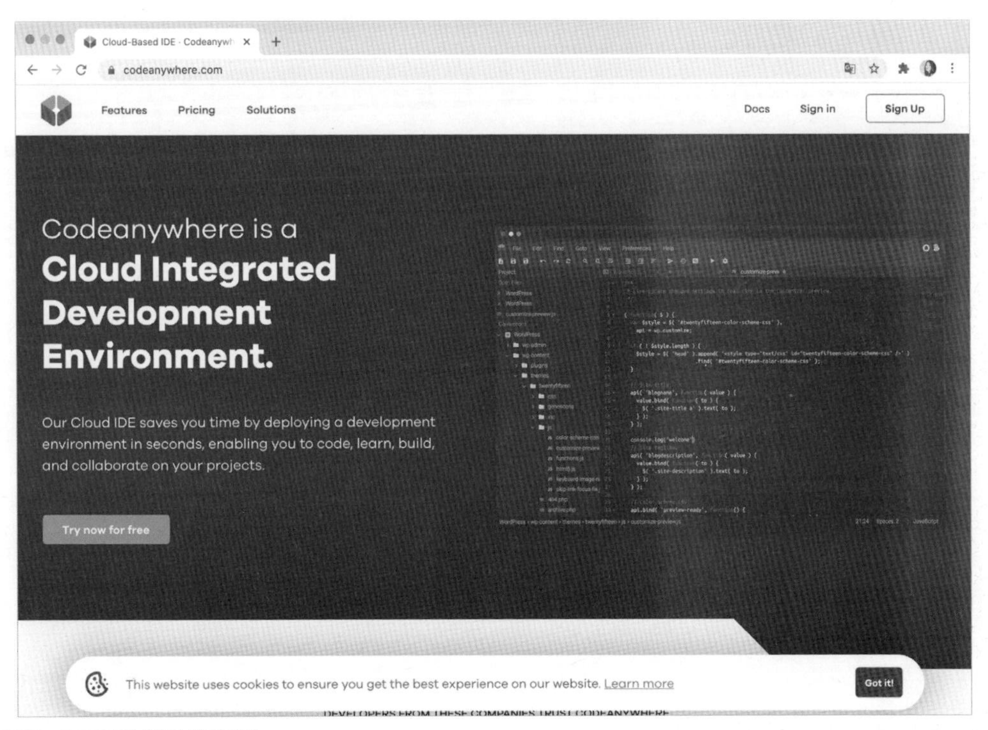

그림 3-46 코드애니웨어 홈페이지

홈페이지에 접속한 후 오른쪽 위에 있는 [Sign up] 버튼을 눌러 회원가입을 합니다.

그림 3-47 코드애니웨어 회원가입

코드애니웨어 회원가입

코드애니웨어에 회원가입하면 7일 동안 코드애니웨어를 무료로 체험해 볼 수 있습니다.

회원가입을 마치면 가입할 때 입력한 이메일 주소로 인증 메일이 전송됩니다. 이 메일에서 인증 링크를 클릭해 인증을 완료해야만 코드애니웨어의 컨테이너를 생성할 수 있습니다.

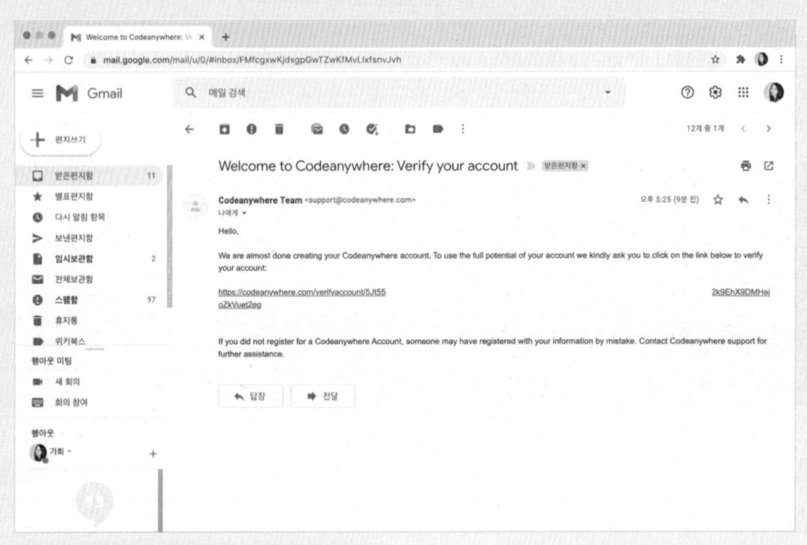

그림 3-48 회원가입 시 작성한 이메일에서 인증 링크 활성화

회원가입과 이메일 인증을 마쳤으면 코드애니웨어 사이트로 돌아와 오른쪽 위에 있는 [Editor]를 클릭합니다. 잠시 후 접속 마법사(Connection Wizard)가 열리면 Name(이름)에 **'nodejs'**를 입력하고, Search stack(검색 영역)에서 **'Node.js'**를 검색합니다. 검색된 목록에서 이름이 **Node.js**이면서 오른쪽의 리눅스 배포판이 **Ubuntu**(우분투)인 컨테이너를 찾아서 선택합니다.

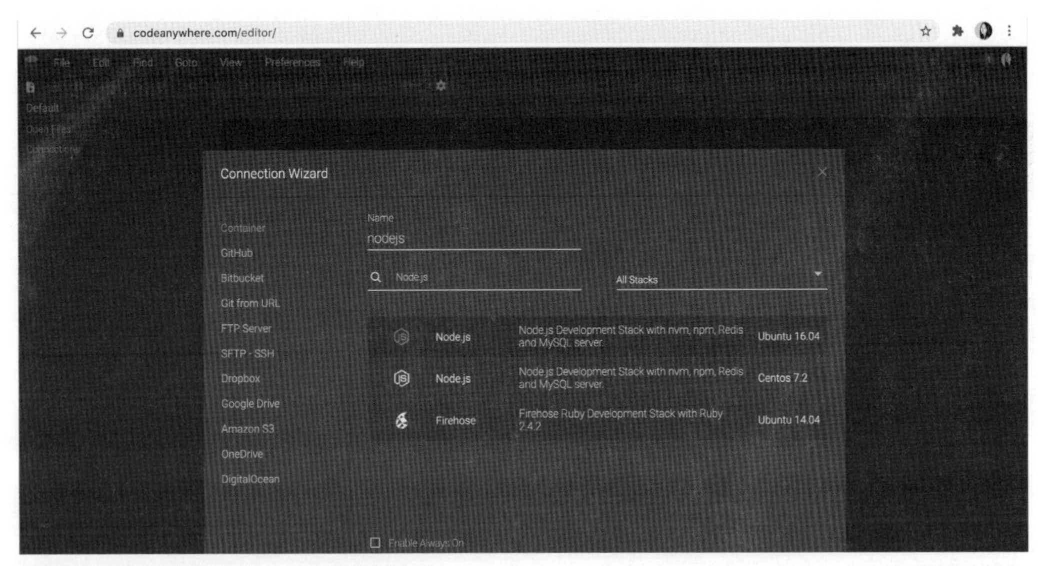

그림 3-49 배포판이 우분투인 Node.js 컨테이너 선택

그런 다음 오른쪽 아래에 있는 [Create] 버튼을 클릭하면 잠시 후 컴퓨터 한 대가 생성되고, 생성이 끝나면 다음 그림과 같은 안내문이 나옵니다.

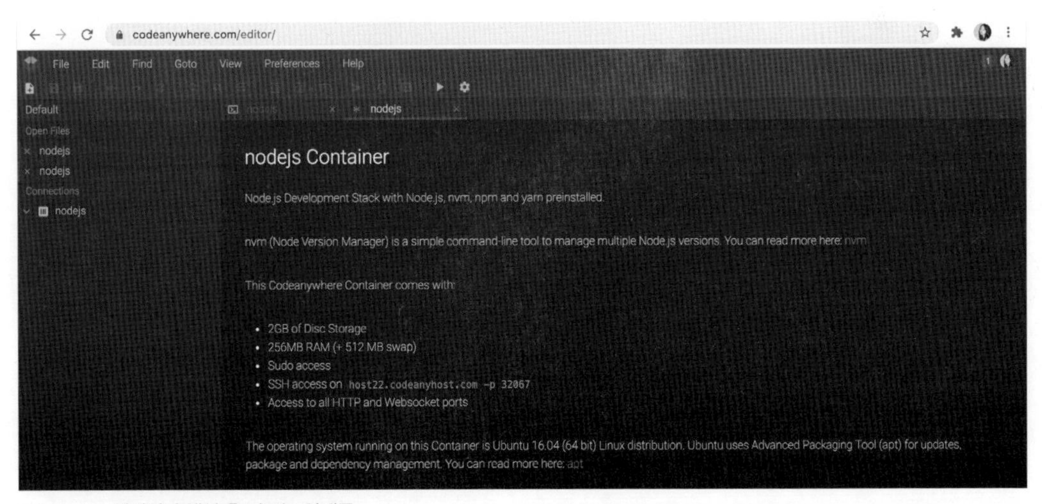

그림 3-50 컨테이너 생성 후 나오는 안내문

여기서 주목할 것은 여러분이 만들 웹 애플리케이션에 접속할 주소입니다. 참고로 이 주소는 각자 다릅니다. 이 주소에 접속하면 여러분이 만든 웹 애플리케이션에 접속할 수 있다는 것을 기억하세요.

나중에 이 안내문을 다시 보고 싶을 때는 왼쪽 탐색 창의 [Connections] 아래에 있는 [nodejs]에서 마우스 오른쪽 버튼을 클릭하고 [Info]를 선택합니다. 그러면 안내문이 다시 보입니다.

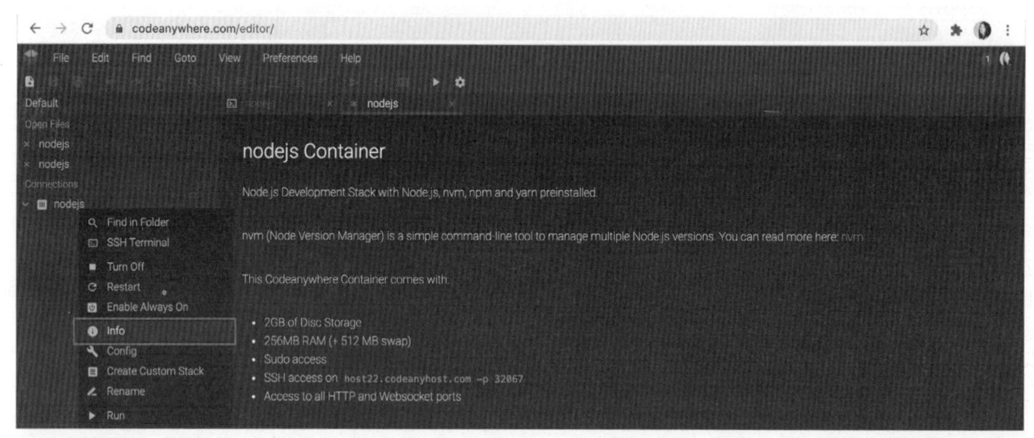

그림 3-51 안내문 열기

방금 생성한 컨테이너에는 Node.js가 기본으로 설치돼 있는데, 잘 동작하는지 확인해봅시다. [Connections] 아래에 있는 [nodejs]에서 마우스 오른쪽 버튼을 클릭하고 [SSH Terminal]을 선택합니다. '터미널' 또는 '콘솔'이라고 부르는 것은 우리가 명령을 입력해서 컴퓨터를 제어하는 도구입니다. 처음에는 낯설겠지만 계속 쓰다 보면 익숙해집니다.

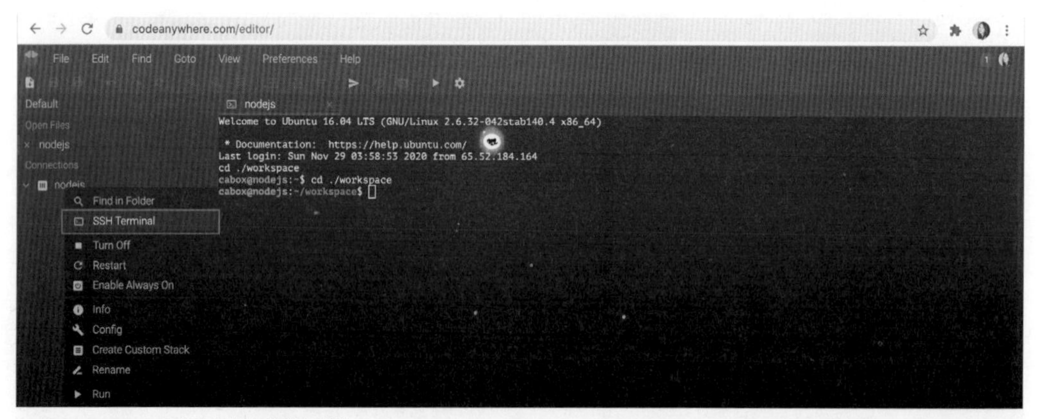

그림 3-52 nodejs 컨테이너의 터미널 실행

여기서 **node -v**라고 입력했을 때 Node.js 버전이 표시되면 Node.js가 잘 설치된 것입니다.

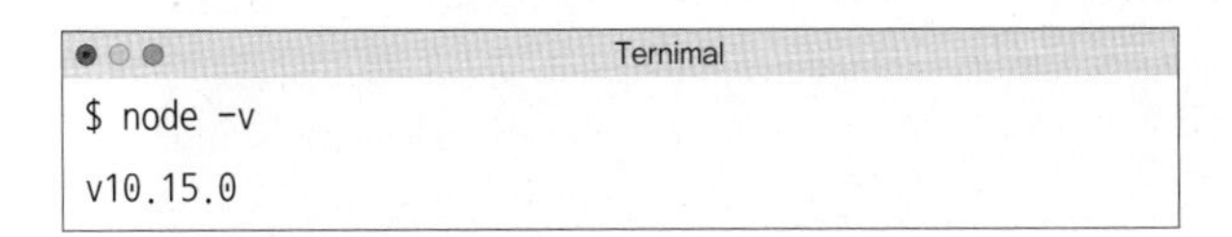

그다음 **node**라고만 입력하고 엔터 키를 눌러보겠습니다.

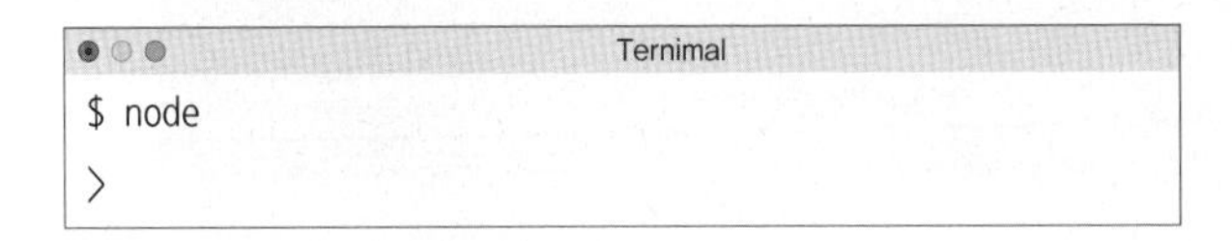

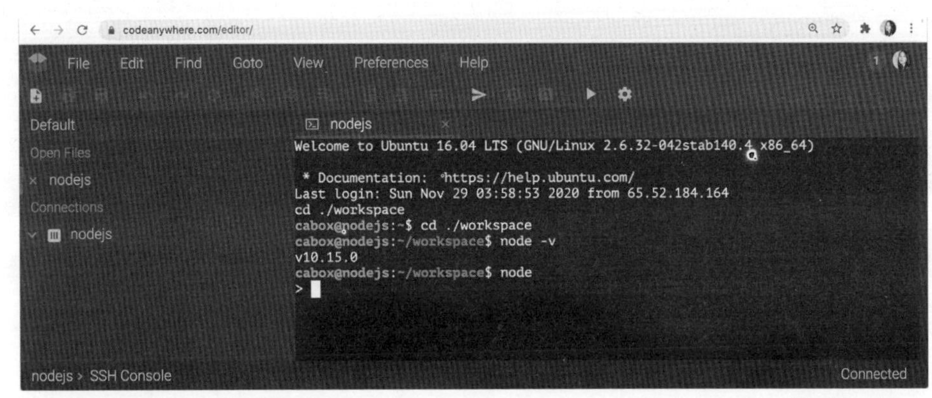

그림 3-53 node 명령으로 Node.js 실행

꺾쇠 모양(>)의 문자가 나오면 Node.js가 실행된 것입니다. 테스트를 위해 자바스크립트 문법에 따라 1+1을 계산한 결과를 화면에 출력해보겠습니다. 다음과 같이 입력하고 엔터를 누릅니다.

```
$ console.log(1+1);
2
undefined
```

정상적으로 2가 출력되는 모습을 볼 수 있습니다. Node.js 명령 모드에서 빠져나가고 싶을 때는 [Ctrl] + [C]를 두 번 누르거나 **.exit** 명령을 입력하고 엔터를 누릅니다.

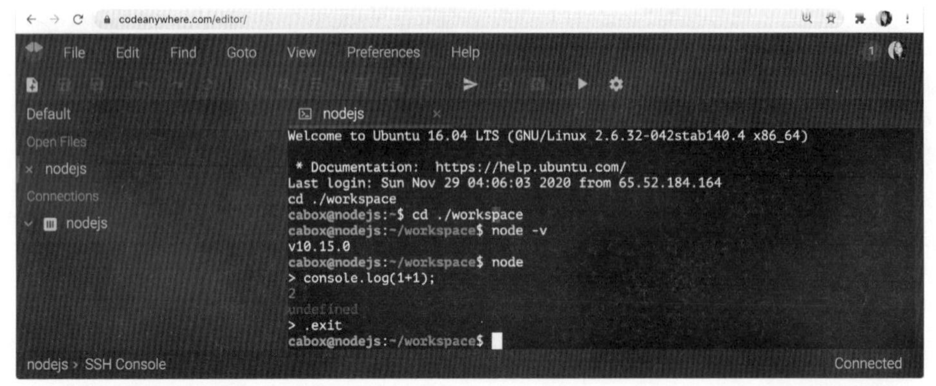

그림 3-54 간단한 코드 실행 후 Node.js 명령 모드 빠져나오기

앞에서 입력한 `console.log(1+1);` 명령은 Node.js에 직접 코드를 입력해서 실행한 것입니다. 프로그램에 코드가 많거나, 자주 사용되거나, 내가 아닌 다른 사람도 프로그램을 실행할 수 있게 하고 싶다면 매번 터미널에서 직접 프로그램을 입력해서 실행하는 것은 쉽지 않습니다. 그럼 어떻게 하면 될까요?

어떤 파일을 만들어서 그 파일에 실행하고자 하는 코드를 입력하고, Node.js에게 그 파일에 있는 내용을 실행하라고 하면 편리할 것입니다. 이렇게 하는 방법을 살펴보겠습니다.

왼쪽 탐색 창에서 [Connections] 아래에 있는 [nodejs]에서 마우스 오른쪽 버튼을 클릭하고 [Create File]을 선택해 새로운 파일을 만듭니다. 새로운 파일의 이름은 '`helloworld.js`'로 합니다.

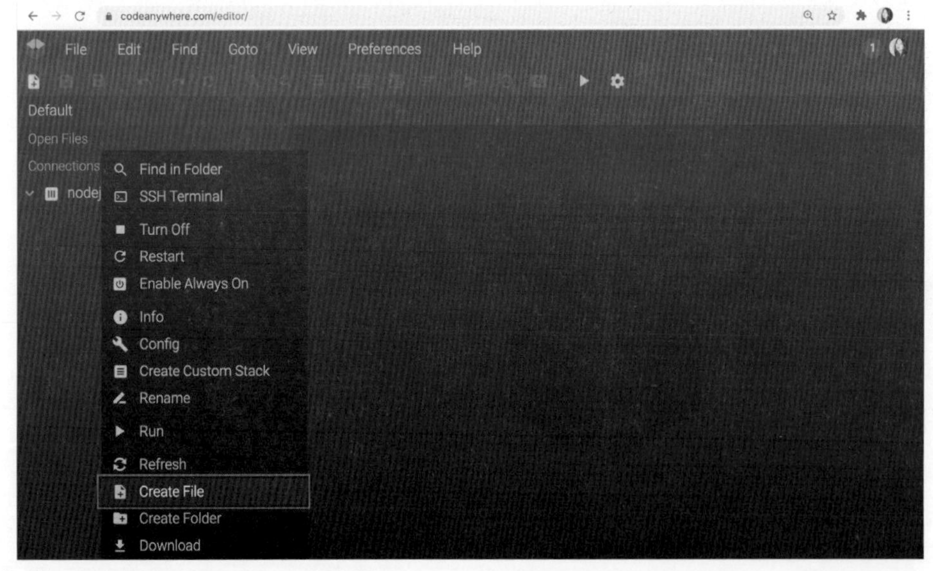

그림 3-55 코드애니웨어에서 helloworld.js 파일 생성

파일이 생성되면 앞서 터미널에서 입력했던 코드와 똑같은 코드를 입력하고 저장합니다(단축키 macOS: command+S, 윈도우: Ctrl+S).

nodejs/helloworld.js
```
console.log(1+1);
```

터미널로 다시 돌아가서 이번에는 node라고 입력하는 것이 아니라, node 뒤에 파일명을 입력하고 엔터를 누릅니다. 이는 Node.js 런타임에 helloworld.js 파일 안에 있는 내용을 실행하라고 시키는 것입니다.

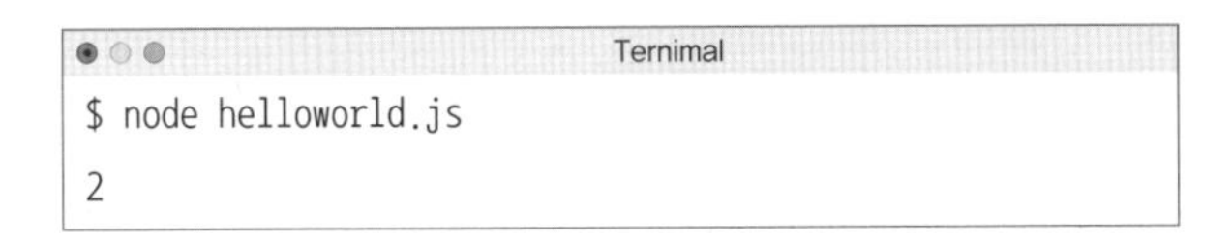
Ternimal
```
$ node helloworld.js
2
```

결과로 2가 출력되면 성공적으로 실행된 것입니다.

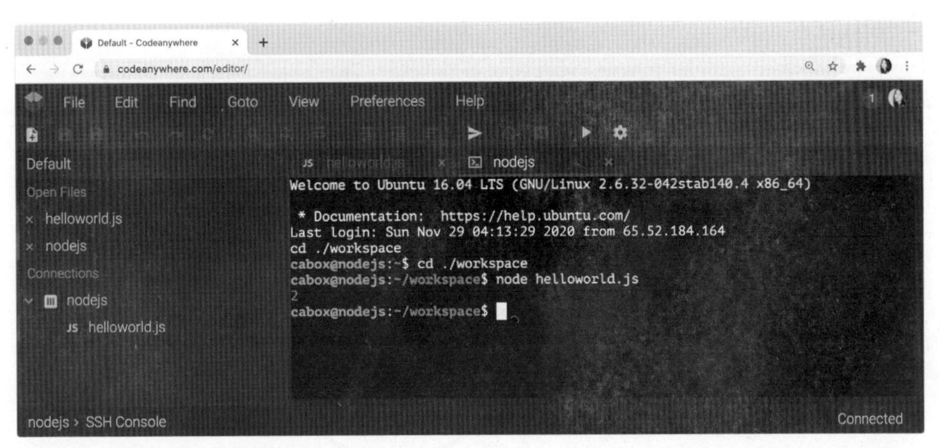

그림 3-56 helloworld.js 파일의 실행 결과

이렇게 해서 리눅스와 코드애니웨어에서 Node.js 실습을 진행하기 위한 기본 방법을 살펴봤습니다.

WEB2

https://youtu.be/jlryXeiNt9o (1분 22초)

04 Node.js - 공부 방법

이 책의 목표는 Node.js를 이용해 웹 애플리케이션을 만드는 것입니다. 그 목표를 향해서 한 발자국씩 나아갈 것입니다. 대략적인 순서는 다음과 같습니다.

1. 자바스크립트 문법 이해
2. Node.js의 기능 이해
3. Node.js 애플리케이션 개발

Node.js 애플리케이션을 만들려면 Node.js의 기능을 실행해야 합니다. 그리고 Node.js의 기능을 실행하는 조작 장치는 자바스크립트라는 프로그래밍 언어입니다. 따라서 학습 순서는 먼저 자바스크립트 문법을 적당히 다루고, 그다음에 Node.js의 기능들을 다룹니다. 그리고 Node.js 기능을 이용해 애플리케이션을 점차 완성해 나갑니다. 이러한 과정을 반복해서 진행합니다.

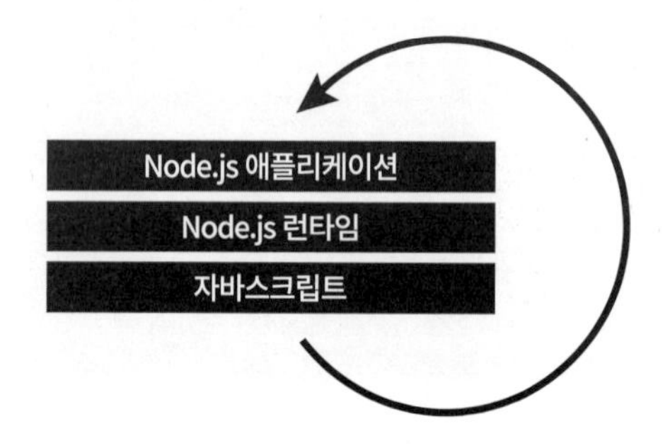

그림 4-1 Node.js 공부 방법

이때 중요한 것은 시간을 아끼는 것입니다. 이미 자바스크립트에 익숙하다면 자바스크립트 문법에 관한 내용은 건너뛰고, Node.js 기능을 설명하는 부분을 보면 됩니다. 또는 Node.js에 익숙하다면 Node.js에 관한 내용은 건너뛰고 Node.js로 웹 애플리케이션을 어떻게 만드는지에 집중하면 됩니다. 이런 식으로 시간을 아끼면서 앞으로 나아가면 좋겠습니다.

WEB2

https://youtu.be/VGZTn1diz_I (6분 33초)

05 Node.js – 웹 서버 만들기

웹 브라우저에 주소를 입력해서 웹 서버에 요청하면 웹 서버는 요청받은 정보를 찾아서 응답해줍니다. 이러한 웹 서버에는 아파치(Apache), 엔진엑스(NGINX), IIS(Internet Information Services) 등 여러 가지가 있습니다. 이 책에서 다루는 Node.js 또한 웹 서버 기능을 내장하고 있어서 아파치처럼 웹 서버로 사용할 수 있습니다. 이러한 특성을 이용하면 아파치 웹 서버로는 할 수 없는 일도 할 수 있습니다. 그럼 Node.js로 웹 서버를 구동해봅시다.

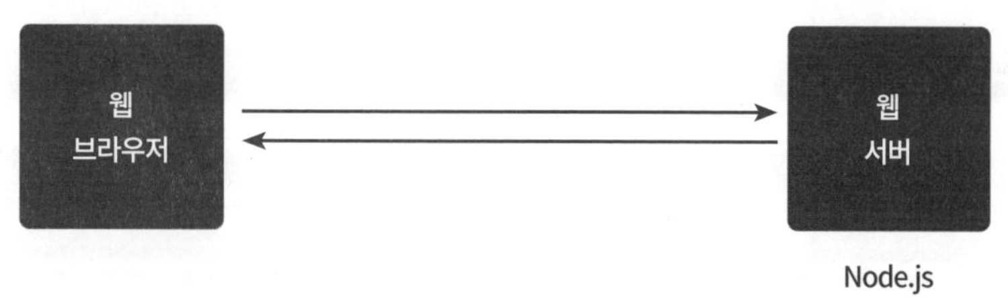

그림 5-1 웹 서버 기능을 내장한 Node.js

HTML 파일 준비

먼저 Node.js 웹 서버를 구동한 다음, 이 웹 서버가 제대로 동작하는지 확인하기 위해 웹 브라우저로 HTML 파일을 요청해서 불러오려고 합니다. 그러려면 웹 서버에 HTML 파일이 있어야 합니다. 실습용 HTML 파일을 직접 만들어도 되지만, 이 수업에서는 시간을 아끼고자 이미 만들어진 HTML 파일을 웹 서버에 저장해서 이용하겠습니다.

이 책의 예제 파일에 포함된 `web1_html_internet` 폴더에 있는 파일들을 드래그해서 앞서 바탕화면에 만들어둔 실습 디렉터리(`web2-nodejs`)로 옮깁니다. 여기까지의 과정은 어떠한 방법을 사용해도 상관없습니다.

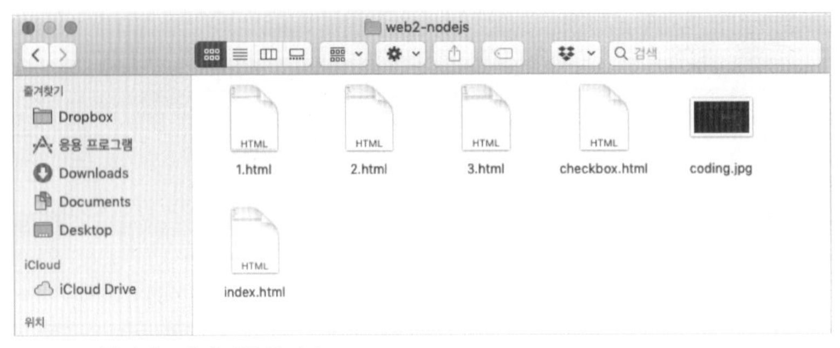

그림 5-2 web2-nodejs 디렉터리로 예제 파일 옮기기

이 책에서 사용한 예제 파일은?

이 책에서 사용한 예제 파일은 생활코딩의 또 다른 수업이자 이 책의 선수 과정인 'HTML과 인터넷'에서 다룬 소스 코드로, 다음과 같은 방법으로도 구할 수 있습니다.

실습에 사용할 HTML 파일을 내려받기 위해 웹 브라우저를 실행하고 생활코딩의 Node.js 수업 페이지에 접속합니다.

- https://opentutorials.org/module/3549

왼쪽 토픽 목록에서 **[Node.js - 웹 서버 만들기]**를 선택하고, 참고 영역에 있는 **[web1 - HTML & Internet 수업의 소스 코드]** 링크를 클릭합니다.

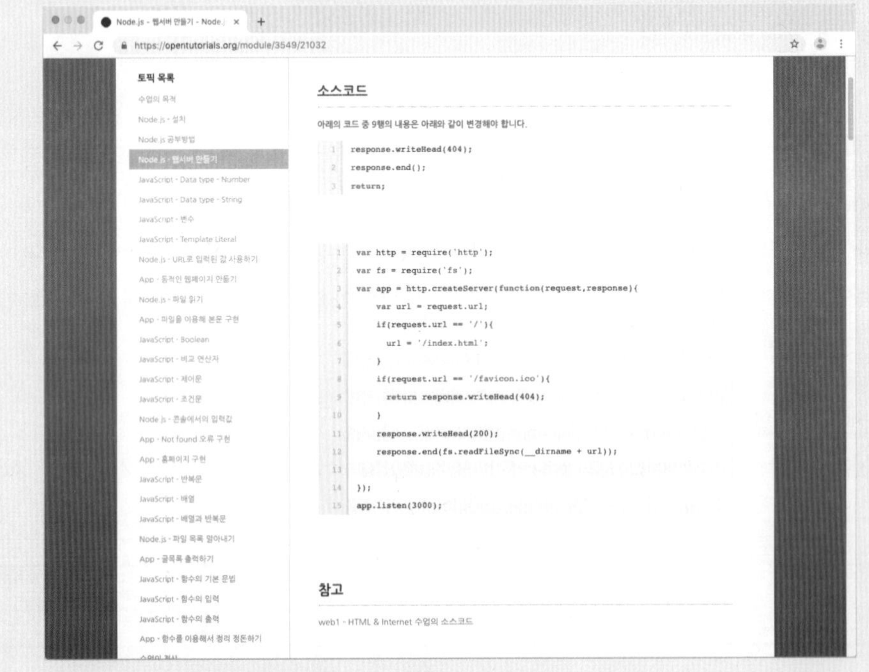

https://opentutorials.org/module/3549/21032
토픽 목록
소스코드
var http = require('http');
var fs = require('fs');
var app = http.createServer(function(request,response){
var url = request.url;
if(request.url == '/'){
url = '/index.html';
}
if(request.url == '/favicon.ico'){
return response.writeHead(404);
}
response.writeHead(200);
response.end(fs.readFileSync(__dirname + url));
});
app.listen(3000);
참고
web1 - HTML & Internet 수업의 소스코드

그림 5-3 Node.js - 웹 서버 만들기 토픽에서 참고 링크 클릭

그러면 'HTML과 인터넷'에서 다룬 소스 코드 저장소로 이동합니다. 저장소에 있는 파일을 내려받기 위해 오른쪽에 있는 [Code] 버튼을 클릭하고 [Download ZIP]을 선택합니다.

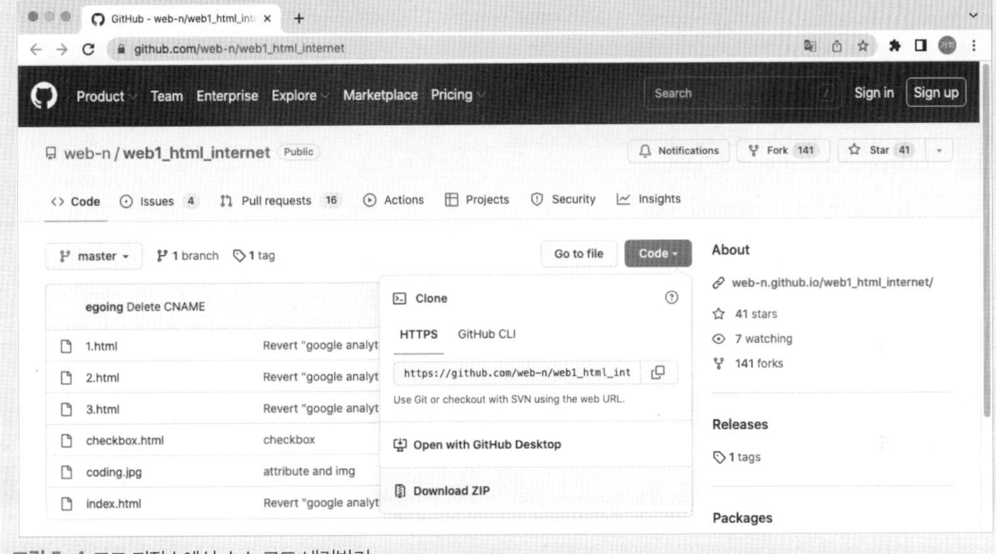

그림 5-4 코드 저장소에서 소스 코드 내려받기

내려받기가 완료되면 적당한 곳에 압축을 풀고, 파일들을 드래그해서 앞서 바탕화면에 만들어둔 실습 디렉터리(web2-nodejs)로 옮깁니다.

main.js 파일 만들기

이제 Node.js가 웹 서버로서 동작하게 하는 파일을 만들겠습니다. VS Code를 실행하고 실습 프로젝트 폴더를 엽니다.

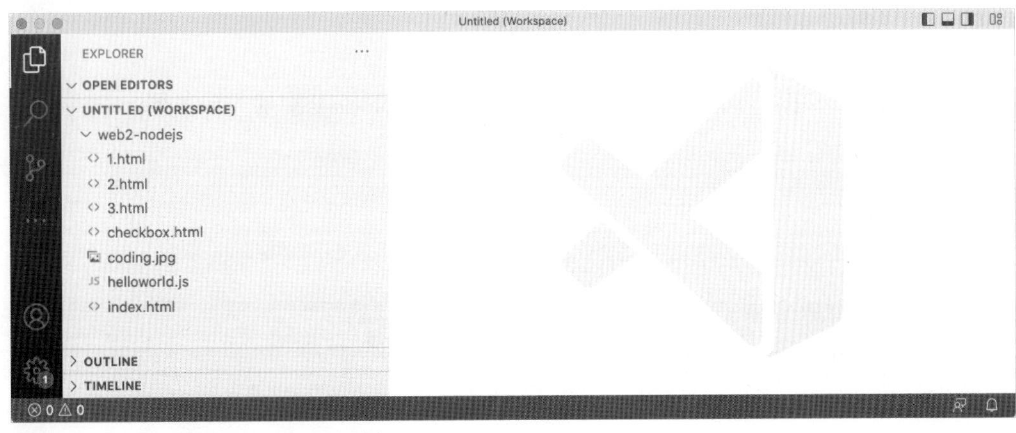

그림 5-5 VS Code 실행 후 프로젝트 폴더 열기

프로젝트 폴더에서 마우스 오른쪽 버튼을 클릭하고 [New File] 메뉴를 선택합니다. '**main.js**'라는 이름으로 새 파일을 만듭니다.

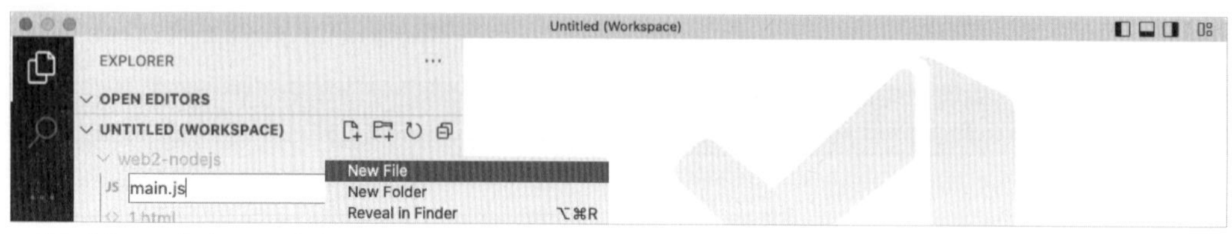

그림 5-6 'main.js' 이름으로 새 파일 생성

main.js 파일을 만들었으면 해당 파일에 다음 소스 코드를 입력합니다. 참고로 책에 나온 소스 코드는 모두 이 책의 예제 파일과 생활코딩의 수업 페이지에 있으므로 복사해서 붙여넣어도 됩니다.

예제 5-1 main.js 파일 web2-nodejs/main.js

```
var http = require('http');
var fs = require('fs');
var app = http.createServer(function(request, response) {
    var url = request.url;
    if(request.url == '/') {
        url = '/index.html';
    }
    if(request.url == '/favicon.ico') {
        return response.writeHead(404);
    }
    response.writeHead(200);
    response.end(fs.readFileSync(__dirname + url));
});
app.listen(3000);
```

아직은 이 코드를 이해하기 어려울 것입니다. 여기서는 이것이 Node.js를 웹 서버로 만들어주는 코드라고 이해하고 넘어갑시다.

웹 서버 켜기

앞에서 작성한 `main.js`를 실행하면 Node.js가 웹 서버로서 동작합니다. 먼저 자신의 컴퓨터에서 명령 프롬프트(macOS에서는 터미널)를 열고 실습 디렉터리로 이동합니다.

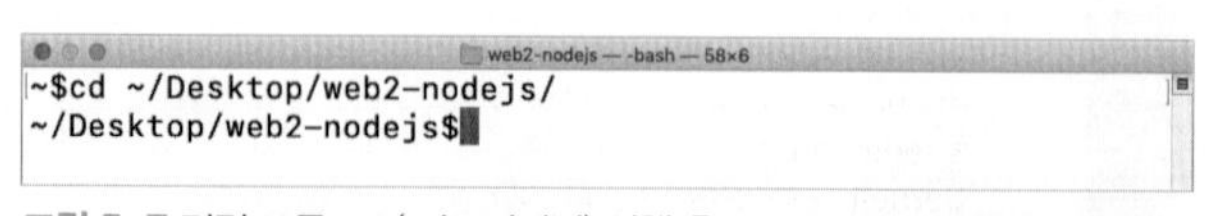

그림 5-7 명령 프롬프트(또는 터미널) 실행 후 web2-nodejs 경로로 이동

그런 다음 아래 명령을 실행합니다. 이 명령은 Node.js가 `main.js`를 실행하게 합니다.

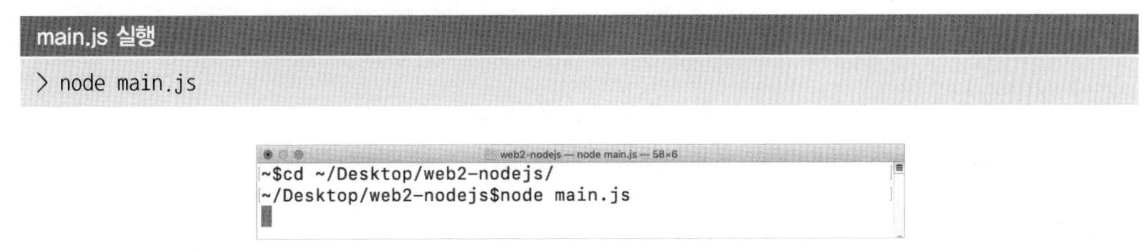

그림 5-8 main.js 실행

명령을 실행한 후 아무런 메시지도 나오지 않는다면 일단 웹 서버를 켜는 데 성공한 것입니다. 에러 메시지가 나온다면 `main.js` 파일의 내용에 오타가 있는지 확인하기 바랍니다. 다음 그림은 `main.js`의 첫 번째 줄에서 http를 htttp로 잘못 입력했을 때 출력되는 에러 메시지입니다.

```
~/Desktop/web2-nodejs$node main.js
internal/modules/cjs/loader.js:638
    throw err;
    ^

Error: Cannot find module 'htttp'
    at Function.Module._resolveFilename (internal/modules/cjs/loader.js:636:15)
    at Function.Module._load (internal/modules/cjs/loader.js:562:25)
    at Module.require (internal/modules/cjs/loader.js:690:17)
    at require (internal/modules/cjs/helpers.js:25:18)
    at Object.<anonymous> (/Users/gaheeyoon/Desktop/web2-nodejs/main.js:1:12)
    at Module._compile (internal/modules/cjs/loader.js:776:30)
    at Object.Module._extensions..js (internal/modules/cjs/loader.js:787:10)
    at Module.load (internal/modules/cjs/loader.js:653:32)
```

그림 5-9 오타로 인해 파일 실행에 실패

아무런 메시지도 나오지 않아서 웹 서버가 제대로 켜졌는지 알 수 없습니다. 이를 확인하고자 웹 브라우저를 열고 주소 표시줄에 **localhost:3000**을 입력합니다. 웹 브라우저로 localhost:3000에 접속해서 다음과 같은 페이지가 나오면 웹 서버가 잘 동작하는 것입니다.

WEB

1. HTML
2. CSS
3. JavaScript

WEB

The World Wide Web (abbreviated WWW or the Web) is an information space where documents and other web resources are identified by Uniform Resource Locators (URLs), interlinked by hypertext links, and can be accessed via the Internet.[1] English scientist Tim Berners-Lee invented the World Wide Web in 1989. He wrote the first web browser computer program in 1990 while employed at CERN in Switzerland.[2][3] The Web browser was released

그림 5-10 웹 브라우저에서 localhost:3000에 접속

localhost:3000은 어떤 의미인가요?

주소에서 콜론(:)을 기준으로 왼쪽은 접속하려는 컴퓨터의 주소를 나타내며, 오른쪽은 해당 컴퓨터에 어떤 포트로 요청을 전달할지를 나타냅니다. localhost는 자신의 컴퓨터(이 웹 브라우저가 실행되고 있는 컴퓨터)를 의미하며, 3000은 앞서 main.js에 명시한 포트 번호로서 Node.js 웹 서버가 요청을 받는 통로를 의미합니다.

```
var app = http.createServer(function(request, response) {
    ... 생략 ....
});
app.listen(3000);
```

웹 페이지에 표시된 링크를 클릭해보면 다른 페이지로 잘 이동하는 모습을 확인할 수 있습니다.

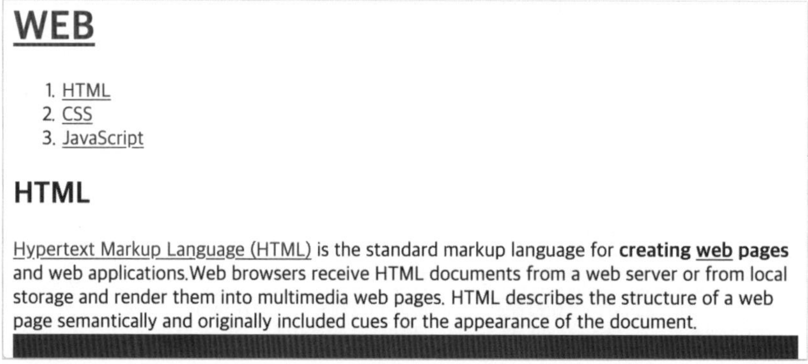

WEB

1. HTML
2. CSS
3. JavaScript

HTML

Hypertext Markup Language (HTML) is the standard markup language for **creating web pages** and web applications.Web browsers receive HTML documents from a web server or from local storage and render them into multimedia web pages. HTML describes the structure of a web page semantically and originally included cues for the appearance of the document.

그림 5-11 다른 페이지로 이동

정리하면, main.js 파일을 작성하고 실행해서 Node.js를 웹 서버로서 동작하게 하고 웹 브라우저로 해당 웹 서버에 있는 웹 페이지를 불러왔습니다. 참고로 웹 브라우저에 나오는 내용은 앞서 실습 디렉터리에 넣어둔 파일 중 index.html에 작성된 내용입니다.

웹 서버 끄기

그렇다면 Node.js 웹 서버를 끄면 어떻게 될까요? Node.js 웹 서버가 동작 중인 명령 프롬프트에서 [Ctrl]+[C] 키를 누르면 웹 서버가 동작을 멈춥니다.

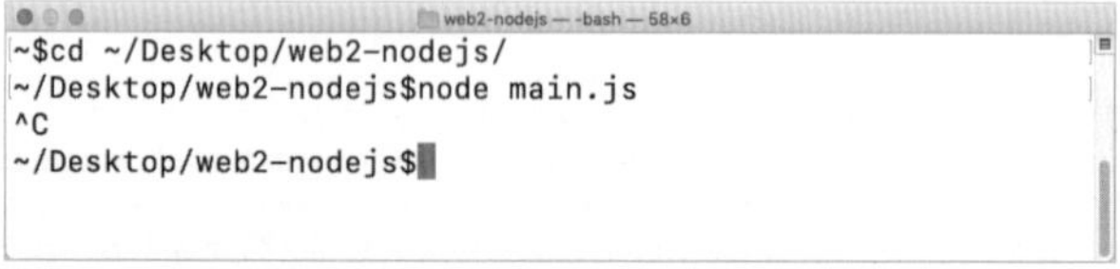

```
web2-nodejs — -bash — 58×6
~$cd ~/Desktop/web2-nodejs/
~/Desktop/web2-nodejs$node main.js
^C
~/Desktop/web2-nodejs$
```

그림 5-12 명령 프롬프트에서 [Ctrl]+[C] 입력

그리고 웹 브라우저에서 Node.js 웹 서버에 다시 접속하면 접속이 안 됩니다.

localhost:3000/
사이트에 연결할 수 없음
localhost에서 연결을 거부했습니다.
Google에서 localhost 3000 검색
ERR_CONNECTION_REFUSED

그림 5-13 웹 브라우저에서 localhost:3000에 접속

이로써 Node.js가 웹 서버로 동작하고 있음을 확인했습니다.

요청한 파일 경로 표시하기

이처럼 Node.js가 웹 서버로 동작하게 된 것은 앞에서 작성한 main.js 덕분입니다. 이 파일을 좀 더 들여다보겠습니다. main.js의 코드를 지금 다 이해할 수는 없습니다. 하지만 수업을 마칠 때쯤이면 main.js 파일의 내용을 자유자재로 다룰 수 있게 될 것이고 그게 이 수업의 목표입니다.

일단 main.js의 코드에서 다음 명령을 추가해보겠습니다.

예제 5-2 웹 브라우저가 요청한 파일의 경로를 출력하는 코드를 추가 web2-nodejs/main.js

```
... 생략 ...
    response.writeHead(200);
    console.log(__dirname + url);  ← 명령 추가
    response.end(fs.readFileSync(__dirname + url));
... 생략 ...
```

방금 추가한 명령은 **웹 브라우저가 요청한 파일의 경로를 콘솔에 출력**합니다. 명령 프롬프트에서 node main.js 명령으로 Node.js 웹 서버를 다시 실행하고, 웹 브라우저에서 다시 요청을 보내 보겠습니다(localhots:3000으로 접속해보겠습니다). 그러면 다음과 같이 웹 브라우저가 요청한 파일 경로가 콘솔에 나타납니다.

main.js 실행 결과

```
> node main.js
/Users/<username>/Desktop/web2-nodejs/index.html
```

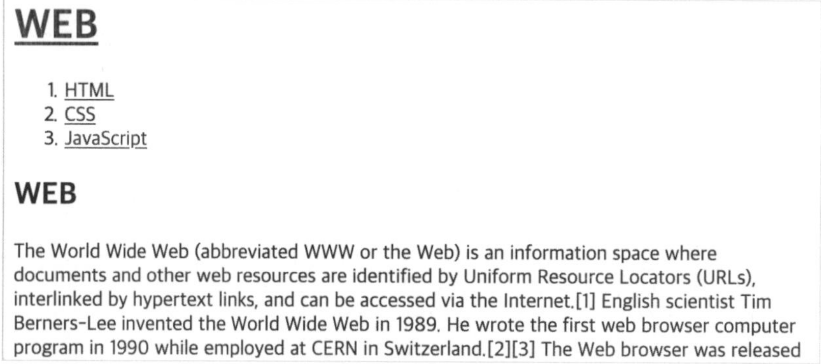

WEB

1. HTML
2. CSS
3. JavaScript

WEB

The World Wide Web (abbreviated WWW or the Web) is an information space where documents and other web resources are identified by Uniform Resource Locators (URLs), interlinked by hypertext links, and can be accessed via the Internet.[1] English scientist Tim Berners-Lee invented the World Wide Web in 1989. He wrote the first web browser computer program in 1990 while employed at CERN in Switzerland.[2][3] The Web browser was released

그림 5-14 웹 브라우저가 요청한 주소를 콘솔에 출력

웹 서버의 응답 코드

이어서 다음 코드의 의미를 살펴보겠습니다.

```
response.end(fs.readFileSync(__dirname + url))
```

response.end()는 웹 서버가 **웹 브라우저의 요청에 응답하는 명령**입니다. 이때 괄호 안의 내용을 웹 브라우저에 전달합니다. 여기서는 Node.js의 기능 중 `fs.readFileSync`를 이용해 웹 브라우저가 요청한 파일(`__dirname+url`)을 읽어서 응답합니다.

예를 들어, 위 응답 코드를 다음과 같이 변경해 보겠습니다.

예제 5-3 response.end() 코드 살펴보기 web2-nodejs/main.js

```
... 생략 ...
    response.writeHead(200);
    console.log(__dirname + url);
    response.end('egoing : ' + url); ← 명령 수정
... 생략 ...
```

웹 서버를 껐다가 다시 실행하고(반드시 다시 실행해야 변경한 내용이 반영됩니다), 웹 브라우저에서 새로 고침을 눌러 다시 요청합니다. 그럼 다음과 같은 내용을 볼 수 있습니다.

그림 5-15 response.end() 코드를 수정한 후 웹 서버를 재실행한 결과

즉, response.end() 명령을 이용하면 웹 서버가 웹 브라우저의 요청에 응답할 수 있는데, 이때 괄호 안에 어떤 내용을 작성하느냐에 따라 응답 내용이 달라집니다. 앞으로 수업을 진행하면서 이러한 내용을 자세하게 다룰 예정입니다.

앞에서 변경한 코드를 다시 원래대로 돌려놓고 이번 수업을 마무리합니다.

예제 5-4 main.js 파일 원래대로 돌려놓기 web2-nodejs/main.js

```
... 생략 ...
    response.writeHead(200);
    response.end(fs.readFileSync(__dirname + url));
... 생략 ...
```

WEB2

https://youtu.be/9vH3MeoQ_Gc (4분 57초)

06 자바스크립트 – 데이터 타입

이번 시간에는 자바스크립트 문법을 살펴보겠습니다. 그중에서도 데이터 타입이라는 주제를 이야기하겠습니다. 데이터를 다루는 일은 우리가 컴퓨터를 사용하는 가장 중요한 이유라고 할 수 있습니다. 그렇기 때문에 프로그래밍을 배울 때 첫 번째로 알아야 할 것이 데이터의 종류와 처리 방법입니다.

자바스크립트가 지원하는 데이터 타입은 숫자와 문자열, 논리값, 배열, 오브젝트 등 다양합니다. 하지만 이러한 타입을 한꺼번에 배우려고 하면 고통스러울 수 있습니다. 따라서 이번 시간에는 여러 가지 데이터 타입 중에서 가장 중요하고 가장 많이 사용하는 숫자(Number)와 문자열(String)만 먼저 다룹니다. 숫자와 문자열을 어떻게 표현하고 처리하는지 살펴보겠습니다.

숫자 데이터 타입 – Number

먼저 프로젝트 디렉터리 아래에 문법이라는 의미의 'syntax' 디렉터리를 만듭니다. 앞으로 문법과 관련한 예제는 syntax 디렉터리에서 진행하겠습니다.

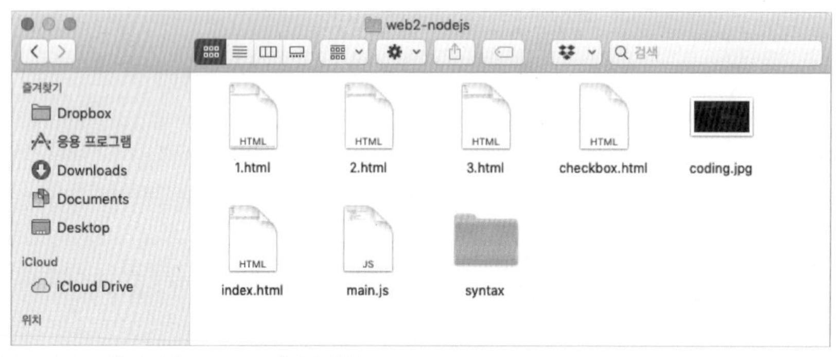

그림 6-1 web2-nodejs 디렉터리에 syntax 디렉터리 생성

숫자 표현

syntax 디렉터리에 number.js 파일을 만들고 다음과 같이 코드를 입력합니다.

예제 6-1 숫자 데이터의 표현 예 – 사칙연산 web2-nodejs/syntax/number.js

```
console.log(1 + 1);
console.log(4 - 1);
console.log(2 * 2);
console.log(10 / 2);
```

위 코드는 자바스크립트에서 **숫자**라는 데이터를 표현한 예입니다. 자바스크립트에서 숫자를 쓰는 방법은 아주 쉽습니다. 숫자를 적으면 숫자로 인식합니다.

자바스크립트는 숫자 데이터를 처리하는 여러 가지 방법을 제공합니다. 예제 6-1에서 숫자와 숫자 사이의 기호는 **'연산자(operator)'**라고 하며, +, -, *, / 연산자는 **두 항을 대상으로 연산**하므로 **'이항연산자(binary operator)'**라고 합니다. 참고로 곱하기 연산자는 키보드에서 [Shift]+[8]을 눌러 별 모양 기호(*)로 표현합니다.

방금 작성한 `number.js` 파일을 실행해 각 연산 결과를 확인하면 다음과 같습니다.

number.js 실행 결과

```
> node syntax/number.js
2
3
4
5
```

실행했는데 오류가 발생한다면?

다음과 같이 'Error: Cannot find module' 오류가 발생했다면 현재 위치한 경로를 확인해주세요. 현재 위치한 경로는 web2-nodejs 디렉터리인데, 앞서 number.js 파일을 web2-nodejs/syntax 디렉터리에 저장했기 때문에 파일을 찾을 수 없어서 발생한 오류입니다.

web2-nodejs — -bash — 82×12

```
~/Desktop/web2-nodejs$node number.js
internal/modules/cjs/loader.js:638
    throw err;
    ^

Error: Cannot find module '/Users/gaheeyoon/Desktop/web2-nodejs/number.js'
    at Function.Module._resolveFilename (internal/modules/cjs/loader.js:636:15)
    at Function.Module._load (internal/modules/cjs/loader.js:562:25)
    at Function.Module.runMain (internal/modules/cjs/loader.js:829:12)
    at startup (internal/bootstrap/node.js:283:19)
    at bootstrapNodeJSCore (internal/bootstrap/node.js:622:3)
~/Desktop/web2-nodejs$
```

그림 6-2 'Cannot find module' 오류 발생

cd 명령어를 이용해 syntax 디렉터리로 이동한 후에 실행하거나 디렉터리명까지 포함해서 실행해보면 결과가 출력되는 모습을 볼 수 있습니다.

방법 1: syntax 디렉터리로 이동 후 실행

```
$ cd syntax            ← syntax 디렉터리로 이동합니다
$ node number.js       ← Number.js 파일을 실행합니다
```

```
~/Desktop/web2-nodejs$cd syntax/
~/Desktop/web2-nodejs/syntax$node number.js
2
3
4
5
~/Desktop/web2-nodejs/syntax$
```

그림 6-3 디렉터리 이동 후 재실행

방법 2: node 명령에 syntax 디렉터리명을 포함해서 실행

```
$ node syntax/number.js          ← syntax 디렉터리에 있는 number.js 파일을 실행합니다
```

```
~/Desktop/web2-nodejs$node syntax/number.js
2
3
4
5
~/Desktop/web2-nodejs$
```

그림 6-4 syntax 디렉터리명을 포함하여 실행

명령 프롬프트에서 자주 쓰이는 명령어

- 디렉터리 이동(cd)

  윈도우의 명령 프롬프트나 macOS의 터미널과 같은 콘솔에서 특정 디렉터리로 이동하려면 다음 명령어를 이용합니다. cd는 'change directory'의 약자입니다.

```
$ cd 〈이동할 경로〉
```

- 현재 경로 확인(cd, pwd)

  현재 디렉터리의 경로를 확인하려면 다음 명령어를 이용합니다.

```
$ cd          ← 윈도우
$ pwd         ← macOS
```

- 현재 경로에 있는 디렉터리/파일 목록 보기(dir, ls)

  현재 경로에 있는 디렉터리/파일 목록을 확인하려면 다음 명령어를 이용합니다.

```
$ dir /w      ← 윈도우
$ ls          ← macOS
```

이처럼 자바스크립트를 이용해 숫자를 다루는 방법을 간략하게 살펴봤습니다. 보다시피 그리 어렵지 않습니다. 여기서부터 출발해 무궁무진한 가능성이 있습니다.

문자열 데이터 타입 - String

이번 시간에는 '**문자열**', 영어로 '**String**'이라고 하는 데이터 타입을 살펴보겠습니다. 먼저 syntax 디렉터리에 string.js 파일을 생성합니다.

https://youtu.be/De9Cttb_9dQ
(4분 59초)

문자열 표현

앞에서 숫자를 표현할 때는 그냥 숫자만 썼지만, 문자열을 표현할 때는 해당 문자열을 큰따옴표(" ")로 묶어야 합니다. 또는 작은따옴표(' ')로 묶어도 되는데, 여닫는 따옴표의 종류만 같게 해주면 상관없습니다.

먼저 string.js 파일에 다음과 같이 코드를 입력합니다. 파일을 실행하기 전에 결과를 예측해보세요.

예제 6-2 문자열 데이터의 덧셈 연산 web2-nodejs/syntax/string.js

```
console.log(1 + 1);
console.log('1' + '1');
```

위 코드에서 첫 번째 줄은 숫자 데이터를 더한 것이고, 두 번째 줄은 작은따옴표를 사용해 문자열을 표현한 것입니다. 결과를 확인해보면 다음과 같습니다.

string.js 실행 결과

```
> node syntax/string.js
2
11
```

예측한 결과가 나왔나요? 두 번째 줄의 결과가 '11'이라고 나온 이유는 **덧셈 연산자**(+)의 연산 대상인 피연산자가 **숫자**이면 **두 수를 덧셈**하고, **문자열**이면 **두 문자열을 결합**하기 때문입니다. 이처럼 같은 연산이라도 데이터의 종류에 따라 결과가 달라질 수 있다는 점을 기억하기 바랍니다.

문자열 처리 예: 문자열의 길이 구하기

문자열을 표현하는 방법을 알았으므로 이제 문자열을 처리하는 방법을 살펴보겠습니다. 다음은 아무런 의미가 없는 문자열입니다.

예제 6-3 의미 없는 문자열 web2-nodejs/syntax/loremIpsum.txt

```
Lorem ipsum dolor sit amet, consectetur adipisicing elit, sed do eiusmod tempor incididunt
ut labore et dolore magna aliqua. Ut enim ad minim veniam, quis nostrud exercitation ullamco
laboris nisi ut aliquip ex ea commodo consequat. Duis aute irure dolor in reprehenderit in
voluptate velit esse cillum dolore eu fugiat nulla pariatur. Excepteur sint occaecat cupidatat
non proident, sunt in culpa qui officia deserunt mollit anim id est laborum.
```

이 문자열이 1억 개의 글자로 이뤄졌다고 가정하고, 여러분에게 이 문자열이 총 몇 글자인지 세는 일이 주어졌다고 생각해보세요. 굉장히 고통스럽겠죠? 그러나 우리가 계산이 필요할 때 계산기를 꺼내는 것처럼 자바스크립트를 이용하면 문제를 손쉽게 해결할 수 있습니다.

자바스크립트에서는 문자열을 처리하는 여러 가지 방법을 제공하는데, 그중 하나가 문자열의 길이를 나타내는 **length 속성**입니다. 앞에서 제시한 문자열에 length 속성을 사용하면 **문자열의 길이**를 알 수 있습니다.

예제 6-4 문자열의 길이를 나타내는 length 속성 web2-nodejs/syntax/string.js

```
console.log('Lorem ipsum dolor sit amet, consectetur adipisicing elit, sed do eiusmod tempor
incididunt ut labore et dolore magna aliqua. Ut enim ad minim veniam, quis nostrud exercitation
ullamco laboris nisi ut aliquip ex ea commodo consequat. Duis aute irure dolor in reprehenderit
in voluptate velit esse cillum dolore eu fugiat nulla pariatur. Excepteur sint occaecat
cupidatat non proident, sunt in culpa qui officia deserunt mollit anim id est laborum.'.length);
```

이 코드의 실행 결과는 다음과 같습니다.

string.js 실행 결과

```
> node syntax/string.js
446
```

length로 알아본 문자열의 길이는 446입니다. 문자열의 길이가 446이라는 것은 공백을 포함해 총 446개의 글자로 이뤄졌음을 의미합니다.

프로그래밍을 이용하면 아주 거창하고 거대한 소프트웨어를 만드는 것도 가능하지만, 순간순간 우리에게 주어진 사소한 문제를 해결할 수 있습니다. 처음부터 너무 높은 목표보다는 지금 배우는 내용 하나 하나가 많은 일을 할 수 있다는 점을 생각해보면 좋겠습니다.

length와 같은 문자열을 처리하는 방법들을 어떻게 알 수 있나요?

먼저 웹 브라우저를 열고 즐겨 사용하는 검색 엔진에 접속합니다. 요구사항을 몇 가지 검색어로 간추려봅시다. 우리는 자바스크립트를 이용해 문자열에서 문자의 개수를 세고 싶습니다. 그러면 'javascript', 'string', 'count'라는 키워드를 조합해서 검색해볼 수 있습니다.

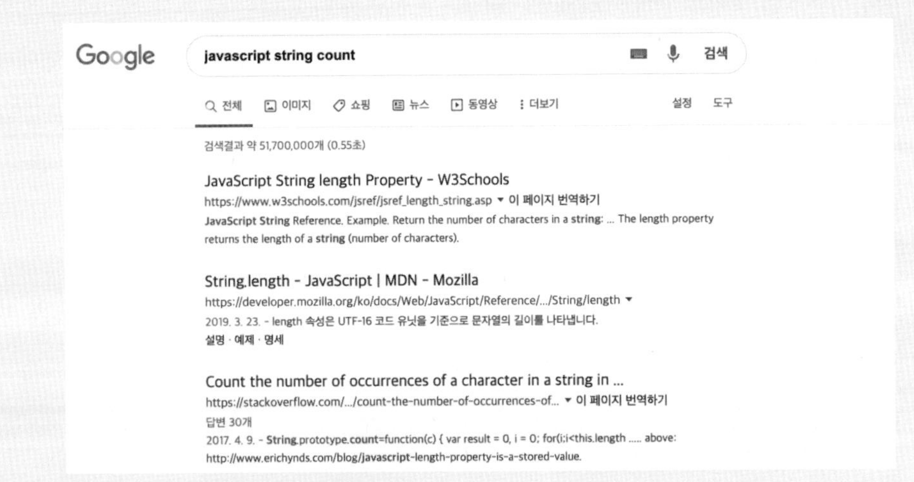

그림 6-5 검색 엔진에서 문자열을 처리하는 방법 검색

여기서 첫 번째 검색 결과로 들어가 보면 다음과 같은 페이지가 나타나고, 문제를 해결하는 실마리를 얻을 수 있습니다.

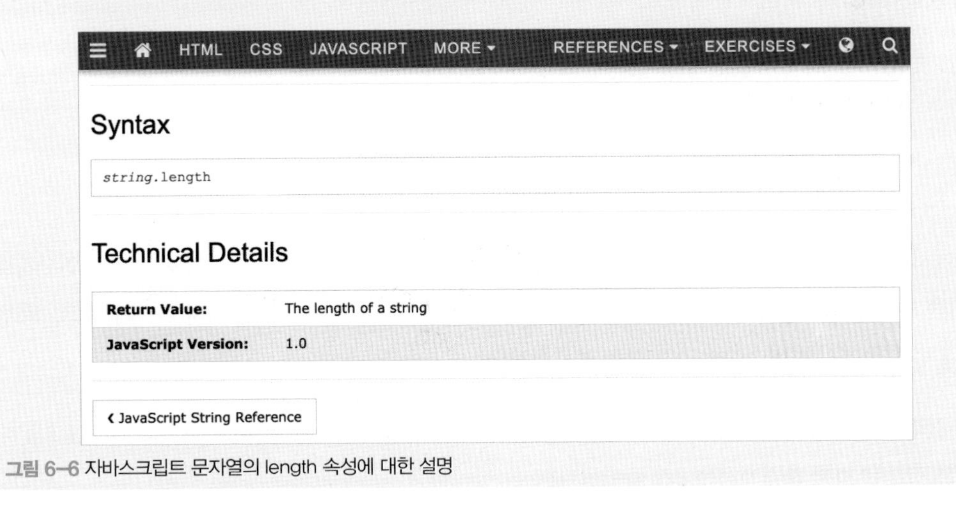

그림 6-6 자바스크립트 문자열의 length 속성에 대한 설명

WEB2

07 자바스크립트 - 변수

https://youtu.be/0eJvPFylLLk (4분 2초)

변수의 형식

이번 시간에는 '변수'라는 것을 살펴보겠습니다. 변수라고 하니까 학교 다닐 때 수학 시간에 좀 우울했던 기억이 떠오르는 분들도 있을 것 같습니다. 그런데 걱정할 필요가 전혀 없습니다. 프로그래밍에서의 변수는 수학에서의 변수와 본질적으로는 같지만, 전혀 추상적이지 않고 정말로 편리한 도구입니다. 지금부터 자바스크립트에서 변수라는 문법을 살펴보겠습니다.

변수 사용법

변수 예제를 만들어 보겠습니다. `syntax` 디렉터리 아래에 `variable.js` 파일을 만들고 다음과 같이 코드를 입력합니다.

예제 7-1 변수 선언 후 값 대입 web2-nodejs/syntax/variable.js

```
a = 1;        ← a 변수 선언 후 숫자 1 대입
console.log(a);
a = 2;        ← a 변수에 숫자 2 대입
console.log(a);
```

variable.js 실행 결과

```
> node syntax/variable.js
1
2
```

코드에서 첫 줄에 작성한 a가 자바스크립트 **변수**입니다. 변수 a 다음에 입력한 **= 기호**는 **대입 연산자**로서 왼쪽 변수에 오른쪽 값을 대입합니다. 즉, 첫 번째, 세 번째 줄에서는 변수 a에 값을 대입하고, 두 번째, 네 번째 줄에서는 변수 a에 담긴 값을 출력합니다.

실행 결과를 보면 첫 줄에서 변수 a에 1을 대입했으므로 1이 출력됩니다. 그리고 다시 a 변수에 2를 대입했으므로 두 번째 출력에서는 2가 출력됩니다.

변수 이름 짓기

앞의 예제에서 사용한 변수 이름은 a입니다. 자바스크립트에서 변수 이름을 지을 때는 다음과 같은 지켜야 할 몇 가지 규칙이 있습니다.

- 변수명에는 공백을 넣을 수 없다.
- 변수명은 문자나 밑줄(_), 달러 기호($)로 시작해야 하고, 첫 글자 이후로는 문자, 숫자, 밑줄, 달러 기호만 쓸 수 있다.
- 변수명은 대소문자를 구분한다.
- 자바스크립트 예약어를 변수명으로 쓸 수 없다(예약어는 부록을 참고).

이처럼 **변수**는 **변할 수 있는 수**로서 계속 다른 값으로 변경할 수 있습니다. 반면 1과 2처럼 **변하지 않는 수**를 **'상수'**라고 합니다. 그리고 대입 연산자의 왼쪽에는 반드시 변수가 와야 합니다. 예를 들어, 예제에 다음 코드를 추가해볼까요?

예제 7-2 상수의 값 변경 web2-nodejs/syntax/variable.js

```
... 생략 ...
1 = 2;        ← 오류 발생!
```

variable.js 실행 결과

```
> node syntax/variable.js
ReferenceError: Invalid left-hand side in assignment
... 생략 ...
```

코드를 실행해보면 자바스크립트가 우리에게 뭐라뭐라 투덜댑니다. 상수 1은 항상 1이기 때문에 여기에 어떤 값을 대입할 수 없습니다. 그런데 상수 1에 대입 연산을 명령하니까 그렇게는 안 된다며 투덜대는 것입니다. 즉, 대입 연산자 왼쪽에는 상수가 올 수 없으며, 반드시 값을 대입할 수 있는 변수가 와야 합니다.

주석

앞서 1 = 2;는 잘못된 코드이므로 지워야 실행하는 데 문제가 없을 것입니다. 그런데 이참에 주석을 배우고 가면 좋겠습니다. 앞서 1 = 2; 코드를 지우지 말고 앞에 슬래시(/) 두 개를 입력해보세요.

예제 7-3 잘못된 코드 앞에 주석 추가 web2-nodejs/syntax/variable.js

```
... 생략 ...
// 1 = 2;
```

자바스크립트는 슬래시 두 개 다음에 나오는 명령을 없는 취급합니다. 즉, **해석을 생략하고 실행에서 제외**합니다. 따라서 이 상태로 실행하면 앞에서 발생했던 오류가 발생하지 않습니다. 이처럼 자바스크립트에서 슬래시 두 개로 시작하는 문장을 '**주석**(comment)'이라고 합니다.

주석은 자신이나 다른 사람이 코드를 해석할 때 도움이 되라고 표시하는 **일종의 메모**라고 생각하면 됩니다. 주로 코드의 명세를 나타낼 때 사용하는데, 실행에는 전혀 영향을 미치지 않으므로 시험 삼아 어떤 코드를 생략할 때도 사용합니다.

var 키워드로 변수 선언

앞에서 변수에 관해 알아봤는데, 변수를 선언할 때 좋은 습관을 하나 알려드리겠습니다. 앞의 예에서는 변수 a를 그냥 선언했는데, 변수를 선언할 때는 변수 이름 앞에 var라는 키워드를 붙이는 게 좋습니다.

변수 선언 형식

```
var 변수명;
```

var는 변수를 나타내는 variable의 앞 세 글자로서, 자바스크립트에서 변수를 선언하는 키워드입니다. 변수를 선언할 때 var 키워드를 생략해도 괜찮지만, 생략하는 이유를 모른다면 항상 붙이는 게 좋습니다. var 키워드를 입력했을 때와 생략했을 때의 차이는 나중에 변수의 유효범위 등 좀 더 깊이 있는 내용을 다룰 때 자세히 설명하겠습니다. 지금은 그냥 붙이는 습관을 들이기 바랍니다.

그리고 var 키워드는 **해당 변수를 처음 선언할 때만** 붙이고 다음에 사용할 때는 붙일 필요가 없습니다.

예제 7-4 var 키워드로 변수 선언 web2-nodejs/syntax/variable.js

```
var a = 1; ← var 키워드로 변수를 선언한 후 숫자 1을 대입
console.log(a);
a = 2;     ← a 변수에 숫자 2를 대입
console.log(a);
```

variable.js 실행 결과

```
> node syntax/variable.js
1
2
```

지금까지 변수를 선언하고 사용하는 기본적인 방법을 살펴봤습니다. 변수를 어디에 사용하는지 등의 좀 더 실용적인 이야기는 다음 절에서 살펴보겠습니다.

변수의 활용

이번 시간에는 앞에서 배운 변수를 왜 쓰는가에 관해 이야기해보겠습니다. 사실 변수를 사용하는 목적은 여러 가지지만, 여기서는 두 가지만 살펴보겠습니다.

https://youtu.be/vfT8NefAdZQ
(5분 59초)

데이터에 이름을 붙이는 이름표 역할

우선 syntax 디렉터리 아래에 variable2.js라는 파일을 만들고 다음과 같이 코드를 입력합니다. 문자열은 예제 폴더의 syntax/loremipsum.txt에 들어 있으니 복사해서 붙여 넣으면 됩니다.

예제 7-5 변수를 사용하지 않았을 때 web2-nodejs/syntax/variable2.js

```
console.log('Lorem ipsum dolor sit amet, consectetur adipisicing elit, sed do eiusmod tempor
incididunt ut labore et dolore magna aliqua. Ut enim ad minim veniam, quis nostrud exercitation
ullamco laboris nisi ut aliquip ex ea commodo consequat. Duis aute irure dolor in reprehenderit
in voluptate velit esse cillum dolore eu fugiat nulla pariatur. Excepteur sint occaecat
cupidatat non proident, sunt in culpa qui officia deserunt mollit anim id est laborum.');
```

variable2.js 실행 결과

```
> node syntax/variable2.js
Lorem ipsum dolor sit amet, ... 생략 ... deserunt mollit anim id est laborum.
```

출력한 문자열에 특별한 의미는 없습니다. 그냥 문자열이라고 생각하면 됩니다. 그런데 이러한 문자열이 1억 줄이라면 데이터를 봤을 때 어떤 데이터인지 바로 알 수 있을까요? 바로 이럴 때 구원해주는 도구가 변수입니다. 변수에는 여러 가지 목적이 있는데, 그중 기본은 **데이터에 이름을 붙이는 용도**입니다. 변수를 이용해 데이터에 이름을 붙이면 해당 데이터가 의미하는 바를 쉽게 알 수 있습니다.

앞서 작성한 코드를 변수를 이용해 다음과 같이 바꿔보겠습니다.

예제 7-6 변수를 사용했을 때 web2-nodejs/syntax/variable2.js

```
var letter = 'Lorem ipsum dolor sit amet, consectetur adipisicing elit, sed do eiusmod tempor
incididunt ut labore et dolore magna aliqua. Ut enim ad minim veniam, quis nostrud exercitation
ullamco laboris nisi ut aliquip ex ea commodo consequat. Duis aute irure dolor in reprehenderit
in voluptate velit esse cillum dolore eu fugiat nulla pariatur. Excepteur sint occaecat
cupidatat non proident, sunt in culpa qui officia deserunt mollit anim id est laborum.';
console.log(letter);
```

```
variable2.js 실행 결과
> node syntax/variable2.js
Lorem ipsum dolor sit amet, ... (생략) ... deserunt mollit anim id est laborum.
```

letter라는 변수를 선언하고 여기에 문자열을 넣었습니다. 그런 다음 출력 기능으로 letter 변숫값을 출력했습니다. 결과는 앞의 코드와 똑같지만, 긴 문자열에 letter라는 이름을 붙임으로써 코드를 읽기가 훨씬 편해졌습니다. 또한 letter라는 변수의 이름에서 이 문자열이 편지글이라는 것을 추론할 수 있습니다.

이것이 변수를 사용하는 첫 번째 이유입니다. 변수는 너무나 많은 효용이 있기 때문에 이를 전부 설명하는 것은 불가능하지만, 그중 하나만 더 이야기하겠습니다.

중복되는 코드를 줄일 수 있다

많은 프로그래머가 말하는 좋은 프로그래밍 방법의 하나는 중복을 피하는 코드를 작성하는 것입니다. 즉, 같은 코드가 중복되는 것을 최대한 줄이려고 노력하는 것입니다. 예를 들어, 앞의 문자열에서 egoing이라는 문자열이 중복된다고 생각해보겠습니다.

예제 7-7 변수를 사용하지 않았을 때의 편지글 web2-nodejs/syntax/variable2.js

```
Dear egoing Lorem ipsum dolor sit amet, consectetur adipisicing elit, sed do eiusmod tempor
incididunt ut labore et dolore magna aliqua. egoing Ut enim ad minim veniam, quis nostrud
exercitation ullamco laboris nisi ut aliquip ex ea commodo consequat. Duis aute irure dolor in
reprehenderit in voluptate velit esse cillum dolore eu fugiat nulla pariatur. Excepteur sint
occaecat cupidatat non proident, sunt in culpa egoing qui officia deserunt mollit anim id est
laborum. egoing
```

이처럼 특정 데이터가 반복해서 사용되고, 어떤 의미가 있어서 한꺼번에 수정하는 등 일괄적으로 제어해야 한다면 변수로 만드는 것을 고려할 수 있습니다. 그럼 예에서 "egoing"이라는 문자열이 나오는 부분을 변수로 바꿔보겠습니다.

예제 7-8 변수를 사용했을 때의 편지글 web2-nodejs/syntax/variable2.js

```
var name = 'egoing';
var letter = 'Dear ' + name + ' Lorem ipsum dolor sit amet, consectetur adipisicing elit, sed
do eiusmod tempor incididunt ut labore et dolore magna aliqua. ' + name + ' Ut enim ad minim
veniam, quis nostrud exercitation ullamco laboris nisi ut aliquip ex ea commodo consequat.
Duis aute irure dolor in reprehenderit in voluptate velit esse cillum dolore eu fugiat nulla
```

```
pariatur. Excepteur sint occaecat cupidatat non proident, sunt in culpa ' + name + ' qui officia
deserunt mollit anim id est laborum. ' + name;
console.log(letter);
```

variable2.js 실행 결과

```
> node syntax/variable2.js
Dear egoing Lorem ipsum dolor sit amet, ... 생략 ... deserunt mollit anim id est laborum. egoing
```

먼저 "egoing"이라는 문자열을 name이라는 변수에 넣고, letter 문자열에서 egoing 문자열이 나오는 부분 중 공통으로 제어하고자 하는 부분을 name 변수로 대체했습니다. 문자열 중간에 변숫값을 표시하고자 **+ 연산자**를 사용했는데, 문자열과 문자열을 이을 때 문자열의 시작과 끝을 나타내는 따옴표의 활용에 주의하기 바랍니다.

문자열과 변수를 이을 때

"문자열" + 변수명 + "문자열"

이 코드를 실행하면 결과는 앞의 문자열과 똑같지만, 코드는 훨씬 좋아졌습니다. name이라는 변수를 이용함으로써 코드 양이 줄었고, name 변수를 사용한 곳의 값은 모두 일치한다고 확신할 수 있기 때문입니다. 즉, 가독성이 좋아졌습니다. 또한 혹시라도 이름을 'egoing'에서 'k8805'로 변경해야 할 경우 변숫값을 지정하는 부분만 고치면 name을 사용한 모든 곳의 값이 변경되므로 매우 효율적입니다. 이 같은 효과가 변수를 사용하는 이유라고 할 수 있습니다.

이번 시간에 알아본 바와 같이 프로그래밍을 할 때는 항상 "중복을 제거하면 좋은 일이 생긴다"라는 교훈을 기억하기 바랍니다.

WEB2 08

▶ https://youtu.be/9GWjNcV96Ws (6분 2초)

자바스크립트 – 템플릿 리터럴

이번 시간에 살펴볼 자바스크립트 문법은 '**템플릿 리터럴(Template literals)**' 또는 '**템플릿 문자열(template string)**'이라고 부르는 자바스크립트에서 문자를 표현하는 편리한 방법입니다.

먼저 `syntax` 디렉터리 아래에 `template.js` 파일을 만듭니다. 그리고 앞에서 작성한 `variable2.js`의 코드를 복사해서 붙여넣고, `'Dear ' + name + '` 코드 다음에 엔터를 두 번 쳐서 줄바꿈을 해봅시다.

예제 8-1 template.js 파일 만들고 코드 붙여넣기 web2-nodejs/syntax/template.js

```
var name = 'egoing';
var letter = 'Dear ' + name + '     ← 엔터 두 번으로 줄 바꿈


Lorem ipsum dolor sit amet, consectetur adipisicing elit, sed do eiusmod tempor incididunt ut
labore et dolore magna aliqua. ' + name + ' Ut enim ad minim veniam, quis nostrud exercitation
ullamco laboris nisi ut aliquip ex ea commodo consequat. Duis aute irure dolor in reprehenderit
in voluptate velit esse cillum dolore eu fugiat nulla pariatur. Excepteur sint occaecat
cupidatat non proident, sunt in culpa egoing qui officia deserunt mollit anim id est laborum. '
+ name;
console.log(letter);
```

이렇게 수정하고 실행하면 다음과 같은 에러가 발생합니다.

template.js 실행 결과

```
> node syntax/template.js
... 생략 ...
SyntaxError: Invalid or unexpected token
    at Module._compile (internal/modules/cjs/loader.js:721:23)
    at Object.Module._extensions..js (internal/modules/cjs/loader.js:787:10)
    at Module.load (internal/modules/cjs/loader.js:653:32)
... 생략 ...
```

```
~/Desktop/web2-nodejs$node syntax/template.js
/Users/gaheeyoon/Desktop/web2-nodejs/syntax/template.js:2
var letter = 'Dear ' + name + '
                               ^

SyntaxError: Invalid or unexpected token
    at Module._compile (internal/modules/cjs/loader.js:721:23)
    at Object.Module._extensions..js (internal/modules/cjs/loader.js:787:10)
    at Module.load (internal/modules/cjs/loader.js:653:32)
```

그림 8-1 template.js 실행 시 발생하는 에러

에러를 해결하려면 줄바꿈하려는 곳에 역슬래시(\)를 입력해야 합니다.

예제 8-2 줄 바꿈하려는 곳에 역슬래시 추가 web2-nodejs/syntax/template.js

```
var name = 'egoing';
var letter = 'Dear ' + name + ' \
\
Lorem ipsum dolor sit amet, ... 생략 ... deserunt mollit anim id est laborum. ' + name;
console.log(letter);
```

template.js 실행 결과

```
> node syntax/template.js
Dear egoingLorem ipsum dolor sit amet, ... 생략 ... deserunt mollit anim id est laborum. egoing
```

결과를 확인해보면 이제 에러는 발생하지 않지만, 의도와 다르게 문자열이 붙어서 출력됩니다. **역슬래시(\)**는 코드상에서 **줄 바꿈을 의미**할 뿐, **실행 결과에는 반영되지 않기 때문**입니다.

그러면 실행 결과에서 줄 바꿈 하려면 어떻게 해야 할까요? 자바스크립트가 **줄 바꿈**이라는 의미로 제공하는 **특수 기호**인 \n을 사용하면 됩니다. 자바스크립트는 문자열에서 \n을 발견하면 줄 바꿈을 합니다.

예제 8-3 줄 바꿈 하려는 곳에 \n 추가 web2-nodejs/syntax/template.js

```
var name = 'egoing';
var letter = 'Dear ' + name + '\n\nLorem ipsum dolor sit amet, ... 생략 ... deserunt mollit anim id est laborum. ' + name;
console.log(letter);
```

template.js 실행 결과

```
> node syntax/template.js
Dear egoing

Lorem ipsum dolor sit amet, ... 생략 ... deserunt mollit anim id est laborum. egoing
```

결과를 확인해보니 이제 의도한 대로 줄 바꿈 돼서 출력됩니다. 그런데 이 방법은 문자열 안에 내용과 상관 없는 특수 기호를 사용해서 불편합니다. 좀 더 편리한 방법이 없을까요? Node.js에서는 이럴 때 템플릿 리터럴을 사용할 수 있습니다.

먼저 **리터럴(literal)**이 의미하는 바는 **'문자열 그 자체가 값을 나타내는 것'**입니다. 예를 들어, `var a = '1'`에서 문자열 '1'은 1이라는 값을 나타내는 리터럴입니다. 문자열을 템플릿 리터럴로 표시하려면 **역따옴표(`)로 묶어야** 합니다. 역따옴표는 키보드에서 숫자 1 키 왼쪽의 물결표(~)가 그려진 키를 누르면 입력할 수 있습니다.

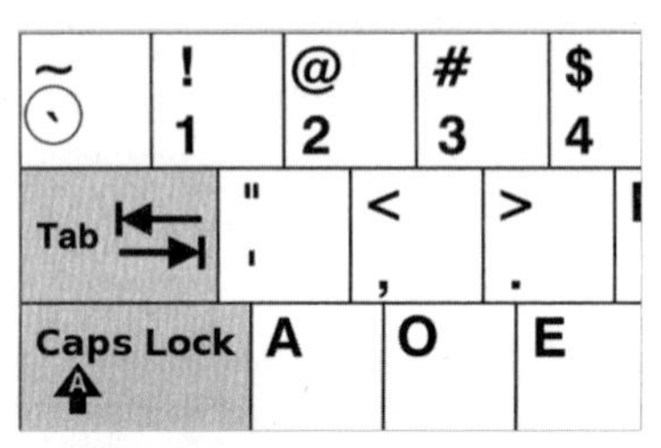

그림 8-2 키보드에서 역따옴표(`)의 위치

코드를 다음처럼 바꿔보겠습니다.

예제 8-4 템플릿 리터럴 적용 web2-nodejs/syntax/template.js

```
var name = 'egoing';
var letter = `Dear ${name}      ← 엔터 두 번으로 줄 바꿈

Lorem ipsum dolor sit amet, consectetur adipisicing elit, sed do eiusmod tempor incididunt ut
labore et dolore magna aliqua. ${name} Ut enim ad minim veniam, ... 생략 ... deserunt mollit
anim id est laborum. ${name}`;
console.log(letter);
```

template.js 실행 결과

```
> node syntax/template.js
Dear egoing

Lorem ipsum dolor sit amet, ... 생략 ... deserunt mollit anim id est laborum. egoing
```

실행 결과를 보면 이전과 똑같지만, 코드에 세 가지 중요한 변화가 있습니다. 문자열의 시작과 끝을 나타냈던 작은따옴표를 모두 없애고 전체 문자열을 **역따옴표(`)**로 묶었습니다. 그리고 문자열과 변숫값을 연결할 때 사용하던 + 연산자를 없애고 문자열 안에서 **`${변수명}`** 형식으로 변숫값을 표현했습니다. 또한 **줄 바꿈** 기호인 \n을 없애고 문자열 안에서 **엔터로 표시**했습니다.

즉, 문자열을 역따옴표(`)로 묶어서 템플릿 리터럴로 만들면 문자열 안에서 줄 바꿈이나 변숫값을 사용할 수 있습니다. 이 뿐만 아니라 `${ }` 형식으로 중괄호 안에 수식을 비롯해 다른 명령을 입력할 수도 있습니다. 이처럼 템플릿 리터럴을 이용하면 문자열을 좀 더 편리하게 다룰 수 있습니다.

WEB2

https://youtu.be/Zhbvui_T9VY (5분 58초)

09 Node.js - URL 이해하기

이번 수업의 주인공은 URL입니다. 지금까지 자바스크립트 문법을 살펴봤고, 사실 이것만으로도 충분히 많은 것을 할 수 있습니다. 그러나 우리 목표는 자바스크립트를 이용해 Node.js가 가진 기능을 호출해 웹 애플리케이션을 만드는 것입니다. 따라서 이번 장에서는 Node.js 영역으로 넘어가서 웹 애플리케이션을 구현하는 아주 중요한 테크닉을 살펴보겠습니다. 바로 이번 시간의 주인공인 URL입니다.

먼저 프로젝트 디렉터리에서 앞서 5강에서 작성한 `main.js` 파일을 실행합니다.

main.js 실행

```
> node main.js
```

그리고 웹 브라우저로 열어서 확인해 보겠습니다. 웹 브라우저에서 `http://localhost:3000`으로 접속하면 됩니다. 이 과정은 모두 5강에서 다뤘습니다.

WEB

1. HTML
2. CSS
3. JavaScript

WEB

The World Wide Web (abbreviated WWW or the Web) is an information space where documents and other web resources are identified by Uniform Resource Locators (URLs), interlinked by hypertext links, and can be accessed via the Internet.[1] English scientist Tim Berners-Lee invented the World Wide Web in 1989. He wrote the first web browser computer program in 1990 while employed at CERN in Switzerland.[2][3] The Web browser was released

그림 9-1 웹 서버를 실행한 후 브라우저에서 접속 (`http://localhost:3000`)

웹 브라우저에 표시된 웹 페이지에서 각 링크를 클릭했을 때 가져오는 정보는 프로젝트 디렉터리에 있는 `1.html`, `2.html`, `3.html` 등의 **정적인 파일**입니다. 가령 1억 개의 페이지를 가져오려면 1억 개의 정적인 파일을 만들어야 합니다.

WEB

1. HTML
2. CSS
3. JavaScript

HTML

Hypertext Markup Language (HTML) is the standard markup language for **creating web pages** and web applications.Web browsers receive HTML documents from a web server or from local storage and render them into multimedia web pages. HTML describes the structure of a web page semantically and originally included cues for the appearance of the document.

WEB

1. HTML
2. CSS
3. JavaScript

CSS

Cascading Style Sheets (CSS) is a style sheet language used for describing the presentation of a document written in a markup language. Although most often used to set the visual style of web pages and user interfaces written in HTML and XHTML, the language can be applied to any XML document, including plain XML, SVG and XUL, and is applicable to rendering in speech, or on other media. Along with HTML and JavaScript, CSS is a cornerstone technology used by

그림 9-2 정적인 웹 페이지를 가져오는 웹 사이트

다음에 나오는 두 웹 페이지를 비교해볼까요?

```
https://www.phpbb.com/community/viewtopic.php?f=14&t=2453376
https://www.phpbb.com/community/viewtopic.php?f=14&t=2111378
```

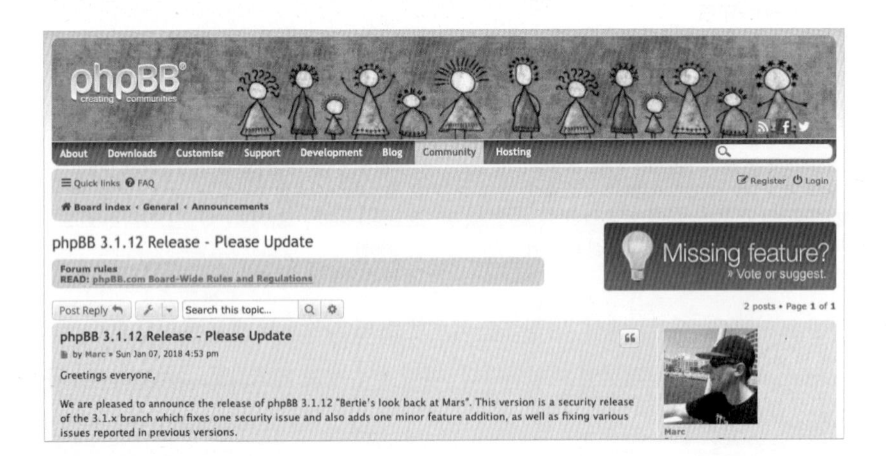

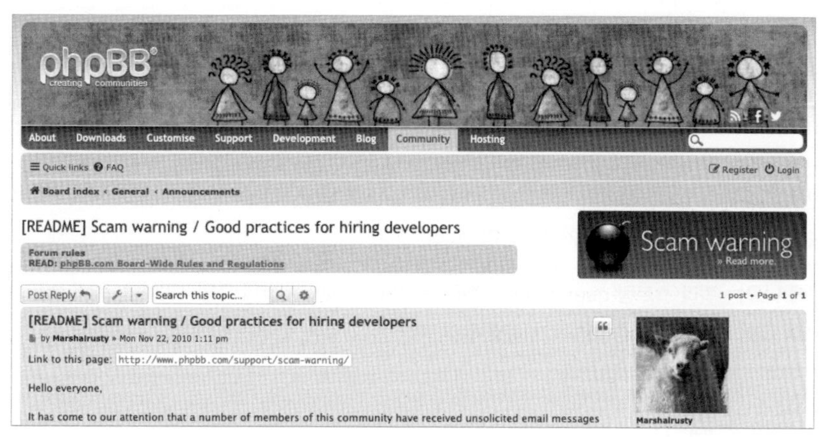

그림 9-3 같은 파일로부터 서로 다른 내용을 출력하는 웹 사이트 (phpbb.com)

웹 브라우저에 표시되는 내용은 다르지만, 주소를 확인해보면 왼쪽과 오른쪽 모두 똑같은 파일(viewtopic.php)을 요청해서 받았습니다. 그런데 뒤에 있는 t의 값이 다른 것을 알 수 있습니다. 즉, t에 전달하는 값에 따라 viewtopic.php라는 하나의 파일로 된 PHP 애플리케이션이 서로 다른 페이지를 만들어서 보내고 있습니다. 즉, 하나의 파일로 여러 개의 동적인 웹 페이지를 만들어서 보여주는 것입니다.

Node.js에서도 이처럼 동적인 웹 페이지를 만들 수 있습니다. 그런데 동적인 웹 페이지를 만들려면 URL 형식에 대해 좀 더 자세하게 들여다볼 필요가 있습니다. 다음은 다섯 가지 요소로 구성된 URL입니다.

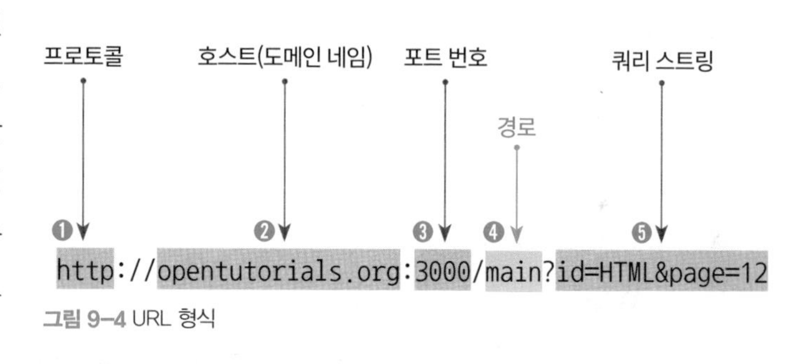

그림 9-4 URL 형식

❶ 맨 먼저 **프로토콜(protocol)**이 나옵니다. 프로토콜은 사용자가 서버에 접속할 때 **어떤 방식으로 통신할 것인지**를 나타내는 부분입니다. HTTP(HyperText Transfer Protocol)는 웹 브라우저와 웹 서버가 서로 데이터를 주고받기 위해서 만든 통신 규칙입니다.

❷ 통신 규칙 뒤에 나오는 부분은 **도메인 네임(domain name)**이라고도 하고, **호스트(host)**라고도 부릅니다. 호스트는 인터넷에 접속된 각각의 컴퓨터를 의미합니다. 예를 들어, opentutorials.org는 어떤 특정한 인터넷에 연결된 컴퓨터를 가리키는 주소입니다.

❸ 도메인 네임 뒤의 숫자 3000은 **포트(port) 번호**입니다. 한 대의 컴퓨터 안에는 여러 대의 서버가 있을 수도 있습니다. 그러면 클라이언트가 접속했을 때 그중에 어떤 서버와 통신할지가 모호합니다. 그래서 접속할 때 포트 번호를 명시하면 **해당 포트로 연결된 서버와 통신**하게 됩니다.

main.js에서 다음과 같이 '3000'으로 설정했는데, 이는 3000번 포트에 Node.js 서버를 실행시킨다는 의미입니다. 따라서 접속할 때도 포트 번호 3000을 명시해야 합니다.

```
app.listen(3000);
```

④ 포트 번호 다음에는 **경로(path)**가 나옵니다. 예에서는 main에 해당합니다. 경로는 해당 컴퓨터 안에 있는 **어떤 디렉터리에서 어떤 파일을 불러올 것인지**를 가리킵니다.

⑤ 그다음에 나오는 **쿼리 스트링**(query string, 질의 문자열)이 이번 시간의 주인공입니다. 쿼리 스트링을 사용하면 웹 서버에 데이터를 전달할 수 있습니다. 예를 들어 "내가 읽고 싶은 정보는 HTML이고 12페이지다"와 같은 식으로 원하는 데이터를 전달할 수 있습니다.

```
?id=HTML&page=12
```

쿼리 스트링은 물음표(?)로 시작하고, 값과 값 사이는 앰퍼샌드 기호(&)로 구분합니다. 또한 **이름과 값은 등호(=)로 구분**하기로 약속돼 있습니다.

특별한 포트, 80번 포트

main.js 파일에서 app.listen(3000)을 app.listen(80)으로 수정하고 서버를 재실행하면 웹 브라우저에서 접속할 때 포트 번호를 생략할 수 있습니다.

WEB

1. HTML
2. CSS
3. JavaScript

WEB

The World Wide Web (abbreviated WWW or the Web) is an information space where documents and other web resources are identified by Uniform Resource Locators (URLs), interlinked by hypertext links, and can be accessed via the Internet.[1] English scientist Tim Berners-Lee invented the World Wide Web in 1989. He wrote the first web browser computer program in 1990 while employed at CERN in Switzerland.[2][3] The Web browser was released

그림 9-5 80번 포트로 설정 후 서버 재실행

이는 웹 서버가 굉장히 유명한 서버라서 **웹 서버는 80번 포트를 쓴다고 전 세계적으로 약속**돼 있기 때문입니다. HTTP를 통해 접속했다는 것은 웹 서버로 접속했다는 뜻이고, 포트 번호를 생략하면 기본값인 80번 포트로 접속합니다.

이렇게 해서 URL 형식을 살펴봤습니다. 다음 장에서는 쿼리 스트링의 값에 따라 Node.js 웹 서버가 동적으로 페이지를 생성하고, 동적으로 생성한 정보를 사용자에게 전송하는 방법을 살펴보겠습니다.

WEB2

 https://youtu.be/_bh8ztMJIPE (7분 44초)

10 Node.js – URL로 입력된 값 사용하기

자, 이제 본격적으로 웹 애플리케이션을 만들어 보겠습니다. 사용자가 다음 주소로 우리의 웹 애플리케이션에 접속했다고 가정해봅시다.

- http://localhost/?id=HTML

이때 주소에서 마지막에 있는 id 값에 따라 사용자에게 적당한 콘텐츠를 보여주려고 합니다. 이처럼 주소에서 물음표 다음에 오는 문자열을 '**쿼리 스트링**(query string, 질의 문자열)'이라고 합니다.

http://localhost/?id=HTML
쿼리 스트링

그림 10-1 쿼리 스트링

이번 수업에서는 localhost:3000/?id=HTML로 접속하면 제목 부분에 'HTML'을 출력하고, localhost:3000/?id=CSS로 접속하면 제목 부분에 'CSS'를 출력하도록 쿼리 스트링에 따라 다른 정보를 보여주는 기능을 구현해 보겠습니다.

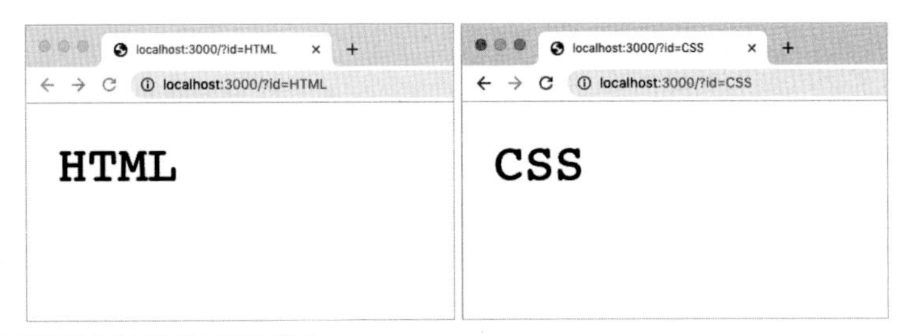

그림 10-2 쿼리 스트링에 따라 내용을 다르게 출력

사용자가 요청한 URL 구분

먼저 사용자가 웹 브라우저를 통해 요청한 주소에서 쿼리 스트링의 문자열을 main.js라는 Node.js 애플리케이션이 알 수 있어야 합니다. 그래야만 Node.js 애플리케이션이 해당 쿼리 스트링에 따라 정보를 구분해서 보여줄 수 있습니다.

먼저 앞에서 작성한 main.js 파일을 열어 보겠습니다. 우리는 아직 main.js 파일의 각 코드를 완벽하게 이해할 수는 없습니다. 다만 코드 중 request.url이 사용자가 웹 브라우저를 통해 요청한 URL이라는 것을 추론할 수 있습니다. 정말 그런지 확인하기 위해 콘솔에 출력해 보겠습니다. request.url 코드 아래에 다음 코드를 추가하고, request.url은 url로 수정합니다.

예제 10-1 request.url을 console로 출력 web2-nodejs/main.js

```
... 생략 ...
var app = http.createServer(function(request, response) {
    var url = request.url;
    console.log(url);                    ← 이 코드를 추가합니다
    if(url == '/') {                     ← url로 변경합니다
        url = '/index.html';
    }
    if(url == '/favicon.ico') {          ← url로 변경합니다
        return response.writeHead(404);
    }
... 생략 ...
```

request.url 값을 대입한 url 변수를 콘솔에 출력하는 코드를 추가했습니다. 이제 명령 프롬프트에서 node main.js 명령으로 실행하고, 웹 브라우저에서 다음 주소로 접속합니다.

```
http://localhost:3000/?id=HTML
```

이렇게 접속하면 에러가 발생하지만, 여기서 중요한 것은 사용자가 요청한 URL이 콘솔에 출력된다는 사실입니다.

main.js 실행 결과

```
> node main.js
/?id=HTML          ← 사용자가 요청한 주소
node:internal/fs/utils:347
... 생략 ...
```

즉, main.js에서 request.url은 **사용자가 요청한 URL**이며 이 값을 url 변수에 대입해서 사용하고 있습니다. 이처럼 사용자가 요청한 URL을 애플리케이션에서 알 수 있는 방법을 알았습니다. 이제 이 값에 따라 정보를 다르게 처리하는 방법을 살펴보겠습니다.

URL에서 쿼리 스트링 추출

먼저 사용자가 요청한 URL에서 쿼리 스트링을 추출하는 방법을 살펴보겠습니다. 쿼리 스트링을 추출해야만 웹 서버에서 사용자 요청을 구분해 서로 다른 웹 페이지(정보)를 보낼 수 있을 것입니다. main.js 파일에 다음 코드를 추가합니다.

예제 10-2 쿼리 스트링을 추출하기 위한 url 모듈 추가 web2-nodejs/main.js

```
var http = require('http');
var fs = require('fs');
var url = require('url');
... 생략 ...
```

방금 추가한 코드는 Node.js의 기능 중 하나로서 require라는 단어는 '요구하다'라는 의미입니다. 즉, 우리가 만든 애플리케이션에 **url이라는 모듈이 필요하다고 Node.js에게 요구**한 것입니다. 그러면 Node.js는 애플리케이션에서 url이라는 모듈을 사용할 수 있게 해줍니다. 여기서 **'모듈(module)'**이란 **같은 범주의 기능을 모아놓은 집합**이라고 생각하면 됩니다. 이로써 우리는 main.js에서 url이라는 변수를 통해 Node.js의 url 모듈에 담긴 기능을 사용할 수 있게 됐습니다.

그런데 방금 추가한 코드 때문에 main.js에 url이라는 이름의 변수가 두 개가 됐습니다. 이렇게 하면 헷갈리므로 어느 하나의 이름을 바꿔야 합니다. 기존에 request.url 값을 대입한 url 변수의 이름을 _url로 바꾸겠습니다. 방금 추가한 url 변수 선언 외에 다른 곳에 있는 url을 모두 _url로 바꿉니다.

예제 10-3 기존 url 변수의 변수명을 _url로 수정 web2-nodejs/main.js

```
var http = require('http');
var fs = require('fs');
var url = require('url');

var app = http.createServer(function(request, response) {
    var _url = request.url;
    console.log(_url);
    if(_url == '/') {
        _url = '/index.html';
    }
    if(_url == '/favicon.ico') {
        response.writeHead(404);
    }
    response.writeHead(200);
```

```
    response.end(fs.readFileSync(__dirname + _url));
});
app.listen(3000);
```

이제 url 모듈을 이용해 사용자가 요청한 URL을 분석한 다음 쿼리 스트링을 추출해보겠습니다. main.js 파일에 다음 코드를 추가합니다.

예제 10-4 URL을 분석한 후 쿼리 스트링 추출 web2-nodejs/main.js

```
... 생략 ...
var app = http.createServer(function(request, response) {
    var _url = request.url;
    var queryData = url.parse(_url, true).query;
    console.log(queryData);
... 생략 ...
```

먼저 queryData라는 변수를 선언하고 여기에 쿼리 스트링을 대입했습니다. 쿼리 스트링은 사용자가 요청한 URL에서 추출했는데, 이때 Node.js의 url 모듈을 사용했습니다.

```
url.parse(_url, true).query
```

이 코드는 Node.js의 url 모듈에 들어 있는 **parse 기능**을 사용합니다. 괄호 안에 있는 _url은 앞에서 알아본 것처럼 사용자가 웹 브라우저를 통해 요청한 URL을 나타내는 **request.url 값**을 가진 변수입니다. 이 값을 분석해서 URL 중에서 쿼리 스트링 문자열만 추출하는 코드입니다.

그리고 queryData 변수에 어떤 값이 들어가는지 알아보고자 콘솔에 출력했습니다. main.js를 실행하고 웹 브라우저에서 다음 주소로 접속합니다.

```
localhost:3000/?id=HTML
```

main.js 실행 결과

```
> node main.js
{ id: 'HTML' }        ← 사용자가 요청한 쿼리 스트링
... 생략 ...
```

출력 결과를 확인해보면 queryData 변수가 객체임을 알 수 있는데, 우리는 아직 객체를 모릅니다. 지금은 url.parse(_url, true).query 코드가 URL에서 쿼리 스트링을 추출해 객체로 반환한다고 생각하면 됩니다. 이 객체를 queryData 변수에 담았습니다.

queryData 변숫값을 출력하는 코드를 다음과 같이 약간 수정해 보겠습니다.

예제 10-5 쿼리 스트링에서 id 값만 추출 web2-nodejs/main.js

```
... 생략 ...
    var queryData = url.parse(_url, true).query;
    console.log(queryData.id);
... 생략 ...
```

main.js를 재실행하고 웹 브라우저에서 페이지를 새로 고침 해보면 결과가 다음과 같이 출력됩니다.

```
localhost:3000/?id=HTML
```

main.js 실행 결과

```
> node main.js
HTML          ← 사용자가 요청한 쿼리 스트링 중 id 값
... 생략 ...
```

queryData 변수가 가지고 있는 쿼리 스트링에서 id에 대입한 값이 출력됩니다. 코드를 queryData.name이라고 수정하고 웹 브라우저에서 id를 name으로 바꿔서 요청해도 결과는 똑같습니다. 즉, 사용자가 요청한 쿼리 스트링에서 id나 name과 같은 이름을 main.js에서 이용하면 각 이름에 대입한 값을 추출할 수 있습니다.

요청 값에 따라 다르게 응답하기

이로써 사용자가 요청한 정보 중 id 값을 main.js 애플리케이션에서 알 수 있게 됐습니다. 이제 id 값에 따라 사용자에게 서로 다른 웹 페이지를 보내는 기능을 구현해 보겠습니다. 이 기능은 5강 마지막 부분에서 잠시 다룬 것처럼 main.js의 다음 코드에서 수행합니다.

```
    response.end(fs.readFileSync(__dirname + _url));
```

이 코드를 다음과 같이 수정합니다.

예제 10-6 쿼리 스트링에서 입력받은 id 값을 웹 페이지로 출력 web2-nodejs/main.js

```
... 생략 ...
    response.writeHead(200);
    response.end(queryData.id);
... 생략 ...
```

서버가 응답하는 명령에서 쿼리 스트링의 id 값을 보내게 수정했습니다. main.js를 재실행하고 웹 페이지를 새로 고침 해보면 다음과 같은 화면을 볼 수 있습니다.

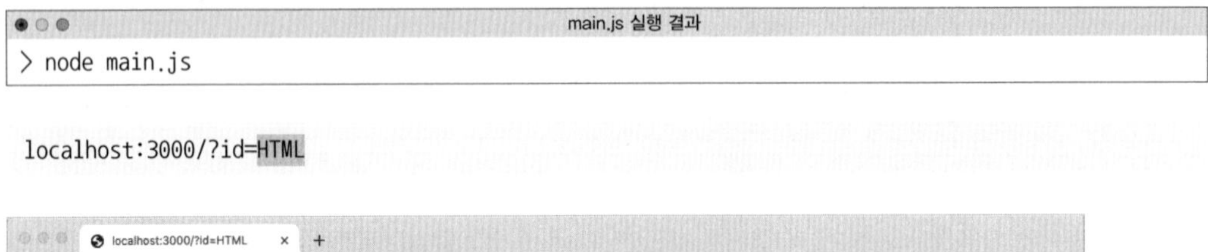

main.js 실행 결과

```
> node main.js
```

```
localhost:3000/?id=HTML
```

그림 10-3 loalhost:3000/?id=HTML로 접속

웹 브라우저의 주소 표시줄에서 id에 대입한 값을 CSS로 고친 다음 접속해 보면 다음과 같이 출력됩니다.

```
localhost:3000/?id=CSS
```

그림 10-4 loalhost:3000/?id=CSS로 접속

이렇게 해서 웹 브라우저를 통해 사용자가 요청한 쿼리 스트링에 따라 다른 정보를 출력하는 웹 애플리케이션을 만들어 봤습니다. 굉장히 중요한 변화였습니다. 다음 시간에는 이번 시간에 배운 내용을 토대로 제대로 된 정보를 출력하게 개선해보겠습니다.

WEB2

 https://youtu.be/s8HrD5aOXmE (7분 7초)

11 App – 동적인 웹 페이지 만들기

이전 수업에서는 쿼리 스트링에 따라 다르게 동작하는 Node.js 애플리케이션을 만들어봤습니다. 이번 시간에는 쿼리 스트링에 따라 각각의 완성된 웹 페이지를 표시해보려고 합니다.

먼저 실습 디렉터리에 있는 `1.html` 파일을 열어서 정적인 HTML 코드를 복사합니다. 그다음 `main.js` 파일을 열어서 `template`이라는 변수를 선언한 다음 방금 복사한 내용을 템플릿 리터럴로 붙여넣습니다. 그리고 쿼리 스트링에 따라 바뀌었으면 하는 부분을 다음과 같이 수정합니다(회색 배경으로 강조한 코드).

예제 11-1 template 변수를 선언하고 템플릿 리터럴로 붙여넣기 web2-nodejs/main.js

```
var http = require('http');
var fs = require('fs');
var url = require('url');

var app = http.createServer(function(request, response) {
    var _url = request.url;
    var queryData = url.parse(_url, true).query;
    console.log(queryData.id);
    if(_url == '/') {
        _url = 'index.html';
    }
    if(_url == '/favicon.ico') {
        return response.writeHead(404);
    }
    response.writeHead(200);
    var template = `          ← 1.html의 내용을 템플릿 리터럴로 작성
    <!doctype html>
    <html>
        <head>
            <title>WEB1 - ${queryData.id}</title>
            <meta charset="utf-8">
        </head>
        <body>
            <h1><a href="index.html">WEB</a></h1>
```

```
        <ol>
            <li><a href="1.html">HTML</a></li>
            <li><a href="2.html">CSS</a></li>
            <li><a href="3.html">JavaScript</a></li>
        </ol>
        <h2>${queryData.id}</h2>
        <p>
            ... 생략 ...
        </p>
    </body>
    </html>
    `;
    response.end(template);              ← template 문자열 응답
});
app.listen(3000);
```

template 변수를 선언하고 여기에 실습 디렉터리에 있는 1.html 파일의 내용을 복사해서 붙여넣었습니다. 이때 일반 문자열이 아닌 **템플릿 리터럴**로 만들고자 **문자열을 역따옴표(`)로 묶었습니다.**

그리고 응답 코드에 위에서 설정한 템플릿 리터럴이 담긴 template을 전달합니다. 즉, 사용자의 요청에 완성된 웹 페이지로 응답하는 것입니다.

```
... 생략 ...
    var template = `                     ← 1.html의 내용을 템플릿 리터럴로 붙여넣기
    <!doctype html>
    <html>
    ... 생략 ...
    </html>
    `;
    response.end(template);              ← template 문자열 응답
... 생략 ...
```

이때 사용자에게 전달하는 웹 페이지의 내용을 살펴보면 다음과 같습니다. 1.html 파일의 내용을 복사한 코드에서 수정한 부분을 살펴보겠습니다.

```
...생략...
        <head>
            <title>WEB1 - ${queryData.id}</title>
            <meta charset="utf-8">
        </head>
```

```
    <body>
        <h1><a href="index.html">WEB</a></h1>
        <ol>
            <li><a href="1.html">HTML</a></li>
            <li><a href="2.html">CSS</a></li>
            <li><a href="3.html">JavaScript</a></li>
        </ol>
        <h2>${queryData.id}</h2>
... 생략 ...
```

먼저 ${ }은 앞서 8강에서 배운 것처럼 **템플릿 리터럴에서 변숫값을 나타낼 때 사용하는 형식**입니다. 예에서는 queryData.id 값을 나타내는 데 사용했으며, ${queryData.id}를 통해 쿼리 스트링의 id 값을 웹 페이지의 제목을 나타내는 <title>과 본문 제목을 나타내는 <h2> 태그에 사용했습니다.

이제 실행 결과를 살펴보겠습니다. 먼저 명령 프롬프트에서 main.js를 실행합니다.

main.js 실행 결과

```
> node main.js
```

그러고 나서 웹 브라우저에서 다음 주소로 접속합니다.

```
http://localhost:3000/?id=HTML
```

웹 브라우저와 웹 페이지의 제목 표시줄에 쿼리 스트링의 id 값으로 입력한 HTML 문구가 표시됩니다.

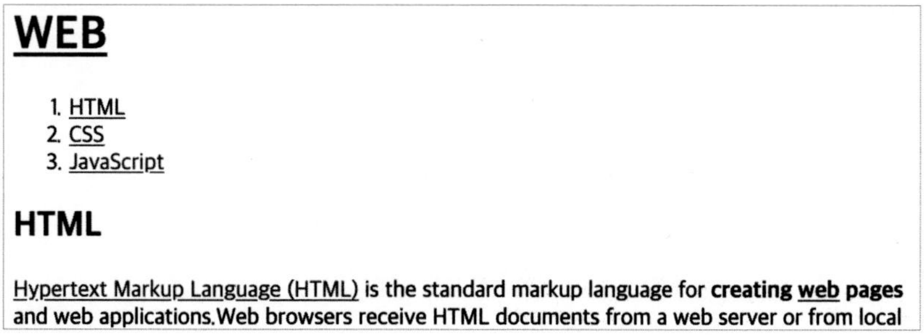

WEB

1. HTML
2. CSS
3. JavaScript

HTML

Hypertext Markup Language (HTML) is the standard markup language for **creating web pages** and web applications.Web browsers receive HTML documents from a web server or from local

그림 11-1 웹 서버 실행 후 localhost:3000/?id=HTML로 접속

다름과 같이 쿼리 스트링을 변경하고 접속해보면 쿼리 스트링에 따라 웹 페이지 제목과 본문 제목이 동적으로 바뀌는 모습을 볼 수 있습니다.

```
http://localhost:3000/?id=CSS
```

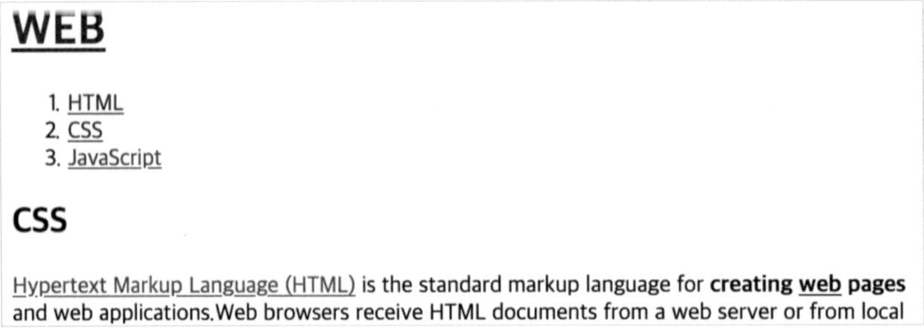

WEB

1. HTML
2. CSS
3. JavaScript

CSS

Hypertext Markup Language (HTML) is the standard markup language for **creating web pages** and web applications.Web browsers receive HTML documents from a web server or from local

그림 11-2 쿼리 스트링에 따라 바뀌는 웹 페이지 제목과 본문 제목 (localhost:3000/?id=CSS)

```
http://localhost:3000/?id=sadkjghksdaf
```

WEB

1. HTML
2. CSS
3. JavaScript

sadkjghksdaf

Hypertext Markup Language (HTML) is the standard markup language for **creating web pages** and web applications.Web browsers receive HTML documents from a web server or from local

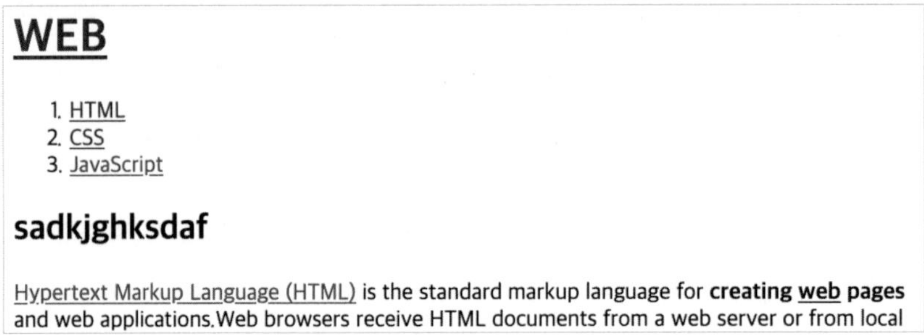

그림 11-3 쿼리 스트링에 따라 바뀌는 웹 페이지 제목과 본문 제목 (localhost:3000/?id=sadkjghksdaf)

하지만 아직 목록에 있는 링크를 클릭하면 정적인 페이지로 연결됩니다. 이를 수정하려면 주소에 있는 링크도 각 쿼리 스트링으로 변경해야 합니다. 다음과 같이 <a> 태그에 적힌 대상 주소를 각각의 쿼리 스트링으로 변경합니다.

예제 11-2 목록에 있는 링크를 정적인 페이지에서 쿼리 스트링으로 변경 web2-nodejs/main.js

```
... 생략 ...
        <h1><a href="index.html">WEB</a></h1>
        <ol>
            <li><a href="/?id=HTML">HTML</a></li>
            <li><a href="/?id=CSS">CSS</a></li>
            <li><a href="/?id=JavaScript">JavaScript</a></li>
        </ol>
... 생략 ...
```

다음과 같이 서버를 재실행합니다.

main.js 실행 결과

```
> node main.js
```

그리고 나서 웹 브라우저에서 다음 주소로 이동한 후 링크를 클릭하면 해당 쿼리 스트링의 id 값에 따라 동적으로 제목이 변경되는 모습을 볼 수 있습니다.

```
http://localhost:3000/
```

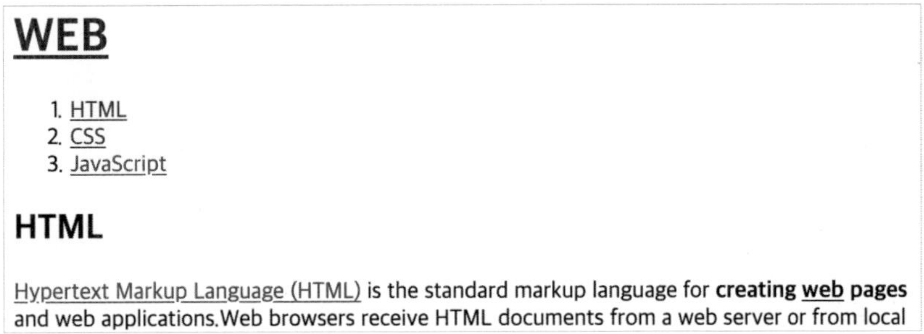

WEB

1. HTML
2. CSS
3. JavaScript

HTML

Hypertext Markup Language (HTML) is the standard markup language for **creating web pages** and web applications.Web browsers receive HTML documents from a web server or from local

그림 11-4 HTML 링크를 클릭해 들어갔을 때 (localhost:3000/?id=HTML)

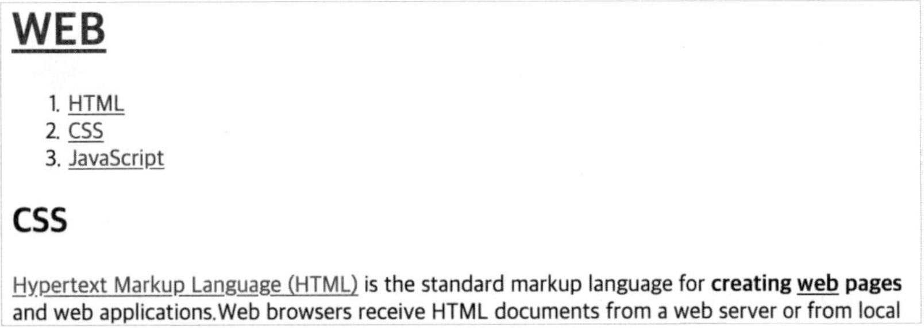

WEB

1. HTML
2. CSS
3. JavaScript

CSS

Hypertext Markup Language (HTML) is the standard markup language for **creating web pages** and web applications.Web browsers receive HTML documents from a web server or from local

그림 11-5 CSS 링크를 클릭해 들어갔을 때 (localhost:3000/?id=CSS)

코드를 조금 더 개선해 보겠습니다. ${queryData.id}도 나쁘지 않지만, 조금 더 적당한 이름을 붙이면 좋을 것 같습니다. title 변수를 생성하고, title 변수의 값으로 queryData.id를 할당한 다음, 제목을 출력해야 하는 곳에서는 ${title} 변수를 이용하겠습니다. 이렇게 하면 더 의미론적이고 보기 좋은 코드가 될 것입니다.

예제 11-3 queryData.id를 title 변수에 저장하고, title 변수를 사용 web2-nodejs/main.js

```
... 생략 ...
    var queryData = url.parse(_url, true).query;
    console.log(queryData.id);
    var title = queryData.id;        ← 요청받은 쿼리 스트링 중 id 값을 title 변수에 할당
    if(_url == '/') {
        _url = '/index.html';
    }
... 생략 ...
var template = `
```

```
<!doctype html>
<html>
    <head>
        <title>WEB1 - ${title}</title>
        <meta charset="utf-8">
    </head>
    <body>
        <h1><a href="index.html">WEB</a></h1>
        <ol>
            <li><a href="1.html">HTML</a></li>
            <li><a href="2.html">CSS</a></li>
            <li><a href="3.html">JavaScript</a></li>
        </ol>
        <h2>${title}</h2>
... 생략 ...
```

한 가지 더 살펴봐야 할 부분은 가장 큰 제목인 'WEB'을 클릭해 들어가면 localhost:3000/index.html이라는 정적인 페이지로 연결되고, 제목도 'undefined'로 출력되는 것입니다.

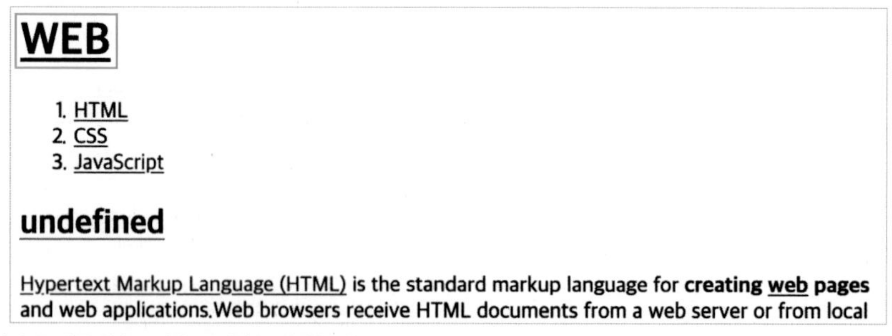

그림 11-6 가장 큰 제목인 'WEB'을 클릭해 들어갔을 때

그래서 'WEB'을 클릭하면 루트 페이지로 이동하고, 'undefinded'가 아닌 'Welcome'이라는 제목을 표시하게 코드를 수정해보겠습니다.

예제 11-4 WEB 링크의 주소를 루트 페이지로 변경하고, 제목을 'Welcome'으로 설정 web2-nodejs/main.js

```
... 생략 ...
    var title = queryData.id;
    if(_url == '/') {
        title = 'Welcome'; ← 요청받은 URL이 루트이면 실행
    }
... 생략 ...
```

```
    <body>
        <h1><a href="/">WEB</a></h1>
... 생략 ...
```

먼저 WEB 링크를 클릭했을 때 정적인 페이지가 아닌 **루트 디렉터리**로 이동하게 경로를 수정했습니다. 그리고 아직 배우지 않았지만, 조건문인 `if` 문을 이용해 사용자가 요청한 URL이 루트(최상위 디렉터리)이면, 즉 특별한 쿼리 스트링을 지정하지 않았으면 `title` 변수의 값을 `'Welcome'`이라는 문자열로 지정합니다.

이렇게 하면 웹 브라우저에서 다음과 같은 주소로 접속했을 때 웹 페이지 제목과 본문 제목에 'Welcome'이라고 표시됩니다. 이제 서버를 재실행합니다.

main.js 실행 결과

```
> node main.js
```

그러고 나서 다음 주소로 접속해보겠습니다.

```
http://localhost:3000/
```

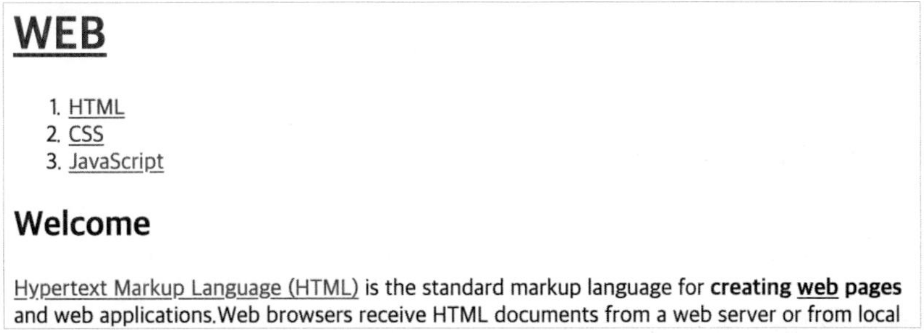

WEB

1. HTML
2. CSS
3. JavaScript

Welcome

Hypertext Markup Language (HTML) is the standard markup language for **creating web pages** and web applications.Web browsers receive HTML documents from a web server or from local

그림 11-7 가장 큰 제목인 WEB을 클릭하면 루트 디렉터리로 이동

이로써 애플리케이션에서 가장 중요한 부분, 즉 정보를 프로그래밍 방식으로 동적으로 생성하는 방법을 살펴봤습니다. 이제 웹 페이지에서 사용자의 요청에 따라 변경해야 하는 부분은 쿼리 스트링을 이용해 다르게 표현하고, 나머지 부분은 공통된 소스를 재활용함으로써 유지보수를 편리하게 할 수 있습니다.

예를 들어, 웹 페이지에서 순서가 있는 목록을 순서가 없는 목록으로 바꿔야 한다고 가정해봅시다. 기존 방식에서는 `1.html`, `2.html`, `3.html` 파일을 모두 열어서 해당 부분을 수정해야 했습니다. 하지만 지금은 페이지가 1억 개든 1천억 개든 상관없이 main.js 파일을 열어서 <ol> 태그를 <ul> 태그로 변경하기만 하면 끝입니다.

예제 11-5 순서가 있는 목록을 순서가 없는 목록으로 변경 web2-nodejs/main.js

```
... 생략 ...
            <ul>
                <li><a href="/?id=HTML">HTML</a></li>
                <li><a href="/?id=CSS">CSS</a></li>
                <li><a href="/?id=JavaScript">JavaScript</a></li>
            </ul>
... 생략 ...
```

다음 명령으로 서버를 재실행합니다.

main.js 실행 결과

```
> node main.js
```

그러고 나서 다음 주소로 접속해보면 모든 페이지의 목록이 순서 없는 목록으로 바뀐 모습을 볼 수 있습니다.

```
http://localhost:3000/
```

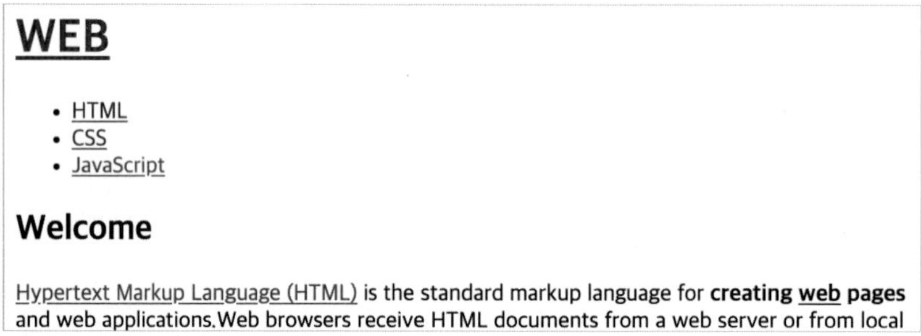

WEB

- HTML
- CSS
- JavaScript

Welcome

Hypertext Markup Language (HTML) is the standard markup language for **creating web pages** and web applications.Web browsers receive HTML documents from a web server or from local

그림 11-8 모든 페이지의 목록이 순서 없는 목록으로 변경된 모습

이 같은 변화에 감동했다면 앞으로 남은 학습에 더 큰 동기부여가 될 것 같습니다. 이번 수업에서는 웹 페이지에서 제목 부분을 동적으로 바꾸는 데 성공했습니다. 하지만 본문은 아직 정적인 상태입니다. 다음 수업에서는 본문도 사용자 요청에 따라 동적으로 변하게 만들어보겠습니다.

WEB2

https://youtu.be/X0wfdOJzq_Y (7분 52초)

12 Node.js – 파일 읽기

지금부터 Node.js에서 파일을 다루는 방법을 살펴보겠습니다. 흔히 정보시스템의 핵심적인 메커니즘을 CRUD라고 합니다. CRUD는 **Create, Read, Update, Delete**, 즉 **생성, 읽기, 갱신, 삭제**를 의미합니다. 이 네 가지가 정보를 다루는 핵심 처리 방법입니다.

이 중에서 가장 중요한 것은 생성입니다. 생성이 없다면 나머지 읽기, 갱신, 삭제가 불가능하기 때문입니다. 그다음 읽기 역시 생성만큼이나 중요합니다. 읽지 않을 거면 생성할 이유도 없기 때문입니다. 따라서 여러분이 정보를 다루려고 할 때 파일이나 데이터베이스를 비롯해 어떤 시스템에서든 정보를 생성하고 읽는 방법을 알아야 합니다. 생성과 읽기가 가능하면 그다음으로 수정과 삭제도 가능해야 합니다.

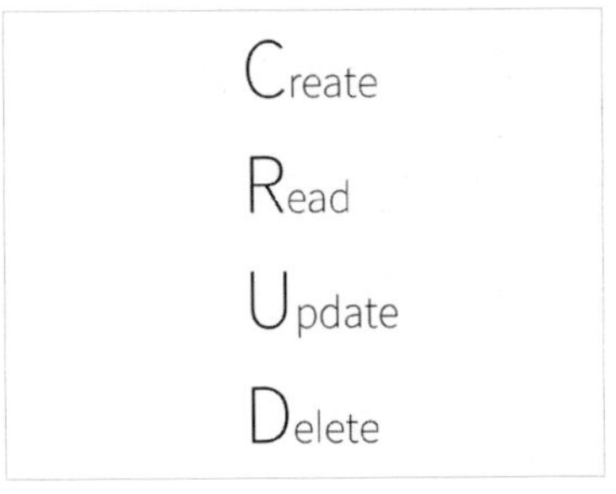

그림 12-1 정보시스템의 핵심 메커니즘 – CRUD

이번 수업에서는 Node.js에서 파일을 어떻게 다루는지 알아봅니다. 그중에서도 파일을 읽는 방법을 살펴보겠습니다.

파일 읽는 방법을 검색하고 싶어요! – Node.js 공식 문서 살펴보기

Node.js로 파일을 읽고 싶다면 검색을 통해 알아낼 수 있어야 합니다. 먼저 웹 브라우저를 열고 즐겨 쓰는 검색 엔진에 접속합니다. 'nodejs file read'로 검색하니 여러 검색 결과 중에서 Node.js 공식 홈페이지의 주소가 보입니다.

Google　nodejs file read

https://nodejs.org › dist › latest-v6.x › docs › api › fs
fs.readFile() - Node.js
이 페이지에 관한 정보가 없습니다.
이유 알아보기

https://opentutorials.org › course
Node.js - 파일 읽기 - 생활코딩
2018. 5. 31. — node fileread.js를 쳐도 아무것도 안뜨는 버그였구요. (window10에 nodejs 14.15.4버전을 사용중입니다.) var fs = require('fs'); fs.

그림 12-2 검색 엔진에서 Node.js의 파일 읽는 방법을 검색

검색 결과에서 첫 번째 링크를 클릭하면 Node.js의 공식 문서로 들어갈 수 있습니다.

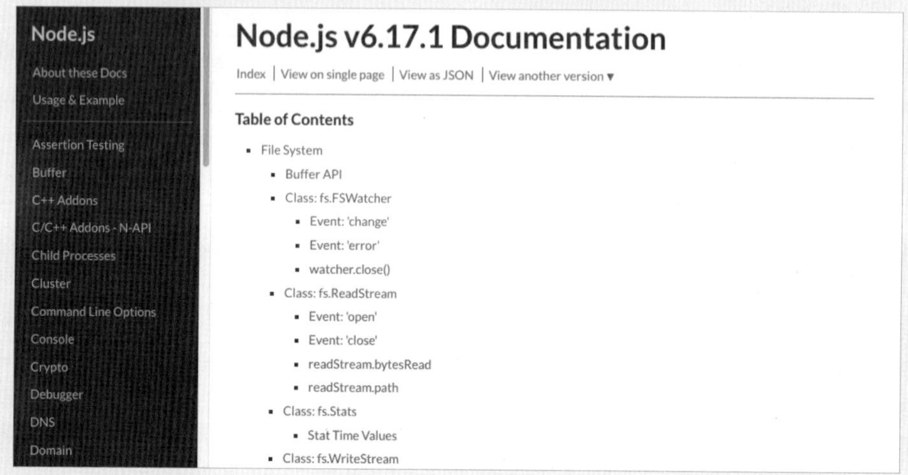

그림 12-3 Node.js 공식 문서

이번에는 Node.js의 공식 문서로 들어오는 또 다른 방법을 살펴보겠습니다. 우선 Node.js의 공식 홈페이지에 접속합니다. 상단에 있는 메뉴에서 [문서]를 선택한 다음 자신이 사용 중인 Node.js 버전을 선택합니다.

- Node.js 공식 홈페이지: https://nodejs.org/

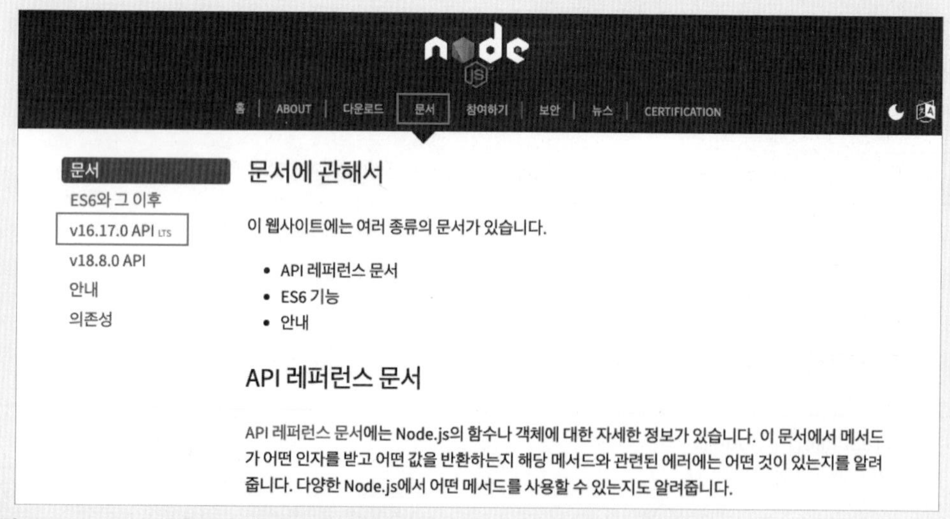

그림 12-4 Node.js 공식 홈페이지에서 '문서' 페이지로 이동

왼쪽에 있는 메뉴를 보면 Node.js가 기본으로 제공하는 기능들을 그룹화해둔 모듈들이 나옵니다. 모듈 목록에서 [File System]을 선택하면 검색을 통해 들어왔을 때와 똑같은 페이지가 나옵니다.

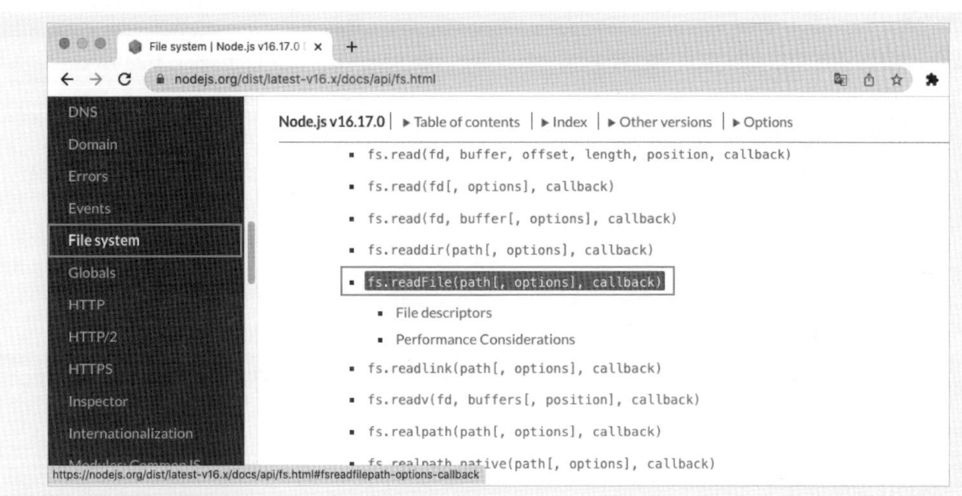

그림 12-5 Node.js 공식 문서

목록의 이름을 보면 이름에 많은 것이 암시돼 있습니다. 우선 fs는 File System의 약자입니다. 그중에서 `fs.readFile()`을 클릭해 들어갑니다. 공식 문서를 살펴보면 예제가 있고, 각 요소에 대한 설명을 확인할 수 있습니다.

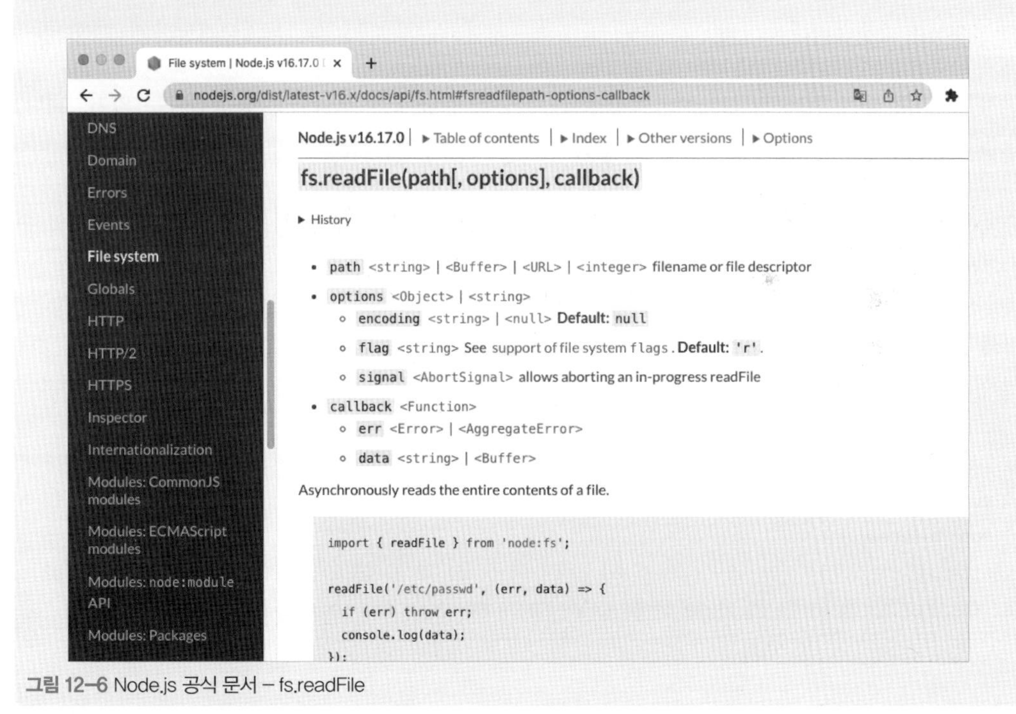

그림 12-6 Node.js 공식 문서 – fs.readFile

먼저 실습 디렉터리에 `nodejs`라는 이름으로 새로운 디렉터리를 만들고 실습에 사용할 `sample.txt` 파일을 만듭니다. `sample.txt` 파일에는 `syntax/loremIpsum.txt`에서 사용한 **의미 없는 텍스트**를 붙여 넣습니다.

예제 12-1 샘플 텍스트 준비 web2-nodejs/nodejs/sample.txt

```
Lorem ipsum dolor sit amet, consectetur adipisicing elit, sed do eiusmod tempor incididunt
ut labore et dolore magna aliqua. Ut enim ad minim veniam, quis nostrud exercitation ullamco
laboris nisi ut aliquip ex ea commodo consequat. Duis aute irure dolor in reprehenderit in
voluptate velit esse cillum dolore eu fugiat nulla pariatur. Excepteur sint occaecat cupidatat
non proident, sunt in culpa qui officia deserunt mollit anim id est laborum.
```

다시 nodejs 디렉터리에 fileread.js 파일을 만들고 다음 코드를 입력합니다.

예제 12-2 fileread.js 파일을 생성한 후 코드를 작성 web2-nodejs/nodejs/fileread.js

```
var fs = require('fs');
fs.readFile('sample.txt', 'utf8', function(err, data) {
    console.log(data);
});
```

지금은 이 코드를 완벽하게 이해할 수 없을 것입니다. 당장 이해하기보다는 익숙해지는 것에 중점을 두고 진행하면 좋겠습니다.

먼저 첫 번째 줄은 앞에서 잠깐 설명한 require 기능을 사용해 **fs 모듈을 사용하겠다는 의미**입니다. Node.js의 **fs 모듈**에는 **파일을 다루는 여러 가지 기능**이 들어 있습니다.

중요한 것은 두 번째 줄입니다. fs 모듈에 있는 기능 중 **readFile 기능**을 사용했는데, 이름에서 알 수 있듯이 이것은 **파일을 읽는 기능**입니다.

이제 Node.js가 제대로 파일을 읽어오는지 확인해봅시다. 먼저 명령 프롬프트에서 실습 디렉터리 아래에 있는 nodejs 디렉터리로 이동합니다. 그리고 다음 명령을 실행하면 결과를 확인할 수 있습니다.

readfile.js 실행 결과

```
> cd nodejs            ← nodejs 디렉터리로 이동
> node fileread.js
<Buffer 4c 6f 72 65 6d 20 69 70 73 75 6d 20 64 6f 6c 6f 72 20 73 69 74 20 61 6d 65 74 2c 20 63
6f 6e 73 65 63 74 65 74 75 72 20 61 64 69 70 69 73 69 63 69 6e ... >
```

실행했는데 아무런 결과가 출력되지 않는다면?

새로 생성한 nodejs 디렉터리로 이동하지 않고 web2-nodejs 디렉터리에서 readfile.js를 실행하면 sample.txt 파일을 읽어오지 못하고 'undefined'라는 결과가 출력됩니다.

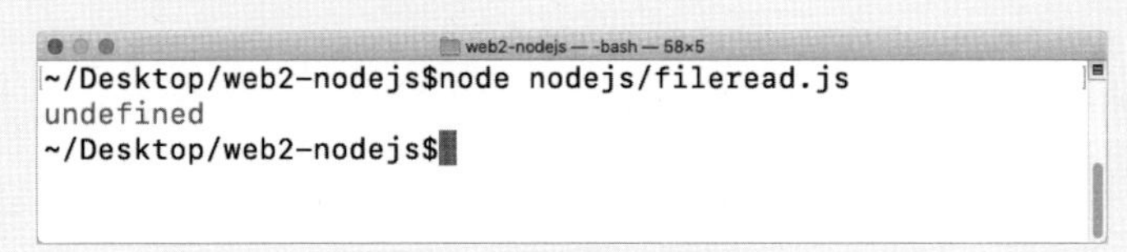

그림 12-7 web2-nodejs 디렉터리에서 fileread.js를 실행했을 때의 결과

코드에서 sample.txt 파일을 읽어오라고 명령했지만, 현재 Node.js를 실행한 디렉터리의 경로인 web2-nodejs에서 sample.txt 파일을 찾을 수 없기 때문입니다.

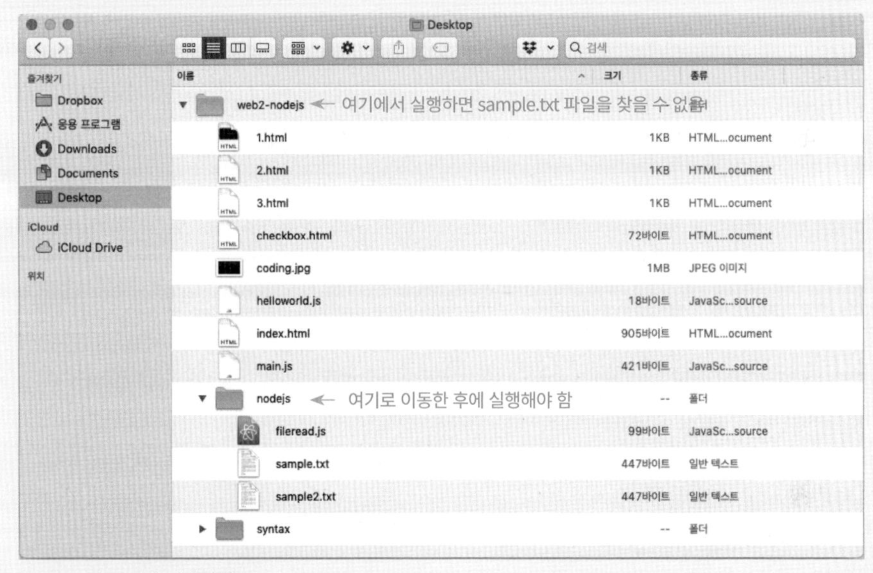

그림 12-8 web2-nodejs의 디렉터리 구조

따라서 sample.txt 파일과 fileread.js 파일이 위치한 nodejs 경로로 이동한 다음 Node.js를 실행해야만 파일을 읽어올 수 있습니다.

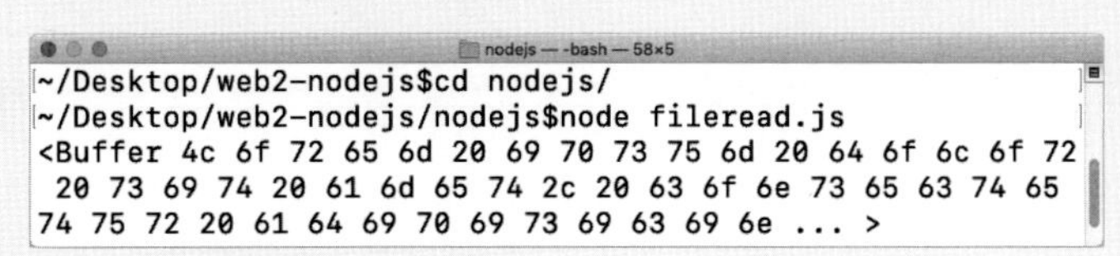

그림 12-9 nodejs 디렉터리로 이동한 후 fileread.js 실행

fileread.js를 실행해보니 알 수 없는 숫자가 출력됐습니다. 이는 처리할 수 없는 형태로 출력했기 때문입니다. 우선 다음과 같이 수정해보겠습니다.

예제 12-3 파일을 제대로 읽어올 수 있게 수정 web2-nodejs/nodejs/fileread.js

```
var fs = require('fs');
fs.readFile('sample.txt', 'utf8', function(err, data) {
    console.log(data);
});
```

지금 세 가지 정보를 모두 자세하게 알 필요는 없습니다. 다만 readFile에 첫 번째 정보로 명시한 sample.txt 파일을 읽는다는 것만 알아두면 됩니다.

다시 실행해보면 파일의 내용을 잘 읽어오는 모습을 볼 수 있습니다.

readfile.js 실행 결과

```
> node readfile.js
Lorem ipsum dolor sit amet, consectetur adipisicing elit, sed do eiusmod tempor incididunt ut
labore et dolore magna aliqua. ... 생략 ...
```

다시 상위 디렉터리로 이동하려면?

nodejs 디렉터리에서 다시 상위 디렉터리인 web2-nodejs 디렉터리로 이동하려면 다음 명령어를 입력합니다. ..은 상위 디렉터리를 의미합니다.

```
> cd ..          ← 상위 디렉터리로 이동
```

여기까지 Node.js를 이용해 파일을 읽는 방법을 알아봤습니다.

WEB2

13 App - 파일을 읽어서 본문 구현

 https://youtu.be/X9In3UA84O4 (4분 50초)

이번 수업에서는 지금까지 배운 내용을 총동원해서 쿼리 스트링에 따라 본문이 동적으로 변경되는 웹 애플리케이션을 만들어 보겠습니다. 우선 실습 디렉터리 아래에 data라는 이름으로 새로운 디렉터리를 생성합니다. 그리고 data 디렉터리 아래에 HTML, CSS, JavaScript라는 이름으로 세 개의 파일을 만듭니다.

그리고 실습 디렉터리 아래에 있는 1.html, 2.html, 3.html 파일에서 본문만 복사해서 각각 HTML, CSS, JavaScript 파일에 붙여넣습니다. HTML 파일에서 본문이란 〈p〉 태그 안쪽에 있는 내용을 말합니다.

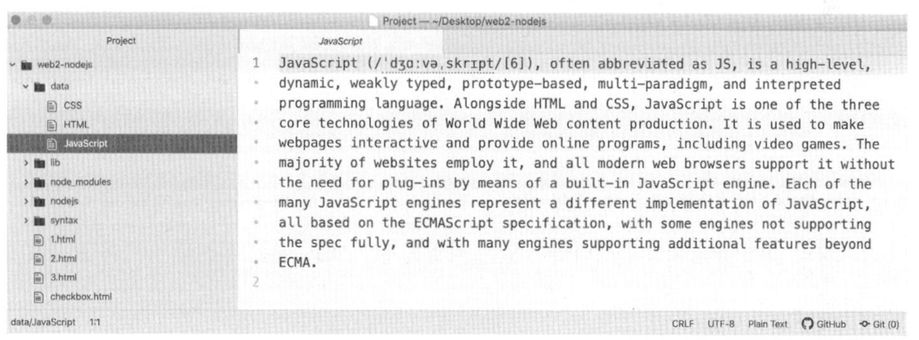

그림 13-1 data 디렉터리 생성 후 HTML, CSS, JavaScript 파일 생성

예제 13-1 HTML 파일 생성 web2-nodejs/data/HTML

```
<a href="https://www.w3.org/TR/html5/" target="_blank" title="html5 speicification">Hypertext
Markup Language (HTML)</a> is the standard markup language for <strong>creating <u>web</u>
pages</strong> and web applications.Web browsers receive HTML documents from a web server or
from local storage and render them into multimedia web pages. HTML describes the structure of
a web page semantically and originally included cues for the appearance of the document.<img
src="coding.jpg" width="100%">
<p style="margin-top:45px;">HTML elements are the building blocks of HTML pages. With HTML
constructs, images and other objects, such as interactive forms, may be embedded into the
rendered page. It provides a means to create structured documents by denoting structural
semantics for text such as headings, paragraphs, lists, links, quotes and other items. HTML
elements are delineated by tags, written using angle brackets.</p>
```

예제 13-2 CSS 파일 생성 web2-nodejs/data/CSS

```
Cascading Style Sheets (CSS) is a style sheet language used for describing the presentation of
a document written in a markup language. Although most often used to set the visual style of
web pages and user interfaces written in HTML and XHTML, the language can be applied to any
XML document, including plain XML, SVG and XUL, and is applicable to rendering in speech, or
on other media. Along with HTML and JavaScript, CSS is a cornerstone technology used by most
websites to create visually engaging webpages, user interfaces for web applications, and user
interfaces for many mobile applications.
```

예제 13-3 JavaScript 파일 생성 web2-nodejs/data/JavaScript

```
JavaScript (/ d   v  skr pt/[6]), often abbreviated as JS, is a high-level, dynamic, weakly
typed, prototype-based, multi-paradigm, and interpreted programming language. Alongside HTML
and CSS, JavaScript is one of the three core technologies of World Wide Web content production.
It is used to make webpages interactive and provide online programs, including video games.
The majority of websites employ it, and all modern web browsers support it without the need for
plug-ins by means of a built-in JavaScript engine. Each of the many JavaScript engines represent
a different implementation of JavaScript, all based on the ECMAScript specification, with some
engines not supporting the spec fully, and with many engines supporting additional features
beyond ECMA.
```

이로써 순수하게 본문으로 구성된 세 개의 파일을 만들었습니다. 이제 main.js 파일에서 사용자가 요청한 쿼리 스트링의 값에 따라 data 디렉터리에 있는 파일을 읽어오고, 본문 부분을 다르게 표시해 보겠습니다.

main.js 파일을 열고 다음과 같이 코드를 수정합니다.

예제 13-4 쿼리 스트링의 id 값에 따라 본문 내용 읽어오기 web2-nodejs/main.js

```
var http = require('http');
var fs = require('fs');
var url = require('url');

var app = http.createServer(function(request, response) {
    var _url = request.url;
    var queryData = url.parse(_url, true).query;
    console.log(queryData.id);
    var title = queryData.id;
    if(_url == '/') {
        title = 'Welcome';
```

```
    }
    if(_url == '/favicon.ico') {
        return response.writeHead(404);
    }
    response.writeHead(200);
    fs.readFile(`data/${queryData.id}`, 'utf8', function(err, description) {
        var template = `
        <!doctype html>
        <html>
            <head>
                <title>WEB1 - ${title}</title>
                <meta charset="utf-8">
            </head>
            <body>
                <h1><a href="/">WEB</a></h1>
                <ul>
                    <li><a href="/?id=HTML">HTML</a></li>
                    <li><a href="/?id=CSS">CSS</a></li>
                    <li><a href="/?id=JavaScript">JavaScript</a></li>
                </ul>
                <h2>${title}</h2>
                <p>${description}</p>                ← 읽어온 파일 내용 표시
            </body>
        </html>
        `;
        response.end(template);
    });
});

app.listen(3000);
```

먼저 이전 수업에서 다룬 fs 모듈의 readFile 기능으로 파일을 읽고, 그 내용을 description 변수에 저장합니다.

```
fs.readFile(`data/${queryData.id}`, 'utf8', function(err, description) {
```

이때 사용자가 요청한 쿼리 스트링으로 읽어올 파일을 구분합니다. 앞서 data 디렉터리에 새로 만든 세 가지 파일 중 쿼리 스트링의 id와 같은 이름을 가진 파일을 읽어옵니다. 그리고 해당 파일의 내용을

description 변수에 저장합니다(아직 이 코드를 완벽하게 이해하기는 어렵습니다. 우선 이 정도로 알고 넘어가도 괜찮습니다).

그리고 template 변수를 설정하는 코드와 웹 브라우저에 응답하는 코드를 readFile 중괄호 안으로 옮겼습니다.

```
fs.readFile(`data/${queryData.id}`, 'utf8', function(err, description) {
    var template = `
    <!doctype html>
    <html>
        ... 생략 ...
    </html>
    `;
});
```

그다음 <h2> 태그 아래에 본문을 나타내는 <p> 태그의 내용을 삭제하고 description 변숫값으로 대체했습니다. 즉, 사용자가 요청한 쿼리 스트링에 따라 읽어온 파일 내용을 본문으로 표시합니다.

```
        <p>${description}</p>                    ← 읽어온 파일 내용 표시
```

이제 명령 프롬프트에서 main.js 파일을 실행합니다. 그리고 웹 브라우저에 접속해서 각 링크를 클릭해 봅니다.

main.js 실행 결과

```
> node main.js
```

서버를 재실행하고 접속하면 쿼리 스트링에 따라 제목뿐 아니라 내용도 바뀌는 모습을 볼 수 있습니다.

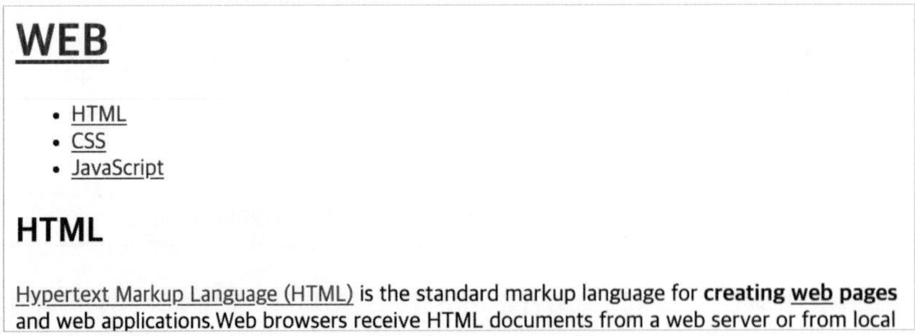

WEB

- HTML
- CSS
- JavaScript

HTML

Hypertext Markup Language (HTML) is the standard markup language for **creating web pages** and web applications.Web browsers receive HTML documents from a web server or from local

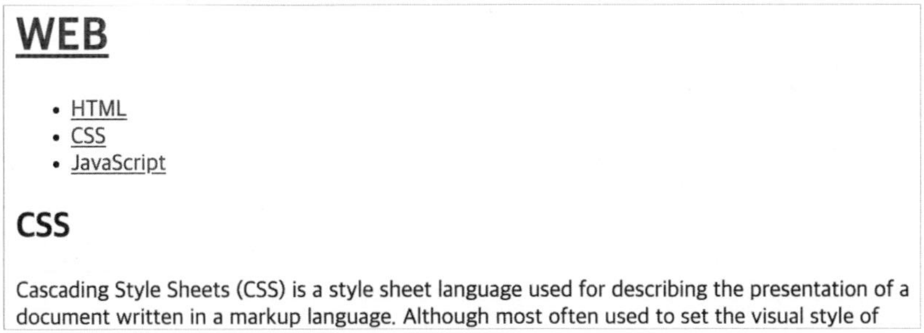

WEB

- HTML
- CSS
- JavaScript

CSS

Cascading Style Sheets (CSS) is a style sheet language used for describing the presentation of a document written in a markup language. Although most often used to set the visual style of

그림 13-2 쿼리 스트링에 따라 제목과 내용이 동적으로 바뀌는 웹 애플리케이션

이제 HTML, CSS, JavaScript 파일에 있는 내용을 변경하면, 서버를 재실행하지 않더라도 실시간으로 변경된 내용이 반영됩니다. 예를 들어, HTML 파일에서 이미지 태그를 제거해 보겠습니다.

예제 13-5 HTML 파일에서 이미지 태그 제거 web2-nodejs/data/HTML

```
... 생략 ...
HTML describes the structure of a web page semantically and originally included cues for the
appearance of the document.<img src="coding.jpg" width="100%"></p>
<p style="margin-top:45px;">HTML elements are the building blocks of HTML pages.
... 생략 ...
```

서버를 재실행하지 않아도 HTML 페이지로 다시 들어가보면 HTML 파일의 내용이 바로 반영된 모습을 확인할 수 있습니다.

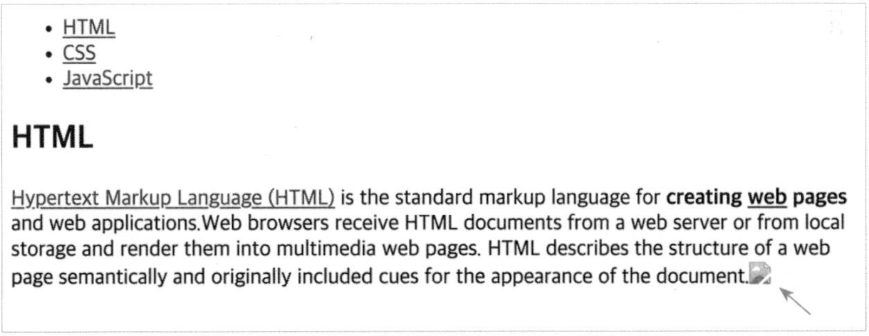

- HTML
- CSS
- JavaScript

HTML

Hypertext Markup Language (HTML) is the standard markup language for **creating web pages** and web applications.Web browsers receive HTML documents from a web server or from local storage and render them into multimedia web pages. HTML describes the structure of a web page semantically and originally included cues for the appearance of the document.

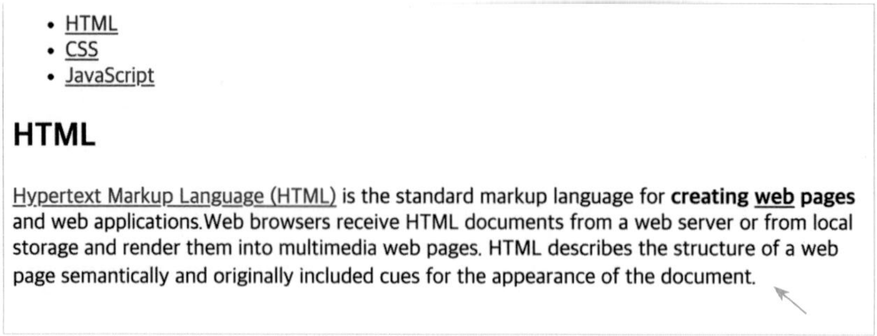

- HTML
- CSS
- JavaScript

HTML

Hypertext Markup Language (HTML) is the standard markup language for **creating web pages** and web applications.Web browsers receive HTML documents from a web server or from local storage and render them into multimedia web pages. HTML describes the structure of a web page semantically and originally included cues for the appearance of the document.

그림 13-3 HTML의 내용을 변경하면 바로 반영되는 모습

main.js 파일을 수정했을 때는 (현재로서는) 서버를 재시작해야 하지만, data 폴더에 있는 내용은 페이지가 열릴 때마다 해당 파일을 다시 읽어서 화면에 표시하기 때문에 서버를 재시작하지 않아도 내용이 반영됩니다.

지금까지 사용자가 요청한 쿼리 스트링에 따라 웹 페이지를 동적으로 보여주는 애플리케이션을 완성했습니다.

WEB2

14 자바스크립트 - Boolean

https://youtu.be/jDvOOM4amfM (3분 46초)

이번 수업부터는 자바스크립트에서 중요한 문법을 살펴보겠습니다. 총 세 가지 새로운 주제를 탐험해 볼 예정이며, 살펴볼 주제는 다음과 같습니다.

- 불리언 데이터 타입(14강)
- 비교 연산자(15강)
- 제어문(16강)
- 조건문 (17강)

첫 번째로 **불리언(Boolean)**이라는 데이터 타입을 살펴보겠습니다. 지금까지 숫자와 문자라는 두 가지 데이터 타입을 배웠는데, 이번 수업에서는 불리언이라는 새로운 데이터 타입을 배울 것입니다.

그런데 불리언만 놓고 보면 어렵게 느껴질 수 있습니다. 그래서 불리언을 활용하는 연산자인 **비교 연산자(Comparison operator)**를 함께 살펴보겠습니다. 지금까지 살펴본 연산자는 더하기, 빼기, 곱하기, 나누기 같은 사칙 연산자에서 사용되는 산술 연산자였습니다. 15강에서는 새로운 연산자인 비교 연산자를 살펴보겠습니다.

마지막으로 17강에서는 **조건문(Conditional statement)**을 배울 것입니다.

지금까지 말한 불리언과 비교 연산자, 조건문은 서로 밀접한 관계가 있어서 함께 살펴보면 좋습니다. 그럼 불리언부터 시작해보겠습니다.

불리언 데이터 타입

먼저 불리언 데이터 타입을 살펴봅니다. 지금까지 배운 숫자나 문자 데이터 타입에 저장할 수 있는 데이터의 종류는 얼마나 많을까요? 일단 숫자는 말할 것도 없이 무한히 많은 데이터로 이뤄져 있습니다. 그리고 문자 역시 이 세상에 존재하는 모든 문자를 합치면 어마어마하게 많습니다.

그런데 지금 배우는 **불리언 데이터 타입은 단 두 개의 데이터**로 이뤄져 있습니다. 즉, **참**(true)과 **거짓**(false) 값만 저장할 수 있습니다. syntax 디렉터리에 boolean.js라는 이름으로 새로운 파일을 만들고 다음과 같이 코드를 작성합니다.

예제 14-1 boolean.js 파일 생성 web2-nodejs/syntax/boolean.js

```
console.log(true);
console.log(false);
```

boolean.js 실행 결과

```
> node syntax/boolean.js
true
false
```

우리가 숫자를 1이라고 표현하고 문자를 '1'이라고 표현하는 것처럼 true와 false는 불리언 데이터를 표현하는 방법입니다.

true에 관해 조금 더 자세히 살펴보기 위해 코드를 다음과 같이 수정하고 실행해 보겠습니다.

예제 14-2 변수 이름으로 사용할 수 없는 true, false web2-nodejs/syntax/boolean.js

```
console.log(true);
console.log(false);
a = 1;
true = 1;                ← 에러가 발생합니다
```

코드를 실행해보면 다음과 같은 에러가 발행합니다.

boolean.js 실행 결과

```
> node syntax/boolean.js
true = 1;
^^^^

ReferenceError: Invalid left-hand side in assignment
    at Module._compile (internal/modules/cjs/loader.js:721:23)
    at Object.Module._extensions..js (internal/modules/cjs/loader.js:787:10)
... 생략 ...
```

다음 코드는 a라는 변수를 선언하고 1이라는 값을 저장한 것입니다.

```
a = 1;
```

같은 방법으로 true라는 변수를 선언하고 1이라는 값을 저장하려고 했더니 에러가 발생했습니다.

```
true = 1;              ← 에러가 발생합니다
```

'true'라는 텍스트는 불리언 데이터 타입의 값 중 하나인 true를 표현하는 방법으로 약속돼 있기 때문에 변수 이름으로 사용할 수 없습니다.

이렇게 해서 이번 수업에서는 불리언 데이터 타입인 true와 false를 살펴봤습니다. 아직 불리언 데이터 타입을 사용하는 실용적인 방법을 살펴보지 않았는데, 다음 수업에서 비교 연산자를 거쳐 조건문까지 살펴보면 이것이 얼마나 위대한 데이터 타입인지 느낄 것입니다.

WEB2

https://youtu.be/jyifKPHGaV0 (4분 14초)

15 자바스크립트 - 비교 연산자

이번 시간에 살펴볼 주제는 새로운 연산자인 비교 연산자입니다. 지금까지 배운 연산자는 다음과 같은 형태였습니다.

```
console.log(1+1);
```

이때 가운데에 있는 '+'를 **연산자**라고 합니다. 이 연산자는 여러 가지 형태의 연산자 중에서 **왼쪽에 있는 항과 오른쪽에 있는 항**을 계산한 다음 하나의 값으로 표현하는 **이항 연산자**입니다.

비교 연산자는 왼쪽에 있는 항과 오른쪽에 있는 항(피연산자)을 대상으로 **값을 비교**하는 이항 연산자입니다. 이때 연산(비교)의 결과가 **참이면** true, **거짓이면** false를 돌려줍니다. 즉, 어떤 값에 비교 연산자를 사용하면 결과는 **불리언 타입**으로 나옵니다.

실습을 위해 syntax 디렉터리에 comparison.js 파일을 만들고, 다음과 같이 코드를 입력합니다.

예제 15-1 comparison.js 생성 web2-nodejs/syntax/comparison.js

```
console.log(1 == 1);        // true
console.log(1 == 2);        // false
```

comparison.js를 실행한 결과는 다음과 같습니다.

comparison.js 실행 결과

```
> node syntax/comparison.js
true
false
```

== 연산자는 피연산자의 값이 **서로 같은지 비교**합니다. 1과 1은 서로 같으므로 1 == 1 연산의 결과는 참, 즉 true입니다. 반면 1과 2는 서로 다르므로 1 == 2 연산의 결과는 거짓, 즉 false입니다.

비교 연산자에는 크고 작음을 비교하는 연산자도 있습니다. 다음과 같이 코드를 추가하고 실행해보겠습니다.

예제 15-2 크고 작음을 비교하는 연산자 web2-nodejs/syntax/comparison.js

```
console.log(1 == 1);        // true
console.log(1 == 2);        // false
console.log(1 > 2);         // false
console.log(1 < 2);         // true
```

코드를 실행한 결과는 다음과 같습니다.

comparison.js 실행 결과

```
> node syntax/comparison.js
true
false
false
true
```

>와 < 연산자는 크고 작음을 비교합니다. 1보다 2가 큰 수이므로 1 > 2는 false이고, 1 < 2는 true입니다.

마지막으로 피연산자가 서로 같은지 비교할 때 == 연산자 말고 **=== 연산자**도 있습니다. 다음과 같이 코드를 추가하고 실행해보겠습니다.

예제 15-3 === 연산자 web2-nodejs/syntax/comparison.js

```
console.log(1 == 1);        // true
console.log(1 == 2);        // false
console.log(1 > 2);         // false
console.log(1 < 2);         // true
console.log(1 === 1);       // true
console.log(1 === 2);       // false
```

코드를 실행한 결과는 다음과 같습니다.

comparison.js 실행 결과

```
> node syntax/comparison.js
true
false
false
true
true
false
```

=== 연산자는 == 연산자보다 더 강력하게 같은지 비교합니다. 즉, **== 연산자는 값만 같은지 비교**하지만, **=== 연산자는 값뿐만 아니라 데이터 타입까지 같은지 비교**합니다.

=와 ==, === 모두 같은 기호를 사용해서 헷갈리기 쉬운데, 표 15-1에 각 연산자의 의미를 정리했습니다. === 연산자는 지금 설명하기에는 조금 벅차기 때문에 = 기호를 두 개 사용하는 것과 세 개 사용하는 것의 차이를 알지 못한다면 = 기호를 세 개 사용하기를 권합니다. 다만 = 기호를 한 개 사용하면 대입 연산자이므로 의미가 완전히 달라진다는 것만 기억해두면 좋겠습니다.

표 15-1 =, ==, === 연산자 비교

연산자	구분	의미
=	대입 연산자	오른쪽 값을 왼쪽 변수에 대입
==	비교 연산자	두 항의 값이 같은지 비교
===		두 항의 값과 데이터 타입이 같은지 비교

WEB2

https://youtu.be/XGiT6fp1GrY (8분 48초)

16 자바스크립트 - 제어문

이번 장에서는 조건문, 반복문과 같은 제어문을 본격적으로 배우기 전에 프로그램이라는 말의 의미를 음미해보면서 제어문이 왜 필요하고 어디에 사용하는지 알아봅시다.

'프로그램'이라는 말은 '소프트웨어' 분야에만 있는 말일까요? 그렇지 않습니다. 과거에 오페라와 같은 것이 시간 순서에 따라서 실행됐는데, 이러한 것을 프로그램이라고 불렀습니다. 소프트웨어 분야가 아닌 곳에서도 '프로그램(program)'이라는 말은 순서에 따라 실행되는 방송 순서나 연주 순서와 같은 것을 의미합니다. 그리고 이러한 순서를 만드는 사람을 '프로그래머(programmer)'라고 합니다. 그렇다면 우리는 왜 '프로그래머'라고 부를까요? 시간의 순서에 따라 실행돼야 할 컴퓨터 명령들을 설계하는 사람이므로 프로그래머라고 부릅니다.

Program

그림 16-1 이번 장의 주제, 프로그램

프로그램을 만들다 보면 코드가 점점 많아지고 복잡해지기 마련입니다. 프로그램이 복잡해지는 과정을 살펴보면서 한 가지 생각해 봐야 할 것은, 복잡한 것보다 더 중요한 것은 간단한 것을 통해서도 많은 일을 할 수 있다는 것입니다.

먼저 앞에서 배운 것처럼 명령 프롬프트에서 node 명령어를 통해 Node.js의 명령 모드에 진입합니다.

Console
```
$ node
>
```

이제 명령어로 Node.js를 제어할 수 있는 상태가 됐습니다. 그다음 지금까지 줄기차게 사용해온 콘솔에 출력하는 명령을 입력해보겠습니다. 물론 실용적인 코드는 아니지만, 지금은 이것이 아주 실용적이고 요긴한 코드라고 상상해주세요.

Console
```
> console.log('A');
A
```

자바스크립트를 사용하는 첫 번째 이유는 Node.js가 가진 기능을 실행하는 수단이 자바스크립트이기 때문입니다. 그리고 자바스크립트만으로도 충분히 많은 일을 할 수 있습니다. 하지만 우리가 하고자 하는 일은 대부분 복잡하기 때문에 이처럼 하나의 명령을 실행하는 것으로는 부족할 수 있습니다. 그럼 어떻게 할까요? 이어서 다른 명령을 진행해야 합니다.

Console

```
> console.log('A');
A
> console.log('B');
B
```

명령을 입력한 후 실행하고, 실행이 끝나기를 기다렸다가 결과가 나오면 다시 두 번째 명령을 실행합니다. 이런 식으로 자기가 하고자 하는 일을 해결할 수 있는 명령을 실행하고, 기다렸다가 끝나면 다음 명령을 실행하는 일을 계속 반복합니다.

이런 식으로 문제를 해결해도 아무 문제가 없습니다. 하지만 사람의 욕심은 끝이 없죠? 살다 보면 주기성을 가지고 똑같이 해야 하는 일들이 있습니다. 그때마다 이렇게 하나씩 입력하는 것은 너무 귀찮고 힘든 일입니다. 이처럼 기계적으로 일이나 시간 순서에 따라 실행되는 일은 기계에 맡기고 싶다는 생각을 하게 됩니다. 순서에 따라 명령이 실행되게끔 하려면 어떻게 해야 할까요?

실습을 위해 syntax 디렉터리에 program1.js 파일을 하나 만듭니다. 그리고 시간 순서에 따라 실행할 명령들을 작성합니다.

예제 16-1 program1.js 파일 생성 web2-nodejs/syntax/program1.js

```
console.log('A');
console.log('B');
```

이제 필요할 때마다 이 파일을 실행하게 Node.js에게 명령하기만 하면 됩니다.

program1.js 실행 결과

```
> node syntax/program1.js
A
B
```

그러면 해당 파일에 있는 명령들이 차례로 실행되는 모습을 볼 수 있습니다. 이로써 좀 더 간편하게 명령을 실행할 수 있습니다. 이러한 맥락에서 앞서 작성한 program1.js가 소프트웨어 분야에서 말하는 **프**

로그램이고, 이 프로그램을 작성하는 사람을 **프로그래머**, 명령을 순서대로 작성하는 행위를 **프로그래밍**이라고 합니다.

하지만 현실은 복잡하기 때문에 여러 가지 문제가 있습니다. 예를 들면, 프로그램을 실행할 때마다 다른 명령을 실행해야 할 수 있습니다.

오른쪽 그림처럼 어떨 때는 A → B → C1 → D를 실행하고, 어떨 때는 A → B → C2 → D를 실행하고 싶을 수 있습니다. 이 경우 C1을 포함하는 프로그램을 만들고, C2를 포함하는 프로그램을 만들어서 각각 필요할 때 실행하면 이 문제를 해결할 수 있습니다.

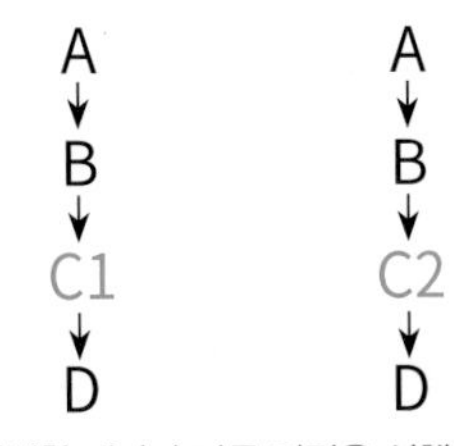

그림 16-2 실행할 때마다 다른 명령을 실행해야 하는 경우

예제 16-2 A → B → C1 → D를 출력하는 프로그램 web2-node/syntax/program1.js

```
console.log('A');
console.log('B');
console.log('C1');
console.log('D');
```

예제 16-3 A → B → C2 → D를 출력하는 프로그램 web2-node/syntax/program2.js

```
console.log('A');
console.log('B');
console.log('C2');
console.log('D');
```

pgoram1.js와 program2.js에서 다른 부분은 console.log('C1');과 console.log('C2'); 부분뿐입니다. 두 개의 프로그램이 있다는 것을 알고, 상황에 따라 program1과 program2를 선택해서 실행하면 문제를 해결할 수 있습니다.

두 프로그램에서 중복되는 코드가 있는데, 중복되는 코드가 1억 줄이고 다른 부분은 단 한 줄뿐이라고 생각해보겠습니다. 그리고 지금은 program1과 program2밖에 없지만, 이러한 프로그램이 1억 개라고 상상해 보겠습니다.

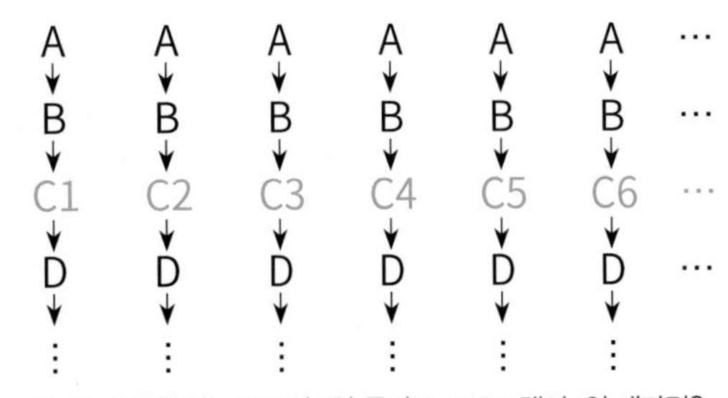

그림 16-3 중복되는 코드가 1억 줄이고, 프로그램이 1억 개라면?

이러한 상황에서 중복되는 코드에 버그가 발생해 수정해야 하거나 기능을 변경해야 한다면 어떨까요? 1억 개의 파일을 열어서 엄청난 코드를 수정해야 하므로 쉽지 않을 것입니다. 또 각각의 프로그램이 1억 줄이라면 정말로 다른지 확신하기도 어렵고 코드의 양도 엄청 많아질 것입니다.

이러한 아비규환 속에서 우리를 도와주는 도구가 바로 '제어문'입니다.

제어문을 이용하면 시간 순서에 따라 실행되는 **실행의 흐름을 제어해서 다르게 동작하게** 할 수 있습니다. 예를 들어, 공통되는 부분을 실행하다가 제어문을 이용해 어떨 때는 'C1'을 실행하고, 어떨 때는 'C2'를 실행한 다음, 다시 공통된 'D'를 실행하게 할 수 있습니다. 이때 사용하는 제어문은 조건문입니다.

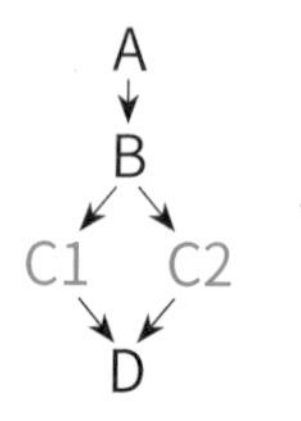

그림 16-4 조건문

또는 어떤 명령을 어떤 조건에 따라 반복해서 실행하게 할 수도 있습니다. 이때 사용하는 제어문은 **반복문**입니다. 이처럼 제어문은 조건문과 반복문을 포함하는 용어입니다.

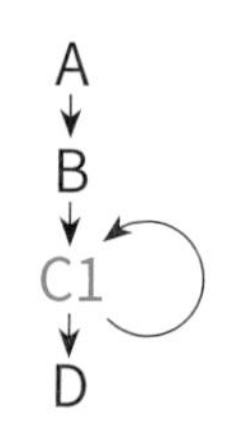

그림 16-5 반복문

이번 수업에서는 제어문에 관해 살펴봤는데, 이번 장을 마치기 전에 해주고 싶은 이야기가 있습니다. 앞에서 제어문을 사용하기 전에도 같은 문제를 해결할 수 있었던 것처럼 어렵고 복잡한 도구가 없다고 해서 아무것도 못 하는 것은 아닙니다. 최소한의 도구를 이용해 문제를 해결하는 것이 훨씬 더 귀하고 가치 있습니다. 그렇게 문제를 해결하다 보면 간단한 도구만으로는 해결이 안 되는 순간이 올 것입니다. 바로 그 순간이 좀 더 복잡하고 세련된 도구를 배울 절호의 타이밍입니다. 그래야만 그 도구가 더욱 더 귀하게 느껴질 것입니다.

그런 과정을 생략하면 진도는 빨리 나가겠지만 머리가 너무 복잡해져서 아무것도 하지 못할 수도 있습니다. 그리고 각각의 그 위대한 도구들이 우리를 구원해주는 구원자가 아니라 우리의 인생을 방해하는 억압이 될 수도 있습니다. 이런 점을 한번 고려하면 좋겠습니다.

이어서 다음 장부터는 이번 장에서 간단하게 소개했던 조건문과 반복문을 자세히 살펴보겠습니다.

WEB2  https://youtu.be/gxB-3B1gulo (3분 17초)

17 자바스크립트 - 조건문

이번 시간에는 **조건문(Conditional statement)**이라고 하는 자바스크립트 문법을 알아보겠습니다. 조건문은 제어문의 대표적인 사례로, **조건에 따라 서로 다른 코드가 동작하도록 프로그램의 실행 흐름을 제어**합니다.

조건문의 문법을 한번 살펴보겠습니다. 먼저 syntax 디렉터리에 conditional.js 파일을 만듭니다. 그리고 앞에서 만든 program1.js와 program2.js 파일의 내용을 작성합니다. 이때 공통된 부분은 한 번만 작성합니다.

Conditional statement

그림 17-1 이번 장의 주제인 조건문

예제 17-1 conditional.js 파일 생성 web2-nodejs/syntax/conditional.js

```
console.log('A');
console.log('B');
console.log('C1');    ← 분기에 따라 실행할 명령
console.log('C2');    ←
console.log('D');
```

program1.js와 program2.js 파일에서 공통된 부분은 한 번만 실행하고 'C1'과 'C2'를 출력하는 명령은 조건에 따라 처리하려고 합니다. 이때 사용할 수 있는 조건문은 **if 문**입니다. if 문은 **조건에 따라 명령을 실행할지 말지를 결정**하는데, 조건이 **참(true)이면 실행**하고 **거짓(false)이면 실행하지 않습니다.**

조건문의 형식

```
if (조건) {
    조건이 참이면 실행할 문장;
}

// 조건이 참이라면 실행
if(true) {
    실행
}
```

```
// 조건이 거짓이라면 실행하지 않음
if(false) {
    실행하지 않음
}
```

예제를 다음과 같이 수정하고 실행해 보겠습니다.

예제 17-2 조건에 따라 실행하도록 if 조건문 추가 web2-nodejs/syntax/conditional.js

```
console.log('A');
console.log('B');
if(true) {
    console.log('C1');   ← 실행
}
if(false) {
    console.log('C2');   ← 실행하지 않음
}
console.log('D');
```

conditional.js 실행 결과

```
> node syntax/conditional.js
A
B
C1
D
```

실행 결과를 확인해보면 'C1'은 출력됐고, 'C2'는 출력되지 않았습니다. 'C2'를 출력하는 명령은 `if(false)`라는 조건문 때문에 실행되지 않은 것입니다.

이처럼 둘 중 하나만 실행되게 하려면 다음과 같이 `else` 문을 이용해 조금 더 간결하게 쓸 수도 있습니다.

예제 17-3 조건에 따라 실행하도록 if ~ else 조건문 추가 web2-nodejs/syntax/conditional.js

```
... 생략 ...
if(true) {
    console.log('C1');   ← 실행
} else {
    console.log('C2');   ← 실행하지 않음
}
... 생략 ...
```

위 코드의 실행 결과는 앞의 코드와 똑같습니다. 즉, **둘 중 하나만 실행하게 만들려면** if 문 다음에 else 문을 사용합니다. 이때 **else 문**에는 **조건이 없습니다.** if 문의 조건이 거짓이면 무조건 실행하기 때문입니다. 즉, if 문의 조건이 참이면 if 문에 포함된 명령을 실행하고, 참이 아니면(거짓이면) else 문에 포함된 명령을 실행합니다.

실습을 위해 if 문의 조건을 false로 바꾸고 실행해 보겠습니다.

예제 17-4 조건문의 조건을 거짓(false)으로 변경 web2-nodejs/syntax/conditional.js

```
... 생략 ...
if(false) {
    console.log('C1');    ← 실행하지 않음
} else {
    console.log('C2');    ← 실행
}
... 생략 ...
```

conditional.js 실행 결과

```
> node syntax/conditional.js
A
B
C2
D
```

if 문의 조건을 false로 바꿨더니 'C1'은 출력되지 않고, 'C2'가 출력됐습니다. 그런데 이 프로그램은 아직 부족합니다. if 문의 조건을 false로 고정해버리면 계속 'C2'가 출력되므로 앞에서 작성한 program2.js와 다를 바 없습니다. 그러므로 if 문의 조건을 true나 false로 고정하지 말고 때에 따라 변하게 만들어야 합니다.

우선 조건문의 기본적인 문법은 여기까지입니다. 더 진행하면 머리가 복잡할 수 있으니 이번 장은 여기서 마무리하고, 다음 수업에서 어떻게 상황에 따라 조건문이 다르게 동작하는지 살펴보겠습니다.

WEB2 18

https://youtu.be/zPsRlbYKWhl (6분 56초)

자바스크립트 - 콘솔에서 입력받기

이번 시간에 살펴볼 주제는 우리가 소프트웨어를 정의하는 여러 가지 방법 중 하나입니다. 우리가 만든 **프로그램**은 어떤 정보를 입력하면 그걸 처리해서 결과를 출력하는 기계라고 할 수 있습니다.

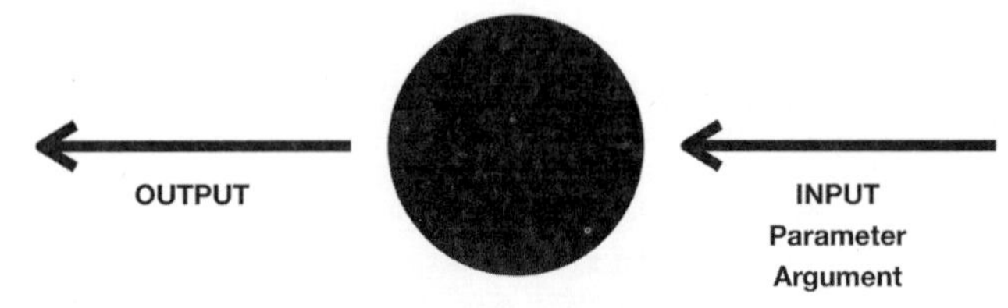

그림 18-1 프로그램의 입력과 출력

프로그램에서는 입력을 부르는 여러 가지 표현이 있는데, 매개변수(Parameter) 또는 인수(Argument)라고 합니다. **매개변수**는 **프로그램에 필요한 값을 입력받는 형식**을 말합니다. 그리고 **인수**는 그 **형식에 맞게 실제 입력하는 값**을 말합니다. 이 두 가지 의미가 당장 이해가 안 가도 괜찮습니다. 나중에 함수를 배울 때 조금 더 자세히 배울 수 있는 기회가 있을 것입니다.

아무튼 프로그램에는 **입력**(Input)과 **출력**(Output)이 있는데, 이를 합해서 **입출력**, 영어로는 앞글자를 따서 I/O라고 합니다. 앞서 우리가 만든 애플리케이션에서는 사용자가 웹 브라우저에서 입력한 URL이 입력이고, 애플리케이션이 동작해 표시된 HTML이 출력이라고 볼 수 있습니다. 또한 콘솔에서 프로그램을 실행할 때는 처리 결과를 콘솔 화면에 출력했습니다. 프로그램이 처리한 결과는 프린트에 출력할 수도 있으며, 파일에 저장하는 것도 일종의 출력이라고 할 수 있습니다.

이처럼 입력과 출력에는 다양한 방식이 있습니다. 그중 이번 장에서는 콘솔에서 값을 입력하는 방법을 살펴보려고 합니다. 콘솔로부터 입력받은 다음, 프로그램 내부에서 조건문을 이용해 입력값에 따라 다르게 동작하고, 다른 결과를 출력하는 프로그램을 만들어보겠습니다.

먼저 앞에서 작성한 conditional.js 파일을 열고 코드를 다음과 같이 수정해봅시다.

예제 18-1 콘솔로부터 입력받기 web2-nodejs/syntax/conditional.js

```
var args = process.argv;
console.log(args);
```

```
console.log('A');
console.log('B');
... 생략 ...
```

콘솔로부터 입력받는 방법을 검색하고 싶어요

웹 브라우저를 열고 검색 엔진에서 'nodejs console input parameters'라는 검색어로 검색해보겠습니다. 여러 사이트가 나오는데, 그중에서 'How do I pass command line arguments to a Node.js program?'으로 들어가 보겠습니다.

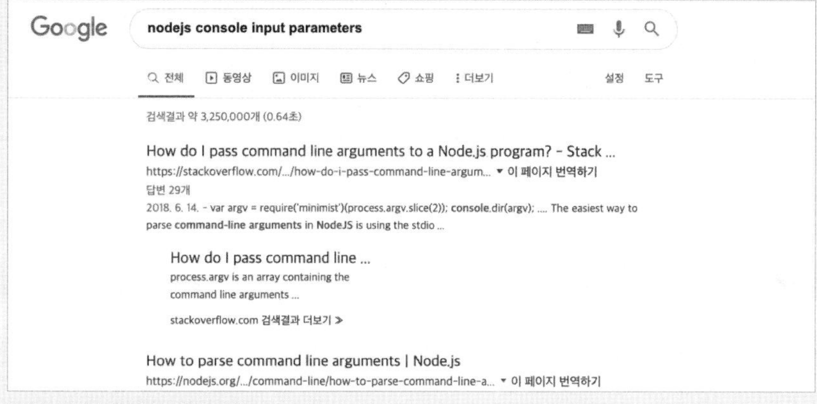

그림 18-2 콘솔로부터 입력받는 방법 검색

아직 문법을 완벽하게 배운 상태가 아니기 때문에 이해할 수는 없겠지만, 다음 답변을 따라 해보겠습니다.

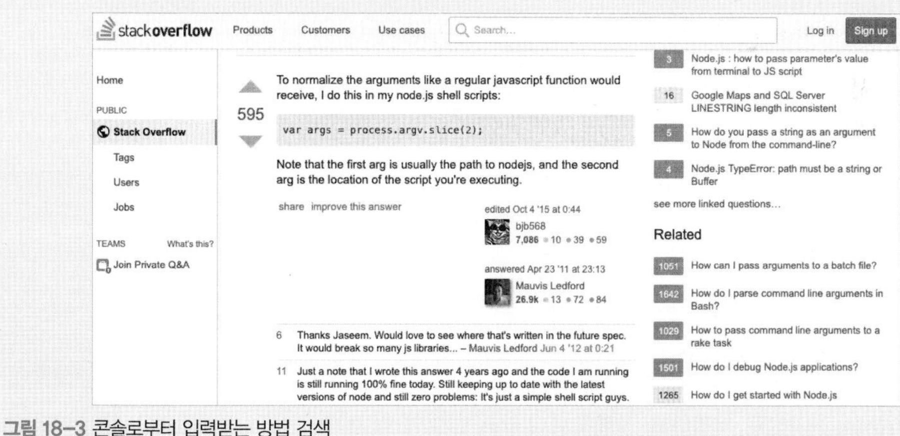

그림 18-3 콘솔로부터 입력받는 방법 검색

두 줄을 추가했는데, 먼저 첫 번째 줄은 process 모듈에서 argv라는 기능을 실행해 그 결과를 args 변수에 저장합니다. 지금 이러한 문법을 자세하게 알기는 어렵지만, 어쨌든 이 코드의 의미는 **프로그램을 실행할 때 함께 넘어온 입력값을 args라는 변수에 저장한다는 의미**입니다. 그리고 두 번째 줄에서는 그 값을 출력합니다.

콘솔에서 이 프로그램을 실행할 때는 **명령 뒤에 입력값을 함께 명시**해야 합니다.

conditional.js 실행 결과(입력값이 'egoing'일 때)

```
> node syntax/conditional.js egoing
[ '/usr/local/bin/node',
  '/Users/username/Desktop/web2-nodejs/syntax/conditional.js',
  'egoing' ]
A
B
C2
D
```

실행 결과에서 세 번째 줄까지가 args 변수를 출력한 결과입니다. 아직 배우지는 않았지만, args 변수는 일반 변수가 아니라 '배열(array)'이라고 합니다. 배열에는 여러 값을 묶어서 저장할 수 있는데, 자세한 내용은 아직 몰라도 괜찮습니다. 어쨌든 출력 결과를 보면 args 변수에는 문자열 세 개가 저장돼 있습니다. 각 문자열이 의미하는 바를 살펴보겠습니다.

① /usr/local/bin/node: Node.js 런타임이 위치한 경로

② /Users/username/Desktop/web2-nodejs/syntax/conditional.js: 실행한 파일이 위치한 경로

③ egoing: 프로그램을 실행할 때 입력한 값

이번에는 입력값을 하나 더 추가하고 실행해 보겠습니다.

conditional.js 실행 결과(입력값이 'egoing k8805'일 때)

```
> node syntax/conditional.js egoing k8805
[ '/usr/local/bin/node',
  '/Users/username/Desktop/web2-nodejs/syntax/conditional.js',
  'egoing',
  'k8805' ]
... 생략 ...
```

입력값을 'egoing k8805'로 지정하고 실행해보니 args 변수의 세 번째 값에는 'egoing'이, 네 번째 값에는 'k8805'가 들어갔습니다. 즉, Node.js는 세 번째 정보부터 입력값을 주게 약속돼 있습니다.

이번에는 args 변수에서 세 번째 값만 가져오는 방법을 살펴보기 위해 코드를 다음과 같이 수정해보겠습니다.

예제 18-2 콘솔로부터 입력한 값만 출력 web2-nodejs/syntax/conditional.js

```
var args = process.argv;
console.log(args[2]);
console.log('A');
console.log('B');
... 생략 ...
```

앞의 코드와 달라진 부분은 args 변수에 [2]가 붙었다는 것입니다. 이 부분은 아직 자세하게 몰라도 괜찮습니다. 대괄호와 숫자는 배열에서 몇 번째 데이터에 접근할 것인지를 나타냅니다. 우리에게 필요한 데이터는 사용자가 입력한 값으로서 앞에서 살펴본 것처럼 args 변수의 세 번째에 들어 있는 문자열입니다. 그런데 왜 대괄호에 안에 숫자 3이 아닌 2를 입력했을까요?

대부분의 프로그래밍 언어는 숫자를 셀 때 0부터 시작합니다. 즉, 실세계에서는 보통 1, 2, 3, ...처럼 1부터 시작하지만, 프로그래밍 언어에서는 0, 1, 2, ...처럼 0부터 시작합니다. 따라서 args[2]라는 코드는 args라는 배열에 있는 문자열 묶음에서 세 번째에 들어 있는 정보, 즉 사용자가 입력한 값을 나타냅니다.

다시 실행해보겠습니다.

conditional.js 실행 결과

```
> node syntax/conditional.js egoing
egoing
... 생략 ...
```

앞에서와 달리 egoing만 출력됩니다. 이로써 프로그램에 입력된 값을 추출하는 방법을 알았으므로 이제 이 값에 따라 다르게 동작하게 만들어보겠습니다. 프로그램을 실행할 때 1이라고 입력하면 'C1'을 출력하고, 1이 아니면 'C2'를 출력하는 애플리케이션을 만들어봅시다. 코드를 다음과 같이 수정합니다.

예제 18-3 입력한 값에 따라 다르게 출력하기 web2-nodejs/syntax/conditional.js

```
var args = process.argv;
console.log(args[2]);
console.log('A');
console.log('B');
if(args[2] === '1') {
    console.log('C1');
```

```
} else {
    console.log('C2');
}
console.log('D');
```

바뀐 부분은 if 문의 조건식뿐입니다. 이때 숫자 1이 아니라 문자열 '1'이라고 한 이유는 콘솔에서 입력한 값은 모두 문자열로 취급하기 때문입니다.

```
if(args[2] === '1') {
```

조건식은 프로그램을 실행할 때 입력한 값이 '1'과 같은지 비교합니다. 참이면 if 문을 실행하고, 거짓이면 else 문을 실행합니다. 프로그램을 실행하면서 각각 1과 2를 입력해 실행 결과를 비교해보겠습니다.

conditional.js 실행 결과(입력값이 1일 때)

```
> node syntax/conditional.js 1
1
A
B
C1
D
```

conditional.js 실행 결과(입력값이 2일 때)

```
> node syntax/conditional.js 2
2
A
B
C2
D
```

지금까지 제어문, 그중에서도 조건문을 살펴봤습니다. 프로그램으로 들어오는 입력값이 무엇인지에 따라 조건문이 다르게 동작하고, 하나의 프로그램이 여러 가지 동작을 하는 애플리케이션을 만들어 봤는데, 그다지 실용적인 애플리케이션은 아니었지만 훨씬 더 확장성 높고 똑똑한 프로그램을 만들 수 있게 됐습니다.

WEB2

 https://youtu.be/pteR5pUpn2k (5분 11초)

19 App - 오류 페이지와 홈페이지 구현

Not found 오류 구현

이번 수업에서는 이전 수업에서 배운 조건문을 투입해서 우리의 애플리케이션을 조금 더 정교하고 쓸 만하게 만들어 보겠습니다.

우선 앞에서 작성한 main.js 파일을 조금 다듬어서 다음과 같이 수정한 다음 시작하겠습니다.

예제 19-1 기존 main.js 파일 수정 web2-nodejs/main.js

```
var http = require('http');
var fs = require('fs');
var url = require('url');

var app = http.createServer(function(request, response) {
    var _url = request.url;
    var queryData = url.parse(_url, true).query;
    console.log(queryData.id);
    var title = queryData.id;
    if(_url == '/') {
        title = 'Welcome';
    }
    if(_url == '/favicon.ico') {
        return response.writeHead(404);
    }
    response.writeHead(200);
    fs.readFile(`data/${queryData.id}`, 'utf8', function(err, description) {
        var template = `
        <!doctype html>
        <html>
            <head>
                <title>WEB1 - ${title}</title>
                <meta charset="utf-8">
            </head>
```

```
        <body>
            <h1><a href="/">WEB</a></h1>
            <ul>
                <li><a href="/?id=HTML">HTML</a></li>
                <li><a href="/?id=CSS">CSS</a></li>
                <li><a href="/?id=JavaScript">JavaScript</a></li>
            </ul>
            <h2>${title}</h2>
            <p>${description}</p>
        </body>
    </html>
    `;
    response.writeHead(200);
    response.end(template);
  });
});
app.listen(3000);
```

기존에 조건문을 이용해 몇 가지 처리했던 코드가 있는데, 이 코드는 마음에 안 들기도 하고, 직접 구현할 예정이라 지웠습니다. 추가로 `response.writeHead(200);` 코드도 `readFile` 안쪽으로 옮겼습니다.

먼저 이번 장에서 무엇을 할 것인지 살펴보겠습니다. 우리 애플리케이션은 쿼리 스트링이 없는 홈(루트, root)으로 접속하면 환영 페이지를 보여주고, HTML, CSS, JavaScript 등 목록에 있는 링크를 클릭해서 `id` 값에 있는 주소로 접속하면 `id` 값에 해당하는 파일을 `data` 디렉터리에서 찾아서 보여줍니다. 그렇다면 이 외에 다른 주소로 접속했을 때는 어떤 페이지를 보여줘야 할까요?

```
localhost:3000/favicon.ico
```

위 경로처럼 존재하지 않는, 다른 경로로 들어 왔을 때는 파일을 찾을 수 없다는 오류 메시지를 전송해야 합니다. 지금부터 이러한 기능을 만들어 보겠습니다.

이를 위해 가장 먼저 해야 할 일은 사용자가 루트로 접속했는지 아닌지를 아는 것입니다.

루트?

루트란 뒤에 다른 경로가 붙지 않은 주소를 말합니다. 예를 들어, 아래 두 주소는 모두 루트입니다.

```
http://localhost:3000/              ← 주소 뒤에 다른 경로가 붙지 않은 상태
http://localhost:3000/?id=HTML      ← 쿼리 스트링이 있을 뿐, 루트 상태
```

반면 다음과 같은 주소는 루트 주소 뒤에 다른 경로가 붙었기 때문에 루트가 아닙니다.

```
http://localhost:3000/favicon.ico
http://localhost:3000/html
```

먼저 URL을 분석하는 코드를 로그로 출력해서 사용자가 애플리케이션에 접속했을 때 어떤 정보를 가지고 오는지 살펴보겠습니다.

예제 19-2 애플리케이션에 접속했을 때 가져오는 정보 확인 web2-nodejs/main.js

```
... 생략 ...
var app = http.createServer(function(request, response) {
    var _url = request.url;
    var queryData = url.parse(_url, true).query;
    var title = queryData.id;

    console.log(url.parse(_url, true));

    fs.readFile(`data/${queryData.id}`, 'utf8', function(err, description) {
... 생략 ...
```

새로 추가한 코드는 사용자가 입력한 URL 정보를 분석해서 우리가 쉽게 사용할 수 있게 해주는 코드입니다. 위 코드를 실행하고 웹 브라우저에서 `localhost:3000/?id=CSS` 주소로 접속해보겠습니다.

main.js 실행 후 브라우저에서 'localhost:3000/?id=CSS'로 접속

```
> node main.js
Url {
  protocol: null,
  slashes: null,
  auth: null,
  host: null,
  port: null,
  hostname: null,
  hash: null,
```

```
search: '?id=CSS',
query: [Object: null prototype] { id: 'CSS' },
pathname: '/',
path: '/?id=CSS',
href: '/?id=CSS' }
```

실행 결과에서 우리가 주목해야 하는 부분은 pathname입니다. path에는 쿼리 스트링이 포함돼 있고, pathname(**경로 이름**)은 쿼리 스트링이 있더라도 사용자가 입력한 URL에서 **쿼리 스트링을 제외한 경로 이름**만 나타냅니다.

이제 코드를 다음과 같이 수정해서 루트(/)로 접속했을 때와 다른 경로로 접속했을 때 다르게 처리해보겠습니다.

예제 19-3 pathname에 따라 다르게 처리(화면을 출력하거나 에러를 출력) web2-nodejs/main.js

```
...생략...
var app = http.createServer(function(request, response) {
    var _url = request.url;
    var queryData = url.parse(_url, true).query;
    var pathname = url.parse(_url, true).pathname;
    var title = queryData.id;

    if(pathname === '/') {
        fs.readFile(`data/${queryData.id}`, 'utf8', function(err, description) {
            ... 생략 ...
            response.writeHead(200);
            response.end(template);
        });
    } else {
        response.writeHead(404);
        response.end('Not found');
    }
});
app.listen(3000);
```

먼저, pathname 변수를 선언하고 여기에 사용자가 입력한 URL 정보 중 경로 이름만 추출해 저장합니다.

```
var pathname = url.parse(_url, true).pathname;
```

그리고 이 pathname 값이 루트('/')인지 비교해서 if 문 블록으로 옮긴 기존 코드를 실행할지, else 블록에 새롭게 작성한 코드를 실행할지를 결정합니다.

```
if(pathname === '/') {
    // 루트라면 기존 코드를 실행
} else {
    // 루트가 아니라면 새로운 코드를 실행
}
```

pathname 변숫값이 '/'라는 의미는 사용자가 웹 브라우저에 입력한 URL에서 쿼리 스트링을 제외하면 루트라는 의미입니다. 그러면 기존 코드를 실행해서 쿼리 스트링에 따라 각 페이지를 전송하는 처리를 수행합니다.

pathname이 '/'가 아니라는 의미는 루트가 아니라는 의미입니다. 우리의 의도는 사용자가 요청한 URL에서 경로 이름이 루트가 아니면 오류를 보내는 것입니다. 이러한 역할을 하는 코드는 다음과 같습니다.

```
response.writeHead(404);
response.end('Not found');
```

서버가 응답할 때의 기능을 모아놓은 **response 모듈**에서 **writeHead라는 응답 기능**을 사용합니다. 이때 writeHead 기능과 함께 전달하는 코드는 웹 서버가 웹 브라우저에 전달하는 약속된 응답 코드(예제에서는 404)입니다. 즉, pathname이 루트가 아니면 404 응답 코드와 함께 파일을 찾을 수 없다는 뜻의 'Not found' 메시지를 표시합니다.

응답 코드가 궁금해요!

웹 브라우저가 웹 서버에 접속하면 웹 서버가 응답해줍니다. 이때 웹 서버와 웹 브라우저 사이에서 '잘 됐는지', '에러가 있는지', 또는 '이 페이지가 다른 주소로 이사를 했는지' 등 중요한 정보를 주고받기 위한 약속이 필요합니다. 이를 위해 정해둔 약속을 응답 코드라고 합니다. 여러 가지 응답 코드 중 200은 **파일을 성공적으로 전송**했다는 의미이고, 404는 **요청한 파일이 없다는** 의미입니다.

참고: https://ko.wikipedia.org/wiki/HTTP_상태_코드

애플리케이션을 실행하고 웹 브라우저에서 localhost:3000에 접속한 다음 각 링크를 클릭해보겠습니다.

WEB

- HTML
- CSS
- JavaScript

undefined

undefined

WEB

- HTML
- CSS
- JavaScript

HTML

Hypertext Markup Language (HTML) is the standard markup language for **creating web pages** and web applications.Web browsers receive HTML documents from a web

그림 19-1 루트로 접속했을 때

홈페이지는 아직 구현하지 않았으므로 'undefined'라고 나오지만, 링크를 클릭했을 때 나머지 페이지는 잘 나옵니다. 그런데 웹 브라우저 주소창에 `localhost:3000/favicon.ico`라고 입력한 다음 접속해보면 다음과 같이 'Not found'가 표시됩니다.

그림 19-2 루트가 아닌 주소로 접속했을 때 (localhost:3000/favicon.ico)

이로써 사용자가 요청한 페이지를 우리가 제공하지 않을 때 "파일을 찾을 수 없다"는 의미로 보여줄 오류 페이지를 만들었습니다.

홈페이지 구현

아직 홈페이지가 완성되지 않았습니다. 이번 수업에서는 사용자가 홈에 접속했을 때 보여줄 페이지를 완성해보겠습니다.

https://youtu.be/krfmrBsWqzs
(4분 58초)

우리가 만든 애플리케이션에서 홈페이지는 `localhost:3000`으로 접속하면 보이는 페이지이고, 페이지에서 WEB이라는 링크를 눌렀을 때도 홈으로 이동합니다.

WEB

- HTML
- CSS
- JavaScript

undefined

undefined

그림 19-3 홈페이지에 접속했을 때 표시되는 undefined

지금은 홈페이지를 정의하지 않아서 다음과 같이 'undefined'라는 문구가 나옵니다. 'defined'는 '정의된' 이라는 뜻이므로, 'undefined'는 정의되지 않았다는 뜻입니다. 즉, 아직 제목과 본문이 없다는 뜻입니다. 각 링크를 클릭해 페이지로 갔을 때는 잘 동작하는 모습을 볼 수 있습니다.

이는 아직 홈으로 접속했을 때 어떻게 할지 처리하지 않았기 때문입니다. 사용자가 홈에 접속했을 때를 처리하려면 사용자가 홈을 요청했을 때를 구분해야 하는데, 어떻게 할 수 있을까요? 이전 수업에서 pathname을 이용해 사용자가 요청한 URL에 따라 정상 페이지인지 오류 페이지인지를 구분했습니다.

```
var pathname = url.parse(_url, true).pathname;
```

그런데 pathname은 쿼리 스트링을 제외한 경로 이름을 가지므로 이것만으로는 사용자가 홈을 요청했는지 페이지를 요청했는지 구분할 수가 없습니다. 예를 들어, 사용자가 '/?id=CSS'를 요청해도 pathname은 '/', 즉 홈을 가리키기 때문입니다. 따라서 pathname으로는 홈과 각각의 페이지를 구분할 수 없습니다.

그러면 우리 소스에서 어떤 코드를 이용해야 사용자의 요청이 홈인지 아닌지 구분할 수 있을까요? 쿼리 스트링이 있는지 없는지에 따라 구분하면 어떨까요? 쿼리 스트링이 있다면 홈이 아니고, 쿼리 스트링이 없다면 홈으로 구분할 수 있습니다. 즉, 사용자가 요청한 쿼리 스트링을 가지고 있는 queryData.id로 구분하면 될 것 같습니다.

코드를 다음과 같이 수정해 보겠습니다. 이번에는 새로 추가되는 코드뿐만 아니라 기존 코드의 위치가 바뀌는 등 변경 사항이 많으므로 전체 소스 코드를 작성했습니다.

예제 19-4 홈페이지인지 아닌지 구분하는 코드 추가 web2-nodejs/main.js

```
var http = require('http');
var fs = require('fs');
var url = require('url');

var app = http.createServer(function(request, response) {
    var _url = request.url;
    var queryData = url.parse(_url, true).query;
    var pathname = url.parse(_url, true).pathname;

    if(pathname === '/') {  ↓ 조건문을 추가합니다(홈일 때)
        if(queryData.id === undefined) {  ↓ fs.readFile 부분을 그대로 복사해서 붙여 넣습니다
            fs.readFile(`data/${queryData.id}`, 'utf8', function(err, description) {
                var title = 'Welcome';                         ← 제목을 입력합니다
                var description = 'Hello , Node.js'; ← 내용을 입력합니다
                var template = `
                <!doctype html>
                <html>
                    <head>
                        <title>WEB1 - ${title}</title>
                        <meta charset="utf-8">
                    </head>
                    <body>
                        <h1><a href="/">WEB</a></h1>
                        <ul>
                            <li><a href="/?id=HTML">HTML</a></li>
                            <li><a href="/?id=CSS">CSS</a></li>
                            <li><a href="/?id=JavaScript">JavaScript</a></li>
                        </ul>
                        <h2>${title}</h2>
                        <p>${description}</p>
                    </body>
                </html>
                `;
                response.writeHead(200);
                response.end(template);
            });
        } else {               ← 조건문을 추가합니다(홈이 아닐 때)
            fs.readFile(`data/${queryData.id}`, 'utf8', function(err, description) {
```

```
            var title = queryData.id;              ← 쿼리 스트링에서 제목을 가져옵니다
            var template = `
            <!doctype html>
            <html>
                <head>
                    <title>WEB1 - ${title}</title>
                    <meta charset="utf-8">
                </head>
                <body>
                    <h1><a href="/">WEB</a></h1>
                    <ul>
                        <li><a href="/?id=HTML">HTML</a></li>
                        <li><a href="/?id=CSS">CSS</a></li>
                        <li><a href="/?id=JavaScript">JavaScript</a></li>
                    </ul>
                    <h2>${title}</h2>
                    <p>${description}</p>
                </body>
            </html>
            `;
            response.writeHead(200);
            response.end(template);
        });
    }
  } else {
    response.writeHead(404);
    response.end('Not found');
  }
});
app.listen(3000);
```

if 문을 이중으로 사용해서 조금 복잡해졌지만, 각 if 문의 조건식이 의미하는 바를 알면 전체 구조를 쉽게 파악할 수 있습니다. 이중 if 문의 구조를 알아보면 다음과 같습니다.

```
  if(pathname === '/') {                ← ① 루트일 때의 처리
    if(queryData.id === undefined) {    ← ② 쿼리 스트링이 없을 때의 처리(홈일 때)
      ...
    } else {                            ← ③ 쿼리 스트링이 있을 때의 처리(홈이 아닐 때)
```

```
        ...
    }
} else {                                    ← ④ 루트가 아닐 때의 처리(404 오류 페이지)
    ...
}
```

먼저 ①번에서 pathname이 루트(/)인지 확인합니다. 루트가 아니라면 우리가 제공하지 않는 페이지이므로 ④번 else 문에서 404 오류 페이지를 보여줍니다.

pathname이 루트로 확인되면 그다음 ②번 조건문에서 사용자가 요청한 쿼리 스트링이 담긴 queryData.id가 undefined인지 확인합니다. queryData.id가 undefined라면 사용자가 쿼리 스트링을 요청하지 않았다는 의미이고, 이는 곧 홈을 요청했다는 의미입니다. 그러면 홈페이지를 보여줍니다. 그리고 queryData.id가 undefined가 아니라면 ③번에서 쿼리 스트링에 해당하는 페이지를 보여줍니다.

서버를 재실행하고 홈페이지에 접속해보겠습니다. 웹 브라우저에서 주소(localhost:3000)를 입력해 접속해도 되고, 웹 페이지에서 WEB 링크를 클릭해도 됩니다.

WEB

- HTML
- CSS
- JavaScript

Welcome

Hello, Node.js

그림 19-4 홈페이지로 접속했을 때 표시되는 화면

이로써 사용자가 홈을 요청했을 때 보여줄 페이지를 완성했습니다.

이번 수업에서는 조건문을 투입해서 조건문에 따라 다르게 동작하는 애플리케이션을 현실에서는 어떻게 적용할 수 있는지 음미해봤습니다.

잠깐만요!

이번 수업에서 살펴본 코드에서 아래에 강조 표시한 코드는 필요 없는 코드입니다. 코드를 작성하면서 "없어도 되지 않을까?"라는 의구심이 들었다면 맞습니다. 홈 화면일 때는 파일을 읽어오는 코드가 필요 없으므로 예제 19-5와 같이 지워두겠습니다.

```
... 생략 ...
        if(queryData.id === undefined) {
            fs.readFile(`data/${queryData.id}`, 'utf8', function(err, description) {
                var title = 'Welcome';
                var description = 'Hello , Node.js';
                var template = `
                ... 생략 ...
                `;
                response.writeHead(200);
                response.end(template);
            });
        }
... 생략 ...
```

예제 19-5 홈페이지일 때 파일을 읽어오는 코드 제거 web2-nodejs/main.js

```
... 생략 ...
    if(pathname === '/') {
        if(queryData.id === undefined) {                              ↓ 제거합니다
            fs.readFile(`data/${queryData.id}`, 'utf8', function(err, description) {
            var title = 'Welcome';            ← 나머지 코드는 들여쓰기를 조정해 주세요
            var description = 'Hello , Node.js';
            var template = `
            ... 생략 ...
            `;
            response.writeHead(200);
            response.end(template);
            });                        ← 짝을 잘 맞춰서 제거합니다
        } else {
... 생략 ...
```

WEB2

https://youtu.be/p3wQFtca7jQ (6분 48초)

20 자바스크립트 - 반복문

이번 수업에서는 자바스크립트의 양대 제어문 중 하나인 반복문을 살보겠습니다.

Loop statement

그림 20-1 이번 장의 주제인 반복문

먼저 syntax 디렉터리에 loop.js 파일을 만들고 다음과 같은 코드를 작성합니다.

예제 20-1 loop.js 생성 web2-nodejs/syntax/loop.js

```
console.log('A');
console.log('B');
console.log('C1');
console.log('C2');
console.log('D');
```

프로그램을 만들다 보면 특정한 명령문을 반복해서 실행해야 할 때가 있습니다. 그럴 때는 실행하고 싶은 횟수만큼 명령문을 반복 작성해서 해결할 수도 있습니다.

예제 20-2 특정 코드를 반복해서 실행 web2-nodejs/syntax/loop.js

```
console.log('A');
console.log('B');
console.log('C1');
console.log('C2');
console.log('C1');
console.log('C2');
console.log('C1');
console.log('C2');
console.log('D');
```

그런데 이 같은 작업을 1억 번 반복해야 한다면 어떨까요? 또는 프로그램을 작성하는 시점에 몇 번을 반복해야 하는지 모를 수도 있습니다. 이처럼 반복 실행을 수동으로 처리하면 불편하거나 어렵고, 때로는 불가능할 수도 있습니다. 이럴 때 우리를 구원해주는 도구가 바로 반복문입니다.

반복문에는 for 문, while 문, do~while 문 등 여러 종류가 있고, 상황에 따라 사용하기에 편리한 반복문이 다릅니다. 먼저 이 책에서는 여러 반복문 중에서 while 문이라는 반복문을 살펴보겠습니다. **while 문**은 가장 기초적이면서도 자유도가 높습니다.

while 문의 형식은 if 문과 비슷합니다. 명령 다음에 괄호를 적고 그 안에 불리언 값을 넣습니다. 이어서 중괄호 안에 반복해서 실행해야 하는 명령문을 넣습니다.

while 문의 형식

```
while(불리언 값) {
    반복 실행해야 하는 명령문들
}
```

while 문은 괄호 안의 불리언 값에 따라 중괄호 안에 작성한 명령문을 반복해서 실행합니다. 그럼 다음과 같이 코드를 작성해보겠습니다.

예제 20-3 반복문을 이용해 반복 실행 web2-nodejs/syntax/loop.js

```
console.log('A');
console.log('B');
while(true) {
    console.log('C1');
    console.log('C2');
}
console.log('D');
```

이 코드는 직접 실습해보지 말고 우선 좀 더 읽어보세요.

loop.js 실행 결과

```
> node syntax/loop.js
A
B
C1
C2
C1
C2
... 생략 (C1과 C2의 출력을 무한 반복) ...
```

프로그램을 종료하고 싶어요!

혹시라도 예제 20-3을 실행해 무한 루프에 빠졌다면 Ctrl + C를 입력해 프로그램을 종료해주세요.

while 문 안에 **반복 조건**으로 true를 넣어서 'C1'과 'C2'를 반복해서 출력하게 작성했습니다. 그런데 위 코드를 실행하면 'A'와 'B'를 출력하고 이어서 'C1'과 'C2'를 번갈아 계속 출력하면서 프로그램이 중단되지 않습니다.

이처럼 반복문에 갇혀서 빠져나오지 못하고 계속 실행되는 현상을 **무한 루프**라고 합니다. 프로그램이 무한 루프에 빠지면 시스템의 리소스를 많이 소비하면서 자칫 위험한 상황을 초래할 수 있습니다. 이렇게 개발자가 의도하지 않은 무한 루프는 **심각한 오류**입니다.

이를 방지하려면 반복 조건을 true로 고정하지 말고, 언젠가는 false로 바뀌어서 반복문을 빠져나오게 설계해야 합니다. 이때 몇 번 반복해야 하는지 정해야 하는데, 이처럼 반복문의 반복 횟수를 정할 때는 일반적으로 다음과 같이 작성합니다. 여기서는 'C1'과 'C2'가 두 번 출력되게 하겠습니다.

예제 20-4 반복문을 두 번만 반복하게 조건을 추가 web2-nodejs/syntax/loop.js

```
console.log('A');
console.log('B');
var i = 0;
while(i < 2) {
    console.log('C1');
    console.log('C2');
    i = i + 1;
}
console.log('D');
```

코드를 실행한 결과는 다음과 같습니다.

loop.js 실행 결과

```
> node syntax/loop.js
A
B
C1
C2
C1
C2
D
```

반복문이 원하는 횟수만큼만 반복하게 만들었습니다. 이를 위해 먼저 변수 i를 선언하고 0으로 초기화했습니다.

```
var i = 0;
```

그다음 반복문이 한 번 실행될 때마다 변수 i의 값이 1씩 증가하게 while 문 안에서 변수 i를 1씩 더해줍니다.

```
    i = i + 1
```

그리고 while 문의 조건식에 i < 2를 넣어서 i 변숫값이 2보다 작은 동안만 반복하게 만들었습니다. 이때 2라고 한 이유는 2번만 반복하고 싶어서입니다.

```
while(i < 2) {
    // 여기에 있는 코드를 2번 반복합니다.
}
```

100번 반복하고 싶으면 다음과 같이 i < 100이라고 하면 됩니다.

```
while(i < 100) {
    // 여기에 있는 코드를 100번 반복합니다.
}
```

바로 이것이 반복문인데, 반복문만 봐서는 쓰임새를 파악하기가 조금 어렵습니다. 다음 수업에서는 반복문과 함께 살펴봐야 할 주제에 대해 알아보겠습니다.

WEB2

21 자바스크립트 - 배열

https://youtu.be/FvOKF4pyXnM (7분 25초)

Array data type

그림 21-1 이번 장의 주제인 배열(Array)

이번 시간에는 **배열**(array)이라고 하는 새로운 데이터 타입을 배웁니다. 배열은 이전 수업에서 배운 반복문과 꼭 함께 생각해야 할 친구입니다. 그 전에 배열이 무엇인지부터 한번 살펴봅시다.

다 같이 한번 상상해보겠습니다. 2,000명 정도 되는 학생이 큰 강당에 들어가 있으면 학생들을 관리하는 게 쉬울까요? 쉽지 않을 것입니다. 다른 예로, 처음에 집에 살림이 별로 없으면 물건을 아무 데나 던져 놔도 그 살림을 찾기 쉽지만, 살림이 늘어남에 따라 자연스럽게 여러 가지 곤란한 상황을 겪게 되고 관리하기가 쉽지 않습니다. 그래서 학교에서는 학년이나 반을 만들고, 집에서는 옷장, 신발장 등의 적당한 수납 도구를 마련해 해결하곤 합니다.

이번 수업에서 배우려는 배열도 같은 맥락입니다. 프로그램을 작성하다 보면 정보(데이터)가 폭발적으로 많아지는데, 그 정보를 잘 관리하지 않으면 어떤 정보를 찾거나 삭제하는 등의 작업을 하기가 아주 어려워집니다. 이런 상황에서 우리를 구원해줄 도구가 바로 배열입니다.

우선 실습을 위해 syntax 디렉터리에 array.js 파일을 생성하겠습니다. 12강에서 정보시스템의 핵심은 CRUD(Create, Read, Update, Delete)라고 이야기한 적이 있습니다. 배열도 마찬가지입니다. 배열에 대한 CRUD를 파악하고 실행할 수 있다면 배열을 아는 것이라고 말할 수 있습니다. 그럼 배열을 만드는 것부터 시작해 보겠습니다.

배열 만들기

배열을 만드는 방법에는 두 가지가 있는데, 그중에서 먼저 배열 리터럴(array literal)을 이용해 만드는 방법을 살펴보겠습니다. 배열을 만들 때는 대괄호([와]) 안에 배열에 넣으려는 데이터를 쉼표로 구분해서 넣습니다.

array.js 파일에 배열을 생성해보겠습니다.

예제 21-1 배열을 생성한 다음 변수에 넣기 web2-nodejs/syntax/array.js

```
var arr = ['A', 'B', 'C', 'D'];
```

이렇게 하면 'A', 'B', 'C', 'D'라는 값을 가지는 배열이 만들어집니다. 예제에서는 문자열만 넣었지만, 숫자든, 불리언이든 넣을 수 있습니다. 그리고 배열을 만들기만 해서는 사용하기가 어렵습니다. 그래서 배열을 지칭해서 사용할 수 있게 arr이라는 변수에 대입했습니다. 이제 arr 변수로 방금 만든 배열을 다룰 수 있습니다.

배열에서 값 읽기

배열을 만드는 방법을 알았으니 이제 읽는 방법을 살펴보겠습니다. 배열에 저장된 값을 읽을 때는 변수처럼 이름을 이용합니다. 다음과 같이 입력하고 실행해보겠습니다.

예제 21-2 배열 읽어오기 web2-nodejs/syntax/array.js

```
var arr = ['A', 'B', 'C', 'D'];
console.log(arr);
```

코드를 실행한 결과는 다음과 같습니다.

array.js 실행 결과

```
> node syntax/array.js
['A', 'B', 'C', 'D']
```

이처럼 배열 이름을 출력하면 배열에 담긴 데이터가 순서대로 출력됩니다. 이번에는 배열 전체가 아닌 배열에서 특정 값만 읽는 방법을 살펴보겠습니다.

배열에서 배열 안에 있는 특정 값을 가져오고 싶을 때는 다음과 같이 배열 이름에 대괄호를 작성하고 그 안에 **인덱스(index)**를 명시합니다. 인덱스는 배열에서 데이터를 가리키는 순서로, 배열을 만들 때 데이터가 저장된 순서에 따라 0부터 1씩 증가하면서 매겨집니다.

앞에서 만든 arr 배열을 예로 들면 인덱스별 데이터는 다음과 같습니다.

표 21-1 배열의 인덱스와 값

인덱스	0	1	2	3
값	'A'	'B'	'C'	'D'
읽어오기	arr[0]	arr[1]	arr[2]	arr[3]

그럼 배열에서 'B'와 'D'를 가져오겠습니다. 배열은 인덱스를 0부터 세기 때문에 'B'를 가져오려면 인덱스에 1을 지정하고, 'D'를 가져오려면 3을 지정해야 합니다.

예제 21-3 배열에서 특정 값만 읽어오기 web2-nodejs/syntax/array.js

```
var arr = ['A', 'B', 'C', 'D'];
console.log(arr[1]);
console.log(arr[3]);
```

코드를 실행한 결과는 다음과 같습니다.

array.js 실행 결과

```
> node syntax/array.js
B
D
```

배열에서 값 갱신하기

이번에는 배열에 저장된 값을 갱신하는 방법을 살펴보겠습니다. arr 배열에 저장된 'A', 'B', 'C', 'D' 값에서 세 번째 값을 숫자 3으로 바꾸고 싶습니다. 그러면 바꾸고 싶은 값이 있는 인덱스 번호를 이용해 바꾸면 됩니다.

예제 21-4 배열에서 값 갱신하기 web2-nodejs/syntax/array.js

```
var arr = ['A', 'B', 'C', 'D'];
... 생략 ...
arr[2] = 3;
console.log(arr);
```

코드를 실행한 결과는 다음과 같습니다.

array.js 실행 결과

```
> node syntax/array.js
... 생략 ...
 ['A', 'B', 3, 'D']
```

이렇게 하면 arr 배열의 2번 인덱스, 즉 세 번째 위치에 3을 대입합니다. 따라서 arr 배열은 'A', 'B', 3, 'D' 값을 가집니다.

배열의 크기 구하기

배열을 사용하면서 자주 이용하는 기능은 배열의 크기를 구하는 것입니다. 배열에 몇 개의 값이 저장돼 있는지 알아내는 것인데, 이처럼 배열의 크기를 구할 때는 length를 사용합니다. arr 배열의 크기를 알아보겠습니다.

예제 21-5 배열의 크기 구하기 web2-nodejs/syntax/array.js

```
var arr = ['A', 'B', 'C', 'D'];
... 생략 ...
console.log(arr.length);
```

코드를 실행한 결과는 다음과 같습니다.

array.js 실행 결과

```
> node syntax/array.js
... 생략 ...
4
```

arr 배열에는 데이터가 4개 저장돼 있으므로 arr.length는 4라는 값을 반환합니다. 이때 헷갈리지 말아야 하는 부분은 인덱스를 셀 때는 0부터 세지만, length로 크기를 확인할 때는 1부터 센다는 점입니다.

배열의 마지막에 값 추가하기

마지막으로 이미 만들어진 배열에 값을 추가하는 방법을 살펴보겠습니다. 이때는 자바스크립트의 push라는 기능을 이용합니다.

예제 21-6 배열의 끝에 값 추가하기 web2-nodejs/syntax/array.js

```
var arr = ['A', 'B', 'C', 'D'];
... 생략 ...
arr.push('E');
console.log(arr);
```

코드를 실행한 결과는 다음과 같습니다.

array.js 실행 결과

```
> node syntax/array.js
... 생략 ...
['A', 'B', 3, 'D', 'E']
```

이렇게 하면 arr 배열 마지막에 'E'라는 데이터가 추가됩니다. 따라서 arr 배열은 이제 ['A', 'B', 3, 'D', 'E']로 바뀝니다.

이처럼 배열에는 앞쪽에 데이터를 추가하고 빼거나, 뒷쪽에 데이터를 추가하고 빼거나, 중간에 값을 추가하고 빼는 등 다양한 기능이 이미 만들어져 있습니다. 지금 그 기능을 모두 소개하기는 어렵지만, 자주 사용하는 기능은 차츰 진도를 나가면서 알아보겠습니다.

마지막으로 이번 장에서 배운 내용을 정리하고 수업을 마무리하겠습니다.

배열의 형식

```
[ ];                ← 대괄호로 배열을 만듭니다
[1, "A", true];     ← 콤마(,)로 구분해 배열 안에 데이터를 넣습니다
                      데이터는 숫자든 문자든 무엇이든 상관없습니다
```

예_

```
var arr = ['A', 'B', 'C', 'D'];
```

배열 전체 가져오기

```
배열 이름;
```

예_

```
arr;
```

배열에서 특정 값 가져오기

```
배열 이름[인덱스];          ← 인덱스는 0부터 시작합니다
```

예_

```
arr[1];
```

배열에서 특정 값 갱신하기

```
배열 이름[인덱스] = 새로운 값;
```

예_

```
arr[2] = 3;
```

배열의 크기 구하기

```
배열 이름.length;
```

예_

```
arr.length
```

WEB2

22 자바스크립트 - 배열과 반복문

https://youtu.be/c7-MVAZVSIQ (5분 43초)

이번 장에서 살펴볼 주제는 배열과 반복문입니다. 배열과 반복문은 각자 놓고 보면 할 일이 별로 없어 보입니다. 그런데 이 두 가지가 만나면 굉장한 시너지를 일으키면서 엄청나게 유용한 도구가 됩니다. 정말 그런지 한 번 살펴보겠습니다.

Array & Loop

그림 22-1 이번 장의 주제인 배열과 반복문

먼저 syntax 디렉터리에 array-loop.js 파일을 만들고 몇 개의 숫자를 저장하는 number 배열을 생성하겠습니다.

예제 22-1 array-loop.js 파일 생성 후 배열 생성 web2-nodejs/syntax/array-loop.js

```
var number = [1, 400, 12, 34, 5];
```

이렇게 선언한 배열에 저장된 값 하나하나를 읽어서 출력하려고 합니다. 어떻게 해야 할까요? 배열에서 값이 저장된 위치만 다르게 적용해 반복해서 읽으면 될 것 같습니다. 코드로 살펴보겠습니다.

예제 22-2 배열을 반복문으로 순회하면서 배열의 값 출력 web2-nodejs/syntax/array-loop.js

```
var number = [1, 400, 12, 34, 5]; ← 배열을 생성합니다
var i = 0;                        ← 변수를 초기화합니다
while(i < 5) {                    ← 5번 반복합니다
    console.log(number[i]);       ← 배열의 첫 번째부터 다섯 번째 요소까지 차례로 조회합니다
    i = i + 1;                    ← i의 값을 1 증가시킵니다.
}
```

코드를 실행한 결과는 다음과 같습니다.

array-loop.js 실행 결과

```
> node syntax/array-loop.js
1
400
12
34
5
```

위 코드는 배열에 저장된 값을 읽을 때 사용하는 전형적인 방법으로, 반복문을 이용해 배열에 저장된 각각의 값을 읽어오는 코드입니다.

먼저 반복문을 몇 번 반복할 것인지 지정하기 위해 관습적인 변수명 i로 변수를 선언하고 0으로 초기화합니다.

```
var i = 0;
```

그리고 반복문이 실행될 때마다 기존의 i 값에 1을 더하는 방식으로 i의 값을 1씩 증가시킵니다.

```
while( ) {
    i = i + 1;
}
```

while 문의 조건식에 i < 5라고 작성한 이유는 배열의 크기가 5이기 때문입니다. 배열이 다섯 개의 값으로 이뤄졌으므로 다섯 번 반복해서 실행하는 반복문을 이용해 배열에 저장된 값을 순회하게 설계한 것입니다.

```
while(i < 5) { }
```

그리고 반복해서 실행할 명령문에서 값을 읽는 방법으로 배열 이름의 대괄호 안에 인덱스 대신 변수 i를 넣었습니다. 이렇게 하면 코드가 반복 실행될 때마다 i 값이 0에서 4까지 1씩 증가하므로 자연스럽게 배열의 0번 인덱스부터 4번 인덱스까지 값을 읽어올 수 있습니다. 즉, 변수 i를 반복문의 반복 횟수를 제어하는 데도 사용하고, 배열에서 값을 읽어오는 인덱스로도 활용한 셈입니다. 일석이조입니다.

```
console.log(number[i]);
```

그런데 이 프로그램에는 문제가 있습니다. 바로 배열의 크기가 달라지면 우리가 의도하는 결과를 낼 수 없다는 점입니다. 예를 들어, number 배열에서 숫자를 하나 더 추가하고 실행해보겠습니다..

예제 22-3 배열에 값을 하나 더 추가한 후 반복문으로 출력 web2-nodejs/syntax/array-loop.js

```
var number = [1, 400, 12, 34, 5, 10000];
var i = 0;
while(i < 5) {console.log(number[i]);
    i = i + 1;
}
```

코드를 실행한 결과는 다음과 같습니다.

array-loop.js 실행 결과

```
> node syntax/array-loop.js
1
400
12
34
5
```

number 배열에 10000이라는 숫자를 추가했는데, 실행 결과에는 출력되지 않습니다. 또, 방금 추가한 10000과 5를 제거하고 배열을 [1, 400, 12, 34]로 선언한 다음 실행해보겠습니다.

예제 22-4 배열에서 두 개를 삭제한 후 반복문으로 출력 web2-nodejs/syntax/array-loop.js

```
var number = [1, 400, 12, 34];
var i = 0;
while(i < 5) {
    console.log(number[i]);
    i = i + 1;
}
```

코드를 실행한 결과는 다음과 같습니다.

array-loop.js 실행 결과

```
> node syntax/array-loop.js
1
400
12
34
undefined
```

이번에는 마지막에 숫자가 아닌 undefined라는 문자가 출력됐습니다. 의미를 떠나서 우리가 원하는 결과가 아닙니다. 왜 이렇게 될까요? 답은 while 문의 조건식에 있습니다.

```
while(i < 5) {
}
```

while 문의 조건식은 반복문이 반복하는 횟수와 직결됩니다. 그런데 i < 5라는 식은 i를 0으로 초기화했고 반복문에서 1씩 증가하므로 항상 0부터 4까지 다섯 번 반복합니다. 이 다섯 번이라는 횟수는 변하지 않습니다.

배열의 크기를 4개 또는 6개 등으로 변경하더라도 항상 다섯 번 반복해서 실행하기 때문에 바뀌는 배열의 크기에 대응할 수 없어서 문제가 발생합니다. 이럴 때는 배열의 크기에 따라 유연하게 반복 횟수가 결정되는 구조로 변경하면 문제를 해결할 수 있습니다. 어떻게 해야 할까요? 앞에서 배운 배열의 크기를 나타내는 기능인 length를 이용해보겠습니다.

예제 22-5 배열의 크기에 따라 유연하게 반복 횟수를 결정 web2-nodejs/syntax/array-loop.js

```
var number = [1, 400, 12, 34, 5, 10000];
var i = 0;
while(i < number.length) {
    console.log(number[i]);
    i = i + 1;
}
```

코드를 실행한 결과는 다음과 같습니다.

array-loop.js 실행 결과

```
> node syntax/array-loop.js
1
400
12
34
5
10000
```

이제 10000이 출력되는 모습을 볼 수 있습니다. 그리고 number 배열의 크기를 줄이거나 늘려서 다시 실행해보세요.

예제 22-6 배열의 크기에 따라 유연하게 반복 횟수를 결정 web2-nodejs/syntax/array-loop.js

```
var number = [1, 400, 12, 34];
var i = 0;
while(i < number.length) {
    console.log(number[i]);
    i = i + 1;
}
```

코드를 실행한 결과는 다음과 같습니다.

array-loop.js 실행 결과

```
> node syntax/array-loop.js
1
400
12
34
```

코드를 변경하지 않아도 유연하게 대응하는 것을 볼 수 있습니다. 이처럼 반복문의 특성과 배열의 특성을 이용해 절묘하게 결합하면 아주 강력한 도구를 만들 수 있습니다.

이번에는 조금 더 응용해서 배열에 있는 모든 값을 더하는 코드를 만들어 보겠습니다.

예제 22-7 배열에 있는 값을 모두 더하는 반복문 web2-nodejs/syntax/array-loop.js

```
var number = [1, 400, 12, 34];
var i = 0;
var total = 0;                          ← 합계를 저장할 변수를 선언합니다
while(i < number.length) {
    total = total + number[i];          ← 반복할 때마다 현재 배열의 값을 더합니다
    i = i + 1;
}
console.log(`total : ${total}`);        ← total 변수의 값을 출력합니다
```

코드를 실행한 결과는 다음과 같습니다.

array-loop.js 실행 결과

```
> node syntax/array-loop.js
total : 447
```

코드를 실행하면 447이라는 결과가 나오는 모습을 볼 수 있습니다.

만약 우리가 가지고 있는 데이터가 1억 개이고, 그 데이터가 복잡한 양상을 띠고 있다면 하나하나 세는 것은 몹시 어려운 일이 될 것입니다. 하지만 일단 배열로 만들 수 있다면 반복문을 이용해 대규모 데이터 처리를 할 수 있다는 것을 살펴봤습니다. 여기서 이번 수업을 마무리하겠습니다.

WEB2

https://youtu.be/tzJ2K3Yp89I (4분 19초)

23 Node.js - 파일 목록 알아내기

이번 장에서는 Node.js의 기능을 이용해 웹 애플리케이션을 더 완성도 있게 만들기 위한 방법을 살펴보겠습니다. 지금까지 Node.js 애플리케이션을 열심히 만들었지만, 아직도 몇 가지 문제점과 보완해야 할 점이 있습니다. 예를 들어, data 디렉터리에서 데이터를 추가하면 그때마다 main.js에서 <li> 태그로 된 글 목록을 직접 수정해야 합니다.

예제 23-1 정적인 코드로 작성된 목록 web2-nodejs/main.js

```
...생략...
<body>
        <h1><a href="/">WEB</a></h1>
        <ul>
            <li><a href="/?id=HTML">HTML</a></li>
            <li><a href="/?id=CSS">CSS</a></li>
            <li><a href="/?id=JavaScript">JavaScript</a></li>
        </ul>
        <h2>${title}</h2>
        <p>${description}</p>
</body>
...생략...
```

리스트의 수정과 삭제, 추가가 아주 빈번하다면 아주 고통스러운 일이 될 것입니다. 이 같은 고통스러운 상황에 놓여있다면 자연스럽게 어떻게 이를 기계에 맡길 수 있는지 모색하게 될 것입니다. 그 생각의 첫 번째 단추는 데이터 파일이 있는 data 디렉터리에 파일이 수정되거나 추가되거나 삭제됐을 때 이를 어떻게 Node.js를 통해 알아낼 수 있는지 찾는 것입니다. 즉, 디렉터리에서 파일 목록을 읽어오는 작업이 선행돼야 합니다.

파일 목록을 가져오는 방법을 검색하고 싶어요!

각자 사용하는 검색 엔진에서 'nodejs file list in directory' 같은 검색어로 검색해보겠습니다.

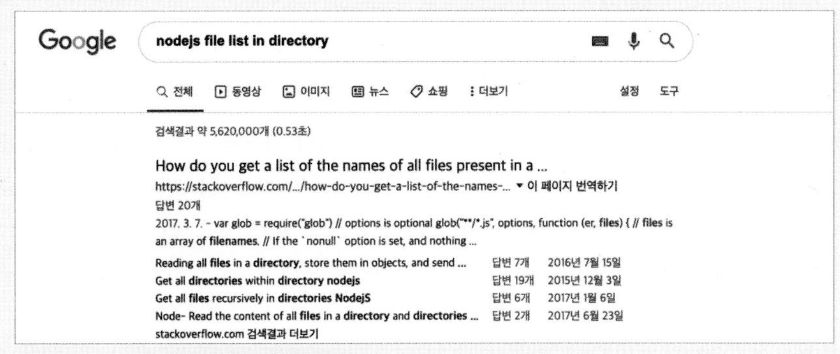

그림 23-1 'nodejs file list in directory'로 검색한 결과

여러 검색 결과 중에서 fs.readdir이 왠지 맞는 것 같습니다. fs.readdir의 사용법이 나와 있는데, 이를 한 번 복사해서 사용해보겠습니다.

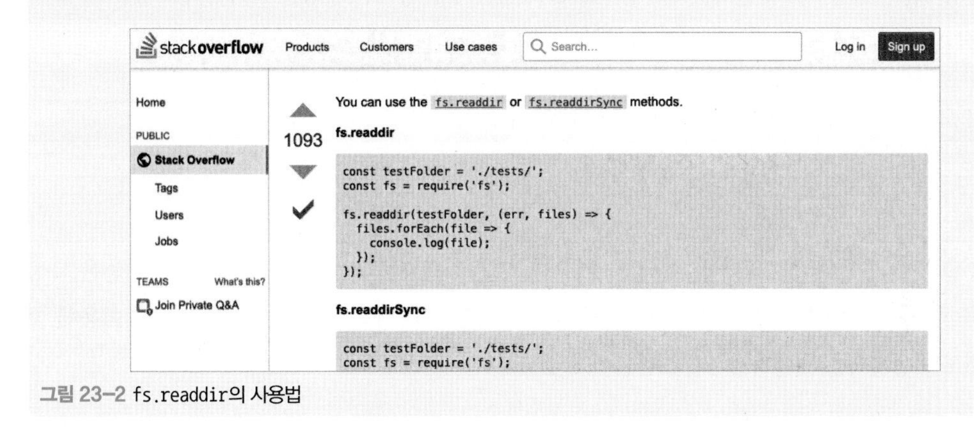

그림 23-2 fs.readdir의 사용법

파일 목록을 읽어오는 코드를 작성해보겠습니다. nodejs 디렉터리에 readdir.js 파일을 만들고 다음과 같이 코드를 작성합니다.

예제 23-2 readdir.js 파일 생성 후 파일 목록을 읽어오는 코드 작성 web2-nodejs/nodejs/readdir.js

```
var testFolder = './data';
var fs = require('fs');


fs.readdir(testFolder, function(error, filelist) {
    console.log(filelist);
});
```

코드를 실행한 결과는 다음과 같습니다.

readdir.js 실행 결과

```
[ 'CSS', 'HTML', 'JavaScript' ]
```

먼저 testFolder 변수를 선언하고 우리가 조사할 디렉터리 경로를 지정합니다. 우리가 개발한 프로그램은 루트에서 실행되므로 루트를 기준으로 조사하려는 디렉터리 경로는 './data'입니다. 즉, './data'는 현재 디렉터리(애플리케이션이 실행된 위치)에 있는 data라는 디렉터리를 의미합니다. 이때 경로에 표시한 './'는 현재 디렉터리를 의미하므로 './'를 생략하고 'data'라고 해도 되지만, 정확하게 표현하고자 './data'라고 명시했습니다.

```
var testFolder = './data';
```

파일을 읽어오는 데는 파일 시스템을 다루는 여러 가지 기능이 담긴 fs 모듈을 사용합니다. 그중 readdir이라는 기능을 사용하는데, 예제에서 readdir 기능이 실행되면 지정한 디렉터리에 있는 파일 목록이 filelist 변수에 저장됩니다. 이를 출력해서 결과를 확인합니다.

```
fs.readdir(testFolder, function(error, filelist) {
    console.log(filelist);
});
```

그런데 출력 결과가 어디서 많이 본 형태일 것입니다. 네, 배열입니다. Node.js의 readdir 기능은 특정 디렉터리에 있는 파일 목록을 배열로 돌려주게 약속돼 있습니다. 다음 수업에서는 이 배열을 이용해 좀 더 유연하게 동작하는 애플리케이션을 만들어 보겠습니다.

WEB2

https://youtu.be/ibz2gaW-tyQ (8분 56초)

24 App - 글 목록 출력하기

이전 수업에서는 Node.js에서 파일 목록을 알아내는 기능을 사용해봤습니다. 이번 수업에서는 이를 애플리케이션에 적용해 파일 목록을 보여주게 수정해보겠습니다. 먼저 앞에서 작성한 애플리케이션의 핵심 구조는 다음과 같습니다. 앞에서 이미 살펴본 내용입니다.

```
if(pathname === '/') {                          ← ① 루트일 때의 처리
    if(queryData.id === undefined) {           ← ② 쿼리 스트링이 없을 때의 처리(홈일 때)
        ...
    } else {                                    ← ③ 쿼리 스트링이 있을 때의 처리(홈이 아닐 때)
        ...
    }
} else {                                        ← ④ 루트가 아닐 때의 처리(404 오류 페이지)
    ....
}
```

②, ③번에서 <li> 태그로 표시되는 목록 부분을 이전 장에서 배운 파일 목록을 가져와 보여주는 방식으로 대체하고 싶습니다. 그러면 파일을 추가하거나 삭제하더라도 코드를 수정하지 않고 유연하게 대처할 수 있을 것입니다.

이번 수업에서 해야 할 일은 다음과 같습니다.

1. data 디렉터리에서 파일 목록 읽어오기
2. 읽어온 파일 목록을 표시하는 HTML 코드를 list 변수에 저장하기
3. 저장한 변수를 이용해 웹 페이지에 표시하기

먼저 파일 목록을 가져오는 코드를 추가해보겠습니다.

예제 24-1 파일 목록을 가져오는 코드 추가 web2-nodejs/main.js

```
... 생략 ...
        if(queryData.id === undefined) {
            fs.readdir('./data', function(error, filelist) {
                console.log(filelist);
            });
            var template = `
            <!doctype html>
            <html>
... 생략 ...
```

코드를 실행해보면 data 디렉터리에서 파일 목록을 가져와 출력하는 모습을 볼 수 있습니다.

main.js 실행 결과

```
> node main.js
[ 'CSS',
  'HTML',
  'JavaScript' ]
```

```
fs.readdir('./data', function(error, filelist
    파일 목록을 가져온 다음에 실행할 코드
});
```

이미 이전 장에서 살펴본 코드입니다. readdir()의 기능은 data 디렉터리에 있는 파일 목록을 가져온 다음 function이 무엇인지는 아직 잘 모르겠지만, function() {} 안에 있는 코드를 실행하도록 약속돼 있습니다. 그리고 function()에는 첫 번째 자리에 error라는 이름을 주고, 두 번째 자리에는 filelist라는 이름을 주겠습니다. 이름으로는 아무 이름을 붙여도 상관없습니다. 이렇게 하면 파일 목록을 읽어온 다음 그것을 filelist 변수(배열)에 저장합니다.

파일 목록을 가져오는 방법을 살펴봤으니 그다음으로 할 일을 살펴보겠습니다. 파일 목록을 가져온 다음에는 웹 페이지에 출력하면 되기 때문에 우선 기존에 작성해둔 코드를 readdir 영역 안으로 옮기겠습니다. 옮겨야 하는 코드는 다음 그림을 참조해주세요.

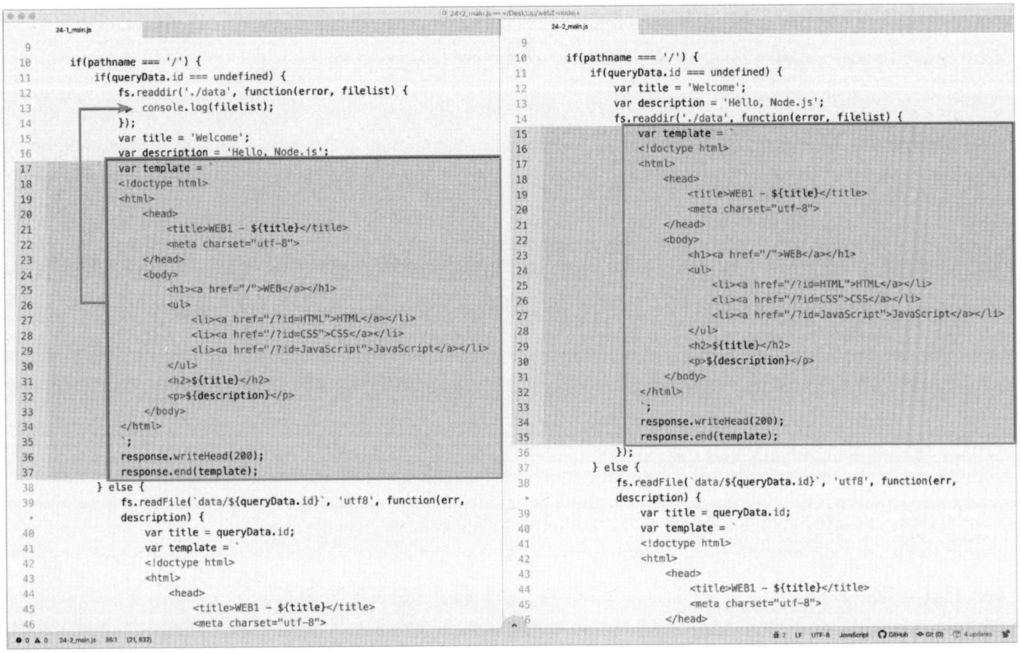

24-1_main.js

```
9
10      if(pathname === '/') {
11          if(queryData.id === undefined) {
12              fs.readdir('./data', function(error, filelist) {
13                  console.log(filelist);
14              });
15              var title = 'Welcome';
16              var description = 'Hello, Node.js';
17              var template = `
18              <!doctype html>
19              <html>
20                  <head>
21                      <title>WEB1 - ${title}</title>
22                      <meta charset="utf-8">
23                  </head>
24                  <body>
25                      <h1><a href="/">WEB</a></h1>
26                      <ul>
27                          <li><a href="/?id=HTML">HTML</a></li>
28                          <li><a href="/?id=CSS">CSS</a></li>
29                          <li><a href="/?id=JavaScript">JavaScript</a></li>
30                      </ul>
31                      <h2>${title}</h2>
32                      <p>${description}</p>
33                  </body>
34              </html>
35              `;
36              response.writeHead(200);
37              response.end(template);
38          } else {
39              fs.readFile(`data/${queryData.id}`, 'utf8', function(err,
•               description) {
40                  var title = queryData.id;
41                  var template = `
42                  <!doctype html>
43                  <html>
44                      <head>
45                          <title>WEB1 - ${title}</title>
46                          <meta charset="utf-8">
```

24-2_main.js

```
9
10      if(pathname === '/') {
11          if(queryData.id === undefined) {
12              var title = 'Welcome';
13              var description = 'Hello, Node.js';
14              fs.readdir('./data', function(error, filelist) {
15                  var template = `
16                  <!doctype html>
17                  <html>
18                      <head>
19                          <title>WEB1 - ${title}</title>
20                          <meta charset="utf-8">
21                      </head>
22                      <body>
23                          <h1><a href="/">WEB</a></h1>
24                          <ul>
25                              <li><a href="/?id=HTML">HTML</a></li>
26                              <li><a href="/?id=CSS">CSS</a></li>
27                              <li><a href="/?id=JavaScript">JavaScript</a></li>
28                          </ul>
29                          <h2>${title}</h2>
30                          <p>${description}</p>
31                      </body>
32                  </html>
33                  `;
34                  response.writeHead(200);
35                  response.end(template);
36              });
37          } else {
38              fs.readFile(`data/${queryData.id}`, 'utf8', function(err,
•               description) {
39                  var title = queryData.id;
40                  var template = `
41                  <!doctype html>
42                  <html>
43                      <head>
44                          <title>WEB1 - ${title}</title>
45                          <meta charset="utf-8">
46                      </head>
```

그림 24-1 readdir 영역 안쪽으로 웹 페이지를 출력하는 코드 옮기기

예제 24-2 웹 페이지를 출력하는 코드를 readdir 영역으로 옮기기 web2-nodejs/main.js

```
... 생략 ...
    if(queryData.id === undefined) {
        fs.readdir('./data', function(error, filelist) {
            var title = 'Welcome';
            var description = 'Hello, Node.js';
            var template = `
            <!doctype html>
            <html>
            ... 생략 ...
            </html>
            `;
            response.writeHead(200);
            response.end(template);
        });
    });
... 생략 ...
```

이제 목록을 출력하는 코드를 동적으로 만들 차례입니다. 목록을 만드는 방법을 하나씩 차근차근 살펴보겠습니다. 우리가 가지고 있는 파일 목록과 완성할 코드는 다음과 같습니다.

【파일 목록】

```
[ 'CSS', 'HTML', 'JavaScript' ]
```

【완성할 코드】

```
<ul>
    <li><a href="/?id=HTML">HTML</a></li>
    <li><a href="/?id=CSS">CSS</a></li>
    <li><a href="/?id=JavaScript">JavaScript</a></li>
</ul>
```

우선 list 변수를 선언하고 목록을 만들기 위한 <ul> </ul> 코드를 추가합니다.

```
var list = '<ul>';                          ← <ul> </ul> 코드를 만들었어요

list = list + '</ul>';
```

<ul>과 </ul> 사이에 Node.js를 이용해 리스트 태그를 완성해보겠습니다. filelist에 담긴 배열을 반복문으로 순회하면서 <li> </li> 태그 부분을 완성하면 됩니다.

먼저 반복문을 만들기 위해 몇 번 반복할 것인지 i 변수에 담고, while 반복문을 이용해 반복할 때마다 i 값을 1씩 증가시키는 코드를 추가합니다. 그리고 반복문은 filelist에 담긴 원소의 개수만큼 반복하면 되므로 반복문의 조건을 i < filelist.length로 지정합니다.

```
var i = 0;                      ← 몇 번 반복했는지 확인할 변수 i를 선언하고 0으로 초기화
while(i < filelist.length)      ← filelist에 담긴 원소의 개수만큼 반복
    i = i + 1;                  ← 반복할 때마다 i 값을 1씩 증가
}
```

이제 반복문 안에서 목록을 만드는 태그를 추가할 차례입니다. 반복문을 반복하면서 <li> </li> 코드를 추가하고, 그 안에 ${filelist[i]}라고 입력해 파일명이 하나씩 출력되게 합니다.

```
var i = 0;
while(i < filelist.length) {
    list = list + `<li>${filelist[i]} </li>`;
    i = i + 1;
}
```

마지막으로 목록을 링크로 만들기 위해 다음과 같이 코드에 <a> 태그도 추가합니다.

```
var i = 0;
while(i < filelist.length) {
    list = list + `<li><a href="/?id=${filelist[i]}">${filelist[i]}</a></li>`;
    i = i + 1;
}
```

이제 data 디렉터리에 있는 파일 목록을 표시하는 HTML 코드가 list 변수에 저장됐습니다. 마지막으로 저장한 변수를 웹 페이지에 표시하기 위해 다음과 같이 코드를 변경합니다.

```
        var template = `
        <!doctype html>
        <html>
            <head>
                <title>WEB1 - ${title}</title>
                <meta charset="utf-8">
            </head>
            <body>
                <h1><a href="/">WEB</a></h1>
                ${list}
                <h2>${title}</h2>
                <p>${description}</p>
            </body>
        </html>
        `;
```

지금까지 살펴본 코드를 종합해보면 다음과 같습니다.

예제 24-3 파일 목록을 가져와서 동적으로 목록 만들기 web2-nodejs/main.js

```
... 생략 ...
        if(queryData.id === undefined) {
            fs.readdir('./data', function(error, filelist) {
                var title = 'Welcome';
                var description = 'Hello, Node.js';
                var list = '<ul>';
                var i = 0;
                while(i < filelist.length) {
                    list = list + `<li><a href="/?id=${filelist[i]}">${filelist[i]}</a></li>`;
```

```
                i = i + 1;
            }
            list = list + '</ul>';
            var template = `
            <!doctype html>
            <html>
                <head>
                    <title>WEB1 - ${title}</title>
                    <meta charset="utf-8">
                </head>
                <body>
                    <h1><a href="/">WEB</a></h1>
                    ${list}
                    <h2>${title}</h2>
                    <p>${description}</p>
                </body>
            </html>
            `;
            response.writeHead(200);
            response.end(template);
        });
    });
... 생략 ...
```

지금까지 ②번 영역에서 data 디렉터리의 파일 목록을 읽어온 다음 목록을 출력하는 방법을 살펴봤습니다. 이제 같은 기능, 같은 코드를 ③번 영역인 쿼리 스트링이 있을 때도 적용해보겠습니다.

```
if(pathname === '/') {                    ← ① 루트일 때의 처리
    if(queryData.id === undefined         ← ② 쿼리 스트링이 없을 때의 처리(홈일 때)
        ...
    } else {                              ← ③ 쿼리 스트링이 있을 때의 처리(홈이 아닐 때)
        ...
    }
} else {                                  ← ④ 루트가 아닐 때의 처리(404 오류 페이지)
    ....
}
```

main.js의 코드에서 첫 번째 else 문 코드를 다음과 같이 수정합니다. 지금까지 작성한 코드를 복사해서 붙여넣으면 됩니다.

예제 24-4 쿼리 스트링이 있을 때도 동적으로 목록 만들기 web2-nodejs/main.js

```
if(pathname === '/') {
    if(queryData.id === undefined) {
        fs.readdir('./data', function(error, filelist) {  ← 이 부분의 코드를 복사합니다
            var title = 'Welcome';
            var description = 'Hello, Node.js';
            var list = '<ul>';
            var i = 0;
            while(i < filelist.length) {
                list = list + `<li><a href="/?id=${filelist[i]}">${filelist[i]}</a></li>`;
                i = i + 1;
            }
            list = list + '</ul>';
            var template = `
            ... 생략 ....
            `;
            response.writeHead(200);
            response.end(template);
        });
    } else {
        fs.readdir('./data', function(error, filelist) {  ← 복사한 코드를 붙여 넣습니다
            var title = 'Welcome';                         ← 이 부분은 지웁니다
            var description = 'Hello, Node.js';
            var list = '<ul>';
            var i = 0;
            while(i < filelist.length) {
                list = list + `<li><a href="/?id=${filelist[i]}">${filelist[i]}</a></li>`;
                i = i + 1;
            }
            list = list + '</ul>';
            fs.readFile(`data/${queryData.id}`, 'utf8', function(err, description) {
                var title = queryData.id;
                var template = `
                <!doctype html>
                <html>
```

```
                        <head>
                            <title>WEB1 - ${title}</title>
                            <meta charset="utf-8">
                        </head>
                        <body>
                            <h1><a href="/">WEB</a></h1>
                            ${list}                    ← 정적인 코드를 ${list}로 변경
                            <h2>${title}</h2>
                            <p>${description}</p>
                        </body>
                    </html>
                    `;
                    response.writeHead(200);
                    response.end(template);
                });
            });                                    ← 닫는 괄호도 잊지 마세요
        }
    } else {
        response.writeHead(404);
        response.end('Not found');
    }
... 생략 ...
```

이제 프로그램을 실행하면 data 디렉터리에 있는 파일을 읽어서 웹 페이지에 목록으로 표시하는 모습을 볼 수 있습니다.

main.js 실행 결과

```
> node main.js
```

WEB

- HTML
- CSS
- JavaScript

Welcome

Hello, Node.js

그림 24-2 동적으로 생성한 목록

정말로 목록을 동적으로 잘 불러오는지 확인해보겠습니다. data 디렉터리에 Nodejs라는 파일을 새로 생성하고, 의미 없는 텍스트를 넣어보겠습니다.

예제 24-5 data 디렉터리에 새로운 파일인 Nodejs 추가 web2-nodejs/data/Nodejs

```
Lorem ipsum dolor sit amet, consectetur adipisicing elit, sed do eiusmod tempor incididunt
ut labore et dolore magna aliqua. Ut enim ad minim veniam, quis nostrud exercitation ullamco
laboris nisi ut aliquip ex ea commodo consequat. Duis aute irure dolor in reprehenderit in
voluptate velit esse cillum dolore eu fugiat nulla pariatur. Excepteur sint occaecat cupidatat
non proident, sunt in culpa qui officia deserunt mollit anim id est laborum.
```

웹 브라우저에서 새로 고침 해보면 목록에 Nodejs가 추가됐고, Nodejs를 클릭하면 Nodejs 페이지로 이동하는 모습을 볼 수 있습니다.

WEB

- CSS
- HTML
- JavaScript
- Nodejs

Welcome

Hello, Node.js

그림 24-3 목록에 자동으로 추가된 Nodejs

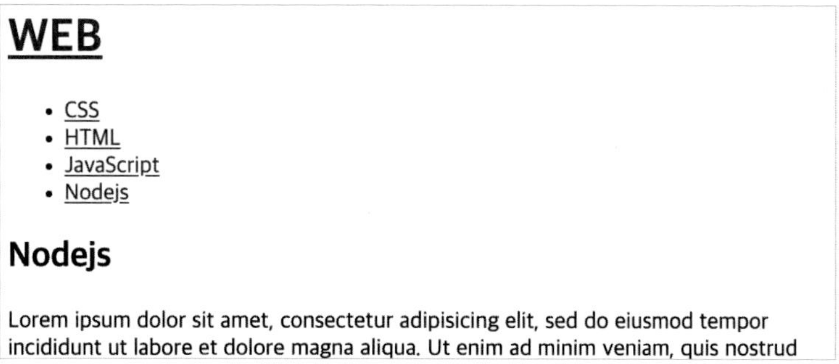

WEB

- CSS
- HTML
- JavaScript
- Nodejs

Nodejs

Lorem ipsum dolor sit amet, consectetur adipisicing elit, sed do eiusmod tempor
incididunt ut labore et dolore magna aliqua. Ut enim ad minim veniam, quis nostrud

그림 24-4 새로 추가된 Nodejs 목록을 클릭했을 때 표시되는 페이지

이는 아주 혁명적인 변화입니다. 파일이 추가되면 알아서 작동하기 때문에 더는 코드를 열어서 내용을 수정하지 않아도 됩니다. 프로그래머들은 데이터가 바뀌었을 때 로직을 변경하는 것을 굉장히 부끄러워합니다. 이렇게 해서 여러분은 부끄러움 하나를 제거했습니다.

WEB2

25 자바스크립트 - 함수

https://youtu.be/XDS4cp6Gg5w (5분 16초)

이번 시간에는 자바스크립트의 새로운 문법인 함수에 관해 알아보겠습니다. 새로운 문법이라고는 했지만, 여러분은 지금까지 애플리케이션을 만들면서 함수를 사용해 왔습니다. 다만 함수인지 몰랐을 뿐입니다.

수학에서의 함수와 프로그래밍에서 함수는 사실 같습니다. 그런데 수학에서는 잘 몰랐던 그 위대함을 프로그래밍에서는 좀 더 쉽게 느낄 수 있습니다. 자, 그럼 함수를 만나러 갑시다.

Function

그림 25-1 이번 시간의 주제인 함수

함수의 기본 문법

먼저 syntax 폴더에 functions.js 파일을 만들고 다음과 같이 작성하겠습니다. 아무 의미 없는 코드지만, 일단 우리가 만드는 프로그램에서 매우 중요하고 멋진 일을 하는 코드라고 가정해봅시다.

예제 25-1 함수를 사용하지 않은 코드 web2-nodejs/syntax/function.js

```
console.log(1);
console.log(2);
console.log(3);
console.log('A');
console.log('Z');
console.log('B');
console.log(1);
console.log(2);
console.log(3);
console.log('F');
console.log('C');
console.log('P');
console.log('J');
console.log(1);
console.log(2);
```

```
console.log(3);
console.log('U');
console.log('A');
console.log('Z');
console.log('J');
console.log('I');
console.log(1);
console.log(2);
console.log(3);
```

코드를 자세히 보면 1, 2, 3을 출력하는 명령문은 같은 코드이고 반복해서 등장합니다. 그런데 등장하는 패턴은 조금 다릅니다. 이처럼 중복이 발생하면 코드 양이 많아지고 가독성이 나빠지며 유지보수가 힘들어집니다. 따라서 중복을 제거해서 코드를 좀 더 구조적으로 작성해야 하는데, 이럴 때 함수를 사용합니다.

중복해서 등장하는 명령문을 함수로 만들어보겠습니다.

예제 25-2 함수 정의 web2-nodejs/syntax/function.js

```
... 생략 ...
function f123() {
    console.log(1);
    console.log(2);
    console.log(3);
}
```

먼저 자바스크립트에서 **function**은 **함수를 정의할 때 사용하는 키워드**입니다. function 키워드 다음에 **함수 이름**을 작성하고 **소괄호와 중괄호**를 작성합니다. 소괄호 안에는 이 함수에 전달하는 입력값을 넣을 수 있고(다음 절에서 이용합니다), **중괄호 안**에는 이 **함수가 수행하는 기능**을 정의합니다.

함수를 정의하는 문법

```
function 함수 이름 {
    함수에서 실행할 코드;
}
```

중복해서 등장하는 명령문을 함수로 정의했으므로 기존 명령문을 함수를 실행하는 명령으로 대체해보겠습니다. 코드를 다음과 같이 수정합니다.

예제 25-3 기존 명령문을 함수를 실행하는 명령으로 대체 web2-nodejs/syntax/function.js

```
f123();
console.log('A');
console.log('Z');
console.log('B');
f123();
console.log('F');
console.log('C');
console.log('P');
console.log('J');
f123();
console.log('U');
console.log('A');
console.log('Z');
console.log('J');
console.log('I');
f123();

function f123() {
    console.log(1);
    console.log(2);
    console.log(3);
}
```

예제를 실행해보면 함수를 사용하기 전과 똑같은 결과가 출력됩니다. 같은 기능을 수행하지만, **코드는 훨씬 간결**해졌습니다. 이것이 바로 함수의 효과 중 하나입니다. 변수가 데이터에 이름을 붙이는 것이었다면, 함수는 어떤 기능, 일련의 로직에 이름을 붙이는 것과 같습니다. 기능에 이름을 붙여서 이 기능이 필요할 때마다 해당 이름으로 쉽게 사용할 수 있게 만든 것입니다. 또한 함수의 기능을 변경해야 한다면 함수를 정의한 부분만 수정하면 해당 함수를 사용한 모든 곳에 영향을 미치므로 유지보수가 편리해집니다.

지금까지 함수를 사용하는 형식을 살펴봤습니다. 좀 더 실용적인 코드는 다음 수업에서 살펴보겠습니다.

함수의 입력

이전 시간에는 함수를 생성하고 호출하는 방법을 살펴봤습니다. 이번에는 함수에 값을 전달하는 기능을 살펴보겠습니다. 함수도 마치 프로그램처럼 입력과 출력이 있습니다. 그래서 함수를 프로그램에 속한 작은 프로그램이라고 생각해도 좋습니다.

https://youtu.be/c3Pail1litc
(4분 59초)

함수가 항상 똑같이 동작한다면 활용이 제한적이겠지만, 입력에 따라 다르게 동작할 수 있기 때문에 출력도 다양해져서 활용성이 뛰어납니다. 이번 시간에는 함수에 입력값을 전달하는 방법을 살펴보겠습니다.

먼저 자바스크립트가 기본으로 가지고 있는 함수를 이용해 입력값이 무엇인지 알아보겠습니다. syntax 디렉터리에 function2.js 파일을 만들고 다음과 같이 코드를 입력합니다. 나만의 함수를 만들기 전에 자바스크립트가 기본으로 가지고 있는 함수를 사용해보겠습니다.

예제 25-4 함수의 입력값 살펴보기 web2-nodejs/syntax/function2.js

```
console.log(Math.round(1.6));  // 2
console.log(Math.round(1.4));  // 1
```

코드를 실행한 결과는 다음과 같습니다.

function2.js 실행 결과

```
> node syntax/function2.js
2
1
```

코드에서 사용한 Math는 자바스크립트에 내장된 객체입니다. 내장 객체가 지금은 무엇인지 자세하게 알기 어려우므로 일단 함수의 집합 정도로 생각해도 괜찮습니다. 어쨌든 Math 객체에 포함된 round라는 함수를 사용하는 코드입니다.

Math 객체의 **round 함수**는 **입력값을 반올림해서 반환**합니다. 우리는 round 함수의 내부가 어떻게 생겼는지 모릅니다. 그리고 알 필요도 없습니다. 그냥 반올림이 필요할 때 입력값과 함께 호출해서 사용하면 그만입니다.

이번에는 우리가 직접 입력값을 받는 함수를 만들어 보겠습니다. 우리가 만들 함수는 입력값을 두 개 받아서 더한 다음 반환하는 함수입니다.

예제 25-5 기존 명령문을 함수를 실행하는 명령으로 대체 web2-nodejs/syntax/function2.js

```
function sum(first, second) {
    console.log(first + second);
}

sum(2, 4);
```

코드를 실행한 결과는 다음과 같습니다.

function2.js 실행 결과

```
> node syntax/function2.js
6
```

function 키워드는 함수를 정의할 때 사용합니다. 여기서는 sum이라는 이름의 함수를 정의했는데, 이때 **입력값을 두 개 받게 정의**했습니다. 하나는 first라는 이름으로, 나머지 하나는 second라는 이름으로 입력값을 받습니다. 따라서 이 함수를 호출할 때는 두 개의 값을 전달해야 합니다. sum(2, 4);처럼 호출하면 first에는 2가, second에는 4가 저장됩니다. 그리고 sum 함수 안에서 first와 second 변수를 더해서 6이 출력됩니다.

이처럼 함수는 입력값에 따라 다르게 동작하게 만들 수 있습니다. 예제에서 first와 second처럼 **함수의 입력값으로 전달받는 변수를 매개변수(parameter)**라고 하고, 2와 4처럼 함수를 호출할 때 **전달하는 값을 인자(argument)**라고 합니다.

함수의 출력

이전 시간에는 입력값을 받아 입력값에 따라 처리하는 함수를 만들어 봤습니다. 이번에는 함수가 처리한 결과를 호출한 쪽에 돌려주는 함수를 만들어 보겠습니다. 즉, '입력-처리-출력'에서 출력에 해당하는 부분입니다.

https://youtu.be/OXGGA-rh__0
(4분 39초)

앞에서 만든 sum 함수는 두 수를 입력받아서 더한 값을 출력해줍니다.

```
function sum(first, second) {
  console.log(first + second);          ← 결과를 콘솔에 출력하는 코드가 함수에 포함됨
}
```

그런데 우리가 만든 함수랑 자바스크립트에 기본으로 들어 있는 Math.round 함수는 무언가 조금 다릅니다. 다음 코드는 실행하더라도 아무런 결과가 출력되지 않습니다.

```
Math.round(1.6);
```

Math.round 함수를 호출한 결과를 출력하려면 다음과 같이 console.log()로 감싸야 합니다.

```
console.log(Math.round(1.6));
```

이처럼 Math.round 함수는 귀찮게 console.log를 이용해 출력해야 합니다. 어떤 함수가 더 좋을까요? 어떻게 보면 우리가 만든 함수처럼 콘솔 출력을 포함하는 게 좋아보일 수 있지만, 이렇게 하면 함수의 활용성이 떨어집니다. 우리가 만든 함수는 함수 밖에서 결괏값을 가지고 다양하게 활용하는 대신 항상 **콘솔에 출력만 할 뿐**입니다. 반면 함수가 **처리한 결과를 반환**하게 하면 함수를 호출한 쪽에서 그 결괏값을 가지고 다양하게 활용할 수 있을 것입니다(다음에 있는 filewrite, email은 작동하지 않는 가상의 함수입니다).

```
console.log(Math.round(1.6));                  // 콘솔에 출력
filewrite('result.txt', Math.round(1.6));      // 파일에 저장
email('egoing@aaa.com', Math.round(1.6));      // 메일로 전송
```

이처럼 함수가 자신을 호출한 쪽으로 값을 전달하려면 **retrun이라는 키워드**를 사용합니다.

예제 25-6 처리 결과를 함수를 호출한 쪽으로 반환하는 함수 web2-nodejs/syntax/function2.js

```
function sum(first, second) {
    return first + second;
}

console.log(sum(2, 4));
```

코드를 실행한 결과는 다음과 같습니다.

function2.js 실행 결과

```
> node syntax/function2.js
6
```

이제 sum 함수는 매개변수로 전달받은 값을 더하는 기능만 합니다. 컴파일러는 **return이라는 키워드**를 만나면 **함수를 종료**하고 **return 다음에 명시한 값을 호출한 위치에 반환**합니다. sum 함수를 호출한 쪽에서는 이 값을 콘솔에 출력합니다. 결과는 똑같지만, 이제 sum()이라는 함수를 호출한 결과를 함수 밖에서 다양하게 활용할 수 있습니다.

return 문의 동작을 실험하고자 가령 return 문 앞뒤로 출력문을 둔다면 어떻게 되는지 살펴봅시다.

예제 25-7 return문 앞뒤로 출력문을 두고 테스트 web2-nodejs/syntax/function2.js

```
function sum(first, second) {
    console.log('a');
    return first + second;
    console.log('b');
}

console.log(sum(2, 4));
```

코드를 실행한 결과는 다음과 같습니다.

function2.js 실행 결과

```
> node syntax/function2.js
a
6
```

'a'만 출력되고, 'b'는 출력되지 않는 것으로 봐서 **return 문 이후에 명령이 있어도 생략하고 함수를 종료**한다는 사실을 알 수 있습니다. 즉, **return**은 **함수를 종료**한다는 의미와 **어떤 값을 반환**한다는 두 가지 의미가 있는 명령입니다.

지금까지 함수를 만들고 호출하는 방법을 살펴보고, 매개변수를 받는 함수, 결과를 반환하는 함수 등을 만들어 봤습니다. 함수는 매우 중요한 주제이고 활용 가치 또한 매우 높습니다.

WEB2

https://youtu.be/TtVxkScVmUc (8분 39초)

26 App - 함수를 이용해 코드 정리하기

이번 수업에서는 이전 수업에서 배운 함수를 이용해 지금까지 만든 애플리케이션의 코드를 정리해 보겠습니다. 코드가 복잡해지면 관리가 어려우므로 최대한 단순하게 만들어야 합니다. 이번 시간에는 함수를 이용해 코드를 정리해보면서 함수를 어떻게 사용하는지 좀 더 실용적인 사례를 살펴볼 것입니다.

우리가 만든 애플리케이션의 소스를 보면 완전히 똑같은 코드가 두 번 중복되는 것을 알 수 있습니다. 바로 사용자가 요청한 웹 페이지를 만드는 코드입니다.

```
var template = `
<!doctype html>
<html>
<head>
        <title>WEB1 - ${title}</title>
        <meta charset="utf-8">
</head>
<body>
        <h1><a href="/">WEB</a></h1>
        ${list};
        <h2>${title}</h2>
        <p>${description}</p>
</body>
</html>
`;
```

24-4_main.js — ~/Desktop/web2-nodejs

```
10      if(pathname === '/') {
11        if(queryData.id === undefined) {
12          fs.readdir('./data', function(error, filelist) {
13            var title = 'Welcome';
14            var description = 'Hello, Node.js';
15            var list = '<ul>';
16            var i = 0;
17            while(i < filelist.length) {
18              list = list + `<li><a href="/?id=${filelist[i]}">${filelist[i]}</a></li>`;
19              i = i + 1;
20            }
21            list = list+'</ul>';
22            var template = `
23            <!doctype html>
24            <html>
25              <head>
26                <title>WEB1 - ${title}</title>
27                <meta charset="utf-8">
28              </head>
29              <body>
30                <h1><a href="/">WEB</a></h1>
31                ${list}
32                <h2>${title}</h2>
33                <p>${description}</p>
34              </body>
35            </html>
36            `;
37            response.writeHead(200);
38            response.end(template);
39          });
40        } else {
41          fs.readdir('./data', function(error, filelist) {
42            var list = '<ul>';
43            var i = 0;
44            while(i < filelist.length) {
45              list = list + `<li><a href="/?id=${filelist[i]}">${filelist[i]}</a></li>`;
46              i = i + 1;
47            }
48            list = list+'</ul>';
49            fs.readFile(`data/${queryData.id}`, 'utf8', function(err, description) {
50              var title = queryData.id;
51              var template = `
52              <!doctype html>
53              <html>
54                <head>
55                  <title>WEB1 - ${title}</title>
56                  <meta charset="utf-8">
57                </head>
58                <body>
59                  <h1><a href="/">WEB</a></h1>
60                  ${list}
61                  <h2>${title}</h2>
62                  <p>${description}</p>
63                </body>
64              </html>
65              `;
66              response.writeHead(200);
67              response.end(template);
68            });
69          });
```

0 0 24-4_main.js 76:18 2 LF UTF-8 JavaScript GitHub Git (0) 4 updates

그림 26-1 중복되는 코드 – 사용자가 요청한 웹 페이지를 만드는 부분

이렇게 완전히 똑같은 코드가 중복된다면 뭔가 개선의 여지가 있다는 의미입니다. 중복된 코드를 제거하는 방법의 하나는 함수를 이용하는 것입니다. 위 코드를 함수로 만들어서 중복을 제거해보겠습니다.

중복된 코드는 사용자가 요청한 페이지를 HTML로 만들어주는 코드이므로 templateHTML이라는 이름으로 새로운 함수를 만듭니다.

예제 26-1 중복되는 코드를 templateHTML 함수로 만들기 web2-nodejs/main.js

```
var http = require('http');
var fs = require('fs');
var url = require('url');

function templateHTML(title, list, body) {
    return `
    <!doctype html>
    <html>
        <head>
            <title>WEB1 - ${title}</title>
            <meta charset="utf-8">
        </head>
        <body>
            <h1><a href="/">WEB</a></h1>
            ${list}
            ${body}
        </body>
    </html>
    `;
}
... 생략 ...
```

templateHTML 함수는 앞에서 중복됐던 코드가 수행하는 기능을 그대로 대체할 것이므로 같은 코드를 매개변수와 return 문이 있는 형태로 바꿨습니다. templateHTML 함수는 웹 페이지에 표시할 **제목, 글 목록, 본문**을 title, list, body**라는 이름의 매개변수로 전달**받습니다. 이때 body는 기존에 중복된 코드에서 본문에 title과 description을 표시했던 부분을 대체합니다. 그리고 이렇게 HTML 코드로 이뤄진 템플릿 리터럴을 return 문으로 반환함으로써 templateHTML 함수를 호출한 쪽에 전달합니다.

title, description을 body로 대체한 이유가 궁금해요!

다음과 같이 description을 매개변수로 받아도 되지만, 페이지의 형태에 따라 제목과 설명이 있는 형식이 아닐 수도 있습니다.

```
function templateHTML(title, list, description) {
    return `
    ... 생략 ...
```

```
        <body>
            <h1><a href="/">WEB</a></h1>
            ${list}
            <h2>${title}</h2>
            <p>${description}</p>
        </body>
    ... 생략 ...
    `;
}
```

대신 다음과 같이 body라고 큰 형태로 받고, 호출하는 쪽에서 body 부분에 들어갈 태그를 구체적으로 작성하겠습니다.

```
templateHTML(title, list, `<h2>${title}</h2><p>${description}</p>`);

function templateHTML(title, list, body) {
    return `
    ... 생략 ...
        <body>
            <h1><a href="/">WEB</a></h1>
            ${list}
            ${body}
        </body>
    ... 생략 ...
    `;
}
```

이제 **중복된 코드가 있던 부분에서 `templateHTML` 함수를 호출**하면 됩니다. 소스에서 `template` 변수를 정의하는 두 곳에 다음과 같은 함수 호출문을 작성합니다.

예제 26-2 중복된 코드가 있던 부분에서 templateHTML 함수를 호출 web2-nodejs/main.js

```
... 생략 ...
var template = templateHTML(title, list, `<h2>${title}</h2><p>${description}</p>`);
... 생략 ...
```

`templateHTML` 함수를 호출하기 전에 이미 `title`, `list`, `description` 등의 변수가 정의돼 있으므로 각 인수를 순서에 맞게 전달하면 됩니다.

프로그램을 실행해보면 잘 동작하는 모습을 볼 수 있습니다. 이전 코드에서는 `template`이라는 변수명은 있지만, 무엇을 하는 코드인지 알기 어려웠습니다. 하지만 함수로 정의하면 HTML에 대한 템플릿이라는 사실을 알 수 있고, 코드도 훨씬 줄어듭니다.

같은 방법으로 또 다른 중복 코드를 함수로 만들어보겠습니다. 이번에 발견한 중복 코드는 list 변수를 정의하는 부분입니다. list 변수에는 data 디렉터리에 있는 파일을 목록으로 보여주는 HTML 코드가 저장됩니다.

```
var list = '<ul>';
var i = 0;
while(i < filelist.length) {
    list = list + `<li><a href="/?id=${filelist[i]}">${filelist[i]}</a></li>`;
    i = i + 1;
}
list = list + '</ul>';
```

```
23  var app = http.createServer(function(request, response) {
24      var _url = request.url;
25      var queryData = url.parse(_url, true).query;
26      var pathname = url.parse(_url, true).pathname;
27
28      if(pathname === '/') {
29          if(queryData.id === undefined) {
30              fs.readdir('./data', function(error, filelist) {
31                  var title = 'Welcome';
32                  var description = 'Hello, Node.js';
33                  var list = '<ul>';
34                  var i = 0;
35                  while(i < filelist.length) {
36                      list = list + `<li><a href="/?id=${filelist[i]}">${filelist[i]}</a></li>`;
37                      i = i + 1;
38                  }
39                  list = list+'</ul>';
40                  var template = templateHTML(title, list, `<h2>${title}</h2><p>${description}</p>`);
41                  response.writeHead(200);
42                  response.end(template);
43              });
44          } else {
45              fs.readdir('./data', function(error, filelist) {
46                  var list = '<ul>';
47                  var i = 0;
48                  while(i < filelist.length) {
49                      list = list + `<li><a href="/?id=${filelist[i]}">${filelist[i]}</a></li>`;
50                      i = i + 1;
51                  }
52                  list = list+'</ul>';
53                  fs.readFile(`data/${queryData.id}`, 'utf8', function(err, description) {
54                      var title = queryData.id;
55                      var template = templateHTML(title, list, `<h2>${title}</h2><p>${description}</p>`);
56                      response.writeHead(200);
57                      response.end(template);
58                  });
59              });
60          }
61      } else {
```

그림 26-2 중복되는 코드 – 목록을 만드는 부분

이 코드를 templateList라는 이름의 새로운 함수로 만듭니다.

예제 26-3 중복되는 코드를 templatHTML 함수로 만들기 web2-nodejs/main.js

```
... 생략 ...
function templateList(filelist) {
    var list = '<ul>';
    var i = 0;
    while(i < filelist.length) {
        list = list + `<li><a href="/?id=${filelist[i]}">${filelist[i]}</a></li>`;
        i = i + 1;
    }
    list = list + '</ul>';
    return list;
}
... 생략 ...
```

중복된 코드를 그대로 함수의 본문으로 옮겼습니다. 다만 파일 목록을 전달받기 위해 매개변수 filelist를 정의했고, return 문으로 최종 결괏값인 list를 반환했습니다. 이제 소스에서 list 변수를 정의하는 두 곳에 다음과 같은 함수 호출문을 작성합니다.

예제 26-4 중복된 코드가 있던 부분에서 templateList 함수 호출 web2-nodejs/main.js

```
... 생략 ...
var list = templateList(filelist);
... 생략 ...
```

이렇게 두 가지 함수를 이용해 중복된 코드를 정리했습니다. main.js 파일의 전체 소스 코드는 다음과 같습니다.

예제 26-5 함수를 이용해 중복된 코드를 모두 제거한 main.js web2-nodejs/main.js

```
var http = require('http');
var fs = require('fs');
var url = require('url');

function templateHTML(title, list, body) {
    return `
    <!doctype html>
    <html>
```

```
        <head>
            <title>WEB1 - ${title}</title>
            <meta charset="utf-8">
        </head>
        <body>
            <h1><a href="/">WEB</a></h1>
            ${list}
            ${body}
        </body>
    </html>
    `;
}

function templateList(filelist) {
    var list = '<ul>';
    var i = 0;
    while(i < filelist.length) {
        list = list + `<li><a href="/?id=${filelist[i]}">${filelist[i]}</a></li>`;
        i = i + 1;
    }
    list = list + '</ul>';
    return list;
}

var app = http.createServer(function(request, response) {
    var _url = request.url;
    var queryData = url.parse(_url, true).query;
    var pathname = url.parse(_url, true).pathname;

    if(pathname === '/') {
        if(queryData.id === undefined) {
            fs.readdir('./data', function(error, filelist) {
                var title = 'Welcome';
                var description = 'Hello, Node.js';
                var list = templateList(filelist);
                var template = templateHTML(title, list, `<h2>${title}</
h2><p>${description}</p>`);
                response.writeHead(200);
                response.end(template);
```

```
            });
        } else {
            fs.readdir('./data', function(error, filelist) {
                fs.readFile(`data/${queryData.id}`, 'utf8', function(err, description) {
                    var title = queryData.id;
                    var list = templateList(filelist);
                    var template = templateHTML(title, list, `<h2>${title}</
h2><p>${description}</p>`);
                    response.writeHead(200);
                    response.end(template);
                });
            });
        }
    } else {
        response.writeHead(404);
        response.end('Not found');
    }
});
app.listen(3000);
```

중복을 제거하기 전의 코드와 비교해보세요. 코드 양이 줄었을 뿐만 아니라 코드를 해석하기도 좀 더 수월해졌습니다.

WEB2

27 수업의 정상

https://youtu.be/YEi2mSFnGpl (2분 47초)

여기까지 오시느라 정말 고생 많으셨고, 축하드립니다.

지금까지 우리는 프로그램이란 무엇인가, 프로그래밍이란 무엇을 하는 일인가, 프로그래머란 무엇을 하는 사람인가에 대해 충분히 깊게 알아봤습니다.

program
programming
programmer

그림 27-1 프로그램, 프로그래밍, 프로그래머

또한 자바스크립트라는 컴퓨터 언어를 이용해 Node.js의 기능을 제어해서 웹 애플리케이션을 만드는 방법을 살펴봤습니다.

JavaScript
Node.js
Web Application

그림 27-2 자바스크립트, Node.js, 웹 애플리케이션

이번 장은 우리의 현재 상태를 생각해 보고, 앞으로의 공부 방향을 함께 생각해보는 시간입니다. 우리는 지금까지 열심히 달려와서 정상에 올랐습니다. 그리고 여기까지가 가성비가 가장 높은 공부의 단계라고 생각합니다. 충분히 많은 것을 배웠습니다. 여러분이 공부하기 시작한 이유가 Node.js와 자바스크립트가 어떤 기술이고 또 이러한 기술로 어떻게 웹 애플리케이션을 만드는지 궁금했다면 이제 공부를 마무리할 시간입니다.

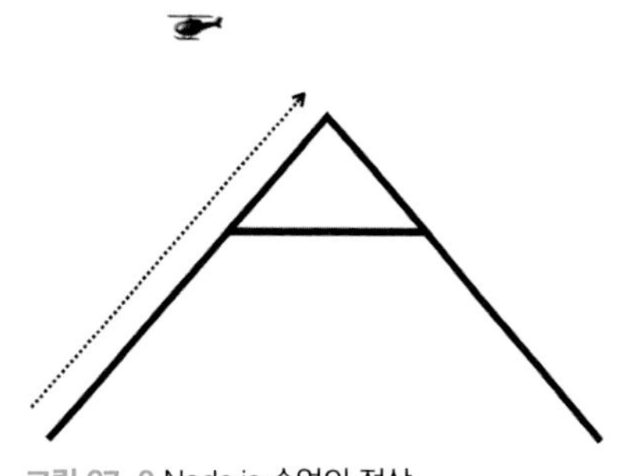

그림 27-3 Node.js 수업의 정상

사실 이번 장 이후로 배우는 것들은 지금까지 배운 것보다 훨씬 덜 중요합니다. 지금까지 배운 내용이 훨씬 더 중요합니다. 따라서 불필요하게 더 많은 공부를 하는 것보다는 일단 현실로 돌아간 다음, 나중에 더 많은 것을 공부할 필요성이 있다면 그때 다시 책을 펴도 좋을 것 같습니다.

하지만 현실에서 문제를 해결하다 보면 코드가 복잡해집니다. 또 처리해야 할 데이터가 많아지고, 우리가 만든 소프트웨어를 많은 사람이 사용하게 됩니다. 그러면 지금까지 배운 것만으로는 처리할 수 없는 복잡하고 어려운 문제가 생깁니다. 바로 이러한 문제를 해결해야 하거나 이러한 문제를 해결하는 일에 종사하려고 하는 사람은 여기서 그만두면 안 됩니다. 다시 짐을 주섬주섬 챙겨서 하산하는 여정을 시작해야 합니다.

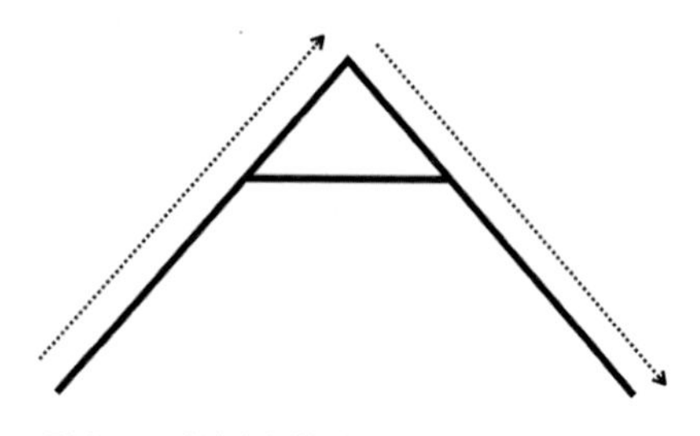

그림 27-4 하산해야 할 시간

여러분이 어떤 상태인지에 따라 지금이 공부를 완주하기에 아주 좋은 순간이면서 동시에 더 진도를 나가기에도 좋은 순간입니다. 정답이 있는 것은 아니기 때문에 각자 현명하게 좋은 선택을 하기를 바랍니다.

WEB2

28 Node.js - 동기와 비동기 그리고 콜백

https://youtu.be/3eOGYLxropQ (2분 52초)

이번 장에서는 Node.js에서 매우 중요한 특징인 비동기 처리 방식을 살펴보겠습니다. Node.js의 실행 순서를 파악하는 것이 목적입니다.

동기와 비동기 1

이번 수업에서는 Node.js를 잘 이해하고자 할 때 꼭 필요한 개념인 **동기**(synchronous) **처리 방식**과 **비동기**(asynchronous) **처리 방식**의 차이와 의미를 이야기해보겠습니다.

synchronous & **a**synchronous

그림 28-1 이번 장의 주제인 동기와 비동기

우리가 현실에서 어떤 작업을 처리할 때 일정한 시간이 걸린다고 가정합시다. 그러면 그 일이 끝난 후에 다음 일을 할 것입니다. 그런데 어떤 사람은 일머리가 좋아서 어떠한 작업이 10시간 걸린다고 하면 해당 작업이 끝날 때까지 그 작업에만 몰두하는 것이 아니라 다른 사람에게 시키거나 컴퓨터에게 시키고 본인은 다른 작업을 처리할 수 있을 것입니다. 즉, 일을 시키면서 "일이 끝나면 나한테 얘기해"라고 말해놓고, 다음 일을 처리합니다. 그러면 작업이 두 갈래로 동시에 처리됨으로써 시간을 더 효율적으로 사용할 수 있습니다.

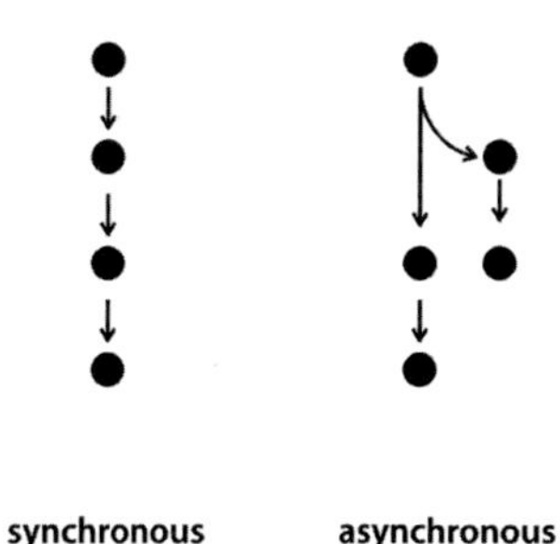

그림 28-2 동기와 비동기

앞 그림의 왼쪽처럼 **하나의 작업이 끝날 때까지 기다렸다가 다음 작업을 처리하는 방식**을 **동기 처리 방식**(synchronous)이라고 하고, 오른쪽처럼 **병렬로 동시에 여러 가지 일을 처리하는 방식**을 **비동기 처리 방식**(asynchronous)이라고 합니다.

Node.js는 비동기 처리를 하기 위한 아주 좋은 기능을 제공합니다. 지금부터 비동기 방식으로 처리하는 코드를 살펴보겠습니다. 그런데 애플리케이션이 비동기 처리 방식으로 동작하면 **효율적이지만 매우**

복잡합니다. 따라서 Node.js를 이용해 비동기 처리 방식으로 코딩하는 것이 초심자에게는 까다로울 수 있습니다. 하지만 함께 천천히 극복해봅시다.

동기와 비동기 2

먼저 동기와 비동기가 코드에서 어떻게 다른지 살펴보겠습니다. Node.js 공식 매뉴얼(nodejs.org/ko/docs/)에 접속해서 파일을 제어하는 File System 모듈에 관한 문서를 살펴보겠습니다. 여기서 사용하는 버전은 8.1이지만, 다른 버전도 비슷합니다.

https://youtu.be/7woGFlMhSgk
(7분 11초)

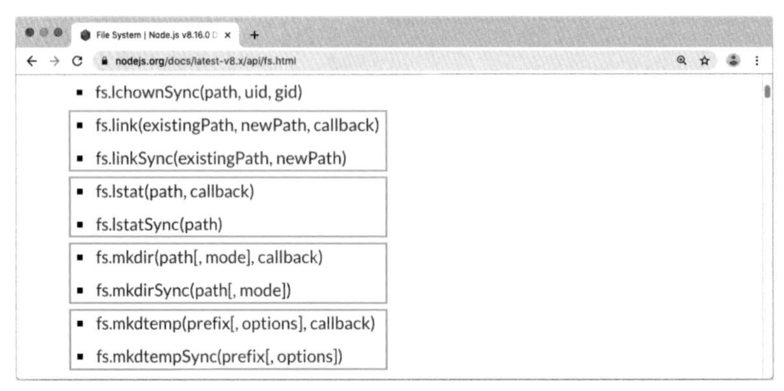

그림 28-3 Node.js 공식 매뉴얼에서 살펴본 File System 모듈

그림과 같이 여러 가지 기능 목록에서 이름에 'Sync'라는 단어가 붙는 것과 붙지 않는 것이 쌍으로 있습니다. 이름에 'Sync'가 있으면 동기 처리 방식으로 동작하는 기능이고, 'Sync'가 없으면 비동기 처리 방식으로 동작하는 기능입니다. 즉, 기본 이름에 **'Sync'**가 붙으면 **해당 기능을 동기 처리 방식으로 처리한다는 의미**입니다.

이 가운데 앞에서 사용해본 `fs.readFile`이라는 기능을 볼까요?

```
fs.readFile(path[, options], callback)
```

`readFile` 기능의 형식을 보면 마지막 매개변수에 `callback`이라는 것이 있습니다. 그런데 `readFileSync` 기능을 보면 다른 형식은 같은데 마지막에 `callback`이라는 매개변수가 없습니다.

```
fs.readFileSync(path[, options])
```

이 차이점을 통해 동기 처리 방식과 비동기 처리 방식의 차이점을 살펴보겠습니다. 먼저 syntax 디렉터리 아래에 sample.txt 파일을 만들고 간단하게 'B'라는 문자를 입력합니다.

예제 28-1 sample.txt 파일 생성 web2-nodejs/syntax/sample.txt

```
B
```

그리고 같은 디렉터리에 sync.js 파일을 만들고 다음과 같은 코드를 작성합니다. 이 파일에서 readFile과 readFileSync 기능을 사용해 차이점을 살펴보겠습니다.

예제 28-2 동기 처리 방식으로 동작하는 readFileSync web2-nodejs/syntax/sync.js

```
var fs = require('fs');

//readFileSync
console.log('A');
var result = fs.readFileSync('syntax/sample.txt', 'utf8');
console.log(result);
console.log('C');
```

먼저 require를 이용해 파일 시스템에 관한 기능이 담긴 fs 모듈을 불러와서 fs 변수에 담습니다.

```
var fs = require('fs');
```

그리고 **동기 처리 방식**으로 동작하는 readFileSync 기능을 사용해 방금 생성한 sample.txt 파일을 utf8 형식으로 읽어서 result 변수에 담습니다. 이때 syntax 디렉터리 바깥쪽에서 Node.js를 실행할 것이므로 첫 번째 인수인 sample.txt 파일의 경로를 'syntax/sample.txt'처럼 전달했습니다.

```
var result = fs.readFileSync('syntax/sample.txt', 'utf8');
```

그리고 실행 순서를 살펴보기 위해 파일을 읽는 명령 전후로 콘솔 출력 기능을 이용해 'A'와 'result', 그리고 'C'를 출력했습니다. 실행 결과는 다음과 같습니다.

sync.js 실행 결과

```
> node syntax/sync.js
A
B
C
```

실행 결과를 보면 중간에 sample.txt 파일에 있는 내용 'B'가 출력됨으로써 예상대로 **명령을 작성한 순서대로 출력**되는 모습을 볼 수 있습니다. 즉, 동기 처리 방식은 **각 명령을 처리할 때까지 기다렸다가 마치면 다음 명령을 실행**합니다.

이제 방금 작성한 코드를 주석으로 처리해서 실행되지 않게 하고 비동기 처리 방식으로 동작하는 readFile 기능을 사용해보겠습니다. 앞에서 작성한 코드를 그대로 복사해서 그 아래에 붙여넣고 다음과 같이 변경합니다.

예제 28-3 비동기 처리 방식으로 동작하는 readFile web2-nodejs/syntax/sync.js

```
var fs = require('fs');

/*
//readFileSync
console.log('A');
var result = fs.readFileSync('syntax/sample.txt', 'utf8');
console.log(result);
console.log('C');
*/

console.log('A');
fs.readFile('syntax/sample.txt', 'utf8', function(err, result) {
    console.log(result);
});
console.log('C');
```

먼저 readFileSync에서 'Sync'를 지웁니다. 그러면 readFile 기능을 사용하게 되고, 이 기능은 **비동기 처리 방식으로 동작**합니다. 별도로 'Sync'가 붙지 않은 readFile이라는 이름이 기본이므로 Node.js가 비동기 처리 방식을 선호한다는 의미로 볼 수 있습니다.

Node.js 문서를 보면 readFile 형식에는 **세 번째 매개변수**에 readFileSync에는 없었던 callback이라는 것이 있습니다. 그 자리에 function 키워드를 이용해 함수를 정의해 넣습니다. '왜 이곳에 함수를 전달하지?'라는 궁금증은 잠시 접어두고 일단 이번 주제에 집중하기 바랍니다.

```
fs.readFile('syntax/sample.txt', 'utf8', function(err, result) {
    console.log(result);
});
```

동기 처리 방식으로 동작하는 readFileSync 기능을 사용할 때는 파일을 읽어서 result 변수에 담아서 사용했지만, 비동기 처리 방식으로 동작하는 readFile 기능은 결괏값을 반환하지 않습니다. 따라서 변수에 담아서 사용할 수 없고, 대신 callback 자리에 전달한 함수를 이용합니다.

즉, Node.js가 **파일 읽기를 마치면 세 번째 매개변수로 전달한 함수를 자동으로 호출해서 함수의 본문을 실행**합니다. 이때 function으로 정의한 첫 번째 매개변수에는 에러가 있다면 에러가 전달되고, **두 번째 매개변수 result에는 파일을 읽어서 가져온 내용이 저장**됩니다. 따라서 함수 본문에서 이 값을 적절하게 이용하면 됩니다. 예제에서는 이 값을 콘솔에 출력했습니다. 실행 결과는 다음과 같습니다.

sync.js 실행 결과

```
> node syntax/sync.js
A
C
B
```

실행 결과가 동기 방식으로 처리했을 때와 달라졌습니다. 즉, 'A' 다음에 'B'가 아닌 'C'가 먼저 출력됐습니다. 이러한 결과가 나온 이유는 Node.js가 'A' 출력 후 readFile **처리를 완료하기 전에 다음 명령을 실행해서 'C'를 출력**하기 때문입니다. 즉, 비동기 처리 방식으로 동작하는 readFile 기능은 실행 흐름과 별도(비동기)로 동작해서 처리 시간이 실행 흐름에 영향을 미치지 않습니다.

이렇게 해서 동기 처리 방식과 비동기 처리 방식의 차이점을 살펴봤습니다. Node.js의 성능을 제대로 끌어올리려면 비동기 처리 방식을 사용해야 합니다. 하지만 코드가 너무 복잡하기 때문에 내가 만들고자 하는 애플리케이션이 대단한 성능을 요구하지 않는다면 이해하기 쉽고 간단한 동기 처리 방식을 선택하는 것도 잘못된 선택은 아닙니다.

콜백

이번 절에서는 **콜백(callback)**에 대해 알아보겠습니다. 먼저 이전 수업에서 작성한 예제 중 비동기 처리 방식을 다시 한번 살펴봅시다.

https://youtu.be/5GVvn9xiG5g
(6분 8초)

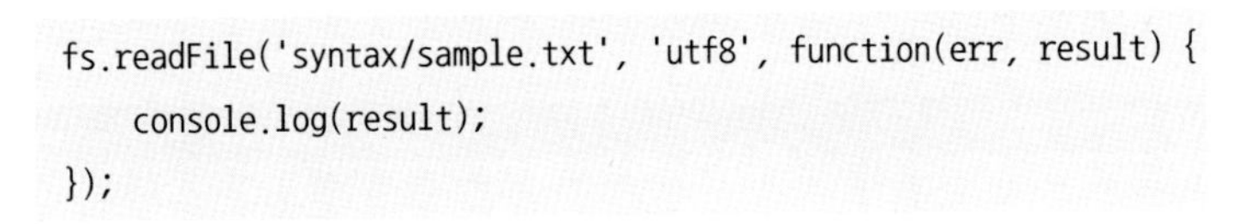

```
fs.readFile('syntax/sample.txt', 'utf8', function(err, result) {
    console.log(result);
});
```

이 코드는 readFile이라는 기능을 이용해 첫 번째 인수로 전달한 경로에 있는 파일을 읽어 옵니다. 그런 다음 파일 읽기 작업을 마치면 세 번째 인수로 전달한 함수를 호출합니다. 이처럼 **어떤 실행문을 마치면 내부적으로 자동 호출하는 기능**을 **'콜백'**이라고 합니다. 즉, 세 번째 인수로 콜백을 전달함으로써 readFile 함수가 실행을 마치면 그다음에 function으로 정의한 함수가 호출됩니다.

우리도 콜백을 만들어봅시다. 먼저 앞에서 배운 기본적인 함수의 성격을 살펴봅시다. syntax 디렉터리에 callback.js 파일을 만들고 다음과 같은 코드를 작성합니다.

예제 28-4 기본 함수 web2-nodejs/syntax/callback.js

```
function a() {
    console.log('A');
}
a();
```

코드를 실행한 결과는 다음과 같습니다.

callback.js 실행 결과

```
> node syntax/callback.js
A
```

어렵지 않게 해석할 수 있는 함수 정의이고 실행 결과는 'A'를 출력합니다. 그런데 이 함수와 똑같은 함수지만, 형식을 다르게 정의할 수도 있습니다. 다음과 같이 함수에서 이름을 지워보겠습니다.

예제 28-5 기본 함수에서 함수명 지우기 web2-nodejs/syntax/callback.js

```
function () {
    console.log('A');
}
```

이 함수는 앞에서 정의한 a() 함수와 기능이 똑같습니다. 다만 이 함수는 **이름이 없습니다.** 이처럼 이름이 없는 함수를 **'익명 함수(anonymous function)'**라고 합니다. 그런데 함수에 이름이 없으면 함수를 호출할 수 없습니다. 이제 이 함수에 이름을 붙이고자 코드를 다음처럼 수정합니다.

예제 28-6 이름이 없는 함수인 익명 함수를 변수에 할당 web2-nodejs/syntax/callback.js

```
var a = function () {
    console.log('A');
}
a();
```

function 키워드 앞에 변수를 선언해서 대입하면 이제 앞에서 정의한 a 함수와 기능뿐만 아니라 이름도 똑같은 함수가 만들어집니다. 이때 **함수는 변숫값**이 됩니다. 즉, 자바스크립트에서는 함수가 값이라는 것을 의미합니다. 실행 결과를 살펴보겠습니다.

callback.js 실행 결과

```
> node syntax/callback.js
A
```

실행 결과가 앞의 a 함수와 똑같습니다. 즉, **a 변수 뒤에 함수 호출 연산자 ()를 지정**함으로써 **a 변수에 담긴 함수를 호출**할 수 있습니다.

이제 함수를 하나 더 정의해보겠습니다. 이 함수는 처리 시간이 오래 걸리는 함수라고 가정합시다.

예제 28-7 처리 시간이 오래 걸린다고 가정한 함수 정의 web2-nodejs/syntax/callback.js

```
var a = function () {
    console.log('A');
}

function slowfunc() {
}
```

새로 정의한 slowfunc() 함수는 처리 시간이 오래 걸리는 함수라고 가정했으므로 언제 끝날지 예측하기가 어렵습니다. 그래서 이 함수의 실행이 끝나면 자동으로 어떤 함수를 호출해달라고 하고 싶습니다. 이때 콜백을 사용합니다.

예제 28-8 처리 시간이 오래 걸린다고 가정한 함수를 콜백 함수로 만들기 web2-nodejs/syntax/callback.js

```
var a = function () {
    console.log('A');
}

function slowfunc(callback) {
    callback();
}

slowfunc(a);
```

실행 결과는 다음과 같습니다.

```
callback.js 실행 결과
> node syntax/callback.js
A
```

slowfunc() **함수는 콜백을 매개변수로 받아서 호출**합니다. 따라서 slowfunc() 함수를 호출할 때 slowfunc() 함수가 실행된 다음에 호출할 함수를 인수로 전달해야 합니다. 예제에서는 앞에서 정의한 a 변수를 전달했습니다. 이렇게 하면 a 변수에 담긴 함수가 slowfunc() 함수의 매개변수인 콜백에 전달되고, 이는 곧 slowfunc() 함수가 처리를 마치면 곧바로 a 변수에 담긴 함수가 실행된다는 것을 의미합니다.

이번 시간에는 **콜백**의 형식을 살펴봤습니다. 콜백은 매우 어려운 주제지만, 모른다고 해서 앞으로 다룰 내용을 이해할 수 없는 것은 아닙니다. 그러므로 너무 좌절하지 말고 지금은 그냥 넘어가도 좋습니다. 콜백은 이후에 다시 다룹니다. 아무리 어려운 개념이라도 반복해서 사용하면 이해하기도 전에 익숙해질 수 있습니다. 여러분이 알고 있는 것 중에 분명히 알고 있는데 설명이 안 되는 것이 있을 겁니다. 저는 그것이 바로 익숙해진 결과라고 생각합니다.

WEB2

https://youtu.be/KzjTCREOIkk (8분 45초)

29 Node.js– 패키지 매니저와 PM2

이번 수업에서는 재미있는 주제를 하나 살펴보겠습니다. 바로 **패키지 매니저(Package Manager)**라는 것입니다. **패키지**는 **소프트웨어를 일컫는 여러 가지 표현 중 하나**라고 생각하면 될 것 같습니다. 독립적으로 실행되는 프로그램도 패키지라고 할 수 있고, 어떤 프로그램 안에서 부품으로 사용되는 작은 프로그램도 패키지라고 할 수 있습니다. 이러한 **패키지를 설치, 업데이트, 삭제하는 등 관리하는 데 도움을 주는 프로그램**이 **패키지 매니저**입니다.

여기서 살펴볼 패키지 매니저는 **npm**입니다. npm은 Node.js에서 가장 광범위하게 사용되며, **Node.js를 설치할 때 함께 설치되는 기본 패키지 매니저**입니다. 이번 수업에서는 npm을 통해서 PM2라는 프로그램을 설치해 보겠습니다.

PM2 설치

PM2는 Node.js로 만든 **프로세스를 관리해주는 프로그램**입니다. 이때 프로세스란 동작 중인 프로그램이라는 의미이고, 이 책에서는 `main.js`라고 보면 됩니다. PM2는 프로그램을 감시하고 있다가 의도하지 않게 꺼지거나 소스가 변경될 때 자동으로 재시동함으로써 서비스를 안정적으로 유지하게 돕습니다. 그럼 npm을 이용해 PM2를 설치해보겠습니다.

먼저 검색엔진에서 'PM2'라는 단어로 검색해서 `pm2.keymetrics.io` 사이트에 접속합니다.

그림 29-1 PM2 공식 홈페이지

Node.js로 만든 대부분 프로그램은 npm을 통해 손쉽게 설치할 수 있습니다. 자신의 컴퓨터에서 명령 프롬프트(macOS에서는 터미널)를 열고 다음 명령을 입력해 PM2를 설치합니다.

```
Terminal
> npm install pm2 -g
```

명령의 의미는 npm을 통해 PM2를 설치하는데, 이 **컴퓨터의 어느 위치에서나 실행할 수 있게 설정(-g 옵션)** 해달라는 의미입니다. 그런데 리눅스나 macOS에서는 설치 과정에서 ERR!라는 메시지와 함께 설치가 제대로 안 될 수 있습니다. 이럴 때는 명령 앞에 sudo를 붙여서 관리자 권한으로 설치합니다.

```
Terminal
> sudo npm install pm2 -g
```

PM2 실행

설치를 마쳤으면 PM2가 동작하는 것을 확인해보겠습니다. 다음 명령으로 PM2를 실행합니다. 이때 실행 명령 뒤에 우리가 만든 main.js를 입력합니다.

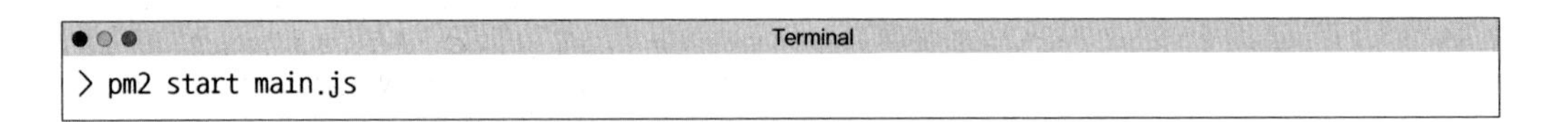

그러면 다음과 같은 화면이 나타납니다.

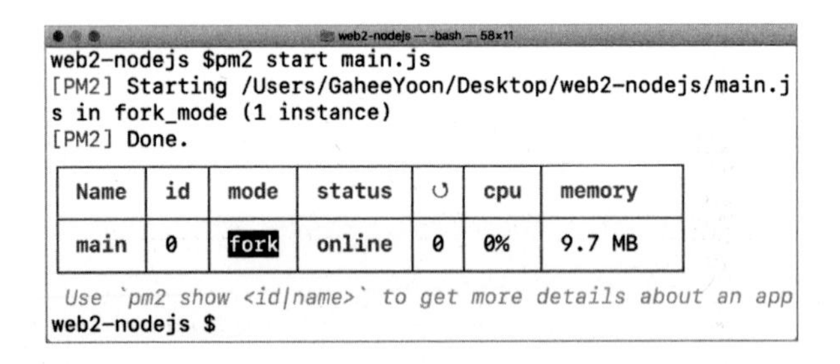

web2-nodejs — -bash — 58×11
web2-nodejs $pm2 start main.js
[PM2] Starting /Users/GaheeYoon/Desktop/web2-nodejs/main.j
s in fork_mode (1 instance)
[PM2] Done.
Name
id
mode
status
cpu
memory
main
0
fork
online
0
0%
9.7 MB
Use `pm2 show <id|name>` to get more details about an app
web2-nodejs $

그림 29-2 PM2 실행

출력 결과로 나온 표에서 main은 **우리가 실행한 프로그램 이름**이고, **상태**가 **online**이면 **실행 중이라는 의미**입니다. 그리고 실행 시간을 비롯해 CPU나 메모리 등 시스템 자원을 얼마나 소비하고 있는지를 보여줍니다.

프로세스 감시

PM2의 기능 중 프로세스를 감시하는 기능을 확인해보겠습니다. 명령 프롬프트에서 다음과 같은 명령을 입력합니다.

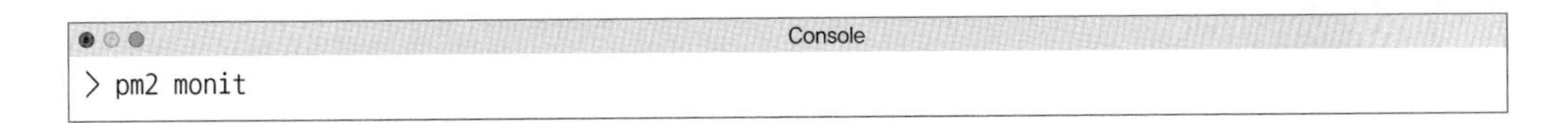

```
> pm2 monit
```

그러면 현재 PM2가 감시하는 프로세스 정보가 나타납니다.

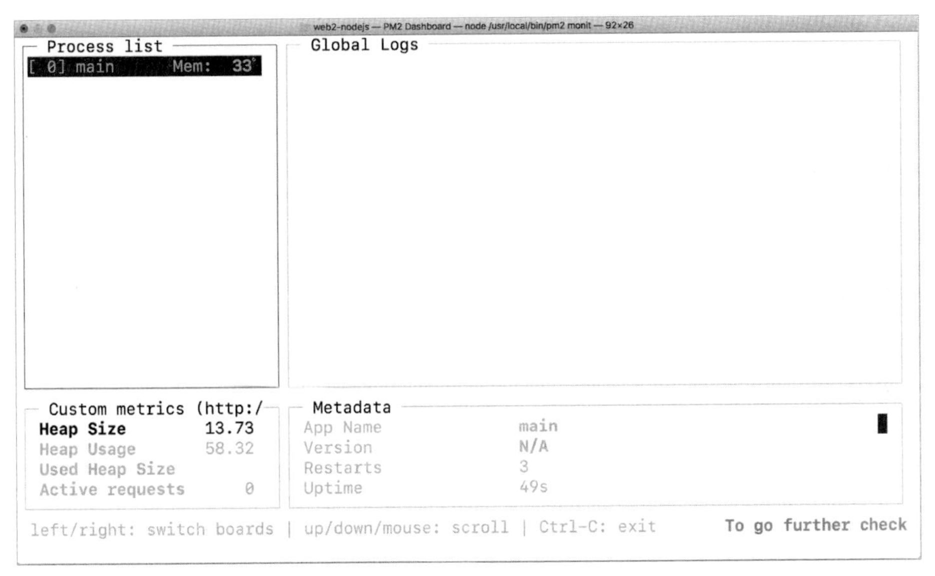

그림 29-3 PM2를 이용한 프로세스 감시

이 상태에서 프로세스를 강제로 끄면 어떻게 되는지 살펴보겠습니다. 자신의 컴퓨터에서 프로세스 관리자를 열고 실행 중인 Node.js 프로세스를 강제로 종료합니다.

macOS에서는 활성 상태 보기(나의 프로세스)를 연 다음 프로세스 이름이 'node 〈프로젝트 경로〉/main.js'인 프로세스를 선택합니다. 그다음 툴바에서 가장 왼쪽에 있는 [프로세스 강제 종료] 버튼을 누르고 [종료]를 선택합니다.

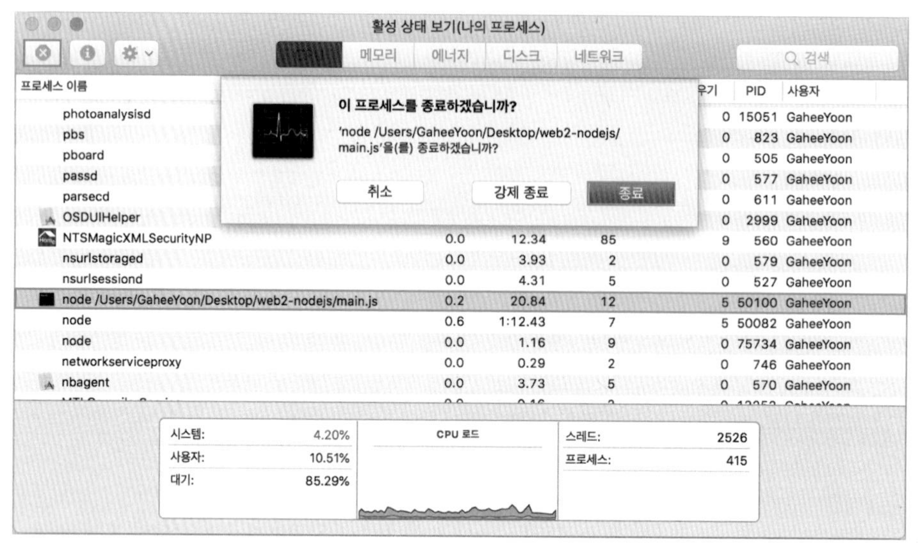

그림 29-4 활성 상태 보기에서 Node.js 프로세스를 강제 종료(macOS)

윈도우에서는 작업 관리자를 연 다음(단축키 [Ctrl] + [Shift] + [ESC]), 이름이 'node.exe'인 프로세스를 선택합니다. 그다음 우측 하단의 [작업 끝내기] 버튼을 눌러서 프로세스를 종료합니다.

작업 관리자

파일(F) 옵션(O) 보기(V)

프로세스 | 성능 | 앱 기록 | 시작프로그램 | 사용자 | 세부 정보 | 서비스

이름	PID	상태	CPU	CPU 시간	메모리(활성 개인 ...	명령줄	플
LockApp.exe	13496	일시 중단됨	00	0:00:01	0 K	"C:₩WINDOWS₩SystemApps₩Microsoft.LockApp...	64
Lsalso.exe	848	실행 중	00	0:00:00	0 K		64
lsass.exe	860	실행 중	00	0:03:36	6,592 K	C:₩WINDOWS₩system32₩lsass.exe	64
Microsoft.Notes.exe	8544	일시 중단됨	00	0:19:21	0 K	"C:₩Program Files₩WindowsApps₩Microsoft.Micr...	64
Microsoft.Photos.exe	9268	일시 중단됨	00	0:00:21	0 K	"C:₩Program Files₩WindowsApps₩Microsoft.Win...	64
msedge.exe	2684	실행 중	00	0:03:09	19,620 K	"C:₩Program Files (x86)₩Microsoft₩Edge₩Applic...	64
msedge.exe	5128	실행 중	00	0:00:00	296 K	"C:₩Program Files (x86)₩Microsoft₩Edge₩Applic...	64
msedge.exe	14832	실행 중	00	0:00:52	45,132 K	"C:₩Program Files (x86)₩Microsoft₩Edge₩Applic...	64
msedge.exe	9756	실행 중	00	0:00:25	4,524 K	"C:₩Program Files (x86)₩Microsoft₩Edge₩Applic...	64
msedge.exe	7292	실행 중	00	0:02:45	54,988 K	"C:₩Program Files (x86)₩Microsoft₩Edge₩Applic...	64
msedge.exe	1936	실행 중	00	0:03:21	5,724 K	"C:₩Program Files (x86)₩Microsoft₩Edge₩Applic...	64
msedge.exe	8624	실행 중	00	0:20:25	392,716 K	"C:₩Program Files (x86)₩Microsoft₩Edge₩Applic...	64
msedge.exe	4132	실행 중	00	0:00:00	1,220 K	"C:₩Program Files (x86)₩Microsoft₩Edge₩Applic...	64
msedge.exe	6972	실행 중	00	0:00:04	2,296 K	"C:₩Program Files (x86)₩Microsoft₩Edge₩Applic...	64
MyPcSvcX64.exe	3952	실행 중	00	0:01:56	5,588 K	"C:₩Program Files (x86)₩AhnLab₩APC2₩Policy A...	64
node.exe	9248	실행 중	00	0:00:00	5,352 K	node	32
notepad.exe	10128	실행 중	00	0:00:08	2,648 K	"C:₩WINDOWS₩system32₩notepad.exe"	64
OneDrive.exe	11140	실행 중	00	0:00:12	5,396 K	"C:₩Users₩sukjun.sagong₩AppData₩Local₩Micro...	32
OpenConsole.exe	17048	실행 중	00	0:00:00	540 K	"C:₩Program Files₩WindowsApps₩Microsoft.Win...	64
OUTLOOK.EXE	10460	실행 중	00	0:21:35	68,108 K	"C:₩Program Files₩Microsoft Office₩Office16₩O...	64
pacjsworker.exe	4668	실행 중	00	0:00:00	1,844 K	C:₩WINDOWS₩system32₩pacjsworker.exe f72b9...	64
pageant.exe	2652	실행 중	00	0:00:00	216 K	"C:₩Program Files (x86)₩Atlassian₩Sourcetree₩to...	32
PaSvc.exe	4144	실행 중	00	0:03:26	5,828 K	"C:₩Program Files (x86)₩AhnLab₩APC2₩Policy A...	32

간단히(D)　　작업 끝내기(E)

그림 29-5 작업 관리자에서 Node.js 프로세스 강제 종료 (윈도우)

그러면 PM2 Monit에 프로세스 종료와 관련된 정보가 출력되는 모습을 볼 수 있습니다.

그림 29-6 PM2 Monit에 출력된 프로세스 종료와 관련된 정보

그리고 시스템의 프로세스 상태를 보면 `main.js`가 다시 실행된 모습을 확인할 수 있습니다. 즉, PM2가 자동으로 재시동한 것입니다. PM2는 이러한 기능을 통해 **서비스를 안정적으로 운영**할 수 있게 돕습니다. PM2 Monit 화면에서 나오고 싶을 때는 키보드에서 Q 키를 누릅니다.

프로세스 목록 확인과 중단

현재 실행 중인 프로세스 목록을 확인하고 싶을 때는 `list` 명령을 사용합니다. 그러면 프로세스 목록을 보여줍니다.

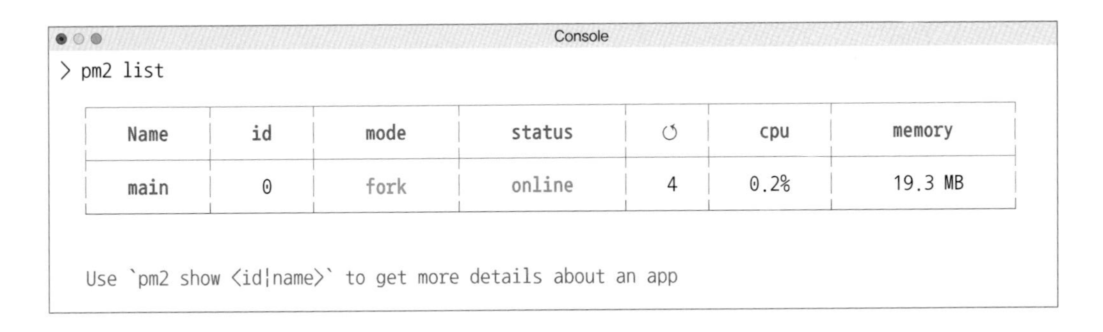

Console

> pm2 list

Name	id	mode	status	↺	cpu	memory
main	0	fork	online	4	0.2%	19.3 MB

Use `pm2 show <id|name>` to get more details about an app

프로세스 목록을 확인하고 그중 중단하고 싶은 프로세스가 있다면 `stop` 명령을 입력하고 이어서 중단하려는 프로세스의 이름을 입력합니다.

```
> pm2 stop main
  [PM2] Applying action stopProcessId on app [main](ids: 0)
  [PM2] [main](0) ✓
```

Name	id	mode	status	↺	cpu	memory
main	0	fork	stopped	4	0%	0 MB

```
  Use `pm2 show <id|name>` to get more details about an app
```

main 프로세스의 상태가 stopped로 바뀐 모습을 확인할 수 있습니다.

소스 파일 감시

이제 여러분이 반가워할 만한 기능을 살펴보겠습니다. PM2가 소스 파일을 감시해서 이에 대응하는 기능인데, 이 기능을 이용하면 **지금까지 소스를 고치고 프로그램을 재시동했던 방식을 자동화할 수 있어서 매우 편리**합니다.

이 기능은 PM2를 실행할 때 **--watch 옵션**으로 켤 수 있습니다.

```
> pm2 start main.js --watch
  [PM2] Applying action restartProcessId on app [main](ids: 0)
  [PM2] [main](0) ✓
  [PM2] Process successfully started
```

Name	id	mode	status	↺	cpu	memory
main	0	fork	stopped	4	0%	9.5 MB

```
  Use `pm2 show <id|name>` to get more details about an app
```

이제 main.js 파일을 수정하면 어떻게 되는지 살펴보겠습니다. main.js 파일을 열고 소스 중 제목을 표시하는 <body> 태그 안의 내용을 조금 수정한 다음 파일을 저장합니다.

예제 29-1 제목을 표시하는 부분 살짝 수정하기 web2-nodejs/main.js

```
... 생략 ...
<body>
    <h1><a href="/">WEB2</a><h1>
... 생략 ...
```

이전에는 이처럼 파일을 변경했으면 Node.js를 재시동해야 반영됐습니다. 그러나 **이제는 변경된 코드가 즉시 반영**됩니다. 웹 페이지를 새로 고침 하면 확인할 수 있습니다.

그림 29-7 Node.js를 재시동하지 않아도 변경한 코드가 즉시 반영됨

그런데 문제가 있습니다. 우리가 항상 올바른 코드를 작성할 수는 없으므로 코드를 작성한 다음에 프로그램을 실행할 때 혹시 에러가 발생하면 메시지를 확인해서 대처할 수 있었습니다. 그런데 방금처럼 PM2가 자동으로 재시동해주면 이런 메시지를 볼 수 없습니다. 이때 **문제를 확인하는 데 도움을 주는 명령**이 `log`입니다.

```
Console
> pm2 log
 PM2       | App [main:0] exited with code [1] via signal [SIGINT]
 PM2       | App [main:0] starting in -fork mode-
 PM2       | App [main:0] online
 0|main    | /Users/Desktop/web2-nodejs/main.js:63
 0|main    | });
 0|main    |  ^
 0|main    | SyntaxError: Unexpected token )
 0|main    |     at new Script (vm.js:79:7)
 0|main    |     at createScript (vm.js:251:10)
 0|main    |     at Object.runInThisContext (vm.js:303:10)
```

```
0|main    |       at Module._compile (internal/modules/cjs/loader.js:657:28)
0|main    |       at Object.Module._extensions..js (internal/modules/cjs/loader.js:700:10)
0|main    |       at Module.load (internal/modules/cjs/loader.js:599:32)
0|main    |       at tryModuleLoad (internal/modules/cjs/loader.js:538:12)
0|main    |       at Function.Module._load (internal/modules/cjs/loader.js:530:3)
0|main    |       at Object.<anonymous> (/usr/local/lib/node_modules/pm2/lib/
ProcessContainerFork.js:27:21)
0|main    |       at Module._compile (internal/modules/cjs/loader.js:689:30)
PM2       | App [main:0] exited with code [1] via signal [SIGINT]

PM2       | Script /Users/Desktop/web2-nodejs/main.js had too many unstable restarts (16).
Stopped. "errored"
```

이 명령을 이용하면 main.js 소스 파일이 변경될 때마다 감시 결과를 로그로 보여주는데, 이때 코드에 문제가 있으면 이를 알려줍니다.

이로써 PM2라고 하는 아주 유용한 도구를 설치하고 사용하는 방법을 살펴봤습니다. 그리고 패키지 매니저라고 하는 중요한 주제도 잠깐 살펴봤습니다. 이후에 패키지 매니저를 계속해서 사용하므로 천천히 더 알아보겠습니다.

WEB2

https://youtu.be/NnhunpCLYUI (8분 11초)

30 HTML - Form

지금까지 만든 웹 애플리케이션은 data 디렉터리에 파일을 생성하면 그 파일을 감지해서 글 목록을 만들어주고, 우리를 대신해서 HTML 코드를 생성해줍니다. 그런데 콘텐츠 생성을 데이터 디렉터리에 접근할 수 있는 사람, 즉 사이트의 소유자만 할 수 있어서 한계가 있습니다.

이제 외부에서 누구나 데이터를 전송함으로써 콘텐츠를 생성, 수정, 삭제할 수 있게 하려고 합니다. 그 첫걸음으로 사용자가 서버 쪽으로 데이터를 전송하는 방식인 **HTML 폼(form) 기능**을 살펴보겠습니다. 폼에 관해 이미 알고 있는 사람은 이번 수업을 건너뛰어도 좋습니다.

먼저 syntax 디렉터리 아래에 form.html이라는 파일을 만들고 다음과 같은 코드를 작성합니다.

예제 30-1 사용자로부터 텍스트를 입력받는 <input type="text"> web2-nodejs/syntax/form.html

```
<p><input type="text"></p>
```

사용자로부터 **데이터를 입력받을 때**는 **<input> 태그**를 사용합니다. 이때 **텍스트를 입력**받으려면 **type 속성값을 'text'로 지정**합니다. 이대로 저장하고 웹 브라우저에서 HTML 파일을 열면 다음과 같이 사용자가 데이터를 입력할 수 있는 상자가 보입니다.

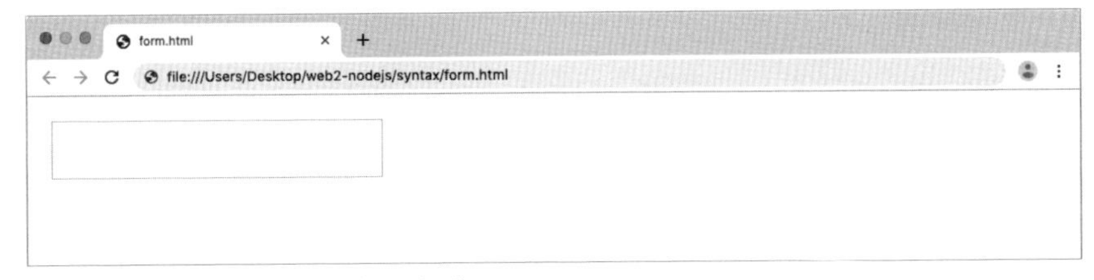

그림 30-1 사용자로부터 데이터를 입력받는 <input> 태그

우리는 이 상자에 사용자가 입력한 데이터를 서버로 전송할 계획입니다. 사용자로부터 **여러 줄의 데이터를 입력받고자 할 때**는 **<textarea> 태그**를 사용합니다.

예제 30-2 사용자로부터 여러 줄의 텍스트를 입력받는 <textarea> web2-nodejs/syntax/form.html

```
<p><input type="text"></p>
<p>
    <textarea></textarea>
</p>
```

그러면 다음과 같이 여러 줄을 입력할 수 있는 상자가 나타납니다.

그림 30-2 사용자로부터 여러 줄의 데이터를 입력받는 <textarea> 태그

사용자가 입력이 끝난 다음에는 입력이 끝났다는 의미로 전송을 해야 합니다. 그러려면 전송 버튼이 필요합니다.

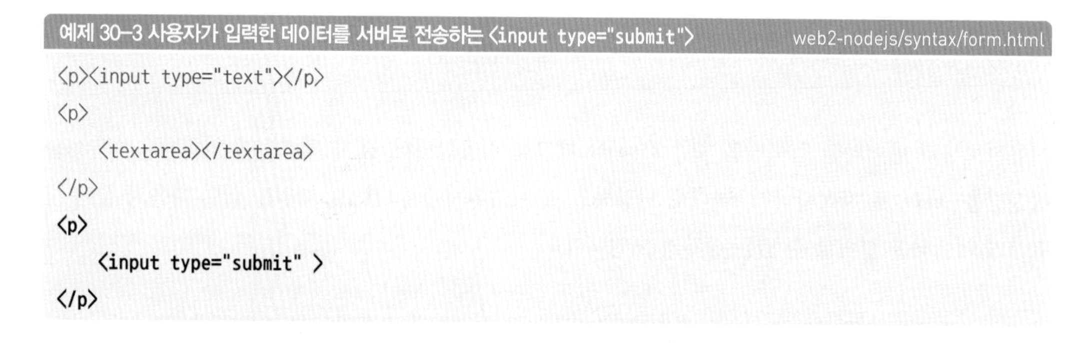

예제 30-3 사용자가 입력한 데이터를 서버로 전송하는 <input type="submit"> web2-nodejs/syntax/form.html

```
<p><input type="text"></p>
<p>
    <textarea></textarea>
</p>
<p>
    <input type="submit" >
</p>
```

위와 같이 코드를 입력하면 'Submit'이라고 적힌 버튼이 나타나는데, 사용자가 데이터 입력을 마치고 이 버튼을 누르면 웹 서버로 데이터를 전송합니다.

Submit

그림 30-3 입력받은 데이터를 전송하는 <submit> 태그

그런데 데이터를 전송하려면 '어디로 보낼 것인지'를 알려줄 주소가 필요합니다. 즉, 사용자가 입력한 데이터를 수신할 주소를 지정해야 합니다. 그러려면 먼저 **사용자로부터 입력받는 양식**을 **<form>**이라는 태그로 감싸야 합니다.

예제 30-4 사용자로부터 입력받는 양식을 <form> 태그로 감싸기 web2-nodejs/syntax/form.html

```
<form action="http://localhost:3000/process_create">
    <p><input type="text"></p>
    <p>
        <textarea></textarea>
    </p>
    <p>
        <input type="submit" >
    </p>
</form>
```

이때 <form> 태그의 **action 속성**에 **데이터를 전송할 주소를 입력**합니다. 그런데 사용자가 입력한 양식을 웹 서버가 수신해서 용도에 맞게 처리하려면 **각 데이터에 이름**이 있어야 합니다. 이를 위해 각 항목에 **name 속성**을 이용해 이름을 부여합니다.

예제 30-5 각 항목에 name 속성을 이용해 이름을 부여 web2-nodejs/syntax/form.html

```
<form action="http://localhost:3000/process_create">
    <p><input type="text" name="title"></p>
    <p>
        <textarea name="description"></textarea>
    </p>
    <p>
        <input type="submit" >
    </p>
</form>
```

이제 form.html 파일이 열린 웹 브라우저를 새로 고침 하고 각 입력 상자에 아무 데이터나 입력한 다음 [Submit] 버튼을 눌러보겠습니다.

그림 30-4 데이터를 입력하고 [Submit] 버튼 누르기

[Submit] 버튼을 누르면 웹 페이지가 바뀌는데, 이때 **주소 표시줄에 표시되는 주소**를 확인하면 다음과 같습니다.

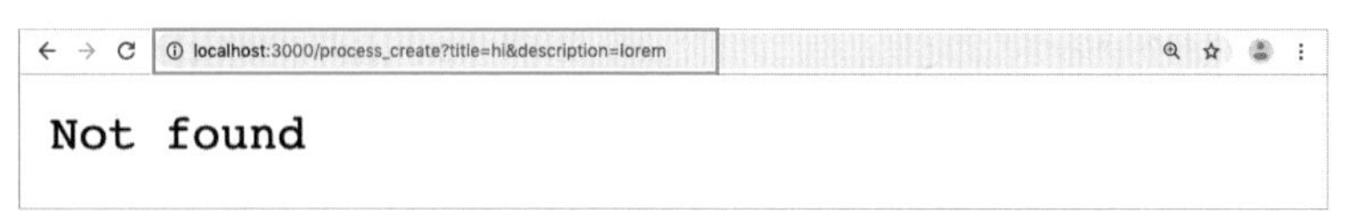

그림 30-5 [Submit] 버튼을 누르면 주소가 바뀌고 주소 표시줄에 입력한 정보가 표시됨

```
http://localhost:3000/process_create?title=hi&description=lorem
```

? 기호를 기준으로 **앞은 데이터를 전달한 웹 서버 주소**이고, **뒤**는 함께 전달한 **쿼리 스트링**입니다. 이처럼 <form> 태그는 사용자가 입력한 정보를 쿼리 스트링으로 만들어서 action 속성이 가리키는 서버로 전송합니다.

그런데 이처럼 사용자가 입력한 데이터(title과 description)를 URL에 포함해서 주소 표시줄에 그대로 노출하는 방법은 좋은 방법이 아닙니다. 반대로 웹 서버에 있는 데이터를 가져올 때(get)는 주소 표시줄에 쿼리 스트링이 노출돼도 괜찮습니다. 그래야만 해당 주소를 복사해서 다른 사람과 공유해 같은 내용을 볼 수 있기 때문입니다.

우리가 하려고 하는 일은 글을 쓰는 일입니다. 그리고 뒤에서는 글을 수정하고 삭제하는 일도 할 것입니다. 그런데 서버로 데이터를 전송할 때는 주소 표시줄에 입력값이 노출되게 하면 안 됩니다. 사용자가 입력한 **데이터 자체가 민감한 내용**일 수도 있지만, 혹시 주소가 공유되거나 유출되면 의도하지 않은 데이터 조작이 이뤄질 수 있기 때문입니다.

따라서 서버에 데이터를 생성하거나 수정하거나 삭제하는 것처럼 수정 행위를 가할 때는 사용자가 입력한 데이터를 URL에 포함해서 전달하지 말고, **눈에 보이지 않는 방식으로 전달**해야 합니다. 그러려면 <form> 태그의 **method 속성**을 **'post'**로 지정합니다.

예제 30-6 <form> 태그의 method 속성을 'post'로 변경 web2-nodejs/syntax/form.html

```
<form action="http://localhost:3000/process_create" method="post">
... 생략 ...
```

코드를 수정한 다음 다시 [Submit] 버튼을 눌러 보면 주소 표시줄의 내용이 다음과 같이 바뀝니다. 즉, 쿼리 스트링이 보이지 않습니다.

그림 30-6 [Submit] 버튼을 누르면 서버 주소는 그대로이고 쿼리 스트링은 보이지 않음

```
http://localhost:3000/process_create
```

이처럼 서버에 데이터를 전송할 때 POST 방식을 사용하면 데이터가 주소 표시줄에 표시되지 않아서 **안전하게 전송**할 수 있을뿐만 아니라 **아주 큰 데이터도 보낼 수 있습니다.** 반면 <form> 태그의 method 속성을 생략하거나 속성값을 'get'으로 지정하면 앞에서 살펴본 것처럼 **쿼리 스트링이 URL에 표시**되고, 웹 브라우저에 따라 전송할 수 있는 **데이터 양이 제한**적일 수 있습니다.

다시 한 번 정리해보면 서버에서 데이터를 가져올 때는 GET 방식을 사용합니다. <form> 태그에서 method 속성을 'get'으로 지정하거나 생략하면 GET 방식입니다. 하지만 서버에 데이터를 전송할 때는 <form> 태그에서 method 속성을 'post'로 지정해서 POST 방식을 이용해야 한다는 것을 기억하기 바랍니다.

WEB2

https://youtu.be/rm1rIN1DSfw (7분 34초)

31 App - 글 생성 UI 만들기

이번 시간에는 지금까지 만든 애플리케이션에서 글쓰기 화면을 만들어 보겠습니다. 애플리케이션에서 사용자가 글을 쓰는 기능을 지원하려면 웹 페이지에서 어딘가를 클릭했을 때 글쓰기 화면으로 이동하는 링크를 만들어야 합니다.

먼저 웹 페이지에서 글 목록 아래에 글 쓰기 화면으로 이동하는 링크를 만들겠습니다. `main.js` 파일을 열고 `templateHTML` 함수에서 다음과 같은 코드를 추가합니다.

예제 31-1 글 쓰기 화면으로 이동하는 링크 추가 web2-nodejs/main.js

```
function templateHTML(title, list, body) {
... 생략 ...
        <body>
            <h1><a href="/">WEB</a></h1>
            ${list}
            <a href="/create">create</a>
            ${body}
        </body>
    </html>
... 생략 ...
```

이제 웹 페이지를 열어보면 다음과 같이 목록 아래에 'create'라는 링크가 생긴 것을 확인할 수 있습니다.

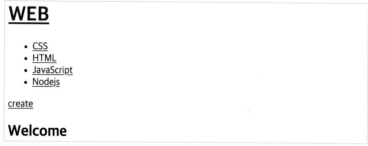

그림 31-1 글을 생성하기 위한 create 링크

이제 사용자가 create 링크를 클릭했을 때 보여줄 화면을 만들어보겠습니다. 앞에서 사용자가 입력한 경로(pathname)를 구분해서 웹 페이지를 생성해 보여주는 기능을 구현했습니다. 이 기능은 createServer 정의에서 if ~ else 문을 이용해 구현했는데, 바로 이 부분에 create 링크를 클릭했을 때 보여줄 화면을 생성하는 코드를 작성합니다.

사용자가 create 링크를 클릭하면 웹 서버는 /create 경로를 전달받으므로 pathname이 '/create'일 때 수행할 동작을 정의합니다.

예제 31-2 pathname이 /create일 때를 구분 web2-nodejs/main.js

```
var app = http.createServer(function(request, response) {
    var _url = request.url;
    var queryData = url.parse(_url, true).query;
    var pathname = url.parse(_url, true).pathname;
    if(pathname === '/') {
    ... 생략 ...
    } else if(pathname === '/create') {
        // 여기에 글 생성 화면을 구현
    } else {
        response.writeHead(404);
        response.end('Not found');
    }
... 생략 ...
```

이렇게 하면 사용자가 create 링크를 클릭했을 때 else if 문 블록에 정의한 동작이 수행됩니다. 일단 else if 블록 안에 if 문에서 홈을 처리했던 코드를 똑같이 작성해서 이 로직이 제대로 동작하는지 확인해보겠습니다.

예제 31-3 pathname이 /create일 때의 동작 정의(테스트용) web2-nodejs/main.js

```
... 생략 ...
    } else if(pathname === '/create') {
        fs.readdir('./data', function(error, filelist) {
            var title = 'Welcome';
            var list = templateList(filelist);
            var template = templateHTML(title, list, `<h2>${title}</h2><p>${description}</p>`);
            response.writeHead(200);
            response.end(template);
        });
```

```
    } else {
        response.writeHead(404);
        response.end('Not found');
    }
... 생략 ...
```

이제 웹 페이지를 열어서 create 링크를 클릭해보면 홈을 눌렀을 때와 똑같은 화면이 나옵니다.

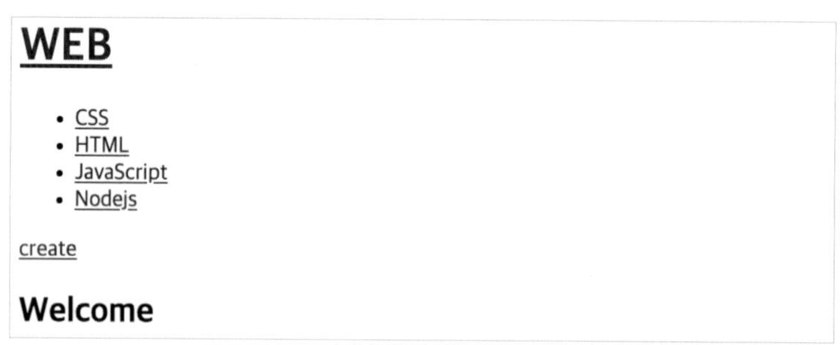

그림 31-2 create 링크 클릭

이제 이 코드를 수정해서 글 생성 화면으로 만들어보겠습니다. template 변수를 정의하는 부분에 이전 수업(30강)에서 만든 form.html 소스를 붙여넣고 다음과 같이 수정합니다.

예제 31-4 pathname이 /create일 때의 동작 정의 web2-nodejs/main.js

```
...생략...
    } else if(pathname === '/create') {
        fs.readdir('./data', function(error, filelist) {
            var title = 'WEB - create';
            var list = templateList(filelist);
            var template = templateHTML(title, list, `
                <form action="http://localhost:3000/create_process" method="post">
                    <p><input type="text" name="title"></p>
                    <p>
                        <textarea name="description"></textarea>
                    </p>
                    <p>
                        <input type="submit">
                    </p>
                </form>
            `);
```

```
            response.writeHead(200);
            response.end(template);
        });
    } else {
... 생략 ...
```

> 생활코딩 동영상 강의에서는 process_create로 설명하지만, 책에 맞춰서 create_process로 작성해주세요!

이렇게 하고 웹 페이지를 새로 고침하면 다음과 같이 이전 수업에서 만들었던 사용자 입력 양식이 나타납니다.

그림 31-3 사용자 입력 양식 추가

그런데 각 입력 상자에 어떤 정보를 입력해야 할지 사용자가 모를 것 같습니다. 그래서 코드를 조금 더 다듬어서 보기 좋게 만들어 보겠습니다. 코드를 다음과 같이 수정합니다.

예제 31-5 폼에 어떤 정보를 입력해야 하는지 안내 web2-nodejs/main.js

```
... 생략 ...
            <form action="http://localhost:3000/create_process" method="post">
                <p><input type="text" name="title" placeholder="title"></p>
                <p>
                    <textarea name="description" placeholder="description"></textarea>
                </p>
                <p>
                    <input type="submit">
                </p>
            </form>
... 생략 ...
```

HTML의 속성 중 하나인 `placeholder`를 사용해 각 입력 상자에 **어떤 정보를 입력해야 하는지 안내**했습니다. 웹 페이지를 새로 고침하면 입력 상자가 다음과 같이 보입니다.

그림 31-4 placeholder 속성을 이용해 어떤 정보를 입력해야 하는지 안내

`placeholder` 속성으로 표시한 안내글은 입력 상자에 글을 입력하면 없어집니다. 이제 입력 상자에 각 데이터를 입력하고 [Submit] 버튼을 누르면 `<form>` 태그의 `action` 속성에 지정한 주소에 있는 `create_process` 애플리케이션으로 데이터를 전송합니다. 아직 create_process 애플리케이션을 만들지 않았지만, 웹 브라우저(크롬)의 **검사(inspect) 기능**을 이용해 제대로 전달하는지 테스트해보겠습니다.

웹 페이지의 화면에서 마우스 오른쪽 버튼을 누르고 [검사] 메뉴를 선택합니다. 사용하는 웹 브라우저가 크롬이 아니라면 '개발자 도구' 등과 같은 이름으로 비슷한 기능을 제공하므로 확인해보기 바랍니다.

그림 31-5 구글 크롬에서 개발자 도구 열기

다음 화면에서 [Network] 탭을 누르면 웹 서버와 웹 브라우저가 서로 주고받는 데이터를 보여줍니다.

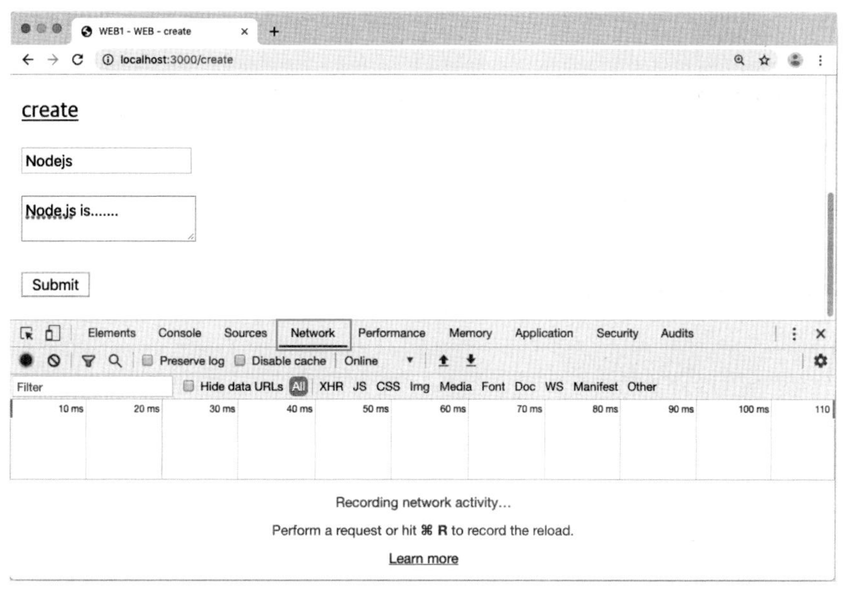

그림 31-6 구글 크롬 개발자 도구의 [Network] 탭

이 상태에서 웹 페이지의 [Submit] 버튼을 누르면 [Network] 탭에 다음과 같이 create_process라는 이름의 행이 나타납니다. create_process는 아직 처리하지 않았기 때문에 Status가 '404'로 나옵니다.

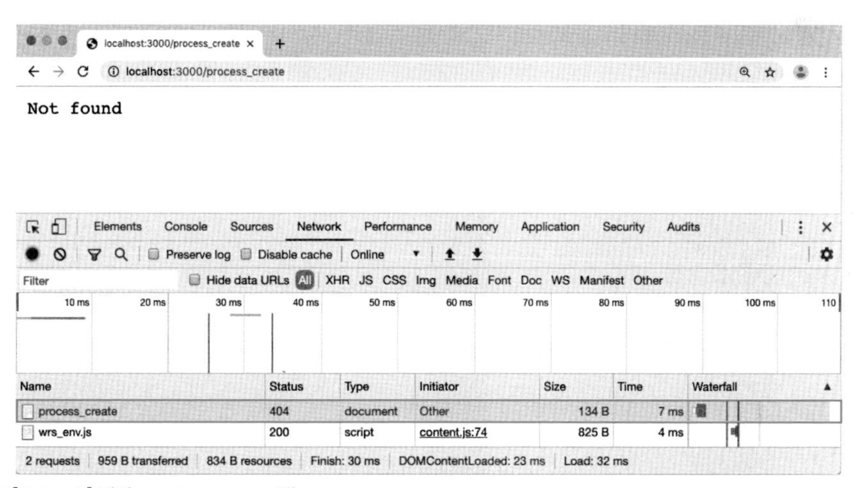

그림 31-7 [Network] 탭의 create_process 행

여기서 create_process를 누르면 오른쪽에 정보 창이 나타납니다. create_process 정보 창에서 [Headers] 탭을 누르고 [Form Data] 영역을 살펴보면 앞서 폼에서 전달한 값이 각각 표시됩니다.

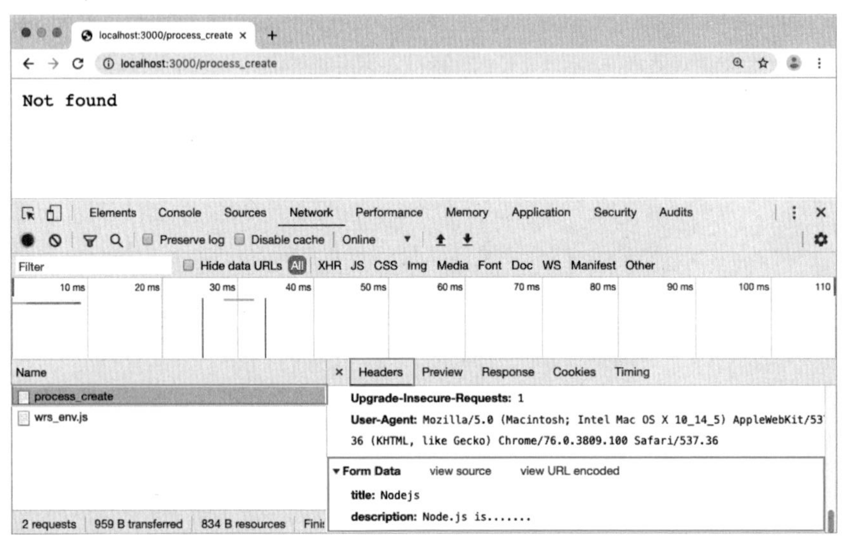

그림 31-8 [Headers] 탭에서 [Form Data] 확인

이처럼 title과 description 값이 POST 방식으로 은밀하게 전송되는 모습을 볼 수 있습니다.

이렇게 해서 Node.js 애플리케이션에서 사용자의 입력을 받기 위해 폼 UI를 출력하는 것까지 만들었습니다. 다음 수업에서는 사용자가 전송한 데이터를 받아서 처리하는 부분인 create_process를 구현해 보겠습니다.

WEB2

https://youtu.be/WMX5zcalAM0 (9분 30초)

32 App - POST 방식으로 전송된 데이터 받기

이전 수업에서는 사용자가 입력한 데이터를 POST 방식으로 웹 서버에 전달하는 방법을 살펴봤습니다. 이때 사용자가 입력한 데이터를 create_process로 전달했습니다. 이번 수업에서는 이 경로로 전송된 데이터를 가져오는 방법을 알아보겠습니다.

먼저 main.js에서 사용자가 요청하는 경로별로 처리하는 if ~ else if ~ else 문에 create_process 처리 블록을 추가해보겠습니다.

예제 32-1 create_process 경로로 요청했을 때 처리하는 코드 추가 web2-nodejs/main.js

```
...생략...
var app = http.createServer(function(request, response) {
    var _url = request.url;
    var queryData = url.parse(_url, true).query;
    var pathname = url.parse(_url, true).pathname;
    if(pathname === '/') {
    ... 생략 ...
    } else if(pathname === '/create_process') {
        response.writeHead(200);
        response.end('success');
    } else {
        response.writeHead(404);
        response.end('Not found');
    }
});
... 생략 ...
```

사용자가 create_process 경로를 요청했을 때 처리할 수 있게 else if 문을 추가했습니다. 그리고 우선 잘 동작하는지 확인하고자 웹 브라우저에 응답하는 두 줄의 코드만 추가했습니다. 이제 이전 수업에서 만든 사용자 입력 폼에 데이터를 입력하고 [Submit] 버튼을 누르면 다음과 같이 'success'라고 출력되는 모습을 볼 수 있습니다.

그림 32-1 create_process 경로로 요청했을 때

이제 사용자가 POST 방식으로 전달한 데이터를 가져와 처리하는 코드를 작성해보겠습니다. 사실 이 동작은 이해하기가 쉽지 않습니다. 그러므로 한 번에 이해하려고 하기보다는 코드를 작성해보면서 익숙해지도록 합시다.

POST 방식으로 전달된 데이터를 가져오는 방법을 검색하고 싶어요!

웹 브라우저를 열고 'nodejs post data'라는 검색어로 검색해보겠습니다. 그중 'How to process POST data in Node.js?'를 선택하면 여러 답변을 볼 수 있습니다.

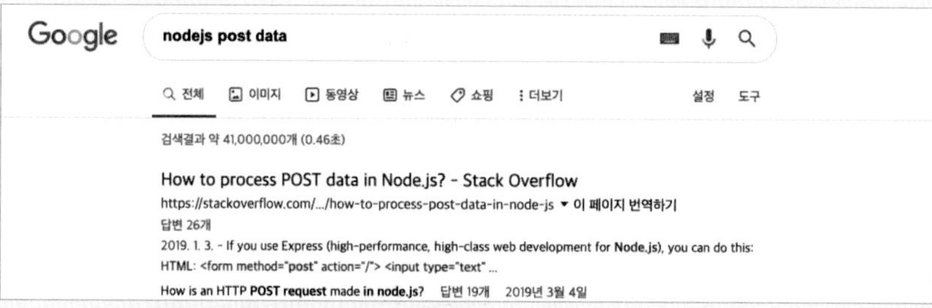

그림 32-2 POST 방식으로 전달된 데이터를 가져오는 방법 검색

그중에서 아래와 같은 답변을 따라해 보겠습니다.

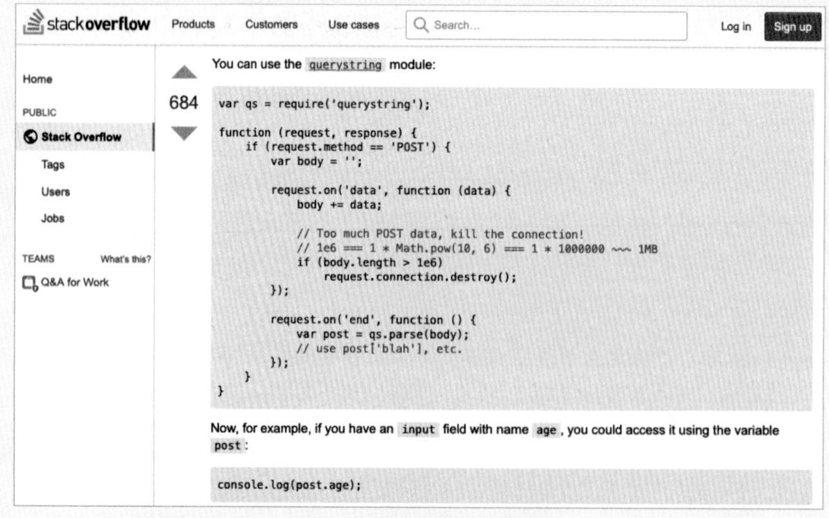

그림 32-3 querystring 모듈을 이용해 POST 방식으로 전달된 데이터 가져오기

먼저 querystring 모듈에 있는 parse 기능을 이용하기 위해 main.js의 맨 윗부분에서 querystring 모듈을 포함합니다.

예제 32-2 querystring 모듈 포함 web2-nodejs/main.js

```
... 생략 ...
var url = require('url');
var qs = require('querystring');
... 생략 ...
```

그리고 예제 32-1에서 작성한 else if 블록에 다음과 같은 코드를 추가합니다.

예제 32-3 POST 방식으로 정보 전달 받기 web2-nodejs/main.js

```
... 생략 ...
} else if(pathname === '/create_process') {
    var body = '';
    request.on('data', function(data) {

    });
    request.on('end', function() {

    });
}
... 생략 ...
```

먼저 빈 문자열로 body 변수를 선언했고, request의 on 메서드를 두 번 호출했습니다. request는 main.js에서 createServer 함수의 콜백으로 전달한 인수에서 찾을 수 있습니다.

```
var app = http.createServer(function(request, response) {
```

Node.js에서 웹 브라우저로 접속할 때마다 Node.js가 createServer의 콜백 함수를 호출합니다. 이때 createServer로 두 개의 인자를 전달하는데, reqeust에는 요청할 때 웹 브라우저가 보낸 정보가 담겨 있고, response에는 응답할 때 웹 브라우저에 전송할 정보를 담습니다.

그중에서 사용자가 보낸 정보 안에 POST 정보가 있을 테니까 request를 사용합니다. 즉, 앞서 POST 방식으로 전달받은 정보가 여기에 담겨 있습니다.

request.on() 메서드를 두 번 호출할 때 첫 번째 인수를 각각 'data'와 'end'로 지정했으며, 두 번째 인수는 서로 다른 콜백 함수를 지정했습니다. 왜 이러한 방식으로 작성해야 하는지, 이 코드가 어떻게 동작하는지 등을 지금 설명하기는 어렵습니다. 다만 서버가 데이터를 수신할 때 조각조각 나눠서 수신하는데, 수신할 때마다 여기에 지정한 이벤트가 실행된다고 생각하면 됩니다. 즉, data라고 하는 이벤트는 데이터를 수신할 때마다 발생하므로 콜백에 데이터 처리 기능을 정의하고, end라고 하는 이벤트는 데이터 수신을 완료하면 발생하므로 콜백에 데이터 처리를 마무리하는 기능을 정의합니다.

request.on('data', function(){});와 request.on('end', function(){});가 궁금해요

웹 브라우저가 POST 방식으로 데이터를 전송할 때, 데이터가 엄청나게 많을 수 있습니다. 이때 엄청나게 많은 데이터를 한 번에 처리하면 프로그램이 꺼지거나 컴퓨터에 무리가 가는 등의 문제가 생길 수 있습니다. Node.js에서는 POST 방식으로 전송되는 데이터가 많을 경우를 대비해서 데이터를 수신할 때 조각조각 나눠서 수신합니다. 이처럼 조각조각 나눠서 수신할 때마다 'data' 뒤에 있는 콜백 함수를 호출하도록 약속돼 있습니다.

```
request.on('data', function() {
    // 조각조각 나눠서 데이터를 수신할 때마다 호출되는 콜백 함수
    // 데이터를 처리하는 기능을 정의
});
```

이렇게 정보가 조각조각 들어오다가 더이상 들어올 정보가 없으면 'end' 뒤에 있는 콜백 함수를 호출하도록 약속돼 있습니다. 즉, 이 콜백함수가 호출됐을 때 정보 수신이 끝났다고 생각할 수 있습니다.

```
request.on('end', function() {
    // 더이상 수신할 정보가 없으면 호출되는 콜백 함수
    // 데이터 처리를 마무리하는 기능을 정의
});
```

이제 각 콜백 함수에 데이터를 처리하는 기능과 데이터 처리를 마무리하는 기능을 정의하겠습니다.

코드 32-4 POST 방식으로 전달받은 정보를 출력 web2-nodejs/main.js

```
... 생략 ...
} else if(pathname === '/create_process') {
    var body = '';
    request.on('data', function(data) {
        body = body + data;
    });
    request.on('end', function() {
        var post = qs.parse(body);
        console.log(post);
    });
}
... 생략 ...
```

data 이벤트 콜백에서는 콜백으로 전달받은 인자 data에 담긴 내용을 변수 body에 누적해서 합칩니다. 그리고 end 이벤트 콜백에서는 qs 모듈의 parse 기능을 이용해 body에 누적한 내용을 post에 담았습니다. 그리고 post에 어떤 정보가 담겼는지 확인하기 위해 콘솔에 출력하는 코드를 작성했습니다.

소스를 저장하고 실행한 다음 앞서 'success'가 표시된 웹 페이지를 새로 고침하면 콘솔에 다음과 같은 정보가 출력됩니다.

Console
```
{title: 'Nodejs', description: 'Nodeis is...' }
```

실행 결과를 보면 앞에서 우리가 입력 폼에 작성한 데이터가 출력되는 것을 확인할 수 있습니다. 출력된 결과에서 중괄호 { }는 이전에 배운 배열과 비슷한 형태입니다. 아직 배우지 않았으니 몰라도 괜찮습니다. 이 데이터는 post에 담긴 데이터 중에서 post.title로 title의 값만 가져올 수 있고, post.description로 post에 담긴 데이터 중에서 description 값만 가져올 수 있습니다.

따라서 다음과 같이 바꿔 써보겠습니다.

코드 32-5 POST 방식으로 전달받은 title, description 정보를 출력 web2-nodejs/main.js
```
... 생략 ...
request.on('end', function() {
    var post = qs.parse(body);
    var title = post.title;
    var description = post.description;
    console.log(title);
    console.log(description);
});
... 생략 ...
```

다시 웹 브라우저를 새로 고침 해보면 콘솔에 title과 description이 출력되는 모습을 볼 수 있습니다.

Console
```
Nodejs
Nodejs is......
```

이렇게 해서 사용자가 입력한 데이터를 가져오는 부분까지 처리했습니다. 다음 수업에서는 이 정보를 어떻게 처리할 것인가를 다루겠습니다.

WEB2

https://youtu.be/dBZDJIoj9xk (6분 4초)

33 App – 파일 생성과 리다이렉션

이전 수업에서는 POST 방식으로 전송된 데이터를 가져와서 `title`과 `description` 변수에 담는 것까지 했습니다. 이번 수업에서는 이 데이터를 파일 형태로 저장하는 방법을 살펴보겠습니다.

Node.js에서 파일을 쓰는(write) 방법을 검색하고 싶어요!

웹 브라우저를 열고 'nodejs file write'라는 검색어로 검색해보겠습니다. 여러 가지 검색 결과가 나오는데, 그중 공식 문서를 살펴보겠습니다.

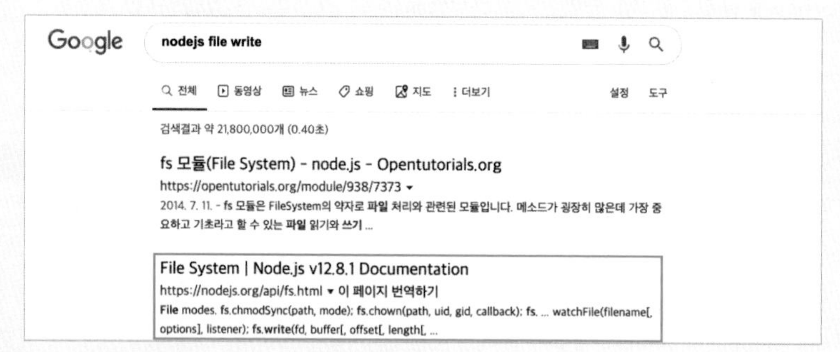

그림 33-1 파일을 쓰는 방법을 검색

공식 문서 페이지에서 Ctrl + F를 눌러서 'write'로 검색한 다음 `fs.writeFile`을 클릭해 보겠습니다.

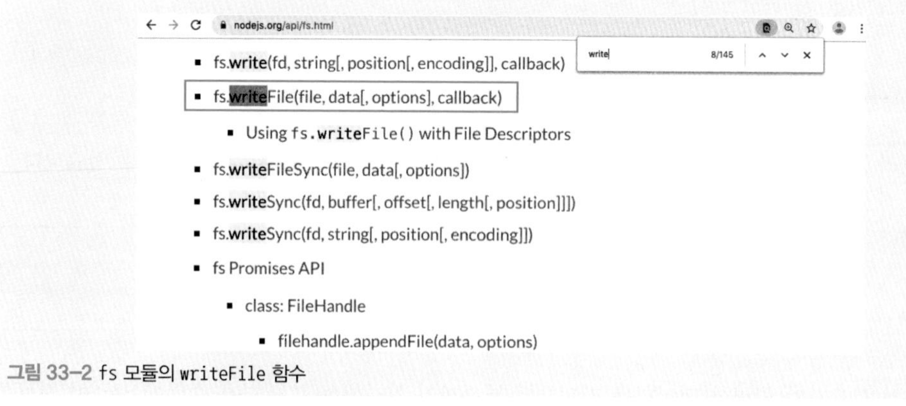

그림 33-2 `fs` 모듈의 `writeFile` 함수

fs.writeFile을 클릭해보면 형식과 예제를 살펴볼 수 있습니다. 이 책에서는 공식 문서에 있는 예제대로 따라 해보겠습니다.

fs.writeFile(file, data[, options], callback) [src] #

▸ History

- `file` <string> | <Buffer> | <URL> | <integer> filename or file descriptor
- `data` <string> | <Buffer> | <TypedArray> | <DataView>
- `options` <Object> | <string>
  - `encoding` <string> | <null> **Default:** `'utf8'`
  - `mode` <integer> **Default:** `0o666`
  - `flag` <string> See support of file system `flags`. **Default:** `'w'`.
- `callback` <Function>

그림 33-3 fs.writeFile의 형식과 사용법

Node.js에서 파일에 데이터를 쓸 때는 writeFile 기능을 이용합니다. writeFile의 형식은 다음과 같습니다.

```
fs.writeFile(file, data[, options], callback)
```

첫 번째 인수는 파일 이름이고, 두 번째는 데이터, 세 번째 인수로는 콜백을 전달합니다. 이 형식에 맞춰 writeFile을 이용해 보겠습니다. 앞 장에서 create_process 경로를 처리하는 else if 문 안에서 end 이벤트가 발생했을 때 동작하는 코드 블록에 다음과 같은 코드를 추가합니다.

예제 33-1 데이터를 파일 형태로 저장하기 위한 writeFile() 함수 web2-nodejs/main.js

```
... 생략 ...
request.on('end', function() {
    var post = qs.parse(body);
    var title = post.title;
    var description = post.description;
    fs.writeFile(`data/${title}`, description, 'utf8', function(err) {
        response.writeHead(200);
        response.end('success');
    });
});
... 생략 ...
```

첫 번째 인수는 파일 이름입니다. 예제에서는 data 디렉터리 아래의 ${title}이 나타내는 값으로 파일 이름을 지정했습니다. 즉, 사용자로부터 전달받은 데이터 중 제목을 파일 이름으로 지정했습니다.

두 번째는 파일에 쓸 내용이므로 사용자로부터 전달받은 데이터 중 내용이 담긴 description을 그대로 전달했습니다.

세 번째 인수는 파일을 저장할 때 UTF-8 인코딩 방식을 사용하겠다는 의미입니다.

네 번째 인수로 콜백을 전달했는데, 이 콜백은 파일 쓰기를 마쳤을 때 내부적으로 자동 호출되는 함수입니다. 이때 err이라는 매개변수를 전달하는데, 이는 에러가 있을 때 에러를 처리하는 방법을 제공하는 매개변수라고 생각하면 됩니다(우선 여기서는 에러는 신경 쓰지 않을 것입니다). 여기에 있는 콜백이 실행됐다는 것은 파일에 저장이 끝났다는 의미이고, 파일 저장이 끝난 후에 success를 출력해야 하므로 웹 브라우저에 'success'를 응답하는 코드를 여기로 옮겼습니다.

이제 소스를 저장하고 웹 브라우저를 새로 고침 하면 웹 페이지에는 'success'가 보이고 data 디렉터리 아래에 Nodejs라는 파일이 생성됩니다. 그리고 파일을 열어보면 'Node.js is...'라는 문자열을 확인할 수 있습니다.

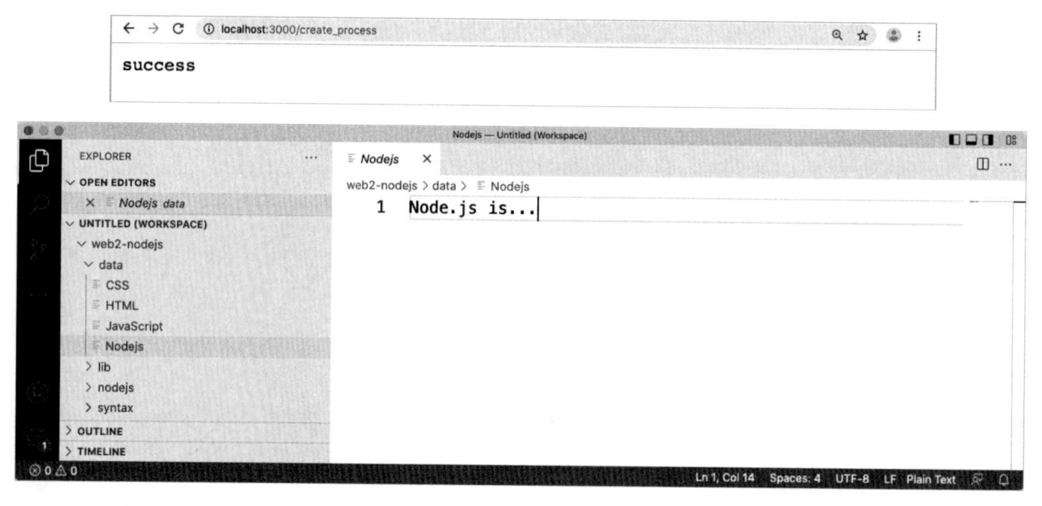

그림 33-4 POST 방식으로 전송된 데이터를 파일로 저장

그런데 사용자가 폼에서 [Submit] 버튼을 눌러 데이터를 보내고, 'success'만 덩그러니 있는 화면을 보고 있으면 어리둥절할 겁니다. 그래서 방금 생성한 파일을 보여주는 페이지로 이동할 수 있게 하고 싶습니다. 즉, 다음 경로로 이동하게 하고 싶습니다.

```
localhost:3000/?id=Nodejs
```

그러면 우리가 이미 만들어놓은 경로별 웹 페이지 생성 기능이 동작해서 다음과 같은 화면을 보여줄 수 있을 것입니다.

그림 33-5 생성한 웹 페이지로 이동

이처럼 웹 페이지를 이동시키는 기능을 '리다이렉션'이라고 합니다. 즉, 서버가 리다이렉션하면 사용자가 보고 있던 웹 페이지가 다른 웹 페이지로 바뀝니다.

Node.js에서 리다이렉션하는 방법을 검색하고 싶어요!

웹 브라우저를 열고 'nodejs redirection'이라는 검색어로 검색해보겠습니다.

그림 33-6 Node.js에서 리다이렉션하는 방법 검색

그리고 그중 첫 번째 결과로 들어가 살펴보겠습니다. 여러 가지 답변이 나오는데, 맨 위에 있는 다음 방법을 따라 해보겠습니다.

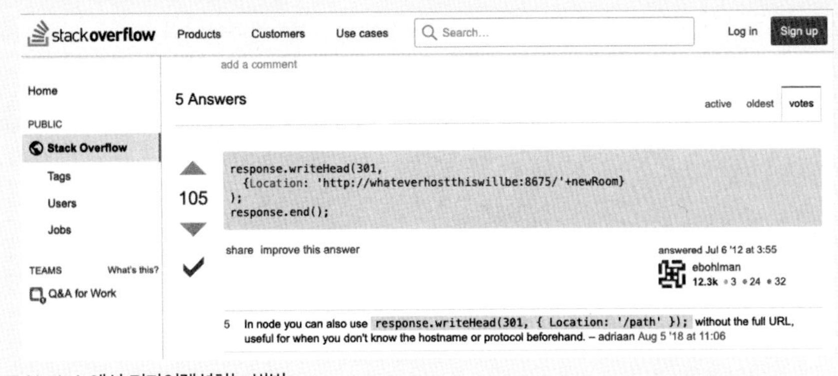

그림 33-7 Node.js에서 리다이렉션하는 방법

이 코드는 Header를 301로 응답하고, Location에 있는 주소로 이동하라는 의미입니다. 이때 301은 사용자를 다른 페이지로 이동시키는데, 이 주소가 영원히 바뀌었다는 뜻입니다. 우리는 영원히 바뀐 것이 아니고 일시적으로 바뀐 것이므로 302로 응답해야 합니다. 즉, 현재 서버가 다른 위치(/?id=Nodejs)에 있는 페이지로 요청에 응답하고 있지만, 사용자가 나중에 다시 요청할 때는 원래 위치(create_process)를 계속 사용해야 함을 나타냅니다.

3xx (리다이렉션 완료)

- 301(영구 이동): 요청한 페이지가 새 위치로 영구적으로 이동했다. GET 또는 HEAD 요청에 대한 응답으로 이 응답을 표시하면 요청자가 자동으로 새 위치로 전달된다.
- 302(임시 이동): 현재 서버가 다른 위치의 페이지로 요청에 응답하고 있지만, 요청자는 향후 요청할 때 원래 위치를 계속 사용해야 한다.

그럼 우리 코드에서 파일 쓰기를 마쳤을 때 웹 페이지를 리다이렉션하게 수정해보겠습니다.

예제 33-2 파일 쓰기를 마치면 웹 페이지를 리다이렉션 web2-nodejs/main.js

```
... 생략 ...
fs.writeFile(`data/${title}`, description, 'utf8', function(err) {
    response.writeHead(302, {Location: `/?id=${title}`});
    response.end();
});
... 생략 ...
```

writeHead() 메서드에 전달한 첫 번째 인수는 HTTP 상태 코드로서, 3백 번대(3xx) 코드는 리다이렉션을 의미합니다. 그중 302는 페이지를 다른 곳으로 리다이렉션하라는 의미입니다.

두 번째 인수는 리다이렉션하고자 하는 경로를 나타냅니다. 앞에서 생성한 Nodejs 파일을 보여주고 싶으므로 템플릿 리터럴을 이용해 id의 값으로 title을 지정했습니다.

이제 소스를 저장하고 데이터 전달부터 실습해봅니다. 웹 브라우저에서 localhost:3000/에 접속해 create 링크를 클릭하고 각 입력 상자에 'MongoDB'와 'MongoDB is...'를 입력합니다.

그림 33-8 입력 상자에 'MongoDB'와 'MongoDB is...' 입력

그다음 [Submit] 버튼을 누르면 data 디렉터리 아래에 MongoDB라는 이름으로 파일이 생성되고, 웹 페이지에는 해당 파일 내용이 표시됩니다.

그림 33-9 [Submit] 버튼을 누르면 해당 웹 페이지로 이동

지금까지 사용자가 입력한 정보를 받아서 프로그램 방식으로 동적으로 data 디렉터리에 파일을 생성하는 방법을 살펴봤습니다.

WEB2

https://youtu.be/CSQfZz3UshE (4분 11초)

34 App - 글 수정(수정 링크 생성)

이전 수업에서 사용자로부터 전달받은 데이터를 가지고 파일을 생성해서 보여주는 것까지 진행했습니다. 이번 수업에서는 해당 데이터를 수정하는 기능을 만들어보겠습니다. 먼저 웹 페이지에서 글 목록 아래에 글 수정 화면으로 이동하는 링크를 만들겠습니다. main.js 파일을 열고 다음과 같은 코드를 추가합니다.

예제 34-1 글 수정 화면으로 이동하는 링크 생성 web2-nodejs/main.js

```
function templateHTML(title, list, body) {
... 생략 ...
    <body>
        <h1><a href="/">WEB</a></h1>
        ${list}
        <a href="/create">create</a> <a href="/update">update</a>
        ${body}
    </body>
... 생략 ...
```

WEB

- CSS
- HTML
- JavaScript
- MongoDB
- Nodejs

create update

Welcome

그림 34-1 update 링크 추가

그런데 update 링크는 글을 수정하는 기능이므로 어떤 글을 선택했을 때(id 값이 있을 때)만 나오고 홈에서는 안 나오게 하고 싶습니다. 이처럼 create와 update 링크를 각 페이지의 목적에 맞게 보이거나 보이지 않게 코드를 수정하겠습니다.

이를 위해 링크를 생성하는 UI 부분도 templatHTML 바깥쪽으로 빼겠습니다.

```
<a href="/create">create</a> <a href="/update">update</a>
```

먼저 templateHTML 함수를 정의하는 곳에 control 매개변수를 추가합니다. 그리고 <a> 태그로 링크를 보여주는 코드를 지우고 control 매개변수를 이용해 각 페이지에서 전달하는 링크를 표시하게 HTML 코드를 수정합니다.

예제 34-2 control 매개변수를 추가해 페이지의 목적에 맞게 링크 보이기 web2-nodejs/main.js

```
function templateHTML(title, list, body, control) {
... 생략 ...
    <body>
        <h1><a href="/">WEB</a></h1>
        ${list}
        ${control}
        ${body}
    </body>
... 생략 ...
```

이제 main.js에서 templateHTML 함수를 호출하는 곳에 control 매개변수로 전달할 인수, 즉 링크를 보여주는 HTML 코드를 전달합니다. 사용자가 요청한 경로별로 처리하는 if ~ else if ~ else 문에서 templateHTML 함수를 호출하는 부분을 각각 다음과 같이 변경합니다.

예제 34-3 control 매개변수를 추가해 페이지의 목적에 맞게 링크를 출력 web2-nodejs/main.js

```
var app = http.createServer(function(request, response) {
    ... 생략 ...
    if(pathname === '/') {
        if(queryData.id === undefined) {
            ... 생략 ...
                var template = templateHTML(title, list,
                    `<h2>${title}</h2><p>${description}</p>`,
                    `<a href="/create">create</a>`
                );
            ... 생략 ...
        } else {
            ... 생략 ...
                var template = templateHTML(title, list,
                    `<h2>${title}</h2><p>${description}</p>`,
                    `<a href="/create">create</a> <a href="/update">update</a>`
                );
            ... 생략 ...
```

```
} else if(pathname === '/create') {
    ... 생략 ...
    var template = templateHTML(title, list,
    `
        <form action="http://localhost:3000/create_process" method="post">
            ... 생략 ...
        </form>
    `, '');
```

if 문에 해당하는 페이지는 홈이므로 update 링크를 표시하지 않고 create 링크만 표시합니다. 그리고 else 문에 해당하는 페이지는 id 값이 있어서 글 내용을 보여주는 페이지이므로 create와 update 링크를 모두 표시합니다. 그리고 else if 문에 해당하는 글을 작성하는 페이지에서는 두 링크를 모두 보여주지 않아도 되므로 빈 문자열을 나타내는 ''만 전달했습니다.

이제 소스를 저장하고 localhost:3000/에 접속해서 잘 동작하는지 확인합니다. 홈으로 접속하면 create 링크만 보이고, 특정 글을 선택하면 create와 update 링크가 모두 보입니다. 마지막으로 create 페이지에서는 모든 링크가 보이지 않습니다.

홈 페이지일 때(create 링크만 보임)

WEB

- CSS
- HTML
- JavaScript
- MongoDB
- Nodejs

create

Welcome

특정 글을 선택했을 때(create, update 링크가 모두 보임)

WEB

- CSS
- HTML
- JavaScript
- MongoDB
- Nodejs

create update

CSS

글을 생성하는 페이지일 때(create, update 링크가 모두 안 보임)

WEB

- CSS
- HTML
- JavaScript
- MongoDB
- Nodejs

title

description

그림 34-2 페이지에 따라 다르게 표시되는 create 링크와 update 링크

이제 update 링크를 클릭하면 /update 링크로 이동합니다. 이때 글을 수정하려면 어떤 글을 수정할 것인지에 대한 정보가 필요합니다. 수정 대상은 쿼리 스트링을 이용해 다음과 같이 전달하고자 합니다.

```
localhost:3000/update?id=HTML
```

그러기 위해 update 링크를 제공하는 코드를 수정합니다.

예제 34-4 update 링크 수정 web2-nodejs/main.js

```
    ... 생략 ...
    } else {
        fs.readdir('./data', function(error, filelist) {
            fs.readFile(`data/${queryData.id}`, 'utf8', function(err, description) {
                ... 생략 ...
                var template = templateHTML(title, list,
                    `<h2>${title}</h2><p>${description}</p>`,
                    `<a href="/create">create</a> <a href="/update?id=${title}">update</a>`
                );
                ... 생략 ...
```

update 링크를 클릭했을 때 이동할 페이지에 id의 값이 title인 쿼리 스트링을 추가했습니다. title은 사용자가 요청한 쿼리 스트링에서 id 값이므로 페이지 제목이고, 이는 곧 HTML 파일 이름과 같습니다. 즉, 제목에 해당하는 HTML 파일을 열어서 수정하겠다는 의미입니다.

이제 웹 페이지에서 목록 중 CSS를 클릭하고 update 링크를 클릭해보세요. 주소 표시줄에 update?id=CSS라고 표시되면 성공입니다.

그림 34-3 CSS 페이지에서 update를 눌렀을 때의 주소 표시줄

WEB2

https://youtu.be/kKbW16TZkYY (6분 7초)

35 App - 글 수정(수정할 정보 전송)

이번 수업에서는 이전 수업에서 생성한 update 링크를 클릭했을 때 보여줄 화면을 만들고, 이 화면에서 수정한 내용을 서버로 전송하는 방법을 살펴보겠습니다.

먼저 요청 경로에 따라 다르게 처리하는 분기 문에서 경로가 update일 때 처리하는 else if 문을 추가합니다.

예제 35-1 경로가 /update일 때 처리하는 else if 문 추가 web2-nodejs/main.js

```
... 생략 ...
} else if(pathname === '/update') {
  // 여기에 수정 화면 처리 코드 작성
} else {
... 생략 ...
```

경로가 /update일 때 처리하는 분기를 추가했습니다. update 링크를 클릭했을 때 보여줄 수정 화면을 만들려면 두 가지가 필요합니다. 첫 번째로 수정 폼이 필요합니다. 그리고 두 번째로는 그 폼에 우리가 수정하고자 하는 데이터를 미리 넣어둬야 하므로 파일을 읽는(Read) 기능이 필요합니다. 따라서 앞에서 사용한 파일 읽기 기능인 fs.readdir 부분을 그대로 복사해서 넣습니다.

예제 35-2 else if 문에 파일을 읽어오는 부분을 붙여넣기 web2-nodejs/main.js

```
... 생략 ...
} else if(pathname === '/update') {
    fs.readdir('./data', function(error, filelist) {
        fs.readFile(`data/${queryData.id}`, 'utf8', function(err, description) {
            var title = queryData.id;
            var list = templateList(filelist);
            var template = templateHTML(title, list,
                `<h2>${title}</h2>${description}`,
                `<a href="/create">create</a> <a href="/update?id=${title}">update</a>`
            );
            response.writeHead(200);
```

```
            response.end(template);
        });
    });
} else {
... 생략 ...
```

소스를 저장하고 웹 페이지에서 글 목록 중 CSS를 선택합니다. 그리고 update 링크를 클릭했을 때 다음과 같이 CSS 제목과 본문이 출력되면 일단은 성공입니다.

create update

CSS

Cascading Style Sheets (CSS) is a style sheet language used for describing the presentation of a document written in a markup language. Although most often used to set the visual style of web pages and user interfaces written in HTML and XHTML, the language can be applied to any XML document, including plain XML, SVG and XUL, and is applicable to rendering in speech, or on other media. Along with HTML and JavaScript, CSS is a cornerstone technology used by most websites to create visually engaging webpages, user interfaces for web applications, and user interfaces for many mobile applications.

그림 35-1 update 링크를 클릭했을 때 정보가 나오면 성공

이제 위 코드에서 templateHTML 함수의 세 번째 인수를 수정해서 사용자에게 글 내용을 수정하는 폼을 제공하게 변경하겠습니다. 이때 글 생성 화면에서 사용한 <form> 코드를 그대로 복사해 붙여넣고 코드를 다음과 같이 수정합니다.

예제 35-3 글 내용을 수정하는 폼 제공 web2-nodejs/main.js

```
... 생략 ...
} else if(pathname === '/update') {
    fs.readdir('./data', function(error, filelist) {
        fs.readFile(`data/${queryData.id}`, 'utf8', function(err, description) {
            var title = queryData.id;
            var list = templateList(filelist);
            var template = templateHTML(title, list,
                `
                <form action="/update_process" method="post">                // ①
                    <p><input type="text" name="title" placeholder="title" value="${title}"></p>
                                                                              // ②
                    <p>
                        <textarea name="description" placeholder="description">${description}
</textarea>                                                                   // ③
```

```
                    </p>
                    <p>
                        <input type="submit">
                    </p>
                </form>
                `,
                `<a href="/create">create</a> <a href="/update?id=${title}">update</a>`
            );
            response.writeHead(200);
            response.end(template);
        });
    });
} else {
... 생략 ...
```

글 생성 폼에서 변경해야 할 부분은 세 곳입니다.

첫 번째는 사용자가 폼에 데이터를 입력하고 [Submit] 버튼을 눌렀을 때 데이터를 전달할 경로를 action 속성값에 /update_process로 지정합니다(①). 이전 코드에서는 여기에 절대 경로를 표시했으나 코드를 좀 더 유연하게 하고자 상대 경로로 바꾸었습니다. main.js 코드에서 'http://~'로 시작하는 절대 경로를 모두 상대 경로로 변경하기 바랍니다.

그다음, 이전에 입력된 내용(파일에서 읽어온 내용)을 표시하기 위해 <input> 태그에 value 속성을 추가하고, ${title} 값을 넣습니다(②). <textarea> 태그에는 태그 안쪽에 ${description}을 넣습니다(③). 이 상태에서 소스를 저장하고 페이지를 다시 불러오면 각 입력 상자에 이전 내용이 잘 표시되는 것을 확인할 수 있습니다.

- HTML
- JavaScript
- MongoDB
- Nodejs

create update

CSS

Cascading Style Sheets (CSS) is a style

Submit

그림 35-2 update 링크를 클릭하면 입력 폼에 기존 데이터가 출력됨

예제 35-4 절대 경로를 모두 상대 경로로 변경 web2-nodejs/main.js

```
} else if(pathname === '/create') {
    fs.readdir('./data', function(error, filelist) {
        ... 생략 ...
        var template = templateHTML(title, list, `
            <form action="/create_process" method="post">
                ... 생략 ...
```

왜 절대 경로에서 상대 경로로 변경했는지 궁금해요!

'localhost:3000/create_process'와 같은 절대 경로로 주소를 작성해두면 'localhost:3000'일 때만 코드가 동작합니다. 따라서 'mydomain.com/create_process'와 같이 도메인 주소를 변경하거나 'localhost:8080/create_process'와 같이 포트 번호가 바뀌면 코드가 동작하지 않게 됩니다.

이때 절대 경로가 아닌 상대 경로를 사용하면 도메인이 변경되거나 포트가 변경되더라도 유연하게 대처할 수 있습니다.

수정 페이지에서는 [Submit] 버튼을 클릭하면 update_process로 변경할 데이터를 전송할 텐데, 이때 어떤 데이터를 변경할 것인지 수정할 대상 파일을 알려줘야 합니다. 파일명은 모두 해당 웹 페이지 제목으로 사용하고 있으므로 title 값을 주면 될 것 같습니다. 하지만 title 값은 사용자가 수정 화면에서 변경할 수 있습니다. 예를 들어 title을 'CSS'에서 'CSS3'로 변경하고 [Submit] 버튼을 클릭하면 'CSS3'라는 파일을 찾을 텐데, 그런 파일은 찾을 수 없습니다. 따라서 수정하는 정보(변경할 title)와 우리가 수정하고자 하는 정보(기존의 title)를 구분해서 전송해야 합니다.

이를 위해 다음과 같이 코드를 작성합니다.

예제 35-5 바뀌기 전의 title 값을 저장할 <input> 태그를 추가 web2-nodejs/main.js

```
... 생략 ...
var template = templateHTML(title, list,
    `
    <form action="/update_process" method="post">
        <input type="text" name="id" value="${title}">
        <p><input type="text" name="title" placeholder="title" value="${title}"></p>
        ... 생략 ...
```

<input> 태그를 하나 추가하고 name은 id로 설정하고, value 값으로는 기존의 title 값을 전달했습니다. 실행해보면 두 개의 제목이 나오는 모습을 볼 수 있습니다.

그림 35-3 입력 폼에 보이는 두 개의 제목

이때 사용자가 기존의 title 정보를 수정하면 안 됩니다. 또한 그 정보는 화면에 보이는 것이 의미가 없고, 보여서도 안 됩니다. HTML에는 이럴 때 사용할 수 있는 hidden이라는 타입이 있습니다. <input> 태그의 type 속성값을 'hidden'으로 수정해 사용자에게 보이지 않게 변경합니다. 사용자에게는 보이지 않지만, hidden으로 지정된 요소의 'id'라는 이름으로 기존의 제목이 전달되므로 수정할 파일을 가리킬 수 있습니다.

예제 35-6 바뀌기 전의 title 값을 hidden 타입의 <input> 태그에 지정 web2-nodejs/main.js

```
... 생략 ...
var template = templateHTML(title, list,
    `
    <form action="/update_process" method="post">
        <input type="hidden" name="id" value="${title}">
        <p><input type="text" name="title" placeholder="title" value="${title}"></p>
        ... 생략 ...
```

앞에서 한 번 살펴본 웹 브라우저의 검사 기능을 이용해 어떤 데이터를 전송하는지 살펴봅시다. 웹 페이지의 빈 곳에서 마우스 오른쪽 버튼을 클릭한 다음, [검사]를 선택합니다. 개발자 도구가 열리면 [Network] 탭을 선택합니다.

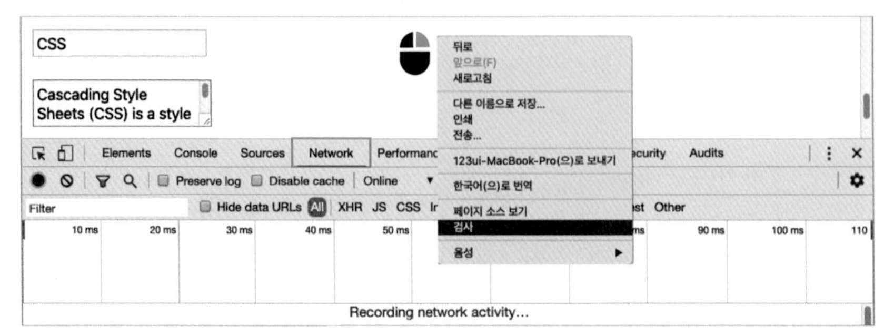

그림 35-4 개발자 도구의 [Network] 탭

이제 제목을 'CSS3'로 변경하고 [Submit] 버튼을 클릭해보겠습니다.

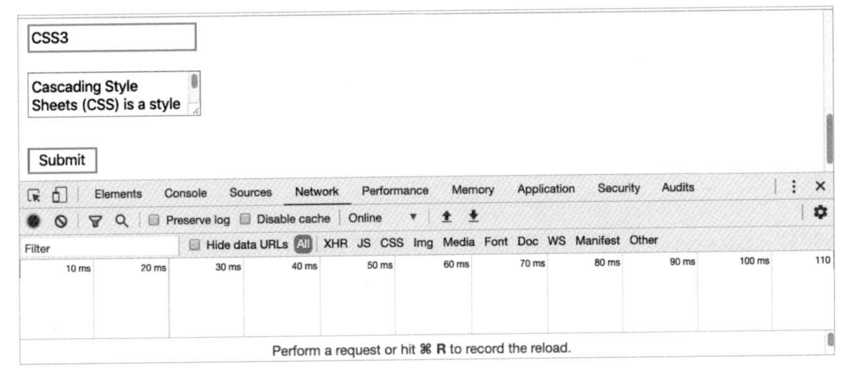

그림 35-5 제목을 'CSS3'로 변경하고 [Submit] 버튼 클릭

[Name] 영역에서 update_process를 클릭한 다음 오른쪽 영역에서 [Headers] 탭을 선택합니다. 그다음 [Form Data] 부분을 확인해 보면 id에는 바뀌기 전의 제목인 'CSS'가 표시되고, title에는 바뀐 제목인 'CSS3', description에는 글 내용이 표시되는 모습을 확인할 수 있습니다.

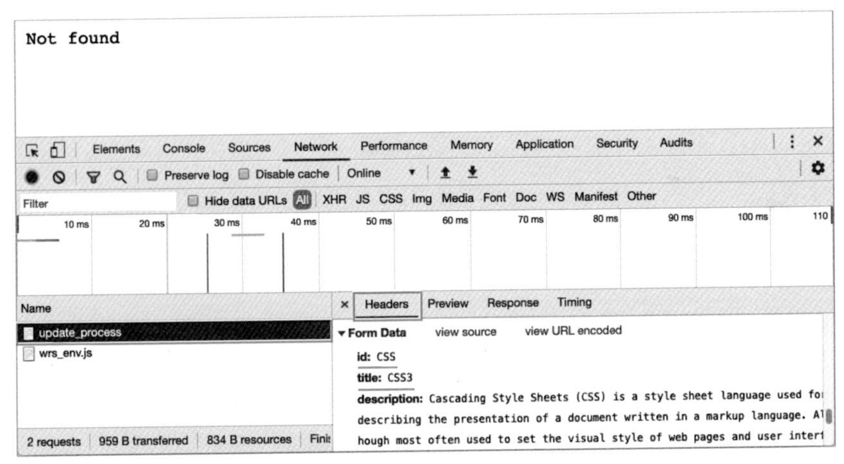

그림 35-6 update_process로 전달된 [Form Data] 확인

WEB2

https://youtu.be/Q6MQ5bi7HFY (5분 40초)

36 App – 글 수정(수정된 내용 저장)

이전 수업에서는 update_process로 수정된 데이터를 전송했습니다. 이번 수업에서는 이 데이터를 가져와서 저장하는 update_process 요청을 처리해보겠습니다.

먼저 요청 경로에 따라 다르게 처리하는 분기 문에서 경로가 update_process일 때 처리하는 else if 문을 추가합니다.

예제 36-1 update_process 경로로 요청했을 때 처리하는 코드 추가 web2-nodejs/main.js

```
... 생략 ...
} else if(pathname === '/update_process') {
  // 여기에 수정 내용을 저장하는 코드 작성
} else {
... 생략 ...
```

경로가 update_process일 때 처리하는 분기를 추가했습니다. 여기에서도 POST 방식으로 전달받은 데이터를 처리해야 하므로 앞에서 create_process 요청을 처리하는 분기에서 이용한 코드를 재활용하겠습니다.

예제 36-2 create_process 요청을 처리하는 코드 재활용 web2-nodejs/main.js

```
... 생략 ...
} else if(pathname === '/update_process') {
    var body = "";
    request.on('data', function(data) {
        body = body + data;
    });
    request.on('end', function() {
        var post = qs.parse(body);
        var id = post.id;
        var title = post.title;
        var description = post.description;
        console.log(post);
        /*
```

```
        fs.writeFile(`data/${title}`, description, 'utf8', function(err) {
            response.writeHead(200);
            response.end('success');
        });
        */
    });
} else {
... 생략 ...
```

이전 수업에서 id 값도 hidden 속성으로 전달했으므로 id 값을 추가로 전달받습니다. 그리고 데이터를 잘 가져오는지 확인하기 위해 콘솔에 출력하는 코드를 추가했습니다. wrtieFile 기능은 잠시 후에 사용하려고 우선 주석으로 처리했습니다.

이대로 소스를 저장하고 이전 수업에 이어서 웹 페이지를 새로 고침 하면(글 목록 중에서 'CSS'를 선택한 다음 update 링크를 클릭해 제목을 수정하고 [Submit] 버튼을 누르면) 콘솔에 다음과 같은 내용이 출력됩니다.

```
Console
{ id: 'CSS',
  title: 'CSS3',
  description: 'Cascading Style Sheets (Css) ... 생략 ... }
```

지금 사용자는 제목을 'CSS'에서 'CSS3'로 변경을 요청했습니다. 우리 애플리케이션에서는 웹 페이지 제목이 곧 파일 이름이므로 먼저 파일 이름을 변경해야 합니다.

Node.js에서 파일 이름을 변경하는 방법을 검색하고 싶어요!

웹 브라우저에서 'nodejs file rename'이라는 검색어로 검색해보겠습니다. 그리고 다음 웹 사이트로 이동합니다.

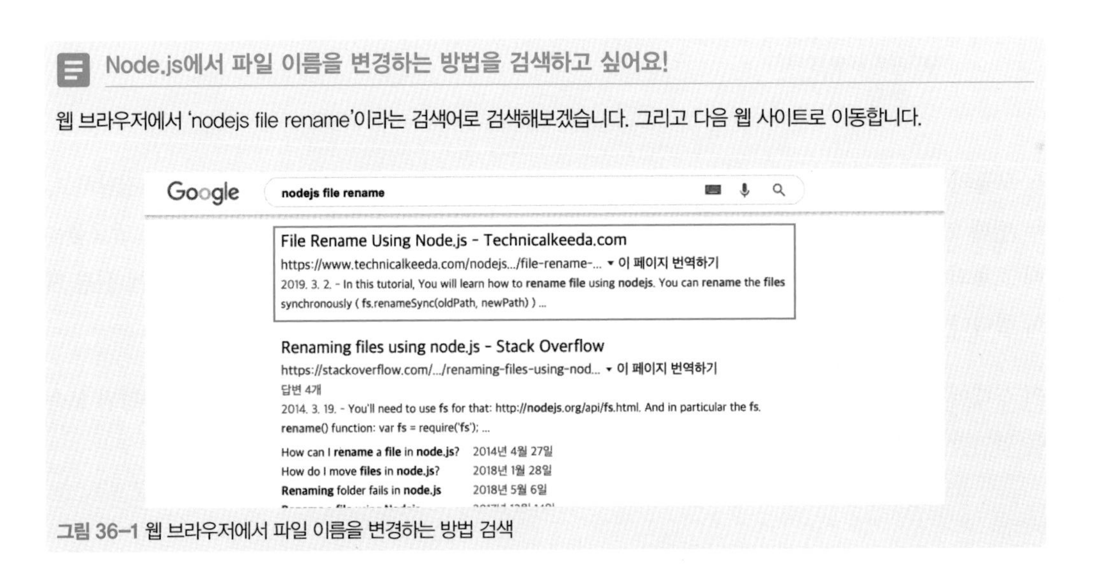

그림 36-1 웹 브라우저에서 파일 이름을 변경하는 방법 검색

fs.rename 함수의 사용 형식과 예제를 살펴볼 수 있습니다.

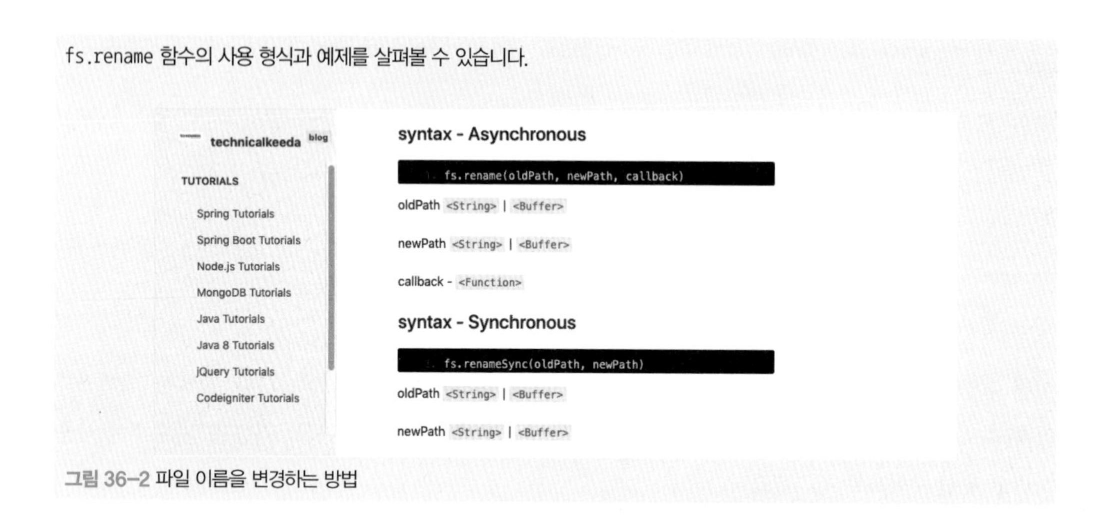

그림 36-2 파일 이름을 변경하는 방법

파일 이름을 변경하는 기능은 fs 모듈의 rename 기능을 이용합니다. 코드를 다음과 같이 추가합니다.

예제 36-3 fs 모듈의 rename 기능을 이용해 파일 이름을 변경 web2-nodejs/main.js

```
... 생략 ...
} else if(pathname === '/update_process') {
    ... 생략 ...
    request.on('end', function() {
        var post = qs.parse(body);
        var id = post.id;
        var title = post.title;
        var description = post.description;
        fs.rename(`data/${id}`, `data/${title}`, function(error) {
        });
        console.log(post);
        ... 생략 ...
```

fs 모듈의 rename 기능을 이용해 파일 이름을 변경할 때 첫 번째 인수로 기존 파일명('CSS')을 전달하고, 두 번째 인수로 사용자가 수정 요청한 제목('CSS3')을 전달했습니다. 세 번째 인수는 에러가 발생했을 때 호출되는 콜백입니다. 이 책에서는 에러 처리를 하지 않지만, 실무에서는 항상 에러 처리에 신경 써야 합니다.

이 상태에서 웹 페이지를 새로 고침 하면 data 디렉터리 아래에 있는 CSS 파일명이 CSS3로 변경된 모습을 확인할 수 있습니다.

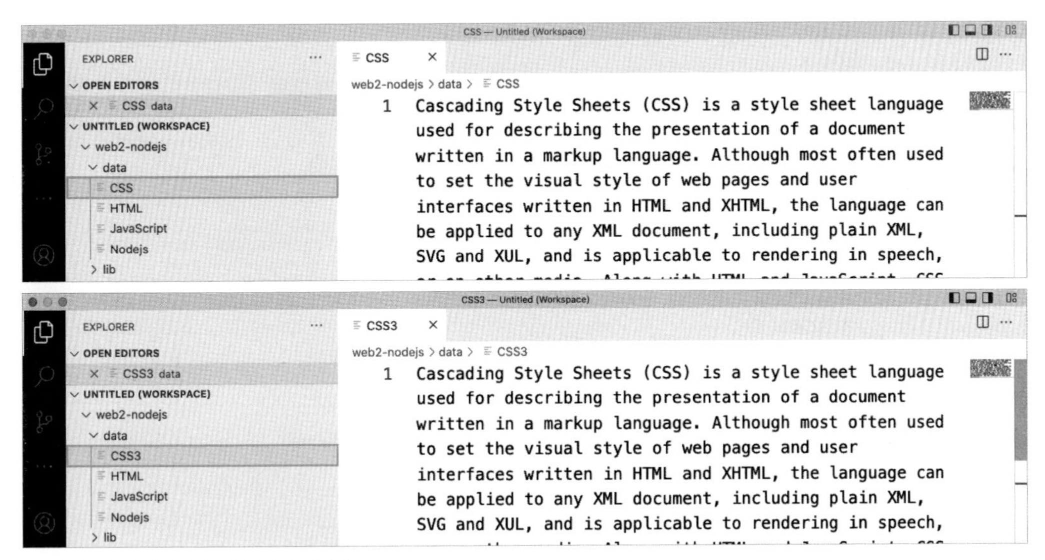

그림 36-3 CSS에서 CSS3로 변경된 파일명

이제 내용을 수정할 차례입니다. 내용을 수정하는 기능은 주석으로 처리한 부분을 해제하고 rename 블록 안으로 옮겨서 다음과 같이 구현할 수 있습니다.

예제 36-4 fs rename 블록 안에서 내용을 수정하는 처리 구현 web2-nodejs/main.js

```
... 생략 ...
} else if(pathname === '/update_process') {
    ... 생략 ...
    request.on('end', function() {
        var post = qs.parse(body);
        var id = post.id;
        var title = post.title;
        var description = post.description;
        fs.rename(`data/${id}`, `data/${title}`, function(error) {
            fs.writeFile(`data/${title}`, description, 'utf8', function(err) {
                response.writeHead(302, {Location: `/?id=${title}`});
                response.end();
            });
        });
    });
} else {
... 생략 ...
```

앞에서 사용한 writeFile 코드를 수정하지 않고 그대로 사용했습니다. 그리고 콘솔에 로그를 출력하는 코드는 필요 없으므로 지웠습니다. 이제 웹 페이지를 새로 고침 하면 제대로 동작하는 모습을 확인할 수 있습니다. 다시 한번 동작을 확인하기 위해 홈에 접속해서 변경된 'CSS3'를 선택하고 update 링크를 누른 다음 제목을 'CSS', 내용을 'CSS is …'로 변경하고 [Submit] 버튼을 눌러보세요.

- HTML
- JavaScript
- MongoDB
- Nodejs

create update

CSS

CSS is ...

Submit

그림 36-4 CSS3의 제목과 본문 변경

data 디렉터리에서 파일명이 다시 CSS로 변경되고 웹 페이지에도 제목과 내용이 변경된 모습을 확인할 수 있습니다.

- CSS
- HTML
- JavaScript
- MongoDB
- Nodejs

create update

CSS

CSS is ...

그림 36-5 변경된 제목과 본문

WEB2

37 App - 글 삭제(삭제 버튼 구현)

https://youtube.com/watch?v=yn5VtLGbyAE (5분 38초)

이번에는 우리 수업의 마지막 고지인 글을 삭제하는 기능을 구현해보겠습니다. 글을 삭제하는 기능은 특정한 글을 선택했을 때 [delete] 버튼을 표시하는 것으로 시작합니다. 이 버튼을 클릭하면 data 디렉터리 아래에 해당 글을 담고 있는 파일을 삭제합니다. 실제 삭제는 다음 수업에서 구현하고 이번 장에서는 [delete] 버튼을 표시하는 것까지만 해보겠습니다.

웹 페이지에서 글 목록 중 하나를 선택했을 때 [delete] 버튼이 표시되게 하려면 요청 경로에 따라서 다르게 처리하는 분기 문에서 경로가 홈('/')이면서 쿼리 스트링이 undefined가 아닐 때를 처리하는 else 문 부분을 수정합니다.

예제 37-1 글 목록 중 하나를 선택했을 때 [delete] 버튼을 표시 web2-nodejs/main.js

```
... 생략 ...
var app = http.createServer(function(request,response) {
    ... 생략 ...
    if(pathname === '/') {
        if(queryData.id === undefined) {
          ... 생략 ...
        } else {
            ... 생략 ...
                var template = templateHTML(title, list,
                    `<h2>${title}</h2><p>${description}</p>`,
                    `<a href="/create">create</a>
                    <a href="/update?id=${title}">update</a>
                    <a href="/delete?id=${title}">delete</a>`
                );
                ... 생략 ...
```

이 상태에서 웹 페이지에 접속해 글 목록 중 하나를 선택하면 다음처럼 delete 링크가 보입니다.

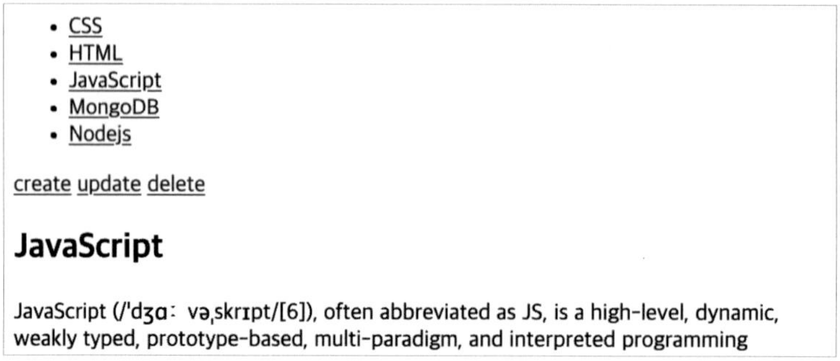

- CSS
- HTML
- JavaScript
- MongoDB
- Nodejs

create update delete

JavaScript

JavaScript (/ˈdʒɑː vəˌskrɪpt/[6]), often abbreviated as JS, is a high-level, dynamic, weakly typed, prototype-based, multi-paradigm, and interpreted programming

그림 37-1 글 목록을 선택하면 보이는 delete 링크

그런데 한 가지 조심해야 할 것이 있습니다. 글을 수정할 때는 update 링크를 클릭하면 수정하기 위한 페이지로 이동합니다. 하지만 삭제의 경우에는 delete 링크를 클릭하면 글이 바로 삭제되게 하고 싶습니다. 글 삭제처럼 페이지 이동 없이 바로 실행하는 기능은 이처럼 링크로 만들면 안 됩니다. 이 같은 기능을 링크로 만드는 것은 대단히 잘못된 것입니다. 그 이유는 링크는 GET 방식이므로 클릭했을 때 이동하는 페이지 주소가 웹 브라우저의 주소 창에 노출되므로 외부에 유출됐을 때 보안 사고가 발생할 수 있기 때문입니다.

그림 37-2 delete 링크를 클릭하면 페이지 주소가 웹 브라우저의 주소 표시줄에 노출됨

링크로 처리하면 안 되는 이유가 궁금해요!

옛날에 있었던 사건 하나를 소개해 드리겠습니다. 구글에서 만든 어떤 플러그인이 있었는데, 그 플러그인은 사용자가 어떤 페이지를 클릭하면 빠르게 그곳으로 이동할 수 있게 미리 웹 페이지를 내려받는 캐싱(caching)이라는 기능을 가지고 있었습니다.

그리고 어느 웹 개발자가 delete 버튼을 앞서 살펴본 것처럼 GET 방식(쿼리 스트링이 보이는 방식)으로 구현했다고 합니다. 구글이 만든 플러그인을 활성화한 상태에서 사용자가 이 웹 페이지에 들어왔더니 이 플러그인이 링크를 찾아서 들어가고, 페이지가 삭제돼 버렸다고 합니다.

이처럼 update, delete와 같이 수정을 가하는 방식은 절대로 GET 방식으로 구현하면 안 됩니다. 앞서 글 수정 기능을 만들 때도 update 링크를 눌러 이동한 페이지에서 폼을 제공하고 [Submit] 버튼을 이용함으로써 POST 방식으로 처리했습니다. 마찬가지로 삭제 기능도 링크로 구현하면 절대로 안 되고 폼 버튼을 이용해 POST 방식으로 처리해야 합니다.

delete를 GET 방식이 아닌 POST 방식으로 처리하기 위해 코드를 다음과 같이 수정합니다.

예제 37-2 폼 버튼을 이용해 POST 방식으로 처리 web2-nodejs/main.js

```
... 생략 ...
var template = templateHTML(title, list,
    `<h2>${title}</h2><p>${description}</p>`,
    `<a href="/create">create</a>
    <a href="/update?id=${title}">update</a>
    <form>
        <input type="hidden" name="id" value="${title}">
        <input type="submit" value="delete">
    </form>`
);
... 생략 ...
```

<form> 태그 안에 <input> 태그를 두 개 작성했습니다. 첫 번째 <input>은 hidden 속성으로 사용자에게 보이지 않게 숨기고 소스 코드에서 해당 개체를 식별하는 이름(name)을 id로 지정했습니다. 그리고 전송할 값(value 속성)은 title, 즉 선택한 글 제목으로 지정했습니다. 그리고 두 번째 <input>은 [Submit] 버튼에 delete가 표시되게 value를 delete로 지정했습니다. 웹 페이지를 새로 고침하면 다음과 같이 [delete] 버튼이 보입니다.

- CSS
- HTML
- JavaScript
- MongoDB
- Nodejs

create update
delete

JavaScript

JavaScript (/ˈdʒɑː vəˌskrɪpt/[6]), often abbreviated as JS, is a high-level, dynamic, weakly typed, prototype-based, multi-paradigm, and interpreted programming

그림 37-3 버튼으로 바뀐 delete

물론 디자인이 예쁘지는 않습니다. 이는 나중에 CSS를 더 깊이 공부한다면 얼마든지 예쁘게 디자인할 수 있습니다.

이제 [delete] 버튼을 눌렀을 때 삭제 요청을 delete_process가 처리하게 소스 코드를 수정합니다.

예제 37-3 [delete] 버튼을 눌렀을 때 delete_process가 삭제 요청을 처리하도록 수정 web2-nodejs/main.js

```
... 생략 ...
<form action="delete_process" method="post">
  <input type="hidden" name="id" value="${title}">
```

```
  <input type="submit" value="delete">
</form>
... 생략 ...
```

action 속성값에 삭제 요청을 처리할 경로를 delete_process로 지정했으며, 요청을 POST 방식으로 전송하도록 method 속성값을 post로 지정했습니다. 이제 웹 페이지를 새로 고침하고 [delete] 버튼을 눌러 제대로 처리되는지 확인합니다. [delete] 버튼을 눌렀을 때 'localhost:3000/delete_process'로 이동하면 성공입니다.

그림 37-4 [delete] 버튼을 누르면 'localhost:3000/delete_process'로 이동

사용자가 실수로 [delete] 버튼을 눌렀을 때 삭제되는 것을 방지하고 싶어요!

사용자가 [delete] 버튼을 눌렀을 때 정말로 삭제할 것인지 묻는 알림창이 나온다면 실수로 삭제되는 일을 방지할 수 있을 것입니다.

[Submit] 버튼을 누르면 정말로 삭제할 것인지 묻는 알림창이 나오게 코드를 수정해 보겠습니다.

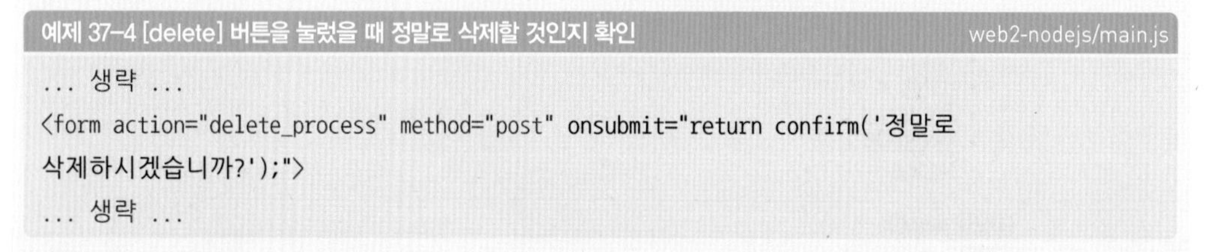

예제 37-4 [delete] 버튼을 눌렀을 때 정말로 삭제할 것인지 확인 web2-nodejs/main.js

```
... 생략 ...
<form action="delete_process" method="post" onsubmit="return confirm('정말로
삭제하시겠습니까?');">
... 생략 ...
```

<form> 태그에 onsubmit을 추가했습니다. onsubmit은 [Submit] 버튼을 클릭하면 호출되는 이벤트입니다. 이 onsubmit 안에 '정말로 삭제하시겠습니까?'라고 묻는 알림창을 추가했습니다. confirm 알림창은 [확인] 버튼을 클릭하면 true를 반환하고, [취소] 버튼을 클릭하면 false를 반환합니다.

onsubmit 이벤트는 true를 만나면(알림창에서 [확인] 버튼을 클릭하면) action에 있는 주소로 폼 데이터를 전송하고, false를 만나면(알림창에서 취소 버튼을 클릭하면) 폼 데이터를 전송하지 않습니다. 따라서 [Submit] 버튼을 클릭했을 때 정말로 삭제할 것인지 묻고, 사용자의 응답에 따라 삭제하거나 취소하는 동작을 구현할 수 있습니다.

그림 37-5 [delete] 버튼을 누르면 삭제할 것인지 묻는 알림창

WEB2

38 App - 글 삭제 기능 완성

https://youtu.be/RDj4Hns1Qnk (3분 54초)

이번 수업에서는 사용자가 전송한 정보를 바탕으로 삭제 요청을 처리하는 방법을 살펴보겠습니다. 이전 수업에서 글 삭제를 delete_process 경로로 요청했으므로 서버에서 해당 경로를 처리하게 소스를 수정해보겠습니다. 요청 경로에 따라 다르게 처리하는 분기문에서 else if 문을 하나 더 추가하고, 기존의 update_process 요청을 처리하는 부분을 복사해서 재활용합니다.

예제 38-1 삭제 요청을 처리하는 부분을 추가 web2-nodejs/main.js

```
... 생략 ...
} else if(pathname === '/delete_process') {
    var body = "";
    request.on('data', function(data) {
        body = body + data;
    });
    request.on('end', function() {
        var post = qs.parse(body);
        var id = post.id;
    });
} else {
... 생략 ...
```

코드 구성은 update_process 요청을 처리할 때와 비슷합니다. 경로를 delete_process로 변경하고, end 이벤트 처리 부분을 변경합니다. 전송된 값은 id 하나이므로 이 값을 변수에 담았습니다. title 변수와 description 변수, rename 부분은 삭제 기능에는 필요 없으므로 지웁니다. 이제 삭제를 처리하는 코드만 추가하면 됩니다.

Node.js에서 파일을 삭제하는 방법을 검색하고 싶어요!

웹 브라우저에서 'nodejs delete file'이라는 검색어로 검색해보겠습니다.

그림 38-1 파일을 삭제하는 방법 검색

여러 검색 결과 중에서 첫 번째 검색 결과를 선택해보겠습니다.

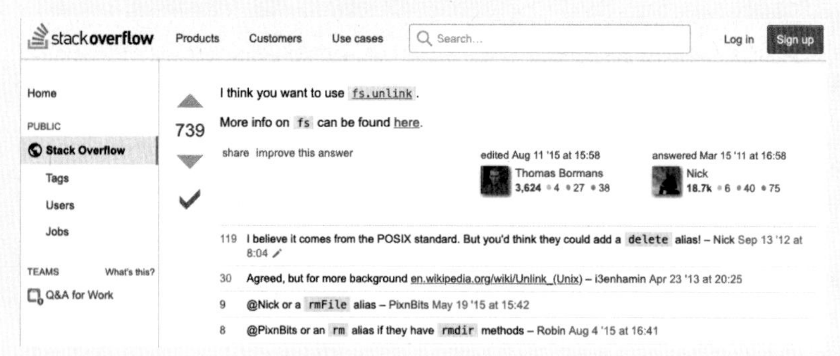

그림 38-2 파일을 삭제하는 방법

`fs.unlink`를 사용하면 된다고 나와 있습니다. 예제를 살펴보기 위해 `fs.unlink`의 링크를 클릭해보겠습니다. 링크를 클릭하면 공식 매뉴얼로 이동하고 사용 예제를 살펴볼 수 있습니다.

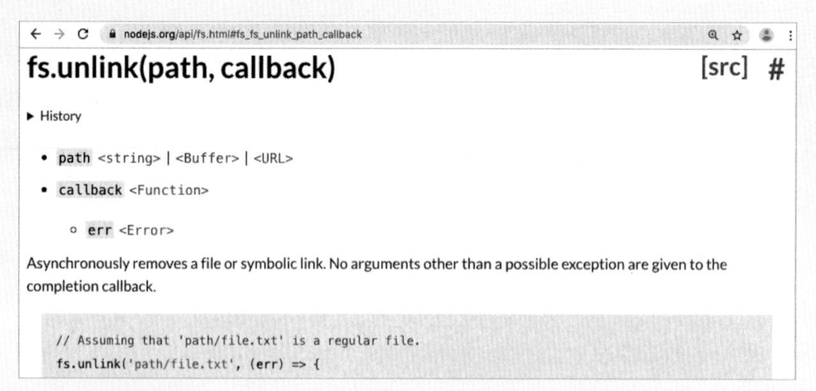

그림 38-3 `fs.unlink()`의 사용법

예제 38-2 삭제 요청을 처리하는 코드 추가 web2-nodejs/main.js

```
... 생략 ...
} else if(pathname === '/delete_process') {
    ... 생략 ...
    request.on('end', function() {
        var post = qs.parse(body);
        var id = post.id;
        fs.unlink(`data/${id}`, function(error) {
            response.writeHead(302, {Location: `/`});
            response.end();
        });
    });
} else {
... 생략 ...
```

파일을 삭제하는 기능으로 unlink 함수를 사용했습니다. 첫 번째 인수에는 id 값을 이용해 삭제할 파일 경로를 전달하고, 두 번째 인수인 콜백 함수에 파일 삭제 완료 후 처리할 내용을 작성합니다. 이때 삭제가 끝난 다음에는 사용자를 홈으로 보내기(리다이렉션) 위해 302 상태 코드에 Location을 `/`으로 지정했습니다.

이제 웹 페이지에 접속해 글 목록 중 하나를 선택한 다음, [delete] 버튼을 눌러보세요.

그림 38-4 MongoDB 선택 후 [delete] 버튼 클릭

그러면 글 목록에서 해당 글이 삭제되고, data 디렉터리 아래에 있는 MongoDB 파일도 삭제되는 것을 확인할 수 있습니다.

그림 38-5 목록에서 삭제된 MongoDB

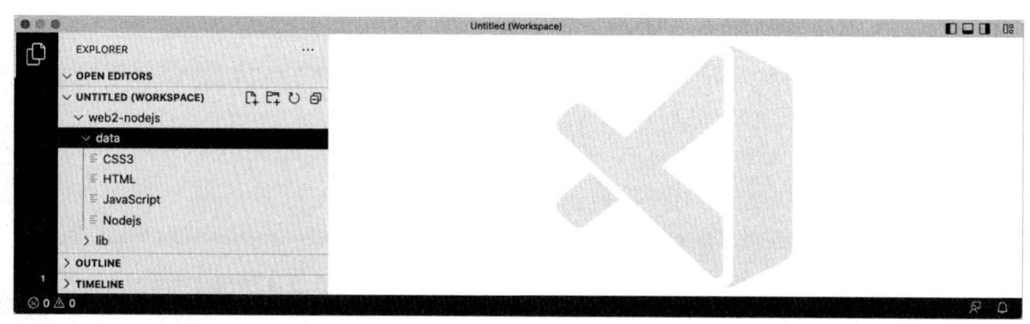

그림 38-6 data 디렉터리에 있던 MongoDB 파일도 삭제됨

이로써 정말 많은 것을 했습니다. 글을 생성하고(Create), 읽고(Read), 갱신하고(Update), 삭제

(Delete)하는 정보 기술의 핵심적인 CRUD 기능을 모두 구현해 봤습니다.

WEB2

39 자바스크립트 - 객체의 형식

https://youtu.be/PADXQRMS7eY (4분 58초)

이번 수업에서는 자바스크립트의 문법 중 하나인 객체(object)에 관해 알아보겠습니다.

객체라고 하면 살짝 겁먹는 사람들이 있습니다. 객체라는 말이 너무 철학적으로 느껴져서 그럴 수도 있습니다. 사실 객체나 객체지향 프로그래밍은 추상적이고 철학적인 게 맞습니다. 하지만 그렇게 생각하면 배우기가 어렵습니다. 구체적으로 기능 중심으로 생각하기 바랍니다.

객체라는 것을 살펴보기 위해 객체와 비슷한 개념을 살펴보겠습니다. 바로 우리가 이미 알고 있는 배열입니다.

Object vs **Array**

그림 39-1 객체와 비슷한 성격을 가진 배열

배열은 객체와 함께 정보를 정리정돈하는 수납 상자로 생각할 수 있습니다. 이 배열과 객체의 가장 큰 차이점을 살펴보겠습니다. 배열은 정보를 순서에 따라 정리정돈하는 데 최적화한 수납 상자입니다. 그리고 배열은 고유한 숫자, 즉 인덱스를 가지고 각 정보를 식별합니다.

Object vs **Array**

그림 39-2 정보를 순서에 따라 정리정돈하는 배열

그런데 객체는 순서가 없는 정보를 정리정돈하는 데 최적화한 수납 상자이고, 숫자가 아닌 이름으로 식별합니다. 즉, 객체와 배열 모두 정보를 정리정돈하는 도구인데, 배열은 순서가 있고 객체는 순서 없이 정리정돈하는 도구입니다.

Object vs **Array**

그림 39-3 정보를 순서 없이 정리정돈하는 객체

이제 코드를 살펴봅시다. `syntax` 디렉터리 아래에 `object.js`라는 파일을 만들고 여기에 배열과 객체를 만들어서 차이점을 비교해보겠습니다.

예제 39-1 배열의 생성과 사용 web2-nodejs/syntax/object.js

```
var members = ['egoing', 'k8805', 'hoya'];
console.log(members[1]);
```

```
object.js 실행 결과
> node syntax/object.js
k8805
```

members라는 이름의 배열을 선언하면서 문자열 세 개를 저장했습니다. 이제 배열 안에 정보가 담긴 것입니다. 이 정보를 가져올 때 두 번째 정보를 가져오고 싶다면 인덱스 1을 지정해 배열에서 정보를 가져옵니다. 다시 한 번 설명하지만, 배열의 인덱스는 0부터 시작합니다.

이어서 다음과 같이 코드를 추가해서 객체를 만들어 보겠습니다.

예제 39-2 객체의 생성과 사용 web2-nodejs/syntax/object.js

```
var roles = {
    'programmer':'egoing',
    'designer':'k8805',
    'manager':'hoya'
}
console.log(roles.designer);
```

```
object.js 실행 결과
> node syntax/object.js
k8805
```

roles라는 이름으로 객체를 선언해서 데이터를 저장했습니다. 이때 객체는 배열([,])과 다르게 중괄호({, })를 사용합니다. 그리고 각 데이터는 콜론을 구분자로 해서 이름과 값의 쌍으로 저장하며, 각 쌍은 쉼표로 구분합니다. 즉, 배열은 데이터를 그냥 순서대로 저장하기만 하면 됩니다. 그리고 객체는 데이터를 그냥 넣는 것이 아니라 각 데이터에 고유한 이름을 부여합니다.

객체에 저장된 데이터를 사용할 때는 객체 이름 다음에 점(.)을 입력하고 이어서 사용하려는 데이터의 이름을 입력합니다. 예제에서는 roles.designer를 콘솔에 출력했으므로 roles 객체에 designer라는 이름으로 저장된 'k8805'가 출력됩니다.

또는 다음과 같은 방법으로 이용할 수도 있습니다.

예제 39-3 객체를 사용하는 다른 방법 web2-nodejs/syntax/object.js

```
var roles = {
    'programmer':'egoing',
    'designer':'k8805',
```

```
    'manager':'hoya'
}
console.log(roles.designer);
console.log(roles['designer']);
```

object.js 실행 결과

```
> node syntax/object.js
k8805
k8805
```

객체 이름에 대괄호를 이용해 데이터의 이름을 지정하면 그 이름에 해당하는 값을 가져올 수 있습니다.

WEB2

https://youtu.be/Gj5MwY9ySzU (4분 5초)

40 자바스크립트 - 객체의 반복

이번 수업에서는 반복문을 이용해 객체에 담겨 있는 데이터를 하나씩 꺼내오는 방법을 살펴보겠습니다. 이를 두고 "데이터를 순회한다"라고 표현하는데, 먼저 이전 수업에서 만든 object.js 파일에 있는 코드를 이용해 배열에 저장된 데이터를 순회하는 방법부터 살펴보고, 객체와 비교해보겠습니다.

예제 40-1 배열에 저장된 데이터 순회 web2-nodejs/syntax/object.js

```
var members = ['egoing', 'k8805', 'hoya'];
console.log(members[1]);

var i = 0;
while(i < members.length) {
    console.log('array loop', members[i]);
    i = i + 1;
}
```

우선 배열의 데이터를 순회하기 위해 변수 i를 선언하고, 0으로 초기화합니다. 그다음 while 문 안에서는 반복될 때마다 i의 값을 1씩 증가시킵니다. 그리고 i가 배열의 길이(members.length)보다 작은 동안 반복해서 데이터를 가져와 출력합니다. 앞에서 여러 번 다룬 코드이므로 이해하는 데 어려움은 없을 것입니다. 실행 결과는 다음과 같습니다.

object.js 실행 결과

```
> node syntax/object.js
k8805
array loop egoing
array loop k8805
array loop hoya
```

이제 객체에 저장된 데이터를 순회하는 방법을 살펴보겠습니다. 이번에는 for 문을 사용하겠습니다.

예제 40-2 객체에 저장된 데이터의 이름 순회 web2-nodejs/syntax/object.js

```
var roles = {
    'programmer':'egoing',
    'designer':'k8805',
    'manager':'hoya'
}
console.log(roles.designer);
console.log(roles['designer']);

for(var name in roles) {
    console.log('object => ', name);
}
```

for 문을 이용해 객체의 데이터를 순회하는 코드입니다. for 문 안에 작성한 내용은 세 가지입니다. 첫 번째 var name은 name이라는 변수를 선언하는 코드입니다. 두 번째 in은 for 문으로 데이터를 순회할 때 꼭 있어야 하는 미리 약속된 자바스크립트 키워드입니다. 그리고 세 번째는 데이터를 순회하려고 하는 대상, 즉 여기서는 객체 이름을 작성합니다.

name을 콘솔에 출력하게 코드를 작성하고 실행하면 어떻게 되는지 결과를 확인해보겠습니다.

object.js 실행 결과

```
> node syntax/object.js
... 생략 ...
object => programmer
object => designer
object => manager
```

programmer, designer, manager가 출력됐습니다. 즉, for 문을 반복할 때마다 in 앞에 있는 name이라는 변수에는 roles 객체의 식별자(키)가 들어오게 약속돼 있습니다.

그런데 우리는 객체에 저장된 데이터의 이름('키'라고도 합니다)뿐만 아니라 그 이름에 해당하는 값('egoing', 'k8805', 'hoya')도 가져오고 싶습니다. 그러려면 다음과 같이 코드를 추가합니다.

예제 40-3 객체에 저장된 데이터의 이름과 값 순회 web2-nodejs/syntax/object.js

```
var roles = {
    'programmer':'egoing',
    'designer':'k8805',
```

```
    'manager':'hoya'
}
console.log(roles.designer);
console.log(roles['designer']);

for(var name in roles) {
    console.log('object => ', name, 'value => ', roles[name]);
}
```

이전 수업에서 살펴본 것처럼 객체에 대괄호를 이용해 데이터의 이름을 지정함으로써 그 이름에 해당하는 값을 가져올 수 있습니다. 결과를 확인해 보겠습니다.

object.js 실행 결과

```
> node syntax/object.js
... 생략 ...
object => programmer value => egoing
object => designer value => k8805
object => manager value => hoya
```

이렇게 해서 반복문을 이용해 객체의 데이터를 순회하는 방법을 살펴봤습니다.

in 앞에 있는 변수 이름은 꼭 name으로 써야 하나요?

for-in 문에서 in 앞에 있는 변수 이름은 꼭 name이 아니어도 괜찮습니다. 다음 예제와 같이 원하는 이름은 무엇이든 사용할 수 있습니다.

예제 40-4 for-in 문의 변수명

```
for(var n in roles) {
    console.log('object => ', n, 'value => ', roles[n]);
}
```

WEB2

41 자바스크립트 - 객체(값으로서의 함수)

https://youtu.be/Nw1Qt9P9Tq0 (7분 25초)

이번 시간에는 객체지향 프로그래밍(Object Oriented Programming, OOP)에 필요한 기능을 알아봅니다.

객체지향 프로그래밍이라고 하니까 추상적인 느낌이 드나요? 실제로 객체지향 프로그래밍은 쉽지 않지만, 처음부터 어렵게 배울 필요는 없습니다. 이번 시간에는 객체지향 프로그래밍을 덜 고통스럽게 시작할 수 있는 몇 가지 이미지와 코딩 방식을 살펴보겠습니다.

바로 실습을 시작해봅시다. 우선 `syntax` 디렉터리 아래에 `object2.js` 파일을 만듭니다.

프로그래밍은 크게 두 가지로 구성된다고 볼 수 있습니다. 하나는 데이터이고, 또 하나는 데이터를 처리하는 것입니다. 앞에서 다룬 배열과 객체는 복잡한 데이터를 잘 정리정돈하는 기법이었고, 처리해야 할 작업이 많아지면 서로 연관된 작업을 그룹화하기 위해 함수로 묶어서 간편하게 했습니다. 예를 들어, 다음은 몇 가지 처리 작업을 `f1`이라는 함수로 선언한 코드입니다.

예제 41-1 몇 가지 처리 작업을 수행하는 f1 함수 web2-nodejs/syntax/object2.js

```
function f1() {
    console.log(1+1);
    console.log(1+2);
}
```

예제에서는 간단하게 콘솔에 출력하는 명령을 예로 들었지만 여러 가지 복잡한 명령이 서로 연관돼 있다면 이렇게 함수로 묶고, 이름을 붙여 사용함으로써 코드를 서로 연관 짓고 다른 코드와 구분함으로써 처리 작업을 좀 더 효율적으로 할 수 있습니다.

그런데 자바스크립트의 함수는 독특한 특성이 있습니다. 자바스크립트의 함수는 처리 작업을 그룹화한 구문(statements)이면서, 동시에 값(value)이기도 합니다. 함수가 값이라는 것을 어떻게 알 수 있을까요? 함수가 값인지 증명하는 간단한 방법은 함수를 변수에 대입해 보는 것입니다. 대입 연산자를 이용해 함수를 변수에 대입할 수 있다면 함수가 값이라는 의미이고, 대입할 수 없다면 값이 아니라는 의미입니다.

예를 들어, 다음과 같이 간단한 if 문을 변수 i에 대입해보면 어떨까요?

예제 41-2 if 문을 변수에 대입 web2-nodejs/syntax/object2.js

```
function f1() {
    console.log(1+1);
    console.log(1+2);
}
var i = if(true) {console.log(1)};
```

이 코드를 실행하면 에러가 발생합니다.

object2.js 실행 결과

```
> node syntax/object.js
... 생략 ...
var i = if(true) {console.log(1)};
        ^^
SyntaxError: Unexpected token if
... 생략 ...
```

대입 연산자 오른쪽에는 오직 값만 올 수 있는데, 에러가 발생했으므로 if 문은 값이 아니라는 의미입니다.

그렇다면 다음과 같은 while 문은 어떨까요?

예제 41-3 while 문을 변수에 대입 web2-nodejs/syntax/object2.js

```
function f1() {
    console.log(1+1);
    console.log(1+2);
}
// var i = if(true) {console.log(1)};
var w = while(true) {console.log(1)};
```

마찬가지로 에러가 발생합니다.

object2.js 실행 결과

```
> node syntax/object.js
... 생략 ...
```

```
var w = while(true) {console.log(1)};
        ^^^^^
SyntaxError: Unexpected token while
... 생략 ...
```

즉, while 문도 값이 아니라는 의미입니다.

그렇다면 앞에서 선언한 f1이라는 함수는 값이 될 수 있을까요? 다음처럼 f1 함수의 이름인 'f1'을 지워서 익명 함수로 만들고 앞에 변수를 선언해서 대입해봅시다.

예제 41-4 함수를 변수에 대입 web2-nodejs/syntax/object2.js

```
var f = function() {
    console.log(1+1);
    console.log(1+2);
}
console.log(f);
f();
```

이 예제는 에러가 발생하지 않습니다.

object2.js 실행 결과

```
> node syntax/object.js
[Function: f]
2
3
```

그리고 콘솔에 변수 f를 출력해 보니 [Function: f]가 출력돼 함수임을 알려주며, f 변수에 호출 연산자 ()를 붙였더니 함수가 실행됐습니다. 즉, 변수 f에 함수를 대입했더니 변수 f가 함수가 됐습니다. 이처럼 자바스크립트에서는 function으로 시작하는 함수 구문이 값이 될 수 있습니다.

자바스크립트의 함수는 처리 구문이면서, 그 자체가 값이 될 수 있다는 점이 우리가 주목해야 할 특징입니다.

이제 f는 변수이면서 함수입니다. 따라서 값을 넣어야 하는 자리에 변수 f를 이용할 수 있습니다. 예를 들어, 다음과 같이 배열에 넣을 수도 있고 이를 이용해 함수를 호출(함수에 정의된 구문을 실행)할 수도 있습니다.

예제 41-5 함수를 변수에 대입 web2-nodejs/syntax/object2.js

```
var f = function() {
    console.log(1+1);
    console.log(1+2);
}
var a = [f];
a[0]();
```

예제 코드를 실행해보면 잘 동작하는 모습을 볼 수 있습니다.

object2.js 실행 결과

```
> node syntax/object.js
2
3
```

즉, 배열의 원소로서 함수를 사용할 수도 있습니다.

이번에는 객체를 선언하고 객체의 데이터, 즉 속성(properties)에 앞에서 선언한 변수 f를 이용해보겠습니다.

예제 41-6 객체의 데이터에 변수 f를 이용 web2-nodejs/syntax/object2.js

```
var f = function() {
    console.log(1+1);
    console.log(1+2);
}
var a = [f];
a[0]();

var o = {
    func:f
}
o.func();
```

object2.js 실행 결과

```
> node syntax/object.js
2
3
2
3
```

객체 o를 선언하면서 func라는 이름의 속성에 f를 지정했습니다. 객체 o의 func 속성에 함수 호출 연산자인 ()를 붙였더니 f에 대입한 함수가 호출됐습니다.

이처럼 배열과 객체는 서로 연관된 데이터를 담는 그릇인데, 자바스크립트에서는 처리 작업을 묶은 함수도 데이터이므로 배열이나 객체에 담을 수 있습니다. 이번 시간에 배운 내용이 조금 어려울 수 있지만, 이해가 가지 않더라도 사용하면서 익숙해지면 됩니다.

다시 한 번 설명하자면, 예제에서 보여준 f1 함수가 값이라는 것을 쉽게 증명하는 방법은 다른 변수에 넣어보면 됩니다. 즉, 변수에 대입 연산자를 사용해서 함수를 넣어보는 겁니다. 잘 들어가면 함수를 값으로서 사용할 수 있다는 의미입니다.

WEB2

https://youtu.be/7BJqT-Z0IwQ (10분 36초)

42 자바스크립트 - 객체(데이터와 값을 담는 그릇으로서의 함수)

이전 시간에는 자바스크립트에서 함수는 값으로 취급하기도 하므로 배열이나 객체에 담을 수 있다고 배웠습니다. 그런데 값으로서 함수를 배열에 담는 일은 별로 없고, 주로 객체에 담아서 활용합니다. 객체에서 각 데이터는 이름으로 구분하므로 함수를 사용하기가 편리하기 때문입니다. 이번 수업에서는 객체에 함수를 값으로서 담아서 사용하면 어떤 점이 좋은지 살펴보겠습니다.

먼저 syntax 디렉터리 아래에 object3.js 파일을 만듭니다. 그리고 잠깐 상상력을 발휘해서 이 파일의 코드가 1억 줄이고 2천 명이 20년 동안 진행하는 프로젝트라고 상상해보세요. 이러한 환경이라면 프로젝트를 진행하면서 다양한 변수가 생기기 마련입니다.

다음 코드는 실용적이지는 않지만, 프로그래밍 개념을 설명하려는 목적으로 작성했습니다. 상상력을 발휘해서 실용적인 코드라고 생각해주세요.

예제 42-1 두 개의 변수 선언 web2-nodejs/syntax/object3.js

```
var v1 = 'v1';
var v2 = 'v2';
```

v1과 v2라는 두 변수를 선언했습니다. 이러한 변수가 1억 개라고 한 번 상상해보세요. 그러면 수많은 문제가 생길 것입니다. v1 변수는 초깃값으로 'v1'이라는 문자열을 대입했습니다. 그런데 프로젝트를 진행하다 보면 v1 변수를 선언한 이후에 다양한 코드가 추가되면서 누군가가 v1 변숫값을 변경할 수도 있을 것입니다. 이러한 변숫값 변경은 개발자가 의도했을 수도 있고, 의도하지 않았을 수도 있습니다. 의도적으로 변경한 것이라면 상관없겠지만, 의도하지 않았더라면 엉뚱한 결과를 초래하는 버그로 이어질 수도 있습니다.

이 같은 상황에서 우리를 구원해줄 수 있는 도구 중 하나가 객체를 사용하는 것입니다. 다음 코드는 같은 변수를 객체로 선언한 예입니다.

예제 42-2 변수를 객체로 선언 web2-nodejs/syntax/object3.js

```
var o = {
    v1:'v1',
    v2:'v2'
}
```

앞에서 선언한 v1과 v2 변수를 객체 o를 선언하면서 속성으로 정의했습니다. 이처럼 서로 연관된 데이터를 하나의 객체 안에 정리정돈해서 관리하면 더 편리합니다. 마치 하나의 하드디스크에 1억 개의 파일을 저장한 것과 각 폴더로 나눠서 정리해 놓은 것과 비교할 수 있습니다.

다음으로 데이터를 처리하는 코드를 살펴보겠습니다. f1과 f2 함수를 선언했고, f1과 f2는 객체 o의 데이터를 콘솔에 출력하는 함수입니다.

예제 42-3 객체 o의 데이터를 콘솔에 출력 web2-nodejs/syntax/object3.js

```
var o = {
    v1:'v1',
    v2:'v2'
}

function f1() {
    console.log(o.v1);
}

function f2() {
    console.log(o.v2);
}

f1();
f2();
```

object3.js 실행 결과

```
> node syntax/object3.js
v1
v2
```

그런데 이 코드가 1억 줄의 코드로 구성돼 있다고 생각해보세요. 그리고 어떤 신입 엔지니어가 들어와서 f1이라는 함수가 있는 줄 모르고 똑같은 f1이라는 이름으로 또 다른 함수를 정의했다고 생각해보세요. 그렇게 되면 이전에 있던 f1 함수가 삭제되는 것과 다름없습니다. 프로젝트를 진행하다 보면 이러한 상황은 왕왕 발생합니다.

이러한 경우에 우리를 구원해줄 도구가 바로 객체입니다. 객체를 사용하면 이러한 사고를 방지할 수 있습니다.

자바스크립트에서는 함수가 값이므로 객체의 멤버로 추가할 수 있습니다.

예제 42-4 함수를 객체의 멤버로 추가 web2-nodejs/syntax/object3.js

```
var o = {
    v1:'v1',
    v2:'v2',
    f1:function () {
        console.log(o.v1);
    },
    f2:function () {
        console.log(o.v2);
    }
}

o.f1();
o.f2();
```

함수 f1과 f2를 객체 o의 멤버로 선언했습니다. 그리고 o.f1과 같은 코드에 함수 호출 연산자인 ()를 붙여서 각 변수에 선언된 함수를 실행했습니다.

object3.js 실행 결과

```
> node syntax/object3.js
v1
v2
```

실행 결과는 방금 전과 같지만, 코드는 훨씬 더 정돈됐습니다. o라고 하는 객체 안에 서로 연관된 데이터와 그 데이터를 처리하는 함수를 하나의 객체로 묶어서 이용하기 때문입니다.

그런데 우리가 만든 코드는 조금 우스꽝스러운 면이 있습니다.

```
var o = {
    v1:'v1',
    v2:'v2',
    f1:function () {
        console.log(o.v1);
    },
```

```
    f2:function () {
        console.log(o.v2);
    }
}

o.f1();
o.f2();
```

f1, f2에 할당된 함수가 어떤 이름의 변수에 할당될 것인지 미리 알고 있어야 합니다. 이 변수 이름을 p라고 수정하면 더는 o라는 이름의 객체가 존재하지 않기 때문에 이 코드는 동작하지 않을 것입니다.

```
var p = {
    v1:'v1',
    v2:'v2',
    f1:function () {
        console.log(o.v1); // o라는 이름의 객체가 존재하지 않아서 에러 발생
    },
    f2:function () {
        console.log(o.v2); // o라는 이름의 객체가 존재하지 않아서 에러 발생
    }
}

p.f1();
p.f2();
```

객체 안에서 자신을 그 이름으로 참조하는 코드는 객체 이름이 변경되면 에러가 발생합니다. 즉, 객체 안에서 자신을 참조할 때는 자신의 이름에 종속적이지 않게 코드를 작성하는 것이 좋습니다. 이때 this라는 키워드를 사용합니다.

예제 42-5 자신의 이름에 종속적이지 않게 this 키워드를 사용 web2-nodejs/syntax/object3.js

```
... 생략 ...
    f1:function () {
        console.log(this.v1);
    },
    f2:function () {
        console.log(this.v2);
    }
... 생략 ...
```

this는 자신을 가리키는 자바스크립트의 키워드입니다. 즉, 지금 자신이 속한 객체의 이름을 나타냅니다. 예제에서는 객체 o 안에서 this를 사용했으므로 객체 o 자신을 가리킵니다. 이제 객체 o 안에 있는 코드는 객체 이름에 독립적으로 바뀌었으므로 객체 o의 이름을 변경하더라도 코드가 문제없이 동작합니다.

object3.js 실행 결과

```
> node syntax/object3.js
v1
v2
```

이로써 함수는 값이고 객체는 값을 담는 그릇이라는 특성을 이용해 서로 연관된 데이터와 서로 연관된 처리 방법을 객체에 담아서 사용함으로써 코드의 복잡도를 개선할 수 있게 됐습니다.

이것이 바로 여러분이 객체지향 프로그래밍을 바라보는 첫 번째 관점이면 좋겠습니다. 사실 객체지향 프로그래밍에는 이보다 더 많은 개념과 기법이 등장합니다. 하지만 객체라는 것이 결국에는 복잡한 코드를 정리정돈해서 코드의 복잡도를 개선하는 기본 기능에서 출발한다는 점을 분명하게 인식하고 있으면 좋겠습니다. 이 점을 분명하게 인식한다면 그 외에 등장하는 여러 가지 기능들은 여러분에게 굉장히 지적인 짜릿함을 줄 것입니다. 이 본질을 모른 채 다양한 기능에만 집중한다면 고생할 수밖에 없습니다.

이번 수업에서는 객체에 관해 살펴봤습니다. 쉽게 설명하려고 노력했지만 객체는 추상적이라서 분명히 어려운 주제입니다. 혹시 이해되지 않더라도 괜찮습니다. '객체지향을 못 한다고 프로그래밍을 못 한다는 것이 아니다'라는 마음을 갖고 차차 익숙해지면 됩니다.

WEB2

43 App - 템플릿 기능 정리정돈하기

https://youtu.be/WwZlozqFti8 (7분 58초)

이전 시간에는 자바스크립트에서 객체가 무엇인지 살펴봤습니다. 객체란 서로 연관된 데이터와 그 데이터를 처리하는 함수를 묶어서 처리함으로써 코드를 단순하게 하는 수납 상자와 같은 역할을 한다고 했습니다. 이번 시간에는 이러한 객체를 이용해 지금까지 개발한 애플리케이션을 정리정돈해 보겠습니다. 즉, 객체지향 방식으로 변경해보겠습니다.

우리가 개발한 애플리케이션에서 main.js 파일에는 templateHTML과 templateList라는 함수가 있습니다. 둘 다 함수 이름에 'template'이라는 공통 접두사를 가지고 있습니다. 프로그래밍에서 변수나 함수의 이름을 정할 때 서로 성격이 같은 것들을 그룹화하기 위해 접두사 또는 접미사를 사용하곤 합니다. 그런데 이름보다도 객체를 이용해 정리정돈하는 방법이 조금 더 우아한 방법입니다.

예제 43-1 서로 연관된 함수인 templateHTML과 templateList web2-nodejs/main.js

```
... 생략 ...
function templateHTML(title, list, body, control) {
  ... 생략 ...
}
function templateList(filelist) {
  ... 생략 ...
}
... 생략 ...
```

지금까지 서로 연관된 데이터나 함수는 객체로 묶어서 처리하면 훨씬 효율적이고 코드를 더 단순하게 한다고 배웠습니다. 이제 template이라는 객체를 만들어서 서로 연관된 데이터와 함수를 묶어서 사용해 보겠습니다. main.js 파일에 다음과 같이 template 객체를 정의합니다.

예제 43-2 template 객체 정의 web2-nodejs/main.js

```
var http = require('http');
var fs = require('fs');
var url = require('url');
var qs = require('querystring');
```

```
var template = {
    HTML:function(title, list, body, control) {
        return `
        <!doctype html>
        <html>
            <head>
                <title>WEB1 - ${title}</title>
                <meta charset="utf-8">
            </head>
            <body>
                <h1><a href="/">WEB</a></h1>
                ${list}
                ${control}
                ${body}
            </body>
        </html>
        `;
    },
    list:function(filelist) {
        var list = '<ul>';
        var i = 0;
        while(i < filelist.length) {
            list = list + `<li><a href="/?id=${filelist[i]}">${filelist[i]}</a></li>`;
            i = i + 1;
        }
        list = list + '</ul>';
        return list;
    }
}

var app = http.createServer(function(request, response) {
... 생략 ...
```

template이라는 객체를 선언하면서 속성(프로퍼티)으로 HTML과 list를 선언했습니다. HTML과 list 속성에는 각각 기존의 templateHTML 함수와 templateList 함수의 내용을 그대로 옮겨서 정의했습니다. 이때 기존 이름은 이제 객체의 속성 이름으로 대체할 것이므로 필요 없습니다. 따라서 기존 이름은 지우고 속성 이름과 콜론 다음에 바로 function 키워드가 오게 수정했습니다.

이처럼 기존의 templateHTML 함수와 templateList 함수를 객체에 넣었으므로 이 함수를 호출하는 부분도 수정해야 합니다. 코드를 다음과 같이 수정합니다.

예제 43-3 함수를 호출하는 부분 수정 web2-nodejs/main.js

```
... 생략 ...
var app = http.createServer(function(request, response) {
    ... 생략 ...
                var description = 'Hello, Node.js';
                var list = template.list(filelist);
                var html = template.HTML(title, list,
                    `<h2>${title}</h2>${description}`,
                    `<a href="/create">create</a>`
                );
                response.writeHead(200);
                response.end(html);
            });
    ... 생략 ...
```

기존의 templateHTML 함수와 templateList 함수를 호출하는 부분을 template 객체의 속성을 이용하는 방식으로 변경했습니다. 이때 지역 변수로 선언된 template은 방금 만든 template 객체와 이름이 중복되므로 html이라고 변경했습니다. 따라서 응답 기능을 하는 response.end에 html 변수를 인수로 전달하게 수정했습니다.

이렇게 수정하고 실행하면 기존과 똑같은 기능을 수행합니다. 결과는 같지만, 코드가 더 세련돼졌습니다.

그림 43-1 기존과 똑같은 기능을 수행하지만 더 세련되게 바뀐 코드

이제 홈 페이지뿐만 아니라 나머지 부분도 같은 방법으로 모두 수정해보세요. 여러 곳의 코드를 변경해야 하지만, 패턴은 똑같습니다. 소스 코드 수정을 마쳤다면 애플리케이션이 잘 동작하는지 각 기능을 꼼꼼하게 테스트해보기 바랍니다.

예제 43-4 함수를 호출하는 부분 수정(4군데) web2-nodejs/main.js

```
... 생략 ...
var app = http.createServer(function(request, response) {
    ... 생략 ...
    if(pathname === '/') {
        if(queryData.id === undefined) {
            ... 생략 ...
            var list = template.list(filelist);
            var html = template.HTML(title, list,
                ... 생략 ...
            );
            response.writeHead(200);
            response.end(html);
            ... 생략 ...
        } else {
            ... 생략 ...
                var list = template.list(filelist);
                var html = template.HTML(title, list,
                    ... 생략 ...
                );
                response.writeHead(200);
                response.end(html);
            ... 생략 ...
        }
    } else if(pathname === '/create') {
        ... 생략 ...
            var list = template.list(filelist);
            var html = template.HTML(title, list, `
                ... 생략 ...
            `, '');
            response.writeHead(200);
            response.end(html);
        ... 생략 ...
    } else if(pathname === '/create_process') {
```

```
        ... 생략 ...
    } else if(pathname === '/update') {
        ... 생략 ...
                var list = template.list(filelist);
                var html = template.HTML(title, list,
                    ... 생략 ...
                );
                response.writeHead(200);
                response.end(html);
            });
        });
    }
... 생략 ...
```

이렇게 우리가 만든 애플리케이션의 코드를 객체지향적으로 바꿔봤습니다. 사실 이 애플리케이션은 그렇게 복잡하지 않기 때문에 객체지향적으로 바꿨을 때 효과가 두드러지지는 않습니다. 그렇지만 애플리케이션에 기능이 추가되면서 코드 양이 늘기 시작하면 복잡도를 낮추는 효과를 발휘합니다.

앞에서 객체지향적으로 코드를 변경했지만, 기능이 동작하는 방식을 변경한 것은 아닙니다. 따라서 실행 결과가 달라지지는 않았습니다. 이처럼 기능은 똑같은데, 내부 코드를 좀 더 효율적으로 바꾸는 것을 리팩터링(refactoring)이라고 합니다. 프로그래밍에서 리팩터링은 중요하고 또 자주 사용합니다. 왜냐하면 처음부터 효율적이고 완벽한 코드를 작성할 수는 없기 때문입니다. 처음에는 조금 투박하고 비효율적이더라도 잘 동작하는 코드를 작성한 다음, 반복되는 패턴을 줄이고 배열이나 함수, 객체 등을 이용해 좀 더 효율적이고 유지보수하기 좋은 코드로 리팩터링하는 과정을 반복하면서 코드를 완성합니다. 처음부터 이상적인 코드를 작성한다는 것은 매우 어려운 일입니다.

WEB2

https://youtu.be/ti7n2ZXO2XE (5분 58초)

44 Node.js - 모듈의 형식

이번 장에서는 모듈(module)에 관해 살펴보겠습니다.

코드 양이 늘면 관리가 중요하다고 앞에서 여러 차례 이야기했습니다. 코드를 관리하는 과정에서 배열, 함수, 객체 등이 등장하는데, 객체가 많아지면 이 객체를 정리정돈하는 더 큰 개념의 도구가 있어야 합니다. 그것이 바로 모듈입니다. 즉, 모듈은 코드를 정리하는 가장 큰 도구라고 할 수 있습니다.

nodejs 디렉터리 아래에 muse.js 파일을 만들어서 모듈을 실습해보겠습니다. 파일을 생성했으면 다음과 같이 코드를 작성합니다.

예제 44-1 muse.js 파일 생성 web2-nodejs/nodejs/muse.js

```
var M = {
    v:'v',
    f:function() {
        console.log(this.v);
    }
}

M.f();
```

M이라는 객체를 선언하고 v와 f 속성에 각각 값과 함수를 정의했습니다. f 함수는 자신의 속성 중 v를 출력합니다.

muse.js 실행 결과

```
> node nodejs/muse.js
v
```

그런데 이처럼 객체가 많아지면 코드가 복잡해지므로 이 또한 정리정돈 대상이 됩니다. 이처럼 객체나 함수를 정리정돈할 수 있는 개념이 모듈입니다. 즉, 모듈을 만들어서 객체나 함수를 묶고, 이를 파일로 분리해서 외부에 독립적으로 공유할 수 있습니다.

이제 nodejs 디렉터리 아래에 mpart.js라는 파일을 하나 더 생성합니다. 그리고 방금 작성한 코드를 그대로 복사해 붙여넣고 다음과 같이 수정합니다.

예제 44-2 mpart.js 파일 생성 web2-nodejs/nodejs/mpart.js

```
var M = {
    v:'v',
    f:function() {
        console.log(this.v);
    }
}

module.exports = M;
```

새로 추가한 마지막 줄은 이 파일에 선언한 M 객체를 외부에서 사용할 수 있게 하는 자바스크립트 코드입니다. 즉, module.exports = M;이라는 코드를 이용하면 다른 파일에서도 M 객체를 사용할 수 있습니다.

이제 다시 muse.js 파일을 열고 M 객체를 선언했던 내용을 지웁니다. 그리고 방금 생성한 mpart.js에서 정의한 M 객체를 사용해보겠습니다. 코드를 다음과 같이 수정합니다.

예제 44-3 muse.js 파일에서 mpart.js 파일에서 정의한 M 객체 사용하기 web2-nodejs/nodejs/muse.js

```
var part = require('./mpart.js');
console.log(part);
```

part라는 새로운 변수를 선언했습니다. 이때 require 기능을 이용해 방금 생성한 mpart.js 파일의 경로를 지정함으로써 mpart.js에 선언한 M 객체를 참조하게 했습니다. part 변숫값을 콘솔에 출력해보니 M 객체의 속성이 출력됩니다. 즉, 외부 파일에 선언된 객체를 이용한 것입니다.

muse.js 실행 결과

```
> node nodejs/muse.js
{ v: 'v', f: [Function: f] }
```

part라는 변수에는 모듈에서 로딩한 결과를 담았는데, part 변수에는 { v: 'v', f: [Function: f] }와 같이 생긴 객체가 들어 있습니다.

다시 코드를 다음처럼 수정해서 part가 참조하는 M 객체의 f 속성(함수)을 출력해보겠습니다.

예제 44-4 M 객체의 f 속성 출력 web2-nodejs/nodejs/muse.js

```
var part = require('./mpart.js');
part.f();
```

muse.js 실행 결과

```
> node nodejs/muse.js
v
```

part 변수가 참조하는 mpart.js에 선언된 M 객체의 속성 중에서 f에 함수 호출 연산자를 붙여서 실행했습니다. 그 결과, M 객체의 내용대로 자신의 속성 중 v의 값을 출력합니다.

이것이 바로 모듈입니다. 물론 모듈을 제대로 사용하려면 더 자세하게 알아야 할 것들이 있지만, 그것은 여러분이 나중에 필요할 때 자료를 더 찾아보기 바랍니다. 우선은 여기까지만 알아보겠습니다.

WEB2

45 App - 모듈의 활용

https://youtu.be/_IM9OGJq5jM (4분 14초)

이번 시간에는 이전 시간에 배운 모듈을 우리의 애플리케이션에 적용해보겠습니다. 그동안 우리는 애플리케이션의 기능을 main.js 파일 한 곳에 모두 구현했습니다. 따라서 파일을 열어보면 소스 코드가 길어진 것을 확인할 수 있는데, 그중 template 객체를 여러 곳에서 사용하므로 이 객체를 모듈화해서 독립적인 외부 파일로 만들어 보겠습니다.

먼저 lib 디렉터리를 새로 만듭니다. lib는 일반적으로 라이브러리(library)를 줄여서 부르는 이름입니다. 프로그램에서 재사용할 수 있는 작은 조각의 로직이나 작은 프로그램들을 라이브러리라고 표현합니다. 방금 생성한 lib 디렉터리 아래에 template.js 파일을 만듭니다. 그리고 main.js 파일에서 template 객체를 정의하는 코드를 그대로 복사해서 template.js 파일에 붙여넣습니다.

예제 45-1 template.js 파일 생성 및 객체 정의 web2-nodejs/lib/template.js

```
var template = {
    HTML:function(title, list, body, control) {
        return `
        <!doctype html>
        <html>
            <head>
                <title>WEB1 - ${title}</title>
                <meta charset="utf-8">
            </head>
            <body>
                <h1><a href="/">WEB</a></h1>
                ${list}
                ${control}
                ${body}
            </body>
        </html>
        `;
},
list:function(filelist) {
```

```
        var list = '<ul>';
        var i = 0;
        while(i < filelist.length) {
            list = list + `<li><a href="/?id=${filelist[i]}">${filelist[i]}</a></li>`;
            i = i + 1;
        }
        list = list + '</ul>';
        return list;
    }
}

module.exports = template;
```

main.js 파일에 있는 template 객체를 정의하는 코드를 그대로 복사했습니다. 그리고 앞에서 배운 대로 template 객체를 외부에서 사용할 수 있게 마지막 줄을 추가했습니다. 이로써 다른 파일에서도 template 객체를 사용할 수 있게 됐습니다.

이 코드는 다음처럼 마지막 줄을 지우고 module.exports에 직접 대입하는 방식으로 바꿀 수도 있습니다. 예제 45-1과 똑같은 코드입니다.

예제 45-2 template.js 파일 생성 및 객체 정의 web2-nodejs/lib/template.js

```
module.exports = {
   HTML:function(title, list, body, control) {
... 생략 ...
    }
}
```

이제 main.js에서 template.js에 정의한 내용을 사용해 보겠습니다. 먼저 main.js 파일을 열고 template 객체를 정의하는 코드를 지웁니다. 그리고 다음과 같은 코드를 추가합니다.

예제 45-3 template.js 파일에 정의된 내용을 template 변수에 대입 web2-nodejs/main.js

```
var http = require('http');
var fs = require('fs');
var url = require('url');
var qs = require('querystring');
var template = require('./lib/template.js');
```

```
var app = http.createServer(function(request,response) {
...생략...
```

require 기능을 이용해 template.js 파일에 정의된 내용을 template 변수에 대입했습니다. 이제 main.js 파일에서 기존처럼 template 변수를 사용해 템플릿 기능을 그대로 사용할 수 있게 됐습니다. main.js 파일을 실행해 제대로 동작하는지 확인해보기 바랍니다.

이처럼 모듈화를 이용하면 개별 파일을 단순화할 수 있습니다. main.js 파일에는 template 외에도 모듈화할 수 있는 여러 기능이 있습니다. 독자 여러분도 직접 한번 도전해보면 좋겠습니다.

WEB2

https://youtu.be/xZztZWYuoo0 (8분 51초)

46 App - 입력 정보에 대한 보안

이번 수업부터는 보안(security)이라고 하는 주제를 살펴보려고 합니다.

이 책에서 소개하는 보안은 실제 서비스 환경에서 사용할 만한 수준은 아닙니다. 실제 서비스 환경에서는 보안과 관련해서 훨씬 많은 대비가 필요하기 때문입니다. 이번 수업에서는 보안이 왜 필요한지, 어떻게 애플리케이션에 보안을 적용하는지 등을 살펴봄으로써 보안의 중요성을 알아보고자 합니다.

먼저 우리가 만든 애플리케이션이 어떠한 위험 요소를 가지고 있는지 살펴보겠습니다. 나중에 다루겠지만, 앞으로 데이터베이스라는 것을 이용해 데이터를 관리하는 방식으로 애플리케이션을 개선해 나갈 것입니다. 그러려면 애플리케이션이 데이터베이스에 접속할 때 아이디와 비밀번호가 있어야 하므로 그 정보를 어딘가에 저장해 놓아야 합니다.

예를 들어, 아이디와 비밀번호를 정하고 다음처럼 password.js라는 파일에 저장해서 소스 코드의 이곳저곳에서 사용한다고 생각해보세요.

예제 46-1 아이디와 비밀번호를 저장한 password.js 파일 생성 web2-nodejs/password.js

```
module.exports = {
    id:'egoing',
    password:'111111'
}
```

우리 애플리케이션은 사용자가 이 파일의 내용을 화면에 출력할 수 있습니다. 예를 들어, CSS라는 페이지에 접속했을 때 'http://localhost:3000/?id=CSS'라는 주소는 우리가 만든 애플리케이션에서 ${queryData.id}라는 형태로 들어오게 돼 있습니다.

```
fs.readdir('./data', function(error, filelist) {
    fs.readFile(`data/${queryData.id}`, 'utf8', function(err, description) {
```

이때 사용자가 웹 브라우저의 주소 표시줄에 'localhost:3000/?id=../password.js'라고 입력하면 'data/../pasword'라는 데이터가 들어오고, 다음과 같은 화면이 출력됩니다.

그림 46-2 'localhost:3000/?id=../password.js' 주소로 접속했을 때 나타나는 페이지

즉, '../'이라는 경로를 통해 현재 페이지의 상위 디렉터리에 접근할 수 있다는 의미입니다. 이렇게 하면 아이디와 비밀번호가 외부에 노출되는 최악의 상황을 맞을 수도 있습니다. 또는 '../'이라는 경로를 더 입력해서 그보다 상위 디렉터리에 접근하거나 컴퓨터 전체를 탐색할 수도 있습니다. 이러한 문제가 발생하지 않도록 막는 것이 보안이고, 보안이 중요한 이유입니다.

위와 같은 문제가 발생하지 않도록 사용자가 요청한 경로를 분석하는 방법을 살펴보겠습니다. 먼저, Node.js의 공식 문서에서 path 모듈의 parse 메서드의 사용 예를 보면 다음과 같습니다.

```
path.parse('/home/user/dir/file.txt');
// Returns:
// { root: '/',
//   dir: '/home/user/dir',
//   base: '/file.txt',
//   ext: '.txt',
//   name: 'file' }
```

이러한 문제를 어떻게 해결할 수 있을지 검색해보고 싶어요!

웹 브라우저에서 경로(path)를 분석한다는 의미로 'nodejs path parse'라는 검색어로 검색해보겠습니다.

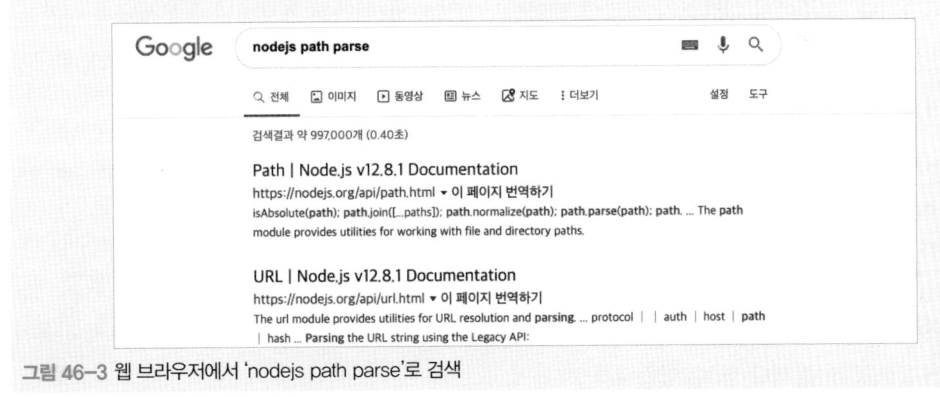

그림 46-3 웹 브라우저에서 'nodejs path parse'로 검색

여러 검색 결과 중에서 맨 위에 있는 공식 홈페이지로 들어가 보겠습니다. Node.js에 기본적으로 path가 있고, path에 parse라는 메서드가 있는 것을 볼 수 있습니다. 한번 예제를 따라 해보겠습니다.

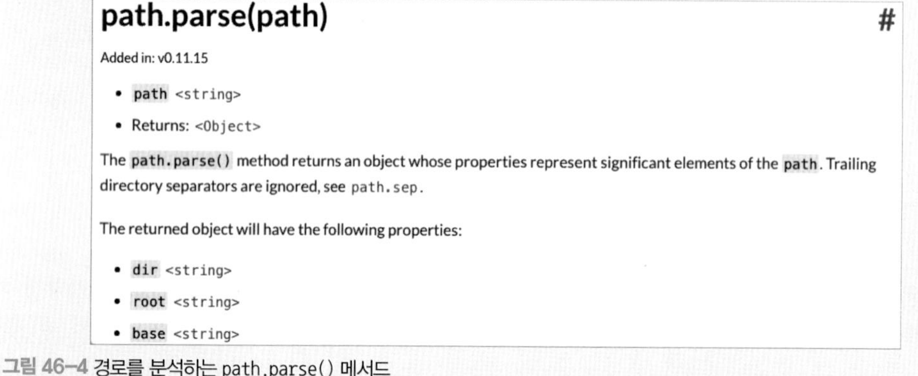

path.parse(path)

Added in: v0.11.15

- path <string>
- Returns: <Object>

The path.parse() method returns an object whose properties represent significant elements of the path. Trailing directory separators are ignored, see path.sep.

The returned object will have the following properties:

- dir <string>
- root <string>
- base <string>

그림 46-4 경로를 분석하는 path.parse() 메서드

parse 메서드의 실행 결과를 바로 확인하기 위해 Node.js 명령 프롬프트를 이용해 실습해 보겠습니다. 명령 프롬프트에 다음과 같이 차례로 입력해 봅시다.

```
Console
node
> var path = require('path');
undefined
> path.parse('../password.js');
{ root: '',
  dir: '..',
  base: 'password.js',
  ext: '.js',
  name: 'password' }
```

path 모듈의 parse 메서드를 이용해 '../password.js'의 경로를 분석해보니 중괄호로 감싼 객체의 속성들이 출력됐습니다. 그중에서 디렉터리 경로에 해당하는 '..'은 dir이라는 프로퍼티에 분석돼서 나왔고, 확장자인 '.js'는 ext 프로퍼티로 분류됐습니다. 여기서 우리가 사용하려는 속성은 base입니다. 즉, 경로에서 파일명만 사용하고 싶습니다.

```
Console
> path.parse('../password.js').base;
'password.js'
```

즉, 사용자가 '../password.js'라고 입력하더라도 'password.js'에 해당하는 부분만 사용함으로써 사용자가 입력한 정보를 정제(세탁)할 수 있습니다.

이제 main.js 파일에서 사용자가 요청한 경로를 분석하는 부분을 수정해 보겠습니다. 먼저 path 모듈을 사용할 수 있게 require 코드를 추가합니다.

예제 46-2 path 모듈을 임포트 web2-nodejs/main.js

```
var http = require('http');
var fs = require('fs');
var url = require('url');
var qs = require('querystring');
var template = require('./lib/template.js');
var path = require('path');

var app = http.createServer(function(request, response) {
... 생략 ...
```

그다음 사용자로부터 경로 요청을 가져오는 모든 곳을 수정해야 합니다. 이때 사용자가 입력한 정보인 외부에서 들어온 정보와 외부에서 들어온 정보가 바깥으로 나갈 때 모두 오염될 수 있습니다. 따라서 모든 정보를 철저히 의심해야 하는 것이 핵심입니다.

main.js에서 외부에서 정보가 들어오는 첫 번째 통로는 readFile 부분입니다. readFile을 사용하는 모든 부분을 찾아서 다음과 같이 수정합니다.

예제 46-3 사용자로부터 경로 요청을 가져오는 모든 곳을 수정 web2-nodejs/main.js

```
... 생략 ...
    if(pathname === '/') {
        if(queryData.id === undefined) {
            ... 생략 ...
        } else {
            fs.readdir('./data', function(error, filelist) {
                var filteredId = path.parse(queryData.id).base;
                fs.readFile(`data/${filteredId}`, 'utf8', function(err, description) {
                    ... 생략 ...
                });
            ... 생략 ...
        }
    } else if(pathname === '/create') {
        ... 생략 ...
    } else if(pathname === '/update') {
        fs.readdir('./data', function(error, filelist) {
            var filteredId = path.parse(queryData.id).base;
```

```
        fs.readFile(`data/${filteredId}`, 'utf8', function(err, description) {
            ... 생략 ...
        });
    ... 생략 ...
}
```

base 속성으로 경로 중 파일명만 골라냈습니다.

이렇게 수정하고 앞에서처럼 'localhost:3000/?id=../password.js'에 접속해보겠습니다. 다음과 같이 제목은 '../password.js'라고 바뀌지만, 내용은 불러올 수 없어서 undefined가 나옵니다. ${filteredId}로 들어온 정보가 '../pasword.js'가 아닌 '../' 부분이 차단된 'password.js'이므로 파일을 찾을 수 없는 것입니다. 이로써 이전보다 훨씬 더 안전해졌습니다.

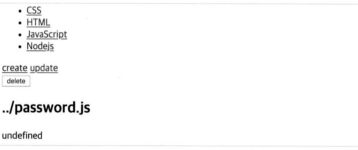

그림 46-5 오염된 정보가 들어와도 내용을 불러올 수 없음

그리고 외부에서 정보가 들어오는 또 다른 경우, 즉 삭제 기능(delete_process)을 구현하는 곳의 코드를 다음처럼 수정합니다.

예제 46-4 삭제 기능을 구현하는 delete_process 수정 web2-nodejs/main.js

```
... 생략 ...
} else if(pathname === '/delete_process') {
  ... 생략 ...
  var id = post.id;
  var filteredId = path.parse(id).base;
  fs.unlink(`data/${filteredId}`, function(error) {
  ... 생략 ...
```

어떤가요? 보다시피 사용자에게 시스템을 열어주면 굉장히 위험한 일이 쉽게 일어납니다. 이번 시간을 통해 섬뜩한 느낌이 들었다면 대성공입니다. 이번 수업은 여기서 마치겠습니다.

WEB2

47 App - 출력 정보에 대한 보안

https://youtu.be/-jSP6KQ7aww (5분 41초)

이번 수업은 웹 개발을 할 때 생길 수 있는 보안 문제에 관한 두 번째 시간입니다. 이전 시간에는 오염된 정보가 입력되는 것을 막는 방법을 살펴봤다면 이번 시간에는 오염된 정보를 출력하는 것을 막는 방법을 살펴보겠습니다.

사용자가 입력한 데이터를 조심해야 하는 이유

먼저 우리가 개발한 웹 애플리케이션을 실행하고 홈에서 create 링크를 클릭해서 정보를 입력해보겠습니다. 제목에는 'XSS'라고 입력하고 내용에는 다음과 같은 HTML 코드를 입력합니다. 참고로 XSS는 Cross-Site Scripting의 약자로 공격 기법 중 하나입니다.

```
<script>
alert('merong');
</script>
```

내용으로 입력한 <script>는 HTML 태그인데, 이 태그 안에는 자바스크립트 코드가 오도록 약속돼 있습니다. 웹 브라우저가 <script> 태그를 만나면 그 안에 있는 코드를 자바스크립트 코드로 간주하고, 자바스크립트 문법에 따라 실행합니다. 웹 브라우저에는 경고 창이라는 기능이 있는데, alert는 경고 창을 실행하는 자바스크립트 함수입니다. 즉, 이 스크립트가 실행되면 웹 브라우저가 'merong'이라는 내용의 경고 창을 표시합니다.

이대로 [Submit] 버튼을 누르면 경고 창이 나타나면서 입력한 데이터가 저장됩니다.

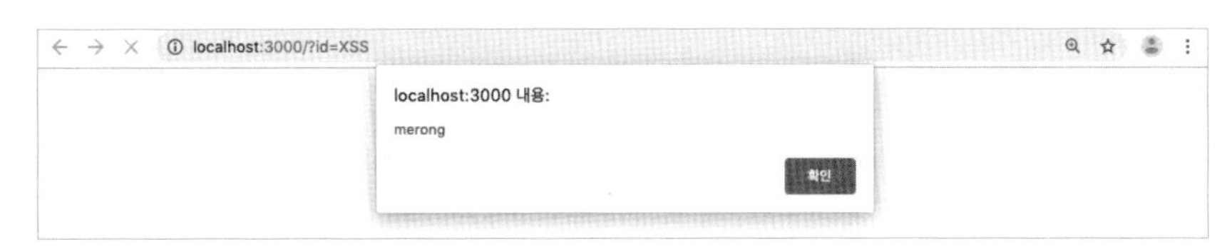

그림 47-1 글이 저장되면서 표시되는 'merong' 경고 창

글 목록에서 XSS가 생성된 것을 확인할 수 있고, 이를 클릭하면 경고 창이 실행됩니다.

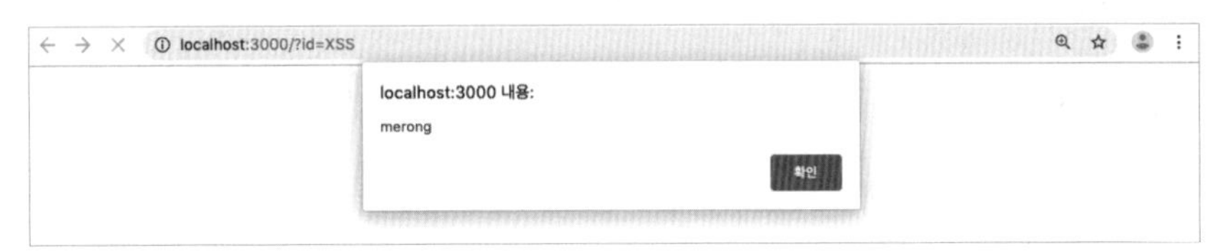

그림 47-2 XSS 글을 선택했을 때도 표시되는 경고 창

웹 페이지의 빈 곳에서 마우스 오른쪽 버튼을 누르고 [페이지 소스 보기] 메뉴를 선택해서 소스를 확인해보면 그림처럼 <script> 태그의 내용이 보입니다.

```
view-source:localhost:3000/?id=XSS

        <!doctype html>
        <html>
            <head>
                <title>WEB1 - XSS</title>
                <meta charset="utf-8">
            </head>
            <body>
                <h1><a href="/">WEB</a></h1>
                <ul><li><a href="/?id=CSS">CSS</a></li><li><a href="/?id=HTML">HTML</a></li><li><a
href="/?id=JavaScript">JavaScript</a></li><li><a href="/?id=Nodejs">Nodejs</a></li><li><a href="/?
id=XSS">XSS</a></li></ul>
                <a href="/create">create</a>
                        <a href="/update?id=XSS">update</a>
                        <form action="delete_process" method="post">
                            <input type="hidden" name="id" value="XSS">
                            <input type="submit" value="delete">
                        </form>
                <h2>XSS</h2><p><script>
alert('merong');
</script></p>
            </body>
        </html>
```

그림 47-3 XSS 페이지의 소스 코드 보기

이처럼 공격자가 사이트에 자바스크립트 코드를 심어놓을 수 있다면 우리 의도와 다르게 모든 사람이 'merong'이라는 경고 창을 보게 됩니다. 이 정도는 귀여운 공격에 속합니다. 만약 다음과 같은 자바스크립트 코드를 심었다면 어떨까요? XSS 페이지에서 update 링크를 클릭해서 내용을 다음처럼 변경하고 [Submit] 버튼을 눌러보세요.

```
<script>
location.href = 'https://opentutorials.org/course/1';
</script>
```

해당 글을 선택할 때마다 우리 사이트에서 벗어나 자바스크립트 코드에 명시한 페이지가 보이게 됩니다.

그림 47-4 XSS 페이지를 클릭하면 다른 페이지로 강제로 이동됨

이 밖에도 사용자의 로그인 정보를 갈취하는 등 더 심각한 상황이 발생할 수도 있습니다. 따라서 많은 웹 애플리케이션은 사용자로부터 입력받은 데이터를 바깥으로 출력할 때 그 데이터에서 발생할 수 있는 문제를 걸러내는 기능을 갖추고 있습니다.

그럼 우리 애플리케이션에도 이러한 필터링 방법을 적용해보겠습니다. 첫 번째로는 사용자가 입력한 데이터 중 <script> 태그를 아예 지우는 기능을 생각할 수 있습니다. 아주 강력한 방법입니다. 그리고 또 하나는 <script> 태그를 웹 브라우저가 해석해 실행하는 것이 아니라 그대로 노출되게 하는 것입니다.

두 번째 방법은 HTML 코드 중 '<'이나 '>'을 해석하지 않고 그대로 출력하게 해야 하는데, 이때 사용하는 특수 문자가 각각 <(less than)와 >(greater than)입니다. 즉, 웹 브라우저는 <와 >라는 기호를 각각 '<'와 '>'으로 출력합니다. 예를 들어, data 디렉터리 아래에 있는 XSS 파일을 열어서 <script> 코드를 다음처럼 변경하고 저장해보세요.

예제 47-1 <를 <로, >를 >로 수정 web2-nodejs/data/XSS

```
&lt;script&gt;
location.href = 'https://opentutorials.org/course/1';
&lt;/script&gt;
```

이제 웹 페이지를 새로 고침 하면 웹 브라우저는 HTML 코드를 마치 일반 문자열처럼 그대로 출력합니다.

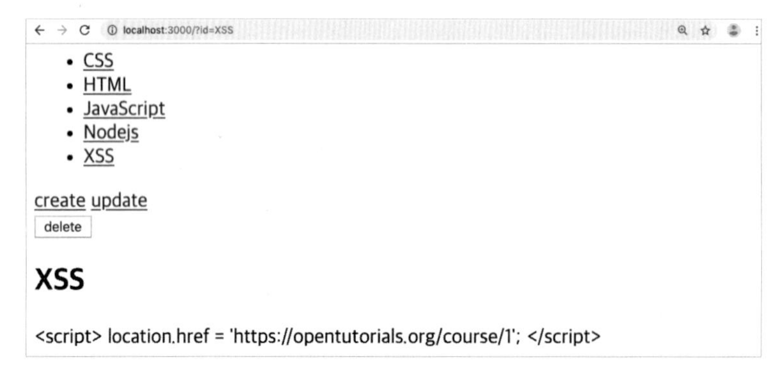

그림 47-5 HTML 코드를 일반 문자열처럼 그대로 출력

<가 <이고, >가 >라는 것은 어떻게 알 수 있나요?

웹 브라우저에서 'html entities'라는 검색어로 검색해보세요.

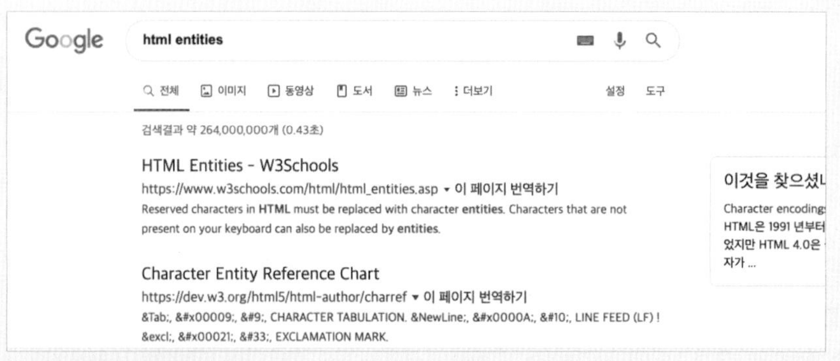

그림 47-6 웹 브라우저에서 'html entities'로 검색

그중 첫 번째에 있는 W2Schools로 들어가보면 다음과 같은 표가 있습니다.

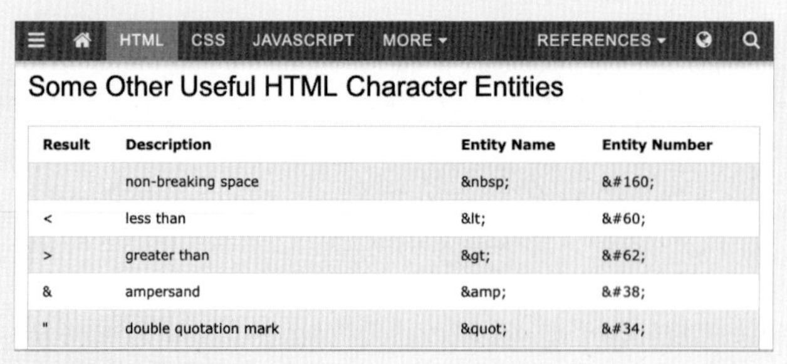

Some Other Useful HTML Character Entities

Result	Description	Entity Name	Entity Number
	non-breaking space		
<	less than	<	<
>	greater than	>	>
&	ampersand	&	&
"	double quotation mark	"	"

그림 47-7 W3schools에서 살펴본 'html entities'

표를 살펴보면 왼쪽 꺽쇠(<)는 '보다 작다(less than)'라는 뜻이고 '<'로 쓴다는 것을 알 수 있습니다. 웹 브라우저는 '<'를 만나면 '<' 모양을 출력해 줍니다. 마찬가지로 오른쪽 꺽쇠(>)는 '보다 크다(greater than)'라는 뜻이고 '>'로 쓴다는 것을 알 수 있습니다.

이번 절에서는 예시를 보여주기 위해 수동으로 데이터를 고쳤습니다. 다음 절에서 이러한 기능을 수행하게 만들어 보겠습니다.

외부 모듈 사용 준비

이번 절은 두 가지 목적이 있습니다. 첫 번째 목적은 보안입니다. 즉, 사용자가 입력한 정보를 웹으로 출력할 때 오염된 정보가 있다면 그 정보를 소독하는 방법을 살펴볼 것입니다. 그리고 두 번째 목적은 npm을 통해 다른 사람이 만든 모듈을 사용하는 것입니다. 보안과 같은 기능을 직접 구현할 수도 있지만, 다른 사람이 만들어 놓은 기능을 가져다 사용할 수도 있습니다.

https://youtu.be/_ApU_ObTIjQ
(5분 58초)

우리가 만든 애플리케이션은 보안과 관련된 문제가 있었습니다. 이번 절에서는 사용자가 입력한 데이터를 검사해서 자바스크립트를 실행하는 `<script>` 태그처럼 우리 사이트를 오염시키는 데이터를 소독하려고 합니다.

npm이 무엇인가요?

npm(Node Package Manager, 노드 패키지 매니저)은 자바스크립트 프로그래밍 언어를 위한 패키지 관리자입니다. 쉽게 말해 Node.js로 만들어진 패키지(모듈)를 관리해주는 도구입니다. NPM에 있는 모듈을 이용하면 다른 사람이 만든 모듈을 이용해 애플리케이션을 빠르게 개발할 수 있습니다.

어떤 모듈을 사용해야 할지 모르겠어요!

이번 절에서는 사이트를 오염시키는 데이터를 소독할 것입니다. 이러한 처리를 뭐라고 부르는지 알면 쉽게 해결할 수 있는데, 처음에는 쉽지 않을 것입니다.

'살균하다, 소독하다'라는 의미의 영단어인 sanitize에서 영감을 받아 'npm sanitize html'이라는 검색어로 검색해보겠습니다.

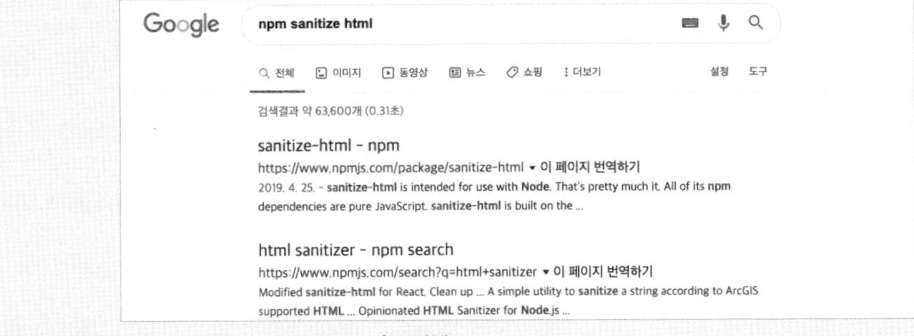

그림 47-8 웹 브라우저에서 'npm sanitize html'로 검색

첫 번째 검색 결과를 보면 'sanitize-html'이라는 npm 모듈을 찾을 수 있습니다.

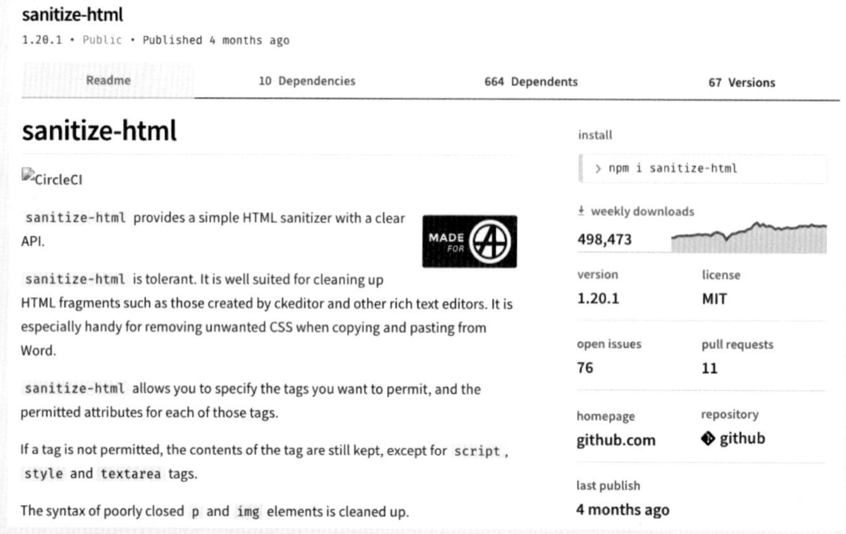

그림 47-9 npm에 등록된 sanitize-html 모듈

그런데 모듈을 찾았다고 아무거나 사용할 수는 없고 해당 모듈에 관한 평판을 보고 사용해도 될지 판단해야 합니다. 이러한 평판은 위 그림에서 오른쪽에 여러 수치와 그래프로 나타납니다. 이러한 평판을 바탕으로 얼마나 많은 개발자가 해당 모듈을 사용하는지 어느 정도 짐작해 볼 수 있습니다.

이제 사용하고자 하는 외부 모듈을 찾았으니 npm을 이용해 해당 모듈을 설치해야 합니다. 먼저, 명령 프롬프트에서 다음 명령으로 npm을 초기화합니다.

```
Console
> npm init
```

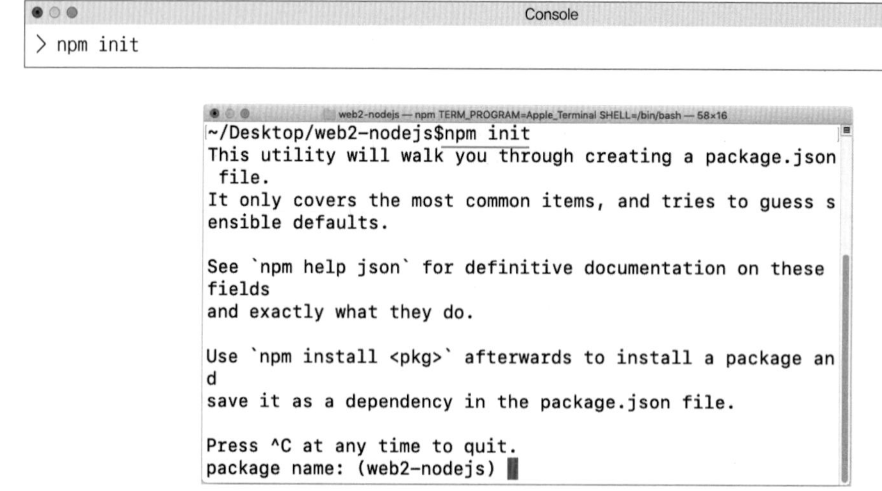

그림 47-10 npm init으로 npm 초기화

npm을 초기화하는 것은 애플리케이션을 npm이 관리할 수 있게 준비하는 과정입니다. 명령을 실행하면 패키지 이름을 입력하는 부분에 멈춰 있는데, 해당 명령을 실행한 디렉터리 이름이 기본적으로 패키지 이름이 되므로 프로젝트 루트 디렉터리에서 명령을 입력했다면 그냥 [Enter]를 눌러서 넘깁니다. 이후로 몇 가지 정보를 물어보는데 모두 [Enter]를 눌러 넘깁니다.

그러면 디렉터리에 package.json이라는 파일이 생깁니다. 그리고 해당 파일을 열어 보면 다음과 같이 프로젝트 정보를 확인할 수 있습니다.

예제 47-2 프로젝트 정보가 담긴 package.json web2-nodejs/package.json

```
{
  "name": "web2-nodejs",
  "version": "1.0.0",
  "description": "",
  "main": "main.js",
  "directories": {
    "lib": "lib"
  },
  "scripts": {
    "test": "echo \"Error: no test specified\" && exit 1"
  },
  "author": "",
  "license": "ISC"
}
```

이제 명령 프롬프트에서 다음 명령으로 sanitize-html을 설치합니다. 참고로 sanitize-html은 이 프로젝트에서만 사용하고 전역에 설치할 필요는 없으므로 -S 옵션을 사용합니다.

Console

```
> npm install -S sanitize-html
```

설치가 완료되면 프로젝트에 node_modules라는 디렉터리가 생성되고 그 안에 여러 모듈 디렉터리가 생성됩니다. 그중 sanitize-html을 확인할 수 있습니다.

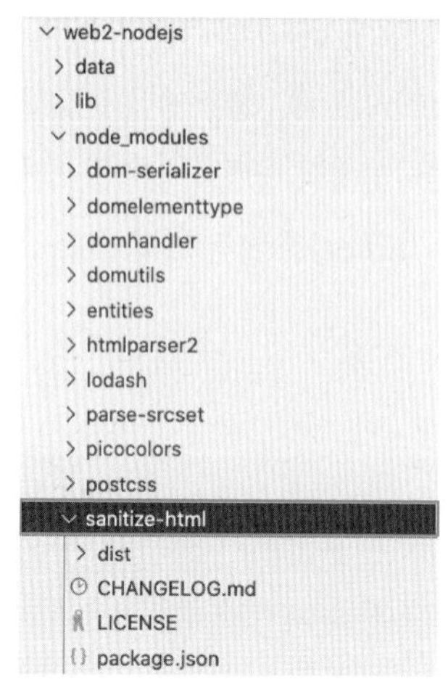

그림 47-11 node_modules 디렉터리에 생성된 sanitize-html 모듈 디렉터리

그리고 package.json 파일을 다시 열어보면 다음과 같은 내용이 추가된 모습을 확인할 수 있습니다.

예제 47-3 package.json에 추가된 sanitize-html web2-nodejs/package.json

```
... 생략 ...
"dependencies": {
  "sanitize-html": "^1.20.1"
}
... 생략 ...
```

dependencies라는 영단어는 '의존성'이라는 의미가 있습니다. 즉, 우리 프로젝트가 해당 블록 안에 있는 모듈에 의존하고 있다는 의미입니다. 그리고 블록 안에는 모듈명과 버전이 명시돼 있습니다. 앞에서 node_moduls 디렉터리에 있는 많은 모듈은 우리 프로젝트에서 사용하지 않지만, sanitize-html 모듈이 의존하는 것들입니다. 이러한 복잡한 의존 관계를 우리 대신 npm이 관리해주는 것입니다.

외부 모듈(sanitize-html) 사용하기

이제 main.js 파일을 열고 앞에서 설치한 sanitize-html 모듈을 사용해 사용자 입력 데이터를 필터링하는 기능을 구현해보겠습니다. sanitize-html 모듈의 사용법은 앞서 살펴본 npmjs.com 사이트에 잘 설명돼 있습니다.

https://youtu.be/cY3Tvxr4LNE
(5분 51초)

Node (Recommended)

Install module from console:

```
npm install sanitize-html
```

Use it in your node app:

```
var sanitizeHtml = require('sanitize-html');

var dirty = 'some really tacky HTML';
var clean = sanitizeHtml(dirty);
```

That will allow our default list of allowed tags and attributes through. It's a nice set, but probably not quite what you want. So:

```
// Allow only a super restricted set of tags and attributes
clean = sanitizeHtml(dirty, {
  allowedTags: [ 'b', 'i', 'em', 'strong', 'a' ],
  allowedAttributes: {
    'a': [ 'href' ]
  },
  allowedIframeHostnames: ['www.youtube.com']
});
```

그림 47-12 sanitize-html 모듈의 사용 예시

먼저 require를 이용해 sanitize-html 모듈을 불러오는 코드를 추가합니다.

예제 47-4 sanitize-html 모듈 임포트 web2-nodejs/main.js

```
var http = require('http');
var fs = require('fs');
var url = require('url');
var qs = require('querystring');
var template = require('./lib/template.js');
var path = require('path');
var sanitizeHtml = require('sanitize-html');
... 생략 ...
```

그다음 상세 보기 페이지를 생성하는 코드에 필터링 기능을 추가합니다.

예제 47-5 상세 보기 페이지를 생성하는 코드에 필터링 기능을 추가 web2-nodejs/main.js

```
... 생략 ...
if(queryData.id === undefined) {
    ... 생략 ...
} else {
    fs.readdir('./data', function(error, filelist) {
        var filteredId = path.parse(queryData.id).base;
```

```
        fs.readFile(`data/${filteredId}`, 'utf8', function(err, description) {
          var title = queryData.id;
          var sanitizedTitle = sanitizeHtml(title);
          var sanitizedDescription = sanitizeHtml(description);
          var list = template.list(filelist);
          var html = template.HTML(sanitizedTitle, list,
            `<h2>${sanitizedTitle}</h2>${sanitizedDescription}`,
            ` <a href="/create">create</a>
            <a href="/update?id=${sanitizedTitle}">update</a>
            <form action="delete_process" method="post">
              <input type="hidden" name="id" value="${sanitizedTitle}">
              <input type="submit" value="delete">
            </form>`
          );
... 생략 ...
```

기존 코드에서 제목(title)과 내용(description)을 sanitizeHtml을 이용해 필터링한 후 각 위치에 필터링된 데이터를 사용했습니다. 이렇게 sanitizedTitle, sanitizedDescription이라는 별도의 변수를 사용하면 사용하려는 변수가 살균된 정보인지 변수 이름을 통해 알 수 있습니다.

이제 소스를 저장하고 웹 페이지에 접속한 다음, 새로운 글을 등록하면서 앞에서처럼 내용에 <script> 태그를 작성해 보겠습니다. 제목은 'dirty HTML'이라고 작성했고, 내용은 다음과 같이 입력했습니다.

```
This is dirty.
<script>alert('merong');</script>
End.
```

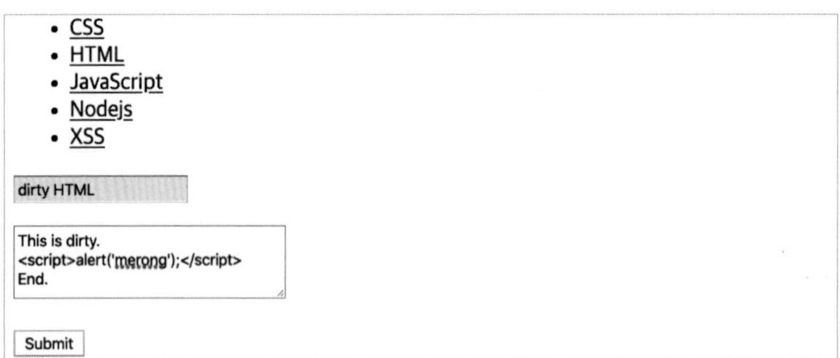

그림 47-13 스크립트를 입력하고 글 생성

[Submit] 버튼을 누르면 다음과 같이 <script> 태그는 실행되지 않고 문자열만 표시되는 것을 확인할 수 있습니다.

그림 47-14 dirty HTML 페이지에서 스크립트는 출력되지 않음

하지만 방금 생성한 파일(dirty HTML)을 열어 보면 <script> 태그가 그대로 보입니다.

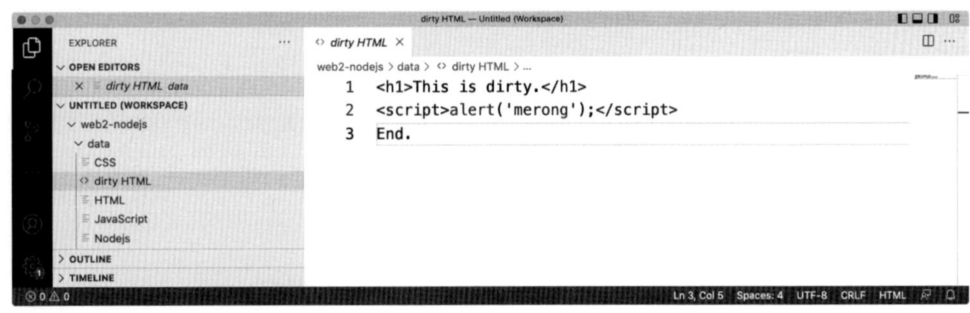

그림 47-15 dirty HTML 페이지를 열어보면 존재하는 <script> 태그

즉, 사용자가 입력한 <script> 태그는 그대로 있지만, 이를 웹 페이지에 출력할 때는 sanitizeHtml 기능으로 필터링해서 제외했습니다.

그런데 <script> 태그처럼 예민한 태그는 필터링해야겠지만, 제목 태그와 같이 허용하고 싶은 태그가 있을 수도 있습니다. 그럴 때는 어떻게 해야 할까요?

이를 알아보기 위해 dirty HTML 페이지가 열린 상태에서 update 링크를 클릭하고, 본문을 다음과 같이 <h1> 태그를 사용하는 코드로 수정해보겠습니다.

```
<h1>This is dirty.</h1>
<script>alert('merong');</script>
End.
```

내용을 수정하고 [Submit] 버튼을 누르면 <h1> 태그 역시 필터링된 것을 확인할 수 있습니다.

그림 47-16 예민하지 않은 <h1> 태그까지 필터링된 모습

<h1> 태그는 필터링되지만, <script> 태그와 다르게 "This is dirty"라는 내용은 그대로 살려줍니다. <h1> 태그를 필터링하지 않고 허용하고 싶다면 sanitizeHtml 기능에 옵션을 지정해야 합니다. 코드를 다음과 같이 수정해 봅시다.

예제 47-6 sanitizedHTML 기능에 옵션을 추가 web2-nodejs/main.js

```
... 생략 ...
var sanitizedDescription = sanitizeHtml(description, {
    allowedTags:['h1']
});
... 생략 ...
```

이렇게 하면 <h1> 태그는 필터링 항목에서 제외하고 그대로 HTML 코드로서 해석합니다. 웹 페이지를 새로 고침 하면 <h1> 태그가 동작해서 "This is dirty"가 제목으로 보이는 것을 확인할 수 있습니다.

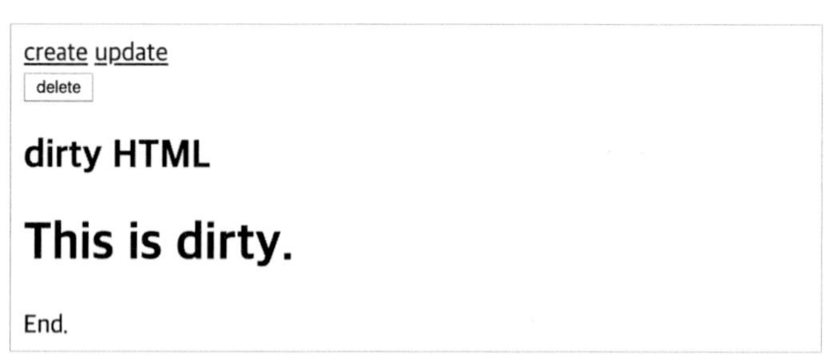

그림 47-17 sanitize-html에서 필터링되지 않은 <h1> 태그

이로써 sanitize-html이라는 외부 모듈을 사용해 사용자 입력 데이터를 필터링해서 출력하는 기능을 구현해봤습니다. 이처럼 외부 모듈을 사용하면 웹 개발 시간을 단축할 수 있어서 생산성을 높일 수 있습니다.

WEB2

https://youtu.be/Cj-TvOwIMpA (6분 25초)

48 수업을 마치며

이제 헤어져야 할 시간입니다. 작별하기 전에 몇 가지 여행 팁을 설명하고 물러나겠습니다.

지금까지 자바스크립트 문법과 Node.js 기능을 이용해 웹 애플리케이션을 만드는 방법을 살펴봤습니다. 이로써 현대적인 웹 애플리케이션을 만드는 데 필요한 요소와 인터넷에 대한 매우 중요한 동작 원리를 알게 됐습니다. 진도를 더 나가기 전에 충분히 기뻐하기를 바랍니다. 이번 시간에는 더 많은 것을 공부하려는 분들이 도전해 볼 만한 몇 가지 주제를 소개하겠습니다.

자바스크립트

JavaScript

Node.js의 인터페이스는 자바스크립트 문법으로 만들어졌습니다. 자바스크립트는 원래 웹 브라우저를 프로그래밍 방식으로 제어하기 위해 고안된 언어입니다. Node.js를 통해 자바스크립트를 처음 접했다면 자바스크립트의 고향인 웹 브라우저를 자바스크립트로 제어하는 방법에 도전해보세요. 그러면 사용자에게 보이는 클라이언트 측과 서버 내에서 데이터를 처리하는 서버 측 모두를 자바스크립트라고 하는 하나의 언어로 구현할 수 있게 됩니다.

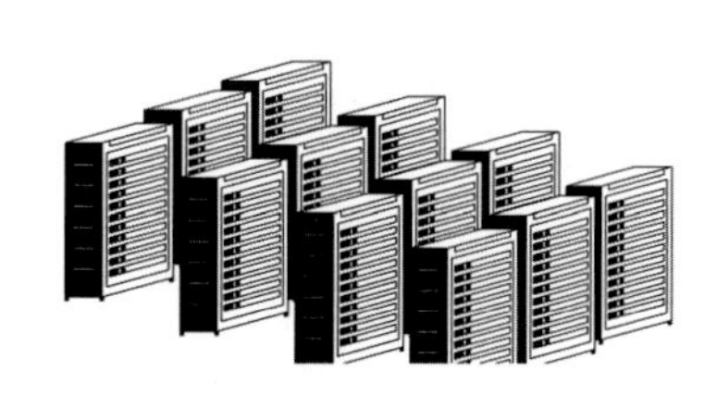

자바스크립트를 Node.js를 통해 처음 만났다면 Node.js와 자바스크립트가 하나인 것처럼 느껴질 것입니다. 하지만 자바스크립트를 이용하는 서로 다른 시스템, 예를 들어 웹 브라우저와 Node.js를 경험해본다면 자바스크립트와 자바스크립트가 아닌 부분을 더 명확하게 구분할 수 있습니다. 그렇게 된다

면 오늘날 쏟아져 나오는 자바스크립트로 제어할 수 있는 여러 시스템을 매우 빠르게 공부해서 깊이 있게 제어할 수 있는 실력을 갖출 수 있을 것입니다.

데이터베이스

이 책에서는 정보를 data라는 디렉터리에 파일 형태로 저장하고 있습니다. 파일은 쉽고 어디에나 있다는 장점이 있지만, 제어하기 불편하고 위험하며 느리다는 단점이 있습니다. 파일을 안전하고 빠르게 이용하기는 매우 어렵습니다. 이렇게 어려운 일을 쉽게 하기 위해 소수의 천재적인 엔지니어들이 만든 대체재가 데이터베이스입니다. 데이터베이스를 도입하면 데이터 디렉터리에 저장했던 정보를 데이터베이스라고 하는 전문화된 프로그램에 저장하게 됩니다. 그렇게 되면 우리의 웹은 데이터베이스가 가진 엄청난 성능과 보안, 그리고 편리함을 거저먹는 애플리케이션으로 거듭나게 됩니다. 2019년 현시점에서 Node.js와 함께 자주 사용되는 데이터베이스로는 MongoDB와 MySQL이 있습니다.

Database
MongoDB
MySQL

프레임워크

분야별로 소프트웨어들은 공통적인 부분과 그렇지 않은 부분이 공존합니다. 예를 들어 웹 애플리케이션을 만드는 경우 사용자의 요청 처리, 인증, 보안, 파일 서비스 등과 같은 작업은 어디에나 사용되는 공통적인 부분이라고 할 수 있습니다. 이렇게 공통적인 요소를 미리 구현해놓은 것을 프레임워크라고 일단 생각합시다. 프레임워크를 이용하면 자신이 하고자 하는 일에 특화된 부분에 집중할 수 있게 됩니다. 하지만 프레임워크를 다루려면 공부를 많이 해야 한다는 것도 기억하세요.

framework

Node.js 모듈

무엇보다 중요한 것은 Node.js가 가진 기본 모듈에는 어떠한 것들이 있는가입니다. Node.js 생태계가 만들고 있는, 쉽게 말해 npm 같은 패키지 매니저를 통해 설치해서 쓸 수 있는 모듈에는 어떤 것들이 있는가를 파악하는 것입니다. 최근에 개발자들은 경탄할 만한 여러 라이브러리를 모아놓은 일종의 북마크를 만들고 있습니다. 이러한 북마크를 '어썸(awesome)'이라고 합니다.

module
API

Node.js AWESOME

'Node.js awesome'이라는 키워드로 검색해보면 여러 결과를 찾을 수 있는데, 이를 통해 최근에 어떤 모듈들이 주목받고 있는지 살펴보는 것도 도움이 됩니다. 알고 있는 모듈이 많을수록 해낼 수 있는 일도 많아집니다.

이제 여러분은 더 많은 것을 배우고 싶다는 충동이 생길 것이고, 이는 좋은 현상입니다. 하지만 그 충동이 호기심이나 기대, 희망과 같은 것이 아니라 불안감, 자신 없음, 초조함 같은 감정 때문이라면 지금은 진도를 나가기에 좋은 상태가 아니라고 생각합니다. 만약 제가 그런 상태라면 지금까지 작성한 코드를 보고 다시 작성해 볼 겁니다. 그리고 책을 안 보고도 코드를 작성하고, 혼자서 설명해보고, 남들에게 설명해보면서 코드에 익숙해지려고 노력할 것입니다. 이 과정을 반복하다 보면 어느 순간 폭발적으로 진도를 나갈 수 있는 순간이 오는데, 그때가 진도를 나가기에 아주 좋은 타이밍이 아닐까 싶습니다.

자, 여기까지입니다. 즐거운 시간이었나요? 저는 여러분을 응원하겠습니다. 축하드리고, 고맙습니다.

처음 프로그래밍을 시작하는 입문자의 눈높이에 맞춘

생활코딩! Node.js 노드제이에스 프로그래밍

02
MySQL

WEB3

01 https://youtu.be/1ee5vAou2Y0 (5분 24초)

수업 소개

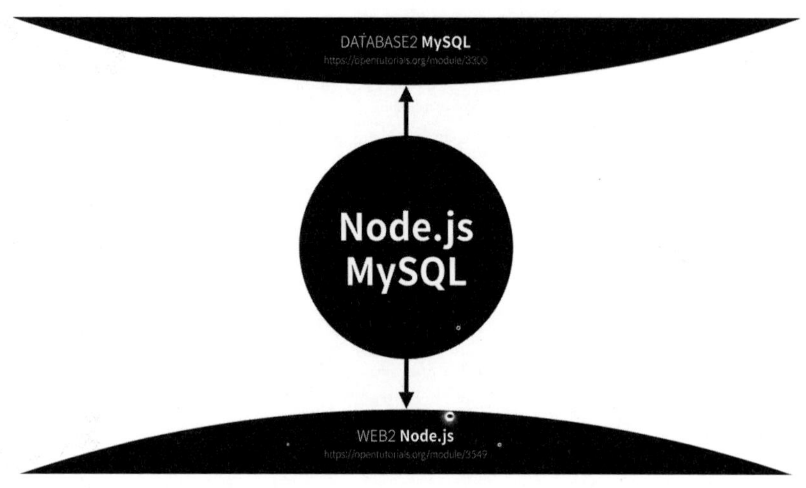

그림 1-1 Node.js & MySQL 수업의 의존 관계

이 수업은 WEB2 – Node.js 수업[1]과 DATABASE2 – MySQL 수업[2]에 의존하는 수업입니다. 만약 Node.js 수업과 MySQL 수업에 익숙하지 않다면 해당 수업을 먼저 본 후에 이번 수업을 보시기 바랍니다.

지금까지 만든 애플리케이션은 웹 페이지에서 글을 생성하고 읽고, 수정 및 삭제하는 기능을 가지고 있습니다. 이때 생성한 데이터는 웹 서버의 data 디렉터리에 파일 형태로 저장했습니다. 파일은 아주 좋은 저장시스템입니다. 특별한 설치나 학습 없이 어느 운영체제에서나 사용할 수 있고, 아주 단순하기 때문에 파일을 배우는 데 많은 시간이 필요하지 않습니다. 하지만 파일은 단점도 있습니다.

예를 들어, 우리가 만든 웹 페이지(파일)가 1억 개라고 상상해보세요. 그리고 1억 개의 파일 중 특정 키워드가 포함된 글만 목록으로 보여주는 검색 기능을 추가하려고 합니다. 쉬울까요? 이처럼 많은 양의 데이터를 파일로 처리하면 파일 하나하나를 여닫으면서 모든 텍스트를 비교해야 합니다. 처리량이 상당하기 때문에 아무리 컴퓨터라도 오래 걸릴 수밖에 없습니다.

1 https://opentutorials.org/course/3332 또는 이 책의 2쪽에서도 Node.js를 다룹니다.

2 https://opentutorials.org/course/3161

WEB

- CSS
- HTML
- JavaScript
- Nodejs
- XSS
- dirty HTML

만약 1억 개라면?

create

그림 1-2 웹 페이지(파일)가 1억 개라면?

또한 우리가 만든 애플리케이션은 글 하나가 제목과 본문 두 가지 정보로만 구성돼 있습니다. 따라서 제목은 파일 이름으로 처리했고 본문은 해당 파일의 내용으로 처리했습니다. 그런데 제목과 내용뿐만 아니라 저자 이름이나 작성 시간, 공개 상태 등 여러 가지 정보를 담으려고 한다면 파일에 어떠한 형태로 구분해서 저장해야 할까요? 물론 파일로도 할 수 있지만, 잘하기는 굉장히 어려운 일입니다. 또한 여러분이 가진 정보를 저자의 이름순으로 정렬한다거나 생성한 날짜순으로 정렬하는 것처럼 정렬을 직접 구현하는 것 역시 굉장히 어렵고 까다로운 일입니다.

이러한 맥락에서 우리를 구원해 줄 도구가 바로 데이터베이스(Database)입니다. 데이터베이스는 여러 종류가 있지만, 우리 수업에서는 가장 보편적인 데이터베이스 중 하나인 MySQL을 다룹니다. 우리 애플리케이션에서 데이터 저장 기능을 파일에서 데이터베이스로 변경하려면 `readdir`이나 `readfile`처럼 파일을 제어하는 코드를 수정해야 합니다.

```
fs.readFile(`data/${filteredId}`, 'utf8', function(err, description) {
    ... 생략 ...
});
```

즉, Node.js에서 MySQL을 제어하려고 만든 라이브러리를 이용하는 코드로 대체해야 합니다.

이렇게 하면 보안, 안정성, 성능, 동시성 등 우리가 직접 관리하기 어려운 부분을 MySQL이라는 데이터베이스 관리 시스템에 맡길 수 있습니다.

WEB3

https://youtu.be/Jb6nmI-AmGA (8분 40초)

02 실습 준비

이번 시간에는 이 수업에 필요한 실습 환경을 마련해 보겠습니다. 이 수업의 소스 파일 저장소는 다음과 같습니다. 수업을 진행하면서 필요할 때 접속해서 소스를 확인하거나 내려받으면 됩니다.

```
https://github.com/wikibook/nodejs
```

이 수업을 처음 시작할 때는 저와 소스 파일이 똑같은 상태면 좋습니다. 물론 지금까지 여러분이 만든 애플리케이션의 코드를 그대로 이용해도 되지만, 이후의 실습 과정을 원활하게 진행하려면 저와 환경을 맞추는 것이 좋습니다.

먼저 위 주소에 접속해서 [Code] – [Download ZIP] 버튼을 클릭합니다.

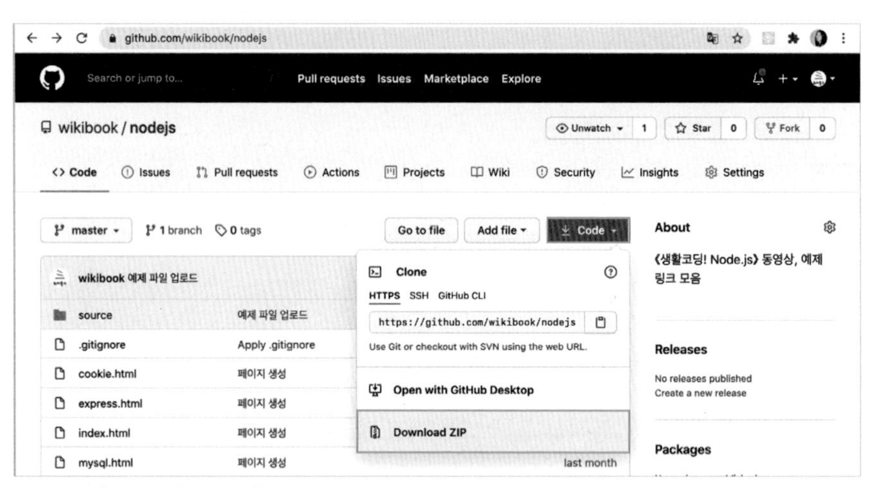

그림 2-1 깃허브에서 [releases] 버튼 클릭

내려받은 파일의 압축을 푼 다음 source 폴더로 이동합니다.

- source/nodejs-mysql: MySQL 편의 예제는 이 프로젝트로 시작합니다.
- source/nodejs-mysql-fin: MySQL 편의 완성된 예제 코드입니다. (예제번호별로 예제 코드가 정리돼 있습니다)

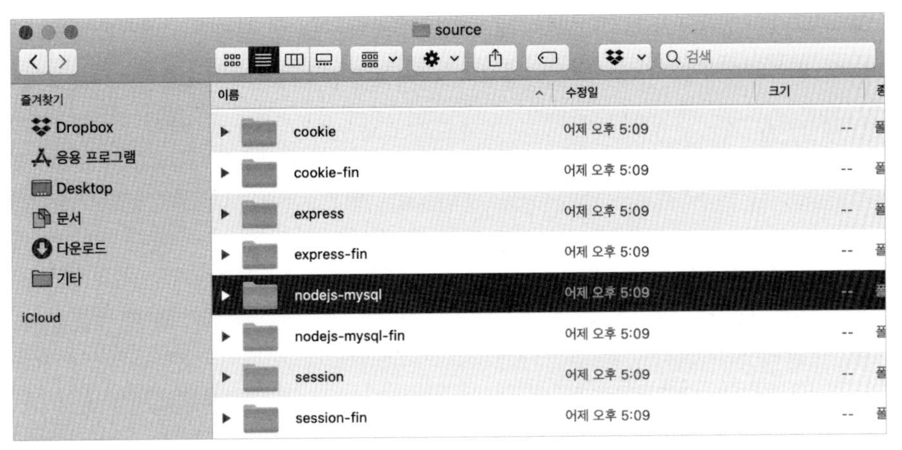

그림 2-2 압축을 풀고 source 폴더로 이동

nodejs-mysql 폴더로 이동하면 다음과 같은 구조의 디렉터리와 파일을 확인할 수 있습니다.

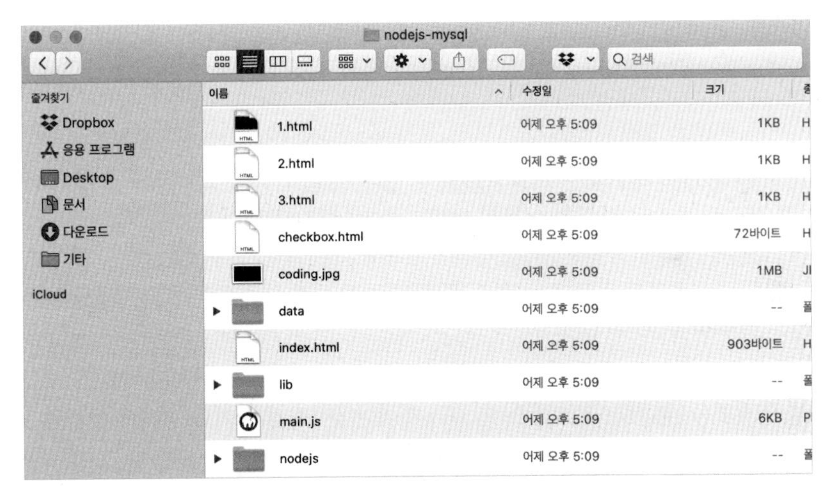

그림 2-3 이 수업의 예제 파일

이 중에서 가장 중요한 주인공은 역시나 `main.js` 파일입니다. 이 파일에 여러 가지 내용을 수정하고 구현할 것입니다. 그리고 `example.sql` 파일에는 이 수업에서 사용하는 데이터베이스 테이블을 만드는 코드가 담겨 있습니다. 이 파일을 MySQL에 적용해서 데이터베이스를 만들 것입니다.

우선 데이터베이스를 생성하기 위해 명령 프롬프트를 열고 MySQL이 설치된 디렉터리(`mysql.exe` 파일이 있는 위치)에서 다음과 같은 명령을 입력합니다. 이어서 루트 비밀번호를 입력하면 MySQL 콘솔에 진입할 수 있습니다.

Console

```
> mysql -uroot -p
Enter password: *********
Welcome to the MySQL monitor.  Commands end with ; or \g.
Your MySQL connection id is 17
Server version: 8.0.17 MySQL Community Server - GPL

Copyright (c) 2000, 2019, Oracle and/or its affiliates. All rights reserved.

Oracle is a registered trademark of Oracle Corporation and/or its
affiliates. Other names may be trademarks of their respective
owners.

Type 'help;' or '\h' for help. Type '\c' to clear the current input statement.

mysql>
```

이제 다음 명령으로 `opentutorials`라는 이름의 데이터베이스를 만듭니다.

MySQL Console

```
mysql> CREATE DATABASE opentutorials;
```

다음 명령어를 입력했을 때 목록에서 `opentutorials` 데이터베이스가 보이면 제대로 생성된 것입니다.

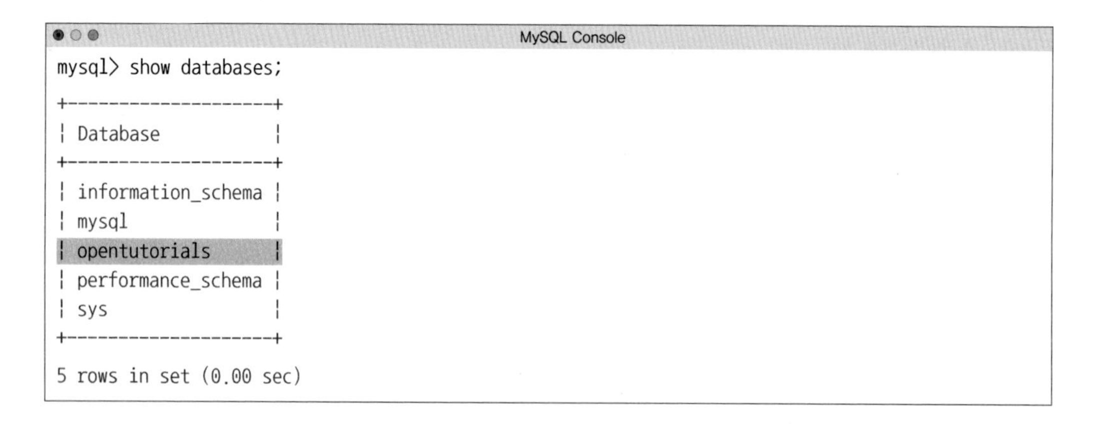

MySQL Console

```
mysql> show databases;
+--------------------+
| Database           |
+--------------------+
| information_schema |
| mysql              |
| opentutorials      |
| performance_schema |
| sys                |
+--------------------+
5 rows in set (0.00 sec)
```

이제 방금 생성한 opentutorials 데이터베이스에 테이블을 생성해보겠습니다. 이때 앞에서 소개한 example.sql 파일에 있는 코드를 이용하겠습니다. 실습 디렉터리에서 example.sql 파일을 열어보면 다음과 같은 코드를 볼 수 있습니다.

예제 2-1 테이블을 생성하기 위한 SQL 문 nodejs-mysql/example.sql

```
--
-- Table structure for table `author`
--


CREATE TABLE `author` (
    `id` int(11) NOT NULL AUTO_INCREMENT,
    `name` varchar(20) NOT NULL,
    `profile` varchar(200) DEFAULT NULL,
    PRIMARY KEY (`id`)
);

--
-- Dumping data for table `author`
--

INSERT INTO `author` VALUES (1,'egoing','developer');
INSERT INTO `author` VALUES (2,'duru','database administrator');
INSERT INTO `author` VALUES (3,'taeho','data scientist, developer');

--
-- Table structure for table `topic`
--

CREATE TABLE `topic` (
    `id` int(11) NOT NULL AUTO_INCREMENT,
    `title` varchar(30) NOT NULL,
    `description` text,
    `created` datetime NOT NULL,
    `author_id` int(11) DEFAULT NULL,
    PRIMARY KEY (`id`)
);

--
-- Dumping data for table `topic`
--

INSERT INTO `topic` VALUES (1,'MySQL','MySQL is...','2018-01-01 12:10:11',1);
```

```
INSERT INTO `topic` VALUES (2,'Oracle','Oracle is ...','2018-01-03 13:01:10',1);
INSERT INTO `topic` VALUES (3,'SQL Server','SQL Server is ...','2018-01-20 11:01:10',2);
INSERT INTO `topic` VALUES (4,'PostgreSQL','PostgreSQL is ...','2018-01-23 01:03:03',3);
INSERT INTO `topic` VALUES (5,'MongoDB','MongoDB is ...','2018-01-30 12:31:03',1);
```

이 중 핵심 테이블은 topic 테이블입니다. 우리가 만들 예제 애플리케이션은 글을 표현하는 애플리케이션인데, 글 하나하나를 topic 테이블 안에 담을 것입니다. topic 테이블의 각 칼럼은 다음과 같습니다.

- id: 아이디
- title: 제목
- description: 본문
- created: 생성일
- author_id: 작성자 식별자

이 가운데 작성자 식별자(author_id)에 해당하는 구체적인 정보는 author 테이블에 저장할 것입니다. author 테이블은 다음과 같이 세 가지 칼럼으로 이뤄진 간단한 테이블입니다.

- id: 아이디
- name: 이름
- profile: 프로필

그리고 테이블마다 기본적인 샘플 데이터가 삽입되게 구성했습니다.

이제 이 코드를 적용해보겠습니다. 먼저 앞에서 생성한 opentutorials 데이터베이스를 사용하겠다고 명령합니다.

MySQL Console

```
mysql> use opentutorials;
Database changed
```

그다음 example.sql 파일의 전체 코드를 복사한 후 콘솔에 붙여넣습니다.

MySQL Console

```
mysql> CREATE TABLE `author` (
    ->   `id` int(11) NOT NULL AUTO_INCREMENT,
    ->   `name` varchar(20) NOT NULL,
    ->   `profile` varchar(200) DEFAULT NULL,
    ->   PRIMARY KEY (`id`)
    -> );
```

```
Query OK, 0 rows affected, 1 warning (2.49 sec)

mysql>
mysql> --
mysql> -- Dumping data for table `author`
mysql> --
mysql>
mysql> INSERT INTO `author` VALUES (1,'egoing','developer');
Query OK, 1 row affected (0.58 sec)

mysql> INSERT INTO `author` VALUES (2,'duru','database administrator');
Query OK, 1 row affected (0.02 sec)

mysql> INSERT INTO `author` VALUES (3,'taeho','data scientist, developer');
Query OK, 1 row affected (0.01 sec)

mysql>
mysql> --
mysql> -- Table structure for table `topic`
mysql> --
mysql>
mysql> CREATE TABLE `topic` (
    ->   `id` int(11) NOT NULL AUTO_INCREMENT,
    ->   `title` varchar(30) NOT NULL,
    ->   `description` text,
    ->   `created` datetime NOT NULL,
    ->   `author_id` int(11) DEFAULT NULL,
    ->   PRIMARY KEY (`id`)
    -> );
Query OK, 0 rows affected, 2 warnings (2.07 sec)

mysql>
mysql> --
mysql> -- Dumping data for table `topic`
mysql> --
mysql>
mysql> INSERT INTO `topic` VALUES (1,'MySQL','MySQL is...','2018-01-01 12:10:11',1);
Query OK, 1 row affected (0.56 sec)

mysql> INSERT INTO `topic` VALUES (2,'Oracle','Oracle is ...','2018-01-03 13:01:10',1);
Query OK, 1 row affected (0.01 sec)
```

```
mysql> INSERT INTO `topic` VALUES (3,'SQL Server','SQL Server is ...','2018-01-20 11:01:10',2);
Query OK, 1 row affected (1.15 sec)

mysql> INSERT INTO `topic` VALUES (4,'PostgreSQL','PostgreSQL is ...','2018-01-23 01:03:03',3);
Query OK, 1 row affected (0.58 sec)

mysql> INSERT INTO `topic` VALUES (5,'MongoDB','MongoDB is ...','2018-01-30 12:31:03',1);
Query OK, 1 row affected (0.58 sec)
```

코드를 붙여넣을 때 'Query OK'가 출력되면 성공적으로 적용된 것입니다. 이제 테이블과 데이터를 확인하는 몇 가지 명령을 실행해보면서 제대로 적용됐는지 확인해보겠습니다.

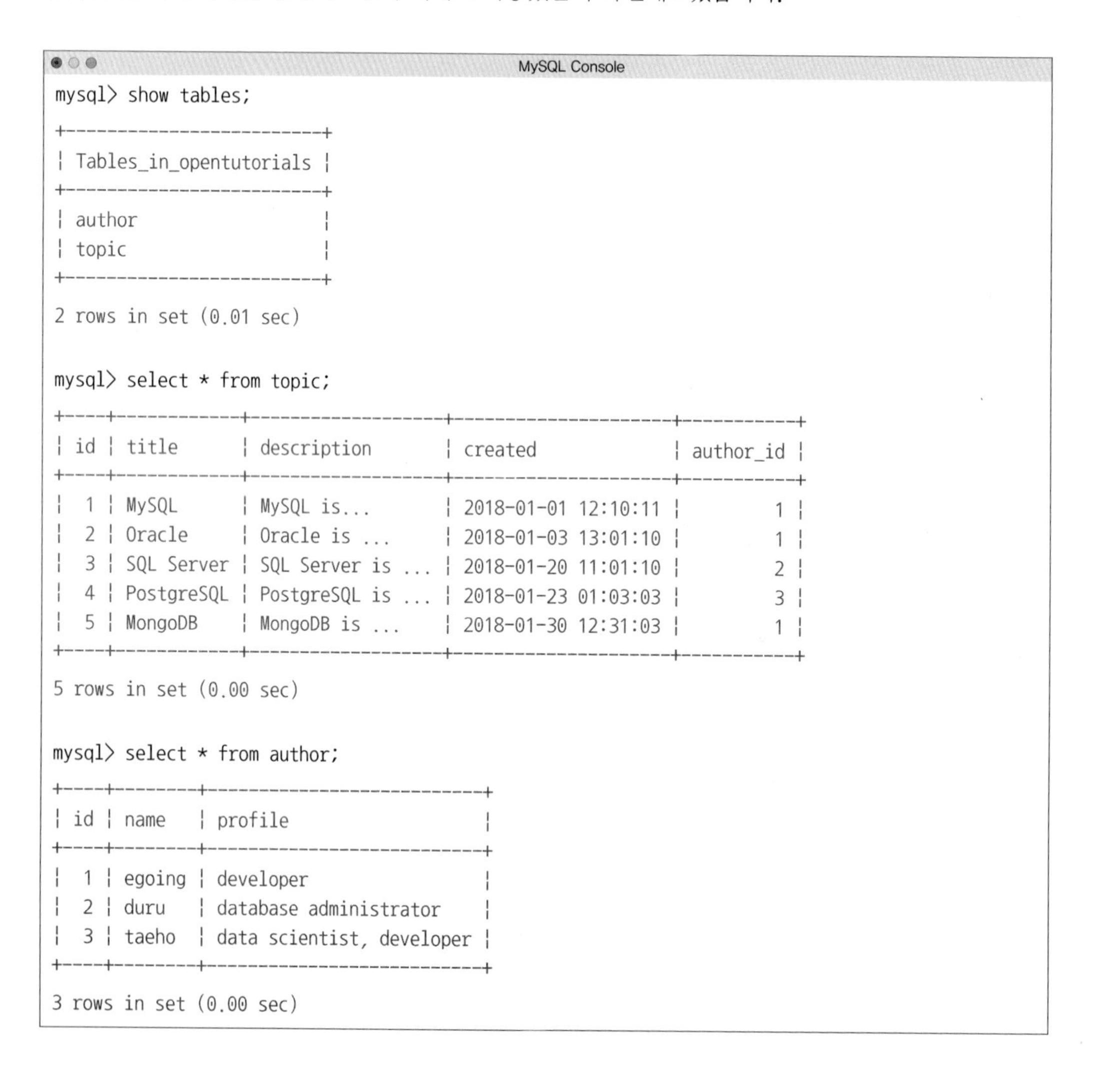

```
MySQL Console
mysql> show tables;
+-------------------------+
| Tables_in_opentutorials |
+-------------------------+
| author                  |
| topic                   |
+-------------------------+
2 rows in set (0.01 sec)

mysql> select * from topic;
+----+------------+-------------------+---------------------+-----------+
| id | title      | description       | created             | author_id |
+----+------------+-------------------+---------------------+-----------+
|  1 | MySQL      | MySQL is...       | 2018-01-01 12:10:11 |         1 |
|  2 | Oracle     | Oracle is ...     | 2018-01-03 13:01:10 |         1 |
|  3 | SQL Server | SQL Server is ... | 2018-01-20 11:01:10 |         2 |
|  4 | PostgreSQL | PostgreSQL is ... | 2018-01-23 01:03:03 |         3 |
|  5 | MongoDB    | MongoDB is ...    | 2018-01-30 12:31:03 |         1 |
+----+------------+-------------------+---------------------+-----------+
5 rows in set (0.00 sec)

mysql> select * from author;
+----+--------+---------------------------+
| id | name   | profile                   |
+----+--------+---------------------------+
|  1 | egoing | developer                 |
|  2 | duru   | database administrator    |
|  3 | taeho  | data scientist, developer |
+----+--------+---------------------------+
3 rows in set (0.00 sec)
```

이제 Node.js를 설정하겠습니다. package.json 파일을 열어보면 여러 가지 정보가 있는데, 그중 가장 중요한 부분은 의존성을 설정하는 부분입니다.

예제 2-2 package.json 파일 확인 nodejs-mysql/package.json

```
... 생략 ...
"dependencies": {
    "sanitize-html": "^1.18.2"
}
... 생략 ...
```

dependencies는 우리가 사용하는 애플리케이션이 의존하는(부품으로 사용하는) 외부 라이브러리를 의미합니다. 우리 애플리케이션에서는 앞서 Node.js 수업에서 사용한 sanitize-html 모듈에 대한 의존성이 설정돼 있습니다. 이 라이브러리를 설치해야만 애플리케이션이 제대로 동작하므로 다음 명령으로 해당 라이브러리를 설치합니다.

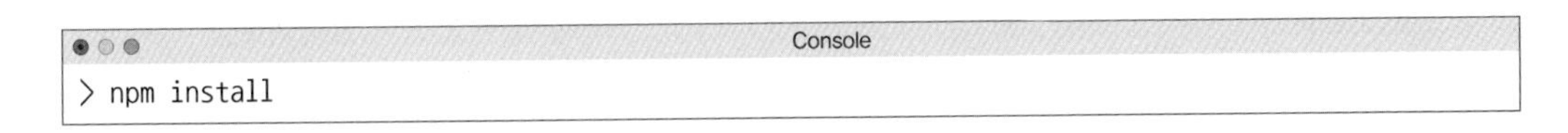

이 명령을 실행하면 npm의 패키지 매니저가 이 명령어를 실행한 위치에서 package.json이라는 파일을 찾습니다. 그리고 파일 안에 지정된 의존성 라이브러리들을 자동으로 설치합니다. 설치를 마치면 다음처럼 node_modules라는 디렉터리가 생성되고, 그 안에 sanitize-html이 생성된 모습을 확인할 수 있습니다.

그림 2-4 node_models 디렉터리에 생성된 sanitize-html

sanitize-html 디렉터리 외의 다른 디렉터리는 우리 애플리케이션에서 직접 사용하지 않지만 sanitize-html이 의존하는 라이브러리들입니다.

이제 애플리케이션을 실행할 준비를 마쳤습니다. 다음 명령으로 Node.js 서버를 켜고 `http://localhost:3000`에 접속해보세요.

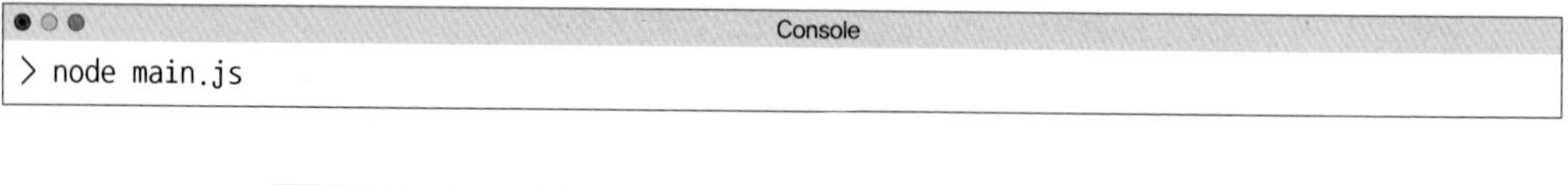

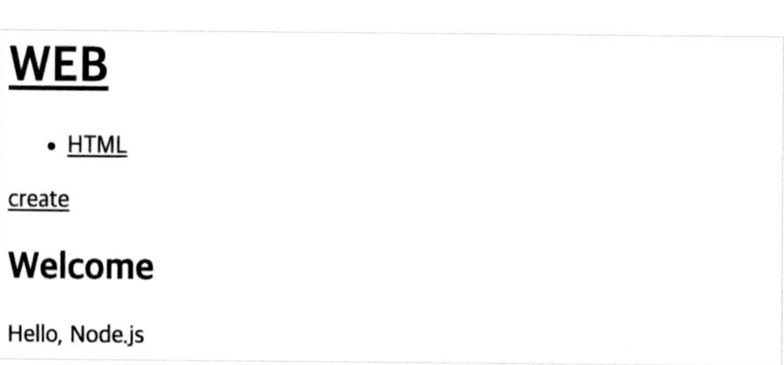

그림 2-5 Node.js 서버를 켜고 `localhost:3000`으로 접속

그리고 Node.js 수업에서 소개한 PM2를 사용한다면 다음 명령으로 실행할 수도 있습니다.

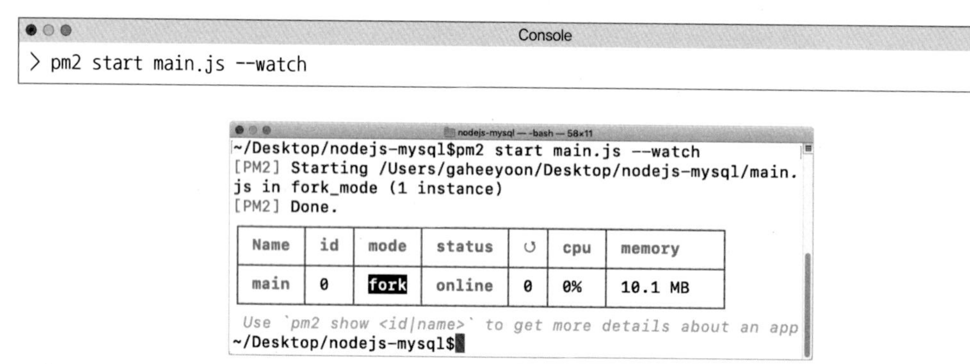

그림 2-6 PM2로 `main.js` 실행

여기까지 Node.js-MySQL을 학습하기 위한 실습 준비를 마쳤습니다.

WEB3

 https://youtu.be/udJjxv3lA4k (8분 16초)

03 mysql 모듈의 기본 사용법

이번 시간에는 Node.js에서 MySQL 데이터베이스에 접속해서 데이터를 읽고, 쓰고, 수정, 삭제하는 작업을 진행해보겠습니다.

mysql 모듈 설치 및 적용

데이터베이스에 접속해서 데이터를 처리하는 작업을 직접 구현할 수도 있겠지만, 그러려면 시간이 오래 걸리고 복잡하므로 먼저 Node.js에서 MySQL을 제어하는 모듈을 제공하는지 찾아봅니다. 하지만 안타깝게도 그러한 모듈은 없습니다.

이럴 때는 npm에서 누군가가 만든 모듈이 있는지 찾아봅니다. 여기서는 그중에서 `mysql`이라는 모듈을 사용하려고 합니다.

`mysql` 모듈이 있는지 검색하는 방법

자신이 사용하는 검색 엔진에서 'nodejs myysql'과 같은 검색어로 검색해보겠습니다.

Google nodejs mysql

mysql - npm
https://www.npmjs.com › package › mysql ▾ 이 페이지 번역하기
2019. 4. 18. - A node.js driver for mysql. It is written in JavaScript, does not require compiling, and is 100% MIT licensed.

Node.JS + Mysql 연동 - Yun Blog | 기술 블로그
https://cheese10yun.github.io › mysql-node ▾
2017. 1. 5. - 이번에 정리할 내용은 Node + Mysql 연동입니다. 이미 수많은 예제가 있으나 앞으로 포스팅할 내용들이 데이터베이스가 필수적으로 필요하니 간단 ...

Node.js와 MySQL 연동시키기 - Jungwoon Blog
jungwoon.github.io › node.js › 2017/07/17 › Node_with_MySQL ▾
2017. 7. 17. - Node.js와 MySQL 연동하기 위해서 우선 MySQL 서버를 준비 ... mysql> create database

그림 3-2 검색 엔진에서 'nodejs mysql'로 검색

여러 가지 검색 결과가 나오는데, 그중에서 'mysql – npm'이라고 된 페이지로 이동해보겠습니다. 즉, npm에 등록된 모듈을 살펴보겠습니다.

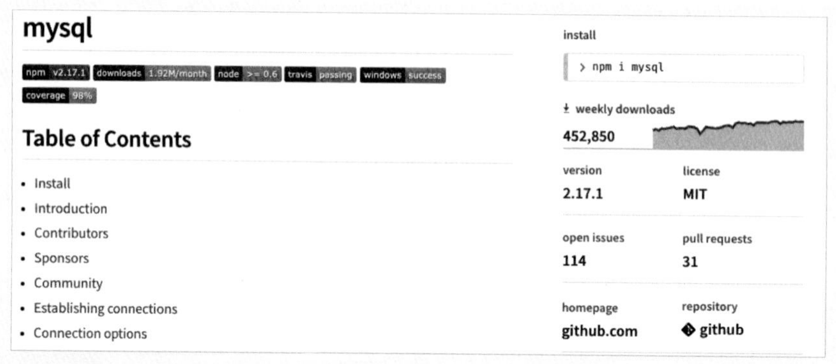

그림 3-3 npm에 등록된 mysql 모듈

모듈을 살펴보니 매뉴얼도 상당히 잘 만들어져 있고, 무엇보다 중요한 사용자 수도 굉장히 많은 편입니다. 한 주 동안 약 45만 번 다운로드됐으니 사용자가 아주 많은 편입니다. 따라서 mysql 모듈은 상당히 높은 확률로 쓸 만한 모듈일 것 같습니다. 이 책에서는 이 모듈을 사용하겠습니다.

npm의 mysql 모듈 소개 페이지에 나오는 안내에 따라 명령 프롬프트에서 다음 명령으로 mysql 모듈을 설치합니다.

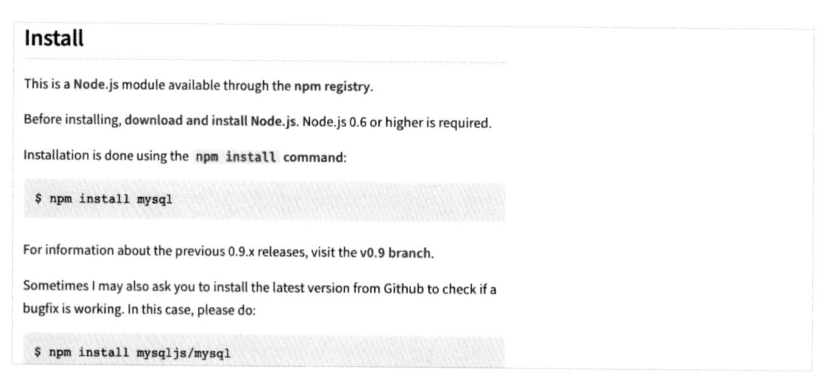

그림 3-4 mysql 모듈 소개 페이지 – 설치 방법

설치 명령에서 --save(또는 -S) 옵션을 설정해 지금 설치하는 mysql 모듈을 package.json 파일의 dependencies에 추가하는 것까지 진행하겠습니다. 이렇게 dependencies에 설치한 모듈을 추가해두면 나중에 소스 코드를 다른 곳에서 복제하거나 생성할 때 package.json 파일을 바탕으로 모듈들을 손쉽게 설치할 수 있습니다.

Console
```
> npm install --save mysql
```

설치 후 package.json 파일을 열어보면 의존성에 mysql 모듈이 추가된 모습을 확인할 수 있습니다.

예제 3-1 package.json 파일에 추가된 mysql 모듈 nodejs-mysql/package.json

```
... 생략 ...
"dependencies": {
    "mysql": "^2.17.1",
    "sanitize-html": "^1.18.2"
}
... 생략 ...
```

이제 프로젝트 디렉터리에서 nodejs 디렉터리 아래에 mysql.js 파일을 생성합니다. 그리고 파일을 열어서 mysql 모듈 소개 페이지에 있는 코드를 그대로 복사해서 붙여넣습니다.

The recommended way to establish a connection is this:

```
var mysql      = require('mysql');
var connection = mysql.createConnection({
  host     : 'example.org',
  user     : 'bob',
  password : 'secret'
});

connection.connect(function(err) {
  if (err) {
    console.error('error connecting: ' + err.stack);
    return;
  }

  console.log('connected as id ' + connection.threadId);
});
```

그림 3-5 mysql 모듈 소개 페이지 – 예제 코드

그리고 다음과 같이 우리의 환경에 맞게 몇 가지 코드를 변경합니다.

예제 3-2 mysql.js 파일 생성 후 예제 코드 작성 nodejs-mysql/nodejs/mysql.js

```
var mysql = require('mysql');
var connection = mysql.createConnection({
    host     : 'localhost',
    user     : 'root',
    password : '111111',
    database : 'opentutorials'
});

connection.connect();
```

```
connection.query('SELECT * from topic', function (error, results, fields) {
    if (error) {
        console.log(error);
    }
    console.log(results);
});

connection.end();
```

첫 번째 줄은 mysql 모듈을 mysql이라는 이름으로 사용하겠다는 선언입니다. 그다음 데이터베이스에 접속할 때 필요한 정보를 객체 형태로 mysql 모듈에 있는 createConnection 메서드에 인수로 전달합니다. 객체의 속성은 각각 다음과 같습니다.

- host: 데이터베이스가 있는 서버 주소
- user: 사용자 이름
- password: 비밀번호
- database: 접속할 데이터베이스의 이름

host는 데이터베이스 서버가 있는 주소입니다. Node.js와 MySQL 서버가 같은 컴퓨터에 있다면 같은 컴퓨터에 있다는 뜻으로 'localhost'로 지정합니다. user와 password는 이 책의 경우 각각 'root', '111111'로 말도 안 되는 비밀번호로 지정했습니다. 실전에서는 이렇게 쓰면 절대 안 됩니다. 마지막으로 database는 이전 수업에서 생성한 'opentutorials'로 지정합니다. 이렇게 호출한 createConnection 메서드가 리턴하는 결과를 connection 변수에 저장합니다. 그리고 이 변수를 이용해 connect 메서드를 호출해 데이터베이스에 접속합니다.

그다음 query 메서드를 이용해 접속한 데이터베이스에 질의문을 전달합니다. 전달한 질의문은 topic 테이블에 있는 모든 데이터를 읽어오는 질의문입니다. 에러가 발생하면 콘솔에 에러 메시지를 출력하고, 성공하면 두 번째 인수로 전달한 콜백을 실행합니다. 이 콜백에서는 데이터베이스에 질의문을 전달한 결과를 두 번째 인수인 results로 받아서 출력합니다. 작업을 마쳤으니 이제 접속을 끊어야 합니다. 마지막 줄의 end 메서드 호출이 바로 접속을 끊는 명령입니다.

콘솔에서 방금 작성한 mysql.js 파일을 실행합니다.

Console

```
> node nodejs/mysql.js
[ RowDataPacket {
    id: 1,
    title: 'MySQL',
```

```
    description: 'MySQL is...',
    created: 2018-01-01T03:10:11.000Z,
    author_id: 1 },
  RowDataPacket {
    id: 2,
    title: 'Oracle',
    description: 'Oracle is ...',
    created: 2018-01-03T04:01:10.000Z,
    author_id: 1 },
  RowDataPacket {
    id: 3,
    title: 'SQL Server',
    description: 'SQL Server is ...',
    created: 2018-01-20T02:01:10.000Z,
    author_id: 2 },
  RowDataPacket {
    id: 4,
    title: 'PostgreSQL',
    description: 'PostgreSQL is ...',
    created: 2018-01-22T16:03:03.000Z,
    author_id: 3 },
  RowDataPacket {
    id: 5,
    title: 'MongoDB',
    description: 'MongoDB is ...',
    created: 2018-01-30T03:31:03.000Z,
    author_id: 1 } ]
```

실행 결과를 보면 topic 테이블에 샘플로 넣어뒀던 데이터가 모두 출력되는 것을 확인할 수 있습니다. 혹시 실행 결과가 나타나지 않고 에러가 발생한다면 잠시 후에 다루는 '에러가 발생했을 때의 해결 방법'을 확인하기 바랍니다.

이처럼 데이터베이스 처리 작업은 [접속] → [질의문] → [접속 종료]와 같은 패턴으로 이뤄집니다. 이러한 패턴은 데이터베이스에 접속하는 모든 클라이언트가 거치는 과정이며, 이 책의 실습에서는 Node.js가 MySQL 데이터베이스의 클라이언트가 됩니다. 그리고 우리는 SQL 문을 작성할 수 있는 능력이 있기 때문에 다양한 질의문을 자바스크립트로 조합함으로써 데이터베이스 처리 작업을 자동화할 수 있습니다.

지금까지 Node.js에서 MySQL을 다루는 기본적인 방법을 살펴봤습니다. 다음 절은 Node.js에서 로컬호스트로 접속하는 데 실패한 경우를 위한 설명이므로 접속에 성공했다면 그다음 수업으로 넘어가도 좋습니다.

에러가 발생했을 때의 해결 방법

앞에서 `mysql.js` 파일을 실행했을 때 'ER_ACCESS_DENIED_ERROR' 같은 에러가 발생했다면 이번 절을 참고해 에러를 해결하고, 에러가 발생하지 않았다면 이번 절을 건너뛰기 바랍니다.

https://youtu.be/bOkqOJbWPLM (6분 54초)

```
nodejs-mysql — -bash — 77×10
  code: 'ER_ACCESS_DENIED_ERROR',
  errno: 1045,
  sqlMessage:
   'Access denied for user \'root\'@\'localhost\' (using password: YES)',
  sqlState: '28000',
  fatal: true }
/Users/gaheeyoon/Desktop/nodejs-mysql/nodejs/mysql.js:15
    console.log('The solution is: ', results[0].solution);
                                                ^
```

그림 3-6 ER_ACCESS_DENIED_ERROR

우선 콘솔에서 데이터베이스 서버에 접속합니다. 그리고 다음과 같은 명령을 입력합니다.

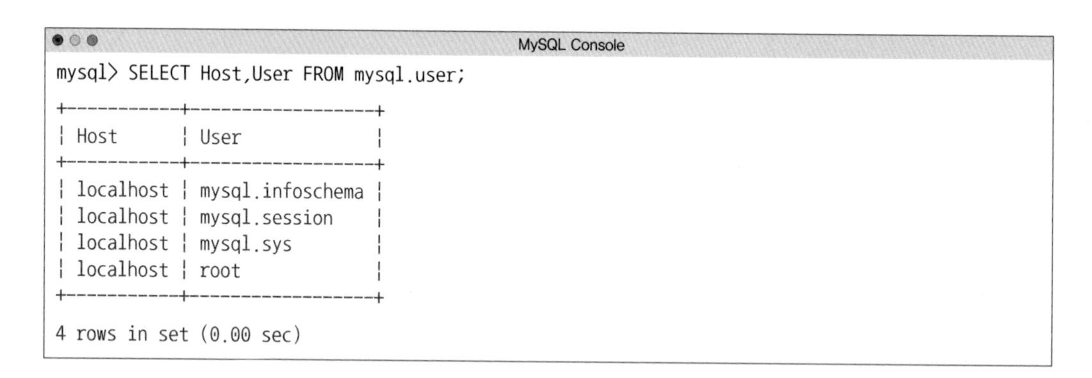

```
MySQL Console
mysql> SELECT Host,User FROM mysql.user;
+-----------+------------------+
| Host      | User             |
+-----------+------------------+
| localhost | mysql.infoschema |
| localhost | mysql.session    |
| localhost | mysql.sys        |
| localhost | root             |
+-----------+------------------+
4 rows in set (0.00 sec)
```

이렇게 하면 현재 데이터베이스 서버에 등록된 사용자 목록이 나타납니다. `Host`는 각 사용자가 어떤 IP 주소로 접속하는지를 나타내고, `User`는 데이터베이스 서버에 등록된 사용자 이름입니다.

즉, MySQL은 다중 사용자 시스템이어서 여러 사람이 제어할 수 있습니다. 이때 사용자마다 자신이 사용하는 컴퓨터의 주소(IP 주소)가 있을 텐데, 이를 `Host`에 적어줍니다. 다시 말해, 어떤 사용자가 접속할 때 그 사람의 `User(ID)`만 가지고 접속하는 게 아니라 그 사용자의 `Host`에 적어둔 주소에서 접속한 사용자만 접속을 허용하겠다는 개념입니다.

위 테이블을 보면 `root`의 `Host`가 `locathost`로 설정돼 있어 `localhost`에서 접속이 가능해야 하는데, 접속이 안 되므로 새로운 사용자를 등록해서 이용해보겠습니다.

MySQL 사용자를 추가하는 방법을 검색하고 싶어요!

웹 브라우저를 열고 검색 엔진에서 'create user mysql'이라는 검색어로 검색해보겠습니다.

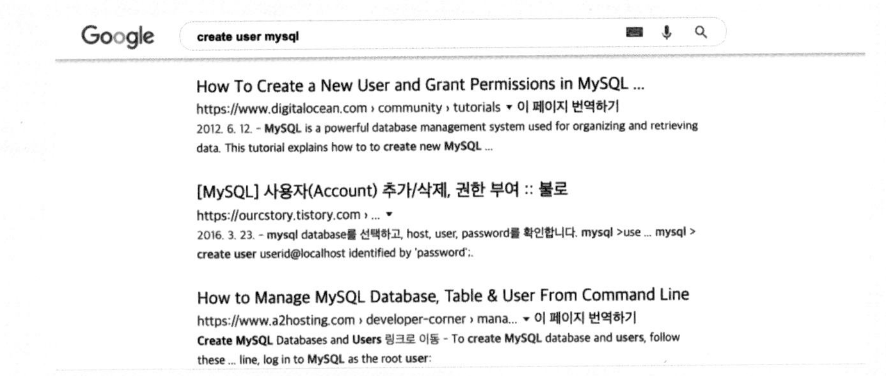

그림 3-7 검색 엔진에서 MySQL 사용자를 추가하는 방법 검색

그중에서 한 검색 결과로 들어가 보겠습니다. 첫 번째로 유저를 생성하고, 생성된 유저에게 권한을 부여하고, 권한을 반영하는 3단계로 나와 있는데, 하나씩 따라해 보겠습니다.

- 1단계: 새로운 유저 생성(How to Create a New User)
- 2단계: 생성된 유저에게 권한 부여(How To Grant Different User Permissions)
- 3단계: 권한 반영

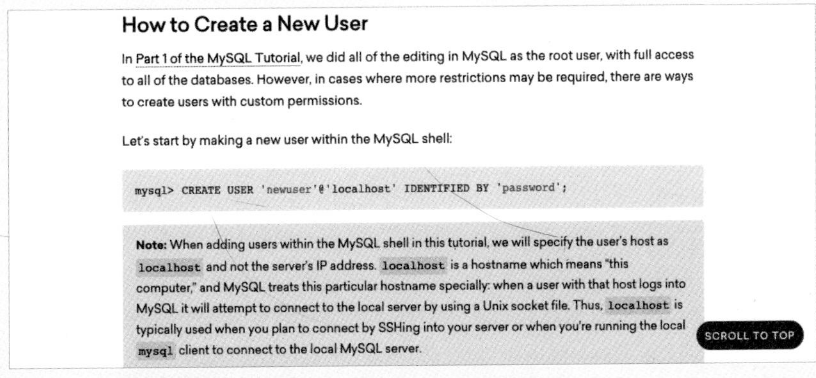

그림 3-8 MySQL에서 사용자를 생성하는 3단계

먼저 다음과 같은 명령어로 새로운 사용자를 추가하겠습니다.

MySQL Console

```
mysql> CREATE USER 'nodejs'@'%' IDENTIFIED BY '111111';
Query OK, 0 rows affected (0.00 sec)
```

예제에서는 'nodejs'라는 이름으로 새로운 사용자를 추가했고, 모든 주소에서 접속할 수 있게 '%'를 지정했습니다. 따라서 어떤 주소에서 접속하든 상관없이 사용자 이름이 nodejs라면 접속할 수 있습니다.

그러고 나서 다시 한번 사용자 목록을 확인해보면 다음과 같이 nodejs 사용자가 추가된 모습을 볼 수 있습니다.

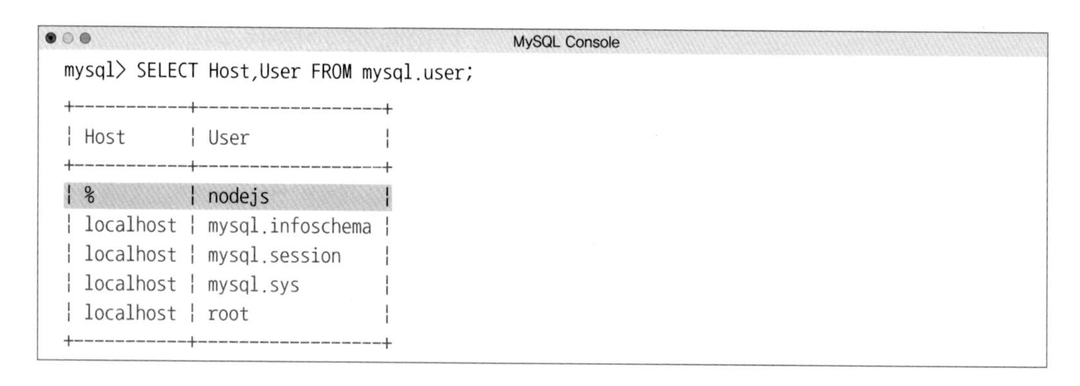

MySQL Console

```
mysql> SELECT Host,User FROM mysql.user;
+-----------+------------------+
| Host      | User             |
+-----------+------------------+
| %         | nodejs           |
| localhost | mysql.infoschema |
| localhost | mysql.session    |
| localhost | mysql.sys        |
| localhost | root             |
+-----------+------------------+
```

그런데 방금 생성한 사용자는 아무런 일을 할 수 없는 무능한 상태입니다. 방금 등록한 사용자에게 권한을 부여해 보겠습니다.

MySQL Console

```
mysql> GRANT ALL PRIVILEGES ON opentutorials.* TO 'nodejs'@'%';
Query OK, 0 rows affected (0.00 sec)
```

방금 등록한 nodejs 사용자에게 opentutorials 데이터베이스의 모든 테이블을 사용할 수 있는 권한을 부여했습니다. 이때 ALL PRIVILEGES 옵션은 모든 권한을 부여하겠다는 의미입니다. 권한 옵션으로는 CREATE, DROP, DELETE, INSERT, SELECT, UPDATE, GRANT OPTION 등이 있으며, 각 사용자의 역할에 따라 선별해서 부여할 수 있습니다.

그다음 FLUSH PRIVILEGES 명령으로 방금 설정한 권한을 실제 데이터베이스에 적용합니다.

MySQL Console

```
mysql> FLUSH PRIVILEGES;
Query OK, 0 rows affected (0.00 sec)
```

이제 mysql.js 파일을 열고 데이터베이스 접속 정보에서 user를 root에서 nodejs로 수정합니다.

예제 3-3 데이터베이스 접속 정보 변경 nodejs-mysql/nodejs/mysql.js

```
var mysql = require('mysql');
var connection = mysql.createConnection({
    host     : 'localhost',
    user     : 'nodejs',
    password : '111111',
    database : 'opentutorials'
});

... 생략 ...
```

저장 후 실행하면 프로그램이 제대로 접속되는 모습을 확인할 수 있습니다.

Console

```
> node nodejs/mysql.js
```

이번 시간에는 발생할 수 있는 에러와 이를 해결하는 방법을 살펴봤습니다. 추가로 사용자를 생성하는 방법과 권한을 부여하는 방법도 살펴봤습니다.

이처럼 root로 이용했을 때 제대로 접속되는 사용자는 그대로 이용하고, 혹시 'ER_ACCESS_DENIED_ERROR' 같은 에러가 발생하면 이번 절에서 알아본 것처럼 새로운 사용자를 등록한 다음 권한을 부여해서 사용하기 바랍니다.

WEB3

04 mysql 모듈을 이용한 홈페이지 구현

https://youtu.be/lxHuOQxrTFY (5분 35초)

이번 시간에는 mysql 모듈을 우리가 개발한 Node.js 애플리케이션에 적용해서 파일로 했던 데이터 보관과 처리를 데이터베이스로 변경해보겠습니다.

데이터베이스 연결 및 질의문 작성

먼저 main.js 파일을 열고 mysql 모듈을 가져오는 코드를 작성합니다.

예제 4-1 mysql 모듈을 가져오는 코드 추가 nodejs-mysql/main.js

```
... 생략 ...
var path = require('path');
var sanitizeHtml = require('sanitize-html');
var mysql = require('mysql');
... 생략 ...
```

그다음 mysql 모듈의 createConnection 메서드를 이용해 데이터베이스 접속 정보를 정의합니다.

예제 4-2 데이터베이스 접속 정보 정의 nodejs-mysql/main.js

```
... 생략 ...
var mysql = require('mysql');

var db = mysql.createConnection({
    host:'localhost',
    user:'root',
    password:'111111',
    database:'opentutorials'
});
db.connect();
```

이전 수업에서 살펴본 것처럼 호스트와 사용자 이름, 비밀번호, 데이터베이스 이름 등 데이터베이스 접속에 필요한 정보를 정의했습니다. 이러한 연결 정보를 여러 상황에서 이용하고자 db라는 객체에 담았습니다. 그리고 db.connect()를 통해 db에 담긴 연결 정보를 바탕으로 해당 데이터베이스에 접속했습니다.

이제 기존에 파일에서 데이터를 읽어오는 부분을 데이터베이스에서 읽어오게 수정해보겠습니다.

예제 4-3 데이터를 데이터베이스에서 읽어오게 변경 nodejs-mysql/main.js

```
... 생략 ...
var app = http.createServer(function(request, response) {
    var _url = request.url;
    var queryData = url.parse(_url, true).query;
    var pathname = url.parse(_url, true).pathname;
    if(pathname === '/') {
        if(queryData.id === undefined) {
            db.query(`SELECT * FROM topic`, function(error, topics) {
                console.log(topics);
                response.writeHead(200);
                response.end('Success');
            });
        } else {
            ... 생략 ...
```

db 객체의 query 메서드를 이용해 데이터베이스에 질의합니다. query 메서드의 첫 번째 인자는 데이터베이스에 질의할 내용이고, 두 번째 인자는 질의문을 실행한 다음 응답받을 때 호출되는 콜백입니다. 콜백의 첫 번째 매개변수는 에러가 발생했을 때 전달받는 에러 메시지이고, 두 번째 매개변수에는 성공했을 때 전달받는 메시지, 즉 'SELECT * FROM topic' 질의문의 결과가 담깁니다.

이 결과를 콜백 안의 첫 번째 줄에서 콘솔에 출력하고, 웹 브라우저에 HTTP 상태 코드를 200으로 전달해서 작업 처리에 성공했음을 응답합니다. 이 상태로 저장하고 실행하면 콘솔에 다음과 같은 결과가 출력됩니다.

Console

```
> node main.js
[ RowDataPacket {
    id: 1,
    title: 'MySQL',
    description: 'MySQL is...',
```

```
    created: 2018-01-01T03:10:11.000Z,
    author_id: 1 },
  RowDataPacket {
    id: 2,
    title: 'Oracle',
    description: 'Oracle is ...',
    created: 2018-01-03T04:01:10.000Z,
    author_id: 1 },
  RowDataPacket {
    id: 3,
    title: 'SQL Server',
    description: 'SQL Server is ...',
    created: 2018-01-20T02:01:10.000Z,
    author_id: 2 },
  RowDataPacket {
    id: 4,
    title: 'PostgreSQL',
    description: 'PostgreSQL is ...',
    created: 2018-01-22T16:03:03.000Z,
    author_id: 3 },
  RowDataPacket {
    id: 5,
    title: 'MongoDB',
    description: 'MongoDB is ...',
    created: 2018-01-30T03:31:03.000Z,
    author_id: 1 } ]
```

전달한 질의문이 제대로 수행되어 데이터베이스에 저장된 데이터가 콘솔에 출력되는 모습을 볼 수 있습니다. 이때 전달된 정보는 배열 안에 객체가 담긴 형태입니다. 이제 다음 절에서 이 데이터를 이용해 웹 페이지를 생성해 보겠습니다.

데이터베이스에 저장된 데이터로 웹 페이지 생성

기존 애플리케이션에서는 data 디렉터리에 저장된 파일을 읽어서 각 파일명에 따른 웹 페이지를 생성했습니다. 이제 앞 절에서 데이터베이스에 접속해 가져온 데이터를 이용해 웹 페이지를 생성하게 수정해 보겠습니다. 이 데이터는 데이터베이스에 질의문을 실행한 결과로 전달받은 topics 객체에 담겨 있으므로 이를 이용합니다.

https://youtu.be/YwDjUxXtPX8
(5분 20초)

예제 4-4 데이터베이스에서 가져온 데이터로 웹 페이지 생성 nodejs-mysql/main.js

```
... 생략 ...
db.query(`SELECT * FROM topic`, function(error, topics) {
    var title = 'Welcome';
    var description = 'Hello, Node.js';
    var list = template.list(topics);
    var html = template.HTML(title, list,
        `<h2>${title}</h2>${description}`,
        `<a href="/create">create</a>`
    );
    response.writeHead(200);
    response.end(html);
});
... 생략 ...
```

기존에 파일을 이용했을 때의 코드를 그대로 복사해서 붙여넣습니다. 여기서 template.list는 lib 폴더에 있는 template.js 파일의 list 메서드를 의미합니다.

파일을 이용했을 때는 이 list 메서드에 전달한 인수가 파일 목록(filelist)이었지만, 데이터베이스에서 가져온 데이터는 topics에 담겨 있으므로 topics를 전달합니다.

파일을 이용해 웹 페이지를 만들 때의 코드 – template.list 메서드에 전달한 인수가 filelist

```
fs.readdir('./data', function(error, filelist) {
    var title = 'Welcome';
    var description = 'Hello, Node.js';
    var list = template.list(filelist);
    var html = template.HTML(title, list,
        `<h2>${title}</h2>${description}`,
        `<a href="/create">create</a>`
    );
    response.writeHead(200);
    response.end(html);
});
```

list 메서드의 매개변수 이름도 filelist가 아닌 조금 더 대표성을 띠는 이름인 topics로 변경합니다.

예제 4-5 list 메서드의 매개변수 이름 변경 nodejs-mysql/lib/template.js

```
... 생략 ...
},list:function(topics) {
    var list = '<ul>';
    var i = 0;
    while(i < topics.length) {
        list = list + `<li><a href="/?id=${topics[i]}">${topics[i]}</a></li>`;
        i = i + 1;
    }
    list = list + '</ul>';
... 생략 ...
```

이 상태로 저장한 다음 실행해보겠습니다. 결과는 다음과 같습니다.

WEB

- [object Object]
- [object Object]
- [object Object]
- [object Object]
- [object Object]

create

그림 4-1 [object Object]로 표시되는 글 목록

실행 결과를 보면 기존과 다르게 [object Object]라는 글 목록이 나오는 것을 확인할 수 있습니다. 그 이유는 topics에 담긴 데이터들이 배열 안에 객체의 형태로 들어가 있기 때문입니다. 우리가 원하는 제목은 title 프로퍼티에 해당합니다. 즉, topics[i]라고만 쓰면 객체를 가리키는 것이고, topics[i].title이라고 써야만 title 프로퍼티를 가리키게 됩니다. 따라서 template.js의 list 메서드 부분을 다음과 같이 수정합니다.

예제 4-6 객체의 속성 중 title에 담긴 데이터를 가져오게 수정 nodejs-mysql/lib/template.js

```
... 생략 ...
while(i < topics.length) {
    list = list + `<li><a href="/?id=${topics[i]}">${topics[i].title}</a></li>`;
    i = i + 1;
}
... 생략 ...
```

저장 후 웹 페이지를 새로 고침 하면 결과는 다음과 같습니다.

WEB

- MySQL
- Oracle
- SQL Server
- PostgreSQL
- MongoDB

create

그림 4-2 데이터베이스에서 가져온 글 목록

데이터베이스에서 가져온 글 목록이 제대로 표시되는 모습을 확인할 수 있습니다. 그런데 글 목록 중 하나를 클릭해서 상세 보기 화면으로 이동해보면 다음과 같이 정보가 제대로 표시되지 않는 것을 확인할 수 있습니다.

WEB

- undefined

create update

delete

[object Object]

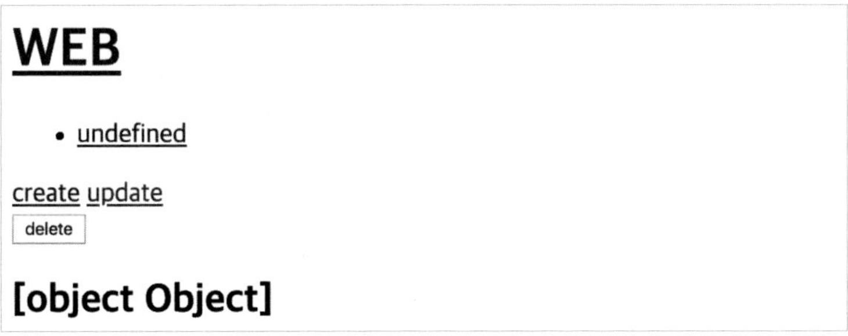

그림 4-3 [object Object]로 표시되는 쿼리 스트링

주소 표시줄을 보니 질의문에 앞에서처럼 object가 표시되는 것을 확인할 수 있습니다.

```
http://localhost:3000/?id=[object%20Object]
```

즉, id 역시 앞의 title처럼 객체 자체가 아닌 객체의 속성 중 id 값으로 표시되게 수정해야 합니다. 마찬가지로 topics에 담긴 데이터를 웹 페이지에 표시해주는 template.js의 list 메서드 부분을 다음과 같이 수정합니다. 여기서 id 값은 각각의 행을 식별하는, 숫자로 된 유일무이한 중복되지 않는 식별자입니다.

예제 4-7 객체의 속성 중 id에 담긴 데이터를 가져오게 수정 nodejs-mysql/lib/template.js

```
... 생략 ...
while(i < topics.length) {
    list = list + `<li><a href="/?id=${topics[i].id}">${topics[i].title}</a></li>`;
    i = i + 1;
}
... 생략 ...
```

저장 후 웹 페이지를 새로 고침한 결과는 다음과 같습니다.

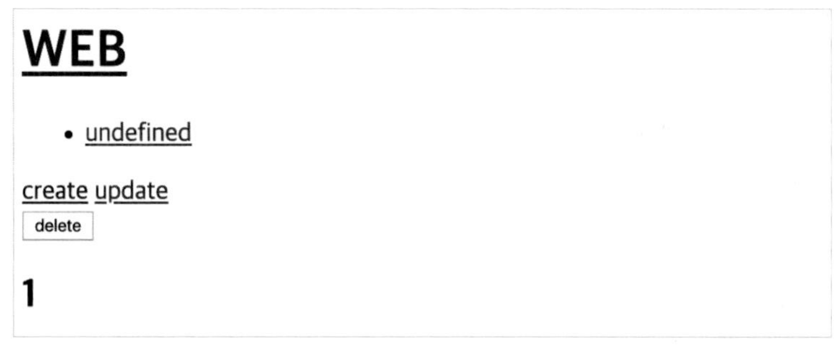

그림 4-4 데이터베이스에서 가져온 정보가 잘 출력되는 모습

글 목록도 제대로 표시되고, 글 목록을 클릭했을 때의 주소도 각 행을 식별하는 id 값으로 바뀐 모습을 볼 수 있습니다. 이 같은 동작 원리가 당장 이해되지 않아도 괜찮습니다. 이 부분은 다음 시간에 좀 더 자세히 알아보겠습니다.

WEB3

05 mysql로 상세 보기 구현

https://youtu.be/_gpbePKqzG8 (8분 12초)

이번 시간에는 mysql 모듈을 이용해 글 상세 보기 기능을 구현해보겠습니다. 기존 코드에서 상세 보기 기능에 해당하는 코드는 다음과 같습니다. 이 부분의 코드를 mysql 버전으로 하나씩 변경해 보겠습니다.

예제 5-1 기존 코드의 상세 보기 기능에 해당하는 코드 nodejs-mysql/main.js

```
var app = http.createServer(function(request, response) {
    ... 생략 ...
    if(pathname === '/') {
        if(queryData.id === undefined) {
            ... 생략 ...
        } else {
            fs.readdir('./data', function(error, filelist) {
                var filteredId = path.parse(queryData.id).base;
                fs.readFile(`data/${filteredId}`, 'utf8', function(err, description) {
                    var title = queryData.id;
                    var sanitizedTitle = sanitizeHtml(title);
                    var sanitizedDescription = sanitizeHtml(description, {
                        allowedTags:['h1']
                    });
                    var list = template.list(filelist);
                    var html = template.HTML(sanitizedTitle, list,
                        `<h2>${sanitizedTitle}</h2>${sanitizedDescription}`,
                        ` <a href="/create">create</a>
                        <a href="/update?id=${sanitizedTitle}">update</a>
                        <form action="delete_process" method="post">
                            <input type="hidden" name="id" value="${sanitizedTitle}">
                            <input type="submit" value="delete">
                        </form>`
                    );
                    response.writeHead(200);
```

```
                response.end(html);
            });
        });
    }
    ... 생략 ...
```

먼저 첫 번째 줄은 글 목록을 가져오는 부분입니다. 글 목록을 가져오는 코드는 이전 장에서 살펴봤으므로 코드를 그대로 재활용할 수 있습니다. 이전 장에서 살펴본 코드를 그대로 복사해서 붙여넣었습니다.

예제 5-2 글 목록을 가져오는 코드 재활용 nodejs-mysql/main.js

```
var app = http.createServer(function(request, response) {
    ... 생략 ...
    if(pathname === '/') {
        if(queryData.id === undefined) {
            ... 생략 ...
        } else {
            db.query(`SELECT * FROM topic`, function(error, topics) {
                var title = 'Welcome';
                var description = 'Hello, Node.js';
                var list = template.list(topics);
                var html = template.HTML(title, list,
                    `<h2>${title}</h2>${description}`,
                    ` <a href="/create">create</a>`
                );
                response.writeHead(200);
                response.end(html);
            });
        }
    } else if(pathname === '/create') {
    ... 생략 ...
```

이어서 선택한 글의 정보를 가져와야 합니다. 웹 페이지의 글 목록에서 각 글을 클릭해보면 웹 브라우저의 주소 표시줄에 ?id= 이후의 쿼리 스트링을 확인할 수 있습니다. 이 값은 우리가 생성한 데이터베이스의 topic 테이블에서 id 칼럼에 해당합니다.

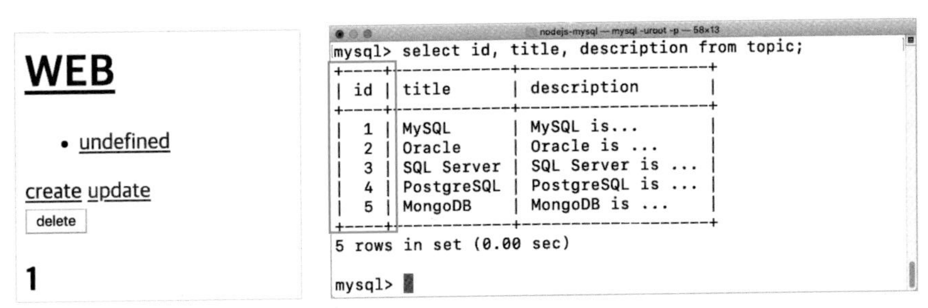

그림 5-1 ?id= 이후의 쿼리 스트링은 topic 테이블의 id 칼럼

기존에는 data 디렉터리에서 파일을 읽어서 가져왔다면 이제 데이터베이스에서 id 값을 이용해 데이터를 가져오게 수정해야 합니다. 데이터베이스에서 특정 칼럼의 데이터를 가져오려면 WHERE 절을 이용합니다. 예를 들어, id 칼럼의 값이 3인 데이터를 가져오는 SQL 문은 다음과 같습니다.

```
SELECT * FROM topic WHERE id = 3;
```

이제 main.js 파일에서 위와 같은 SQL 문을 이용해 데이터베이스에서 데이터를 가져오게 수정해보겠습니다.

예제 5-3 데이터베이스에서 데이터를 가져오게 수정 nodejs-mysql/main.js

```
... 생략 ...
} else {
    db.query(`SELECT * FROM topic`, function(error, topics) {
        db.query(`SELECT * FROM topic WHERE id=${queryData.id}`, function(error2, topic) {
            var title = 'Welcome';
            var description = 'Hello, Node.js';
            var list = template.list(topics);
            var html = template.HTML(title, list,
                `<h2>${title}</h2>${description}`,
                ` <a href="/create">create</a>
            );
            response.writeHead(200);
            response.end(html);
        });
    });
}
... 생략 ...
```

데이터베이스에서 전체 글 목록을 가져오는 코드 뒤에 특정 글을 선택했을 때 해당 글의 정보를 가져오는 SQL 문을 추가했습니다. 이때 WHERE 절의 id 값은 사용자가 글 목록의 글을 클릭했을 때 전달되는 쿼리 스트링을 이용하게 queryData.id로 지정했습니다. 이번에도 에러가 발생할 수 있으니 에러는 error2로 전달받고, 결괏값은 topic이라는 변수에 담았습니다. 나머지 코드는 HTML 페이지를 생성하는 내용으로, 이전 수업에서 홈페이지를 생성할 때와 크게 다르지 않습니다.

정리하면 먼저 topics 데이터를 가져온 다음에, 다시 id 값으로 특정 topic을 가져왔습니다. 마지막으로 가져온 정보로 웹 페이지를 구성하는 코드를 추가했습니다. 이 과정에서 topics 목록을 가져오지 못하거나 특정 id의 topic을 가져오는 데 실패하면 다음과 같이 처리합니다.

예제 5-4 에러를 처리하는 코드 추가 nodejs-mysql/main.js

```
} else {
    db.query(`SELECT * FROM topic`, function(error, topics) {
        if(error) {
            throw error;
        }
        db.query(`SELECT * FROM topic WHERE id=${queryData.id}`, function(error2, topic) {
            if(error2) {
                throw error2;
            }
            var title = 'Welcome';
            var description = 'Hello, Node.js';
            ... 생략 ...
```

error 값이 있다면, 즉 에러가 있다면 throw 키워드를 이용해 Node.js에 에러를 전달하게 작성했습니다. 이렇게 하면 에러가 발생했을 때 Node.js가 그다음 코드를 실행하지 않고 에러를 콘솔에 출력한 다음, 즉시 애플리케이션을 중지시킵니다.

SQL 문에 아무 문자나 입력해서 일부러 에러가 발생하게 하고 실행해보면 사용자가 글 목록을 선택했을 때 웹 페이지와 콘솔에 다음과 같은 에러 메시지가 출력되고 서비스가 중단됩니다.

```
~/Desktop/nodejs-mysql$node main.js
/Users/gaheeyoon/Desktop/nodejs-mysql/node_modules/mysql/lib/protocol/Parser.js:437
        throw err; // Rethrow non-MySQL errors
        ^

Error: ER_PARSE_ERROR: You have an error in your SQL syntax; check the manual that
corresponds to your MySQL server version for the right syntax to use near 'ASELECT
* FROM topic WHERE id=1' at line 1
    at Query.Sequence._packetToError (/Users/gaheeyoon/Desktop/nodejs-mysql/node_mo
dules/mysql/lib/protocol/sequences/Sequence.js:47:14)
    at Query.ErrorPacket (/Users/gaheeyoon/Desktop/nodejs-mysql/node_modules/mysql/
lib/protocol/sequences/Query.js:77:18)
    at Protocol._parsePacket (/Users/gaheeyoon/Desktop/nodejs-mysql/node_modules/my
```

그림 5-2 에러가 발생하면 콘솔에 로그를 출력하고 애플리케이션이 중지됨

다시 코드를 원래대로 되돌리겠습니다. 문제없이 실행된다면 데이터가 topic이라는 변수에 담길 텐데, topic을 화면에 출력해보겠습니다.

예제 5-5 콘솔에 topic 출력 nodejs-mysql/main.js

```
db.query(`SELECT * FROM topic WHERE id=${queryData.id}`, function(error2, topic) {
    if(error2) {
        throw error2;
    }
    console.log(topic);
    var title = 'Welcome';
    var description = 'Hello, Node.js';
    ... 생략 ...
```

페이지를 새로 고침 해보면 다음과 같이 topic 데이터가 출력되는 모습을 볼 수 있습니다.

```
~/Desktop/nodejs-mysql$node main.js
[ RowDataPacket {
    id: 1,
    title: 'MySQL',
    description: 'MySQL is...',
    created: 2018-01-01T03:10:11.000Z,
    author_id: 1 } ]
```

그림 5-3 콘솔에 출력한 topic 데이터

이 중에서 title만 가져와 보겠습니다. topic은 배열에 담겨서 오기 때문에 배열로 취급해야 합니다. 배열의 첫 번째 원소에 담긴 title을 가져오게 다음과 같이 수정합니다.

예제 5-6 콘솔에 topic의 title 출력 nodejs-mysql/main.js

```
db.query(`SELECT * FROM topic WHERE id=${queryData.id}`, function(error2, topic) {
    if(error2) {
        throw error2;
    }
    console.log(topic[0].title);
    var title = 'Welcome';
    var description = 'Hello, Node.js';
    ... 생략 ...
```

페이지를 새로 고침 해보면 다음과 같이 선택한 글의 제목이 잘 출력되는 모습을 확인할 수 있습니다.

```
~/Desktop/nodejs-mysql$node main.js
MySQL
```

그림 5-4 선택한 글의 제목을 콘솔에 출력

이제 데이터베이스에서 데이터를 가져오는 코드는 완성했습니다. 이 데이터를 가지고 웹 페이지를 생성하는 코드를 다음과 같이 수정합니다.

예제 5-7 데이터베이스에서 가져온 데이터로 웹 페이지 생성 nodejs-mysql/main.js

```
... 생략 ...
db.query(`SELECT * FROM topic WHERE id=${queryData.id}`, function(error2, topic) {
    if(error2) {
        throw error2;
    }
    var title = topic[0].title;
    var description = topic[0].description;
    var list = template.list(topics);
    ... 생략 ....
```

이렇게 하면 글 목록에서 글을 선택할 때마다 해당 id 값에 따른 정보가 표시되는 모습을 확인할 수 있습니다.

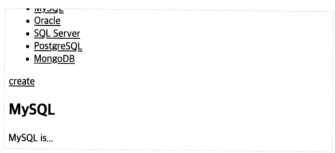

그림 5-5 글 목록에서 선택한 글의 정보 출력

마지막으로 한 가지 더 좋은 방법을 소개하고 이번 시간을 마무리하겠습니다. 데이터베이스에 질의할 때 id=${queryData.id}처럼 id 값을 전달하면 데이터베이스의 특성으로 인해 공격 대상이 될 수 있습니다. 사용자가 입력한 정보는 무조건 불신해야 한다는 말 기억하십니까?

따라서 조금 더 보안에 신경을 쓴다면 다음과 같은 코드로 수정할 수 있습니다.

예제 5-8 보안에 조금 더 신경 쓴 코드 nodejs-mysql/main.js

```
... 생략 ...
db.query(`SELECT * FROM topic WHERE id=?`, [queryData.id], function(error2, topic) {
    if(error2) {
```

```
        throw error2;
    }
... 생략 ...
```

코드를 변경해도 실행 결과는 같습니다. 하지만 이렇게 하면 [queryData.id]에 지정한 값이 SQL 문에서 물음표로 표시한 곳에 치환되는데, 이때 공격 의도가 있는 코드를 알아서 걸러주는 역할을 합니다. 따라서 이것이 좀 더 안전한 방법이라고 할 수 있습니다.

마지막으로 기존 상세 보기 페이지에는 글 수정과 삭제 등의 링크와 버튼도 있었으므로 해당 기능도 추가합니다.

예제 5-9 글 수정, 삭제 링크와 버튼 추가 nodejs-mysql/main.js

```
... 생략 ...
var html = template.HTML(title, list,
    `<h2>${title}</h2>${description}`,
    ` <a href="/create">create</a>
        <a href="/update?id=${queryData.id}">update</a>
        <form action="delete_process" method="post">
            <input type="hidden" name="id" value="${queryData.id}">
            <input type="submit" value="delete">
        </form>`
    );
... 생략 ...
```

기존 코드에서 sanitizedTitle 기능은 이제 필요 없기 때문에 queryData.id로 변경했습니다. 이제 웹 페이지를 새로 고침 하면 다음과 같이 update 링크와 delete 버튼이 표시되는 것을 확인할 수 있습니다.

그림 5-6 수정, 삭제 링크와 버튼 추가

WEB3

https://youtu.be/fNFdx4jKPFM (7분 28초)

06 mysql을 이용한 글 생성 기능 구현

지금까지는 데이터베이스에서 정보를 읽어오는 기능을 알아봤습니다. 이번 시간에는 데이터베이스에 정보를 쓰는 기능을 알아보겠습니다. 이때 데이터베이스에 직접 데이터를 추가하는 방법이 아닌 사용자가 온라인에서 데이터를 삽입하는 방법을 알아보겠습니다.

우리가 제작한 애플리케이션은 웹 페이지에서 사용자가 create 링크를 눌러 글을 생성할 수 있습니다.

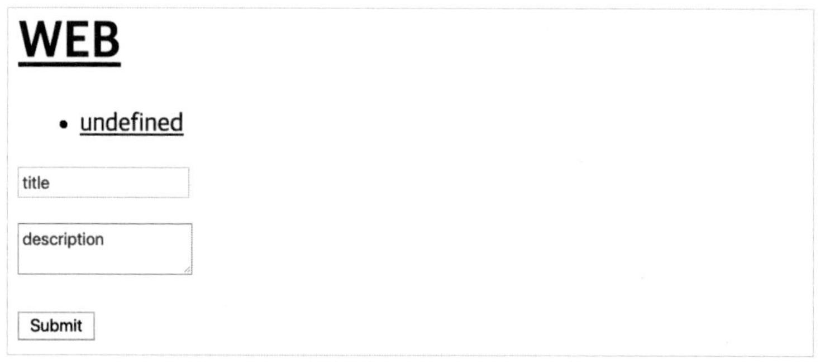

그림 6-1 글 생성 페이지

우선 글 생성 페이지에 글 목록이 나오지 않는데, 이 부분부터 수정해 보겠습니다.

예제 6-1 create 링크를 클릭했을 때 보이는 글 생성 화면 nodejs-mysql/main.js

```
...생략...
} else if(pathname === '/create') {
    db.query(`SELECT * FROM topic`, function(error, topics) {
        var title = 'Create';
        var list = template.list(topics);
        var html = template.HTML(title, list,
            `
            <form action="/create_process" method="post">
                <p><input type="text" name="title" placeholder="title"></p>
                <p>
                    <textarea name="description" placeholder="description"></textarea>
                </p>
```

```
                <p>
                    <input type="submit">
                </p>
            </form>
            `,
            `<a href="/create">create</a>`
        );
        response.writeHead(200);
        response.end(html);
    });
}
... 생략 ...
```

글 목록은 앞서 작성했던 코드를 그대로 재활용했습니다. 그리고 본문이 나오는 부분에는 폼이 나오면 되므로 기존에 있던 폼을 출력하는 코드를 그대로 사용했습니다. 마지막으로 title은 'Create'로 변경하고, description은 사용하지 않으므로 코드를 제거했습니다.

- SQL Server
- PostgreSQL
- MongoDB

create

title

description

Submit

그림 6-2 글 생성 페이지

글 생성 페이지를 완성했습니다. 이제 웹 페이지에서 제목과 내용을 입력한 후 [Submit] 버튼을 누르면 해당 정보가 데이터베이스에 저장되게 수정해보겠습니다. [Submit] 버튼을 클릭하면 폼에 입력한 정보가 /create_process로 전달됩니다. 이를 받는 쪽에서 어떻게 하면 되는지 살펴보겠습니다.

먼저 새로운 데이터를 추가하는 SQL 문을 살펴보겠습니다. 새로운 데이터를 추가하려면 topic 테이블을 구성하는 title, description, created, author_id 칼럼에 각각의 데이터를 입력하면 됩니다. 이때 사용하는 SQL 문은 INSERT INTO입니다. 예를 들어, 다음과 같은 SQL 문으로 데이터를 입력할 수 있습니다.

```
INSERT INTO topic (title, description, created, author_id) VALUES('Nodejs', 'Nodejs is...', NOW(), 1);
```

INSERT INTO topic은 topic 테이블에 데이터를 삽입하겠다는 의미입니다. 이어서 소괄호 안에 칼럼명을 적고, VALUES의 소괄호 안에 각 칼럼에 저장할 실제 값을 차례로 나열합니다. 이때 created 칼럼에 해당하는 값으로 NOW() 함수를 지정했는데, 이는 현재 시각을 나타내는 SQL의 내장 함수입니다.

위와 같은 구문을 이용해 데이터베이스에 데이터를 입력하게 main.js의 create_process 부분을 수정해보겠습니다. 기존에 파일로 처리했던 부분을 수정합니다.

예제 6-2 데이터를 추가하는 create_process 수정 nodejs-mysql/main.js

```
... 생략 ...
} else if(pathname === '/create_process') {
    var body = '';
    request.on('data', function(data) {
        body = body + data;
    });
    request.on('end', function() {
        var post = qs.parse(body);
        db.query(`
            INSERT INTO topic (title, description, created, author_id)
                VALUES(?, ?, NOW(), ?)`,
            [post.title, post.description, 1],
            function(error, result) {
                if(error) {
                    throw error;
                }
                response.writeHead(302, {Location: `/?id=${result.insertId}`});
                response.end();
            }
        );
    });
} else if(pathname === '/update') {
... 생략 ...
```

앞에서 살펴본 SQL 문을 이용해 사용자가 입력한 데이터를 데이터베이스에 저장하게 수정했습니다. 이때 물음표를 이용해 더 안전하게 처리했으며, 첫 번째 물음표는 제목, 두 번째 물음표는 내용, 세 번째 물음표는 작성자를 나타냅니다. 작성자는 나중에 구현하기 위해 임시로 숫자 1을 입력했습니다.

```
INSERT INTO topic (title, description, created, author_id)
    VALUES(?, ?, NOW(), ?)`,
[post.title, post.description, 1],
```

처리가 끝난 후에는 콜백 함수가 호출될 것이고, 삽입에 실패했을 때(error 값이 있다면) 에러를 던지는(throw) 기능을 구현했습니다.

```
if(error) {
    throw error;
}
```

삽입하는 데 별 문제가 없었다면 웹 페이지로 응답을 해줍니다. 이때 id 값, 즉 새로 추가한 데이터의 id 값을 알아야 합니다. 데이터베이스에서 이 값을 가져오려면 result.insertId라는 코드를 이용합니다.

```
response.writeHead(302, {Location: `/?id=${result.insertId}`});
response.end();
```

데이터베이스에서 삽입한 행의 id 값을 가져오려면 어떻게 해야 하나요?

검색 엔진에서 'mysql nodejs insert id'라는 검색어로 검색해보면 여러 가지 검색 결과를 볼 수 있습니다.

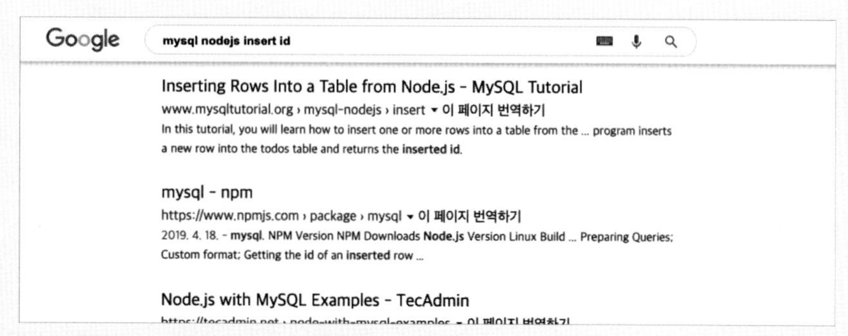

그림 6-3 검색 엔진에서 'mysql nodejs insert id'로 검색

또는 우리가 사용하는 mysql 모듈의 라이브러리 페이지에서 'inserted'로 검색해보면 'Getting the id of an inserted row(삽입된 행의 id를 가져오는 방법)'가 있습니다. 설명을 보니 result 객체의 insertId 프로퍼티를 통해 삽입된 행의 프로퍼티를 가져올 수 있다고 설명돼 있습니다.

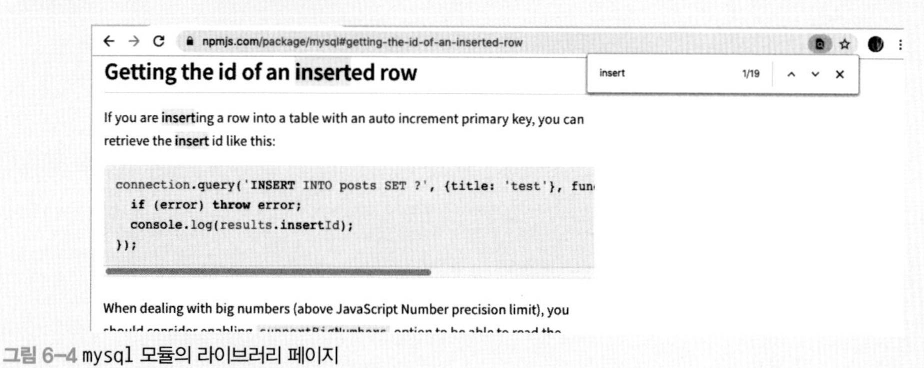

그림 6-4 mysql 모듈의 라이브러리 페이지

이제 웹 페이지를 실행하고 create 링크를 눌러 테스트해보겠습니다. 제목과 내용에 값을 입력하고 [Submit] 버튼을 누릅니다.

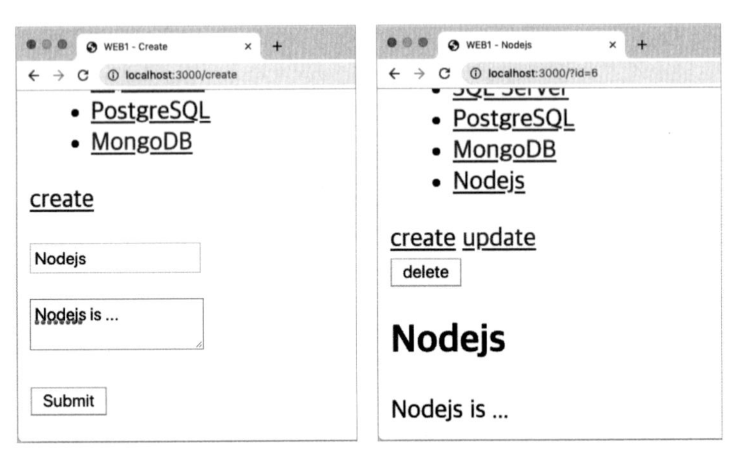

그림 6-5 데이터베이스에 글 추가

보다시피 입력한 데이터가 데이터베이스에 저장되고, 아이디 값에 해당하는 상세보기 페이지로 이동하는 모습을 확인할 수 있습니다.

WEB3

https://youtu.be/Qvm7aMghKCA (3분 30초)

07 mysql로 글 수정 기능 구현

이번 시간에는 MySQL을 이용해 글 수정 기능을 구현해보겠습니다. 사실 여기까지 순서대로 진행했다면 여러분이 직접 구현할 수도 있을 것입니다. 한번 시도해 보면서 잘 안 되거나 애매한 부분이 있을 때 책이나 동영상 강의를 참고하는 것도 좋을 것 같습니다.

글 수정 페이지 생성

먼저 main.js 파일을 열고 글 수정 페이지를 생성하는 부분을 찾습니다. else if 문 중에서 pathname이 /update일 때 처리하는 부분입니다. 기존에 파일로 처리했던 부분을 다음과 같이 변경합니다.

예제 7-1 update 링크를 클릭했을 때 보이는 글 수정 화면 nodejs-mysql/main.js

```
... 생략 ...
} else if(pathname === '/update') {
    db.query('SELECT * FROM topic', function(error, topics) {
        if(error) {
            throw error;
        }
        db.query(`SELECT * FROM topic WHERE id=?`,[queryData.id], function(error2, topic) {
            if(error2) {
                throw error2;
            }

            var list = template.list(topics);
            var html = template.HTML(topic[0].title, list,
                `
                <form action="/update_process" method="post">
                    <input type="hidden" name="id" value="${topic[0].id}">
                    <p><input type="text" name="title" placeholder="title"
value="${topic[0].title}"></p>
                    <p>
```

```
                        <textarea name="description" placeholder="description">${topic[0].descri
ption}</textarea>
                    </p>
                    <p>
                        <input type="submit">
                    </p>
                </form>
                `,
                `<a href="/create">create</a> <a href="/update?id=${topic[0].id}">update</a>`
            );
            response.writeHead(200);
            response.end(html);
        });
    });
} else if(pathname === '/update_process') {
... 생략 ...
```

이전 수업에서 글 생성 부분을 구현했을 때와 비슷한 코드로 구성했으므로 어렵지 않게 이해할 수 있을 것입니다.

먼저 데이터베이스의 topic 테이블에서 데이터를 가져와 글 목록을 표시하고, 에러를 처리하는 구문을 추가합니다.

```
    db.query('SELECT * FROM topic', function(error, topics) {
        if(error) {
            throw error;
        }
```

마찬가지로 queryData.id에 해당하는 글을 가져오고, 예외 처리(에러 처리)를 했습니다.

```
        db.query(`SELECT * FROM topic WHERE id=?`,[queryData.id], function(error2, topic) {
            if(error2) {
                throw error2;
            }
```

template 부분에서 filelist는 topics로 변경하고, title은 topic의 첫 번째 원소의 title 값인 topic[0].title로 변경합니다.

```
            var list = template.list(topics);
            var html = template.HTML(topic[0].title, list,
```

수정 폼의 id 값은 수정하려고 하는 행에 대한 식별자이므로 ${topic[0].id}로 지정하고, 제목과 내용을 표시하는 부분도 각각 ${topic[0].title}과 ${topic[0].description}으로 수정합니다. 마지막으로 수정할 때 사용하는 링크는 ${topic[0].id}로 id 값을 지정합니다.

```
              <form action="/update_process" method="post">
                  <input type="hidden" name="id" value="${topic[0].id}">
                  <p><input type="text" name="title" placeholder="title"
value="${topic[0].title}"></p>
                  <p>
                      <textarea name="description" placeholder="description">${topic[0].descri
ption}</textarea>
                  </p>
              </form>
              `,
              `<a href="/create">create</a> <a href="/update?id=${topic[0].id}">update</a>`
```

이제 애플리케이션을 실행하고 웹 페이지에 접속해 테스트해보겠습니다. 글 목록에서 아무 글이나 선택한 다음 [update] 링크를 클릭해보면 제목과 내용이 제대로 표시되는 모습을 확인할 수 있습니다.

그림 7-1 완성된 글 수정 페이지

그리고 웹 페이지에서 마우스 오른쪽 버튼을 눌러 [페이지 소스 보기]를 선택하면 다음과 같이 HTML 폼에서 hidden 값으로 id 값이 제대로 전달되는 모습을 확인할 수 있습니다.

```
← → C  ⓘ view-source:localhost:3000/update?id=1

12
13                 <form action="/update_process" method="post">
14                     <input type="hidden" name="id" value="1">
15                     <p><input type="text" name="title" placeholder="title" value="MySQL"></p>
16                     <p>
17                         <textarea name="description" placeholder="description">MySQL is...
</textarea>
18                     </p>
19                     <p>
20                         <input type="submit">
21                     </p>
22                 </form>
23
24             </body>
25         </html>
26
```

그림 7-2 HTML 폼에서 hidden 값으로 전달되는 id 값

[Submit] 버튼을 클릭했을 때 /update_process로 데이터가 전달될 텐데, 이어지는 절에서 이를 받아서 처리하는 방법을 살펴보겠습니다.

글 수정 기능 구현

이번 절에서는 글 수정 페이지에서 [Submit] 버튼을 눌렀을 때 /update_process로 전달된 데이터를 처리하는 방법을 살펴보겠습니다. 기존 코드에서 파일 이름이나 내용이 바뀌었을 때 처리하던 부분을 SQL을 이용해 처리하게 변경합니다.

https://youtu.be/36zG-EHqkRo
(3분 33초)

예제 7-2 데이터를 수정하는 update_process 수정 nodejs-mysql/main.js

```
... 생략 ...
} else if(pathname === '/update_process') {
    var body = '';
    request.on('data', function(data) {
        body = body + data;
    });
    request.on('end', function() {
        var post = qs.parse(body);
        db.query('UPDATE topic SET title=?, description=?, author_id=1 WHERE id=?',
            [post.title, post.description, post.id], function(error, result) {
            response.writeHead(302, {Location: `/?id=${post.id}`});
            response.end();
        });
    });
} else if(pathname === '/delete_process') {
... 생략 ...
```

데이터베이스에서 데이터를 수정할 때는 UPDATE ~ SET 구문을 사용합니다. 앞서 사용자가 글 수정 페이지에 입력한 내용을 전달받아 데이터베이스의 topic 테이블에서 해당 글(id 값으로 구분)을 수정하게 구현했습니다. 이때 SQL 문에서 WHERE 절을 이용해 수정할 글의 id 값을 반드시 지정해야 합니다. 그렇지 않으면 모든 행의 데이터가 수정되므로 주의해야 합니다.

```
db.query('UPDATE topic SET title=?, description=?, author_id=1 WHERE id=?',
    [post.title, post.description, post.id], function(error, result) {
```

그리고 데이터베이스에 질의 후 자동으로 호출되는 콜백에서 리다이렉션 주소를 /?id=${post.id}로 지정해 수정된 글의 상세 보기 페이지로 이동하게 구현했습니다.

```
response.writeHead(302, {Location: `/?id=${post.id}`});
response.end();
```

이제 애플리케이션을 실행해 테스트해보겠습니다. 글 목록에서 글을 선택한 후 [update] 링크를 누릅니다. 제목과 내용을 수정하고 [Submit] 버튼을 누르면 다음과 같이 수정된 글의 상세 보기 페이지가 나타나는 것을 확인할 수 있습니다.

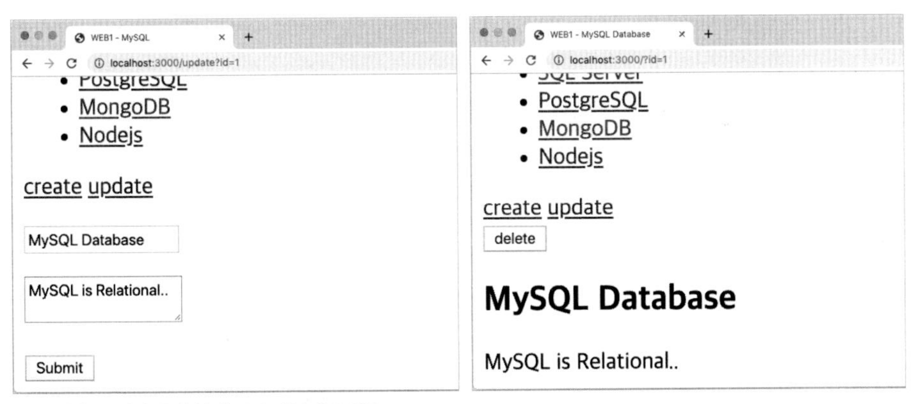

그림 7-3 수정 후 수정된 글의 상세 보기 페이지로 이동

WEB3

https://youtu.be/VToaABEsfbY (1분 42초)

08 mysql로 글 삭제 기능 구현

이번 시간에는 MySQL을 이용해 글을 삭제하는 기능을 구현해보겠습니다. 글 상세 보기 페이지에서 [delete] 버튼을 누르면 요청이 delete_process로 전달되고 글이 삭제됩니다. 따라서 delete_process 부분을 데이터베이스를 이용해 처리하게 수정해보겠습니다.

main.js 파일을 열고 delete_process 요청을 처리하는 부분을 다음처럼 수정합니다.

예제 8-1 데이터를 삭제하는 delete_process 수정 nodejs-mysql/main.js

```
... 생략 ...
} else if(pathname === '/delete_process') {
    var body = '';
    request.on('data', function(data) {
        body = body + data;
    });
    request.on('end', function() {
        var post = qs.parse(body);
        db.query('DELETE FROM topic WHERE id = ?', [post.id], function(error, result) {
            if(error) {
                throw error;
            }
            response.writeHead(302, {Location: `/`});
            response.end();
        });
    });
} else {
... 생략 ...
```

글을 삭제할 때 사용하는 SQL 문은 DELETE 문입니다. 데이터베이스에서 topic 테이블에 있는 데이터 중 사용자가 [delete] 버튼을 누른 페이지의 id 값에 해당하는 데이터를 삭제합니다. 이때 SQL 문에서 WHERE 절을 이용해 삭제할 글의 id 값(예제에서는 post.id)을 반드시 지정해야 합니다. 그렇지 않으면 모든 행의 데이터가 삭제되므로 주의합니다.

```
db.query('DELETE FROM topic WHERE id = ?', [post.id], function(error, result) {
```

그리고 데이터베이스에 질의 후 자동으로 호출되는 콜백에서 에러가 발생하면 에러를 던지도록 예외 처리를 했습니다. 삭제에 성공하면 리다이렉션 주소를 `/`로 지정해 글 목록이 나오는 홈 페이지로 이동하게 구현했습니다.

```
        if(error) {
            throw error;
        }
        response.writeHead(302, {Location: `/`});
        response.end();
```

이제 애플리케이션을 실행해 테스트해보겠습니다. 글 목록에서 글을 선택한 후 [delete] 버튼을 누르면 홈 페이지로 이동하고, 글 목록에서 해당 글이 삭제된 모습을 확인할 수 있습니다.

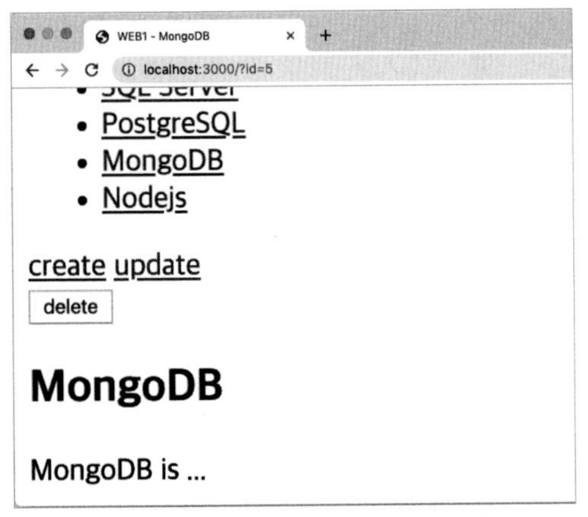

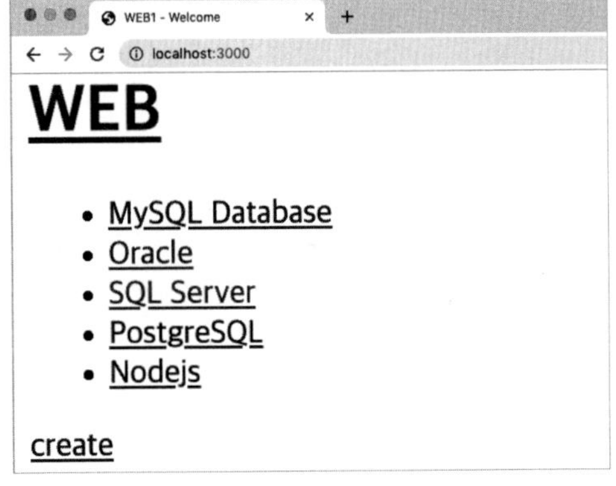

그림 8-1 [delete] 버튼을 클릭하면 글이 삭제되고 홈으로 이동

WEB3

https://youtu.be/h7SdmoFfd0g (4분 58초)

09 JOIN을 이용한 상세 보기 구현

지금까지 데이터베이스를 Node.js 애플리케이션에 도입하는 방법을 살펴봤습니다. 지금까지 주로 살펴본 테이블은 topic 테이블이었습니다. 그런데 우리가 생성한 데이터베이스에는 또 다른 테이블이 있습니다. 바로 작성자 정보를 담고 있는 author 테이블입니다. 이번 시간에는 topic과 author 테이블의 관계성을 이용해 관계형 데이터베이스의 핵심이라고 할 수 있는 '관계'를 우리 애플리케이션에 담아 보겠습니다.

먼저 topic 테이블과 author 테이블은 서로 어떤 관계이고, 어떤 매개체가 있는지 살펴보겠습니다. 두 테이블 사이에는 topic 테이블의 author_ id 값과 author 테이블의 id 값이 서로 같다는 관계성이 있습니다.

```
mysql> select * from topic;
+----+-----------------+------------------------+---------------------+-----------+
| id | title           | description            | created             | author_id |
+----+-----------------+------------------------+---------------------+-----------+
|  1 | MySQL Database  | MySQL is Relational..  | 2018-01-01 12:10:11 |         1 |
|  2 | Oracle          | Oracle is ...          | 2018-01-03 13:01:10 |         1 |
|  3 | SQL Server      | SQL Server is ...      | 2018-01-20 11:01:10 |         2 |
|  4 | PostgreSQL      | PostgreSQL is ...      | 2018-01-23 01:03:03 |         3 |
|  6 | Nodejs          | Nodejs is ...          | 2019-09-05 14:01:27 |         1 |
+----+-----------------+------------------------+---------------------+-----------+
5 rows in set (0.00 sec)

mysql> select * from author;
+----+--------+----------------------------+
| id | name   | profile                    |
+----+--------+----------------------------+
|  1 | egoing | developer                  |
|  2 | duru   | database administrator     |
|  3 | taeho  | data scientist, developer  |
+----+--------+----------------------------+
3 rows in set (0.01 sec)

mysql>
```

그림 9-1 topic 테이블과 author 테이블의 관계

이러한 관계가 있을 때 분리된 두 개의 테이블을 하나의 테이블로 합쳐서 표현하려면 JOIN이라는 SQL 문을 이용합니다. 예를 들어, 다음과 같은 SQL 문은 두 테이블을 하나로 표현합니다.

```
MySQL Console
mysql> SELECT * FROM topic LEFT JOIN author ON topic.author_id=author.id;

+----+------------+-------------------+---------------------+-----------+----+--------+---------------------------+
| id | title      | description       | created             | author_id | id | name   | profile                   |
+----+------------+-------------------+---------------------+-----------+----+--------+---------------------------+
|  1 | MySQL      | MySQL is...       | 2018-01-01 12:10:11 |         1 |  1 | egoing | developer                 |
|  2 | Oracle     | Oracle is ...     | 2018-01-03 13:01:10 |         1 |  1 | egoing | developer                 |
|  5 | MongoDB    | MongoDB is ...    | 2018-01-30 12:31:03 |         1 |  1 | egoing | developer                 |
|  3 | SQL Server | SQL Server is ... | 2018-01-20 11:01:10 |         2 |  2 | duru   | database administrator    |
|  4 | PostgreSQL | PostgreSQL is ... | 2018-01-23 01:03:03 |         3 |  3 | taeho  | data scientist, developer |
+----+------------+-------------------+---------------------+-----------+----+--------+---------------------------+

5 rows in set (0.03 sec)
```

위 SQL 문은 topic 테이블을 왼쪽에 두고 author 테이블을 오른쪽에 나란히 붙이는 명령입니다. 이때 'ON topic.author_id=author.id' 구문은 topic 테이블의 author_id 값과 일치하는 author 테이블의 id 값을 이용해 서로 합친다는 의미입니다.

이러한 내용을 우리가 만든 애플리케이션에 적용해보겠습니다. 글 목록에서 글을 선택했을 때 상세 보기 페이지에 작성자를 함께 표시하려고 합니다. 먼저 글 내용을 표시하는 SQL 문을 다음과 같이 수정합니다.

예제 9-1 글의 상세 보기 페이지에 작성자를 함께 표시 nodejs-mysql/main.js

```
...생략...
} else {
  db.query(`SELECT * FROM topic`, function(error,topics) {
    if(error) {
      throw error;
    }
    db.query(`SELECT * FROM topic LEFT JOIN author ON topic.author_id=author.id
      WHERE id=?`,[queryData.id], function(error2, topic) {
      if(error2) {
        throw error2;
      }
... 생략 ...
```

앞에서 살펴본 JOIN 문을 이용해 SQL 질의를 수정했습니다. 그런데 이렇게 하고 실행하면 WHERE 절에 지정한 id 값이 모호하다는 에러가 발생합니다.

```
~/Desktop/nodejs-mysql$node main.js
/Users/gaheeyoon/Desktop/nodejs-mysql/node_modules/mysql/lib/protocol/Parser.js:437
      throw err; // Rethrow non-MySQL errors
      ^

Error: ER_NON_UNIQ_ERROR: Column 'id' in where clause is ambiguous
    at Query.Sequence._packetToError (/Users/gaheeyoon/Desktop/nodejs-mysql/node_mo
dules/mysql/lib/protocol/sequences/Sequence.js:47:14)
    at Query.ErrorPacket (/Users/gaheeyoon/Desktop/nodejs-mysql/node_modules/mysql/
```

그림 9-2 WHERE 절에 지정한 id 값이 모호하다는 에러

왜냐하면 id 칼럼은 topic과 author 테이블 모두에 있기 때문입니다.

```
mysql> select * from topic;
+----+----------------+----------------------+---------------------+-----------+
| id | title          | description          | created             | author_id |
+----+----------------+----------------------+---------------------+-----------+
|  1 | MySQL Database | MySQL is Relational.. | 2018-01-01 12:10:11 |         1 |
|  2 | Oracle         | Oracle is ...        | 2018-01-03 13:01:10 |         1 |
|  3 | SQL Server     | SQL Server is ...    | 2018-01-20 11:01:10 |         2 |
|  4 | PostgreSQL     | PostgreSQL is ...    | 2018-01-23 01:03:03 |         3 |
|  6 | Nodejs         | Nodejs is ...        | 2019-09-05 14:01:27 |         1 |
+----+----------------+----------------------+---------------------+-----------+
5 rows in set (0.00 sec)

mysql> select * from author;
+----+--------+---------------------------+
| id | name   | profile                   |
+----+--------+---------------------------+
|  1 | egoing | developer                 |
|  2 | duru   | database administrator    |
|  3 | taeho  | data scientist, developer |
+----+--------+---------------------------+
3 rows in set (0.01 sec)

mysql>
```

그림 9-3 topic 테이블과 author 테이블에 모두 id 칼럼이 존재

따라서 topic.id와 같이 어느 테이블의 id 값인지 명확하게 지정해야 합니다.

예제 9-2 WHERE 절에 지정하는 id 값을 명확하게 지정(topic.id) nodejs-mysql/main.js

```
... 생략 ...
db.query(`SELECT * FROM topic LEFT JOIN author ON topic.author_id=author.id
    WHERE topic.id=?`,[queryData.id], function(error2, topic) {
    if(error2) {
        throw error2;
    }
    console.log(topic);
... 생략 ...
```

WHERE 절의 id를 topic.id로 수정하고 에러를 처리하는 부분 바로 아래 줄에서 topic을 콘솔에 출력했습니다. 결과는 다음과 같습니다.

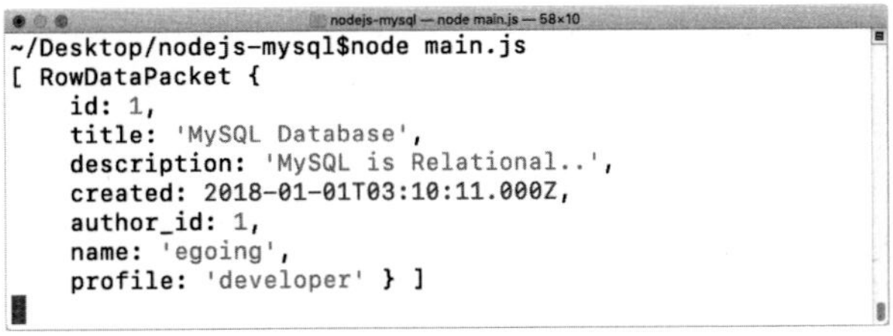
nodejs-mysql — node main.js — 58×10
~/Desktop/nodejs-mysql$node main.js
[RowDataPacket {
id: 1,
title: 'MySQL Database',
description: 'MySQL is Relational..',
created: 2018-01-01T03:10:11.000Z,
author_id: 1,
name: 'egoing',
profile: 'developer' }]

그림 9-4 topic 테이블과 author 테이블의 정보가 모두 출력됨

콘솔에 topic을 출력해보니 두 테이블이 합쳐져서 선택한 글에 해당하는 정보가 출력됐습니다. 이제 이 정보를 이용해 HTML 페이지를 구성합니다.

예제 9-3 상세 보기 페이지에 작성자 정보도 함께 출력 nodejs-mysql/main.js

```
... 생략 ...
db.query(`SELECT * FROM topic LEFT JOIN author ON topic.author_id=author.id
    WHERE topic.id=?`,[queryData.id], function(error2, topic) {
    if(error2) {
        throw error2;
    }
    console.log(topic);
    var title = topic[0].title;
    var description = topic[0].description;
    var list = template.list(topics);
    var html = template.HTML(title, list,
        `
        <h2>${title}</h2>
        ${description}
        <p>by ${topic[0].name}</p>
        `,
... 생략 ...
```

제목과 내용을 표시하는 부분 아래에 작성자를 나타내는 topic[0].name 값을 표시하게 코드를 추가했습니다. 실행 결과는 다음과 같습니다.

이렇게 해서 애플리케이션에 관계성을 도입하는 방법을 살펴봤습니다.

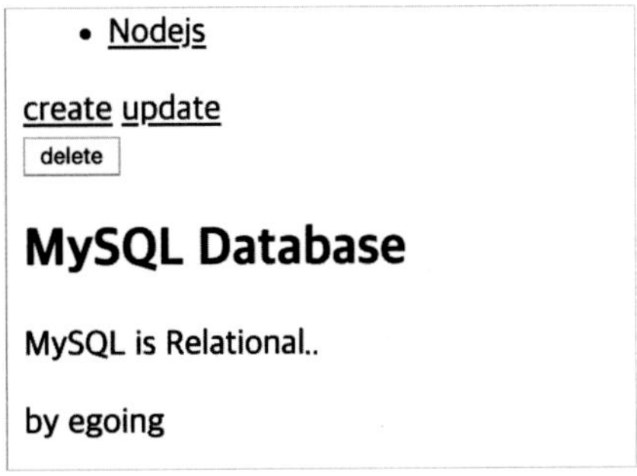
Nodejs
create update
delete
MySQL Database
MySQL is Relational..
by egoing

그림 9-5 상세 정보 페이지에 작성자 정보도 함께 출력

WEB3

https://youtu.be/gn8UTGn-O4U (7분 18초)

10 글 생성 구현

이번 시간에는 글을 생성할 때 작성자를 선택할 수 있는 기능을 구현해보겠습니다. 이 기능은 소스에서 create 요청을 처리하는 부분에 구현합니다.

작성자를 선택할 수 있는 기능을 구현하려면 먼저 작성자 목록을 가져와야 합니다. 작성자 목록을 가져오는 SQL 문은 다음과 같습니다.

```
SELECT * FROM author;
```

main.js 파일을 열고 작성자 목록을 가져오는 코드를 추가해보겠습니다.

예제 10-1 작성자 목록을 가져오는 코드 추가 nodejs-mysql/main.js

```
... 생략 ...
} else if(pathname === '/create') {
    db.query(`SELECT * FROM topic`, function(error, topics) {
        db.query('SELECT * FROM author', function(error2, authors) {
            console.log(authors);
            var title = 'Create';
            var list = template.list(topics);
            ... 생략 ...
            response.writeHead(200);
            response.end(html);
        });
    });
} else if(pathname === '/create_process') {
... 생략 ...
```

기존에 글 목록을 불러오는 질의 블록 안에 작성자 목록을 불러오는 질의를 추가했고, 기존 코드는 이 블록 안으로 옮겼습니다. 콘솔에 authors를 출력해 제대로 가져오는지 확인합니다.

다음과 같이 작성자 목록이 잘 출력되는 모습을 볼 수 있습니다.

```
~/Desktop/nodejs-mysql$node main.js
[ RowDataPacket { id: 1, name: 'egoing', profile: 'developer' },
  RowDataPacket { id: 2, name: 'duru', profile: 'database administrator' },
  RowDataPacket { id: 3, name: 'taeho', profile: 'data scientist, developer' }
]
```

그림 10-1 글 생성 페이지에 들어가면 콘솔에 authors 테이블의 정보를 출력

이제 가져온 작성자 목록을 이용해 작성자를 선택할 수 있는 콤보 박스를 만들어 보겠습니다. 먼저 콤보 박스를 만드는 태그를 살펴보겠습니다.

```
<select name="author">
    <option value="1">egoing</option>
    <option value="1">duru</option>
<select>
```

콤보 박스는 <select> 태그를 사용합니다. 그리고 <select> 태그에 name을 지정하면 전송하는 데이터의 이름이 됩니다. <select> 태그 안에는 <option> 태그를 이용해 선택할 수 있는 요소를 추가합니다.

이러한 HTML 코드를 프로그래밍 방식으로 구현해보겠습니다. 다음과 같이 코드를 추가합니다.

예제 10-2 작성자를 선택할 수 있는 코드 추가 nodejs-mysql/main.js

```
... 생략 ...
} else if(pathname === '/create') {
    db.query(`SELECT * FROM topic`, function(error, topics) {
        db.query('SELECT * FROM author', function(error2, authors) {
            console.log(authors);
            var tag = '';
            var i = 0;
            while(i < authors.length) {
                tag += `<option value="${authors[i].id}">${authors[i].name}</option>`;
                i++;
            }
            var title = 'Create';
            var list = template.list(topics);
            var html = template.HTML(title, list,
                `
                <form action="/create_process" method="post">
                    <p><input type="text" name="title" placeholder="title"></p>
                    <p>
                        <textarea name="description" placeholder="description"></textarea>
                    </p>
```

```
            <p>
                <select name="author">
                    ${tag}
                </select>
            </p>
            <p>
                <input type="submit">
            </p>
        </form>
        `,
        `<a href="/create">create</a>`
    );
    ... 생략 ...
```

먼저 tag라는 빈 문자열을 담은 변수를 하나 선언합니다.

```
var tag = '';
```

tag 변수에는 authors에 담긴 데이터를 콤보 박스로 표현하는 HTML 코드를 담습니다. i라는 변수를 0으로 초기화하고, authors에 담긴 데이터 개수만큼 반복문을 반복하면서 <option> 태그를 추가합니다.

```
var i = 0;
while(i < authors.length) {
    tag += `<option value="${authors[i].id}">${authors[i].name}</option>`;
    i++;
}
```

그리고 HTML을 표현하는 부분에 tag 변수에 담긴 내용이 표시되게 합니다.

```
<p>
    ${tag}
</p>
```

이 상태로 애플리케이션을 실행하고 [create] 링크를 클릭해 글 생성 화면을 보면 다음과 같이 작성자를 선택하는 콤보 박스가 생긴 것을 확인할 수 있습니다.

그림 10-2 작성자를 선택하는 콤보 박스

이제 방금 추가한 코드를 템플릿으로 분리해서 코드를 정리정돈해보겠습니다. `lib` 디렉터리에 있는 `template.js` 파일을 열고 마지막에 다음과 같이 코드를 추가합니다.

예제 10-3 작성자를 출력하는 콤보 박스를 템플릿으로 분리 nodejs-mysql/lib/template.js

```
module.exports = {
    ... 생략 ...
    },list:function(topics) {
        ... 생략 ...
    },authorSelect:function(authors) {
        var tag = '';
        var i = 0;
        while(i < authors.length) {
            tag += `<option value="${authors[i].id}">${authors[i].name}</option>`;
            i++;
        }
        return `
            <select name="author">
                ${tag}
            </select>
        `
    }
}
```

`authorSelect`라는 속성을 선언하고, 앞에서 작성한 코드를 옮겨서 템플릿으로 만들었습니다. 다시 `main.js` 파일로 돌아와서 콤보 박스를 출력해야 하는 부분을 다음과 같이 수정합니다.

예제 10-4 템플릿을 이용해 콤보 박스를 출력 nodejs-mysql/main.js

```
... 생략 ...
} else if(pathname === '/create') {
```

```
db.query(`SELECT * FROM topic`, function(error, topics) {
    db.query('SELECT * FROM author', function(error2, authors) {
        console.log(authors);
        var tag = '';
        var i = 0;
        while(i < authors.length) {
            tag += `<option value="${authors[i].id}">${authors[i].name}</option>`;
            i++;
        }
        var title = 'Create';
        var list = template.list(topics);
        var html = template.HTML(title, list,
            `
            <form action="/create_process" method="post">
                <p><input type="text" name="title" placeholder="title"></p>
                <p>
                    <textarea name="description" placeholder="description"></textarea>
                </p>
                <p>
                    ${template.authorSelect(authors)}
                </p>
                <p>
                    <input type="submit">
                </p>
            </form>
        `,
    ... 생략 ...
```

기존에 추가했던 코드를 템플릿으로 분리해서 코드가 좀 더 깔끔하게 정리됐습니다. 이제 애플리케이션을 실행하고 글쓰기 화면을 보면 기존과 동일하게 작성자를 선택할 수 있는 콤보 박스가 표시되는 모습을 확인할 수 있습니다.

그림 10-3 작성자를 선택하는 콤보 박스

이제 사용자가 콤보 박스에서 작성자를 선택한 다음, [Submit] 버튼을 눌렀을 때 그 정보를 받아서 처리하는 부분을 수정해보겠습니다.

예제 10-5 글을 생성할 때 작성자 정보도 함께 저장 nodejs-mysql/main.js

```
...생략...
} else if(pathname === '/create_process') {
    ... 생략 ...
    request.on('end', function() {
        var post = qs.parse(body);
        db.query(`
            INSERT INTO topic (title, description, created, author_id) VALUES(?, ?, NOW(), ?)`,
                [post.title, post.description, post.author],
                function(error, result) {
                    ... 생략 ...
```

기존에 임시로 '1'이라고 지정해둔 코드를 post.author로 바꿔서 사용자가 선택한 작성자 이름이 데이터베이스에 저장되게 수정했습니다.

이제 애플리케이션을 실행하고 테스트해보겠습니다. 글 생성 화면에서 작성자를 선택한 다음 [Submit] 버튼을 누르면 해당 데이터로 잘 저장되는 모습을 확인할 수 있습니다.

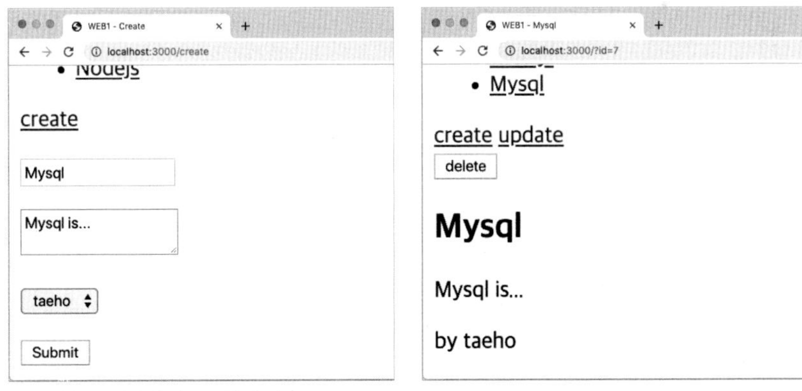

그림 10-4 글을 생성할 때 작성자 정보도 함께 저장

WEB3 https://youtu.be/hWVyYJuuPvc (6분 22초)

11 글 수정 구현

이번 시간에는 글을 수정하는 기능에서 글쓴이를 수정할 수 있게 구현해보겠습니다. 글 수정 기능은 소스에서 update 요청을 처리하는 부분에 구현돼 있습니다. 먼저 main.js 파일을 열고 글쓴이 목록을 불러와 보여주는 다음 코드를 추가합니다.

예제 11-1 글 수정 페이지에 작성자 목록 출력 nodejs-mysql/main.js

```
... 생략 ...
} else if(pathname === '/update') {
    ... 생략 ...
        db.query(`SELECT * FROM topic WHERE id=?`,[queryData.id], function(error2, topic) {
            if(error2) {
                throw error2;
            }
            db.query('SELECT * FROM author', function(error2, authors) {
                var list = template.list(topics);
                var html = template.HTML(topic[0].title, list,
                    `
                    ... 생략 ...
                        <p>
                            <textarea name="description" placeholder="description">
${topic[0].description}</textarea>
                        </p>
                        <p>
                            ${template.authorSelect(authors)}
                        </p>
                        <p>
                            <input type="submit">
                        </p>
                    ... 생략 ...
            });
        });
    });
} else if(pathname === '/update_process') {
    ... 생략 ...
```

/update에서 글을 불러오는 질의 블록 안에 글쓴이를 불러오는 질의를 추가했고, 이 블록 안으로 기존 코드를 옮겼습니다. 그리고 글쓴이를 수정할 수 있게 템플릿의 authorSelect를 이용해 글쓴이 목록을 표시했습니다.

이렇게 하고 애플리케이션을 실행합니다. 글을 선택한 후 [update] 링크를 누르면 다음과 같이 작성자를 나타내는 콤보 박스가 나타나는 모습을 확인할 수 있습니다.

그림 11-1 글 수정 페이지에 글쓴이 목록을 추가

그런데 수정 페이지에서는 현재 값, 즉 수정하려는 글의 작성자가 콤보 박스에 보여야 합니다. 이 부분을 구현하기 위해 authorSelect 메서드의 두 번째 인자로 현재 작성자를 전달하겠습니다.

예제 11-2 authorSelect의 두 번째 인수로 글쓴이 id를 전달 nodejs-mysql/main.js

```
... 생략 ...
    <p>
        ${template.authorSelect(authors, topic[0].author_id)}
    </p>
... 생략 ...
```

authorSelect 함수에 전달한 두 번째 인수는 현재 글의 작성자 아이디입니다. 이제 lib 디렉터리의 template.js 파일을 열고 authorSelect 함수에서 두 번째 인수를 처리하는 코드를 추가합니다.

예제 11-3 authorSelect 함수에 두 번째 인수를 처리하는 코드 추가 nodejs-mysql/lib/template.js

```
module.exports = {
    ... 생략 ...
    },list:function(topics) {
        ... 생략 ...
    },authorSelect:function(authors, author_id) {
        var tag = '';
```

```
        var i = 0;
        while(i < authors.length) {
            var selected = '';
            if(authors[i].id === author_id) {
                selected = ' selected';
            }
            tag += `<option value="${authors[i].id}"${selected}>${authors[i].name}</option>`;
            i++;
        }
    }
}
```

먼저 authorSelect 함수에 author_id라는 두 번째 매개변수를 추가했습니다. 그리고 반복문에서 조건문을 이용해 반복문 안에서 현재 차례의 작성자 id(authors[i].id)와 두 번째 매개변수로 전달받은 작성자 id(author_id)가 같은지 확인합니다. 만약 같다면 <option> 태그에 selected 속성을 추가하게 했습니다. 즉, 수정하려는 글의 작성자가 선택되게 했는데, 반복문을 통해 작성자 목록을 만들면서 두 번째 매개변수와 같은 작성자 id를 만나면 해당 <option>에 'selected'를 추가해 선택되게 만드는 것입니다.

```
<select name="author">
    <option value="1">egoing</option>
    <option value="2">duru</option>
    <option value="3" selected>taeho</option>
</select>
```

이제 웹 페이지에서 글을 선택한 다음 [update]를 눌러 수정 페이지로 이동해보세요. 다음과 같이 콤보 박스에 해당 글의 작성자가 표시되는 모습을 확인할 수 있습니다.

create update

Mysql

Mysql is...

taeho

Submit

그림 11-2 해당 글의 작성자가 선택됨

브라우저의 빈 공간에서 마우스 오른쪽 버튼을 클릭하고 [검사]를 눌러서 코드를 확인해보겠습니다. 콤보 박스 부분의 코드를 보면 다음과 같이 'taeho'의 <option> 태그에만 selected 속성이 추가돼 있습니다. HTML에서는 selected 속성이 추가돼 있는 옵션을 "선택한 상태"로 표시하도록 약속돼 있어서 'taeho'가 선택된 상태로 보이는 것입니다.

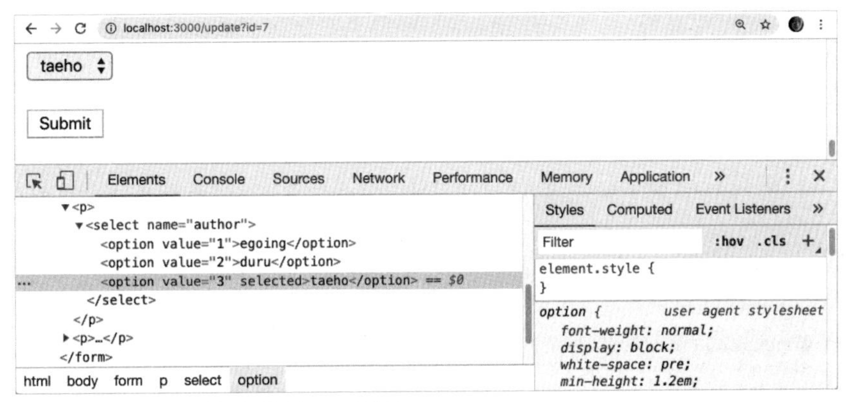

그림 11-3 크롬 브라우저의 검사를 이용해 생성된 코드를 확인

이제 콤보 박스에서 다른 작성자로 변경한 다음 [Submit] 버튼을 눌렀을 때, 해당 내용으로 데이터베이스의 데이터를 갱신하게 처리해보겠습니다. [Submit] 버튼을 누르면 전송된 값은 /update_process가 받습니다. 따라서 main.js 파일을 열고 update_process 부분을 다음과 같이 수정합니다.

예제 11-4 글을 수정할 때 작성자 정보도 함께 수정 nodejs-mysql/main.js

```
...생략...
} else if(pathname === '/update_process'){
  ...생략...
    db.query('UPDATE topic SET title=?, description=?, author_id=? WHERE id=?',
        [post.title, post.description, post.author, post.id],
        function(error, result){
...생략...
```

UPDATE 문에서 작성자 아이디가 '1'로 돼 있던 부분을 물음표로 수정하고 이에 해당하는 값으로 post.author를 지정했습니다.

이제 애플리케이션을 실행하고 테스트해보겠습니다. 글 목록에서 글을 선택한 다음 [update] 링크를 눌러 수정 페이지로 이동합니다. 콤보 박스에 원래의 작성자가 표시되면 이를 다른 작성자로 바꾼 다음 [Submit] 버튼을 눌러보세요. 변경한 작성자로 저장되는 모습을 확인할 수 있습니다.

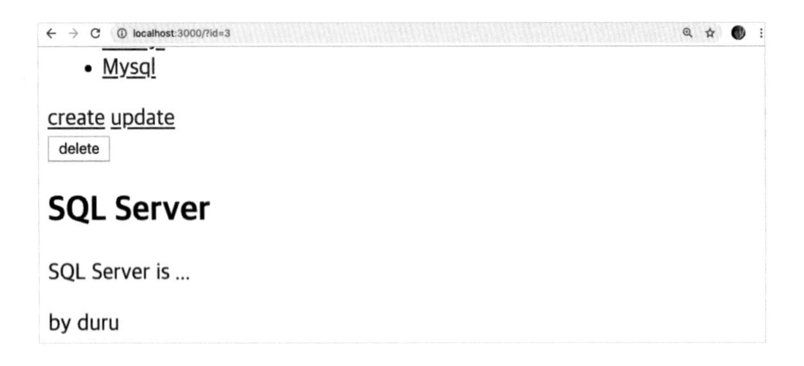

'SQL Server'의 작성자는 'duru'

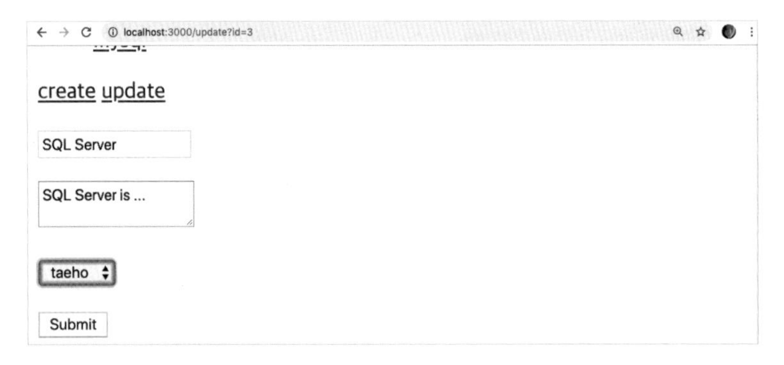

'SQL Server'의 작성자를 'taeho'로 변경

그림 11-4 글을 수정할 때 작성자 정보도 함께 수정됨

WEB3

https://youtu.be/nC4ornT-gGo (3분 39초)

12 수업의 정상

이제 우리 수업의 정상에 도착했습니다. 지금까지 우리는 MySQL과 Node.js를 이용해 웹 애플리케이션을 만드는 방법을 살펴봤습니다. 그리고 관계형 데이터베이스인 MySQL의 핵심적인 기능인 JOIN 기능을 이용해 여러 테이블을 제어하는 방법도 살펴봤습니다. 여기까지가 제가 생각하는 모던 웹 애플리케이션의 가장 작은 단위입니다.

이제부터 우리가 살펴볼 내용은 여러분이 추론을 통해서, 또는 검색하거나 다른 사람에게 질문하면서 스스로 헤쳐나갈 수 있습니다. 그래서 앞으로 무엇을 할 것인지 소개해 드릴 텐데, 저는 제 수업을 보는 것보다는 최대한 제 수업 없이 직접 도전해보기를 추천합니다.

저는 여기서 수업을 그만둬도 괜찮다고 생각하지만, 수업을 만드는 입장이기 때문에 기본 형식은 갖출 필요가 있고, 여러분이 스스로 해결하는 과정에서 막히는 부분이 있을 때 보고 돌파할 수 있는 지점을 마련해야 하기 때문에 수업을 계속 진행할 예정입니다. 하지만 지금부터는 여러분이 직접 도전해보면 좋을 것 같습니다.

지금까지는 `topic`이라고 하는 글과 관련한 작업을 수행했습니다. 이제부터는 작성자와 관련된, 즉 작성자를 추가하고, 수정하고 삭제하는 작업을 추가해보겠습니다. 그런데 이와 같은 기능을 `main.js`에 구현하기에는 이미 `main.js`가 너무 복잡합니다. 따라서 코드를 정리할 필요가 있습니다. 이처럼 복잡해진 코드를 정리하지 않으면 더 복잡한 기능을 추가하기가 힘들어집니다. 우리는 사람이기 때문에 복잡성에 굉장히 취약합니다. 따라서 다음 시간부터는 작성자와 관련된 처리를 하기 전에, 코드를 정리하는 내용부터 차근차근 함께 진행해보겠습니다.

WEB3

13 Node.js의 DB 설정 정보 정리

https://youtu.be/M4AvyCtusBQ (5분 5초)

이번 시간은 청소 시간입니다. 앞으로 진도를 더 나가기 전에 코드를 한 번 정리하면 훨씬 더 수월합니다.

현재 우리가 만든 애플리케이션은 대부분 기능이 main.js 파일 한 곳에 구현돼 있습니다. 이제 각 기능을 별도의 파일로 분리해서 main.js 파일의 코드를 정리하려고 합니다. 먼저 정리정돈할 대상은 데이터베이스에 접속하는 코드입니다.

main.js 파일에서 분리하려는 데이터베이스 접속 코드는 다음과 같습니다.

예제 13-1 main.js 파일에서 분리하고자 하는 데이터베이스 접속 코드 nodejs-mysql/main.js

```
... 생략 ...
var db = mysql.createConnection({
    host     : 'localhost',
    user     : 'root',
    password : '111111',
    database : 'opentutorials'
});
db.connect();
... 생략 ...
```

우선 lib 디렉터리 안에 db.js 파일을 생성합니다. 그리고 위의 코드를 복사해 붙여넣고 다음과 같은 코드를 작성합니다.

예제 13-2 lib 디렉터리에 db.js 파일을 생성한 후 데이터베이스 접속 코드 작성 nodejs-mysql/lib/db.js

```
var db = mysql.createConnection({
    host     : 'localhost',
    user     : 'root',
    password : '111111',
    database : 'opentutorials'
});
db.connect();
```

데이터베이스에 접속하는 코드를 그대로 붙여넣었습니다. 이제 main.js에서 데이터베이스 설정에 해당하는 코드를 지우고 방금 만든 라이브러리를 사용하게 수정합니다.

예제 13-3 main.js에서 db.js의 데이터베이스 접속 코드 불러오기 nodejs-mysql/lib/db.js

```
... 생략 ...
var path = require('path');
var sanitizeHtml = require('sanitize-html');
var mysql = require('mysql');
var db = require('./lib/db.js');
... 생략 ...
```

그런데 코드를 수정하고 실행해보면 다음과 같이 에러가 발생합니다.

```
~/Desktop/nodejs-mysql$node main.js
/Users/gaheeyoon/Desktop/nodejs-mysql/lib/db.js:1
var db = mysql.createConnection({
         ^

ReferenceError: mysql is not defined
    at Object.<anonymous> (/Users/gaheeyoon/Desktop/nodejs
```

그림 13-1 'mysql is not defined' 에러

에러를 살펴보니 'mysql is not defined'라고 나와 있고, nodejs-myslq/lib/db.js의 첫 번째 줄에 문제가 있다고 나와 있습니다. mysql이 없어서 발생한 문제입니다.

```
var db = mysql.createConnection({
```

다음과 같이 main.js에 있던 mysql 모듈을 불러오는 코드를 db.js 파일로 옮깁니다.

예제 13-4 mysql 모듈을 불러오는 코드 추가 nodejs-mysql/lib/db.js

```
var mysql = require('mysql');
var db = mysql.createConnection({
    host     : 'localhost',
    user     : 'root',
    password : '111111',
    database : 'opentutorials'
});
db.connect();
```

다시 실행해보면 이번에는 다음과 같은 에러가 발생하는 모습을 볼 수 있습니다.

```
~/Desktop/nodejs-mysql$node main.js
/Users/gaheeyoon/Desktop/nodejs-mysql/main.js:28
            db.query(`SELECT * FROM topic`, function(error
, topics) {
              ^

TypeError: db.query is not a function
```

그림 13-2 'db.query is not a function' 에러

'db.query is not a function'이라는 에러가 발생했습니다. 이는 db.js 모듈을 불러오지 못해서 발생한 오류인데, db.js를 외부에서 쓸 수 있게 익스포트(export)해야 합니다. 다음과 같이 코드를 수정합니다.

예제 13-5 db 모듈을 외부에서 사용할 수 있게 export nodejs-mysql/lib/db.js

```
var mysql = require('mysql');
var db = mysql.createConnection({
    host     : 'localhost',
    user     : 'root',
    password : '111111',
    database : 'opentutorials'
});
db.connect();
module.exports = db;
```

더불어 모듈을 불러오는 부분에서 더는 사용하지 않는 모듈을 정리합니다. 그러면 main.js 도입부는 다음과 같습니다.

예제 13-6 더는 사용하지 않는 모듈 정리 nodejs-mysql/main.js

```
var http = require('http');
var fs = require('fs');
var url = require('url');
var qs = require('querystring');
var template = require('./lib/template.js');
var db = require('./lib/db');
var path = require('path');
var sanitizeHtml = require('sanitize-html');
var mysql = require('mysql');

var app = http.createServer(function(request,response){
... 생략 ...
```

이렇게 해서 데이터베이스 접속 정보를 별도의 파일로 분리했습니다. 이제 데이터베이스에 접속이 필요하면 db 모듈을 불러서 이용하면 됩니다.

데이터베이스 정보를 파일에 보관해도 괜찮나요?

이번 장에서는 데이터베이스 정보를 파일에 저장했는데, 나중에 버전 관리 시스템을 사용하게 되면 파일에 데이터베이스 정보를 저장하는 것은 굉장히 나쁜 방법입니다. 왜냐하면 아이디, 패스워드와 같이 아주 민감한 데이터가 소스 코드 보관소에 올라가면 굉장히 심각한 보안 사고가 발생할 수 있기 때문입니다.

이런 경우에는 db.js와 같은 파일을 복사해서 db.template.js라는 파일을 하나 더 만들고, 다음과 같이 접속과 관련된 구체적인 정보를 모두 지웁니다.

```
var mysql = require('mysql');
var db = mysql.createConnection({
    host     : '',
    user     : '',
    password : '',
    database : ''
});
db.connect();
module.exports = db;
```

버전 관리를 할 때는 db.template.js를 저장하고, db.js는 버전 관리 시스템으로 관리하지 않습니다. 그러고 나서 나중에 개발 환경을 설정할 때는 db.template.js 파일을 복사해서 db.js 파일을 만들고, 그 파일 안에 비밀번호를 입력하고 실제 서비스에서 사용하면 보안 사고 발생을 예방할 수 있습니다.

WEB3 https://youtu.be/-gZQv_XvozQ (5분 11초)

14 Node.js 코드 정리

두 번째 집 청소 시간입니다. 이번 장에서는 우리가 만든 웹 애플리케이션에서 글을 생성하고 읽고 수정, 삭제하는 기능을 별도의 파일로 분리해서 main.js 파일의 코드를 정리해보겠습니다. 먼저 lib 디렉터리 아래에 topic.js 파일을 만들고 main.js 파일에서 글(topic)과 관련된 코드를 옮기겠습니다.

글 목록 보여주기 코드 정리

먼저 홈페이지에 접속했을 때 데이터베이스에서 글 목록을 가져와 보여주는 코드를 main.js에서 topic.js로 옮깁니다.

예제 14-1 글 목록을 가져와 보여주는 코드를 topic.js로 분리 nodejs-mysql/lib/topic

```
db.query(`SELECT * FROM topic`, function(error,topics){
    var title = 'Welcome';
    var description = 'Hello, Node.js';
    var list = template.list(topics);
    var html = template.HTML(title, list,
        `<h2>${title}</h2>${description}`,
        `<a href="/create">create</a>`
    );
    response.writeHead(200);
    response.end(html);
});
```

우리는 이 기능을 home이라는 이름의 함수로 만들어 사용할 것입니다. 그러려면 main.js에서 방금 생성한 topic 라이브러리를 사용할 수 있게 다음 코드를 추가해야 합니다.

예제 14-2 topic 라이브러리에 있는 home 함수를 호출 nodejs-mysql/main.js

```
... 생략 ...
var db = require('./lib/db');
var topic = require('./lib/topic');
```

```
... 생략 ...

if(pathname === '/') {
    if(queryData.id === undefined) {
        topic.home();
    } else {
... 생략 ...
```

topic이라는 변수에 모듈을 할당합니다. 그 모듈은 방금 만든 lib 디렉터리 아래에 있는 topic입니다. 이때 확장자인 .js는 생략할 수 있습니다. 방금 topic 라이브러리로 옮긴 코드가 있던 위치에 topic.home 함수를 호출하는 코드를 작성합니다.

다시 topic.js 파일을 열고 옮긴 코드를 home 함수로 만들어 외부에서 사용할 수 있게 공유합니다.

예제 14-3 home 함수를 외부에서 사용할 수 있게 공유 nodejs-mysql/lib/topic.js

```
exports.home = function () {
    db.query(`SELECT * FROM topic`, function(error,topics) {
        var title = 'Welcome';
        var description = 'Hello, Node.js';
        var list = template.list(topics);
        var html = template.HTML(title, list,
            `<h2>${title}</h2>${description}`,
            `<a href="/create">create</a>`
        );
        response.writeHead(200);
        response.end(html);
    });
}
```

이때 첫 줄에 export 대신 exports로 지정했습니다. topic.js라는 모듈은 바깥쪽에서 사용할 수 있게 여러 함수를 외부로 공유할 것입니다. 즉, 여러 개의 API를 제공할 것이므로 export가 아닌 exports를 사용합니다. 하나만 제공할 때는 module.export를 사용하고, 여러 개를 제공할 때는 복수인 module.exports를 사용합니다. 그리고 exports.home이라고 해서 지금 정의하는 함수의 이름을 지정했습니다.

여기까지 작업하고 실행하면 다음과 같은 에러가 발생합니다.

```
/Users/GaheeYoon/Desktop/nodejs-mysql/lib/topic.js:2
    db.query(`SELECT * FROM topic`, function(error,topics){
    ^

ReferenceError: db is not defined
    at Object.exports.home (/Users/GaheeYoon/Desktop/nodejs-mysql/lib/topic.js:2:5)
    at Server.<anonymous> (/Users/GaheeYoon/Desktop/nodejs-mysql/main.js:15:19)
    at Server.emit (events.js:189:13)
    at parserOnIncoming (_http_server.js:676:12)
    at HTTPParser.parserOnHeadersComplete (_http_common.js:109:17)
```

```
nodejs-mysql — -bash — 58×15
nodejs-mysql $node main.js
/Users/GaheeYoon/Desktop/nodejs-mysql/lib/topic.js:2
    db.query(`SELECT * FROM topic`, function(error,topics)
 {
    ^

ReferenceError: db is not defined
    at Object.exports.home (/Users/GaheeYoon/Desktop/nodej
s-mysql/lib/topic.js:2:5)
    at Server.<anonymous> (/Users/GaheeYoon/Desktop/nodejs
-mysql/main.js:14:19)
    at Server.emit (events.js:189:13)
    at parserOnIncoming (_http_server.js:676:12)
    at HTTPParser.parserOnHeadersComplete (_http_common.js
:109:17)
```

그림 14-1 'db is not defined' 에러

에러 메시지는 topic.js의 두 번째 줄에 db 객체가 정의되지 않았다는 의미입니다. 즉, 데이터베이스 질의문을 사용하는데, 데이터베이스가 정의되지 않았다는 의미입니다. 이처럼 코드를 외부로 옮길 때는 여러 가지 의존성 문제가 발생하므로 적절하게 처리해야 합니다. db뿐만 아니라 template도 정의되지 않았다는 에러가 발생했으므로 이 문제를 해결해보겠습니다.

topic.js에 다음 코드를 추가해서 db와 template 객체를 사용할 수 있게 합니다.

예제 14-4 topic.js에서 db와 template 객체를 사용할 수 있게 불러오기 nodejs-mysql/lib/topic.js

```
var db = require('./db');
var template = require('./template.js');
exports.home = function () {
... 생략 ...
```

main.js에서는 db.js와 template.js가 lib 디렉터리 아래에 있었기 때문에 var db = require('./lib/db.js');와 같이 경로를 지정해야 했지만, topic.js는 db.js, template.js와 같은 lib 디렉터리에 있는 형제 파일이기 때문에 경로를 지정할 때 lib를 빼고 var db = require('./db');와 같이 지정해야 합니다.

다시 실행해보면 이번에는 다음과 같은 에러가 발생합니다.

```
/Users/GaheeYoon/Desktop/nodejs-mysql/node_modules/mysql/lib/protocol/Parser.js:437
      throw err; // Rethrow non-MySQL errors
      ^

ReferenceError: response is not defined
    at Query.<anonymous> (/Users/GaheeYoon/Desktop/nodejs-mysql/lib/topic.js:13:9)
    at Query.<anonymous> (/Users/GaheeYoon/Desktop/nodejs-mysql/node_modules/mysql/lib/
Connection.js:525:10)
    at Query._callback (/Users/GaheeYoon/Desktop/nodejs-mysql/node_modules/mysql/lib/
Connection.js:491:16)
    at Query.Sequence.end (/Users/GaheeYoon/Desktop/nodejs-mysql/node_modules/mysql/lib/
protocol/sequences/Sequence.js:83:24)
    at Query._handleFinalResultPacket (/Users/GaheeYoon/Desktop/nodejs-mysql/node_modules/mysql/
lib/protocol/sequences/Query.js:139:8)
    at Query.EofPacket (/Users/GaheeYoon/Desktop/nodejs-mysql/node_modules/mysql/lib/protocol/
sequences/Query.js:123:8)
    at Protocol._parsePacket (/Users/GaheeYoon/Desktop/nodejs-mysql/node_modules/mysql/lib/
protocol/Protocol.js:291:23)
    at Parser._parsePacket (/Users/GaheeYoon/Desktop/nodejs-mysql/node_modules/mysql/lib/
protocol/Parser.js:433:10)
    at Parser.write (/Users/GaheeYoon/Desktop/nodejs-mysql/node_modules/mysql/lib/protocol/
Parser.js:43:10)
    at Protocol.write (/Users/GaheeYoon/Desktop/nodejs-mysql/node_modules/mysql/lib/protocol/
Protocol.js:38:16)
```

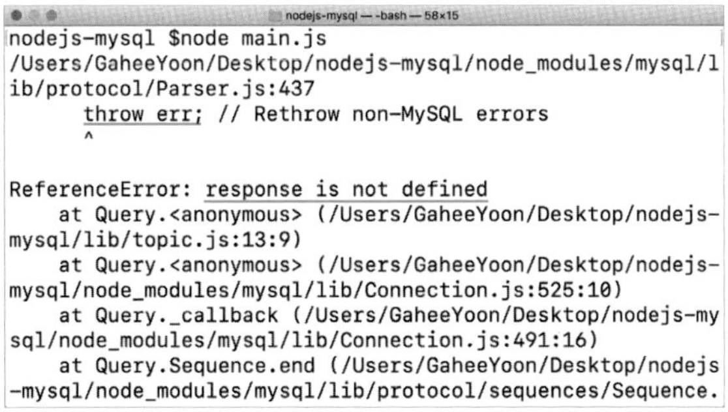

```
nodejs-mysql $node main.js
/Users/GaheeYoon/Desktop/nodejs-mysql/node_modules/mysql/l
ib/protocol/Parser.js:437
      throw err; // Rethrow non-MySQL errors
      ^

ReferenceError: response is not defined
    at Query.<anonymous> (/Users/GaheeYoon/Desktop/nodejs-
mysql/lib/topic.js:13:9)
    at Query.<anonymous> (/Users/GaheeYoon/Desktop/nodejs-
mysql/node_modules/mysql/lib/Connection.js:525:10)
    at Query._callback (/Users/GaheeYoon/Desktop/nodejs-my
sql/node_modules/mysql/lib/Connection.js:491:16)
    at Query.Sequence.end (/Users/GaheeYoon/Desktop/nodejs
-mysql/node_modules/mysql/lib/protocol/sequences/Sequence.
```

그림 14-2 'response is not defined' 에러

에러 메시지를 보니 응답과 관련된 코드인 response가 없다는 에러입니다. 따라서 home 함수에 매개변수를 만들어 home 함수를 호출할 때 전달받게 만들겠습니다.

main.js에서 home 함수를 호출할 때 인수로 request, response를 전달하게 수정합니다.

예제 14-5 home 함수를 호출할 때 인수로 request, response 전달 nodejs-mysql/main.js

```
... 생략 ...
if(pathname === '/') {
    if(queryData.id === undefined) {
        topic.home(request, response);
    } else {
... 생략 ...
```

그리고 전달한 인수를 받아 처리할 수 있게 topic.js에 정의된 home 함수에 매개변수를 선언합니다.

예제 14-6 전달한 인수를 받아 처리할 수 있게 home 함수에 매개변수를 선언 nodejs-mysql/lib/topic.js

```
var db = require('./db');
var template = require('./template.js');
exports.home = function(request, response) {
... 생략 ...
```

다시 실행해보면 이제 오류가 발생하지 않고 다음과 같이 홈페이지에 글 목록이 제대로 나타납니다.

WEB

- MySQL
- Oracle
- SQL Server
- PostgreSQL
- MongoDB

create

그림 14-3 코드를 정리한 후의 글 목록 페이지

상세 보기와 글 생성 코드 정리

이번에는 글 목록에서 하나를 선택했을 때 보이는 상세 보기 페이지에 대한 코드를 정리해보겠습니다. topic.js 파일에 page 함수를 정의하고 main.js에 있는 다음 코드를 page 함수 본문으로 옮깁니다.

https://youtu.be/2Ci8psDQZDo
(4분 4초)

예제 14-7 상세 보기 페이지의 코드를 topic.js 파일로 분리 nodejs-mysql/lib/topic.js

```
var url = require('url');
... 생략 ...
exports.page = function(request, response) {
    var _url = request.url;
    var queryData = url.parse(_url, true).query;
    db.query(`SELECT * FROM topic`, function(error, topics) {
        if(error) {
            throw error;
        }
        db.query(`SELECT * FROM topic LEFT JOIN author ON topic.author_id=author.id WHERE
                  topic.id=?`,[queryData.id], function(error2, topic) {
            if(error2) {
                throw error2;
            }
            console.log(topic);
            var title = topic[0].title;
            var description = topic[0].description;
            var list = template.list(topics);
            var html = template.HTML(title, list,
                `<h2>${title}</h2>
                ${description}
                <p>by ${topic[0].name}</p>
                `,
                ` <a href="/create">create</a>
                    <a href="/update?id=${queryData.id}">update</a>
                    <form action="delete_process" method="post">
                        <input type="hidden" name="id" value="${queryData.id}">
                        <input type="submit" value="delete">
                    </form>`
            );
            response.writeHead(200);
            response.end(html);
        });
    });
}
```

코드를 옮기면서 의존성 문제를 해결하고자 필요한 코드를 몇 개 추가했습니다. 먼저 url 모듈을 사용하게 포함했으며, _url과 queryData 변수를 사용할 수 있게 선언했습니다.

그리고 main.js 파일에서 방금 옮긴 코드가 있던 위치에 다음처럼 page 함수를 호출하는 코드를 추가합니다.

예제 14-8 topic 라이브러리에 있는 page 함수를 호출 nodejs-mysql/main.js

```
... 생략 ...
if(queryData.id === undefined) {
    topic.home(request, response);
} else {
    topic.page(request, response);
}
... 생략 ...
```

코드를 실행하고 목록에서 아무 글이나 선택하면 상세 보기 화면이 잘 나타나는 모습을 확인할 수 있습니다.

- PostgreSQL
- MongoDB

create update
delete

SQL Server

SQL Server is ...

by duru

그림 14-4 코드를 정리한 후의 상세 보기 페이지

이번에는 글 생성 화면을 보여주는 부분을 바깥으로 분리해보겠습니다. topic.js 파일에 create 함수를 정의하고 main.js에 있는 다음 코드를 create 함수 본문으로 옮깁니다.

예제 14-9 글 생성 화면의 코드를 topic.js 파일로 분리 nodejs-mysql/lib/topic.js

```
... 생략 ...
exports.create = function(request, response) {
    db.query(`SELECT * FROM topic`, function(error,topics) {
        db.query('SELECT * FROM author', function(error2, authors) {
            var title = 'Create';
            var list = template.list(topics);
            var html = template.HTML(title, list,
                `
```

```
            <form action="/create_process" method="post">
                <p><input type="text" name="title" placeholder="title"></p>
                <p>
                    <textarea name="description" placeholder="description"></textarea>
                </p>
                <p>
                    ${template.authorSelect(authors)}
                </p>
                <p>
                    <input type="submit">
                </p>
            </form>
            `,
            `<a href="/create">create</a>`
        );
        response.writeHead(200);
        response.end(html);
    });
});
}
```

그리고 main.js 파일에서 방금 옮긴 코드가 있던 위치에 다음처럼 create 함수를 호출하는 코드를 추가합니다.

예제 14-10 topic 라이브러리에 있는 create 함수를 호출 nodejs-mysql/main.js

```
... 생략 ...
if(pathname === '/') {
    if(queryData.id === undefined) {
        topic.home(request, response);
    } else {
        topic.page(request, response);
    }
} else if(pathname === '/create') {
    topic.create(request, response);
}
... 생략...
```

코드를 실행하고 홈페이지에 있는 create 링크를 클릭하면 글 생성 화면이 잘 나타나는 모습을 확인할 수 있습니다.

create

title

description

egoing

Submit

그림 14-5 코드를 정리한 후의 글 생성 페이지

이번에는 글 생성을 처리하는 부분을 바깥으로 분리해보겠습니다. topic.js 파일에 create_process 함수를 정의하고 main.js에 있는 다음 코드를 create_process 함수 본문으로 옮깁니다.

예제 14-11 글 생성을 처리하는 코드를 topic.js 파일로 분리 nodejs-mysql/lib/topic.js

```
var qs = require('querystring');
... 생략 ...
exports.create_process = function(request, response) {
    var body = '';
    request.on('data', function(data) {
        body = body + data;
    });
    request.on('end', function() {
        var post = qs.parse(body);
        db.query(`
            INSERT INTO topic (title, description, created, author_id)
                VALUES(?, ?, NOW(), ?)`,
            [post.title, post.description, post.author], function(error, result) {
                if(error) {
                    throw error;
                }
                response.writeHead(302, {Location: `/?id=${result.insertId}`});
                response.end();
            }
        );
    });
}
```

그리고 main.js 파일에서 방금 옮긴 코드가 있던 위치에 다음처럼 create_process 함수를 호출하는 코드를 추가합니다.

예제 14-12 topic 라이브러리에 있는 create_process 함수를 호출 nodejs-mysql/main.js

```
... 생략 ...
if(pathname === '/') {
    if(queryData.id === undefined) {
        topic.home(request, response);
    } else {
        topic.page(request, response);
    }
} else if(pathname === '/create') {
    topic.create(request, response);
} else if(pathname === '/create_process') {
    topic.create_process(request, response);
}
... 생략 ...
```

코드를 실행하고 홈페이지에 있는 [create] 링크를 클릭한 후 글 생성 화면에서 제목과 내용을 입력합니다. 그다음 [Submit] 버튼을 누르면 글 목록에 방금 생성한 글이 나타나는 모습을 확인할 수 있습니다.

그림 14-6 글 생성 테스트

글 수정과 삭제 코드 정리

https://youtu.be/2D0rWdlH1R0 (2분 45초)

이번에는 글 수정 화면을 보여주는 부분을 바깥으로 분리해보겠습니다. topic.js 파일에 update 함수를 정의하고 main.js에 있는 다음 코드를 update 함수의 본문으로 옮깁니다.

예제 14-13 글 수정 화면의 코드를 topic.js 파일로 분리 nodejs-mysql/lib/topic.js

```
... 생략 ...
exports.update = function(request, response) {
    var _url = request.url;
    var queryData = url.parse(_url, true).query;
    db.query('SELECT * FROM topic', function(error, topics) {
        if(error) {
            throw error;
        }
        db.query(`SELECT * FROM topic WHERE id=?`,[queryData.id], function(error2, topic) {
            if(error2) {
                throw error2;
            }
            db.query('SELECT * FROM author', function(error2, authors) {
                var list = template.list(topics);
                var html = template.HTML(topic[0].title, list,
                    `
                    <form action="/update_process" method="post">
                        <input type="hidden" name="id" value="${topic[0].id}">
                        <p><input type="text" name="title" placeholder="title"
                                value="${topic[0].title}"></p>
                        <p>
                            <textarea name="description" placeholder="description">${topic[0].de
scription}</textarea>
                        </p>
                        <p>
                            ${template.authorSelect(authors, topic[0].author_id)}
                        </p>
                        <p>
                            <input type="submit">
                        </p>
                    </form>
                    `,
                    `<a href="/create">create</a> <a href="/update?id=${topic[0].id}">update</a>`
                );
                response.writeHead(200);
                response.end(html);
            });
        });
```

```
    });
}
```

그리고 main.js 파일에서 방금 옮긴 코드가 있던 위치에 다음과 같이 update 함수를 호출하는 코드를 추가합니다.

예제 14-14 topic 라이브러리에 있는 update 함수를 호출 nodejs-mysql/main.js

```
... 생략 ...
if(pathname === '/') {
    if(queryData.id === undefined) {
        topic.home(request, response);
    } else {
        topic.page(request, response);
    }
} else if(pathname === '/create') {
    topic.create(request, response);
} else if(pathname === '/create_process') {
    topic.create_process(request, response);
} else if(pathname === '/update') {
    topic.update(request, response);
}
... 생략 ...
```

코드를 실행하고 글 목록에서 아무 글이나 선택한 후 [update] 링크를 클릭하면 글 수정 화면이 나타나는 모습을 확인할 수 있습니다.

그림 14-7 코드를 정리한 후의 글 수정 페이지

이번에는 글 수정을 처리하는 부분을 바깥으로 분리해 보겠습니다. topic.js 파일에 update_process 함수를 정의하고 main.js에 있는 다음 코드를 update_process 함수의 본문으로 옮깁니다.

예제 14-15 글 수정을 처리하는 코드를 topic.js 파일로 분리 nodejs-mysql/lib/topic.js

```
... 생략 ...
exports.update_process = function(request, response) {
    var body = '';
    request.on('data', function(data) {
        body = body + data;
    });
    request.on('end', function() {
        var post = qs.parse(body);
        db.query('UPDATE topic SET title=?, description=?, author_id=? WHERE id=?',
            [post.title, post.description, post.author, post.id], function(error, result) {
            response.writeHead(302, {Location: `/?id=${post.id}`});
            response.end();
        });
    });
}
```

그리고 main.js 파일에서 방금 옮긴 코드가 있던 위치에 다음과 같이 update_process 함수를 호출하는 코드를 추가합니다.

예제 14-16 topic 라이브러리에 있는 update_process 함수를 호출 nodejs-mysql/main.js

```
... 생략 ...
if(pathname === '/') {
    if(queryData.id === undefined) {
        topic.home(request, response);
    } else {
        topic.page(request, response);
    }
} else if(pathname === '/create') {
    topic.create(request, response);
} else if(pathname === '/create_process') {
    topic.create_process(request, response);
} else if(pathname === '/update') {
    topic.update(request, response);
} else if(pathname === '/update_process') {
    topic.update_process(request, response);
}
... 생략 ...
```

코드를 실행하고 글 수정 페이지에서 [Submit] 버튼을 누르면 글이 제대로 수정되는 모습을 확인할 수 있습니다.

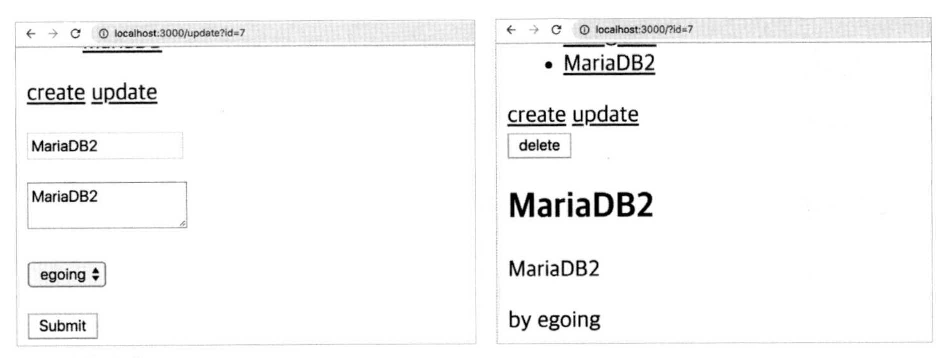

그림 14-8 글 수정 테스트

이번에는 글을 삭제하는 부분을 바깥으로 분리해보겠습니다. topic.js 파일에 delete_process 함수를 정의하고 main.js에 있는 다음 코드를 delete_process 함수 본문으로 옮깁니다.

예제 14-17 글 삭제를 처리하는 코드를 topic.js 파일로 분리 nodejs-mysql/lib/topic.js

```
... 생략 ...
exports.delete_process = function(request, response) {
    var body = '';
    request.on('data', function(data) {
        body = body + data;
    });
    request.on('end', function() {
        var post = qs.parse(body);
        db.query('DELETE FROM topic WHERE id = ?', [post.id], function(error, result) {
            if(error) {
                throw error;
            }
            response.writeHead(302, {Location: `/`});
            response.end();
        });
    });
}
```

그리고 main.js 파일에서 방금 옮긴 코드가 있던 위치에 다음과 같이 delete_process 함수를 호출하는 코드를 추가합니다.

예제 14-18 topic 라이브러리에 있는 delete_process 함수를 호출 nodejs-mysql/main.js

```
... 생략 ...
if(pathname === '/') {
    if(queryData.id === undefined) {
        topic.home(request, response);
    } else {
        topic.page(request, response);
    }
} else if(pathname === '/create') {
    topic.create(request, response);
} else if(pathname === '/create_process') {
    topic.create_process(request, response);
} else if(pathname === '/update') {
    topic.update(request, response);
} else if(pathname === '/update_process') {
    topic.update_process(request, response);
} else if(pathname === '/delete_process') {
    topic.delete_process(request, response);
}
... 생략 ...
```

코드를 실행하고 글을 선택한 다음 [delete] 버튼을 누르면 글이 삭제되는 모습을 확인할 수 있습니다.

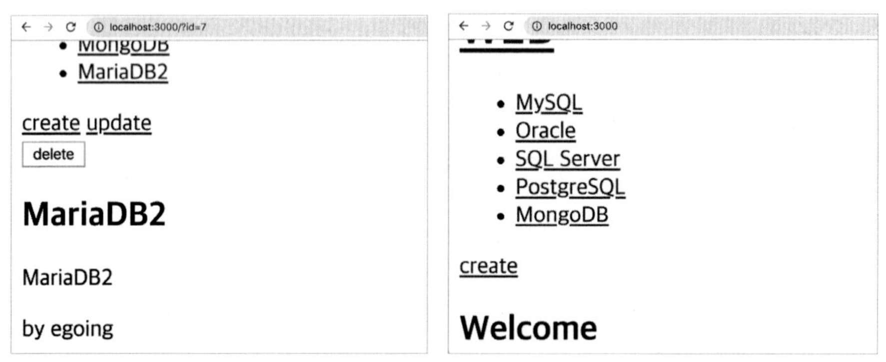

그림 14-9 글 삭제 테스트

지금까지 main.js에 있던 글 관련 코드를 topic.js 파일로 옮겼습니다. main.js 파일은 이전과 비교했을 때 훨씬 더 단순해진 것을 확인할 수 있습니다. 이제 main.js에 다른 코드를 더 추가할 수 있는 여지가 생겼으므로 다음 시간부터는 글 작성자와 관련된 기능을 추가해보겠습니다.

WEB3

https://youtu.be/c13mdXV_YWg (1분 49초)

15 저자 관리 기능 구현

지금부터 새로운 출발을 해보겠습니다. 지금까지는 애플리케이션에서 글(토픽)에만 집중했지만, 지금부터는 저자 정보를 대상으로 CRUD를 처리해보겠습니다. 지금부터 구현할 코드를 미리 살펴보면 다음 그림과 같습니다.

```
 9 var app = http.createServer(function(request, response) {
10     var _url = request.url;
11     var queryData = url.parse(_url, true).query;
12     var pathname = url.parse(_url, true).pathname;
13     if(pathname === '/') {
14         if(queryData.id === undefined) {
15             topic.home(request, response);
16         } else {
17             topic.page(request, response);
18         }
19     } else if(pathname === '/create') {
20         topic.create(request, response);
21     } else if(pathname === '/create_process') {
22         topic.create_process(request, response);
23     } else if(pathname === '/update') {
24         topic.update(request, response);
25     } else if(pathname === '/update_process') {
26         topic.update_process(request, response);
27     } else if(pathname === '/delete_process') {
28         topic.delete_process(request, response);
29     } else if(pathname === '/author') {
30         author.home(request, response);
31     } else if(pathname === '/author/create_process') {
32         author.create_process(request, response);
33     } else if(pathname === '/author/update') {
34         author.update(request, response);
35     } else if(pathname === '/author/update_process') {
36         author.update_process(request, response);
37     } else if(pathname === '/author/delete_process') {
38         author.delete_process(request, response);
39     } else {
40         response.writeHead(404);
41         response.end('Not found');
42     }
43 });
```

그림 15-1 저자 정보의 CRUD 코드 미리 보기

그리고 홈 페이지에 접속하면 다음처럼 author라는 링크가 생기는데, 이를 클릭하면 저자 목록이 테이블로 나타납니다.

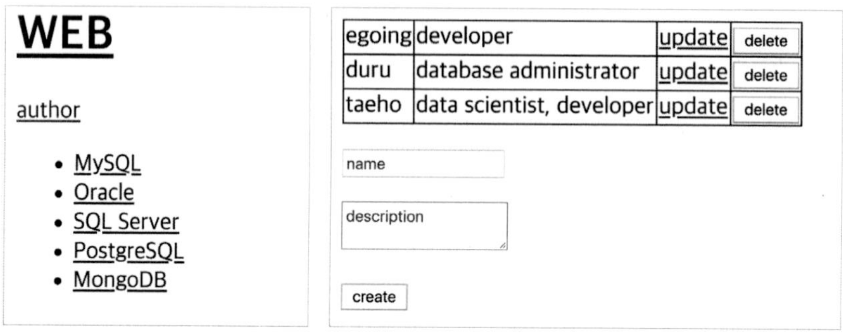

그림 15-2 저자 목록 페이지 미리 보기

그리고 테이블 아래의 각 입력란에 정보를 입력하고 [create] 버튼을 클릭하면 저자 테이블에 새로운 저자가 추가됩니다.

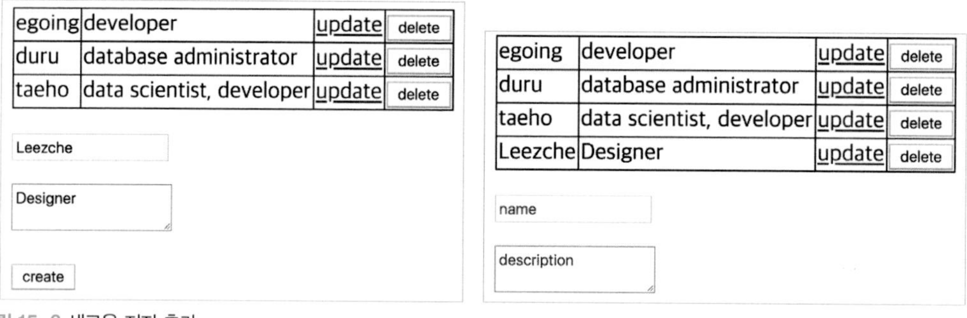

그림 15-3 새로운 저자 추가

또한, 저자 테이블의 [update] 링크를 클릭하면 정보를 수정할 수 있고, [delete] 버튼을 클릭하면 삭제할 수 있습니다.

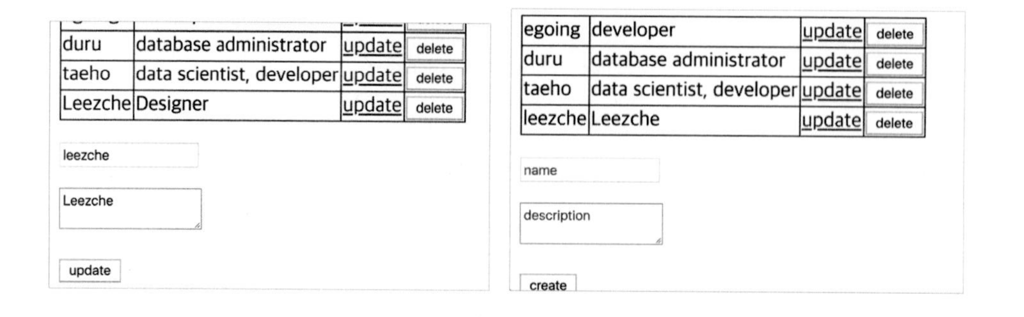

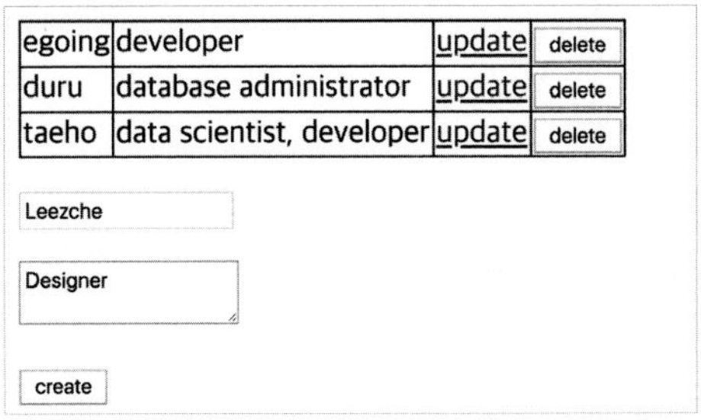

egoing	developer	update	delete
duru	database administrator	update	delete
taeho	data scientist, developer	update	delete

Leezche

Designer

create

그림 15-4 저자 수정과 삭제

지금부터 이러한 저자 관리 기능을 별도의 `author.js` 파일을 생성해서 구현해나갈 것입니다.

WEB3

https://youtu.be/skS4uKrLXo0 (10분 32초)

16 저자 목록 보기 기능 구현

이번 시간에는 저자 목록을 보여주는 기능을 구현해보겠습니다. 먼저 15강에서 확인했던 것처럼 홈페이지에서 저자 목록을 보여주는 author라는 링크를 만들겠습니다. 그러려면 template.js 파일에서 제목을 표시하는 코드 아래에 다음과 같은 HTML 코드를 추가해야 합니다.

예제 16-1 저자 목록을 보여주는 author 링크 추가 nodejs-mysql/lib/template.js

```
... 생략 ...
<body>
    <h1><a href="/">WEB</a></h1>
    <a href="/author">author</a>
    ${list}
    ${control}
    ${body}
</body>
... 생략 ...
```

그러면 홈 페이지에 다음과 같이 author 링크가 추가됩니다.

그림 16-1 홈 페이지에 author 링크 추가

아직은 author 링크를 클릭했을 때의 경로인 /author를 처리하지 않았기 때문에 'Not found'라고 나옵니다.

그림 16-2 author 링크를 클릭했을 때 나오는 'Not found' 페이지

이제 author 링크를 클릭했을 때 보여줄 내용을 구현해보겠습니다. [author] 링크를 클릭하면 요청 경로가 author로 전달되므로 main.js에서 '/author'라는 pathname을 처리하는 코드를 추가합니다.

그리고 '/author'를 요청받으면 (아직 만들지 않았지만) author 모듈의 home이라는 함수를 호출하게 구현하겠습니다. author 모듈의 home 함수에서는 author 페이지에 저자의 목록이 표로 나타나게 할 예정입니다.

예제 16-2 author 링크를 클릭하면 요청을 처리 nodejs-mysql/main.js

```
... 생략 ...
var author = require('./lib/author')

var app = http.createServer(function(request, response) {
    ... 생략 ...
    } else if(pathname === '/delete_process') {
        topic.delete_process(request, response);
    } else if(pathname === '/author') {
        author.home(request, response);
    } else {
... 생략 ...
```

방금 main.js에 추가한 코드에 나오는 author 모듈을 만들어보겠습니다. lib 디렉터리 아래에 author.js 파일을 생성하고 다음과 같이 exports를 이용해 외부에서 사용할 수 있는 home 함수를 구현합니다.

이때 코드를 처음부터 작성하려면 막막합니다. 그래서 이전에 topic.js에서 구현한 home 함수의 코드를 가져와 수정하겠습니다.

예제 16-3 author.home 함수 구현 nodejs-mysql/lib/author.js

```
var db = require('./db');
var template = require('./template.js');

exports.home = function(request, response) {
    db.query(`SELECT * FROM topic`, function(error, topics) {
        var title = 'Welcome';
        var description = 'Hello, Node.js';
        var list = template.list(topics);
        var html = template.HTML(title, list,
            `<h2>${title}</h2>${description}`,
            `<a href="/create">create</a>`
        );
```

```
        response.writeHead(200);
        response.end(html);
    });
}
```

이 상태에서 실행한 후 홈페이지에서 [author] 링크를 클릭하면 잘 동작하는 모습을 확인할 수 있습니다.

그림 16-3 author 페이지 (아직 topic 페이지와 똑같은 상태)

이제 author 페이지의 강조한 부분에 저자 목록을 표시하도록 수정해보겠습니다. 그러려면 앞의 코드에서 `<h2>${title}</h2>${description}` 부분을 수정해야 하므로 해당 부분을 지웁니다. 그러고 나서 저자 목록을 표로 출력할 것이므로 <table> 태그를 이용해 표를 넣어 보겠습니다.

예제 16-4 author 페이지에서 저자 목록 표시 nodejs-mysql/lib/author.js

```
... 생략 ...
    var html = template.HTML(title, list,
        `<h2>${title}</h2>${description}`,
        `
        <table>
            <tr>
                <td>egoing</td>
                <td>developer</td>
                <td>update</td>
                <td>delete</td>
            <tr>
            <tr>
                <td>egoing</td>
                <td>developer</td>
                <td>update</td>
```

```
                <td>delete</td>
            <tr>
        </table>
        `,
        `<a href="/create">create</a>`
... 생략 ...
```

테이블을 표시하는 HTML 태그는 <table>입니다. 각 행은 <tr> 태그로 감싸게 약속돼 있습니다. 그리고 각 칼럼은 Table Data의 약자인 <td> 태그로 감싸게 약속돼 있습니다. 아직 미완성 코드지만, 이 상태로 실행해보면 다음과 같이 보입니다.

그림 16-4 author 페이지에 추가한 임시 테이블

결과를 보면 <tr> 태그를 기준으로 하나의 행이 형성되고, <td> 태그를 기준으로 각 칼럼이 만들어진 모습을 볼 수 있습니다.

그런데 테이블이 표시는 됐는데 테두리가 없으니까 어색합니다. CSS를 이용해 테두리를 표시해보겠습니다. CSS를 다루는 책은 아니므로 CSS는 몰라도 상관없습니다. 다음과 같이 코드를 그대로 따라서 작성해보세요.

예제 16-5 테이블에 테두리를 표시하게 CSS 추가 nodejs-mysql/lib/author.js

```
... 생략 ...
<table>
    ... 생략 ...
</table>
<style>
    td {
        border:1px solid black;
    }
</style>
... 생략 ...
```

HTML에서는 <style> 태그 안에 CSS 코드를 작성하게 약속돼 있습니다. 따라서 웹 브라우저는 <style> 태그 안에 있는 코드를 CSS로 해석합니다.

먼저 <td> 태그에 테두리를 표시해보겠습니다. 테두리는 영어로 border입니다. border 속성을 1px solid black으로 지정해 셀 테두리(border)의 두께(1px), 종류(solid), 색상(black)을 정의했습니다. 이 상태로 실행하면 표에 테두리가 다음과 같이 보입니다.

그림 16-5 셀(<td>)에 테두리 추가

테두리가 생기기는 했는데, 서로 떨어져 있어서 살짝 아쉽습니다. <table> 태그에 border-collapse 속성을 이용해 테이블의 테두리와 셀(td)의 테두리 사이의 간격을 collapse로 지정했습니다. 속성값 collapse는 테두리 사이의 간격을 없애고 겹치는 부분을 한 줄로 나타냅니다.

예제 16-6 테이블에 테두리를 표시하도록 CSS 추가 nodejs-mysql/lib/author.js

```
... 생략 ...
<table>
    ... 생략 ...
</table>
<style>
    table {
        border-collapse: collapse;
    }
    td {
        border:1px solid black;
    }
</style>
... 생략 ...
```

author

- MySQL
- Oracle
- SQL Server
- PostgreSQL
- MongoDB

create

egoing	developer	update	delete
egoing	developer	update	delete

그림 16-6 셀 사이 간격 제거

이제 떨어져 있던 간격이 사라지면서 훨씬 더 보기 좋은 표가 됐습니다. 이제 대략적인 윤곽은 잡았으니 테이블에 임시로 표시한 데이터를 지우고, 데이터베이스에 있는 실제 데이터가 표시되게 구현해보겠습니다.

예제 16-7 데이터베이스에서 테이블에 출력할 데이터 가져오기 nodejs-mysql/lib/author.js

```
var db = require('./db');
var template = require('./template.js');

exports.home = function () {
    db.query(`SELECT * FROM topic`, function(error, topics) {
        db.query(`SELECT * FROM author`, function(error2, authors) {
            var title = 'author';
            var description = 'Hello, Node.js';
            var list = template.list(topics);
            var html = template.HTML(title, list,
            ... 생략 ...
            response.writeHead(200);
            response.end(html);
        });
    });
}
```

글 목록을 가져오는 데이터베이스 질의문 안에 저자 정보를 가져오는 질의문을 추가하고 그 안으로 기존 코드를 옮겼습니다. description은 더는 사용하지 않는 코드이므로 지우고, title은 author로 변경했습니다.

이제 데이터베이스에 질의해서 가져온 데이터가 담긴 authors 배열을 반복문으로 순회하면서 테이블을 생성하는 데 필요한 HTML 코드를 만들어 보겠습니다.

예제 16-8 데이터베이스에서 가져온 데이터를 테이블에 출력 nodejs-mysql/lib/author.js

```
... 생략 ...
db.query(`SELECT * FROM topic`, function(error, topics) {
    db.query(`SELECT * FROM author`, function(error2, authors) {
        var tag = '';
        var i = 0;
        while(i < authors.length) {
            tag += `
                <tr>
                    <td>${authors[i].name}</td>
                </tr>
            `;
            i++;
        }
        var title = 'author';
        var list = template.list(topics);
        var html = template.HTML(title, list,
            `
            <table>
                ${tag}
            </table>
... 생략 ...
```

우선 tag라는 변수를 하나 만들었습니다. 그리고 authors 변수의 원소만큼 반복문을 실행하기 위해 i라는 변수를 선언했습니다. 그다음 while 반복문을 이용해 반복문 안에서 i의 값을 1씩 증가시키면서 i가 authors의 길이보다 작은 동안만 반복하는 반복문을 만듭니다.

```
        var tag = '';
        var i = 0
        while(i < authors.length) {
            i++;
        }
```

반복문 안에서는 tag라는 빈 문자열에 테이블 안에 출력할 코드를 추가합니다. 우선 하나의 행만 만들어 보겠습니다.

```
while(i < authors.length) {
    tag += `
        <tr>
            <td>${authors[i].name}</td>
        </tr>
    `;
    i++;
}
```

마지막으로 이렇게 준비한 tag 변수를 <table> 태그 안에 넣었습니다.

```
var html = template.HTML(title, list,
`
    <table>
        ${tag}
    </table>
```

이제 웹 페이지를 새로 고침 하면 다음과 같이 데이터베이스에서 가져온 'egoing', 'duru', 'taeho' 데이터가 보입니다. 즉, 각 사람의 이름이 출력됐습니다.

- MySQL
- Oracle
- SQL Server
- PostgreSQL
- MongoDB

create

egoing
duru
taeho

그림 16-7 데이터베이스에서 가져온 데이터(이름)을 테이블에 출력

이제 이름 외에 다른 데이터도 표시되게 tag 변수에 <td> 태그를 추가하겠습니다.

예제 16-9 테이블에 출력할 <td> 태그 추가 nodejs-mysql/lib/author.js

```
... 생략 ...
db.query(`SELECT * FROM topic`, function(error, topics) {
    db.query(`SELECT * FROM author`, function(error2, authors) {
        var tag = '<table>';
        var i = 0;
        while(i < authors.length) {
            tag += `
                <tr>
                    <td>${authors[i].name}</td>
                    <td>${authors[i].profile}</td>
                    <td>update</td>
                    <td>delete</td>
                </tr>
            `;
            i++;
        }
        tag += '</table>';

        var title = 'author';
        var list = template.list(topics);
        var html = template.HTML(title, list,
            `
                <table>
                ${tag}
                <table>
... 생략 ...
```

<td> 태그를 추가한 다음, 프로필과 업데이트, 삭제를 추가했습니다. 또한 <table> 태그를 별도로 쓰지 않고 tag 변수에 포함시켰습니다. 새로 고침 해보면 표가 완성된 모습을 볼 수 있습니다.

- MySQL
- Oracle
- SQL Server
- PostgreSQL
- MongoDB

create

egoing	developer	update	delete
duru	database administrator	update	delete
taeho	data scientist, developer	update	delete

그림 16-8 <td> 태그를 추가하고 프로필과 업데이트, 삭제 추가

이제 author.js 파일에서 tag 변수를 만드는 부분을 템플릿으로 분리해보겠습니다. author.js 파일에서 표를 출력하는 코드를 잘라내서 template.js 파일의 마지막 부분에 그대로 붙여넣습니다.

예제 16-10 표를 출력하는 코드를 템플릿으로 분리 nodejs-mysql/lib/template.js

```
... 생략 ...
    },authorSelect:function(authors, author_id) {
        ... 생략 ...
    },authorTable:function(authors) {
        var tag = '<table>';
        var i = 0;
        while(i < authors.length) {
            tag += `
                <tr>
                    <td>${authors[i].name}</td>
                    <td>${authors[i].profile}</td>
                    <td>update</td>
                    <td>delete</td>
                </tr>
            `;
            i++;
        }
        tag += '</table>';
        return tag;
    }
}
```

그리고 마지막에 return 문으로 tag 변수를 반환합니다. 이제 다시 author.js 파일을 열고 다음과 같이 코드를 수정합니다.

예제 16-11 템플릿으로 분리한 코드 제거 및 불러오기 nodejs-mysql/lib/author.js

```
... 생략 ...
db.query(`SELECT * FROM topic`, function(error, topics) {
    db.query(`SELECT * FROM author`, function(error2, authors) {
        var tag = '<table>';
        var i = 0;
        while(i < authors.length) {
            tag += `
                <tr>
                    <td>${authors[i].name}</td>
                    <td>${authors[i].profile}</td>
                    <td>update</td>
                    <td>delete</td>
                </tr>
            `;
            i++;
        }
        tag += '</table>';
        var title = 'author';
        var list = template.list(topics);
        var html = template.HTML(title, list,
            `
            ${template.authorTable(authors)}
            <style>
... 생략 ...
```

테이블을 생성하는 HTML 코드를 템플릿으로 분리했으므로 분리한 코드를 제거하고, 템플릿에서 authorTable 함수를 호출하는 코드로 바꿨습니다.

똑같은 동작을 하는 코드지만, template으로 코드를 분리함으로써 author.js 코드의 복잡성을 낮췄습니다.

WEB3 https://youtu.be/TL2m3rh6wEo (4분 56초)

17 저자 생성 기능 구현

이번 시간에는 저자를 추가하는 방법을 살펴보겠습니다. 먼저 이전 수업에서 만든 저자 목록 화면 아래에 저자를 추가하는 폼을 만들겠습니다. 그리고 그 폼에 저자의 이름, 프로필을 작성한 다음 [create] 버튼을 누르면 저자가 추가되는 프로세스를 구현하겠습니다. 먼저 author.js 파일을 열고 폼을 보여주는 HTML 코드를 작성합니다.

추가로 저자 목록 화면 위에 [create]라는 불필요한 링크가 보입니다. 마치 저자를 추가하는 링크인 것 같아 헷갈리므로 [create] 링크도 제거하겠습니다.

예제 17-1 저자를 추가하기 위한 폼 추가 및 불필요한 링크 삭제 nodejs-mysql/lib/author.js

```
... 생략 ...
var html = template.HTML(title, list,
    `
    ${template.authorTable(authors)}
    <style>
        ... 생략 ...
    </style>
    <form action="/author/create_process" method="post">
        <p>
            <input type="text" name="name" placeholder="name">
        </p>
        <p>
            <textarea name="profile" placeholder="description"></textarea>
        </p>
        <p>
            <input  type="submit">
        </p>
    </form>
    `,
    `<a href="/create">create</a>`
);
... 생략 ...
```

(마지막 `<a href="/create">create</a>` 부분은 취소선으로 삭제 표시됨)

이 상태로 실행하면 다음 그림과 같이 저자 목록 아래에 저자를 추가할 수 있는 UI가 나옵니다.

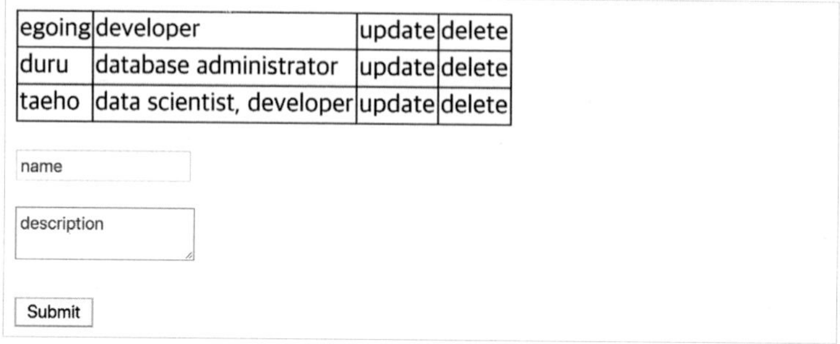

egoing	developer	update	delete
duru	database administrator	update	delete
taeho	data scientist, developer	update	delete

name

description

Submit

그림 17-1 불필요한 create 링크 제거 및 저자를 추가할 수 있는 폼 생성

폼이 테이블 위쪽에 출력됐어요!

다음과 같이 폼을 네 번째 인자인 컨트롤과 관련된 인자로 전달하게 되면 테이블 아래쪽이 아닌 테이블 위쪽에 저자를 추가하는 폼이 출력됩니다. 폼이 테이블 위쪽에 있다면 콤마에 유의해서 예제 17-1과 같이 작성해주세요.

```
var html = template.HTML(title, list,
    `
    ${template.authorTable(authors)}
    <style>
        ... 생략 ...
    </style>
    `,
    `
    <form action="/author/create_process" method="post">
        <p>
            <input type="text" name="name" placeholder="name">
        </p>
        <p>
            <textarea name="profile" placeholder="description"></textarea>
        </p>
        <p>
            <input  type="submit">
        </p>
    </form>
    `
);
```

name

description

Submit

egoing	developer	update	delete
duru	database administrator	update	delete
taeho	data scientist, developer	update	delete

그림 17-2 테이블 위쪽에 출력된 저자 추가 폼

이 폼에서 [Submit] 버튼을 클릭했을 때 입력된 데이터를 받는 URL은 /author/create_ process입니다. 따라서 main.js 파일을 열고 해당 요청을 처리하는 코드를 작성합니다.

예제 17-2 저자를 추가하는 요청을 처리하는 /author/create_process 추가 nodejs-mysql/main.js

```
... 생략 ...
} else if(pathname === '/author') {
    author.home(request, response);
} else if(pathname === '/author/create_process') {
    author.create_process(request, response);
} else {
... 생략 ...
```

다음은 create_process 요청을 처리하는 부분을 구현합니다. 저자를 추가하는 요청은 topic.js에 있는 create_process 부분과 코드가 거의 똑같을 테니 이를 복사해서 붙여넣고 다음과 같이 수정합니다.

예제 17-3 저자를 추가하는 요청을 처리 nodejs-mysql/lib/author.js

```
var db = require('./db');
var template = require('./template.js');
var qs = require('querystring');

... 생략 ...
        });
    });
}
exports.create_process = function(request, response) {
    var body = '';
    request.on('data', function(data) {
```

```
        body = body + data;
    });
    request.on('end', function() {
        var post = qs.parse(body);
        db.query(`
            INSERT INTO author (name, profile)
                VALUES(?, ?)`,
            [post.name, post.profile],
            function(error, result) {
                if(error) {
                    throw error;
                }
                response.writeHead(302, {Location: `/author`});
                response.end();
            }
        );
    });
}
```

웹 사이트에 접속해서 테스트해보면 제대로 동작하는 것을 확인할 수 있습니다.

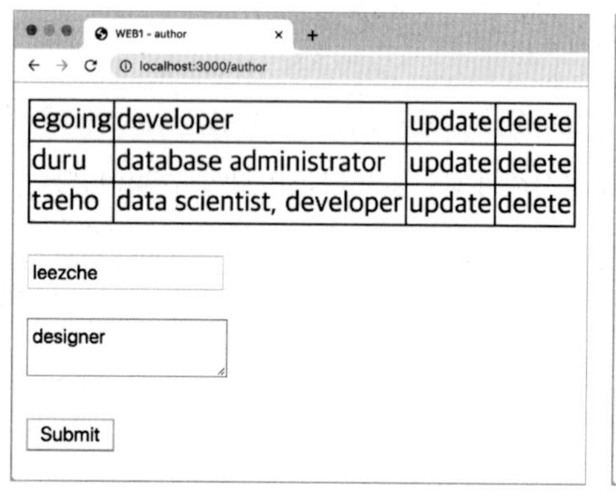

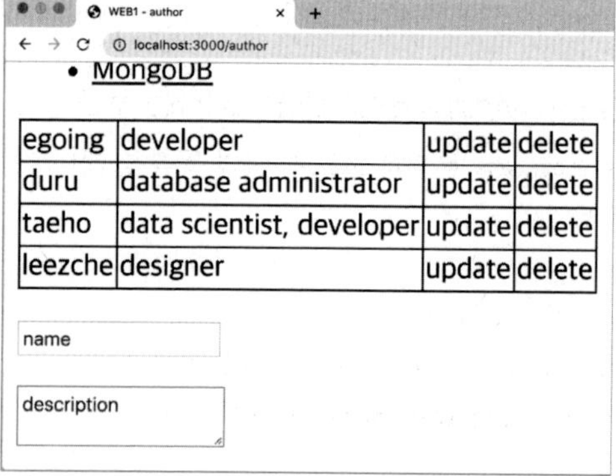

그림 17-3 새로운 저자 추가

WEB3

18 저자 수정 기능 구현

 https://youtu.be/5oqBl0KhVEU (6분 18초)

저자 수정 화면 구현

이번에는 저자 정보를 수정하는 기능을 만들어 보겠습니다. 저자 정보 수정은 테이블에서 [update] 링크를 클릭하면 /author_update라는 주소로 이동하고, 링크를 클릭했던 사용자의 이름과 프로필이 테이블 아래에 있는 폼에 채워지게 구현하겠습니다.

먼저 저자 목록에 [update] 링크를 만들겠습니다. lib 디렉터리 아래에 있는 template.js 파일을 열고 코드를 다음과 같이 수정합니다.

예제 18-1 저자 정보 목록에 update 링크 추가 nodejs-mysql/lib/template.js

```
... 생략 ...
<tr>
    <td>${authors[i].name}</td>
    <td>${authors[i].profile}</td>
    <td><a href="/author/update?id=${authors[i].id}">update</a></td>
    <td>delete</td>
</tr>
... 생략 ...
```

이대로 실행하고 웹 페이지에서 [update] 링크를 클릭해보면 다음과 같이 'localhost:3000/author/update?id=<아이디>'로 이동하는 모습을 볼 수 있습니다. 'Not found'라고 나오는 이유는 아직 페이지가 없기 때문입니다.

egoing	developer	update	delete
duru	database administrator	update	delete
taeho	data scientist, developer	update	delete
leezche	designer	update	delete

name

description

Submit

그림 18-1 저자 목록에 [update] 링크 추가

이제 main.js 파일을 연 다음 pathname이 /author/update이면, author 모듈의 update 함수를 호출하는 코드를 추가하겠습니다.

예제 18-2 저자를 수정하기 위한 폼을 요청하는 /author/update 추가 nodejs-mysql/main.js

```
... 생략 ...
} else if(pathname === '/author/create_process') {
    author.create_process(request, response);
} else if(pathname === '/author/update') {
    author.update(request, response);
} else {
... 생략 ...
```

다음은 author.js 파일을 열고 update 요청을 처리합니다. update 요청 처리는 author.js 파일에 구현한 home 함수의 코드를 복사해서 붙여넣고 다음과 같이 수정합니다.

예제 18-3 저자를 수정하기 위한 폼을 요청하는 처리 nodejs-mysql/lib/author.js

```
... 생략 ...
var qs = require('querystring');
var url = require('url');

... 생략 ...
exports.create_process = function(request, response) {
    ... 생략 ....
                <p>
                    <input type="submit" value="create">
                </p>
    ... 생략 ....
}

exports.update = function(request, response) {
    db.query(`SELECT * FROM topic`, function(error, topics) {
        db.query(`SELECT * FROM author`, function(error2, authors) {
            var _url = request.url;
            var queryData = url.parse(_url, true).query;
            db.query(`SELECT * FROM author WHERE id=?`, [queryData.id], function(error3, author) {
                var title = 'author';
                var list = template.list(topics);
                var html = template.HTML(title, list,
```

```
                    `
                    ${template.authorTable(authors)}
                    <style>
                        table {
                            border-collapse: collapse;
                        }
                        td {
                            border:1px solid black;
                        }
                    </style>
                    <form action="/author/update_process" method="post">
                        <p>
                            <input type="hidden" name="id" value="${queryData.id}">
                        </p>
                        <p>
                            <input type="text" name="name" value="${author[0].name}"
placeholder="name">
                        </p>
                        <p>
                            <textarea name="profile" placeholder="description">${author[0].profi
le}</textarea>
                        </p>
                        <p>
                            <input type="submit" value="update">
                        </p>
                    </form>
                    `,
                    ``
                );
                response.writeHead(200);
                response.end(html);
            });
        });
    });
}
```

<form> 부분에서 주소를 update_process로 변경합니다. 그리고 업데이트를 하려면 고유한 id 값이 필요하므로 hidden 타입의 <input>을 추가하고, 값으로는 id 값의 쿼리 스트링을 전달합니다.

```
            <form action="/author/update_process" method="post">
                <p>
                    <input type="hidden" name="id" value="${queryData.id}">
                </p>
```

이를 위해 쿼리 데이터가 필요하므로 다음 코드도 추가합니다.

```
      db.query(`SELECT * FROM author`, function(error2, authors) {
          var _url = request.url;
          var queryData = url.parse(_url, true).query;
```

이어서 폼에 들어갈 내용을 채우기 전에 먼저 id에 해당하는 이름과 프로필을 가져와야 하므로 다음과 같이 쿼리를 추가합니다. 그리고 코드를 방금 추가한 쿼리 안쪽으로 모두 옮깁니다(전체 코드는 예제 18-3을 참고해주세요).

```
          var _url = request.url;
          var queryData = url.parse(_url, true).query;
          db.query(`SELECT * FROM author WHERE id=?`, [queryData.id], function(error3, author) {
```

이제 폼에 들어갈 내용을 채우면 됩니다. 다음과 같이 name과 profile에 해당하는 value 값을 채우고, 버튼의 값도 update로 바꿔서 업데이트 버튼을 만듭니다. 위쪽에 있는 create 부분 역시 버튼의 값을 create라고 바꿔주면 조금 더 분명해집니다.

```
                <p>
                    <input type="text" name="name" value="${author[0].name}"
placeholder="name">
                </p>
                <p>
                    <textarea name="profile" placeholder="description">${author[0].profi
le}</textarea>
                </p>
                <p>
                    <input type="submit" value="update">
                </p>
            </form>
```

콜백 지옥?

이처럼 여러 개의 콜백이 굉장히 복잡하게 중첩되는 문제를 콜백 지옥이라고 부릅니다. 우리가 구현한 코드에서는 4개의 콜백이 중첩돼 있습니다. 이러한 현상을 완화하기 위한 여러 가지 기법이 있으니 나중에 살펴보기 바랍니다.

```
exports.update = function(request, response) {
    db.query(`SELECT * FROM topic`, function(error, topics) {
        db.query(`SELECT * FROM author`, function(error2, authors) {
            var _url = request.url;
            var queryData = url.parse(_url, true).query;
            db.query(`SELECT * FROM author WHERE id=?`, [queryData.id], function(error3, author) {
                ... 생략 ...
            });
        });
    });
}
```

이로써 저자 수정 화면을 표시하는 코드인 UI를 완성했습니다. 웹 사이트를 열고 저자 목록에서 update를 클릭하면 해당 저자 정보가 폼에 표시되는 수정 화면이 나타나는 모습을 볼 수 있습니다.

duru	database administrator	update	delete
taeho	data scientist, developer	update	delete
leezche	designer	update	delete
blackdew	developer..	update	delete

blackdew

developer..

update

그림 18-2 저자를 수정하기 위한 폼

저자 수정 기능 구현

이번 시간에는 사용자가 저자 정보를 수정한 다음 [update] 버튼을 눌러 전송했을 때 이를 받아서 처리하는 코드를 구현해보겠습니다.

https://youtu.be/TcoGmbDYae0
(2분 13초)

먼저 main.js 파일을 열고 update_process 요청을 처리하는 코드를 만듭니다.

예제 18-4 저자를 수정하는 요청을 처리하는 /author/update_process 추가 nodejs-mysql/main.js

```
... 생략 ...
} else if(pathname === '/author/update') {
    author.update(request, response);
} else if(pathname === '/author/update_process') {
    author.update_process(request, response);
} else {
... 생략 ...
```

라우팅?

일반적으로 프레임워크라고 부르는 것들은 이처럼 경로에 따라 분기하는 처리를 '라우팅한다'라고 말합니다. 우리는 조건문을 이용해서 처리하고 있지만, 프레임워크에서는 이를 조금 더 세련되고 편리하게 해줍니다.

author.js 파일을 열고 create_process 요청을 처리하는 부분을 그대로 복사해 붙여넣고 코드를 다음과 같이 수정합니다.

예제 18-5 저자를 수정하는 요청을 처리 nodejs-mysql/lib/author.js

```
... 생략 ...
exports.update = function(request, response) {
    ... 생략 ....
}

exports.update_process = function(request, response) {
    var body = '';
    request.on('data', function(data) {
        body = body + data;
    });
    request.on('end', function() {
        var post = qs.parse(body);
        db.query(` UPDATE author SET name=?, profile=? WHERE id=?`,
                [post.name, post.profile, post.id], function(error, result) {
            if(error) {
                throw error;
            }
            response.writeHead(302, {Location: `/author`});
            response.end();
        }
```

```
        );
    });
}
```

쿼리문을 UPDATE에 맞게 변경하고, 이름을 update_process로 바꿉니다. 이제 웹 사이트에 접속해서 수정 기능을 실행해보면 잘 동작하는 모습을 확인할 수 있습니다.

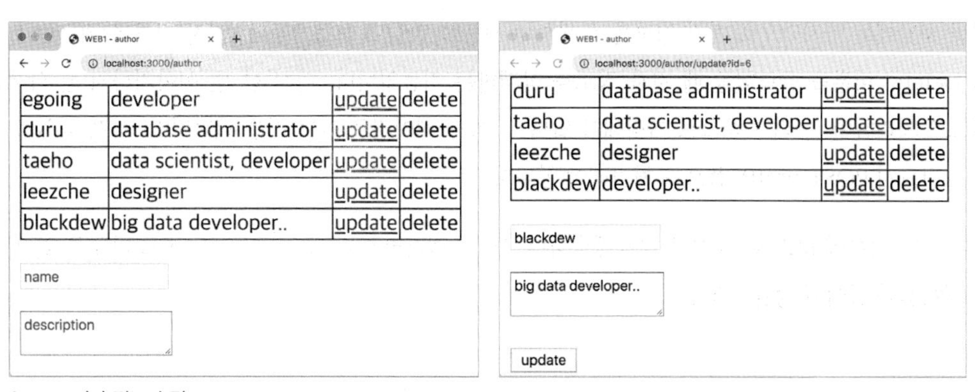

그림 18-3 저자 정보 수정

WEB3

https://youtu.be/vsRUtc8-bOQ (6분 5초)

19 저자 삭제 기능 구현

이번 시간에는 마지막으로 저자 정보를 삭제하는 기능을 만들어 보겠습니다. 저자 정보 삭제는 목록에서 [delete] 버튼을 클릭했을 때 저자 정보를 삭제하는 기능입니다. 다시 한 번 이야기하지만, 삭제는 링크로 처리하면 안 되고 폼으로 처리해야 합니다. 삭제 페이지로 가는 것은 괜찮지만, 삭제 작업을 할 때는 반드시 POST 방식의 폼으로 처리해야 합니다.

먼저 저자 목록에 [delete] 버튼을 만들겠습니다. `lib` 디렉터리 아래에 있는 `template.js` 파일을 열고 코드를 다음과 같이 수정합니다.

예제 19-1 저자를 삭제하기 위한 버튼 추가 nodejs-mysql/lib/template.js

```
... 생략 ...
    <td><a href="/author/update?id=${authors[i].id}">update</a></td>
    <td>
        <form action="/author/delete_process" method="post">
            <input type="hidden" name="id" value="${authors[i].id}">
            <input type="submit" value="delete">
        </form>
    </td>
</tr>
...생략...
```

웹 페이지를 새로 고침 해보면 [delete] 버튼이 생긴 모습을 볼 수 있습니다.

egoing	developer	update	delete
duru	database administrator	update	delete
taeho	data scientist, developer	update	delete
leezche	designer	update	delete
blackdew	big data developer..	update	delete

name

description

그림 19-1 저자 목록에 [delete] 버튼 추가

이제 [delete] 버튼을 클릭했을 때 이 요청을 받아서 author 모듈의 delete_process 함수를 호출하게 main.js에 코드를 추가하겠습니다.

예제 19-2 저자를 삭제하는 요청을 처리하는 /author/delete_process 추가 nodejs-mysql/main.js

```
... 생략 ...
} else if(pathname === '/author/update_process') {
    author.update_process(request, response);
} else if(pathname === '/author/delete_process') {
    author.delete_process(request, response);
} else {
... 생략 ...
```

다음은 author.js 파일을 열고 delete_process 요청을 처리합니다. author.js 파일에 구현된 update_process 처리 부분을 복사해서 붙여넣고 다음과 같이 수정합니다.

예제 19-3 저자를 삭제하는 요청을 처리 nodejs-mysql/lib/author.js

```
... 생략 ...
exports.update = function(request, response) {
    ... 생략 ...
}

exports.delete_process = function(request, response) {
    var body = '';
    request.on('data', function(data) {
        body = body + data;
    });
    request.on('end', function() {
        var post = qs.parse(body);
        db.query(`
            DELETE FROM author WHERE id=?`,
            [post.id],
            function(error, result) {
                if(error) {
                    throw error;
                }
                response.writeHead(302, {Location: `/author`});
                response.end();
            });
    });
}
```

쿼리문을 DELETE로 바꿨습니다. 이때 WHERE 절을 빠뜨리면 모든 데이터가 삭제되므로 주의하기 바랍니다. 이제 웹 사이트에 접속해서 삭제 기능을 실행해보면 잘 동작하는 것을 확인할 수 있습니다.

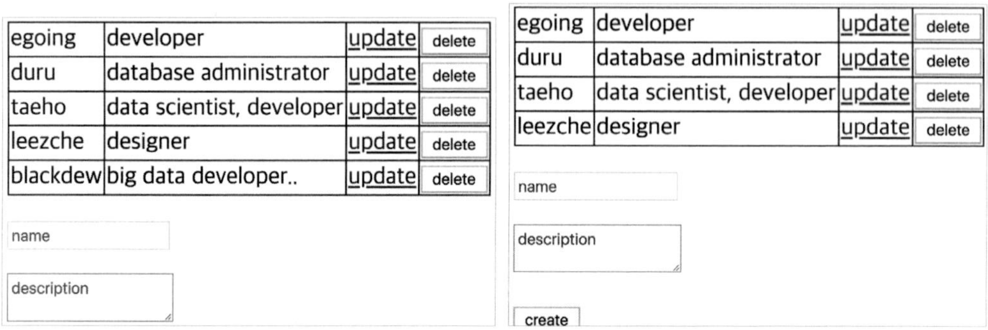

egoing	developer	update	delete
duru	database administrator	update	delete
taeho	data scientist, developer	update	delete
leezche	designer	update	delete
blackdew	big data developer..	update	delete

name

description

egoing	developer	update	delete
duru	database administrator	update	delete
taeho	data scientist, developer	update	delete
leezche	designer	update	delete

name

description

create

그림 19-2 저자 정보 삭제

이로써 삭제 기능까지 구현함으로써 저자 관리 기능을 모두 구현했습니다. 여기서 끝내도 되지만, 한 가지 추가 기능을 구현해보려고 합니다.

데이터베이스를 열고 다음과 같이 topic 테이블을 조회해보겠습니다.

```
mysql> SELECT * FROM topic;
```

taeho는 author_id가 3번이고, taeho가 쓴 글로는 MySQL과 PostgreSQL이 있습니다. 이때 taeho를 삭제하면 taeho가 쓴 글은 어떻게 될까요? 글이 남아 있게 할 수도 있고, 글이 삭제되게 할 수도 있습니다.

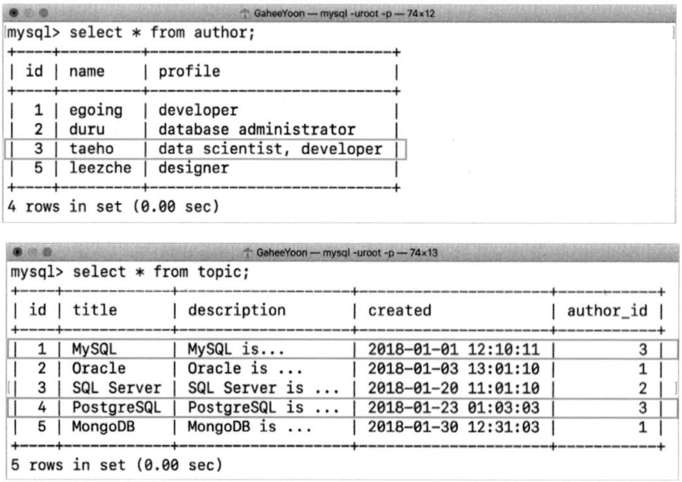

```
GaheeYoon — mysql -uroot -p — 74×12
mysql> select * from author;
+----+----------+---------------------------+
| id | name     | profile                   |
+----+----------+---------------------------+
|  1 | egoing   | developer                 |
|  2 | duru     | database administrator    |
|  3 | taeho    | data scientist, developer |
|  5 | leezche  | designer                  |
+----+----------+---------------------------+
4 rows in set (0.00 sec)
```

```
GaheeYoon — mysql -uroot -p — 74×13
mysql> select * from topic;
+----+------------+-------------------+---------------------+-----------+
| id | title      | description       | created             | author_id |
+----+------------+-------------------+---------------------+-----------+
|  1 | MySQL      | MySQL is...       | 2018-01-01 12:10:11 |         3 |
|  2 | Oracle     | Oracle is ...     | 2018-01-03 13:01:10 |         1 |
|  3 | SQL Server | SQL Server is ... | 2018-01-20 11:01:10 |         2 |
|  4 | PostgreSQL | PostgreSQL is ... | 2018-01-23 01:03:03 |         3 |
|  5 | MongoDB    | MongoDB is ...    | 2018-01-30 12:31:03 |         1 |
+----+------------+-------------------+---------------------+-----------+
5 rows in set (0.00 sec)
```

그림 19-3 taeho의 author_id와 taeho가 쓴 글

이번에는 저자를 지우면 해당 저자가 쓴 글도 함께 지워지게 해보겠습니다. 그러려면 author.js 파일을 열고 delete_process 부분을 다음처럼 수정해야 합니다.

예제 19-4 저자를 삭제하면 해당 저자의 글도 함께 삭제 nodejs-mysql/lib/author.js

```
... 생략 ...
exports.delete_process = function(request, response) {
    var body = '';
    request.on('data', function(data) {
        body = body + data;
    });
    request.on('end', function() {
        var post = qs.parse(body);
        db.query(
            `DELETE FROM topic WHERE author_id=?`,
            [post.id],
            function(error1, result1) {
                if(error1) {
                    throw error1;
                }
                db.query(`
                    DELETE FROM author WHERE id=?`,
                    [post.id],
                    function(error, result) {
                        if(error) {
                            throw error;
                        }
                        response.writeHead(302, {Location: `/author`});
                        response.end();
                    }
                );
            }
        );
    });
}
```

저자를 삭제하기 전에 저자의 id에 해당하는 토픽부터 지우도록 쿼리문을 추가했습니다.

```
db.query(
    `DELETE FROM topic WHERE author_id=?`,
    [post.id],
    function(error1, result1) {
        if(error1) {
            throw error1;
        }
        ... 생략 ...
);
```

이제 author 페이지의 저자 목록 중에서 taeho를 삭제해보겠습니다. 그러면 글 목록에서 taeho가 작성한 MySQL과 SQL Server도 삭제되는 모습을 확인할 수 있습니다.

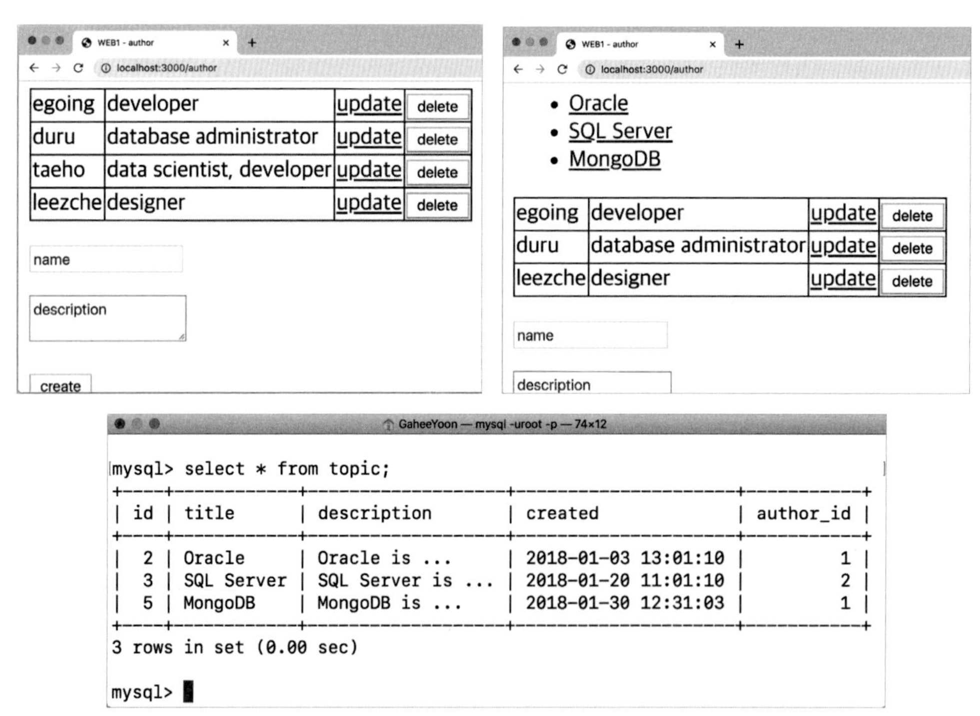

그림 19-4 저자를 삭제하면 저자가 쓴 글도 함께 삭제

WEB3

https://youtu.be/j6CnKIHIXG4 (7분 3초)

20 보안: SQL 인젝션

어떤 보안 문제가 발생할까?

이번 시간에는 Node.js와 데이터베이스를 연동해서 사용할 때 생길 수 있는 보안과 관련된 이슈를 다뤄보겠습니다. 여러분이 웹 프로그래밍을 할 때 보안 측면에서 꼭 기억해야 할 것은 외부로부터 유입되는 정보(데이터)는 오염됐을 것으로 생각해야 한다는 것입니다. 이때 외부로부터 유입되는 정보란 우리가 만든 웹 애플리케이션에서 글 목록 중 사용자의 클릭으로 유입되는 쿼리 스트링, 생성이나 수정 기능에서 사용자가 입력하는 데이터 등을 말합니다. 또한 이 책에서는 다루지 않았지만, 사용자가 파일을 업로드한다면 해당 파일도 외부로부터 유입되는 데이터입니다.

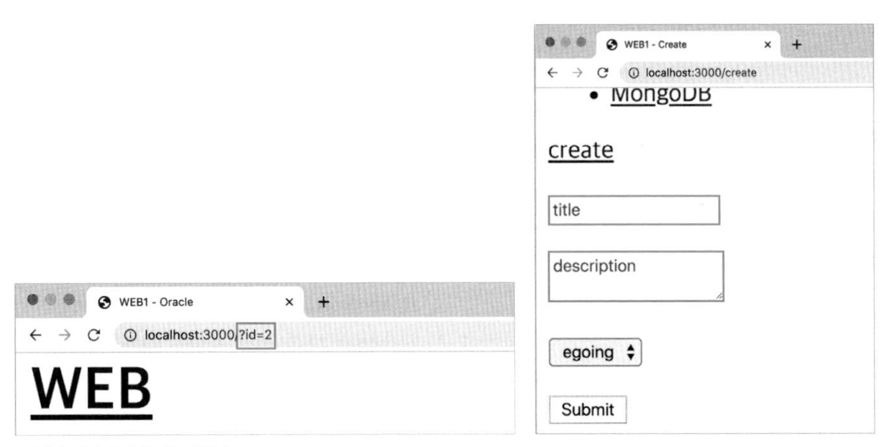

그림 20-1 외부로부터 유입되는 정보

이러한 정보가 오염됐을 것으로 생각하고 적절하게 대처해야만 안전한 서비스를 제공할 수 있습니다. 따라서 이번 장에서는 어떤 보안 문제가 어떠한 형태로 발생하는지 알아보겠습니다.

먼저 우리가 만든 데이터베이스의 테이블을 살펴보면 다음과 같습니다.

```
MySQL Console
mysql> show tables;
+-----------+-------------+
| Tables_in_opentutorials |
+-------------------------+
| author                  |
| topic                   |
+-------------------------+
```

여기서 다음과 같은 SQL 문을 실행한다면 어떻게 될까요? 이 예제를 따라하면 topic 테이블이 지워지므로 따라하지 말고 책을 통해 살펴보기 바랍니다.

```
MySQL Console
mysql> SELET * FROM topic;DROP TABLE topic;
```

세미콜론(;)은 한 명령이 끝났다는 표시입니다. 그런데 이후에 또 다른 SQL 문을 입력하고 세미콜론을 입력하면 한 번에 두 개의 명령이 실행됩니다. 따라서 결과적으로 topic 테이블을 전부 지웁니다. 테이블을 조회해보면 topic 테이블이 삭제된 것을 확인할 수 있습니다.

```
MySQL Console
mysql> show tables;
+-----------+-------------+
| Tables_in_opentutorials |
+-------------------------+
| author                  |
+-------------------------+
```

애플리케이션이 데이터베이스에 질의하는 명령을 사용자가 조작한다면 이처럼 의도하지 않은 위험한 결과가 발생할 수 있습니다.

사용자가 글 목록 중 하나를 클릭했을 때 보이는 상세 보기 화면은 topic.js에서 다음과 같은 코드로 구현합니다. 여기서 데이터베이스에 질의하는 구문이 리턴하는 실제 SQL 문을 출력하게 다음 코드를 추가합니다. 이 예제는 따라 해도 괜찮습니다.

예제 20-1 데이터베이스에 질의하는 구문이 리턴하는 실제 SQL 문을 출력 nodejs-mysql/lib/topic.js

```
... 생략 ...
var query = db.query(`SELECT * FROM topic LEFT JOIN author ON
                topic.author_id=author.id WHERE
                topic.id=?`,[queryData.id], function(error2, topic) {
    if(error) {
        throw error;
```

```
    }
    ... 생략 ...
    console.log(query.sql);
    response.writeHead(200);
    response.end(html);
... 생략 ...
```

이 상태로 실행한 다음, 글 목록에서 글 하나를 선택하면 콘솔에 다음과 같은 SQL 문이 출력됩니다.

```
SELECT * FROM topic LEFT JOIN author ON topic.author_id=author.id WHERE topic.id='2'
```

```
nodejs-mysql — node main.js — 65×13
nodejs-mysql $node main.js
[ RowDataPacket {
    id: 1,
    title: 'Oracle',
    description: 'Oracle is ...',
    created: 2018-01-03T04:01:10.000Z,
    author_id: 1,
    name: 'egoing',
    profile: 'developer' } ]
SELECT * FROM topic LEFT JOIN author ON
                                topic.author_id=author.id WHERE
                                topic.id='2'
```

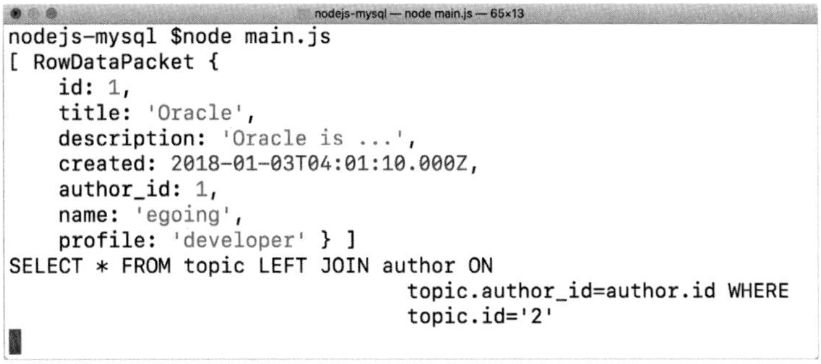

그림 20-2 질의 구문이 리턴하는 실제 SQL 문 출력

SQL 문 끝에 '2'가 붙은 것을 알 수 있습니다. 공격자들은 이 같은 파라미터 값에 주목합니다. 왜냐하면 이 파라미터 값에 세미콜론과 또 다른 SQL 문을 작성할 수 있기 때문입니다. 예를 들어, 웹 브라우저 주소 표시줄에 다음과 같이 입력하면 어떻게 될까요?

```
http://localhost:3000/?id=2;DROP TABLE topic;
```

그러면 콘솔에 다음과 같은 SQL 문이 출력되는 것을 볼 수 있습니다.

```
SELECT * FROM topic LEFT JOIN author ON topic.author_id=author.id WHERE topic.id='2;DROP TABLE topic;'
```

WEB

author

- Oracle
- SQL Server
- MongoDB

create update

```
nodejs-mysql — node main.js — 65×12
[ RowDataPacket {
    id: 1,
    title: 'Oracle',
    description: 'Oracle is ...',
    created: 2018-01-03T04:01:10.000Z,
    author_id: 1,
    name: 'egoing',
    profile: 'developer' } ]
SELECT * FROM topic LEFT JOIN author ON
                                topic.author_id=author.id WHERE
                                topic.id='2;DROP TABLE topic;'
```

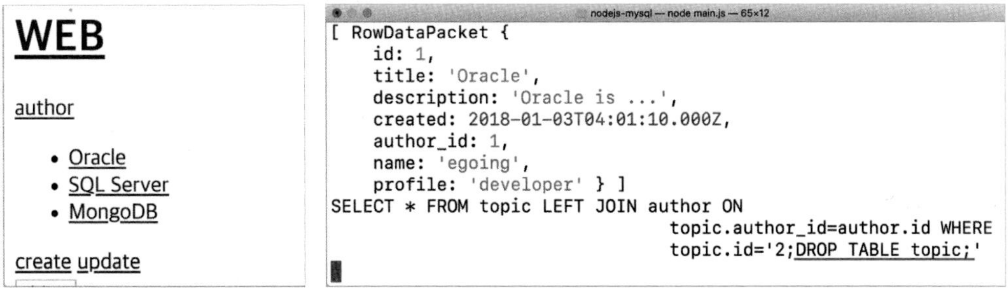

그림 20-3 웹 브라우저 주소 표시줄에 'DROP TABLE topic' 구문을 추가했을 때

공격을 의도한 SQL 문(DROP TABLE topic;)이 topic.id 값에 작은따옴표로 묶여서 들어갔습니다. 따라서 작은따옴표 안의 문자열은 SQL 문이 아닌 일반 텍스트 문자열이므로 해당 SQL 문은 실행되지 않고 공격에 실패합니다.

이처럼 공격에 실패한 원인은 코드에서 SQL 문을 작성할 때 topic.id 값을 물음표(?)로 표시하고 이 값을 db.query 메서드의 두 번째 인수로 전달하기 때문입니다.

```
var query = db.query(`SELECT * FROM topic LEFT JOIN author ON
                    topic.author_id=author.id WHERE
                    topic.id=?`,[queryData.id], function(error2, topic) {
```

이처럼 웹 애플리케이션의 사용자 입력값을 이용해 데이터베이스에 SQL 문을 주입해서 공격하는 기법을 SQL 인젝션(injection)이라고 합니다. 앞의 예처럼 애플리케이션에서 사용자 입력값을 이용해 데이터베이스에 질의할 때 SQL 문에 물음표로 지정한 후 인수로 전달하는 방식으로 구현하면 SQL 인젝션 공격을 막을 수 있습니다.

SQL 인젝션 공격

우리가 만든 애플리케이션은 SQL 인젝션 공격을 막도록 처리했지만, 그렇지 않을 때 어떻게 되는지 살펴봄으로써 경각심을 가져보겠습니다. 먼저 topic.js 파일을 열고 앞서 살펴봤던 질의문을 복사해서 SQL 인젝션 공격을 허용하는 방식으로 코드를 수정해보겠습니다.

https://youtu.be/h026ABB9AVk
(6분 48초)

예제 20-2 SQL 인젝션 공격을 허용하는 방식으로 코드를 수정 nodejs-mysql/lib/topic.js

```
...생략...
var query = db.query(`SELECT * FROM topic LEFT JOIN author ON
                    topic.author_id=author.id WHERE
                    topic.id=${queryData.id}$`, function(error2, topic) {
... 생략 ...
```

그리고 웹 브라우저에서 다음과 같은 주소로 접속을 시도하면 다음과 같은 에러가 발생합니다.

```
http://localhost:3000/?id=2;DROP TABLE topic;
```

사이트에 연결할 수 없음
localhost에서 연결을 거부했습니다.
• http://localhost3000.org/을(를) 찾으셨나요?
• Google에서 localhost 3000 검색
ERR_CONNECTION_REFUSED

```
nodejs-mysql $node main.js
/Users/GaheeYoon/Dropbox/GAHEE/위 키 북 스 /Nodejs/opentutorials-node
js/nodejs-mysql/node_modules/mysql/lib/protocol/Parser.js:437
      throw err; // Rethrow non-MySQL errors
      ^

Error: ER_PARSE_ERROR: You have an error in your SQL syntax; chec
k the manual that corresponds to your MySQL server version for th
e right syntax to use near 'DROP TABLE topic;$' at line 3
    at Query.Sequence._packetToError (/Users/GaheeYoon/Dropbox/GA
HEE/위 키 북 스 /Nodejs/opentutorials-nodejs/nodejs-mysql/node_module
s/mysql/lib/protocol/sequences/Sequence.js:47:14)
```

그림 20-4 인젝션 공격을 허용하는 방식으로 코드를 수정한 후 발생하는 'ER_PARSE_ERROR' 에러

어떤 SQL 문이 주입됐길래 이런 에러가 발생하는지 알아보기 위해 앞에서 사용한 방식으로 전달된 SQL 문을 콘솔에 출력해보겠습니다. 다음 코드를 추가합니다.

예제 20-3 데이터베이스에 질의하는 구문이 리턴하는 실제 SQL 문을 출력 nodejs-mysql/lib/topic.js

```
... 생략 ...
var sql = `SELECT * FROM topic LEFT JOIN author ON
                topic.author_id=author.id WHERE
                topic.id=${queryData.id}`;
console.log(sql);
var query = db.query(sql, function(error2, topic) {
... 생략 ...
```

그리고 웹 페이지를 새로 고침 하면 콘솔에 다음과 같은 SQL 문이 출력되는 것을 볼 수 있습니다.

```
SELECT * FROM topic LEFT JOIN author ON topic.author_id=author.id WHERE topic.id=1;DROP TABLE topic;
```

```
nodejs-mysql $node main.js
SELECT * FROM topic LEFT JOIN author ON
                    topic.author_id=author.id WHERE
                    topic.id=2;DROP TABLE topic;
/Users/GaheeYoon/Dropbox/GAHEE/위 키 북 스 /Nodejs/opentutorials-node
js/nodejs-mysql/node_modules/mysql/lib/protocol/Parser.js:437
      throw err; // Rethrow non-MySQL errors
      ^

Error: ER_PARSE_ERROR: You have an error in your SQL syntax; chec
k the manual that corresponds to your MySQL server version for th
e right syntax to use near 'DROP TABLE topic' at line 3
```

그림 20-5 데이터베이스에 질의하는 구문이 리턴하는 실제 SQL 문 출력

세미콜론으로 구분된 SQL 문 두 개가 한 줄로 묶인 형태입니다. SQL 문이 이렇게 전송되면 데이터베이스 서버에서 DROP 문이 실행됩니다. 다만 우리가 만든 애플리케이션에서 사용한 db.query 메서드가 이처럼 한 번에 여러 개의 SQL 문이 실행되는 것을 차단해서 앞의 그림처럼 'ER_PARSE_ERROR'와 같은 에러가 발생했습니다.

이제 한 번에 여러 SQL 문이 실행되게 코드를 수정해보겠습니다. lib 디렉터리 아래에 있는 db.js 파일을 열고 다음 코드를 추가합니다.

예제 20-4 한 번에 여러 SQL 문이 실행되게 수정 nodejs-mysql/lib/db.js

```
... 생략 ...
    database:'opentutorials',
    multipleStatements: true
});
```

이제 다시 웹 브라우저에서 다음과 같은 주소로 접속합니다. 참고로 이 주소로 접속하면 에러가 발생하고 topic 테이블이 실제로 삭제되므로 주의하기 바랍니다.

```
localhost:3000/?id=1;DROP%20TABLE%20topic;
```

그리고 데이터베이스에서 테이블을 조회하면 다음과 같이 topic 테이블이 삭제된 것을 알 수 있습니다.

```
MySQL Console
mysql> show tables;
+------------------------+
| Tables_in_opentutorials |
+------------------------+
| author                 |
+------------------------+
```

기존처럼 물음표를 이용한 방법이 아닌 다른 방법을 사용해서 SQL 인젝션 공격을 막으려면 코드를 다음과 같이 수정할 수 있습니다.

예제 20-5 escape를 이용해 SQL 인젝션 공격 막기 nodejs-mysql/lib/topic.js

```
... 생략 ...
var sql = `SELECT * FROM topic LEFT JOIN author ON
                    topic.author_id=author.id WHERE
                    topic.id=${db.escape(queryData.id)}`;
console.log(sql);
var query = db.query(sql, function(error2, topic) {
... 생략 ...
```

db 모듈의 escape 메서드에 queryData.id를 전달했습니다. 그리고 이전에 접속했던 주소로 접속하기 위해 새로 고침 하면 에러가 발생하지 않고 잘 실행되는 것을 알 수 있습니다.

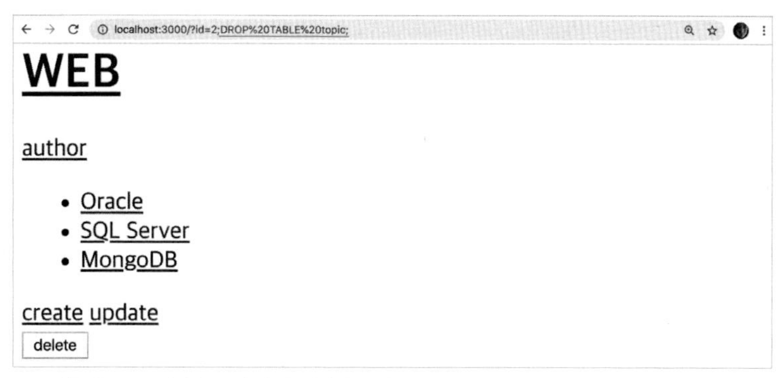

그림 20-6 escape를 이용해 SQL 인젝션 공격 막기. 에러가 발생하지 않고 잘 실행됨.

그럼 위의 예제에서는 어떤 SQL 문이 전달됐는지 알아봅시다.

```
SELECT * FROM topic LEFT JOIN author ON topic.author_id=author.id WHERE topic.id='2;DROP TABLE topic;'
```

```
[ RowDataPacket {
    id: 1,
    title: 'Oracle',
    description: 'Oracle is ...',
    created: 2018-01-03T04:01:10.000Z,
    author_id: 1,
    name: 'egoing',
    profile: 'developer' } ]
SELECT * FROM topic LEFT JOIN author ON
                     topic.author_id=author.id WHERE
                     topic.id='2;DROP TABLE topic;'
```

그림 20-7 작은따옴표로 감싸져서 전달된 topic.id 값

이처럼 topic.id 값이 '2:DROP TABLE topic;'처럼 작은따옴표로 감싸진 것을 알 수 있습니다. 따라서 작은따옴표 안의 문자열은 SQL 문이 아닌 일반 텍스트 문자열이므로 해당 SQL 문은 실행되지 않고 공격에 실패합니다.

이제 코드를 다시 원상 복구하겠습니다. 먼저 db.js 파일에서 multipleStatements 설정을 삭제합니다.

예제 20-6 multipleStatements 설정 삭제 nodejs-mysql/lib/db.js

```
... 생략 ...
    database:'opentutorials',
    multipleStatements: true
});
```

그리고 topic.js 파일에서 SQL 문에 다시 물음표를 사용하게 수정합니다.

예제 20-7 SQL 문에서 물음표를 사용하게 수정 nodejs-mysql/lib/topic.js

```
... 생략 ...
var sql = `SELECT * FROM topic LEFT JOIN author ON
        topic.author_id=author.id WHERE
        topic.id=${db.escape(queryData.id)}$`;
console.log(sql);
var query = db.query(`SELECT * FROM topic LEFT JOIN author ON
                        topic.author_id=author.id WHERE
                        topic.id=?`,[queryData.id], function(error2, topic) {
    if(error) {
        throw error;
    }
    ... 생략 ...
    console.log(query.sql);
    ... 생략 ...
```

WEB3

https://youtu.be/ul7ylSjcaHw (10분 32초)

21 보안: 이스케이프

이전 시간에는 외부로부터 유입되는 데이터를 필터링해서 공격을 막는 방법을 살펴봤습니다. 이번 시간에는 내부에 저장된 데이터가 사용자에게 전달(웹 페이지에 표시)될 때 발생할 수 있는 공격 유형과 이를 막는 **이스케이핑(Escaping)**이라는 방어 기법을 살펴보겠습니다.

이번 수업에서 다룰 내용은 이미 '자바스크립트와 Node.js'의 47강 '출력 정보에 대한 보안'에서 한 번 다룬 적이 있습니다. 해당 내용을 복습하면서 빠뜨린 내용을 살펴보고 저자 관리 부분에 보안을 적용해 보겠습니다. 이번 수업에서도 47강에서 사용했던 `sanitize-html`이라는 라이브러리를 사용하겠습니다. `sanitize-html` 라이브러리를 설치하지 않았다면 다음 명령으로 설치합니다.

```
> npm install --save sanitize-html
```

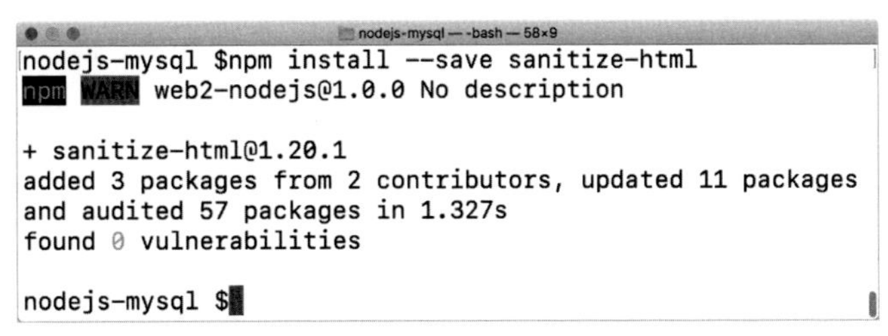

그림 21-1 sanitize-html 라이브러리 설치

`sanitize-html` 라이브러리를 설치했다면 `topic.js` 파일을 열고 `sanitize-html` 라이브러리를 이용하는 코드를 추가합니다.

예제 21-1 sanitize-html 라이브러리를 이용하는 코드 추가 nodejs-mysql/lib/topic.js

```
... 생략 ...
var sanitizeHtml = require('sanitize-html');


exports.home = function(request, response) {
... 생략 ...
```

그다음 상세 보기 화면을 구현하는 부분에서 데이터를 표시하는 코드를 다음과 같이 `sanitizeHtml` 함수로 감쌉니다.

예제 21-2 데이터를 표시하는 코드를 sanitizeHtml 함수로 감싸기 nodejs-mysql/lib/topic.js

```
... 생략 ...
var html = template.HTML(title, list,
    `
    <h2>${sanitizeHtml(title)}<h2>
    ${sanitizeHtml(description)}
    <p>by ${sanitizeHtml(topic[0].name)}</p>
... 생략 ...
```

이 상태로 실행한 다음 웹 페이지에서 [create] 링크를 눌러 새 글을 작성합니다. 이때 내용 부분에 다음 그림과 같이 경고 창을 띄우는 자바스크립트 코드를 입력해서 공격 의도가 있는 코드라고 가정해 봅시다.

```
<script>alert(1)</script>
```

그림 21-2 공격 의도가 있는 코드(경고 창을 띄우는 자바스크립트 코드)를 입력

그리고 [Submit] 버튼을 클릭하면 새 글이 등록됩니다. 그러나 목록에서 방금 등록한 글을 클릭하면 자바스크립트가 실행되지 않고 경고 창이 열리지 않습니다.

그림 21-3 자바스크립트가 실행되지 않고 경고 창이 열리지 않음

경고 창이 열리지 않는 이유는 sanitizeHtml 함수가 사용자로부터 입력된 자바스크립트를 차단하기 때문입니다. 코드에서 description 값이 있는 sanitizeHtml 함수를 지우고 새로 고침 하면 다음과 같이 경고 창이 열립니다.

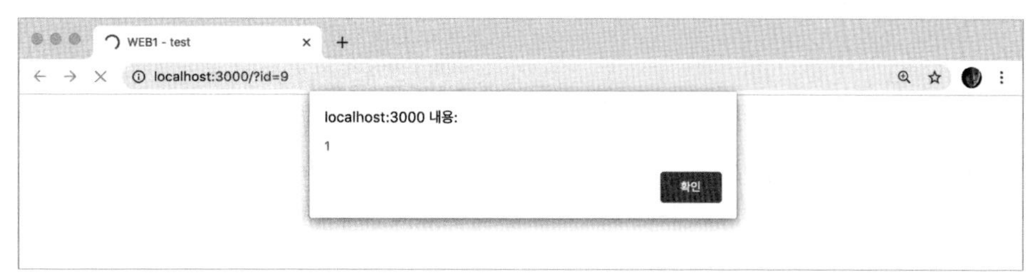

그림 21-4 sanitizeHtml 함수로 감싸지 않으면 경고 창이 열림

이 같은 방식으로 코드 곳곳에서 사용자가 입력하는 값 부분에 sanitizeHtml을 적용해 보안 처리를 합니다.

예제 21-3 데이터를 표시하는 코드를 sanitizeHtml 함수로 감싸기 - topic.js nodejs-mysql/lib/topic.js

```
... 생략 ...
exports.create = function(request, response) {
    ... 생략 ...
    var html = template.HTML(sanitizeHtml(title), list,
    `
... 생략 ...
```

template.js 파일에서도 글 목록을 구현하는 부분에서 제목(title) 부분에 sanitizeHtml을 적용합니다. 참고로 제목 앞에 id 값은 자동으로 증가하는 값이므로 sanitizeHtml을 적용할 필요가 없습니다.

예제 21-4 데이터를 표시하는 코드를 sanitizeHtml 함수로 감싸기 - template.js nodejs-mysql/lib/template.js

```
var sanitizeHtml = require('sanitize-html');

... 생략 ...
} list:function(topics) {
    ... 생략 ...
    while(i < topics.length) {
        list = list + `<li><a href="/?id=${topics[i].id}">${sanitizeHtml(topics[i].title)}</a></
li>`;
        ... 생략 ...
```

그리고 글 생성 화면에서 저자를 선택하는 체크박스에도 저자 이름 부분에 sanitizeHtml을 적용합니다.

예제 21-5 데이터를 표시하는 코드를 sanitizeHtml 함수로 감싸기 - template.js nodejs-mysql/lib/template.js

```
... 생략 ...
},authorSelect:function(authors, author_id) {
    ... 생략 ...
    while(i < authors.length) {
        ... 생략 ...
        tag += `<option value =
                    "${authors[i].id}"${selected}>${sanitizeHtml(athors[i].name)}</option>`;
        ... 생략 ...
```

이렇게 해서 글 생성과 관련한 부분에 sanitizeHtml 적용을 마쳤습니다. 이제 업데이트 부분에도 적용합니다.

예제 21-6 데이터를 표시하는 코드를 sanitizeHtml 함수로 감싸기 - topic.js nodejs-mysql/lib/topic.js

```
... 생략 ...
exports.update = function(request, response) {
    ... 생략 ...
    db.query('SELECT * FROM author', function(error2, authors) {
        var list = template.list(topics);
        var html = template.HTML(sanitizeHtml(topic[0].title), list,
            `
            <form action="/update_process" method="post">
                <input type="hidden" name="id" value="${topic[0].id}">
                <p><input type="text" name="title" placeholder="title"
                        value="${sanitizeHtml(topic[0].title)}"></p>
                <p>
                    <textarea name="description" placeholder="description">
                        ${sanitizeHtml(topic[0].description)}</textarea>
                </p>
                ... 생략 ...
```

그리고 다음과 같은 저자 관리 페이지에서 저자 이름과 프로필, 아래쪽 폼 영역에도 sanitizeHtml 처리를 진행해보겠습니다.

egoing	developer	update	delete
duru	database administrator	update	delete
leezche	designer	update	delete

name

description

create

그림 21-5 저자 관리 페이지와 폼 영역에 sanitizeHTML 처리

template.js 파일과 authors.js 파일을 열고 다음과 같이 코드를 수정합니다.

예제 21-7 데이터를 표시하는 코드를 sanitizeHtml 함수로 감싸기 - template.js nodejs-mysql/lib/template.js

```
... 생략 ...
},authorTable:function(authors) {
    var tag = '<table>';
    var i = 0;
    while(i < authors.length) {
        tag += `
            <tr>
                <td>${sanitizeHtml(authors[i].name)}</td>
                <td>${sanitizeHtml(authors[i].profile)}</td>
...생략...
```

예제 21-8 데이터를 표시하는 코드를 sanitizeHtml 함수로 감싸기 - author.js nodejs-mysql/lib/author.js

```
var url = require('url');
var sanitizeHtml = require('sanitize-html');
... 생략 ...

exports.update = function(request, response) {
    db.query(`SELECT * FROM topic`, function(error, topics) {
        db.query(`SELECT * FROM author`, function(error2, authors) {
          ... 생략 ...
          <form action="/author/update_process" method="post">
              <p>
                  <input type="hidden" name="id" value="${queryData.id}">
              </p>
```

```
        <p>
            <input type="text" name="name"
                value="${sanitizeHtml(author[0].name)}" placeholder="name">
        </p>
        <p>
            <textarea name="profile" placeholder="description">
                ${sanitizeHtml(author[0].profile)}</textarea>
        </p>
        ... 생략 ...
```

이렇게 해서 저장된 정보를 사용자에게 출력할 때 공격 의도를 담을 수 있는 스크립트를 sanitizeHtml 라이브러리를 이용해서 막는 방법을 살펴봤습니다.

WEB3
https://youtu.be/GGyhh1b_LKQ (3분 57초)

22 수업을 마치며

지금까지 Node.js와 MySQL을 이용해 웹 애플리케이션을 만드는 방법을 알아봤습니다. 이러한 기술은 모던 웹 애플리케이션을 구현하는 데 필수이고, 결국 이러한 기술을 토대로 수많은 정보 기술이 동작합니다.

이제 여러분이 관심을 가질 만한 몇 가지 주제를 소개하겠습니다.

우선 검색 기능을 추가해보기를 권합니다. 이미 여러분은 검색 기능을 구현하는 데 필요한 대부분의 기술을 익혔습니다. <form> 태그를 이용해 검색 창을 만들고, 사용자가 검색한 검색어를 GET 방식으로 전송받게 합니다. 그리고 검색 결과를 받는 쪽에서 다음과 같은 SQL 문을 사용할 수 있습니다.

```
SELECT * FROM topic WHERE title="keyword"
```

이때 저장된 데이터가 많다면 검색 속도가 느려질 수 있으므로 데이터베이스의 색인(index) 기능을 이용할 수 있습니다. 색인 기능을 이용하면 데이터를 추가할 때마다 꺼내기 좋게 정리해놓습니다. 색인 작업은 좀 더 많은 저장 공간을 사용하고 데이터를 추가할 때 조금 느려질 수 있지만 꺼낼 때 매우 빠릅니다.

또한 정렬 기능도 만들어 보세요. 먼저 작성된 글이 먼저 보이게 하거나, 나중에 보이게 하거나, 또는 저자의 이름순으로 정렬해서 보여주는 기능을 구현합니다. 데이터를 파일에 저장했다면 정렬 기능을 구현하기가 쉽지 않을 것입니다. 그러나 우리는 데이터를 데이터베이스에 저장했으므로 다음과 같은 SQL 문을 사용해서 쉽게 구현할 수 있습니다.

```
SELECT * FROM topic ORDER BY id DESC
```

또한 페이지 기능도 구현해보세요. 데이터가 얼마나 축적될지 예상하기 어려운 시스템에서는 반드시 페이지 기능을 구현해야 합니다. 그렇지 않으면 데이터베이스 서버에 큰 부담을 줄 수 있습니다. 페이지 기능은 다음과 같이 SQL 문의 `LIMIT` 절로 읽어올 데이터의 시작과 끝을 지정함으로써 구현할 수 있습니다.

```
SELECT * FROM topic LIMIT 0 OFFSET 20
```

지금까지 소개한 기능은 SQL과 깊은 관련이 있습니다. SQL을 잘 살펴보면 정보 기술의 본질이 보입니다. SQL의 편리함 덕분에 정보 기술이 폭발적으로 발전하게 됐습니다. 하지만 동시에 대부분의 정보 기술이 SQL이 지원하는 기능만큼만 구현돼 있습니다. 즉, SQL의 한계에 갇혀 있다고 볼 수도 있습니다.

이러한 맥락에서 탄생한 기술이 바로 NoSQL(Not Only SQL)입니다. NoSQL은 특정 기술이라기보다는 SQL을 사용하지 않는 데이터베이스를 포괄적으로 부르는 용어입니다. 여러분도 기회가 된다면 NoSQL에 관심을 기울여보기 바랍니다. 생각의 가능성이 확장하는 재미있는 경험을 할 수 있을 것입니다.

처음 프로그래밍을 시작하는 입문자의 눈높이에 맞춘

생활코딩!

Node.js

노드제이에스 프로그래밍

03 Express

WEB3

https://youtu.be/hwknmhLKgYg (4분 13초)

01 수업 소개

지금부터는 익스프레스(Express) 수업을 시작하겠습니다. 이 수업은 오픈튜토리얼즈의 WEB2 Node.js 수업에 의존합니다. 다음 URL에 있는 코드가 이해된다면 이 수업을 바로 시작할 수 있습니다.

```
http://github.com/web-n/Nodejs
```

만약 이 코드가 이해되지 않는다면 앞의 Node.js 수업[1]을 진행한 다음 이 수업을 보기를 바랍니다.

Node.js가 등장하면서 웹 브라우저에서 사용하던 기술인 자바스크립트를 그대로 서버 쪽에서 사용할 수 있게 됐습니다. 이 사실만으로도 웹 개발자들은 Node.js에 열광했지만, 사람들의 욕심은 시간이 지나면서 점점 불만으로 나타났습니다. 그 수많은 불만 중 하나는 순수한 Node.js 기술만으로는 다소 불편하고 세련되지 못하다는 것이었습니다. 이 문제를 해결하고자 일군의 컴퓨터 공학자들은 Node.js 위에서 동작하는 웹 프레임워크(web framework)를 만들기 시작했습니다.

Node.js

JavaScript

Web Framework

세상에는 수많은 일이 일어나고 그중에는 반복해서 일어나는 일이 많습니다. 그런데 반복해서 일어나는 일을 수동으로 처리하면 어려울 뿐만 아니라 작업량이 많아서 지치게 됩니다. 따라서 사람들은 이처럼 반복해서 일어나는 일을 처리하고자 정성 들여 자동화합니다.

웹에서도 마찬가지로 반복해서 등장하는 작업이 있습니다. 이를테면, URL 파라미터를 통해 전달된 데이터를 받아서 무언가를 처리하는 일이나 정적인 자바스크립트 파일, 이미지 파일 등을 사용자에게 제

1 https://opentutorials.org/course/3332 또는 이 책의 2쪽에서도 Node.js를 다룹니다.

공하는 기능, 로그인 기능, 보안 기능 등이 그렇습니다. 이처럼 반복적으로 어디서나 등장하는 기능을 처리할 때 더 적은 코드와 지식으로도 더 많은 일을 더 안전하게 처리할 수 있게 도와주는 도구가 바로 프레임워크입니다.

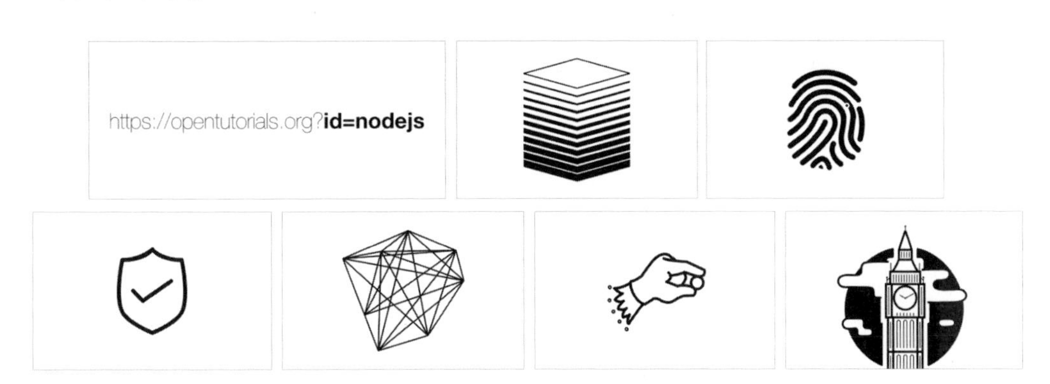

프레임워크란 공통적인 기능은 프레임워크에 미리 구현된 기능을 사용하고, 웹 사이트 개발자는 해당 웹 사이트의 개성에 집중할 수 있게 하려는 목적으로 만들어진 일종의 반제품입니다. Node.js 위에서 동작하는 여러 프레임워크 중 이 책에서는 익스프레스(Express)를 다룹니다. 익스프레스는 Node.js에서 가장 보편적으로 사용하는 프레임워크의 하나입니다.

본격적으로 익스프레스를 다루기 전에 하고 싶은 말은 배우기 쉬운 것과 사용하기 편리한 것은 다르다는 것입니다. 프레임워크는 사용하기는 편리하지만 배우기는 어렵습니다. 공부하는 데 시간과 노력이 필요합니다. 따라서 여러분이 하고자 하는 프로젝트가 복잡하지 않다면 프레임워크를 사용하지 않고도 웹 애플리케이션을 구현할 수 있습니다. 그러나 복잡한 프로젝트라면 프레임워크를 사용함으로써 복잡도를 낮출 수 있습니다. 즉, 프레임워크의 사용 여부는 상황에 따라 선택하는 것이지 정답이 있지는 않습니다. 우리에게 필요한 것은 균형 잡힌 현명함입니다.

지금부터 Node.js 수업에서 만든 웹 애플리케이션을 익스프레스 버전으로 전환하면서 익스프레스의 사용법을 익혀보겠습니다. 그 과정에서 현대 소프트웨어 공학에서 중요하게 다뤄지는 프레임워크라는 것이 무엇인지 음미해볼 기회도 갖게 될 것입니다. 프레임워크를 통해 코드가 놀라우리만치 간결해지고 생각이 단순해지는 신나는 경험을 할 수 있을 것입니다. 준비됐나요? 출발합시다.

Express

Framework

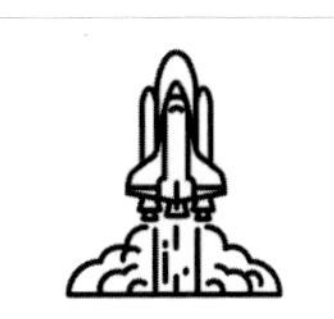

WEB3

https://youtu.be/SfbOYOCx9iU (5분 17초)

02 실습 준비

이번 시간에는 본격적으로 익스프레스를 다루기 전에 준비 작업을 해보겠습니다. 우리 수업은 Node.js 수업에서 작성한 소스 코드를 기반으로 합니다. Node.js 수업에서 작성한 소스 코드는 다음 깃허브 저장소에 있습니다.

```
https://github.com/wikibook/nodejs
```

그림에서 오른쪽에 있는 [Code] 버튼을 클릭한 다음 [Download ZIP] 버튼을 클릭하면 소스 파일을 내려받을 수 있습니다.

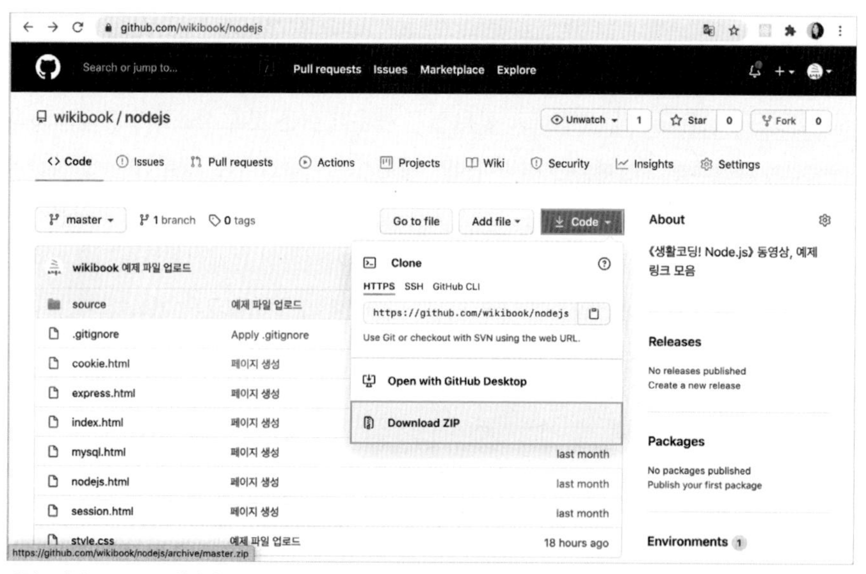

그림 2-1 깃허브에서 소스 코드 내려받기

그리고 적당한 위치에서 내려받은 파일의 압축을 풀고 source 디렉터리 아래에 있는 express 디렉터리를 여러분이 사용하는 편집기의 프로젝트 폴더로 지정합니다. 저는 비주얼스튜디오 코드에서 진행하겠습니다.

비주얼스튜디오 코드에서는 주 메뉴의 [File] → [Add Folder to Workspace...]로 이동한 다음 내려받은 폴더를 선택하면 프로젝트 폴더로 지정할 수 있습니다.

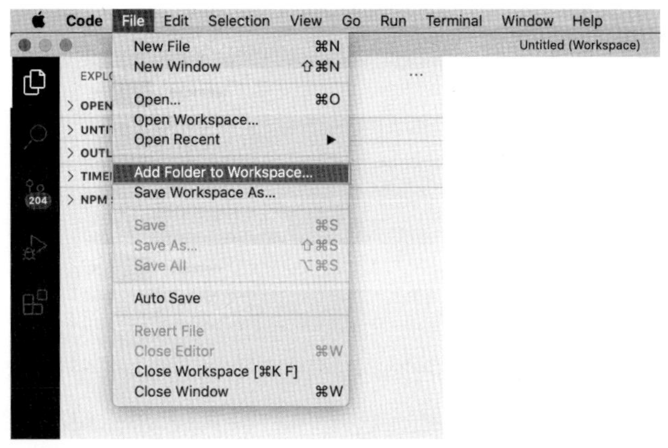

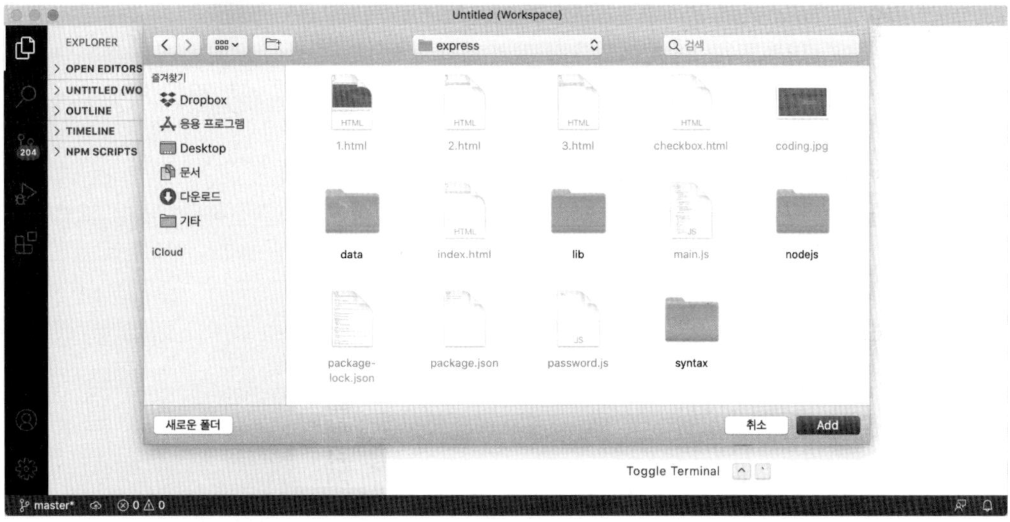

그림 2-2 비주얼스튜디오 코드로 프로젝트 불러오기

윈도우의 명령 프롬프트(CMD)나 macOS의 터미널 등을 열고(이하 '콘솔'이라고 부르겠습니다) 프로젝트 폴더로 이동한 후 다음과 같은 명령으로 Node.js 수업에서 만든 웹 애플리케이션을 실행합니다.

```
> pm2 start main.js --watch
```

```
express — -zsh — 82×11
express $pm2 start main.js --watch
[PM2] Spawning PM2 daemon with pm2_home=/Users/gaheeyoon/.pm2
[PM2] PM2 Successfully daemonized
[PM2] Starting /Users/gaheeyoon/Desktop/express/main.js in fork_mode (1 instance)
[PM2] Done.
```

id	name	mode	↺	status	cpu	memory
0	main	fork	0	online	0%	15.0mb

```
express $
```

그림 2-3 pm2를 이용해 웹 애플리케이션을 실행

Node.js 수업에서 설명한 프로세스 관리자인 pm2를 이용해서 main.js 파일을 실행했습니다. pm2는 우리 수업에서 사용하는 프로세서 매니저라는 프로그램입니다. 이 프로그램을 이용하면 Node.js 프로그램을 실행하거나 사고로 종료됐을 때 다시 실행할 수 있습니다.

뒤에 붙은 --watch는 main.js 파일이 수정될 때마다 pm2가 자동으로 main.js를 재실행함으로써 소스 코드의 변화를 반영해주는 아주 편리한 옵션입니다.

이어서 다음 명령으로 로그를 활성화합니다. 그러면 실행 과정에서 오류가 발생하는지 등을 확인할 수 있습니다.

```
> pm2 log
```

```
express — node /usr/local/bin/pm2 log — 58×10
express $pm2 log
[TAILING] Tailing last 15 lines for [all] processes (chang
e the value with --lines option)
/Users/gaheeyoon/.pm2/pm2.log last 15 lines:
PM2         | 2021-01-20T13:24:55: PM2 log: App [main:0] on
line
PM2         | 2021-01-20T13:24:55: PM2 log: App [main:0] ex
ited with code [1] via signal [SIGINT]
PM2         | 2021-01-20T13:24:55: PM2 log: App [main:0] st
arting in -fork mode-
```

그림 2-4 pm2 로그 활성화

이제 웹 브라우저를 열고 localhost:3000 주소로 접속합니다. 그런데 필자는 다음과 같은 오류가 발생했습니다.

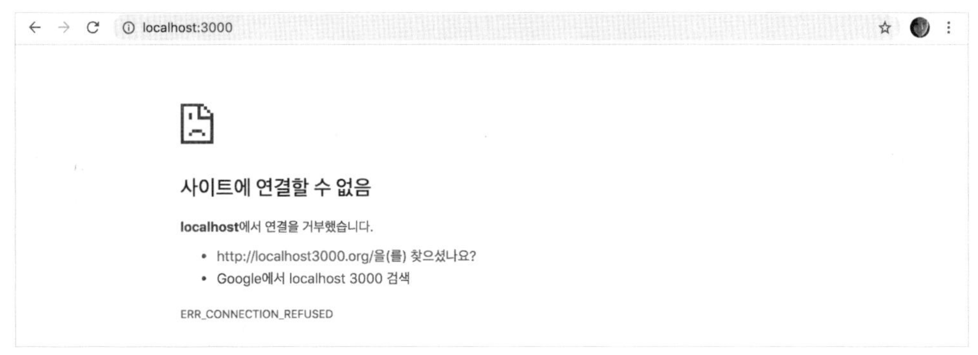

그림 2-5 '사이트에 연결할 수 없음' 오류 발생

콘솔에 출력된 메시지를 확인해보니 sanitize-html이라는 모듈을 찾을 수 없어서 발생한 오류입니다.

```
express — node /usr/local/bin/pm2 log — 90×11
0|main     |     at require (internal/modules/cjs/helpers.js:88:18)
0|main     |     at Object.<anonymous> (/Users/gaheeyoon/Desktop/express/main.js:7:20)
0|main     |     at Module._compile (internal/modules/cjs/loader.js:1063:30)
0|main     |     at Object.Module._extensions..js (internal/modules/cjs/loader.js:1092:10)
0|main     |     at Module.load (internal/modules/cjs/loader.js:928:32)
0|main     |     at Function.Module._load (internal/modules/cjs/loader.js:769:14)
0|main     |     at Object.<anonymous> (/usr/local/lib/node_modules/pm2/lib/ProcessContain
erFork.js:33:23)
0|main     |     at Module._compile (internal/modules/cjs/loader.js:1063:30) {
0|main     |   code: 'MODULE_NOT_FOUND',
0|main     |   requireStack: [ '/Users/gaheeyoon/Desktop/express/main.js' ]
```

그림 2-6 sanitize-html을 찾을 수 없다는 오류 메시지

즉, main.js에서 sanitize-html이라는 모듈을 사용하는데, 해당 모듈이 설치되지 않았다는 의미입니다. 이 오류를 해결하기 위해 [Ctrl] + [C] 키를 눌러 pm2 로그 모드를 종료하고, 다음과 같은 명령을 입력합니다.

```
> npm install
```

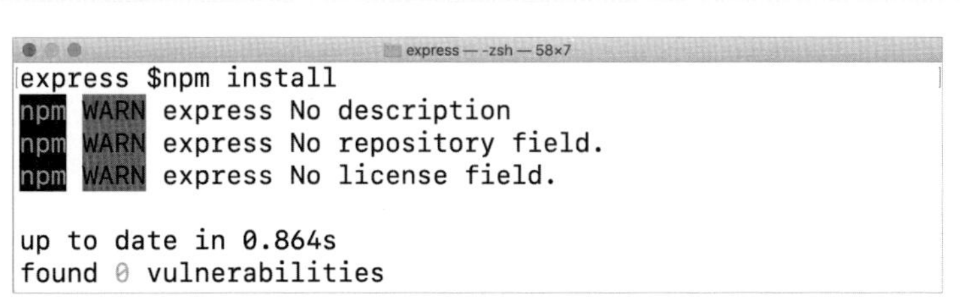

그림 2-7 npm inall 명령어로 모듈 설치

그러면 프로젝트 폴더에 있는 package.json 파일에서 dependencies 항목에 있는 모듈을 자동으로 설치해 줍니다. 모듈이 설치되는 위치는 프로젝트 아래의 node_modules 디렉터리입니다.

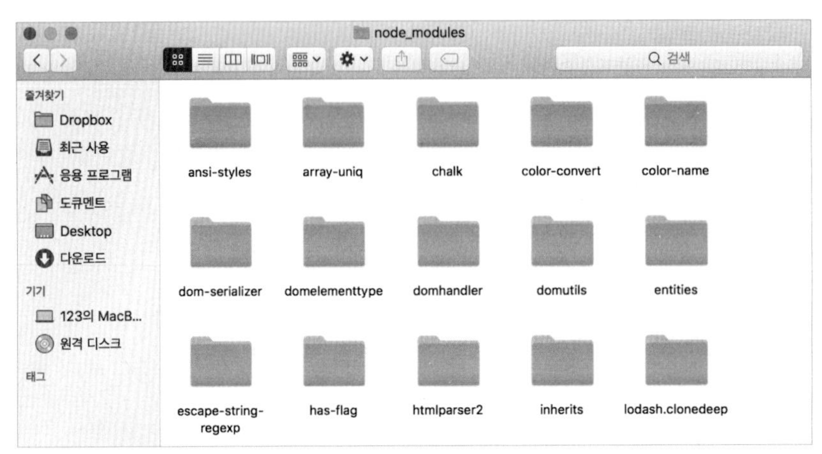

그림 2-8 package.json 파일에서 dependencies 항목에 있는 모듈을 자동으로 설치

이제 pm2에서 실행 중인 프로세스를 재실행하기 위해 다음과 같은 명령을 실행합니다.

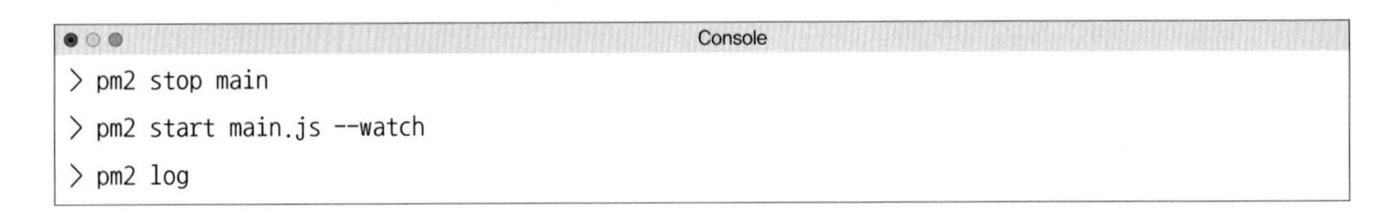

Console
> pm2 stop main
> pm2 start main.js --watch
> pm2 log

웹 페이지를 새로 고침 하면 이번에는 웹 페이지가 제대로 표시되는 것을 확인할 수 있습니다.

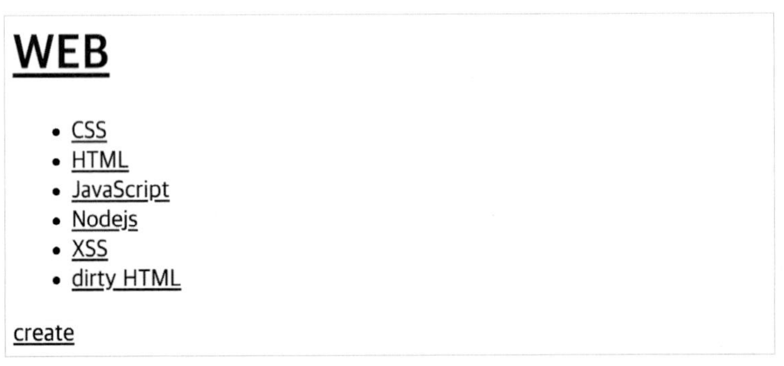

그림 2-9 익스프레스 실습 준비 완료

여기까지가 익스프레스를 다루기 전 준비 과정입니다.

WEB3

03 Hello World

https://youtu.be/Dk-2d-MBGKU (3분 38초)

익스프레스 설치 및 Hello World 실행하기

앞에서 실습 환경을 구성했으므로 이제 익스프레스를 본격적으로 다뤄보겠습니다. 여러분이 웹 애플리케이션을 개발하고 사용해 오다가 좀 더 규모 있고 안정적으로 사용해야 하는 상황이 됐다고 가정합시다. 그러면 자연스럽게 프레임워크를 도입할 준비를 하게 되는데, 그중 하나가 익스프레스입니다. 다음은 익스프레스의 홈페이지(https://expressjs.com)입니다.

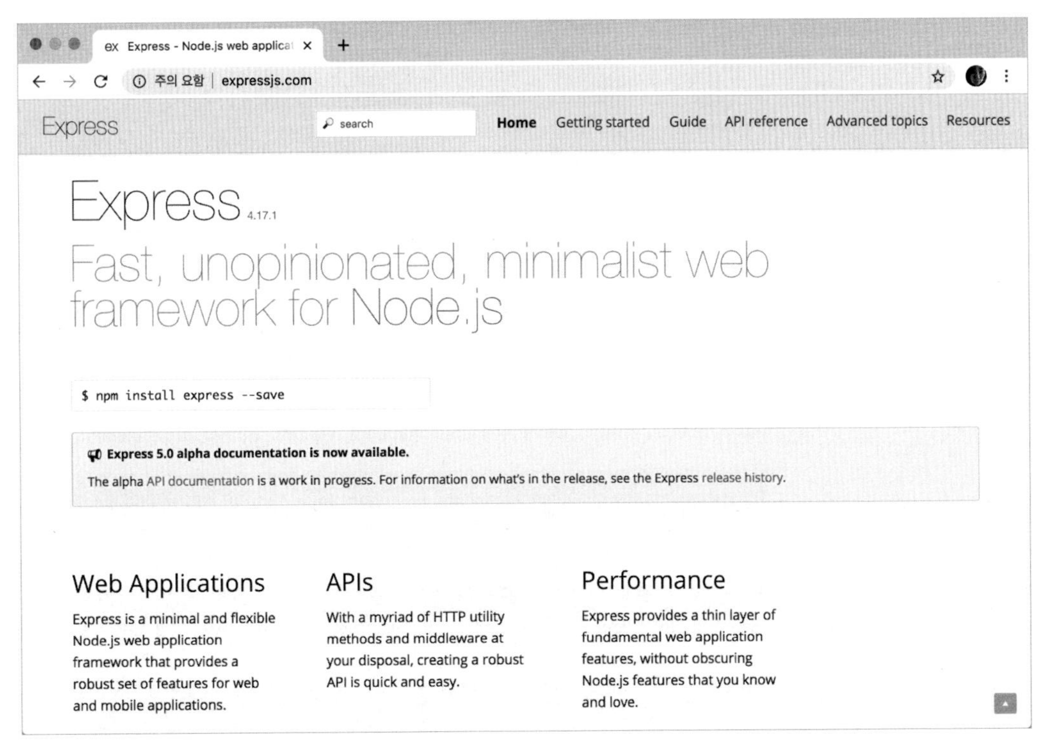

그림 3-1 익스프레스 공식 홈페이지

홈페이지에 나와 있는 설치 명령을 콘솔에 입력해 익스프레스를 설치합니다.

```
> npm install express --save
```

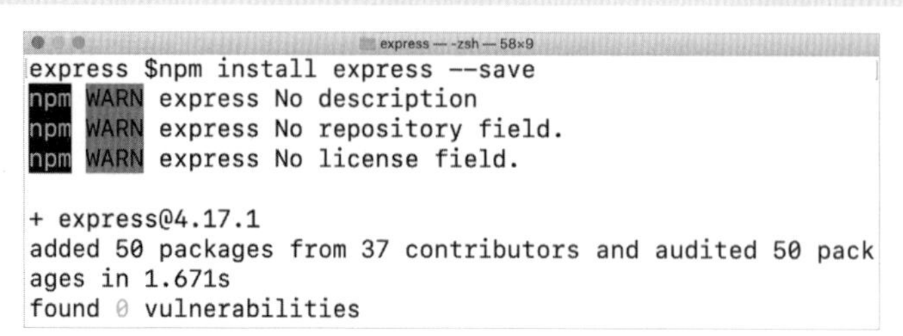

그림 3-2 npm으로 express 설치

익스프레스를 설치하면 프로젝트 아래의 node_modules 디렉터리에 express 디렉터리가 생성됩니다.

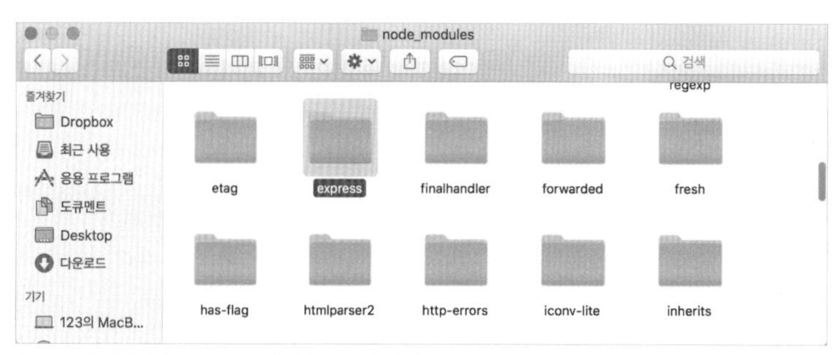

그림 3-3 node_modules 디렉터리에 express 디렉터리가 생성됨

익스프레스의 사용법은 대부분 공식 홈페이지의 'Getting started'에 나와 있습니다.

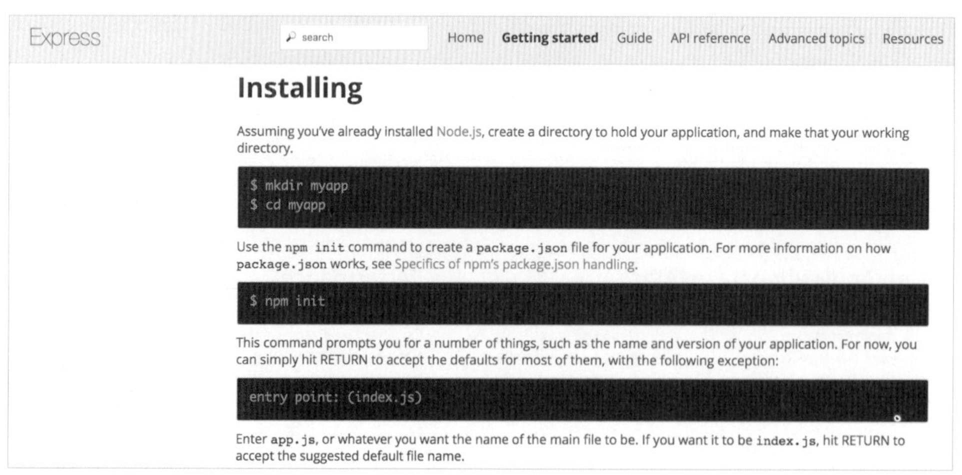

Express | Home | Getting started | Guide | API reference | Advanced topics | Resources

Installing

Assuming you've already installed Node.js, create a directory to hold your application, and make that your working directory.

```
$ mkdir myapp
$ cd myapp
```

Use the `npm init` command to create a `package.json` file for your application. For more information on how `package.json` works, see Specifics of npm's package.json handling.

```
$ npm init
```

This command prompts you for a number of things, such as the name and version of your application. For now, you can simply hit RETURN to accept the defaults for most of them, with the following exception:

```
entry point: (index.js)
```

Enter `app.js`, or whatever you want the name of the main file to be. If you want it to be `index.js`, hit RETURN to accept the suggested default file name.

그림 3-4 익스프레스 공식 홈페이지의 'Getting started' 페이지

이 중에서 Hello world 예제를 보면 어떻게 하면 가장 기본적인 출력을 할 수 있는지 나와 있습니다.

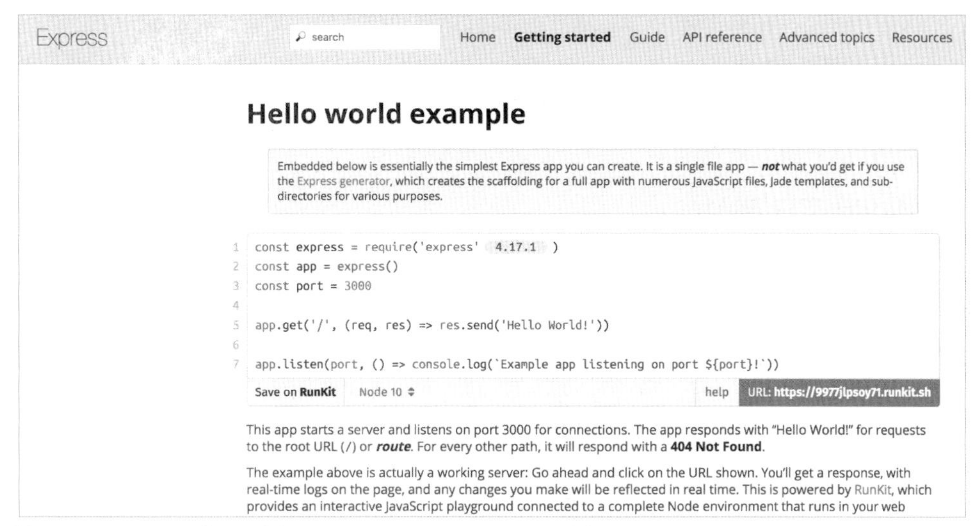

그림 3-5 익스프레스 공식 홈페이지의 Getting started - Hello world 페이지

이제 main.js 파일을 열고 기존 내용을 모두 주석으로 처리합니다. 사용하지는 않지만 참고는 해야 하므로 전체를 주석으로 처리합니다.

예제 3-1 기존 코드를 주석으로 처리 express/main.js

```
/*
... 기존 내용 ...
*/
```

그다음 'Hello world'를 출력하는 예제 코드를 그대로 복사해서 붙여넣은 다음 익스프레스를 사용할 준비를 합니다.

예제 3-2 익스프레스 사용 준비 express/main.js

```
const express = require('express')
const app = express()

app.get('/', (req, res) => res.send('Hello World!'))
app.listen(3000, () => console.log('Example app listening on port 3000!'))
```

이렇게 저장하고 웹 브라우저에서 localhost:3000으로 접속하면 다음과 같은 화면이 나옵니다. 'Hello World!'가 출력되면 성공적으로 접속된 것이고, 나오지 않는다면 pm2 로그를 확인해서 에러가 있는지 살펴봅니다.

```
← → C ⓘ localhost:3000
Hello World!
```

그림 3-6 익스프레스 사용 준비

Hello World 코드 분석

이번 절에서는 앞에서 작성한 Hello World 프로그램의 코드를 하나하나 살펴보면서 익숙해져 보겠습니다. '이해'하는 것보다 '익숙'해지는 것이 더 중요합니다.

https://youtu.be/ndxD91PBwdE
(7분 22초)

```
const express = require('express')
const app = express()
```

첫 줄에서 require를 사용해서 불러온 이유는 익스프레스도 결국 모듈이기 때문입니다. 그런데 앞에 const라는 키워드가 붙었습니다. **const는 상수(constant)**라는 뜻으로 바뀌지 않는 값입니다. 즉, express 변수 앞에 const를 사용함으로써 express 모듈을 저장한 이후에는 값을 변경할 수 없게 고정한 것입니다.

그런데 const는 조금 어려운 개념이고 지금까지 살펴보지 않은 문법이므로 우리 실습에서는 const를 var로 바꾸겠습니다.

예제 3-3 상수 const에서 변수 var로 변경 express/main.js

```
var express = require('express')
var app = express()
```

그다음 줄에서 express()를 함수처럼 호출하고 있습니다. 즉, express()는 함수라는 의미입니다. 이때 express() 함수가 반환하는 값은 익스프레스 프레임워크에서 제공하는 Application이라는 객체입니다. 이 값을 app이라는 변수에 저장했습니다.

express() 함수가 반환한 값이 Application 객체라는 것을 어떻게 알 수 있나요?

익스프레스의 공식 홈페이지에 있는 API reference에는 Express.js가 가지고 있는 여러 가지 중요한 기능을 사용하는 방법이 상세하게 나와 있습니다.

여기서 Application이라는 객체의 사용설명서를 보면 Application을 얻는 방법과 Application 객체가 가지고 있는 함수(메서드)들을 확인할 수 있습니다.

1 http://expressjs.com/en/5x/api.html#app.get

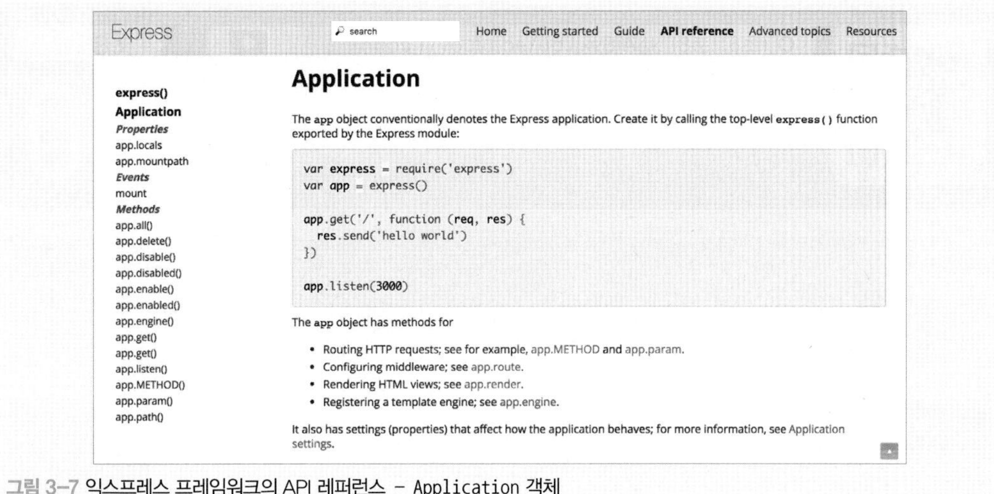

그림 3-7 익스프레스 프레임워크의 API 레퍼런스 - Application 객체

그다음은 app 객체에 포함된 메서드 중 get과 listen을 호출하는 코드입니다.

```
app.get('/', (req, res) => res.send('Hello World!'))
app.listen(3000, () => console.log('Example app listening on port 3000!'))
```

먼저 익스프레스 프레임워크의 API 레퍼런스를 보면 get 메서드는 다음과 같은 형태로 호출한다고 나와 있습니다.

```
app.get(path, callback [, callback ..])
```

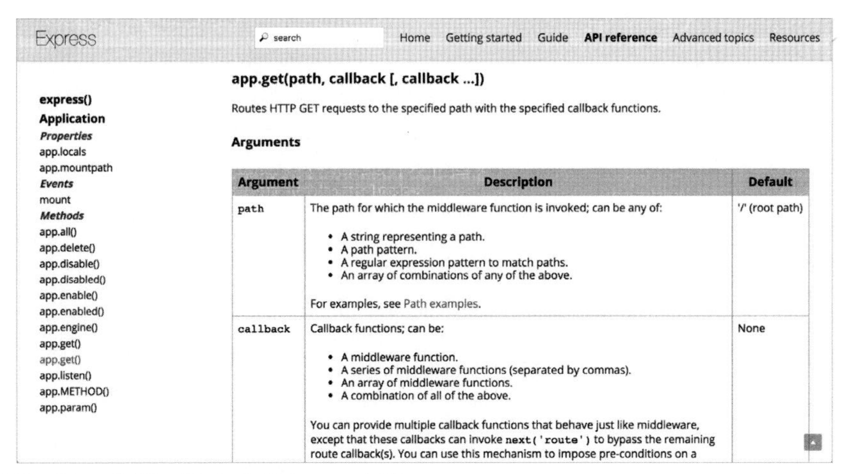

그림 3-7 익스프레스 프레임워크의 API 레퍼런스 – get 메서드

get 메서드의 첫 번째 인자에는 경로, 두 번째 인자에는 콜백 함수를 전달해야 합니다. 따라서 경로에는 홈 페이지를 의미하는 '/'를 전달했고, 콜백 함수에는 사용자가 해당 경로에 접속했을 때 호출할 함수를 지정했습니다.

그런데 이 콜백 함수는 우리에게 익숙하지 않으므로 다음과 같이 변경해보겠습니다.

예제 3-4 익숙한 콜백 함수로 변경 express/main.js

```
var express = require('express')
var app = express()

app.get('/', function(req, res) {
    return res.send('Hello World!')
});
app.listen(3000, () => console.log('Example app listening on port 3000!'))
```

방금 수정한 코드는 예제 3-2의 코드와 똑같은 코드입니다. 예제 3-2에서 살펴본 화살표 =>가 있는 코드가 더 최신 코드이고 축약된 형태지만, 입문자 수업에서는 문법적인 복잡도를 줄이고자 일부러 옛날 방식으로 변경한 것입니다.

get 메서드처럼 동작하는 기능을 라우팅(routing)이라고 합니다. 라우팅이란 쉽게 말해 어떤 길을 따라 진행하다가 갈림길에서 방향을 잡아주는 것을 의미합니다. 즉, 사용자들이 여러 경로로 들어올 때 경로마다 응답해주는 기능입니다.

따라서 다음과 같이 get 메서드를 추가해서 또 다른 경로에 응답하게 할 수도 있습니다.

예제 3-5 get 메서드를 추가해 다른 경로에 응답 express/main.js

```
var express = require('express')
var app = express()

app.get('/', function(req, res) {
    return res.send('/')
});
app.get('/page', function(req, res) {
    return res.send('/page')
});
app.listen(3000, () => console.log('Example app listening on port 3000!'))
```

그러면 다음처럼 /page라는 요청에도 응답하게 됩니다.

그림 3-8 get 메서드를 추가해 /page 요청에 응답

앞에서 주석으로 처리한 기존 코드를 보면 이 라우팅 기능을 if ~ else 같은 분기문으로 처리했던 것을 알 수 있습니다.

```
if(pathname === '/') {
    ... 생략 ...
} else if(pathname === '/create') {
    ... 생략 ...
} else if(pathname === '/create_process') {
    ... 생략 ...
```

이처럼 if 문이 중첩돼서 코드를 읽기 어려웠는데, 익스프레스 프레임워크의 app.get 메서드를 이용한 방식은 가독성이 더 좋습니다. 이러한 사실을 아직은 체감하기 어렵지만, 코드의 양이 늘고 로직이 복잡해지면 가독성에서 차이가 확연하게 드러납니다.

이제 main.js의 마지막 코드도 앞에서와 같은 이유로 과거 방식으로 바꿔보겠습니다.

예제 3-6 마지막 코드도 익숙한 콜백 함수로 변경 express/main.js

```
var express = require('express')
var app = express()

app.get('/', function(req, res) {
    return res.send('/')
});
app.get('/page', function(req, res) {
    return res.send('/page')
});
app.listen(3000, function() {
    console.log('Example app listening on port 3000!')
});
```

app 객체의 listen이라는 메서드를 호출하면서 첫 번째 인수로 3000 포트를 전달했고, 두 번째 인수로 콜백 함수를 전달했습니다. 즉, listen이라는 메서드가 실행될 때 비로소 웹 서버가 실행되며, 3000번 포트로 사용자의 요청을 받을 수 있게 됩니다. 이 코드는 기존 코드에서 맨 마지막 줄에 있는 app.listen(3000)과 같습니다.

지금까지 살펴본 내용이 익스프레스 프레임워크를 사용하는 핵심 골격이므로 익숙해지도록 되새겨보기 바랍니다.

WEB3

▶ https://youtu.be/DQAHuSnb8tY (3분 34초) ⊙

04 홈페이지 구현

이번 장에서는 홈 페이지를 구현해보겠습니다. 앞에서 작성한 main.js 파일에서 사용자가 홈에 접속했을 때 응답하는 코드는 다음과 같습니다.

```
... 생략 ...
app.get('/', function(req, res) {
    return res.send('/');
});
... 생략 ...
```

이 부분을 익스프레스 프레임워크를 사용하지 않았을 때의 코드를 활용해 다음과 같이 수정해보겠습니다. 먼저 기존 코드는 다음과 같습니다.

```
    if(pathname === '/') {
        if(queryData.id === undefined) {
            fs.readdir('./data', function(error, filelist) {
                var title = 'Welcome';
                var description = 'Hello, Node.js';
                var list = template.list(filelist);
                var html = template.HTML(title, list,
                    `<h2>${title}</h2><p>${description}</p>`,
                    `<a href="/create">create</a>`
                );
                response.writeHead(200);
                response.end(html);
            });
        } else {
            ... 생략 ...
        }
    }
```

예제 4-1 기존 코드를 익스프레스 프레임워크를 적용한 코드로 변경 express/main.js

```
... 생략 ...
var fs = require('fs');
var template = require('./lib/template.js');

app.get('/', function(request, response) {
    fs.readdir('./data', function(error, filelist) {
        var title = 'Welcome';
        var description = 'Hello, Node.js';
        var list = template.list(filelist);
        var html = template.HTML(title, list,
            `<h2>${title}</h2>${description}`,
            `<a href="/create">create</a>`
        );
        response.send(html);
    });
});
... 생략 ...
```

먼저 fs 모듈과 template.js에 정의된 내용을 사용하기 위해 require 함수를 이용해 불러옵니다. 그리고 get 메서드 본문에 익스프레스 프레임워크를 사용하지 않았을 때 작성한 기존 코드를 붙여넣습니다. 이때 콜백 함수의 매개변수 이름을 request와 response처럼 전체 이름으로 바꿨습니다. 그리고 기존 response의 writeHead와 end 메서드 호출을 지우고, send 메서드를 한 번 호출하는 코드로 변경했습니다.

이렇게 작성하고 웹 페이지에서 홈에 접속하면 오른쪽과 같은 화면을 볼 수 있습니다.

그림 4-1 기존 코드를 익스프레스 프레임워크를 적용한 코드로 변경

기존 코드와 비교해보면 http.createServer의 콜백 함수에서 정의한 매개변수인 request와 response가 main.js 전체에 걸쳐 여러 곳에서 사용되면서 발생하는 혼란이 해소됐음을 확인할 수 있습니다. 즉, 익스프레스 프레임워크를 이용해 라우팅 기능을 구현하다 보니 각 부분에 request와 response 매개변수를 정의해서 코드를 읽기가 좋아졌습니다.

WEB3

https://youtu.be/RpV17ol093Q (5분 48초)

05 상세 보기 페이지 구현

이번 시간에는 홈에 나열된 글 목록에서 하나를 클릭했을 때 해당 내용이 보이게 상세 보기 페이지를 구현해보겠습니다. 기존 웹 페이지는 글 목록에서 사용자가 클릭한 글에 해당하는 쿼리 스트링을 전달합니다. 예를 들어, 다음과 같은 화면에서 사용자가 'HTML'을 클릭하면 ?id=HTML이라는 쿼리 스트링을 전달합니다. 그러면 웹 애플리케이션은 data 디렉터리 안에서 전달받은 쿼리 스트링에 해당하는 파일을 찾아서 응답합니다.

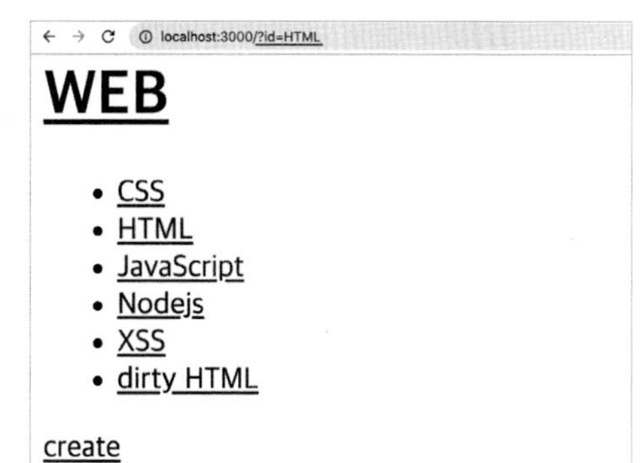

그림 5-1 쿼리 스트링을 전달하면 쿼리 스트링에 해당하는 파일을 찾아서 응답

그런데 요즘은 쿼리 스트링 전달 방식 말고, 사용하기 쉽고 검색 엔진에 친화적인 시맨틱 URL(semantic URL)[1]이라는 방식을 사용하는 추세입니다. 시맨틱 URL이란 질의어 없이 경로만 가진 간단한 구조의 URL을 말합니다. 시맨틱 URL의 예는 다음과 같습니다.

```
?id=HTML → page/HTML
```

이처럼 시맨틱 URL을 사용하는 방식으로 상세 보기 페이지를 구현해보겠습니다. 먼저 main.js에 page라는 경로를 처리하는 부분은 다음과 같습니다.

```
... 생략 ...
app.get('/page', function(req, res) {
    return res.send('/page');
});
... 생략 ...
```

1 https://ko.wikipedia.org/wiki/간편_URL

이 부분을 수정해서 요청에 응답하게 만들겠습니다. 그전에 익스프레스 홈페이지에서 라우트 가이드[2]를 보면 시맨틱 URL 처리 방식을 다음과 같이 소개합니다.

```
Route path: /users/:userId/books/:bookId
Request URL: http://localhost:3000/users/34/books/8989
req.params: { "userId": "34", "bookId": "8989" }
```

경로에서 users 다음에 :userId라고 지정함으로써 사용자가 요청한 URL을 req.params를 이용해 '키:값' 형태로 가져올 수 있다고 소개합니다. 이를 참고해서 소스 코드를 수정해보겠습니다.

예제 5-1 익스프레스의 라우트 가이드에 따라 사용자가 요청한 URL 가져오기 express/main.js

```
...생략...
app.get('/page/:pageId', function(request, response) {
    response.send(request.params);
});
...생략...
```

이렇게 하면 사용자가 page 다음에 입력한 경로가 pageID 값으로 들어옵니다. 제대로 동작하는지 확인하기 위해 http://localhost:3000/page/HTML 주소로 접속해서 확인해봅니다.

그림 5-2 page 다음에 입력한 경로가 pageID 값으로 들어옴

{"pageId":"HTML"}이 출력됩니다. 즉, 사용자가 입력한 경로 중 HTML이 pageId라는 키 값으로 제대로 들어온 것을 확인할 수 있습니다.

상세 보기 페이지 구현

앞에서는 쿼리 스트링이 아닌 경로를 매개변수로 받아서 처리하는 방식을 살펴봤습니다. 이제 이렇게 전달받은 매개변수를 이용해 상세 보기 페이지를 구현해보겠습니다. 홈 페이지를 구현했을 때와

https://youtu.be/0ryyXKBDxFM
(3분 43초)

2 https://expressjs.com/en/guide/routing.html

마찬가지로 익스프레스 프레임워크를 사용하지 않았을 때의 코드를 활용해 다음과 같이 수정해보겠습니다.

먼저 기존 코드는 다음과 같습니다.

```
if(pathname === '/') {
    if(queryData.id === undefined) {
        ... 생략 ...
    } else {
        fs.readdir('./data', function(error, filelist) {
            var filteredId = path.parse(queryData.id).base;
            fs.readFile(`data/${filteredId}`, 'utf8', function(err, description) {
                var title = queryData.id;
                var sanitizedTitle = sanitizeHtml(title);
                var sanitizedDescription = sanitizeHtml(description, {
                    allowedTags:['h1']
                });
                var list = template.list(filelist);
                var html = template.HTML(sanitizedTitle, list,
                    `<h2>${sanitizedTitle}</h2><p>${sanitizedDescription}</p>`,
                    `<a href="/create">create</a>
                    <a href="/update?id=${sanitizedTitle}">update</a>
                    <form action="delete_process" method="post">
                        <input type="hidden" name="id" value="${sanitizedTitle}">
                        <input type="submit" value="delete">
                    </form>`
                );
                response.writeHead(200);
                response.end(html);
            });
        });
    }
}
```

예제 5-2 기존 코드를 이용해 상세 보기 페이지 구현 express/main.js

```
... 생략 ...
var path = require('path');
var sanitizeHtml = require('sanitize-html');
... 생략 ...
```

```
app.get('/page/:pageId', function(request, response) {
    fs.readdir('./data', function(error, filelist) {
        var filteredId = path.parse(request.params.pageId).base;
        fs.readFile(`data/${filteredId}`, 'utf8', function(err, description){
            var title = request.params.pageId;
            var sanitizedTitle = sanitizeHtml(title);
            var sanitizedDescription = sanitizeHtml(description, {
                allowedTags:['h1']
            });
            var list = template.list(filelist);
            var html = template.HTML(sanitizedTitle, list,
                `<h2>${sanitizedTitle}</h2>${sanitizedDescription}`,
                ` <a href="/create">create</a>
                    <a href="/update?id=${sanitizedTitle}">update</a>
                    <form action="delete_process" method="post">
                        <input type="hidden" name="id" value="${sanitizedTitle}">
                        <input type="submit" value="delete">
                    </form>`
            );
            response.send(html);
        });
    });
});
... 생략 ...
```

기존 코드에서 달라진 부분은 path와 sanitize-html 모듈을 불러오고 쿼리 스트링 대신 매개변수를 이용하므로 queryData.id 부분을 request.params.pageId로 변경한 것입니다.

이렇게 작성하고 http://localhost:3000/page/HTML에 접속하면 다음과 같은 화면을 볼 수 있습니다.

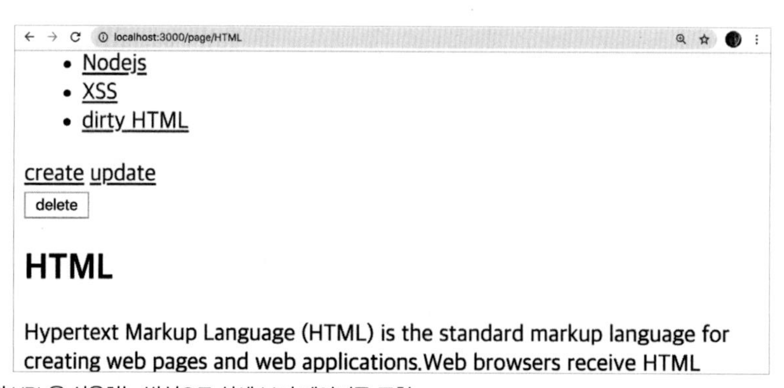

그림 5-3 시맨틱 URL을 사용하는 방식으로 상세 보기 페이지를 구현

그런데 홈에서 글 목록 중 'HTML'을 클릭하면 아직 쿼리 스트링(?id=HTML)을 전달하므로 이 부분을 수정해보겠습니다. 그러려면 template.js 파일에서 list 함수를 수정해야 합니다.

예제 5-3 글 목록을 선택했을 때 쿼리 스트링이 아닌 시맨틱 URL을 전달하게 수정 express/lib/template.js

```
... 생략 ...
  },list:function(filelist) {
    var list = '<ul>';
    var i = 0;
    while(i < filelist.length) {
      list = list + `<li><a href="/page/${filelist[i]}">${filelist[i]}</a></li>`;
      i = i + 1;
    ... 생략 ...
```

이로써 기존의 쿼리 스트링 처리 방식에서 시맨틱 URL을 이용해 매개변수를 처리하는 방식으로 변경했습니다.

WEB3

https://youtu.be/0axW3I2QAz8 (3분 21초)

06 페이지 생성 구현

이번 단원에서는 사용자가 [create] 버튼을 클릭했을 때 보여줄 글 작성 페이지를 만들고, 거기서 [Submit] 버튼을 클릭했을 때 새 글을 생성하는 기능을 구현해보겠습니다. 이 기능은 새로울 것은 없고 지금까지 배운 내용을 토대로 구현할 수 있습니다. 먼저, main.js 파일을 열고 다음과 같은 코드를 추가합니다.

예제 6-1 새 글을 작성하는 페이지 구현 express/main.js

```
... 생략 ...
app.get('/create', function(request, response) {
    fs.readdir('./data', function(error, filelist) {
        var title = 'WEB - create';
        var list = template.list(filelist);
        var html = template.HTML(title, list, `
            <form action="/create_process" method="post">
                <p><input type="text" name="title" placeholder="title"></p>
                <p>
                    <textarea name="description" placeholder="description"></textarea>
                </p>
                <p>
                    <input type="submit">
                </p>
            </form>
        `, '');
        response.send(html);
    });
});
... 생략 ...
```

이제 웹 페이지에서 [create] 링크를 클릭하면 새 글을 작성하는 페이지가 나타납니다.

- JavaScript
- Nodejs
- XSS
- dirty HTML

title

description

Submit

그림 6-1 [create] 링크를 클릭하면 나오는 글 작성 페이지

여기서 제목과 내용을 입력한 다음 [Submit] 버튼을 클릭했을 때 새 글을 생성하는 create_process를 구현해보겠습니다. 위 코드에서 create_process는 전달 방식이 post이므로 app.post 메서드를 사용해야 합니다.

예제 6-2 새 글을 생성하는 create_process 구현 express/main.js

```
... 생략 ...
var qs = require('querystring');
... 생략 ...
app.post('/create_process', function(request, response) {
    var body = '';
    request.on('data', function(data) {
        body = body + data;
    });
    request.on('end', function() {
        var post = qs.parse(body);
        var title = post.title;
        var description = post.description;
        fs.writeFile(`data/${title}`, description, 'utf8', function(err) {
            response.writeHead(302, {Location: `/?id=${title}`});
            response.end();
        });
    });
});
... 생략 ...
```

이제 글 작성 화면에서 제목과 내용을 입력한 다음 [Submit] 버튼을 클릭하면 새 글이 생성되는 것을 확인할 수 있습니다.

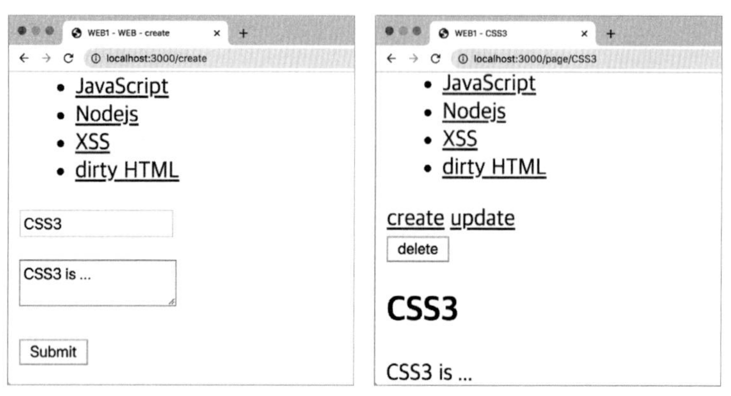

그림 6-2 새로운 글 생성

WEB3

 https://youtu.be/HREFCTe4i70 (2분 57초)

07 페이지 수정 구현

이번 시간에는 사용자가 상세 보기 페이지에서 [update]를 클릭했을 때 보여줄 페이지와 거기서 [Submit] 버튼을 클릭했을 때 글을 수정하는 기능을 구현해보겠습니다. 이 기능 또한 새로울 것은 없습니다. 다만 수정 기능은 일단 수정할 글을 불러와야 하는데, 이때 기존의 쿼리 스트링 방식을 앞에서 배운 시맨틱 URL을 이용하는 방식으로 수정해보겠습니다.

먼저 `main.js` 파일을 열고 상세 보기 화면을 구현한 코드에서 [update] 링크에 슬래시(/)를 추가합니다.

예제 7-1 쿼리 스트링 방식이 아닌 시맨틱 URL을 사용하게 링크에 슬래시 추가 express/main.js

```
... 생략 ...
app.get('/page/:pageId', function(request, response) {
    ... 생략 ...
    <a href="/update/${sanitizedTitle}">update</a>
    <form action="delete_process" method="post">
        ... 생략 ...
```

이 상태로 저장하고 글 목록에서 하나를 선택한 후에 [update]를 클릭하면 시맨틱 URL로 전달되는 것을 확인할 수 있습니다.

그림 7-1 [update]를 클릭하면 시맨틱 URL로 전달됨

이제 글을 수정하는 화면을 구현하는 코드를 작성합니다.

예제 7-2 글을 수정하는 페이지 구현 express/main.js

```
... 생략 ...
app.get('/update/:pageId', function(request, response) {
    fs.readdir('./data', function(error, filelist) {
        var filteredId = path.parse(request.params.pageId).base;
        fs.readFile(`data/${filteredId}`, 'utf8', function(err, description) {
            var title = request.params.pageId;
            var list = template.list(filelist);
```

```
            var html = template.HTML(title, list,
                `
                <form action="/update_process" method="post">
                    <input type="hidden" name="id" value="${title}">
                    <p><input type="text" name="title" placeholder="title" value="${title}"></p>
                    <p>
                        <textarea name="description"
                            placeholder="description">${description}</textarea>
                    </p>
                    <p>
                        <input type="submit">
                    </p>
                </form>
                `,
                `<a href="/create">create</a> <a href="/update/${title}">update</a>`
            );
            response.send(html);
        });
    });
});
... 생략 ...
```

경로에 :pageId를 사용했고 기존 코드에서 queryData.id 대신 request.params를 사용한 것을 확인할 수 있습니다. 이 상태로 웹 페이지를 새로 고침 하면 다음과 같이 수정 페이지가 제대로 보입니다.

그림 7-2 수정 페이지

여기서 제목과 내용을 수정한 다음 [Submit] 버튼을 클릭했을 때 글을 수정하는 update_process를 구현해보겠습니다. update_process도 전달 방식이 post이므로 app.post 메서드를 사용합니다.

예제 7-3 글을 수정하는 update_process 구현 express/main.js

```
... 생략 ...
app.post('/update_process', function(request, response) {
    var body = '';
    request.on('data', function(data) {
        body = body + data;
    });
    request.on('end', function() {
        var post = qs.parse(body);
        var id = post.id;
        var title = post.title;
        var description = post.description;
        fs.rename(`data/${id}`, `data/${title}`, function(error) {
            fs.writeFile(`data/${title}`, description, 'utf8', function(err) {
                response.writeHead(302, {Location: `/?id=${title}`});
                response.end();
            });
        });
    });
});
... 생략 ...
```

이제 글 수정 화면에서 제목과 내용을 입력한 다음 [Submit] 버튼을 클릭하면 글이 수정되는 것을 확인할 수 있습니다.

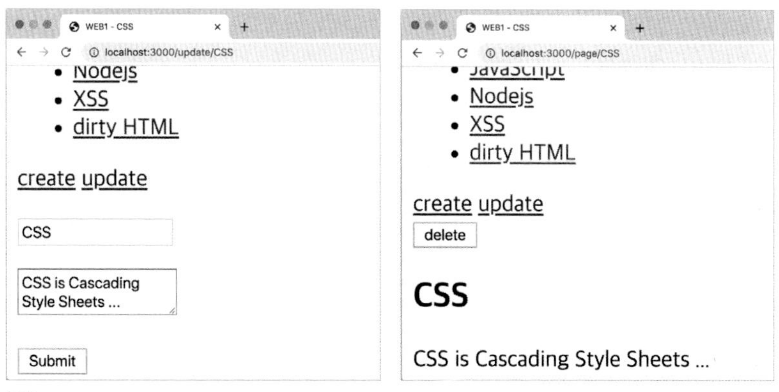

그림 7-3 정보 수정

WEB3

08 페이지 삭제 구현

https://youtu.be/ulNgrm1rl3g (4분 22초)

이번 시간에는 마지막 기능인 사용자가 상세 보기 페이지에서 [delete] 버튼을 클릭했을 때 글을 삭제하는 기능을 구현해보겠습니다. 먼저 상세 보기 페이지를 구현한 부분에서 [delete] 버튼을 클릭했을 때의 경로를 수정합니다. 앞에 슬래시만 추가하면 됩니다.

예제 8-1 쿼리 스트링 방식이 아닌 시맨틱 URL을 사용하게 링크에 슬래시를 추가 express/main.js

```
... 생략 ...
app.get('/page/:pageId', function(request, response) {
    ... 생략 ...
    <form action="/delete_process" method="post">
        ... 생략 ...
```

그리고 post 메서드를 이용해 delete_process 요청을 처리하는 로직을 작성합니다.

예제 8-2 글을 삭제하는 delete_process 구현 express/main.js

```
... 생략 ...
app.post('/delete_process', function(request, response) {
    var body = '';
    request.on('data', function(data) {
        body = body + data;
    });
    request.on('end', function() {
        var post = qs.parse(body);
        var id = post.id;
        var filteredId = path.parse(id).base;
        fs.unlink(`data/${filteredId}`, function(error) {
            response.redirect('/');
        });
    });
});
... 생략 ...
```

주목할 점은 리다이렉트를 처리한 부분입니다. 익스프레스 프레임워크는 리다이렉트를 편리하게 하는 기능을 지원합니다. response.redirect만 호출하면 되므로 기존 코드와 비교했을 때 좀 더 깔끔해진 것을 확인할 수 있습니다.

이제 글 목록에서 글 하나를 선택하고 [delete] 버튼을 클릭하면 해당 글이 삭제되는 것을 확인할 수 있습니다.

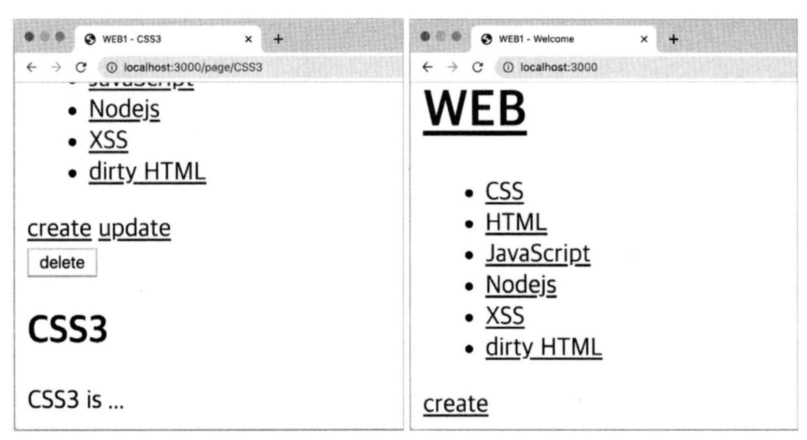

그림 8-1 글 삭제하기

익스프레스 프레임워크가 제공하는 리다이렉트 기능을 글 수정 부분에도 적용해보겠습니다.

예제 8-3 글을 수정하는 부분에도 리다이렉트 기능 적용 express/main.js

```
... 생략 ...
app.post('/update_process', function(request, response) {
    ... 생략 ...
    response.redirect(`/?id=${title}`);
    ... 생략 ...
```

이로써 Node.js로 만들었던 애플리케이션을 익스프레스 버전으로 변경해봤습니다. 그런데 변경되는 코드 대부분이 라우트 기능이라는 것을 알 수 있습니다. 이는 다른 프레임워크를 공부할 때도 마찬가지입니다. 사용자 요청별로 어떻게 응답할 것인가, get이나 post 방식으로 요청받았을 때 어떻게 구분해서 응답할 것인가 등을 살펴봐야 합니다.

WEB3

09 익스프레스 미들웨어 사용하기

이번 시간에는 미들웨어(middleware)라는 것을 살펴보겠습니다. 익스프레스가 가진 핵심 기능은 두 가지인데, 그중 하나가 지금까지 살펴본 라우트이고 또 다른 하나가 바로 미들웨어입니다.

우리가 소프트웨어를 만들 때 처음부터 끝까지 혼자서 만드는 일은 거의 없습니다. 다른 사람이 개발한 소프트웨어를 부품으로 이용해 생산성을 높일 수 있습니다. 이처럼 여러 사람이 개발한 소프트웨어를 이용해 생산성을 높이려고 할 때 사용하는 기능을 미들웨어라고 생각해도 좋습니다. 물론 이러한 정의가 미들웨어라는 단어가 가진 사전적인 의미와 다를 수 있지만, 이 책에서는 좀 더 쉽게 이해해보려고 합니다.

익스프레스 홈페이지에서 가이드를 보면 '미들웨어 사용하기(Using middleware)'[1]라는 문서가 있습니다. 여기에 보면 다음 그림과 같은 '서드파티 미들웨어(Third-party middleware)' 항목이 있는데, 여기서 서드파티를 '남들이 만든'이라고 해석해도 좋습니다. 즉, 익스프레스가 기본으로 제공하는 기능이 아닌 다른 사람이 만든 소프트웨어를 사용하는 방법을 소개하고 있습니다.

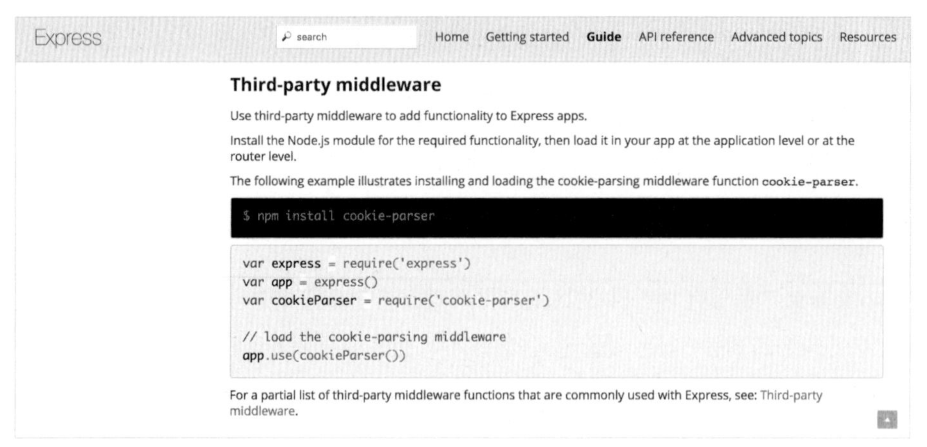

그림 9-1 서드파티 미들웨어 사용법

1 https://expressjs.com/en/guide/using-middleware.html

그림에서 아래쪽에 있는 'Third-party middleware' 링크를 클릭하면 Expressjs 팀이 제공하는 공식적인 서드파티 미들웨어 목록과 Expressjs 팀이 만들지는 않았지만 몇몇 인기 있는 미들웨어 목록을 확인할 수 있습니다.

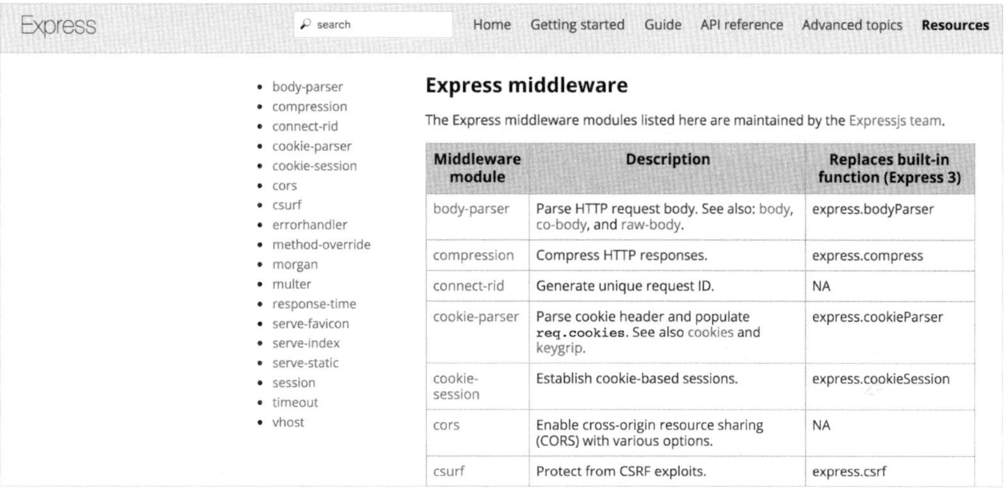

Express | search | Home | Getting started | Guide | API reference | Advanced topics | **Resources**

- body-parser
- compression
- connect-rid
- cookie-parser
- cookie-session
- cors
- csurf
- errorhandler
- method-override
- morgan
- multer
- response-time
- serve-favicon
- serve-index
- serve-static
- session
- timeout
- vhost

Express middleware

The Express middleware modules listed here are maintained by the Expressjs team.

Middleware module	Description	Replaces built-in function (Express 3)
body-parser	Parse HTTP request body. See also: body, co-body, and raw-body.	express.bodyParser
compression	Compress HTTP responses.	express.compress
connect-rid	Generate unique request ID.	NA
cookie-parser	Parse cookie header and populate `req.cookies`. See also cookies and keygrip.	express.cookieParser
cookie-session	Establish cookie-based sessions.	express.cookieSession
cors	Enable cross-origin resource sharing (CORS) with various options.	NA
csurf	Protect from CSRF exploits.	express.csrf

그림 9-2 서드파티 미들웨어 목록

이 중에서 여기서는 body-parser라는 미들웨어를 사용해보겠습니다. 앞에서 작성한 main.js에서 create_process 요청을 처리하는 코드를 살펴보면 다음과 같습니다.

```
... 생략 ...
app.post('/create_process', function(request, response) {
    var body = '';
    request.on('data', function(data) {
        body = body + data;
    });
    request.on('end', function() {
        var post = qs.parse(body);
        var title = post.title;
        var description = post.description;
        fs.writeFile(`data/${title}`, description, 'utf8', function(err) {
            response.writeHead(302, {Location: `/?id=${title}`});
            response.end();
        });
    });
});
... 생략 ...
```

이때 사용자가 입력한 정보는 POST 방식으로 전달되므로 GET 방식과는 다르게 데이터의 크기가 클 수 있습니다. 따라서 data라는 이벤트가 발생할 때마다 body 변수에 데이터를 추가하다가 end 이벤트가 발생하면 body 변수에 담긴 데이터를 처리합니다.

물론 이렇게 처리해도 괜찮지만, body-parser라는 미들웨어를 사용하면 좀 더 간결하면서 우아하고 안정적인 코드를 작성할 수 있습니다. body란 웹 브라우저에서 요청한 정보의 본문을 의미합니다. 즉, body-parser는 요청 정보의 본문을 해석해서 우리에게 필요한 형태로 가공해주는 프로그램입니다.

먼저 터미널에서 다음 명령으로 body-parser 미들웨어를 설치합니다.

```
npm install body-parser --save
```

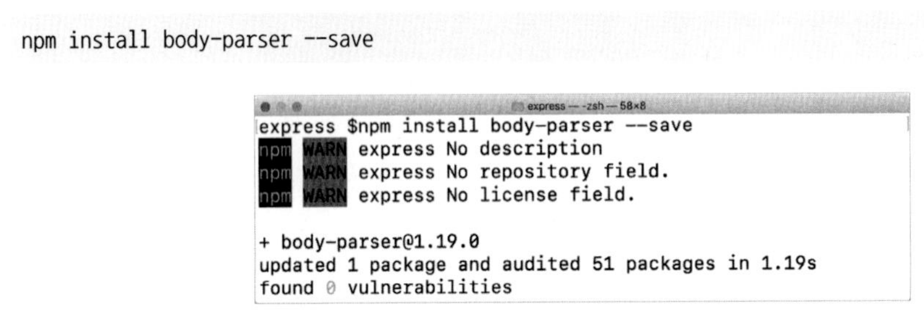

그림 9-3 npm install을 이용해 body-parser 미들웨어를 설치

그런 다음 main.js 파일을 열고 body-parser 모듈을 불러옵니다.

예제 9-1 body-parser 모듈 불러오기 express/main.js

```
... 생략 ...
var bodyParser = require('body-parser');
... 생략 ...
```

이어서 body-parser의 사용법을 소개한 문서[1]에 따라 다음 코드를 추가합니다. 원리를 이해하려면 복잡하기 때문에 우선 따라서 해봅니다.

예제 9-2 body-parser 문서 따라하기 express/main.js

```
... 생략 ...
var bodyParser = require('body-parser');

app.use(bodyParser.urlencoded({ extended: false }));
... 생략 ...
```

1 https://expressjs.com/en/resources/middleware/body-parser.html

익스프레스의 use 메서드에 body-parser라는 미들웨어를 전달했습니다. 이렇게 하면 해당 미들웨어가 실행되고 그 결과를 전달받습니다. 즉, main.js가 실행될 때마다(사용자의 요청이 있을 때마다) 미들웨어가 실행됩니다. body-parser라는 미들웨어가 어떻게 동작하는지 자세한 원리를 알기는 어렵고 알 필요도 없습니다.

다만 사용자가 POST 방식으로 전송한 데이터를 내부적으로 분석해서 우리가 만든 create_process와 같은 동작을 한 다음, 그 결과를 전달해준다는 것만 알면 됩니다. 따라서 우리는 create_process에 정의한 콜백 함수의 첫 번째 매개변수(request)를 이용해 body-parser가 만들어준 데이터를 활용하기만 하면 됩니다. 그러면 create_process를 body-parser가 만들어 준 데이터를 이용하는 방식으로 수정해보겠습니다.

예제 9-3 create_process에서 body-parser가 만들어준 데이터를 이용하는 방식으로 수정 express/main.js

```
... 생략 ...
app.post('/create_process', function(request, response) {
    var body = '';
    request.on('data', function(data) {
        body = body + data;
    });
    request.on('end', function() {
    var post = qs.parse(body);
    var post = request.body;
    var title = post.title;
    var description = post.description;
    fs.writeFile(`data/${title}`, description, 'utf8', function(err) {
        response.writeHead(302, {Location: `/?id=${title}`});
        response.end();
    });
    });
});
... 생략 ...
```

기존 코드에서 data 이벤트가 발생할 때마다 요청 데이터를 가져오는 코드를 지웠습니다. 대신 end 이벤트가 발생했을 때 처리하는 로직에서 데이터 소스만 request.body로 변경했습니다. request의 body 속성에는 body-parser가 만들어 준 데이터가 들어 있습니다.

수정한 소스 코드를 저장하고 실행한 다음, 글 생성 기능이 제대로 동작하는지 확인합니다.

- JavaScript
- Nodejs
- XSS
- dirty HTML

CSS3

CSS3 is ...

Submit

WEB

- CSS
- CSS3
- HTML
- JavaScript
- Nodejs
- XSS
- dirty HTML

localhost:3000/page/XSS

그림 9-4 create_process에서 body-parser가 만들어준 데이터를 이용하는 방식으로 글을 생성

이제 나머지 코드에서도 body-parser가 만들어 준 데이터를 사용하게 수정해보겠습니다.

예제 9-4 create_process에서 body-parser가 만들어준 데이터를 이용하는 방식으로 수정 express/main.js

```
... 생략 ...
app.post('/update_process', function(request, response) {
    var body = '';
    request.on('data', function(data) {
        body = body + data;
    });
    request.on('end', function() {
    var post = qs.parse(body);
    var post = request.body;
    var id = post.id;
    var title = post.title;
    var description = post.description;
    fs.rename(`data/${id}`, `data/${title}`, function(error) {
        fs.writeFile(`data/${title}`, description, 'utf8', function(err) {
            response.redirect(`/?id=${title}`);
        });
    });
    });
});

app.post('/delete_process', function(request, response) {
    var body = '';
    request.on('data', function(data) {
        body = body + data;
    });
```

```
    request.on('end', function() {
    var post = qs.parse(body);
    var post = request.body;
    var id = post.id;
    var filteredId = path.parse(id).base;
    fs.unlink(`data/${filteredId}`, function(error) {
        response.redirect('/');
    });
    });
});
... 생략 ...
```

수정과 삭제를 처리하는 부분에도 body-parser가 제공하는 request.body 속성을 이용해 처리하게 수정했습니다. 어떤가요? 코드가 좀 더 깔끔해졌지요? 수정과 삭제 테스트는 각자 해보기 바랍니다.

compression 미들웨어 사용하기

이전 절에서 body-parser를 사용하는 방법을 알아봤는데, 조금 어렵게 느꼈을 수 있습니다. 이번 절에서는 또 다른 서드파티 미들웨어를 사용해 보면서 미들웨어에 조금 더 익숙해져 보겠습니다.

https://youtu.be/nAv9zXALUUQ
(6분 30초)

먼저 글을 하나 생성해보겠습니다. 제목은 'Express'라고 하고, 본문은 익스프레스의 홈페이지에 있는 내용을 전부 복사해서 붙여넣겠습니다. 글 내용이 상당히 많은 편인데, 2번 정도 붙여넣어 보겠습니다.

Express

type
The type option is used to determine what media type the middleware will parse. This option can be a string, array of strings, or a function. If not a function, type option is passed directly to the type-is library and this can be an extension name (like bin), a mime type (like application/octet-stream), or a mime type with a wildcard (like */* or application/*). If a function, the type option is called as fn(req) and the request is parsed if it returns a truthy value. Defaults to application/octet-stream.

Submit

그림 9-5 새로운 글 생성

[Submit] 버튼을 클릭하면 'Express'라는 제목의 글이 생성된 모습을 볼 수 있습니다. 글의 내용이 상당히 많은데, 용량이 얼마나 되는지 한 번 살펴보겠습니다.

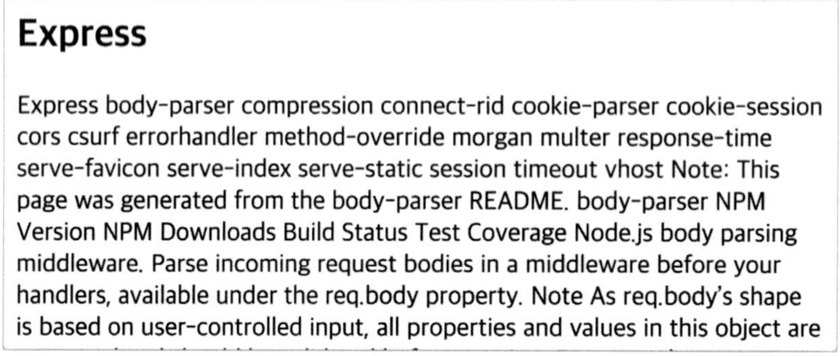

Express

Express body-parser compression connect-rid cookie-parser cookie-session cors csurf errorhandler method-override morgan multer response-time serve-favicon serve-index serve-static session timeout vhost Note: This page was generated from the body-parser README. body-parser NPM Version NPM Downloads Build Status Test Coverage Node.js body parsing middleware. Parse incoming request bodies in a middleware before your handlers, available under the req.body property. Note As req.body's shape is based on user-controlled input, all properties and values in this object are

그림 9-6 생성된 글

크롬 브라우저의 웹 페이지에서 마우스 오른쪽 버튼을 클릭한 다음 [검사]를 선택합니다. 개발자 도구 창이 나오면 [Network] 탭을 선택하고 웹 페이지를 새로 고침 해보겠습니다.

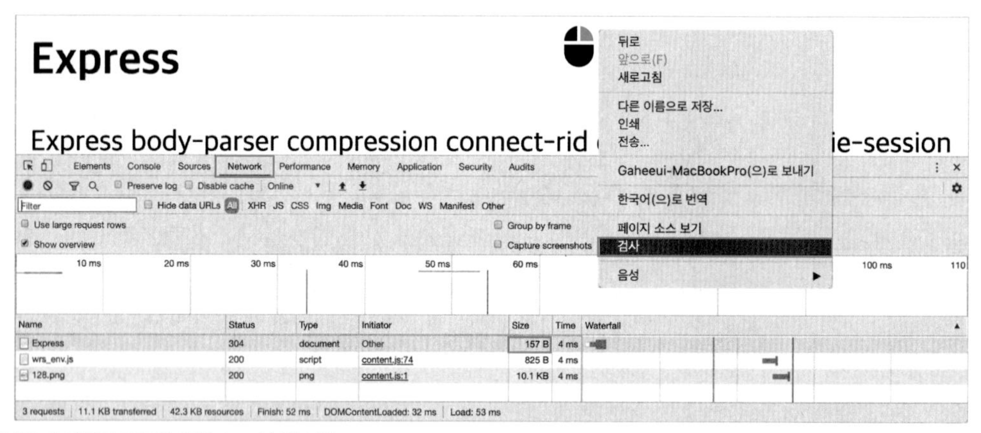

그림 9-7 개발자 도구에서 [Network] 탭 선택

Express 페이지의 데이터가 대략 30KB로 꽤 큰 편입니다. 만약 여러분이 개발한 웹 사이트에 수많은 사용자가 접속하고, 이보다 큰 데이터를 내려받는다면 비용도 많이 들고, 시간도 오래 걸려서 부담이 클 것입니다. 이때 사용할 수 있는 방법이 압축입니다. 즉, 웹 서버가 웹 브라우저에 응답할 때 해당 데이터를 압축해서 보낼 수 있습니다.

zip 파일과 같은 원리로 압축한 다음 "이 응답은 zip 방식으로 압축했으니, zip 방식으로 압축을 해제하면 돼요"와 같이 응답하면 웹 브라우저가 압축된 데이터를 받아서 웹 서버가 지정해준 압축 방식으로 압출을 풀어서 사용자에게 보여줍니다.

데이터를 압축하면 데이터를 전송할 때 압축된 데이터가 전송되기 때문에 데이터의 양이 획기적으로 줄어들 수 있습니다. 물론 데이터를 압축하고 해제하는 과정에서 시간 비용이 소요되지만, 일반적으로 큰 데이터를 전송하면서 발생하는 네트워크 비용보다는 적습니다. 따라서 크기가 큰 데이터를 전송할 때는 압축 방식을 많이 사용합니다.

직접 압축하는 기능을 구현할 수도 있겠지만, 쉽지 않을 것입니다. 따라서 압축과 관련된 미들웨어가 있는지 검색해보겠습니다. 검색 사이트에 접속해서 '압축'이라는 의미의 영단어인 'compression'을 포함해 'express middleware compression'이라는 키워드로 검색해보면 `compression`[2]이라는 미들웨어를 찾을 수 있습니다. 또는 앞에서 소개한 익스프레스의 미들웨어 목록에서 찾을 수도 있습니다.

그림 9-8 검색 엔진에서 압축과 관련된 미들웨어를 검색

설명에 나와 있는 대로 다음 명령어로 `compression` 미들웨어를 설치해보겠습니다.

2 https://expressjs.com/en/resources/middleware/compression.html

```
> npm install compression --save
```

설치를 마쳤으면 main.js 파일을 열고 compression 모듈을 불러옵니다. 그리고 이 모듈을 이용하겠다고 선언합니다.

예제 9-5 compression 모듈 불러오기 express/main.js

```
... 생략 ...
var bodyParser = require('body-parser');
var compression = require('compression');

app.use(bodyParser.urlencoded({ extended: false }));
app.use(compression());
... 생략 ...
```

그다음 익스프레스의 use 메서드를 이용해 compression 함수를 호출합니다. compression()이라는 모듈을 호출하면 미들웨어를 리턴하게 약속돼 있고, 이 미들웨어가 app.use() 메서드를 통해 장착되는 것입니다. 그러면 애플리케이션은 사용자 요청이 있을 때마다 body-parser 미들웨어와 compression 미들웨어를 실행합니다.

이제 소스 코드를 저장하고, 웹 브라우저에서 캐시를 지운 다음, 다시 한 번 용량을 확인해보겠습니다. 웹 브라우저에서 캐시를 강제로 지우려면 단축키인 [Ctrl] + [Shift] + [R](macOS에서는 [command] + [shift] + [R])을 누릅니다. 페이지를 새로 고침 하면 내려받은 웹 페이지의 크기가 줄어든 것을 확인할 수 있습니다.

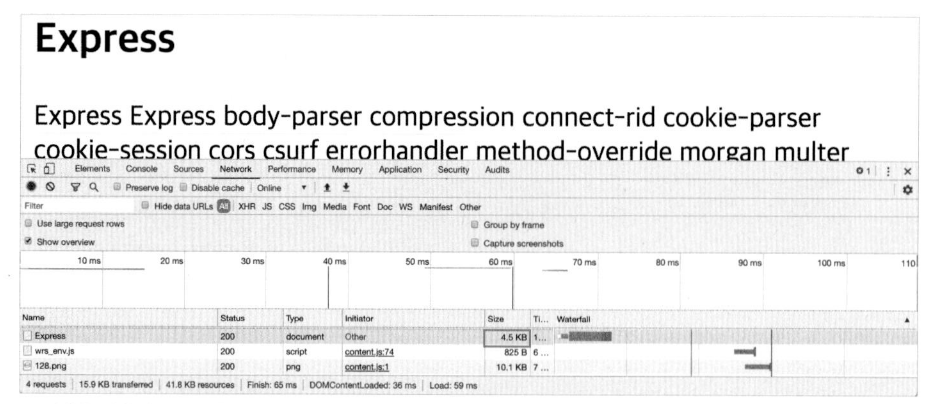

그림 9-9 압축을 사용해 줄어든 용량

용량이 30KB에서 4.5KB로 줄어들었습니다. 데이터의 양이 많고, 접속하는 사용자가 많다면 얼마나 큰 장점이 될지 음미해보기 바랍니다.

그리고 개발자 도구에서 'Express'를 누른 다음 [Response Header]에서 [Content-Encoding] 항목을 살펴보면 'gzip'이라고 표시된 것을 확인할 수 있습니다. 즉, 이 콘텐츠는 gzip 방식으로 압축됐다는 의미입니다. 그러면 웹 브라우저는 gzip 방식으로 압축을 해제해서 보여줍니다.

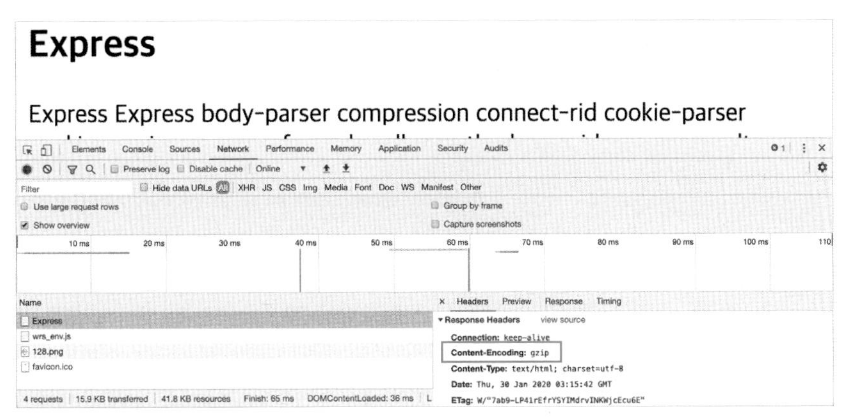

그림 9-10 gzip 방식으로 압축된 웹 페이지

이처럼 미들웨어를 이용하면 애플리케이션을 개발할 때 큰 도움을 받을 수 있습니다.

WEB3

https://youtu.be/xvP0FnrAWyA (9분 55초)

10 익스프레스 미들웨어 만들기

이전 시간에는 다른 사람이 만든 미들웨어를 사용해봤으니, 이번 시간에는 우리가 직접 미들웨어를 만들어서 사용해보겠습니다. Express 홈페이지의 가이드 메뉴에서 'Writing middleware'[1]를 보면 미들웨어를 만드는 방법을 소개하고 있습니다.

Express | search | Home | Getting started | **Guide** | API reference | Advanced topics | Resources

To load the middleware function, call `app.use()`, specifying the middleware function. For example, the following code loads the `myLogger` middleware function before the route to the root path (/).

```
var express = require('express')
var app = express()

var myLogger = function (req, res, next) {
  console.log('LOGGED')
  next()
}

app.use(myLogger)

app.get('/', function (req, res) {
  res.send('Hello World!')
})

app.listen(3000)
```

Every time the app receives a request, it prints the message "LOGGED" to the terminal.

그림 10-1 미들웨어를 만드는 방법

사용법을 보면 app.use 메서드에 어떤 변수(그림 10-1에서는 myLogger)를 넘기는데, 이 변수는 위에 정의된 함수입니다. 그리고 이 함수의 매개변수는 req, res 객체와 next 함수입니다. 익스프레스의 미들웨어라는 것은 사실 이런 형식을 가진 함수를 말합니다. 그리고 이 함수를 어떻게 구현하느냐에 따라 앞에서 살펴본 서드파티와 같은 기능을 갖게 되는 것입니다.

우리가 작성한 main.js 파일을 보면 반복해서 사용한 로직이 있습니다. 예를 들어, 글 목록을 표현하는 코드가 그렇습니다.

```
fs.readdir('./data', function(error, fileList) {
```

1 https://expressjs.com/en/guide/writing-middleware.html

여기서는 이처럼 반복해서 사용한 코드를 미들웨어로 만들어서 처리해보겠습니다. 먼저 main.js 파일을 열고 앞에서 살펴본 미들웨어 사용법 안내에 따라 다음과 같은 코드를 추가합니다.

예제 10-1 미들웨어 만들기 express/main.js

```
... 생략 ...
app.use(bodyParser.urlencoded({ extended: false }));
app.use(function(request, response, next) {
});
... 생략 ...
```

app.use를 쓰고, 미들웨어의 형식에 맞게 함수의 구조를 작성합니다. 즉, 첫 번째 파라미터로는 request 객체를 받고, 두 번째 인자로는 response 인자를 받고, 세 번째 인자로는 next 변수를 받게 합니다. 그리고 이 콜백 함수 안에 반복해서 사용한 로직을 작성합니다.

예제 10-2 콜백 함수 안에 반복해서 사용한 로직을 작성 express/main.js

```
...생략...
app.use(function(request, response, next) {
    fs.readdir('./data', function(error, filelist) {
        request.list = filelist;
        next();
    });
});
... 생략 ...
```

이렇게 하면 미들웨어가 실행될 때마다 data 디렉터리에 있는 파일 목록을 가져와 request.list에 담고, next() 함수를 호출합니다. next 함수는 그다음에 실행해야 할 미들웨어를 의미합니다. next 함수의 동작을 확인하기 위해 다음과 같이 코드를 작성합니다.

예제 10-3 next 함수의 동작 확인 express/main.js

```
... 생략 ...
app.use(function(request, response, next) {
    fs.readdir('./data', function(error, filelist) {
        request.list = filelist;
        next();
    });
});
... 생략 ...
```

```
app.get('/page/:pageId', function(request, response) {
    console.log(request.list);
    ... 생략 ...
```

이렇게 저장하고 페이지 상세 보기 화면을 새로 고침 하면 콘솔에 다음과 같은 배열이 출력됩니다.

```
[ 'CSS',
  'CSS3',
  'Express',
  'HTML',
  'JavaScript',
  'Nodejs',
  'XSS',
  'dirty HTML' ]
```

```
express — node main.js — 58×8
Example app listening on port 3000!
[
  'CSS',          'CSS3',
  'Express',      'HTML',
  'JavaScript',   'Nodejs',
  'XSS',          'dirty HTML',
  'test'
]
```

그림 10-2 상세보기 화면에 들어갔을 때 출력되는 배열

이 배열은 앞에서 만든 미들웨어에서 `request.list`에 설정한 값입니다. 이제 모든 라우트 안에서 `request.list` 속성을 이용해 글 목록에 접근할 수 있게 됐습니다. 이를 이용해 `main.js` 파일에 있는 모든 `fs.readdir` 콜백을 지우고, `filelist` 코드를 `request.list`로 수정해보겠습니다.

예제 10-4 `fs.readdir` 콜백 제거, `filelist`를 `request.list`로 수정 express/main.js

```
... 생략 ...
app.get('/', function(request, response) {
    fs.readdir('./data', function(error, filelist) {
    var title = 'Welcome';
    var description = 'Hello, Node.js';
    var list = template.list(request.list);
    ... 생략 ...
    });
... 생략 ...

app.get('/page/:pageId', function(request, response) {
    console.log(request.list);
    fs.readdir('./data', function(error, filelist) {
    var filteredId = path.parse(request.params.pageId).base;
    fs.readFile(`data/${filteredId}`, 'utf8', function(err, description) {
        ... 생략 ...
        var list = template.list(request.list);
        ... 생략 ...
```

```
    });
... 생략 ...

app.get('/create', function(request, response) {
    fs.readdir('./data', function(error, filelist) {
    var title = 'WEB - create';
    var list = template.list(request.list);
    ... 생략 ...
    });
... 생략 ...

app.get('/update/:pageId', function(request, response){
    fs.readdir('./data', function(error, filelist) {
    var filteredId = path.parse(request.params.pageId).base;
    fs.readFile(`data/${filteredId}`, 'utf8', function(err, description) {
        var title = request.params.pageId;
        var list = template.list(request.list);
        ... 생략 ...
    });
    });
... 생략 ...
```

이처럼 미들웨어를 사용함으로써 코드가 단순해졌고 양도 줄었습니다. 그런데 글 목록을 읽어와야 하는 상황은 main.js에 정의된 여러 가지 메서드 중 몇 개뿐입니다. 즉, 다른 요청(예제에서는 끝에 _process가 붙는 요청)에서는 파일 목록을 읽어올 필요가 없는데, 모든 요청이 있을 때마다 미들웨어가 실행되는 것은 비효율적입니다.

이 문제는 미들웨어를 정의한 부분에서 use 메서드 대신 get 메서드를 사용해 해결할 수 있습니다. 앞서 미들웨어를 정의한 부분을 다음과 같이 수정합니다.

예제 10-5 use 메서드 대신 get 메서드 사용 express/main.js

```
... 생략 ...
app.get('*', function(request, response, next) {
    ... 생략 ...
});
... 생략 ...
```

이렇게 하면 들어오는 모든 요청이 아닌 GET 방식으로 전송하는 요청일 때만 미들웨어를 실행합니다. 따라서 홈페이지 보기나 상세 보기, 글 작성과 수정 화면 보기에서만 미들웨어가 실행됩니다. 이를 테스트하기 위해 글 작성을 처리하는 `create_process` 요청(POST 방식)에 `request.list`를 출력해봅시다.

예제 10-6 create_process 요청(POST 방식)에서 request.list 출력 express/main.js

```
... 생략 ...
app.post('/create_process', function(request, response) {
    console.log(request.list);
... 생략 ...
```

그다음 `create` 링크를 클릭하고 글을 생성해보면 이전과 다르게 파일 목록을 가진 배열이 아닌 `undefined`가 출력되는 것을 확인할 수 있습니다.

```
express — node main.js — 58×6
express $node main.js
Example app listening on port 3000!
undefined
```

그림 10-3 글 생성 페이지에서는 배열이 아닌 undefined가 출력됨

여기까지 이해했다면 지금까지 우리가 라우터라고 생각했던 다음 코드에서 두 번째 인수로 전달한 콜백이 사실은 미들웨어였다는 사실을 알 수 있습니다.

```
app.get('/', function(request, response) {
    var title = 'Welcome';
    var description = 'Hello, Node.js';
    var list = template.list(request.list);
    var html = template.HTML(title, list,
        `<h2>${title}</h2>${description}`,
        `<a href="/create">create</a>`
    );
    response.send(html);
});
```

즉, 앞에서 작성한 `main.js` 파일을 보면 `body-parser`부터 `compression`, 파일 목록 가져오기, 그리고 각 요청에 따른 라우트 기능까지 모든 게 미들웨어로 만들어졌다고 볼 수 있습니다.

```
app.use(bodyParser.urlencoded({ extended: false }));
app.use(compression());
app.get('*', function(request, response, next) {
    ... 생략 ...
});
```

애플리케이션이 구동될 때 순서대로 등록된 작은 프로그램들이 실행되는데, 각 프로그램이 서로와 서로를 연결해주는 작은 소프트웨어라는 점에서 미들웨어라는 표현을 쓰는 것 같습니다. 이렇게 해서 지금까지 직접 미들웨어를 만드는 방법을 살펴봤습니다.

WEB3

11 미들웨어의 실행 순서

https://youtu.be/70AxxooHQuw (4분 59초)

지금까지는 미들웨어를 경험적으로 살펴봤다면, 이번 장에서는 미들웨어에 관해서 이론적으로 정리해 보겠습니다. 여기서 다루는 내용은 Express 홈페이지의 미들웨어 사용과 관련한 문서[1]에 나와 있습니다. 미들웨어는 다음과 같은 타입으로 나뉩니다.

- 애플리케이션 레벨 미들웨어(Application-level middleware)
- 라우터 레벨 미들웨어(Router-level middleware)
- 에러 핸들링 미들웨어(Error-handling middleware)
- 내장 미들웨어(Built-in middleware)
- 서드파티 미들웨어(Third-party middleware)

앞에서 우리가 작성한 코드를 보면 app이라는 변수에 Express 애플리케이션의 객체가 담겨 있습니다. 이 객체의 use, get, post 메서드를 호출해서 미들웨어를 이용했는데, 이것이 애플리케이션 레벨의 미들웨어입니다. 또한 데이터를 압축해주는 compression과 본문을 분석해주는 body-parser 미들웨어를 사용해봤는데, 이것이 바로 서드파티 미들웨어입니다. 나머지 라우터 레벨과 에러 핸들링, 내장 미들웨어 등은 차츰 알아보기로 하고, 여기서는 애플리케이션 레벨 미들웨어에 관해 살펴보겠습니다.

애플리케이션 레벨 미들웨어를 사용하려면 이전 장에서 살펴본 것처럼 app 객체의 use 메서드에 콜백 함수를 정의하는 것으로 시작합니다.

```
var app = express()

app.use(function (req, res, next) {
    console.log('Time:', Date.now())
    next()
})
```

1 https://expressjs.com/en/guide/using-middleware.html

그리고 미들웨어의 핵심은 콜백 함수의 매개변수인 요청(req)과 응답(res) 객체를 받아서 활용할 수 있다는 것입니다. 그리고 세 번째 매개변수인 next 함수를 이용해서 그다음 미들웨어의 실행 여부를 이전 미들웨어에서 호출(next()) 여부로 결정할 수 있습니다.

또한 use 메서드의 첫 번째 인수로 경로를 넘겨줌으로써 해당 미들웨어가 특정 경로에서만 동작하게 할 수 있습니다.

```
app.use('/user/:id', function (req, res, next) {
    console.log('Request Type:', req.method)
    next()
})
```

그리고 GET이나 POST 등 전송 방식에 따라 미들웨어가 동작하게 할 수도 있습니다.

```
app.get('/user/:id', function (req, res, next) {
    res.send('USER')
})
```

다음 코드는 use 메서드에 콜백 함수 2개를 연속으로 정의한 예입니다. 이처럼 여러 미들웨어를 이어서 정의할 수도 있습니다. 이렇게 하면 첫 번째 콜백 함수에 있는 next 함수는 두 번째 콜백 함수를 호출하는 것과 다름없습니다.

```
app.use('/user/:id', function (req, res, next) {
    console.log('Request URL:', req.originalUrl)
    next()
}, function (req, res, next) {
    console.log('Request Type:', req.method)
    next()
})
```

그렇다면 다음과 같은 코드는 어떤 순서로 실행될까요? 한 경로에 GET 요청에 대한 라우트가 두 개 등록됐습니다. 첫 번째 라우트에는 두 개의 미들웨어가 정의됐고, 두 번째 라우트에는 한 개의 미들웨어가 정의됐습니다.

```
app.get('/user/:id', function (req, res, next) {  // ①
    console.log('ID:', req.params.id)
```

```
    next()
}, function (req, res, next) {                    // ②
    res.send('User Info')
})

app.get('/user/:id', function (req, res, next) {    // ③
    res.end(req.params.id)
})
```

이 경우 우선 첫 번째 라우트에 있는 첫 번째 미들웨어(①)가 실행됩니다. 그리고 next 함수가 호출되면 다음에 있는 미들웨어(②)가 실행됩니다. 그런데 두 번째 미들웨어에 next 함수 호출이 없으므로 해당 경로에 대한 라우팅을 종료합니다. 따라서 두 번째 라우트에 있는 미들웨어(③)는 실행되지 않습니다.

다음 코드는 조건문을 이용해서 다음 미들웨어의 실행 여부를 처리하는 예입니다.

```
app.get('/user/:id', function (req, res, next) {    // ①
    // 사용자 id가 0이면 나머지 미들웨어 호출 생략
    if (req.params.id === '0') next('route')
    // 사용자 id가 0이 아니면 다음 미들웨어 호출
    else next()
}, function (req, res, next) {                    // ②
    res.send('regular')
})

app.get('/user/:id', function (req, res, next) {    // ③
    res.send('special')
})
```

위 코드는 사용자가 /user/:id 경로로 접속하면 첫 번째 라우트에 있는 미들웨어(①)가 실행됩니다. 그리고 if 문에서 요청 객체 req에 있는 params.id 값이 0이면 next('route')는 다음 라우트의 미들웨어를 실행하라는 뜻이므로 /user/:id에 대한 두 번째 라우트에 있는 미들웨어(③)가 실행됩니다. 그리고 params.id 값이 0이 아니면 인자가 없는 next()를 호출해 다음 미들웨어(②)가 실행됩니다.

이처럼 미들웨어를 잘 설계하면 애플리케이션이 실행되는 순서를 제어할 수 있습니다.

WEB3

https://youtu.be/LX4MHFRiMhk (6분 2초)

12 정적인 파일의 서비스

이번 장에서는 미들웨어를 사용해 정적인 파일을 서비스하는 방법을 Express 버전으로 살펴보겠습니다. 정적인 파일이란 웹 브라우저로 내려받는 이미지나 자바스크립트, CSS 같은 파일을 의미하며, 웹 애플리케이션을 만들 때 중요하게 고려해야 할 요소입니다.

우리가 만든 웹 페이지에서 홈 화면에 이미지를 보이게 하고 싶습니다. 먼저 `express` 디렉터리 아래에 `public`이라는 이름의 새로운 디렉터리를 생성하고, 그 아래에 다시 `images`라는 이름의 디렉터리를 생성합니다.

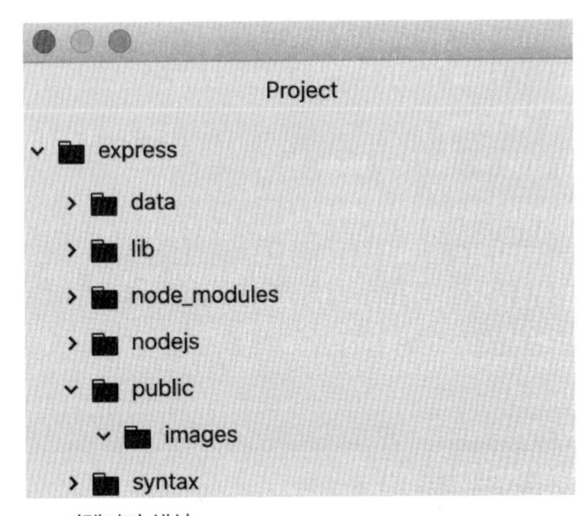

그림 12-1 `public` 디렉터리와 `images` 디렉터리 생성

그리고 `images` 디렉터리에 아무 이미지 파일을 하나 골라서 넣습니다. 이때 사용할 수 있는 사이트 중 하나가 upsplash라는 사이트[1]입니다. 이 사이트에서는 저작권에 구애받지 않고 무료로 사용할 수 있는 이미지를 제공합니다. 저는 'hello'라는 키워드로 검색해서 다음과 같은 이미지를 내려받았습니다. 이때 원본 파일명은 너무 길어서 `hello.jpg`로 변경했습니다.

1 https://unsplash.com/

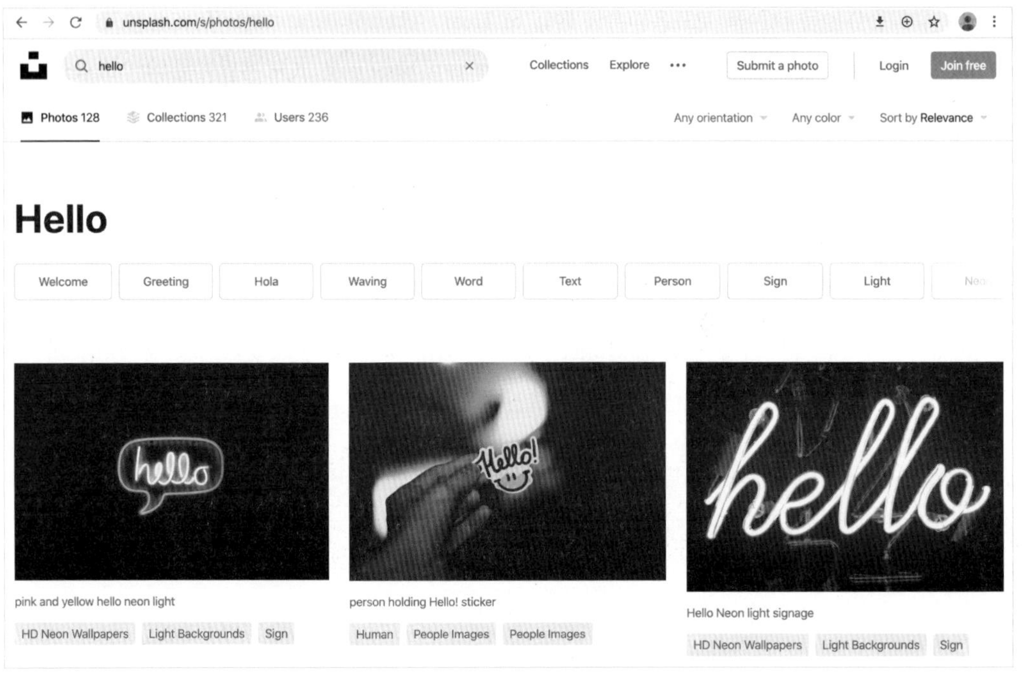

그림 12-2 upsplash.com에서 이미지 내려받기

이 이미지 파일을 웹 페이지에 표시하려면 `hello.jpg`로 접속할 수 있어야 합니다. 따라서 애플리케이션에서 정적인 파일을 서비스하게 허용하고 설정해야 합니다. 이러한 내용은 익스프레스 홈페이지에 있는 'Gettting started' 메뉴 중 'Static files'[2]에서 소개하고 있습니다. 여기에 있는 내용을 참고해서 `main.js` 파일에 다음과 같은 코드를 추가합니다.

예제 12-1 `public` 디렉터리에서 정적인 파일 찾기 express/main.js

```
... 생략 ...
app.use(compression());
app.use(express.static('public'));
... 생략 ...
```

이 코드는 `public` 디렉터리에서 파일을 찾겠다는 의미입니다. 소스 파일을 저장하고 다음 주소로 접속해보면 해당 이미지가 출력되는 것을 확인할 수 있습니다.

```
localhost:3000/images/hello.jpg
```

2 https://expressjs.com/en/starter/static-files.html

그림 12-3 Express를 이용해 정적인 파일(이미지)에 접근

이제 홈 화면을 생성하는 부분에 다음과 같은 HTML 코드를 추가합니다.

예제 12-2 홈 화면에 이미지 출력하기 express/main.js

```
... 생략 ...
app.get('/', function(request, response) {
    var title = 'Welcome';
    var description = 'Hello, Node.js';
    var list = template.list(request.list);
    var html = template.HTML(title, list,
        `
        <h2>${title}</h2>${description}
        <img src="/images/hello.jpg" style="width:300px; display:block; margin-top:10px;">
        `,
        `<a href="/create">create</a>`
    );
    response.send(html);
});
... 생략 ...
```

<img> 태그를 이용해 images 디렉터리에 있는 hello.jpg 이미지를 홈 화면에 표시했습니다. src 속성 이후의 내용은 CSS 문법입니다. 이 책은 CSS에 관해 자세하게 다루지는 않지만, style 속성에 이미지를 어떻게 표시할 것인지 설정하는 디자인적인 요소를 기술합니다.

그림 12-4 홈 화면에 이미지 출력하기

이처럼 정적인 파일을 서비스할 때는 해당 파일이 있는 디렉터리를 `express.static` 메서드에 지정해서 `app.use`를 사용하면 됩니다. 그러면 URL을 통해 해당 디렉터리에 있는 파일이나 디렉터리에 접근할 수 있습니다. 또한 `express.static` 메서드에 지정한 디렉터리 외에는 접근할 수 없게 하는 보안 기능도 갖춰집니다.

WEB3

https://youtu.be/2UftvRY-J9A (7분 52초)

13 에러 처리

이번 장에서는 에러를 처리하는 방법을 살펴보겠습니다. 가장 흔한 에러는 존재하지 않는 페이지를 찾을 때 발생하는 에러이며, 이때 HTTP는 '404 Not Found Error'를 응답합니다. 이처럼 404 에러가 발생했을 때 익스프레스 프레임워크에서는 어떻게 처리하는지 살펴보겠습니다.

익스프레스 프레임워크에서 404 에러를 처리하는 방법 검색하기

브라우저를 열고 'express 404'라는 키워드로 검색해보겠습니다. 검색 결과 중에서 'Express 자주 묻는 질문(FAQ)' 링크를 클릭해 살펴보겠습니다.

Google
express 404
전체 이미지 뉴스 쇼핑 지도 더보기 설정 도구
검색결과 약 145,000,000개 (0.52초)
expressjs.com › starter › faq
Express 자주 묻는 질문(FAQ) - Express.js
Express에서 404 응답은 오류로 인해 발생하는 결과가 아니며, 따라서 오류 핸들러(error-handler) 미들웨어는 이를 파악하지 않습니다. 이렇게 작동하는 이유는 404 ...
expressjs.com › guide › error-handling
Express 오류 처리 - Express.js
오류 처리. 다른 미들웨어 함수와 동일반 방법으로 오류 처리 미들웨어 함수를 정의할 수 있지만, 오류 처리 함수는 3개가 아닌 4개의 인수, 즉 (err, req, res, next) 를 ...

그림 13-1 검색 엔진에서 'express 404' 검색

다음과 같이 스택의 맨 아래에 404 응답을 처리하기 위한 코드를 추가하라고 나와 있습니다. 이를 한번 따라 해보겠습니다.

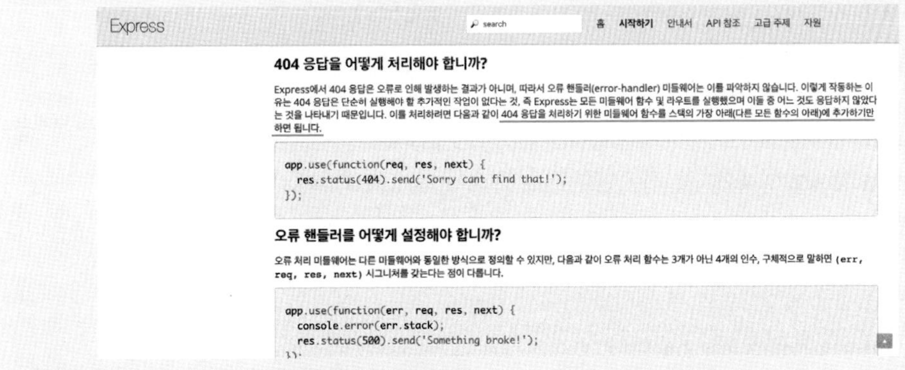

그림 13-2 익스프레스를 이용해 404 응답을 처리하는 방법

main.js 파일을 열고 마지막에 다음과 같은 코드를 추가합니다. 우리가 사용한 미들웨어는 대부분 코드 앞쪽에 배치하지만 에러 처리는 마지막에 배치합니다. 미들웨어는 차례대로 실행되므로 사용자 요청에 응답할 페이지를 찾지 못하면 최종적으로 에러를 응답합니다.

예제 13-1 404 에러를 처리하는 코드를 추가 express/main.js

```
app.post('/delete_process', function(request, response) {
    ... 생략 ...
}

app.use(function(req, res, next) {
    res.status(404).send('Sorry cant find that!');
});

app.listen(3000, function() {
    ... 생략 ...
});
```

res 객체에 있는 status 메서드에 404 에러 코드를 전달하고 이때 전송할 메시지를 지정합니다. 브라우저의 주소창에 http://localhost:3000/asdlkfjsladkjf 같이 존재하지 않는 페이지를 요청해 보면 다음과 같이 코드에 명시한 'Sorry cant find that!' 메시지가 나옵니다.

그림 13-3 존재하지 않는 주소로 이동

이번에는 글 목록에서 글을 선택해서 상세보기 페이지에 접근할 때 존재하지 않는 페이지에 대응하는 에러 처리를 살펴보겠습니다. 예를 들어, 지금은 http://localhost:3000/page/CSS1 주소에 접속하면 CSS1이라는 페이지가 없음에도 에러가 처리되지 않습니다.

그림 13-4 존재하지 않는 상세보기 페이지로 접속했을 때의 모습

존재하지 않는 상세보기 페이지로 접속했을 때 제목과 'undefined'라는 내용이 출력되는데, 의도한 것이라면 그대로 둬도 되지만, 일반적으로 페이지가 없는 경우에는 에러를 발생시키는 편이 더 좋습니다.

이렇게 잘못된 접근이 발생했을 때 에러를 어디서 얻을 수 있는지 살펴보겠습니다. 먼저 상세보기 페이지를 라우팅하는 부분을 살펴보겠습니다.

```
... 생략 ...
app.get('/page/:pageId', function(request, response) {
    var filteredId = path.parse(request.params.pageId).base;
    fs.readFile(`data/${filteredId}`, 'utf8', function(err, description){
        ... 생략 ...
    });
});
... 생략 ...
```

우리가 만든 애플리케이션은 사용자가 요청한 파일 이름(filteredId)과 같은 이름의 파일을 data 디렉터리에서 찾아서 보여줬습니다. fs.readFile로 파일을 읽을 때 실패하면 콜백 함수의 첫 번째 매개변수인 err에 에러 객체가 전달되게 약속돼 있습니다. 즉, err에 따라 분기하는 코드를 작성함으로써 파일 읽기에 실패했을 때 에러를 처리할 수 있습니다.

코드를 다음과 같이 수정합니다.

예제 13-2 에러에 따라 분기하는 코드를 추가 express/main.js

```
... 생략 ...
app.get('/page/:pageId', function(request, response, next) {
    var filteredId = path.parse(request.params.pageId).base;
    fs.readFile(`data/${filteredId}`, 'utf8', function(err, description) {
        if(err) {
            next(err);
        } else {
            var title = request.params.pageId;        ← 기존 코드 붙여넣기
            var sanitizedTitle = sanitizeHtml(title);
            var sanitizedDescription = sanitizeHtml(description, {
                allowedTags:['h1']
            });
            var list = template.list(request.list);
            var html = template.HTML(sanitizedTitle, list,
                `<h2>${sanitizedTitle}</h2>${sanitizedDescription}`,
                ` <a href="/create">create</a>
                    <a href="/update/${sanitizedTitle}">update</a>
                    <form action="/delete_process" method="post">
                        <input type="hidden" name="id" value="${sanitizedTitle}">
                        <input type="submit" value="delete">
                    </form>`
            );
```

```
            response.send(html);
        }
    }
}
... 생략 ...
```

추가한 코드를 살펴보면 app.get에 정의한 콜백 함수에 세 번째 매개변수로 next 함수를 지정했습니다. 그리고 fs.readFile에 정의한 콜백 함수에 if ~ else 문을 추가했습니다.

에러가 있다면 다음 조건문을 만족할 것입니다. 따라서 if 문 안에서는 next(err) 코드로 다음 미들웨어에 에러를 전달합니다.

```
        if(err) {
            next(err);
        }
```

next()에 아무런 값을 지정하지 않으면 정상적인 상황이고, 다음 미들웨어를 호출할 것입니다. next('route')와 같이 인자로 'route'를 전달하는 경우를 제외하고 next 함수에 인자를 전달하면 익스프레스는 에러가 발생한 것으로 간주합니다. 따라서 next(err)는 에러를 전달하는 것입니다.

에러가 발생하지 않았다면 else 문에 있는 코드를 실행할 것이므로 기존 코드를 else 문 안으로 그대로 옮겼습니다.

```
        if(err) {
            next(err);
        } else {
            var title = request.params.pageId;          ← 기존 코드 붙여넣기
            var sanitizedTitle = sanitizeHtml(title);
            var sanitizedDescription = sanitizeHtml(description, {
                allowedTags:['h1']
            });
            var list = template.list(request.list);
            var html = template.HTML(sanitizedTitle, list,
                `<h2>${sanitizedTitle}</h2>${sanitizedDescription}`,
                ` <a href="/create">create</a>
                    <a href="/update/${sanitizedTitle}">update</a>
                    <form action="/delete_process" method="post">
                        <input type="hidden" name="id" value="${sanitizedTitle}">
```

```
                <input type="submit" value="delete">
            </form>`
        );
        response.send(html);
    }
```

이렇게 하고 http://localhost:3000/page/CSS1 주소에 다시 접속하면 다음과 같이 에러가 발생하는 것을 확인할 수 있습니다.

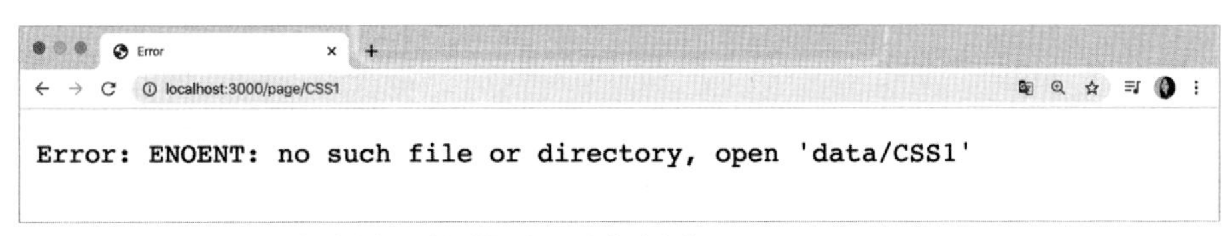

그림 13-5 존재하지 않는 상세보기 페이지로 접속했을 때 - 에러 처리 후

그런데 에러 메시지를 해석하기가 어렵습니다. 이처럼 에러 메시지가 출력하는 정보를 제어하고 싶다면 404 에러를 처리하는 코드 아래에 다음과 같은 코드를 추가합니다.

예제 13-3 에러 메시지가 출력하는 정보 제어하기 express/main.js

```
... 생략 ...
app.use(function(req, res, next) {
    res.status(404).send('Sorry cant find that!');
});

app.use(function (err, req, res, next) {
    console.error(err.stack)
    res.status(500).send('Something broke!')
});

app.listen(3000, function() {
    console.log('Example app listening on port 3000!')
});
```

에러 핸들러를 위한 미들웨어는 다른 미들웨어와 다르게 매개변수가 4개인 것을 알 수 있습니다. 이처럼 매개변수가 4개이면 익스프레스 프레임워크는 에러 핸들러로 인식합니다. 따라서 next 함수로 미들웨어를 호출할 때 인자를 전달하면 첫 번째 매개변수인 err에 전달됩니다.

이렇게 하면 콘솔에는 해당 디렉터리에서 파일을 찾을 수 없다는 메시지가 나오고, 웹 페이지에는 코드에서 지정한 메시지를 출력할 수 있습니다.

그림 13-6 존재하지 않는 상세보기 페이지로 접속했을 때

공식 매뉴얼에서 에러를 처리하는 방법을 찾고 싶어요!

에러 처리와 관련된 내용은 Express 공식 매뉴얼의 'Guide' → 'Error handling'을 보면 자세히 나와 있습니다. 그중 방금 살펴본 에러 메시지가 출력하는 정보를 제어하는 내용은 'The Default Error Handler' 아래에 있는 'Writing Error Handlers'를 살펴보면 됩니다.[1]

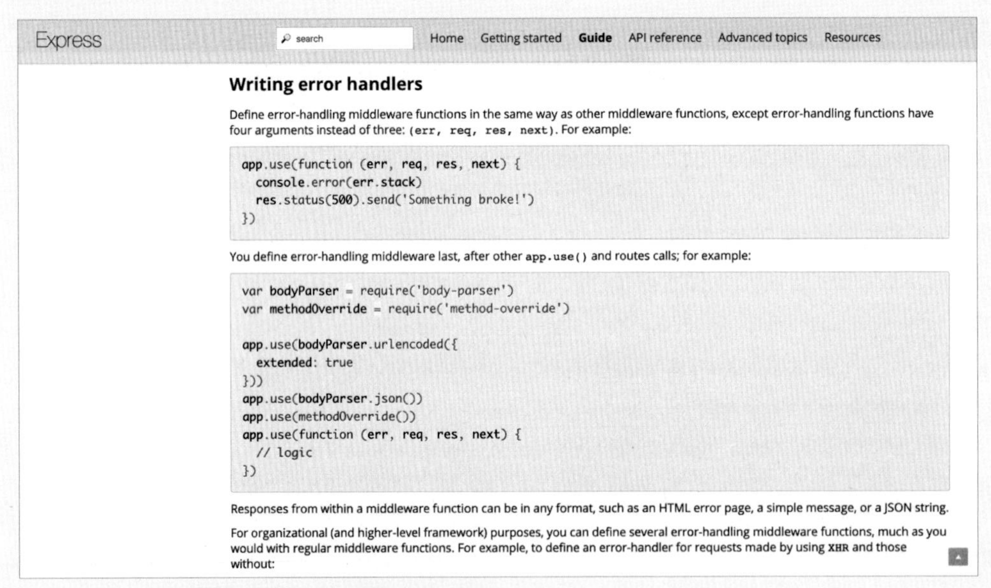

그림 13-6 Express 공식 매뉴얼의 에러 처리 관련 내용

WEB3

https://youtu.be/kUaK0NbtYJM (10분 20초)

14 라우터

애플리케이션의 규모가 커지면 복잡도를 관리해야 합니다. 지금까지 개발해온 애플리케이션도 라우트들이 많지만, 현업에서 마주하는 애플리케이션에는 더 많은 라우트가 존재합니다. 현업에서 개발하는 애플리케이션은 라우터가 100개, 200개, 1000개, 또는 그 이상으로 늘어날 수도 있습니다. 그러면 이러한 라우트를 파일로 만들어야겠다는 생각이 들 겁니다. 그때 사용하는 기술을 소개하려고 합니다.

참고로 이번 장에서 다루는 내용은 중요한 내용은 아닙니다. 따라서 이해가 잘 안 된다면 우선은 넘어가고, 나중에 다시 읽어보기 바랍니다.

라우터 – 주소 체계 변경

먼저 익스프레스 홈페이지에 접속한 다음, 'Guide' 메뉴에서 'Routing'[2]으로 들어가면 아래쪽에 express.Router가 있습니다. 이 문서에는 라우터를 만드는 방법이 설명돼 있습니다.

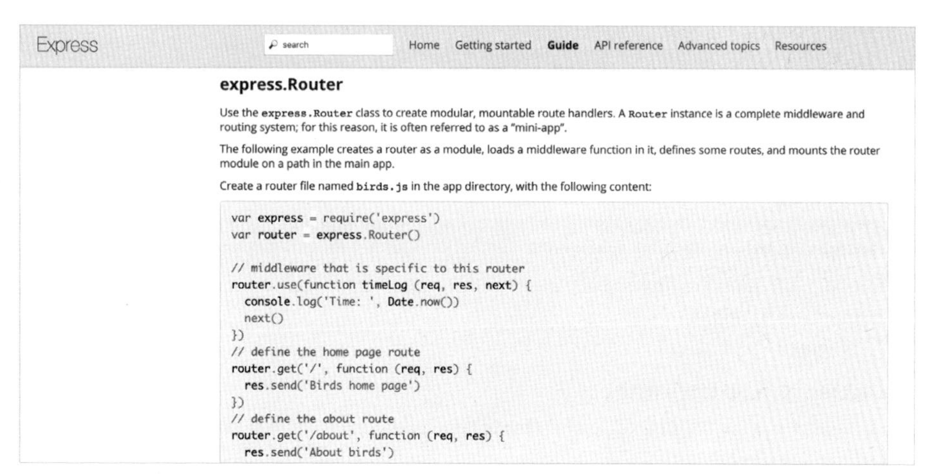

그림 14-1 Express 공식 매뉴얼의 라우팅 가이드

1 https://expressjs.com/en/guide/error-handling.html

2 https://expressjs.com/en/guide/routing.html

예제에서 상세보기 페이지를 라우팅하는 부분을 수정해보겠습니다. 현재 page로 된 경로를 topic으로 바꾸고 싶다고 해보겠습니다. 우선 main.js 파일을 열고 다음과 같이 수정합니다.

예제 14-1 기존에 page로 된 경로를 topic으로 변경 express/main.js

```
... 생략 ...
app.get('/topic/:pageId', function(request, response, next) {
    var filteredId = path.parse(request.params.pageId).base;
... 생략 ...
```

이제 기존 주소인 http://localhost:3000/page/CSS로 접속하면 'Sorry cant find that!'이라는 문구가 나오고, http://localhost:3000/topic/CSS로 접속하면 잘 접속되는 모습을 볼 수 있습니다.

['/page/CSS'로 접속하면 'Sorry cant find that!' 문구가 출력됨]

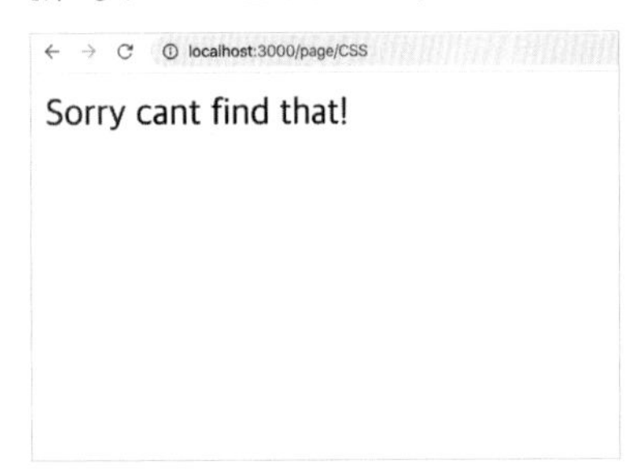

['/topic/CSS'로 접속하면 잘 접속됨]

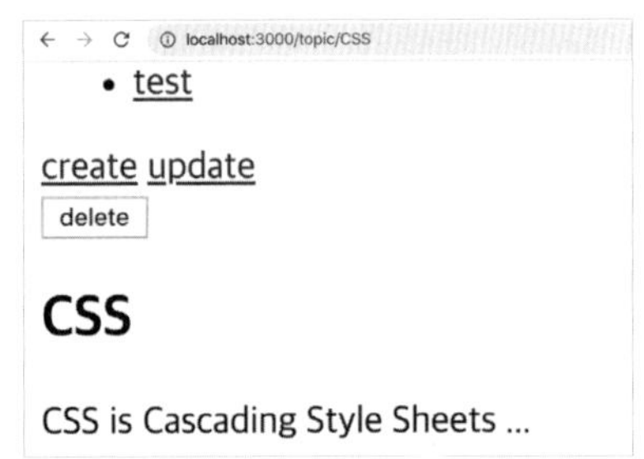

그림 14-2 상세보기 페이지의 주소 변경

그리고 글 목록을 클릭했을 때도 page가 아닌 topic으로 연결해야 하므로 template.js 파일을 열고 다음과 같이 변경합니다.

예제 14-2 글 목록의 링크를 page에서 topic으로 변경 express/lib/template.js

```
... 생략 ...
    list:function(filelist) {
        ... 생략 ...
        while(i < filelist.length) {
            list = list + `<li><a href="/topic/${filelist[i]}">${filelist[i]}</a></li>`;
            i = i + 1;
        }
        ... 생략 ...
```

이제 글 목록의 링크에도 모두 '/topic'이 추가된 모습을 볼 수 있습니다.

WEB

- CSS
- CSS3
- Express
- HTML
- JavaScript

localhost:3000/topic/CSS3

그림 14-3 글 목록의 링크 주소 변경

마찬가지로 [create] 링크를 클릭했을 때(글 생성 페이지)의 주소도 `http://localhost:3000/create`가 아닌 `http://localhost:3000/topic/create`가 되게 수정해보겠습니다. `main.js` 파일에서 해당 부분을 다음과 같이 수정합니다.

예제 14-3 create 링크를 클릭했을 때(글 생성 페이지)의 라우트 주소 변경 — express/main.js

```
... 생략 ...
app.get('/topic/create', function(request, response) {
    var title = 'WEB - create';
    ... 생략 ...
```

페이지 생성에 진입하는 부분도 다음과 같이 수정합니다. 뒤에서 수정하는 페이지에도 `topic`을 추가할 예정이므로 `/update` 부분도 미리 `/topic/update`로 수정해둡니다.

예제 14-4 페이지 생성에 진입하는 부분의 주소 변경 — express/main.js

```
... 생략 ...
app.get('/topic/:pageId', function(request, response, next) {
    ... 생략 ...
            var html = template.HTML(sanitizedTitle, list,
                `<h2>${sanitizedTitle}</h2>${sanitizedDescription}`,
                ` <a href="/topic/create">create</a>
                    <a href="/topic/update/${sanitizedTitle}">update</a>
                    ... 생략 ...
```

그리고 홈페이지 부분도 다음과 같이 수정합니다.

예제 14-5 홈페이지에 있는 create 링크의 주소 변경 — express/main.js

```
... 생략 ...
app.get('/', function(request, response) {
    ... 생략 ...
```

```
        <img src="/images/hello.jpg" style="width:300px; display:block; margin-top:10px;">
        `,
        `<a href="/topic/create">create</a>`
    );
    ... 생략 ...
```

그런데 이렇게 수정하고 홈페이지에서 [create] 링크를 클릭해보면 다음과 같은 에러가 발생합니다.

그림 14-4 글 생성 페이지에 접속했을 때 발생하는 에러

그 이유는 주소가 'http://localhost:3000/**topic/create**'이기 때문에 상세보기 페이지처럼 data 디렉터리에서 create에 해당하는 페이지를 열려고 하는데, 해당 페이지가 없어서 에러가 발생하는 것입니다.

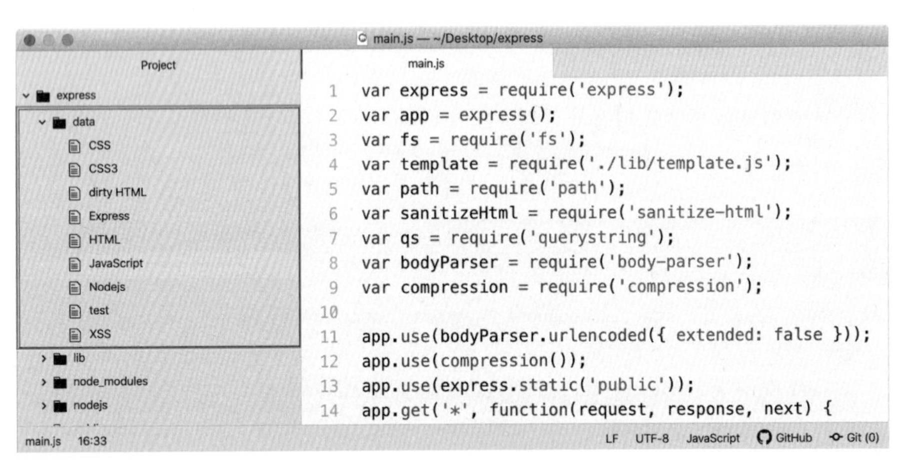

그림 14-5 data 디렉터리에서 create 파일을 찾으려고 하기 때문에 에러가 발생

하지만 우리가 원하는 것은 data 디렉터리에서 create에 해당하는 페이지를 여는 게 아니라, create가 특별한 페이지이기 때문에 일종의 예약어로서 사용하고 싶은 것입니다.

이를 해결하려면 글을 생성하는 페이지의 라우트 부분이 상세보기 페이지의 라우트보다 먼저 나와야 합니다. 즉, /topic/create 라우트가 먼저 실행된 후에는 /topic/:pageId 라우트가 실행되지 않기 때문에 data 디렉터리에 create에 해당하는 페이지가 없어도 에러가 발생하지 않을 것입니다. 따라서 다음과 같이 /topic/create 라우트를 /topic/:pageId 라우트 위로 옮깁니다.

예제 14-6 /topic/create 라우트를 /topic/:pageId 라우트 위로 이동 express/main.js

```
... 생략 ...
app.get( ' /topic/create ' , function(request, response) {
    ... 생략 ...
});
app.get('/topic/:pageId', function(request, response, next) {
    ... 생략 ...
});
... 생략 ...
```

다음으로 글 생성 페이지에서 [Submit] 버튼을 클릭했을 때 이를 처리하는 라우트도 다음과 같이 수정합니다.

예제 14-7 [Submit] 버튼을 클릭했을 때의 라우트 주소 변경 express/main.js

```
... 생략 ...
app.post('/topic/create_process', function(request, response) {
    var post = request.body;
... 생략 ...
```

그리고 글 생성 페이지에서도 링크를 수정합니다.

예제 14-8 글 생성 페이지의 폼에 있는 create_process 링크의 주소 변경 express/main.js

```
... 생략 ...
app.get('/topic/create', function(request, response) {
    ... 생략 ...
    var html = template.HTML(title, list, `
        <form action="/topic/create_process" method="post">
... 생략 ...
```

마찬가지로 /topic/create_process 라우트를 /topic/:pageId 라우트 위로 옮깁니다.

예제 14-9 /topic/create_process 라우트를 /topic/:pageId 라우트 위로 이동 express/main.js

```
... 생략 ...
app.get('/topic/create', function(request, response) {
    ... 생략 ...
});
app.post( ' /topic/create_process ' , function(request, response) {
    ... 생략 ...
```

```
});
app.get('/topic/:pageId', function(request, response, next) {
    ... 생략 ...
});
... 생략 ...
```

같은 방법으로 글 수정 페이지와 글 수정을 처리하는 라우트도 경로에 topic을 추가하고, 위치를 /topic/:pageId 라우트 위로 옮깁니다. 그리고 다음과 같이 filelist를 request.list로 바꿉니다.

예제 14-10 글 수정 페이지의 주소 변경 express/main.js

```
... 생략 ...
app.post('/topic/create_process', function(request, response) {
    ... 생략 ...
});
app.get('/topic/update/:pageId', function(request, response) {
    var filteredId = path.parse(request.params.pageId).base;
    fs.readFile(`data/${filteredId}`, 'utf8', function(err, description) {
        var title = request.params.pageId;
        var list = template.list(request.list);
        ... 생략 ...
});
app.post('/topic/update_process', function(request, response) {
    ... 생략 ...
});
app.get('/topic/:pageId', function(request, response, next) {
    ... 생략 ...
});
... 생략 ...
```

그리고 글을 수정한 다음 수정된 페이지로 이동하도록 /topic/update_process 라우트에서 폼에 있는 링크의 주소를 다음과 같이 수정합니다.

예제 14-11 글 수정 페이지의 폼에 있는 update_process 링크의 주소를 변경 express/main.js

```
... 생략 ...
app.get('/topic/update/:pageId', function(request, response) {
    ... 생략 ...
        `
            <form action="/topic/update_process" method="post">
```

```
            ... 생략 ...
});
... 생략 ...
```

마찬가지로 페이지를 수정한 다음, 수정한 페이지로 이동하도록 /topic/create_process 라우트에서 리다이렉트하는 부분을 다음과 같이 수정합니다.

예제 14-12 글 수정 후 리다이렉트하는 주소를 변경 express/main.js

```
... 생략 ...
app.post('/topic/update_process', function(request, response) {
    ... 생략 ...
    fs.rename(`data/${id}`, `data/${title}`, function(error) {
        fs.writeFile(`data/${title}`, description, 'utf8', function(err) {
            response.redirect(`/topic/${title}`);
            ... 생략 ...
});
... 생략 ...
```

이제 [update] 링크를 클릭하면 'http://localhost:3000/update/CSS3' 링크로 이동하고, 글을 수정한 다음 [Submit] 버튼을 누르면 글이 수정되고, 수정된 페이지로 이동하는 모습을 볼 수 있습니다.

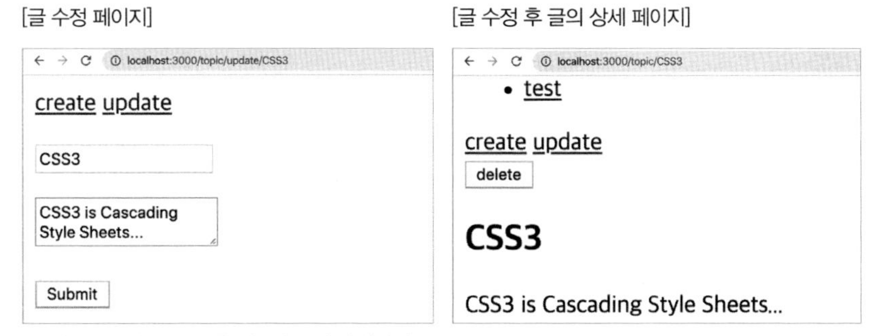

그림 14-6 글 수정 페이지와 글 수정 후 이동하는 상세 페이지

앞서 잠깐 깜빡했는데, 글을 생성한 이후에도 Welcome 페이지가 아닌 생성된 글의 상세 페이지로 이동할 수 있게 리다이렉트되는 주소를 변경합니다.

예제 14-13 글 생성 후 리다이렉트하는 주소를 변경 express/main.js

```
... 생략 ...
app.post('/topic/create_process', function(request, response) {
    ... 생략 ...
```

```
    fs.writeFile(`data/${title}`, description, 'utf8', function(err) {
        response.redirect(`/topic/${title}`);
    });
});
... 생략 ...
```

다시 글을 생성해보면 Welcome 페이지가 아닌 생성한 글의 상세 페이지로 이동하는 모습을 볼 수 있습니다.

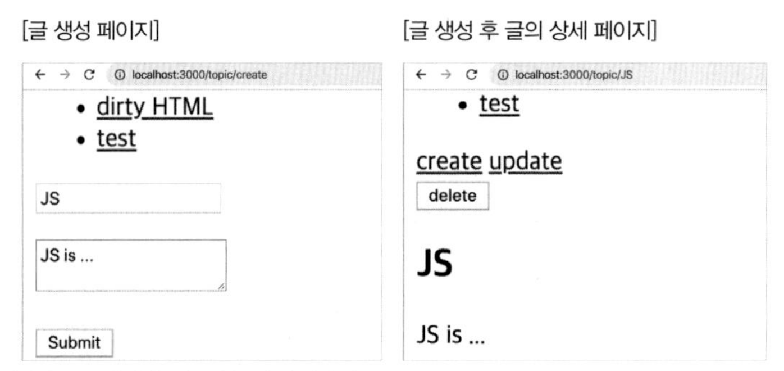

그림 14-7 글 생성 페이지와 글 생성 후 이동하는 상세 페이지

마지막으로 삭제 라우트도 같은 방법으로 코드를 수정합니다. 글 삭제를 처리하는 라우트의 경로에 `topic`을 추가하고, 위치를 `/topic/:pageId` 라우트 위로 옮깁니다.

예제 14-14 글 삭제를 처리하는 라우트의 주소를 변경 express/main.js

```
... 생략 ...
app.post('/topic/update_process', function(request, response) {
    ... 생략 ...
});
app.post('/topic/delete_process', function(request, response) {
    ... 생략 ...
});
app.get('/topic/:pageId', function(request, response, next) {
    ... 생략 ...
});
... 생략 ...
```

그리고 상세보기 페이지에서 삭제 버튼의 경로도 수정합니다.

예제 14-15 상세보기 페이지에서 delete_process 링크의 주소를 변경 express/main.js

```
... 생략 ...
app.get('/topic/:pageId', function(request, response, next) {
    ... 생략 ...
            var html = template.HTML(sanitizedTitle, list,
                `<h2>${sanitizedTitle}</h2>${sanitizedDescription}`,
                ` <a href="/topic/create">create</a>
                    <a href="/topic/update/${sanitizedTitle}">update</a>
                    <form action="/topic/delete_process" method="post">
                        ... 생략 ...
```

이제 삭제 버튼을 클릭해보면 잘 삭제되는 모습을 볼 수 있습니다.

그림 14-8 글 상세보기 페이지와 글 삭제 후 이동하는 홈 페이지

마지막으로 수업을 마치기 전에 아직 수정하지 않은 곳이 있는지 살펴보겠습니다. 글 수정 페이지에서 create 링크와 update 링크 부분이 아직 수정되지 않았습니다. 다음과 같이 코드를 수정하고 마무리합니다.

예제 14-16 글 수정 페이지에서 create, update 링크의 주소를 변경 express/main.js

```
... 생략...
app.get('/topic/update/:pageId', function(request, response) {
    ... 생략 ...
            `<a href="/topic/create">create</a> <a href="/topic/update/${title}">update</a>`
        ... 생략 ...
});
... 생략 ...
```

애플리케이션을 실행하고 접속해보면 모든 기능이 제대로 동작하는 것을 확인할 수 있습니다. 다음 시간부터는 라우터를 실제로 활용해 코드를 정리정돈하는 방법을 살펴보겠습니다.

라우터 – 파일로 분리

https://youtu.be/2PbK5S1Ri7M
(10분 34초)

이제 익스프레스의 라우터 기능을 이용해 코드를 정리정돈해보겠습니다. 먼저 프로젝트 디렉터리 아래에 routes라는 이름으로 새로운 디렉터리를 만들고, 그 안에 topic.js 파일을 만듭니다. 그런 다음 앞에서 topic이라는 경로로 라우팅한 코드를 모두 topic.js 파일로 옮깁니다.

예제 14-17 topic 경로로 라우팅한 코드를 topic.js 파일로 모두 이전 express/routes/topic.js

```
app.get('/topic/create', function(request, response) {
    ... 생략 ...
});
app.post('/topic/create_process', function(request, response) {
    ... 생략 ...
});
app.get('/topic/update/:pageId', function(request, response) {
    ... 생략 ...
});
app.post('/topic/update_process', function(request, response) {
    ... 생략 ...
});
app.post('/topic/delete_process', function(request, response) {
    ... 생략 ...
});
app.get('/topic/:pageId', function(request, response, next) {
    ... 생략 ...
});
```

그리고 main.js 파일에서는 topicRouter라는 새로운 객체를 선언하고, 방금 생성한 topic.js 파일을 불러옵니다. 그리고 topicRouter를 적용하는 코드도 추가합니다.

예제 14-18 topicRouter 객체 생성 및 topicRouter 적용 express/main.js

```
... 생략 ...
var compression = require('compression');
var topicRouter = require('./routes/topic');


... 생략 ...
```

```
app.get('*', function(request, response, next) {
    ... 생략 ...
});

app.use('/topic', topicRouter);

app.get('/', function(request, response) {
    ... 생략 ...
});
...생략...
```

방금 추가한 코드는 /topic으로 시작하는 주소에 topicRouter라는 이름의 미들웨어를 적용하겠다는 의미입니다.

그다음으로 topic.js 파일을 열고 맨 위에 다음 코드를 작성합니다.

예제 14-19 익스프레스 모듈 불러오기 express/routes/routes/topic.js

```
var express = require('express');
var router = express.Router();
... 생략 ...
```

익스프레스 모듈을 불러오고, 이 모듈에서 Router() 메서드를 호출해 router 객체를 얻습니다. express.Router() 메서드는 router 객체를 리턴하게 약속돼 있습니다.

main.js의 익스프레스 모듈을 불러오는 코드와 잠깐 비교해보겠습니다.

```
var express = require('express');
var app = express();
```

main.js는 express()라는 모듈 자체를 호출했고, topic.js에서는 express가 가지고 있는 Router() 메서드를 호출합니다. express()는 애플리케이션 객체를 리턴하게 약속돼 있고, Router() 메서드는 router 객체를 리턴하게 약속돼 있습니다.

express.Router() 메서드는 애플리케이션 객체가 아닌 라우터 객체를 반환하므로 app.get()이 아닌 router.get()을 호출해야 합니다. 따라서 topic.js에서 app.get()이라고 된 부분을 모두 router.get()으로 고칩니다.

예제 14-20 app.get()을 모두 router.get()으로 변경 express/routes/topic.js

```
... 생략 ...
router.get('/topic/create', function(request, response) {
    ... 생략 ...
});
router.post('/topic/create_process', function(request, response) {
    ... 생략 ...
});
router.get('/topic/update/:pageId', function(request, response) {
    ... 생략 ...
});
router.post('/topic/update_process', function(request, response) {
    ... 생략 ...
});
router.post('/topic/delete_process', function(request, response) {
    ... 생략 ...
});
router.get('/topic/:pageId', function(request, response, next) {
    ... 생략 ...
});
```

이제 애플리케이션을 실행해보면 다음과 같은 에러를 볼 수 있습니다.

```
/Users/gaheeyoon/.pm2/logs/main-error.log last 15 lines:
0|main     |     at Object.Module._extensions..js (internal/modules/cjs/loader.js:1092:10)
0|main     |     at Module.load (internal/modules/cjs/loader.js:928:32)
0|main     |     at Function.Module._load (internal/modules/cjs/loader.js:769:14)
0|main     |     at Object.<anonymous> (/usr/local/lib/node_modules/pm2/lib/ProcessContainer
Fork.js:33:23)
0|main     | TypeError: Router.use() requires a middleware function but got a Object
0|main     |     at Function.use (/Users/gaheeyoon/Desktop/express/node_modules/express/lib/
router/index.js:458:13)
```

그림 14-9 애플리케이션을 실행했을 때 발생한 에러

topic.js 파일이 모듈로서 동작하려면 topic.js 소스 코드에 파일 바깥쪽으로 무엇을 익스포트할 것인지 명시해야 합니다. router를 익스포트하기 위해 소스 코드의 맨 아래에 다음과 같은 코드를 추가합니다.

예제 14-21 모듈로서 동작하게 router를 익스포트 express/routes/topic.js

```
...생략...
router.get('/topic/:pageId', function(request, response, next) {
    ... 생략 ...
});
module.exports = router;
```

다시 페이지를 새로 고침 하고 상세 페이지로 이동해보겠습니다. 상세 페이지로 접속해보면 'Sorry cant find that!'이라는 문구가 출력되는 모습을 볼 수 있습니다.

그림 14-10 상세보기 페이지에 접속했을 때 발생하는 에러

이는 main.js에서 /topic으로 시작하는 요청에 대해 topicRouter를 적용했는데, topic.js에서 또다시 /topic이 나오기 때문입니다. 따라서 topic.js에서는 /topic 부분을 지워야 합니다.

```
app.use('/topic', topicRouter);
```

```
router.get('/topic/:pageId', function(request, response, next) {
    ... 생략 ...
});
```

다음과 같이 topic.js에 있는 라우터 경로에서 /topic 부분을 모두 지웁니다.

예제 14-22 /topic으로 시작하는 주소를 모두 지우기 express/routes/topic.js

```
... 생략 ...
router.get('/create', function(request, response) {
    ... 생략 ...
});
router.post('/create_process', function(request, response) {
    ... 생략 ...
});
router.get('/update/:pageId', function(request, response) {
    ... 생략 ...
});
router.post('/update_process', function(request, response) {
    ... 생략 ...
});
router.post('/delete_process', function(request, response) {
    ... 생략 ...
});
router.get('/:pageId', function(request, response, next) {
    ... 생략 ...
});
module.exports = router;
```

다시 새로 고침 해보면 에러가 다음과 같이 변경된 모습을 볼 수 있습니다.

그림 14-11 상세보기 페이지에 접속했을 때 발생하는 에러

터미널에서 출력 결과를 확인해보면 'path is not defined'라는 메시지가 출력된 것을 알 수 있습니다.

```
express — node /usr/local/bin/pm2 log — 92×9
0|main     | Example app listening on port 3000!
0|main     | ReferenceError: path is not defined
0|main     |     at /Users/gaheeyoon/Desktop/express/routes/topic.js:74:22
0|main     |     at Layer.handle [as handle_request] (/Users/gaheeyoon/Desktop/express/node_mo
dules/express/lib/router/layer.js:95:5)
0|main     |     at next (/Users/gaheeyoon/Desktop/express/node_modules/express/lib/router/rou
te.js:137:13)
0|main     |     at Route.dispatch (/Users/gaheeyoon/Desktop/express/node_modules/express/lib/
router/route.js:112:3)
```

그림 14-12 'path is not defined' 에러 메시지

즉, topic.js 코드에서 path 모듈을 사용하고 있는데, 해당 모듈이 없기 때문입니다. 따라서 main.js에 있던 path 모듈을 불러오는 코드를 topic.js로 옮깁니다. 마찬가지로 터미널의 로그를 살펴보면서 fs, sanitize-html, template 모듈도 불러옵니다.

예제 14-23 필요한 모듈 불러오기 express/routes/topic.js

```
var express = require('express');
var router = express.Router();
var path = require('path');
var fs = require('fs');
var sanitizeHtml = require('sanitize-html');
var template = require('../lib/template.js');
... 생략 ...
```

이때 fs, template 모듈은 main.js 파일에서도 사용하므로 복사해서 붙여넣습니다. 그리고 template.js 모듈을 불러올 때는 main.js에서와 달리 경로에 점(.)을 하나 더 추가했습니다. './lib/template.js'는 topic.js 파일이 위치한 routes 디렉터리 아래에 있는 lib 디렉터리를 의미합니다. lib 디렉터리가 topic.js 파일이 위치한 디렉터리의 부모 디렉터리 아래에 있으므로 '../lib/template.js'로 씁니다.

이제 애플리케이션을 실행하고 접속해보면 모든 기능이 제대로 동작하는 것을 확인할 수 있습니다. 이로써 라우터라고 하는 익스프레스의 기능을 이용해 서로 연관된 라우트를 별도의 파일로 분리해서 main.js 코드를 단순화했습니다.

라우터 – 파일로 분리 – index

https://youtu.be/Ya4K0ek3iMw
(4분 12초)

이전 시간에는 topic을 분리해봤습니다. 이번 시간에는 홈을 분리해 보겠습니다. 먼저 routes 디렉터리 아래에 index.js 파일을 만들고 main.js 파일에서 다음 코드를 가져옵니다.

예제 14-24 홈 부분의 코드를 index.js 파일로 이전 express/routes/index.js

```
app.get('/', function(request, response) {
    var title = 'Welcome';
    var description = 'Hello, Node.js';
    var list = template.list(request.list);
    var html = template.HTML(title, list,
        `<h2>${title}</h2>${description}
        <img src="/images/hello.jpg" style="width:300px; display:block; margin-top:10px;">
        `,
        `<a href="/topic/create">create</a>`
    );
    response.send(html);
});
```

다음으로, 이전 시간에 했던 것과 마찬가지로 다음 세 가지 작업을 처리합니다.

1. index.js 파일에 필요한 모듈 불러오기
2. app 객체를 router 객체로 변경
3. 다른 파일에서 사용할 수 있게 모듈로 정의

그러면 index.js 파일은 다음과 같이 됩니다.

예제 14-25 필요한 모듈 불러오기 및 모듈로 정의 express/routes/index.js

```
var express = require('express');
var router = express.Router();
var template = require('../lib/template.js');
```

```
router.get('/', function(request, response) {
    ... 생략 ...
});
module.exports = router;
```

그다음 main.js 파일에서 index.js 파일을 불러와 indexRouter 객체에 저장하고 이를 미들웨어로 사용하는 코드를 작성합니다. 이때 main.js에서 template과 qs 모듈은 더는 필요하지 않으므로 코드를 지웁니다.

예제 14-26 indexRouter 객체 생성 및 indexRouter 적용 express/main.js

```
var express = require('express');
var app = express();
var fs = require('fs');
var bodyParser = require('body-parser');
var compression = require('compression');
var topicRouter = require('./routes/topic');
var indexRouter = require('./routes/index');
... 생략 ...

var topicRouter = require('./routes/topic');
var indexRouter = require('./routes/index');

... 생략 ...
app.use('/', indexRouter);
app.use('/topic', topicRouter);

... 생략 ...
```

이렇게 수정하고 실행하면 모든 기능이 제대로 동작하는 것을 알 수 있습니다.

main.js 파일은 활용도가 매우 높기 때문에 이 파일이 복잡하면 집의 대문이 복잡한 것과 같습니다. 따라서 main.js는 최대한 가볍게 유지하는 게 좋고, 익스프레스의 라우터 기능을 이용해 별도의 파일로 분리해서 가볍게 만들었습니다.

이번 시간에 살펴본 내용은 어려운 내용이고, 처음 하는 분에게는 어려울 수 있습니다. 하지만 이해가 되지 않아도 괜찮고, 이번 시간에 배운 내용을 모르더라도 프로그램을 작성하는 데는 문제가 되지 않으므로 너무 심란해하지 말고 넘어가도 좋습니다.

WEB3

 https://youtu.be/wqDtDxEa95I (5분 13초)

15 보안

이번 수업에서는 보안에 관해 이야기해보겠습니다. 익스프레스 홈페이지에서 [Advanced topics] 메뉴를 보면 [Security best practices][1]가 있습니다.

Express　search　Home　Getting started　Guide　API reference　**Advanced topics**　Resources

Production Best Practices: Security

Overview

The term ***"production"*** refers to the stage in the software lifecycle when an application or API is generally available to its end-users or consumers. In contrast, in the ***"development"*** stage, you're still actively writing and testing code, and the application is not open to external access. The corresponding system environments are known as ***production*** and ***development*** environments, respectively.

Development and production environments are usually set up differently and have vastly different requirements. What's fine in development may not be acceptable in production. For example, in a development environment you may want verbose logging of errors for debugging, while the same behavior can become a security concern in a production environment. And in development, you don't need to worry about scalability, reliability, and performance, while those concerns become critical in production.

Note: If you believe you have discovered a security vulnerability in Express, please see Security Policies and Procedures.

Security best practices for Express applications in production include:

- Don't use deprecated or vulnerable versions of Express
- Use TLS
- Use Helmet
- Use cookies securely
- Prevent brute-force attacks against authorization
- Ensure your dependencies are secure
- Avoid other known vulnerabilities
- Additional considerations

그림 15-1 익스프레스 공식 문서

이 문서에는 익스프레스 프레임워크를 사용할 때 보안과 관련된 지침이 나와 있는데, 요약하면 다음과 같습니다.

- 익스프레스 버전을 최신으로 유지
- TLS 사용
- Helmet 모듈 사용
- 쿠키를 안전하게 사용
- 종속 모듈이 안전한지 확인
- 그 외의 알려진 취약점 회피
- 추가적인 고려사항

1 http://expressjs.com/en/advanced/best-practice-security.html

각 항목을 자세히 살펴보겠습니다.

1. 익스프레스 버전을 최신으로 유지

1번 항목은 익스프레스 버전을 최신으로 유지하라는 것입니다.

2. TLS 사용

2번 항목은 HTTP와 HTTPS 프로토콜 중에서 보안이 강화된 HTTPS 프로토콜을 사용하라는 의미입니다. HTTPS를 사용하면 웹 서버와 웹 브라우저가 통신할 때 서로 암호화해서 사용하기 때문에 중간에 누군가가 데이터를 가로채더라도 데이터의 실제 내용을 알 수 없게 만들 수 있습니다. 또한 웹 사이트의 도메인 등을 변조하는 '피싱'을 하더라도 인증서를 통해 이를 알아차릴 수 있게 경고 메시지를 띄울 수 있습니다. 참고로 TLS는 다른 말로 SSL이라 부르며, HTTPS가 이러한 기능을 제공합니다.

3. Helmet 모듈 사용

3번 항목에서 소개하는 Helmet은 자주 발생하는 보안과 관련된 이슈를 자동으로 해결하는 모듈로서 다음 명령으로 설치할 수 있습니다.

```
> npm install --save helmet
```

```
express $npm install --save helmet
npm WARN express No description
npm WARN express No repository field.
npm WARN express No license field.

+ helmet@4.4.1
added 1 package from 3 contributors and audited 51 package
s in 0.556s
found 0 vulnerabilities
```

그림 15-2 npm을 이용해 Helmet 설치

그리고 소스 코드에서는 다음과 같이 사용할 수 있습니다.

예제 15-1 소스 코드에 Helmet 적용 express/main.js

```
... 생략 ...
var helmet = require('helmet');
var topicRouter = require('./routes/topic');
var indexRouter = require('./routes/index');

app.use(helmet());
```

먼저 Helmet을 `require`하고, `app.use(helmet())`으로 모듈(미들웨어)을 로드하면 됩니다. 이렇게 하면 Helmet 모듈이 가진 보안 기능이 자동으로 설정됩니다. 그리고 익스프레스 홈페이지의 안내에 따라 Helmet 모듈의 좀 더 자세한 기능을 세부적으로 설정해서 사용할 수 있습니다.

4. 쿠키를 안전하게 사용

웹 사이트에 사용자가 방문할 때 누가 방문했는지 확인하려면 방문자 한 명 한 명을 식별할 필요가 있습니다. 이때 사용하는 메커니즘이 바로 쿠키입니다. 이번 수업에서는 자세하게 다루지 않지만, 쿠키는 인증에서 핵심적인 기능을 합니다. 4번 항목은 이 쿠키를 안전하게 사용하라는 의미입니다.

5. 종속 모듈이 안전한지 확인

5번 항목은 우리 웹 애플리케이션이 사용하는 여러 모듈에 취약점이 있는지 확인하고 제거하라는 의미입니다. 이때는 nsp라는 모듈을 사용해 취약점을 검사할 수 있습니다. nsp는 다음 명령으로 설치할 수 있습니다.

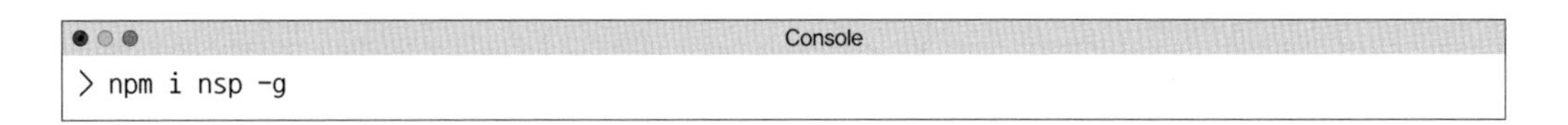

이때 i는 install과 같은 의미이고, -g는 이 컴퓨터 전체에서 사용할 수 있게 설치한다는 뜻입니다. 모듈을 설치하는 과정에서 'EACCESS' 같은 에러가 발생하면 명령어 앞에 sudo를 붙여서 다시 설치하면 됩니다.

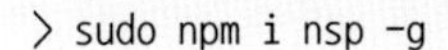

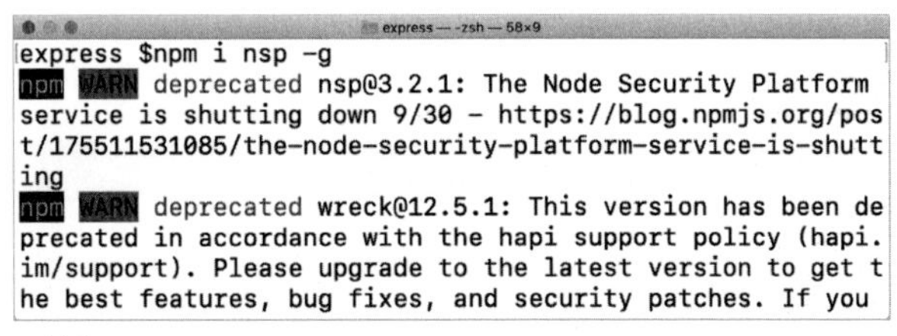

그림 15-3 npm을 이용해 nsp 설치

이제 다음 명령어로 nsp를 실행해보겠습니다.

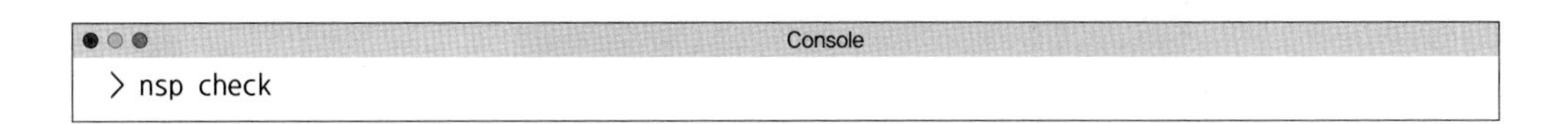

이렇게 하면 nsp가 우리 애플리케이션의 package.json 파일에서 dependencies 항목에 나열된 모듈을 검사해서 취약점이 있는지 확인합니다.

이 같은 식으로 보안과 관련된 여러 가지 자료를 확인하고 보안 솔루션을 적용함으로써 애플리케이션을 안전하게 유지할 수 있게 노력해야 합니다.

WEB3

https://youtu.be/8MguCNT2PEo (7분 14초)

16 익스프레스 제너레이터

이번 장에서는 재미있는 기능을 살펴보겠습니다. 익스프레스를 이용해 프로젝트를 진행할 때는 초반에는 대부분 비슷한 작업을 하고, 뒤로 갈수록 해야 할 일이 달라집니다. 프로젝트를 수행할 때마다 똑같이 반복되는 일을 하는 것은 굉장히 힘들고 지치는 일인데, 익스프레스는 이처럼 프로젝트를 할 때마다 반복되는 작업을 좀 더 쉽게 할 수 있게 기본적이면서도 모범적인 프로젝트 구성을 지원합니다. 이 기능이 바로 익스프레스 제너레이터(express generator)입니다.

익스프레스 제너레이터의 사용법은 익스프레스 공식 홈페이지의 [Getting started] → [Express generator][2]에서 확인할 수 있습니다.

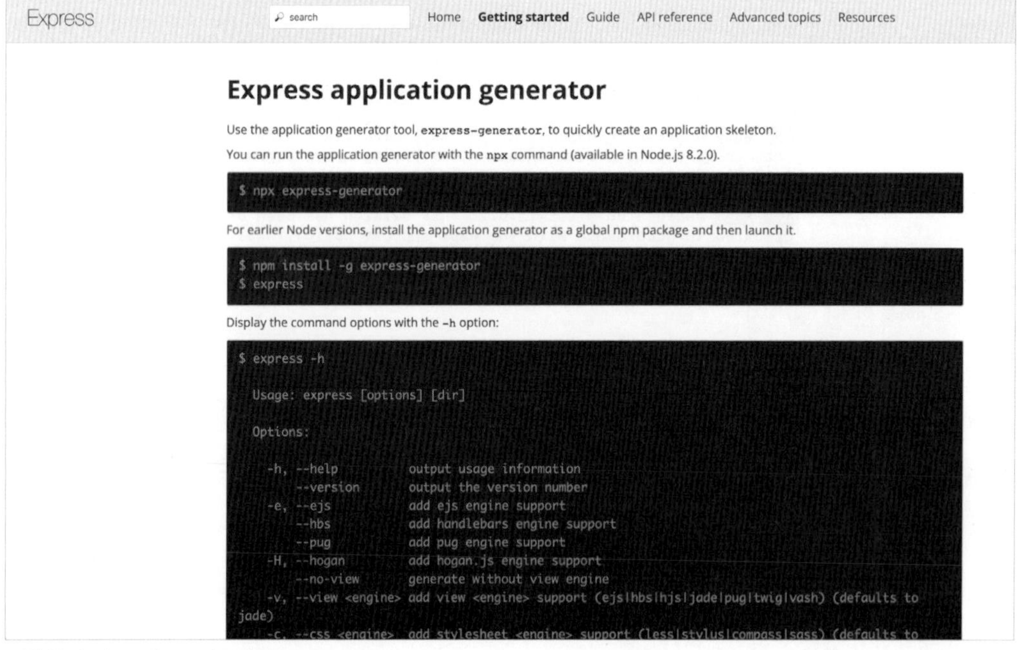

그림 16-1 익스프레스 공식 문서

2 http://expressjs.com/en/starter/generator.html

우선 다음 명령으로 익스프레스 제너레이터를 설치합니다. 이 책에서는 gen이라는 빈 디렉터리를 만들어 실습을 진행했습니다.

```
> npm install express-generator -g
```

```
gen $npm install express-generator -g
/usr/local/bin/express -> /usr/local/lib/node_modules/expr
ess-generator/bin/express-cli.js
+ express-generator@4.16.1
added 10 packages from 13 contributors in 0.575s
gen $
```

그림 16-2 npm을 이용해 express-generator 설치

그리고 다음 명령을 입력하면 익스프레스 제너레이터를 어떻게 사용하는지 예가 나옵니다.

```
> express -h
```

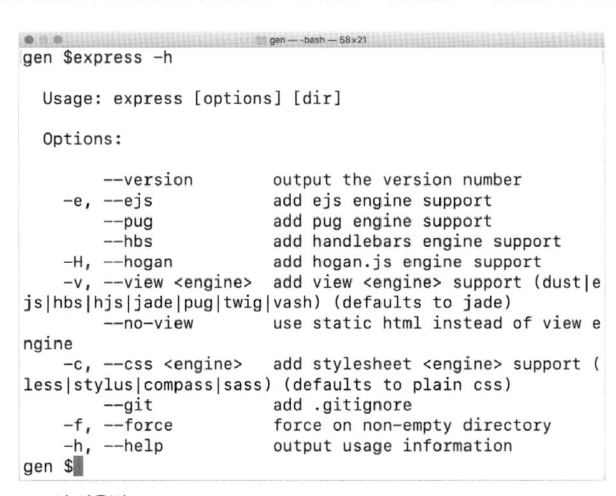

gen — -bash — 58×21
gen $express -h
Usage: express [options] [dir]
Options:
--version output the version number
-e, --ejs add ejs engine support
--pug add pug engine support
--hbs add handlebars engine support
-H, --hogan add hogan.js engine support
-v, --view <engine> add view <engine> support (dust|ejs|hbs|hjs|jade|pug|twig|vash) (defaults to jade)
--no-view use static html instead of view engine
-c, --css <engine> add stylesheet <engine> support (less|stylus|compass|sass) (defaults to plain css)
--git add .gitignore
-f, --force force on non-empty directory
-h, --help output usage information
gen $

그림 16-3 express-generator의 사용법

익스프레스 제너레이터를 이용해 프로젝트를 시작하고 싶다면 다음 명령을 실행합니다.

```
> express myapp
```

```
gen $express myapp

  warning: the default view engine will not be jade in fut
ure releases
  warning: use `--view=jade' or `--help' for additional op
tions


   create : myapp/
   create : myapp/public/
   create : myapp/public/javascripts/
   create : myapp/public/images/
   create : myapp/public/stylesheets/
   create : myapp/public/stylesheets/style.css
   create : myapp/routes/
```

그림 16-4 express-generator를 이용해 프로젝트 시작

이렇게 하면 gen 디렉터리 아래에 myapp 디렉터리가 생성되고, myapp 디렉터리에 bin, public, routes, views 디렉터리와 app.js, package.json 파일이 생성된 모습을 볼 수 있습니다.

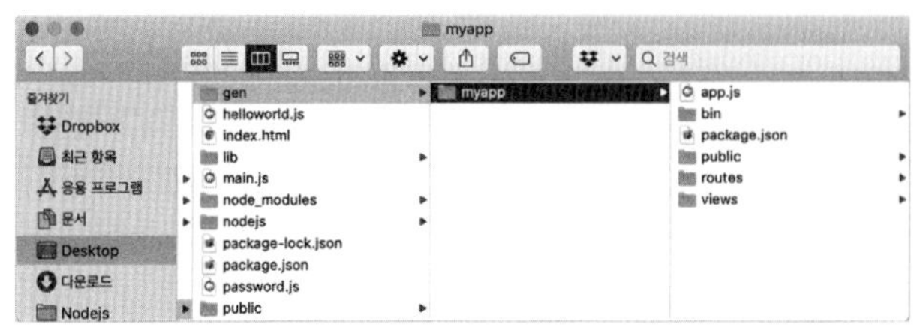

그림 16-5 express-generator로 생성한 myapp 디렉터리

그리고 다음과 같은 명령어를 입력하라는 안내 문구가 나옵니다.

```
   change directory:
     $ cd myapp

   install dependencies:
     $ npm install

   run the app:
     $ DEBUG=myapp:* npm start

gen $
```

그림 16-6 express myapp을 입력한 후 나오는 안내 문구

package.json 파일을 열어보면 익스프레스를 이용해 웹 프로젝트를 만드는 데 기본적으로 필요한 라이브러리가 나옵니다.

```
1  {
2    "name": "myapp",
3    "version": "0.0.0",
4    "private": true,
5    "scripts": {
6      "start": "node ./bin/www"
7    },
8    "dependencies": {
9      "cookie-parser": "~1.4.4",
10     "debug": "~2.6.9",
11     "express": "~4.16.1",
12     "http-errors": "~1.6.3",
13     "jade": "~1.11.0",
14     "morgan": "~1.9.1"
15   }
16 }
17
```

그림 16-7 자동으로 생성된 package.json 파일

그다음 myapp 디렉터리로 이동한 후 npm install 명령으로 필요한 모듈을 설치합니다. npm install 명령을 입력하면 package.json 파일에서 dependencies에 정의된 항목을 보고, node_modules에 내려받게 약속돼 있습니다.

```
> cd myapp
> npm install
```

```
gen $cd myapp
myapp $npm install
npm WARN deprecated jade@1.11.0: Jade has been renamed to
pug, please install the latest version of pug instead of j
ade
npm WARN deprecated transformers@2.1.0: Deprecated, use js
transformer
npm WARN deprecated constantinople@3.0.2: Please update to
 at least constantinople 3.1.1
npm       created a lockfile as package-lock.json. You sh
```

그림 16-8 npm install로 필요한 모듈을 설치

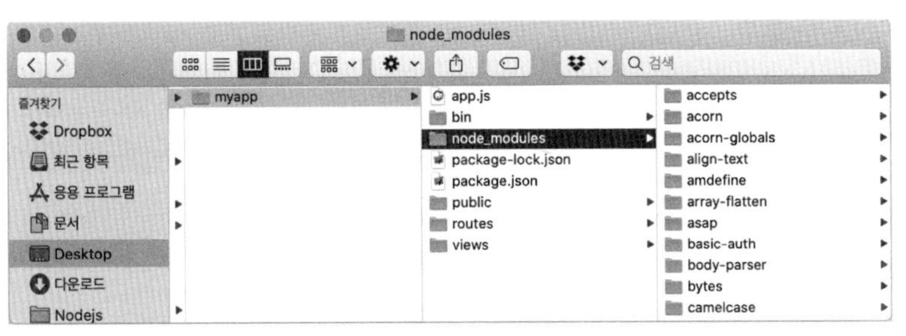

그림 16-9 node_modules에 설치된 모듈들

익스프레스 제너레이터가 자동으로 생성한 프로젝트 구성에서 가장 중요한 파일은 app.js 파일입니다. 이 파일의 내용을 보면 앞에서 다룬 내용과 거의 비슷한 것을 확인할 수 있습니다(우리가 살펴본 코드는 조금 더 배우기 쉬운 코드였고, 자동으로 생성된 app.js 파일은 조금 더 모범적인 코드입니다).

다음 명령으로 애플리케이션을 실행합니다.

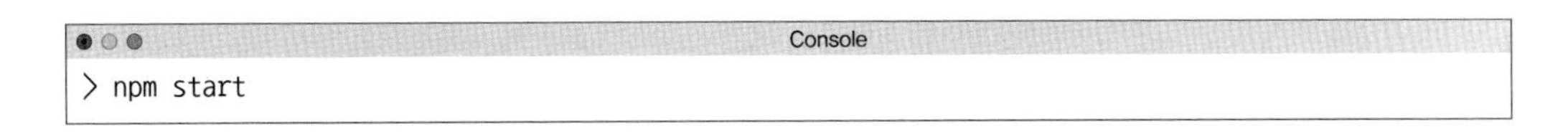

이 명령은 package.json 파일에 정의된 대로 bin 디렉터리의 www 파일을 실행합니다.

```
"scripts": {
    "start": "node ./bin/www"
},
```

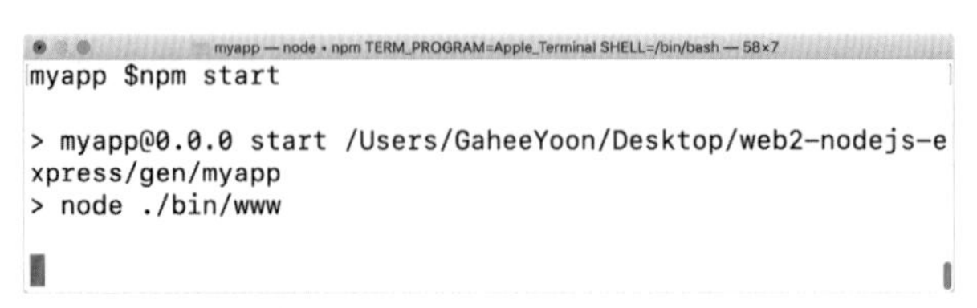

그림 16-10 npm start 명령어로 애플리케이션을 실행

웹 브라우저를 열고 3000번 포트로 접속해보면 다음과 같은 화면이 나타납니다. 이 화면을 나타내는 파일은 routes 디렉터리 아래에 있는 index.js 파일입니다.

그림 16-11 웹 브라우저에서 3000번 포트로 접속

app.js 파일을 열어보면 대부분 우리가 알 만한 코드가 나옵니다. routes 디렉터리에는 index.js 파일이 있고, 그 안에는 home을 표현해주는 코드가 들어 있습니다.

그리고 다음 코드는 템플릿 엔진이라는 기능을 설정하는 코드입니다.

```
... 생략 ...
app.set('views', path.join(__dirname, 'views'));
app.set('view engin', 'jade');
... 생략 ...
```

이 코드는 views 디렉터리 아래에 있는 jade라는 확장자를 가진 파일들을 가리키는데, jade는 HTML 코드를 좀 더 적은 코드로 생성해주는 문법입니다.

그밖에 app.js 파일을 살펴보면 static 파일을 생성하는 부분이나 필요한 라우터를 설정하는 부분, 404 에러를 처리하는 부분, 기타 에러를 처리하는 코드 등이 기본으로 작성돼 있습니다. 익스프레스 제너레이터는 이러한 기본 구성을 바탕으로 프로젝트를 빠르게 시작할 수 있게 만들어 줍니다.

WEB3

https://youtu.be/wHISfaxeT5w (4분 22초)

17 수업을 마치며

지금까지 Node.js 웹 프레임워크인 익스프레스의 사용법을 살펴봤습니다. 앞으로 여러분이 공부해볼 만한 주제를 알려드리면서 익스프레스 수업을 마치려고 합니다.

우선 템플릿 엔진(template engine)에 대해 소개하려고 합니다. 우리가 HTML을 직접 타이핑해서 코딩하는 것은 좀 귀찮은 일인데, 템플릿 엔진은 이처럼 귀찮은 일을 줄여주는 소프트웨어입니다.

익스프레스와 함께 자주 사용되는 템플릿 엔진 중 하나가 퍼그(pug)입니다.

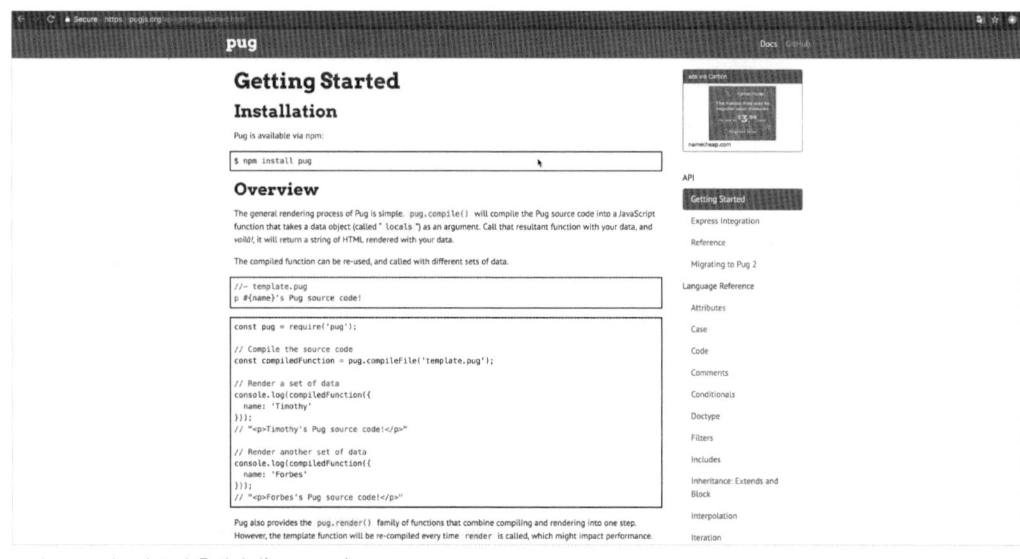

그림 17-1 퍼그의 공식 홈페이지(pugjs.org)

예를 들어, 여러분이 다음과 같은 코드를 작성한다고 가정해봅시다.

```
a(href='google.com') Google
|
|
a(class='button' href='google.com') Google
|
```

```
|
a(class='button', href='google.com') Google
```

그러면 퍼그는 다음과 같은 HTML 코드로 변환해줍니다.

```
<a href="google.com">Google</a>
<a class="button" href="google.com">Google</a>
<a class="button" href="google.com">Google</a>
```

또는 다음과 같은 코드를 이용해 HTML 코드를 생성할 수도 있습니다.

```
input(
    type='checkbox'
    name='agreement'
    checked
)
```

```
<input type="checkbox" name="agreement" checked="checked" />
```

즉, 조금 더 적은 코드를 이용해 더 많은 HTML 코드를 생성할 수 있습니다. 그리고 반복문을 이용해 HTML 코드를 작성할 수도 있습니다.

```
- for (var x = 0; x < 3; x++)
    li item
```

```
<li>item</li>
<li>item</li>
<li>item</li>
```

그 밖에 조건문이나 include를 이용해 퍼그로 만든 다른 코드를 읽어올 수도 있고, 상속(Inheritance)이라고 하는 세련되고 생산성을 높여주는 프로그래밍 기법도 지원합니다.

이러한 템플릿 엔진을 사용하려면 익스프레스 홈페이지에서 [Guide] 메뉴의 [Using template engines][1]에 있는 내용을 살펴보면 됩니다. 퍼그를 사용하고자 한다면 퍼그를 설치한 다음 가이드 문서에 나와 있는 안내에 따라 코드를 작성하면 됩니다.

1 http://expressjs.com/en/guide/using-template-engines.html

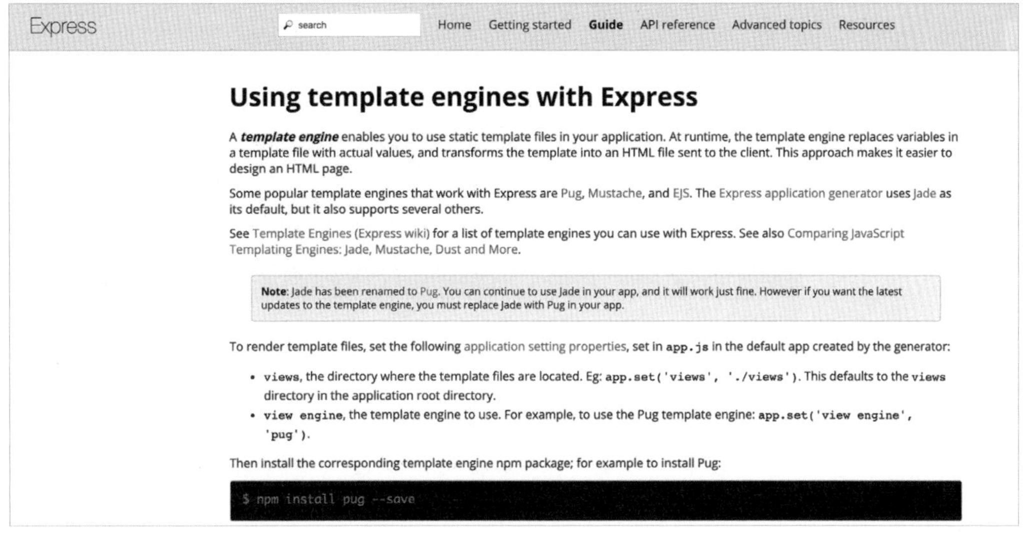

그림 17-2 익스프레스 공식 문서의 'Using template engines' 항목

현대적인 웹 애플리케이션에서 데이터베이스는 필수입니다. 익스프레스는 자체적으로 데이터베이스 드라이버를 제공하지는 않지만, 각 데이터베이스가 제공하는 드라이버를 설치한 후에 이를 이용해 웹 애플리케이션을 만들 수 있습니다. 그 방법은 익스프레스 홈페이지의 [Guide] 메뉴에서 [Database Integration][2]에 나와 있습니다.

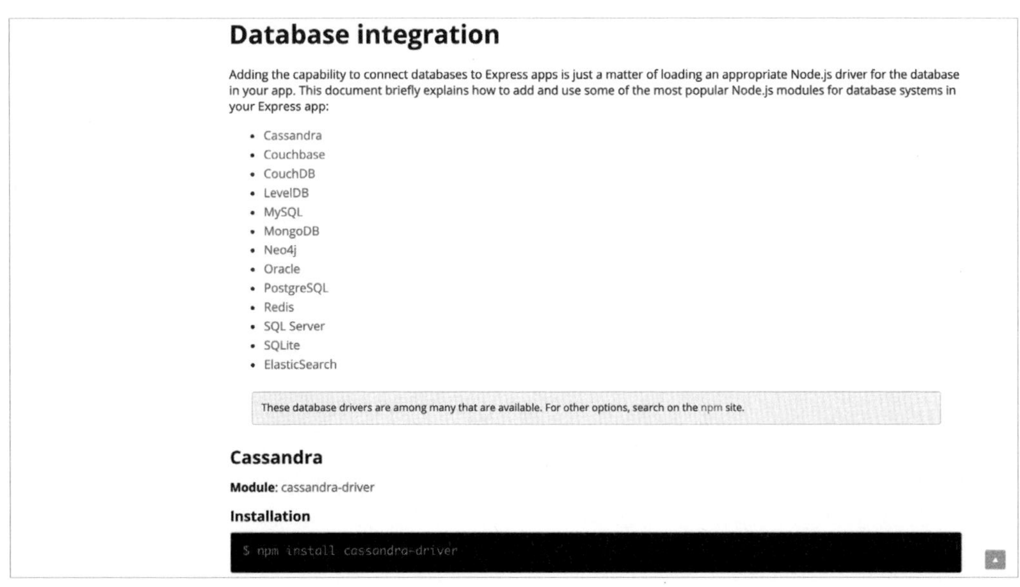

그림 17-3 익스프레스 공식 문서의 'Database integration' 항목

2 http://expressjs.com/en/guide/database-integration.html

이 문서에는 여러 데이터베이스를 대상으로 익스프레스와 통합하는 예제가 나와 있습니다. 예를 들어, MySQL을 통합하고 싶다면 안내에 따라 MySQL 드라이브를 설치하고 코드를 작성하면 됩니다.

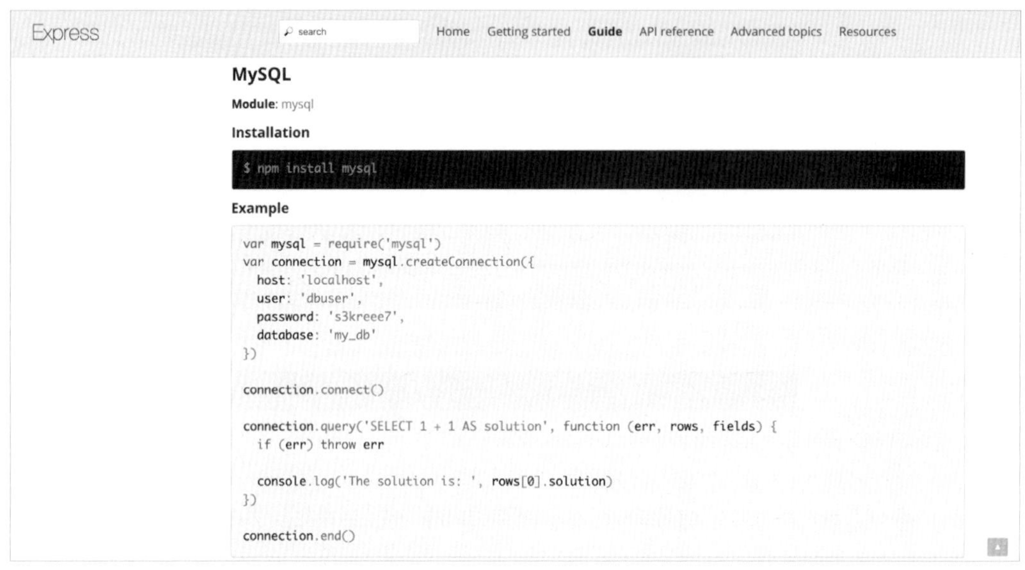

그림 17-4 MySQL을 익스프레스에 통합하는 방법

익스프레스는 사실상 미들웨어 기능을 지원하는 것이 전부라고 해도 과언이 아닐 정도로 익스프레스에서 미들웨어는 매우 중요한 개념입니다. 미들웨어의 사용법에 익숙해질수록 익스프레스 고급 사용자라고 할 수 있습니다. 특히나 익스프레스 생태계를 둘러싸는 여러 미들웨어 중에서 어떤 미들웨어를 사용할 수 있느냐에 따라 적은 노력으로 더 많은 일을 할 수 있게 됩니다.

따라서 미들웨어에 대한 관심을 유지하면 좋을 것 같고, 익스프레스 홈페이지에서 [Guide] 메뉴 중 [Writing middleware][3]와 [Using middleware][4] 문서를 꼼꼼하게 살펴보면 좋겠습니다. 그리고 서드파티 미들웨어를 소개한 목록[5]에 미들웨어 종류와 각 사용법이 안내돼 있는데, 이를 익혀두면 좋습니다.

3 http://expressjs.com/en/guide/writing-middleware.html

4 http://expressjs.com/en/guide/using-middleware.html

5 http://expressjs.com/en/resources/middleware.html

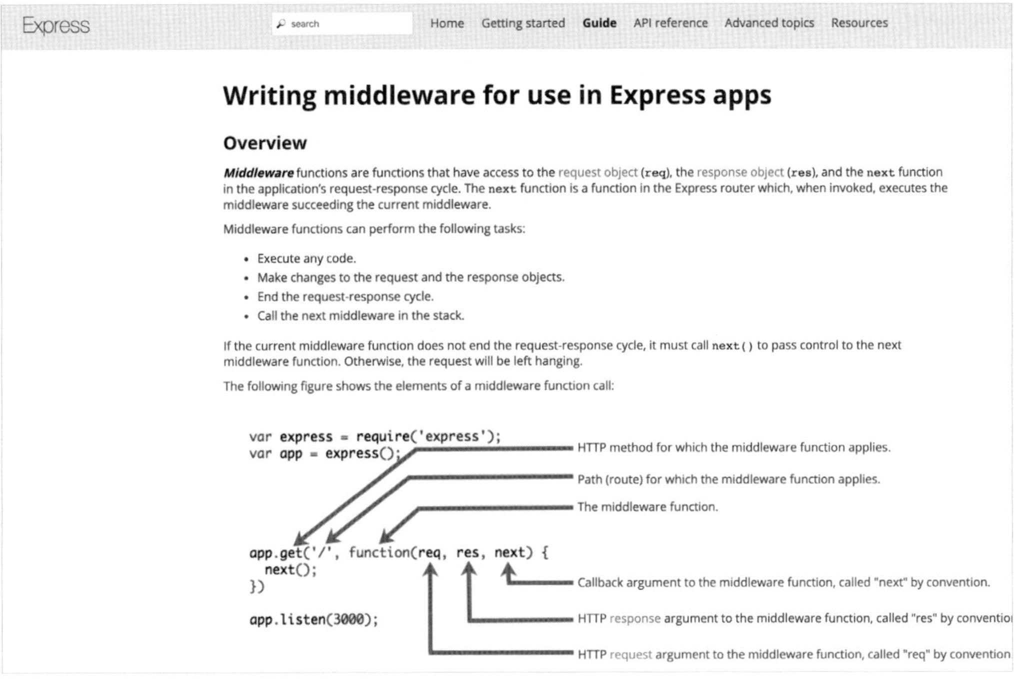

그림 17–5 익스프레스 공식 문서의 'Writing middleware' 항목

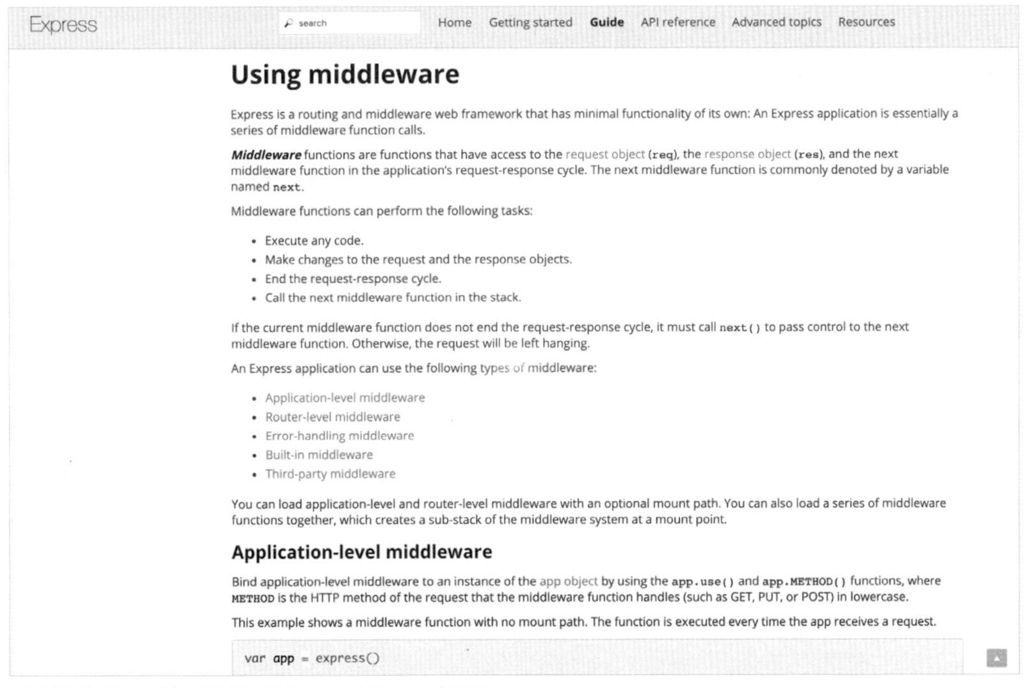

그림 17–6 익스프레스 공식 문서의 'Using middleware' 항목

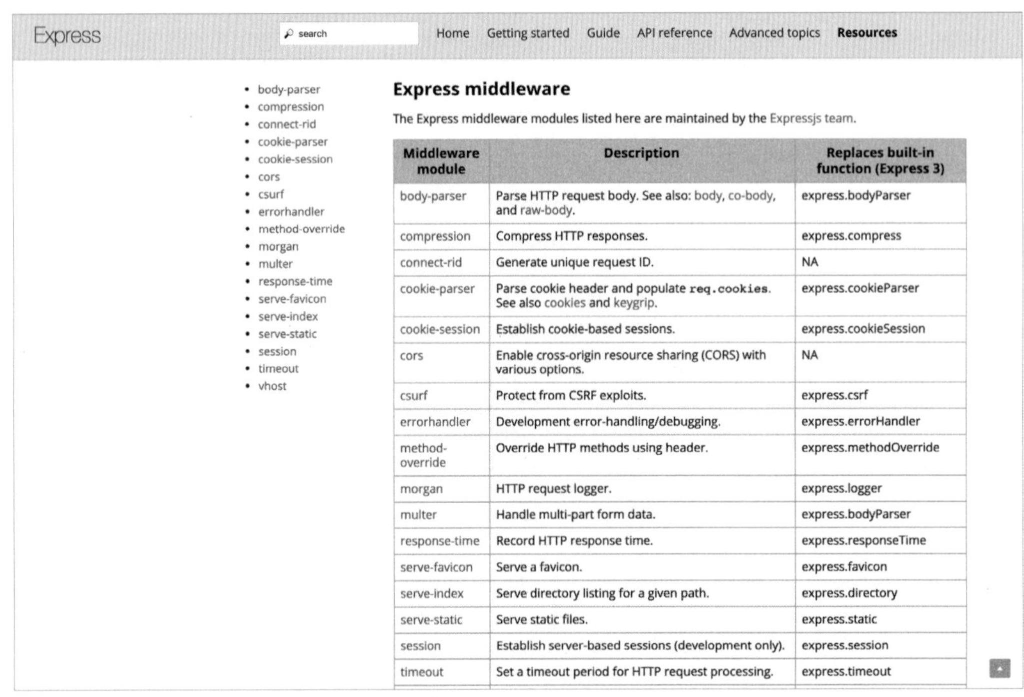

Express | search | Home | Getting started | Guide | API reference | Advanced topics | **Resources**

- body-parser
- compression
- connect-rid
- cookie-parser
- cookie-session
- cors
- csurf
- errorhandler
- method-override
- morgan
- multer
- response-time
- serve-favicon
- serve-index
- serve-static
- session
- timeout
- vhost

Express middleware

The Express middleware modules listed here are maintained by the Expressjs team.

Middleware module	Description	Replaces built-in function (Express 3)
body-parser	Parse HTTP request body. See also: body, co-body, and raw-body.	express.bodyParser
compression	Compress HTTP responses.	express.compress
connect-rid	Generate unique request ID.	NA
cookie-parser	Parse cookie header and populate `req.cookies`. See also cookies and keygrip.	express.cookieParser
cookie-session	Establish cookie-based sessions.	express.cookieSession
cors	Enable cross-origin resource sharing (CORS) with various options.	NA
csurf	Protect from CSRF exploits.	express.csrf
errorhandler	Development error-handling/debugging.	express.errorHandler
method-override	Override HTTP methods using header.	express.methodOverride
morgan	HTTP request logger.	express.logger
multer	Handle multi-part form data.	express.bodyParser
response-time	Record HTTP response time.	express.responseTime
serve-favicon	Serve a favicon.	express.favicon
serve-index	Serve directory listing for a given path.	express.directory
serve-static	Serve static files.	express.static
session	Establish server-based sessions (development only).	express.session
timeout	Set a timeout period for HTTP request processing.	express.timeout

그림 17-7 익스프레스 공식 문서 - 익스프레스 미들웨어 목록

익스프레스 수업은 여기까지입니다. 고생 많으셨습니다.

나의 첫
프로그래밍 교과서
LEARNING
SCHOOL

처음 프로그래밍을 시작하는 입문자의 눈높이에 맞춘

생활코딩! Node.js 노드제이에스 프로그래밍

04
쿠키와 인증

WEB3

https://youtu.be/i51xW3eh-T4 (2분 39초)

01 수업 소개

지금부터 'Node.js 쿠키와 인증' 수업을 시작하겠습니다. 이 수업은 WEB2 - Node.js 수업[1]과 WEB2 - HTTP 수업[2]에 의존합니다. Node.js를 잘 모르거나 WEB2에서 다루는 예제를 모른다면 해당 수업을 먼저 학습하고 이 수업에 참여하기 바랍니다. HTTP를 잘 모르더라도 이 수업에 참여할 수는 있지만, 될 수 있으면 HTTP가 무엇인지 알고 수업에 참여하는 게 더 좋습니다.

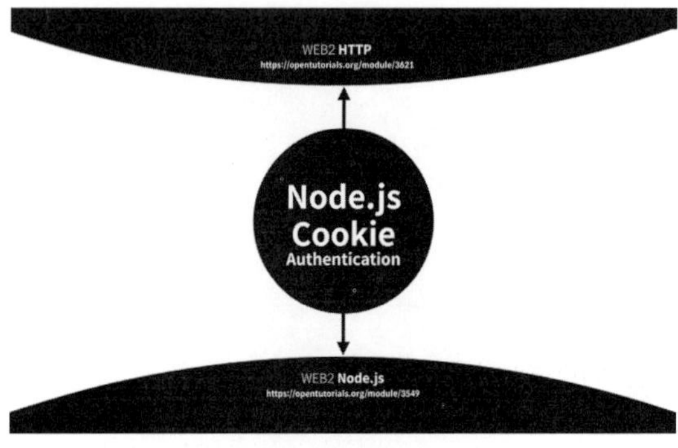

그림 1-1 쿠키과 인증 수업의 의존 관계

웹이 등장한 이후에 여러 가지 불만족이 생겨났습니다. 그중 우리 관심사는 개인화입니다. 여기서 개인화란 모든 사람에게 똑같은 웹 페이지를 보여주는 것이 아니라 사람마다 선택과 취향에 맞는 웹 페이지를 보여주는 것이라고 할 수 있습니다.

예를 들어, 인터넷 쇼핑을 할 때 장바구니에 물건을 담으면 다음에 방문할 때도 장바구니에 그대로 물건이 담겨 있는 것을 경험해봤을 것입니다. 그리고 한 번 로그인해서 인증하면 그다음에 접속할 때는 인증할 필요 없이 웹 사이트를 이용할 수 있는 것도 개인화의 사례라고 할 수 있습니다.

1 https://opentutorials.org/course/3332 또는 이 책의 2쪽에서도 Node.js를 다룹니다.

2 https://opentutorials.org/module/3621

이러한 개인화에 대한 요구가 무르익던 1994년 넷스케이프사의 엔지니어였던 루 몬툴리(Lou Montulli)는 쿠키(cookie)를 고안했습니다.

쿠키가 도입되면서 웹 브라우저는 이전에 접속했던 사용자의 정보를 웹 서버로 전송할 수 있게 됐고, 웹 서버는 이 정보를 바탕으로 현재 접속한 사용자가 누구인지도 알 수 있게 됐습니다.

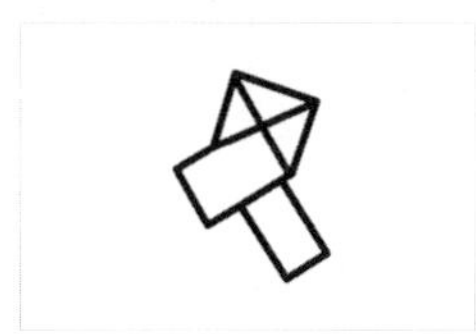

쿠키로 인해 웹은 큰 변화를 맞이하게 됐습니다.

지금부터 우리는 쿠키가 무엇인지를 살펴볼 것입니다. 또 쿠키를 이용해서 할 수 있는 가장 중요한 일인 인증 기능을 구현해보겠습니다.

먼저 강조할 것은 이 수업의 내용을 현실에 바로 사용하면 안 된다는 점입니다. 이 수업에서 다루는 인증 기능은 교육적인 차원에서 현실의 복잡함을 과감하게 생략했기 때문입니다. 이 수업에서는 인증이 무엇이고 어떻게 구현하는지 전반적인 맥락을 파악하고, 후속 수업을 통해 현실에 적용할 수 있는 인증 방법을 배우기 바랍니다. 그럼 출발합니다.

WEB3

 https://youtu.be/EKR4Vpl_uxE (43초)

02 실습 준비

지금부터 쿠키와 인증 수업을 위한 실습을 준비해보겠습니다. 실습 준비는 WEB2 - Node.js 수업에서 진행한 예제를 내려받으면 됩니다.

```
https://github.com/wikibook/nodejs
```

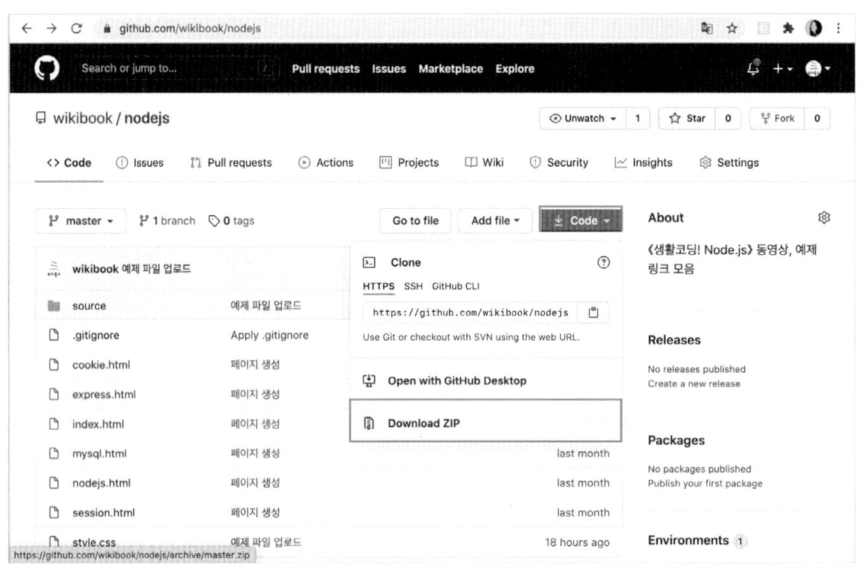

그림 2-1 예제 파일을 내려받을 수 있는 깃허브 저장소

그리고 적당한 위치에서 내려받은 파일의 압축을 풀고 source 디렉터리 아래에 있는 cookie 디렉터리를 여러분이 사용하는 편집기의 프로젝트 폴더로 지정합니다. 여기서부터 실습을 진행하면 됩니다.

WEB3

https://youtu.be/ccsfzUFCyuE (6분 52초)

03 쿠키의 생성

본격적으로 쿠키를 다루기 전에 쿠키의 사용 설명서를 살펴보겠습니다. 쿠키는 웹 브라우저와 웹서버가 주고받는 정보이므로 HTTP 프로토콜에 속한 기술입니다. 따라서 쿠키에 관해 검색해보려면 'http cookie'와 같은 검색어로 찾으면 과자를 제외한 내용을 볼 수 있습니다.

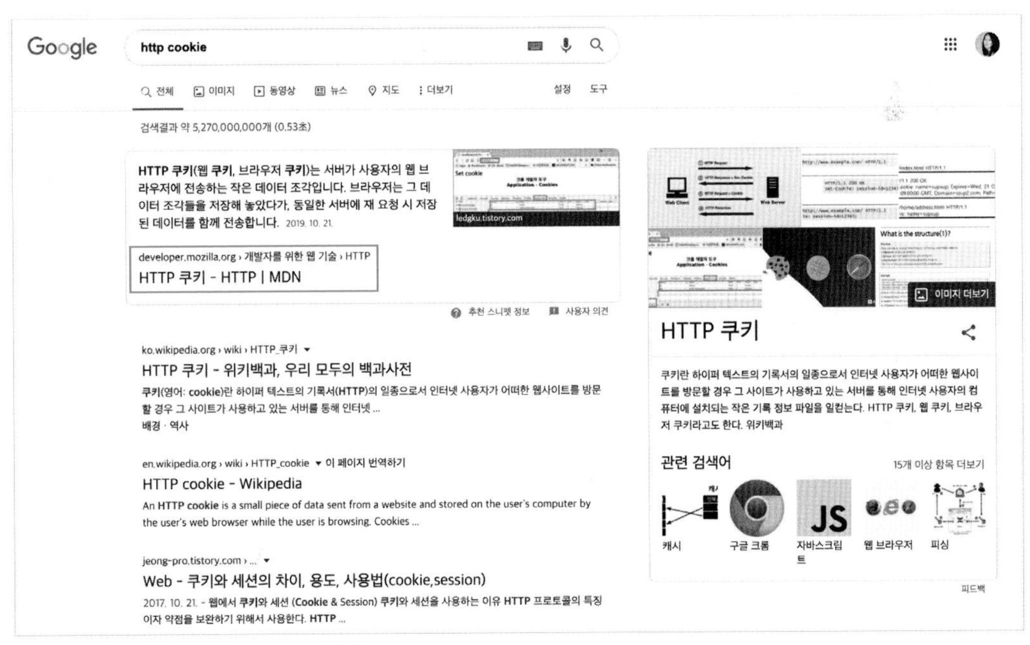

그림 3-1 웹 브라우저에서 'http cookie' 검색

그중에서 모질라 재단에서 만든 HTTP 쿠키에 대한 설명서[1]를 보겠습니다.

1 https://developer.mozilla.org/en-US/docs/Web/HTTP/Cookies

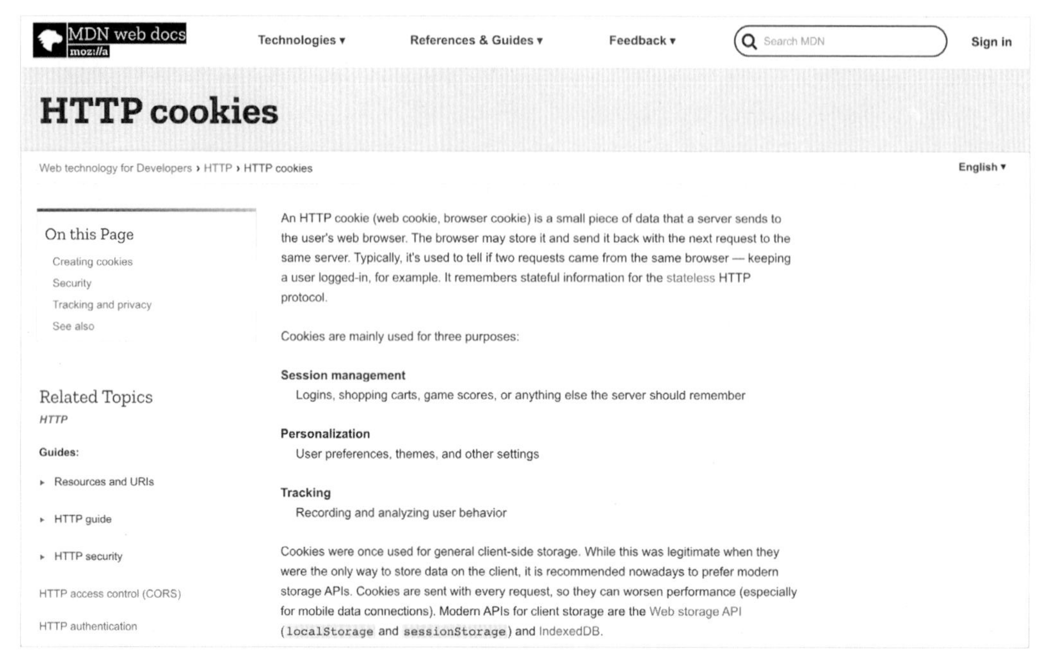

그림 3-2 모질라 재단에서 만든 HTTP 쿠키 설명서

이 문서를 보면 쿠키는 다음의 세 가지 용도로 사용된다고 나와 있습니다.

1. 세션 관리(인증): 서버에 저장해야 할 정보를 관리
2. 개인화: 사용자 선호, 테마 등의 설정
3. 트래킹: 사용자 행동을 기록하고 분석하는 용도

그리고 'Creating cookies'를 보면 쿠키를 어떻게 생성하는지 나와 있는데, Set-Cookie라는 이름의 헤더값을 응답하는 HTTP 메시지에 다음과 같이 설정하면 된다고 안내하고 있습니다.

```
Set-Cookie: <cookie-name>=<cookie-value>
```

그리고 다음과 같은 예제 코드가 나와 있습니다.

```
HTTP/1.0 200 OK
Content-type: text/html
Set-Cookie: yummy_cookie=choco
Set-Cookie: tasty_cookie=strawberry

[page content]
```

예제 코드의 맨 위에는 HTTP의 응답 메시지가 있습니다. 그리고 그 아래에 있는 Set-Cookie 부분을 보면 yummy_cookie라는 쿠키값에는 choco가, tasty_cookie라는 쿠키값에는 strawberry가 나와 있습니다. 이는 두 개의 쿠키를 생성하는 응답 메시지입니다.

그럼 Node.js를 이용해 쿠키를 생성해보겠습니다. 실습 준비에서 내려받은 프로젝트에서 cookie 디렉터리 아래에 cookie.js라는 파일을 생성합니다. 그리고 다음과 같은 코드를 작성합니다. 이 코드는 아주 간단한 웹 서버를 구현한 것입니다.

예제 3-1 cookie.js 파일에 간단한 웹 서버를 구현 cookie/cookie.js

```
var http = require('http');
http.createServer(function(request, response) {
    response.end('Cookie!!');
}).listen(3000);
```

이 파일을 실행하고 웹 브라우저에서 http://localhost:3000으로 접속하면 다음과 같은 화면이 보입니다.

그림 3-3 cookde.js 파일을 실행한 후 웹 브라우저에서 http://localhost:3000으로 접속

그다음 웹 브라우저와 웹 서버가 통신하는 내용을 확인하기 위해 웹 페이지에서 마우스 오른쪽 버튼을 누르고 검사(Inspect) 기능을 실행합니다. [Network] 탭을 클릭하면 다음과 같은 화면이 보입니다.

그림 3-4 크롬 브라우저에서 검사 기능을 실행

이렇게 네트워크 검사 기능이 열린 상태에서 웹 페이지를 새로 고침 하면 다음과 같은 화면을 볼 수 있습니다. 이 화면에서 localhost라고 표시된 항목을 클릭하면 localhost라는 서버로 접속할 때의 통신 내역을 보여줍니다.

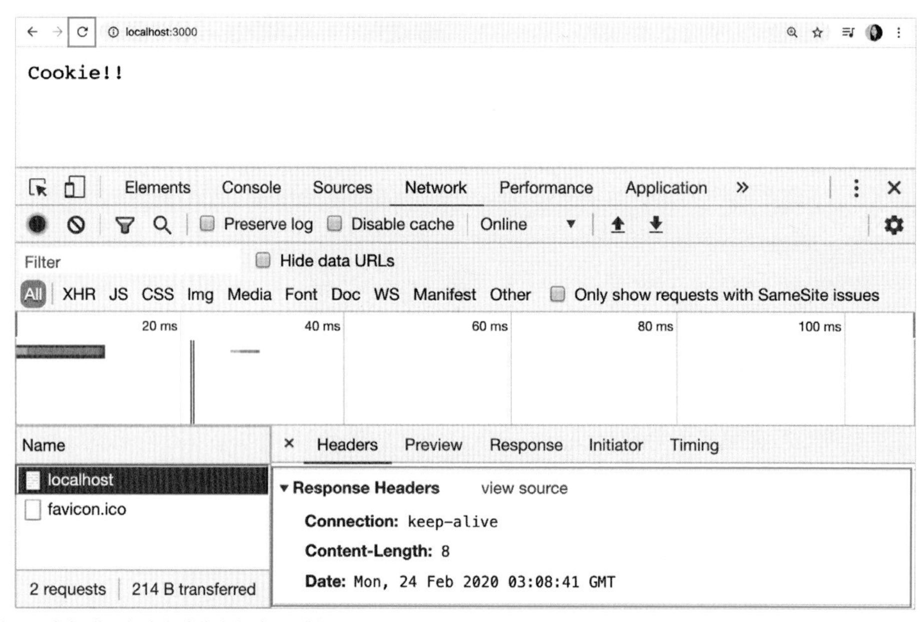

그림 3-5 검사 기능이 열린 상태에서 새로 고침

통신 내역 중 [Headers]의 응답 헤더(Response Headers)에는 쿠키에 대한 언급이 없습니다. 아직 아무것도 하지 않았기 때문에 아무것도 나오지 않는 게 당연합니다.

이제 이 상태에서 앞에서 살펴본 `yummy_cookie`와 `tasty_cookie` 값을 전송해보겠습니다. 그러려면 응답 메시지를 조작해야 합니다. 이때 사용하는 Node.js 기능은 `response.writeHead()`입니다.

`cookie.js` 파일의 내용을 다음처럼 수정합니다.

예제 3-2 `response.writeHead()`를 이용해 쿠키값을 전송 cookie/cookie.js

```
var http = require('http');
http.createServer(function(request, response) {
    response.writeHead(200, {
        'Set-Cookie':['yummy_cookie=choco', 'tasty_cookie=strawberry']
    });
    response.end('Cookie!!');
}).listen(3000);
```

이 책에서는 모질라 재단의 문서에 나와 있던 것처럼 두 개의 쿠키를 전달하기 위해 'yummy_cookie=choco'와 'tasty_cookie=strawberry'를 배열로 전달합니다. 그러고 나서 프로그램을 실행해 보면 다음 그림과 같이 Set-Cookie라고 하는 두 개의 헤더값이 추가된 것을 볼 수 있습니다.

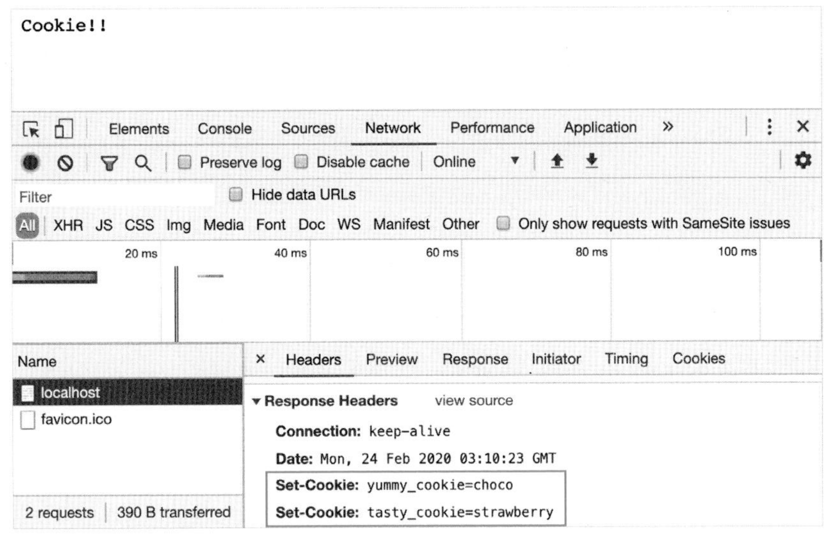

그림 3-6 [Response]의 [Headers]에 추가된 두 개의 쿠키

하지만 요청 헤더(Request Headers)에는 아직 쿠키가 없습니다.

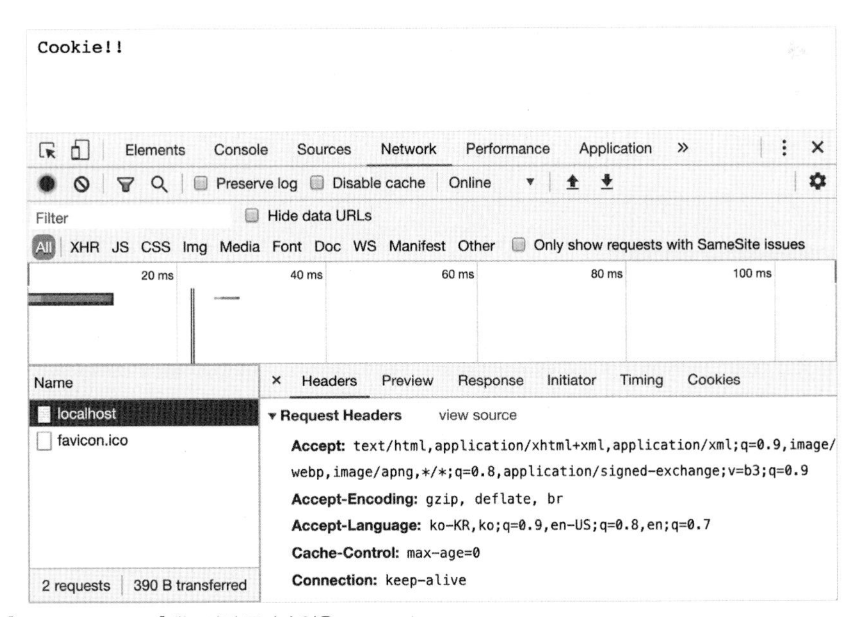

그림 3-7 [Request Headers]에는 아직 쿠키가 없음

이제 방금 추가한 코드를 다음과 같이 주석으로 처리해서 더 이상 서버가 웹 브라우저에 Set-Cookie 헤더를 보내지 않게 처리해보겠습니다.

예제 3-3 더 이상 쿠키값을 전송하지 않게 주석으로 처리 cookie/cookie.js

```
var http = require('http');
http.createServer(function(request, response) {
    // response.writeHead(200, {
    //     'Set-Cookie':['yummy_cookie=choco', 'tasty_cookie=strawberry']
    // });
    response.end('Cookie!!');
}).listen(3000);
```

그리고 웹 페이지를 새로 고침 해보면 재미있는 현상을 발견할 수 있습니다. 방금은 요청 헤더(Request Headers)에 쿠키값이 없었는데, 이번에는 다음과 같이 두 개의 쿠키값이 생겼고 응답 헤더에는 쿠키값이 없어졌습니다. 응답 헤더에서 사라진 이유는 주석으로 처리해서 더는 쿠키값을 보내지 않게 했기 때문입니다.

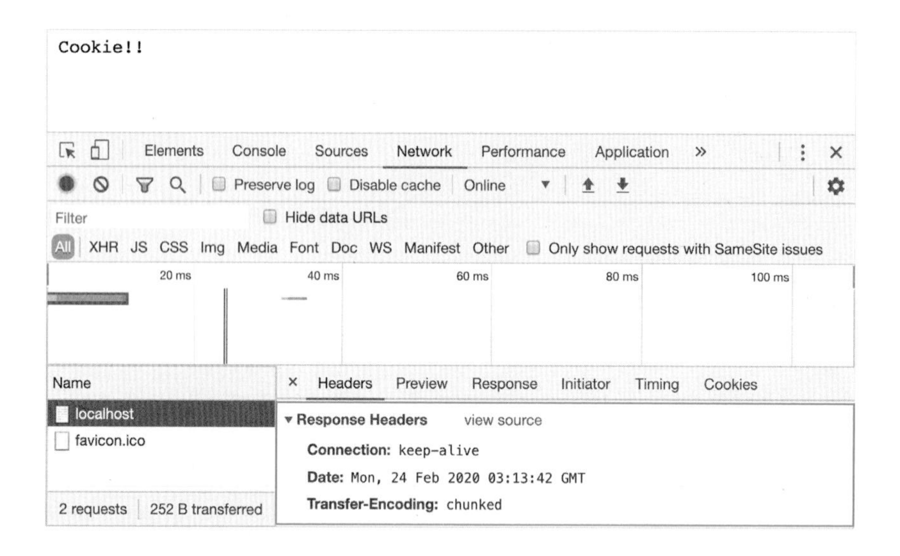

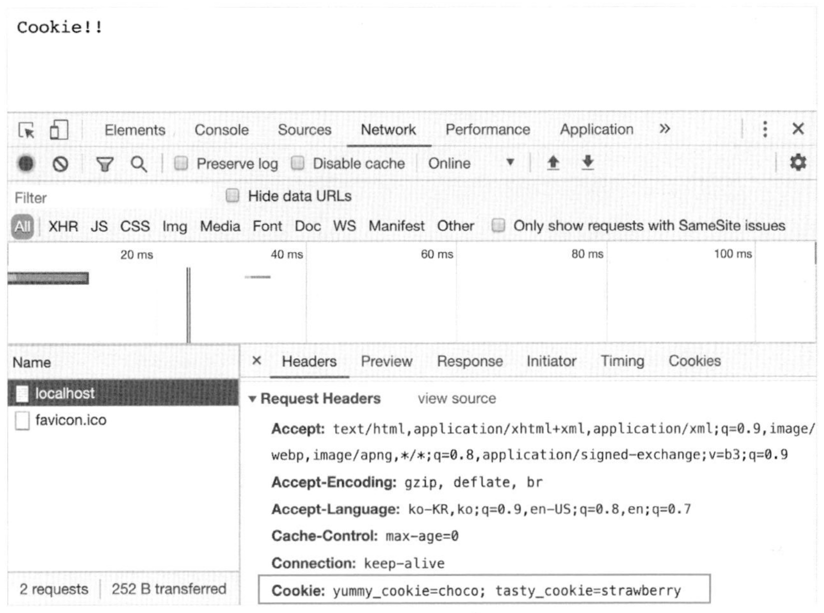

그림 3-8 [Response Headers]에서 사라진 쿠키값과 [Request Headers]에 추가된 쿠키값

이제 웹 브라우저에서 새로 고침 할 때마다 Set-Cookie로 인해 구워진(저장된) 쿠키값을 Cookie라는 헤더값을 통해 서버로 전송합니다.

그리고 현재 웹 브라우저에 어떤 쿠키가 있는지 보려면 웹 브라우저의 검사 창에서 [Cookies] 탭을 클릭합니다.

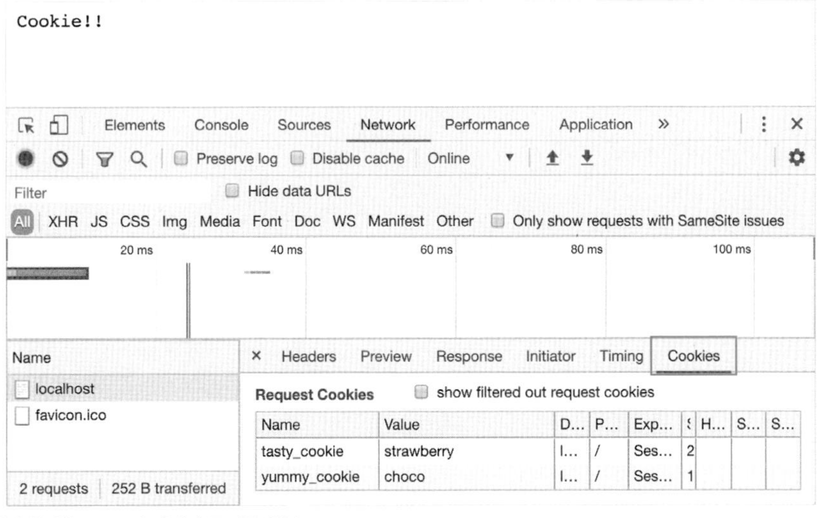

그림 3-9 검사 창의 [Cookies] 탭에서 쿠키를 확인

그림을 보면 두 개의 쿠키가 요청 쿠키로 전송되고 있음을 볼 수 있습니다. 이 쿠키를 지우고 싶을 때는 [Application] 탭으로 가서 [Clear All] 아이콘을 누릅니다. 그러면 특정 주소의 쿠키를 지울 수 있습니다.

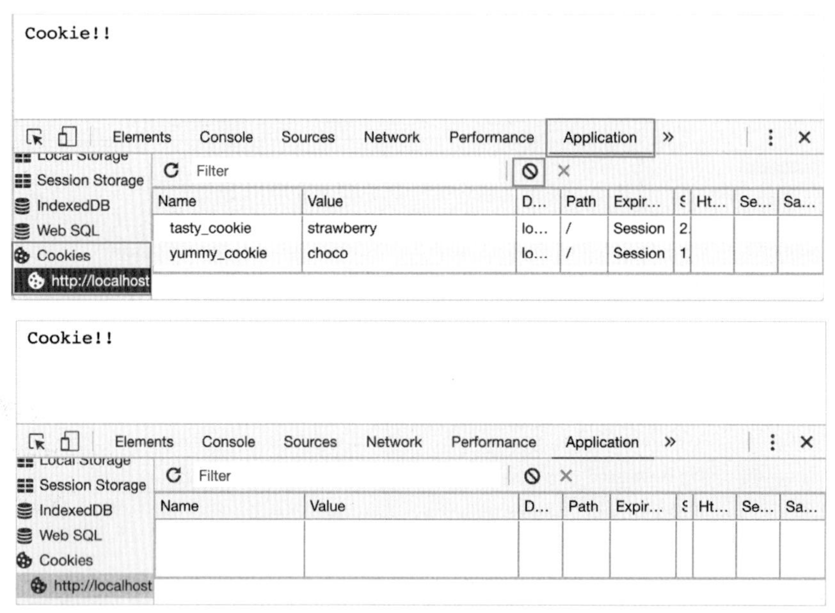

그림 3-10 쿠키 지우기

모든 정보 시스템의 핵심은 CRUD, 즉 Create(생성), Read(읽기), Update(수정), Delete(삭제) 입니다. 그중에서 여기서는 쿠키를 생성하는 방법을 살펴봤습니다. 다음 시간에는 웹 브라우저가 전송한 쿠키를 서버에서 어떻게 읽는지 살펴보겠습니다.

WEB3

04 쿠키 읽기

https://youtu.be/CfR1H9z-ISI (6분 20초)

이전 시간에 쿠키를 생성하는 방법을 살펴봤습니다. 이번에는 생성한 쿠키를 웹 브라우저가 다시 웹 서버 쪽으로 전송(요청)했을 때 그것을 웹 애플리케이션에서 어떻게 알아낼 수 있는지 살펴보겠습니다.

쿠키를 읽는 방법 검색하기

웹 브라우저에서 'how to get cookie in nodejs'라는 키워드로 검색해보겠습니다.

그림 4-1 웹 브라우저에서 쿠키를 가져오는 방법 검색

그중 하나의 검색 결과로 들어가 보면 충분히 원하는 답을 유추할 수 있습니다.

그림 4-2 웹 브라우저에서 쿠키를 가져오는 방법

이전 시간에 만든 cookie.js 파일에서 주석으로 처리한 부분을 해제해서 다시 쿠키를 만듭니다.

예제 4-1 쿠키 생성하기(주석 해제) cookie/cookie.js

```
var http = require('http');
http.createServer(function(request, response) {
    response.writeHead(200, {
        'Set-Cookie':['yummy_cookie=choco', 'tasty_cookie=strawberry']
    });
    response.end('Cookie!!');
}).listen(3000);
```

그리고 웹 브라우저의 검사 기능을 이용해 [Header] 탭의 [Request Headers]나 [Cookies] 탭에서 쿠키를 전송하고 있는지 확인합니다.

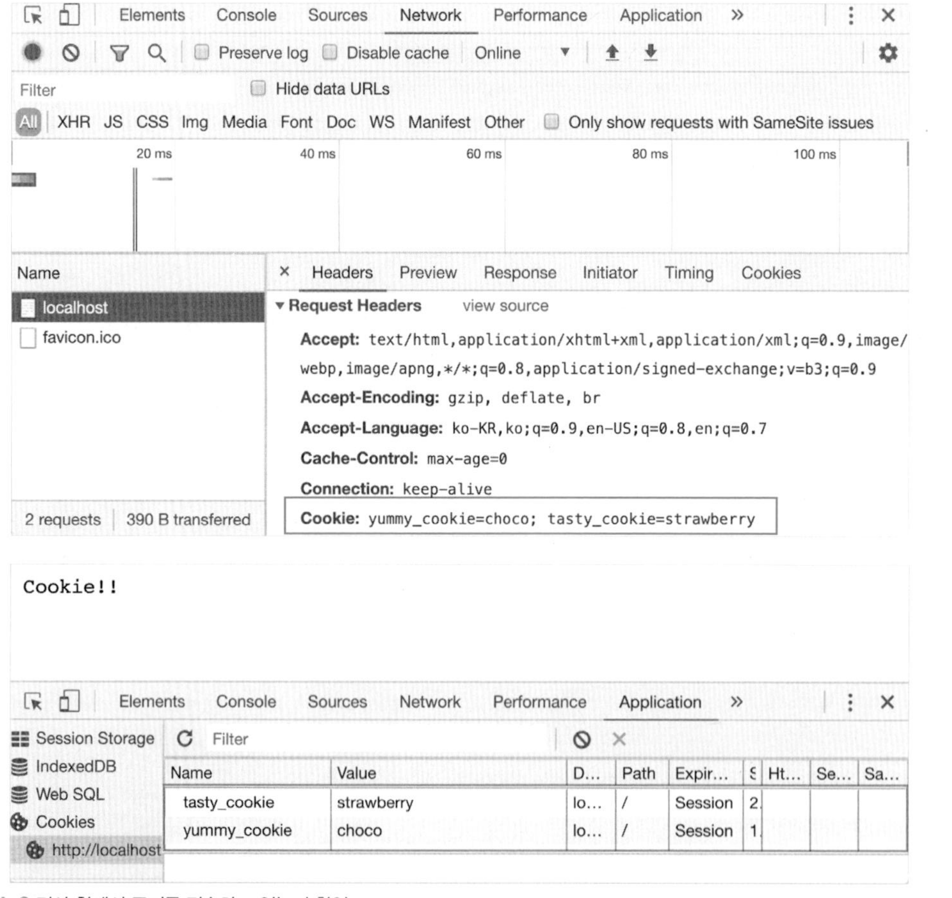

그림 4-3 검사 창에서 쿠키를 전송하고 있는지 확인

[Request Headers](요청 헤더)에 두 개의 쿠키가 있으므로 웹 서버가 당연히 이 쿠키를 받았을 것입니다. 요청 헤더값에서 이 쿠키를 찾아보겠습니다. 먼저 `request` 객체에 담긴 쿠키 헤더값을 콘솔에 출력해서 어떤 정보를 담고 있는지 확인해봅시다.

예제 4-2 쿠키 읽어오기 cookie/cookie.js

```
var http = require('http');
http.createServer(function(request, response) {
    console.log(request.headers.cookie);
    response.writeHead(200, {
        ... 생략 ...
```

cookie.js 실행 결과

```
yummy_cookie=choco; tasty_cookie=strawberry
```

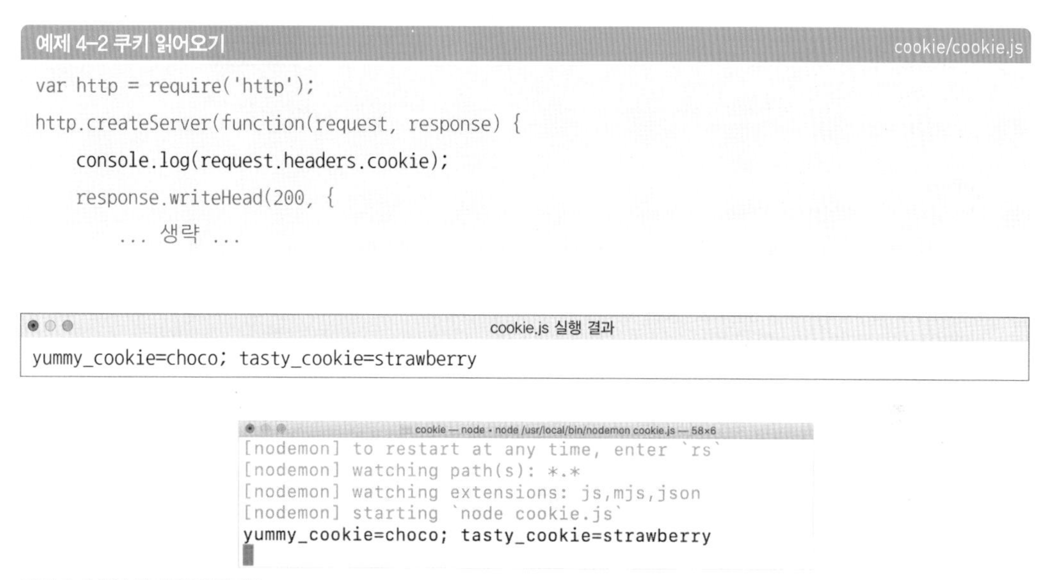

그림 4-4 콘솔에 출력된 쿠키값

실행 결과를 보면 두 개의 쿠키값이 출력된 모습을 볼 수 있습니다. 그런데 쿠키의 값이 여러 개일 때는 이처럼 지저분한 정보가 들어가 있고 문자열로 반환하기 때문에 각 쿠키값을 제어하려면 별도의 처리가 필요합니다. 이렇게 문자열로 받은 쿠키값을 직접 객체로 만들어서 사용해도 되지만, npm에 쿠키를 처리할 수 있는 모듈이 있는지 찾아보겠습니다.

'npm cookie'라는 키워드로 검색해보면 cookie라는 이름의 npm이 있습니다.

Google | npm cookie

전체 | 뉴스 | 동영상 | 이미지 | 쇼핑 | 더보기 | 설정 | 도구

검색결과 약 11,800,000개 (0.50초)

www.npmjs.com › package › cookie ▾ 이 페이지 번역하기

cookie - npm

2019. 5. 16. - The str argument is the string representing a **Cookie** header value and options is an optional object containing additional parsing options.

Js-cookie
If you're viewing this at https://github.com/js-cookie/js-cookie, ...

React-cookie
npm install react-cookie. or in the browser (global variable ...

그림 4-5 구글에서 'npm cookie'로 검색

cookie 모듈 페이지로 들어가 보니 주별로 무려 1500만 번이나 다운로드되는 아주 인기 있는 모듈입니다.

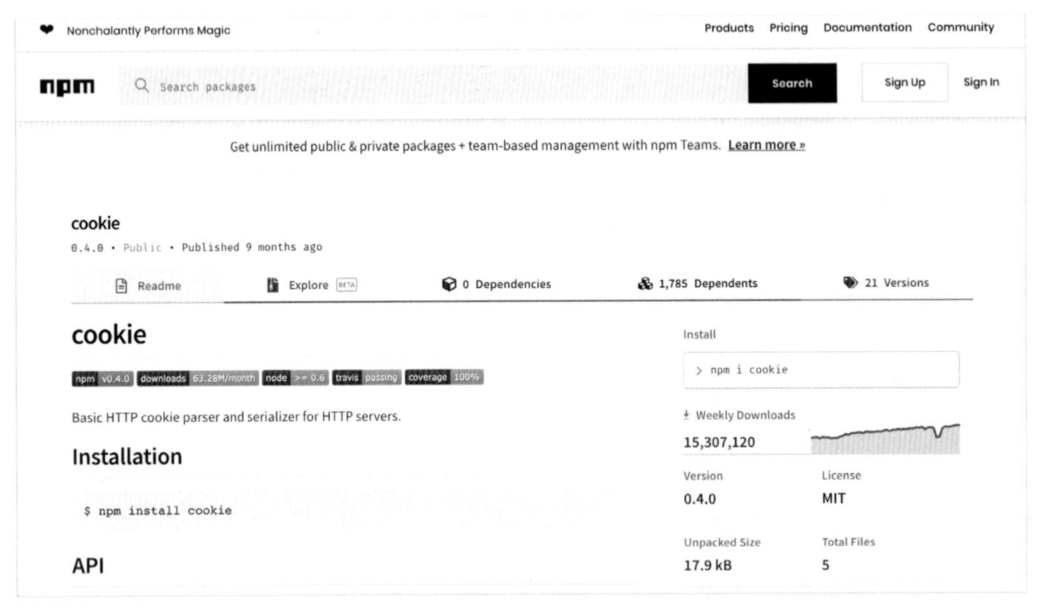

그림 4-6 cookie 모듈

cookie 모듈은 터미널에서 다음 명령으로 설치할 수 있습니다.

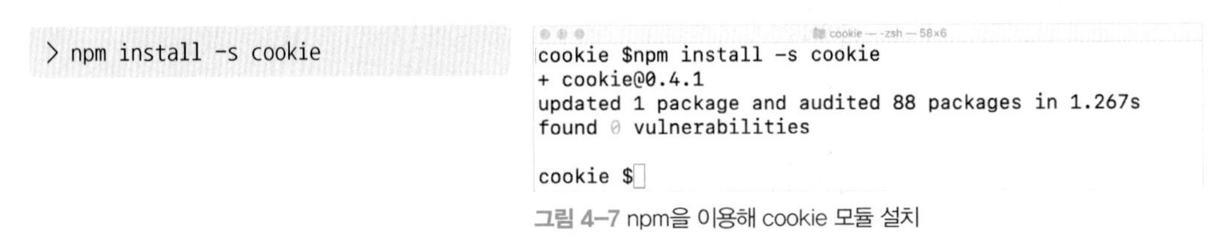

그림 4-7 npm을 이용해 cookie 모듈 설치

그리고 cookie 모듈을 사용하기 위해 다음과 같이 코드를 추가합니다.

예제 4-3 쿠키 모듈 사용하기 cookie/cookie.js

```
var http = require('http');
var cookie = require('cookie');
http.createServer(function(request, response) {
    console.log(request.headers.cookie);
    var cookies = cookie.parse(request.headers.cookie);
    console.log(cookies);
    response.writeHead(200, {
        ... 생략 ...
```

cookie 모듈의 parse 메서드에 요청 헤더의 쿠키값(문자열)을 전달합니다. 그러면 쿠키값이 객체화돼서 우리가 다루기 쉽게 만들어줍니다.

```
cookie — node • node /usr/local/bin/nodemon cookie — 58×5
[nodemon] watching extensions: js,mjs,json
[nodemon] starting `node cookie.js`
yummy_cookie=choco; tasty_cookie=strawberry
{ yummy_cookie: 'choco', tasty_cookie: 'strawberry' }
```

그림 4-8 객체로 반환된 쿠키값

쿠키값이 객체화됐으므로 yummy_cookie를 가져오고 싶으면 cookies.yummy_cookie 같은 방식으로 접근하면 됩니다. 이런 식으로 서버 쪽에서 전달받은 쿠키를 알 수 있습니다.

예제 4-4 쿠키 모듈을 사용해 yummy_cookie 가져오기 cookie/cookie.js

```
... 생략 ...
http.createServer(function(request, response) {
    console.log(request.headers.cookie);
    var cookies = cookie.parse(request.headers.cookie);
    console.log(cookies.yummy_cookie);
    response.writeHead(200, {
        ... 생략 ...
```

```
cookie — node • node /usr/local/bin/nodemon cookie — 58×5
[nodemon] watching extensions: js,mjs,json
[nodemon] starting `node cookie.js`
yummy_cookie=choco; tasty_cookie=strawberry
choco
```

그림 4-9 yummy_cookie 가져오기

그런데 웹 브라우저에서 쿠키값을 지워버리면 방금 작성한 코드가 제대로 동작하지 않습니다.

```
cookie — node /usr/local/bin/nodemon cookie — 58×18
undefined
/Users/gaheeyoon/Desktop/cookie/node_modules/cookie/index.
js:51
    throw new TypeError('argument str must be a string');
    ^

TypeError: argument str must be a string
    at Object.parse (/Users/gaheeyoon/Desktop/cookie/node_
modules/cookie/index.js:51:11)
    at Server.<anonymous> (/Users/gaheeyoon/Desktop/cookie
/cookie.js:6:30)
    at Server.emit (events.js:315:20)
    at parserOnIncoming (_http_server.js:874:12)
    at HTTPParser.parserOnHeadersComplete (_http_common.js
:126:17)
[nodemon] app crashed - waiting for file changes before st
arting...
```

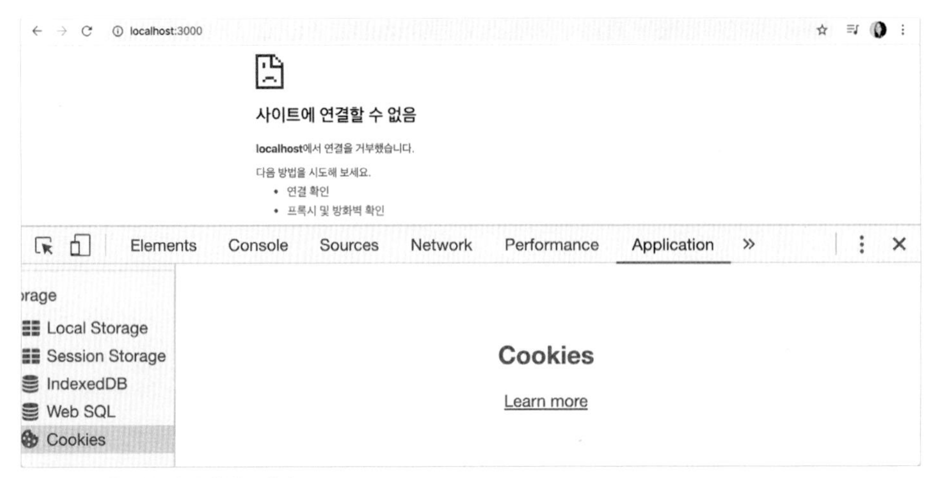

그림 4-10 쿠키값을 지우면 발생하는 에러

즉, request.headers.cookie 값이 undefined가 되는데, parse() 메서드는 undefined를 수용하지 못하는 경직된 메서드라서 에러가 발생합니다. 이를 해결하려면 조건문을 사용해 request.headers.cookie 값이 undefined인지 확인하는 코드를 추가해야 합니다.

예제 4-5 쿠키값이 undefined인지 확인하는 조건문을 추가 cookie/cookie.js

```
... 생략 ...
http.createServer(function(request, response) {
    console.log(request.headers.cookie);
    var cookies = {};
    if(request.headers.cookie !== undefined) {
        cookies = cookie.parse(request.headers.cookie);
    }
    console.log(cookies.yummy_cookie);
    response.writeHead(200, {
        'Set-Cookie':['yummy_cookie=choco', 'tasty_cookie=strawberry']
    });
    response.end('Cookie!!');
}).listen(3000);
```

이렇게 하면 쿠키값이 없을 때도 에러가 발생하지 않습니다.

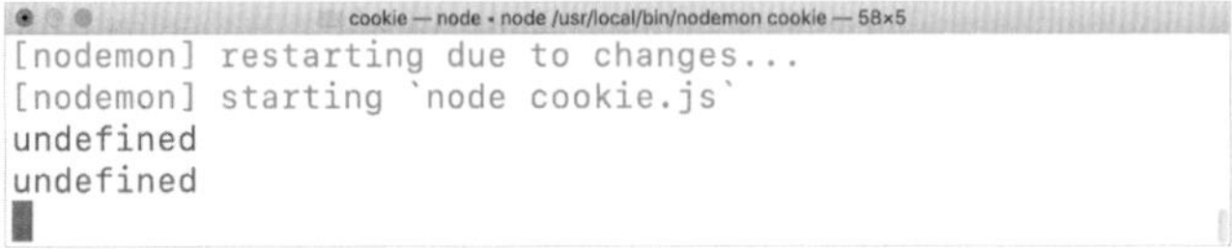

```
cookie — node • node /usr/local/bin/nodemon cookie — 58×5
[nodemon] restarting due to changes...
[nodemon] starting `node cookie.js`
undefined
undefined
```

그림 4-11 쿠키값이 없어도 에러가 발생하지 않음

WEB3

https://youtu.be/HHBOUG3cpQ4 (6분 1초)

05 쿠키 활용

이전 시간에는 쿠키를 만들고 읽는 핵심적인 내용을 살펴봤습니다. 이번 시간에는 쿠키를 활용하는 방법을 살펴보겠습니다.

다음은 아시아나 항공의 웹사이트[1]입니다.

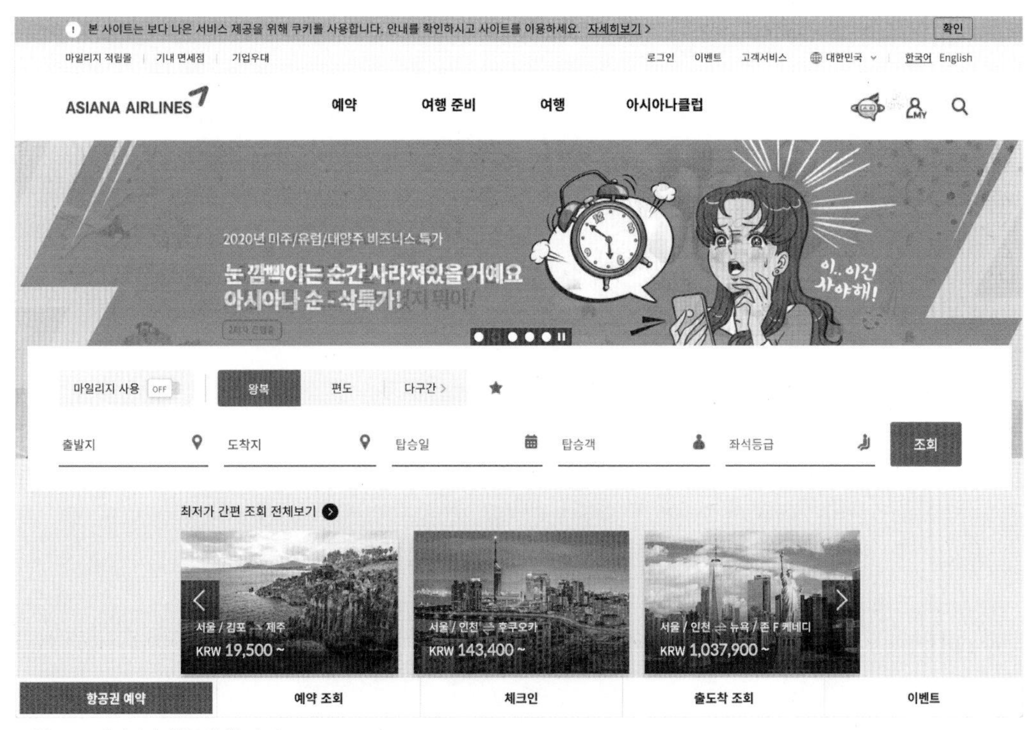

그림 5-1 아시아나 항공의 웹 사이트

이 사이트에서는 오른쪽 위에 있는 [English] 링크를 클릭하면 사이트에 표시되는 언어를 영어로 바꿀 수 있습니다.

1 https://flyasiana.com/
동영상 강의에서는 모질라 재단의 MDN 사이트를 예로 들어 설명했는데, MDN 사이트에서 더는 쿠키를 사용해서 언어를 저장하지 않아서 책에서는 아시아나 항공의 웹사이트를 예로 들어 설명합니다.

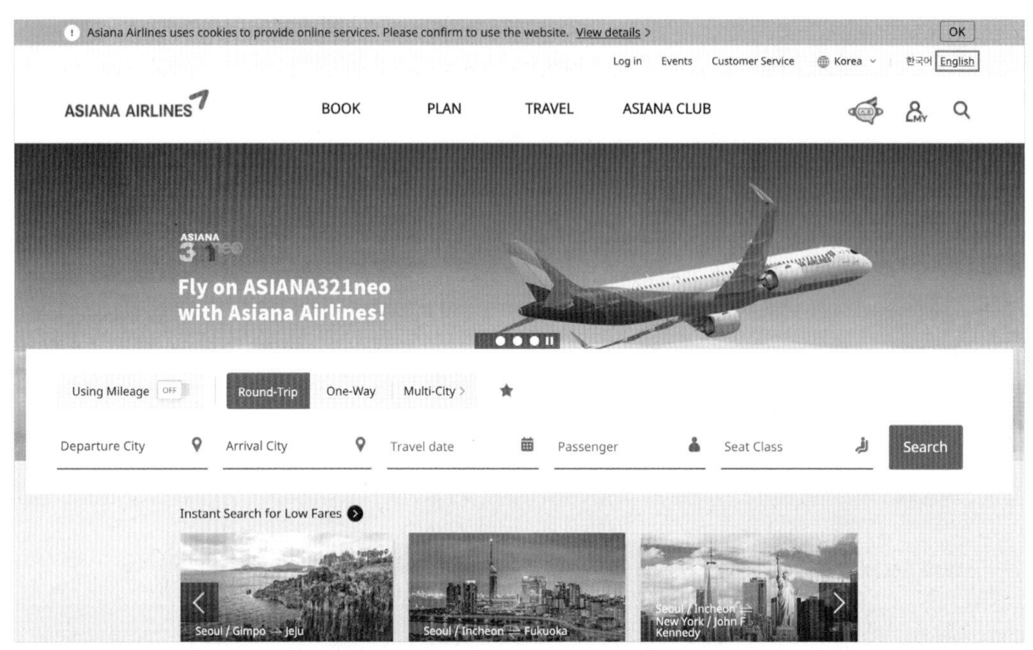

그림 5-2 아시아나 항공의 웹 사이트 언어를 영어로 변경

그리고 다른 사이트에 접속했다가 다시 아시아나 항공 홈페이지(https://flyasiana.com/)로 접속하면 영어로 표시되는 것을 볼 수 있습니다.

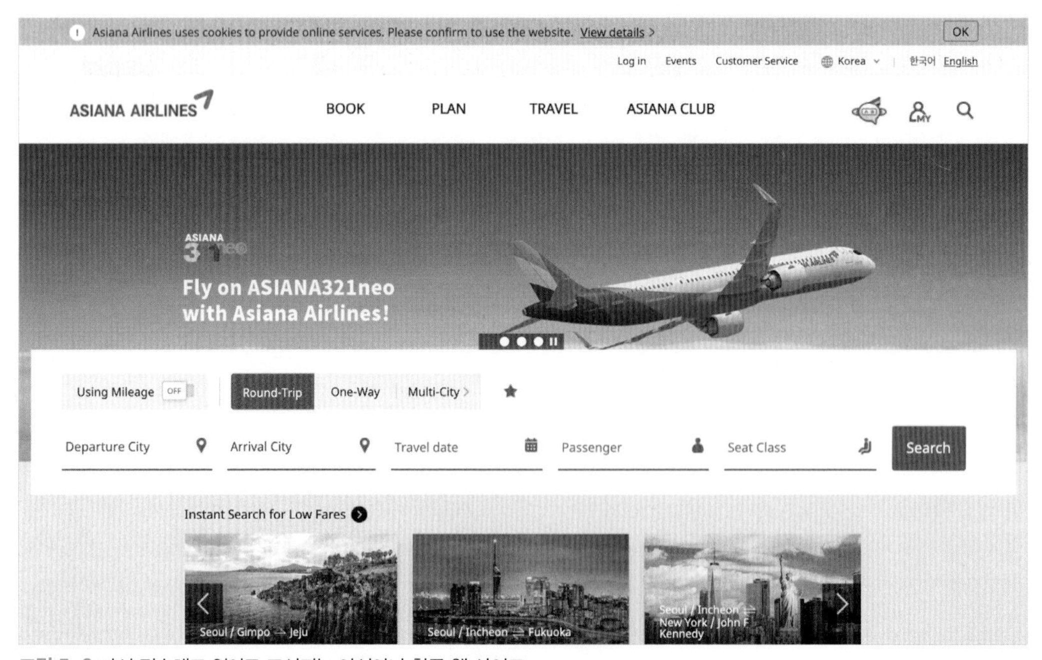

그림 5-3 다시 접속해도 영어로 표시되는 아시아나 항공 웹 사이트

다시 한글로 바꾸면 해당 사이트에 접속할 때 한글로 표시되는 것을 볼 수 있습니다. 즉, 웹 사이트에 마지막으로 접속한 언어를 기억하고, 그다음부터는 나에게 맞는 개인화된 (마지막에 접속한 언어로) 페이지를 보여줍니다. 이를 가능하게 하는 것이 쿠키입니다.

이제 쿠키가 어떻게 사용되는지 확인해보겠습니다. 웹 브라우저의 검사 창을 열고 [Application] 탭에서 왼쪽에 있는 [Cookies] 항목 아래의 도메인을 클릭하면 해당 도메인의 쿠키를 보여줍니다. 아시아나 항공 사이트에서는 LANG이라는 이름의 쿠키가 언어 설정값입니다.

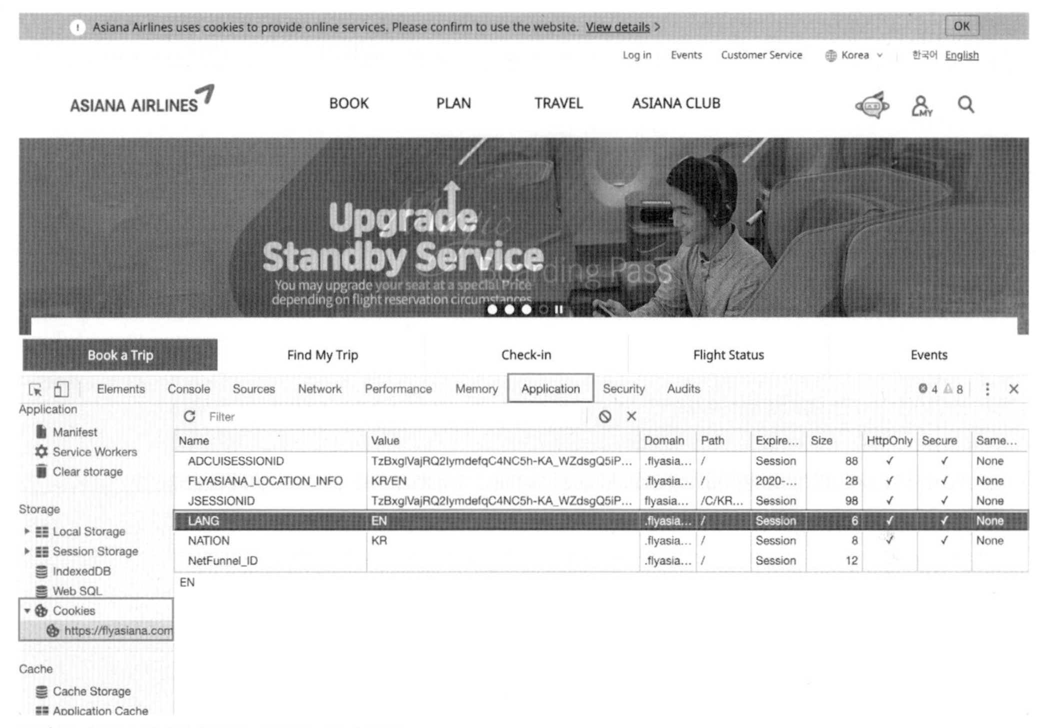

그림 5-4 검사 창에서 언어를 저장하는 쿠키 확인

이 상태에서 다시 아시아나 항공의 한국어 페이지로 접속하면 LANG 쿠키값이 바뀌는 모습을 볼 수 있습니다.

그림 5-5 검사 창에서 언어를 저장하는 쿠키 확인

LANG 쿠키값을 KO(한국어)나 EN(영어) 등으로 임의로 바꾸고 아시아나 항공 홈페이지(https://flyasiana.com/)로 접속하면 그에 해당하는 언어로 표시됩니다. 즉, 아시아나 항공 사이트는 LANG 쿠키값을 기준으로 개인화하는 것을 볼 수 있습니다.

WEB3

https://youtu.be/jIZf-3ltQH8 (3분 47초)

06 세션(Session)과 영구 쿠키(Permanent 쿠키)

이번 시간에는 쿠키를 세부적으로 다루는 방법을 살펴보겠습니다. 특히 '쿠키가 언제까지 살아있게 할 것인가?'와 관련한 내용입니다. 쿠키는 세션 쿠키(session cookie)와 영구 쿠키(Permanent cookie)의 두 가지로 나뉩니다. 세션 쿠키는 웹 브라우저가 켜져 있는 동안에만 유효한 쿠키라서 브라우저를 종료했다가 다시 실행하면 사라져 있습니다. 반면 영구 쿠키는 영속적인 쿠키로서 웹 브라우저를 종료했다가 다시 실행해도 쿠키가 살아 있습니다.

앞에서 작성한 `yummy_cookie`는 세션 쿠키이고, 세션 쿠키에 `Max-Age`나 `Expires` 같은 옵션을 설정하면 영구 쿠키가 됩니다.

- `Max-Age`: 쿠키가 현재부터 얼마 동안 유효한지 지정(상대적)
- `Expires`: 쿠키를 언제 해지할지 지정(절대적)

실습을 위해 앞에서 작성한 `cookie.js` 파일에 새로운 쿠키를 하나 추가합니다.

예제 6-1 새로운 쿠키 추가 cookie/cookie.js

```
... 생략 ...
http.createServer(function(request, response) {
    ... 생략 ...
    response.writeHead(200, {
        'Set-Cookie':[
            'yummy_cookie=choco',
            'tasty_cookie=strawberry',
            `Permanent=cookies; Max-Age=${60*60*24*30}`
        ]
    });
    ... 생략 ...
```

Permanent라는 이름으로 영속적인 쿠키를 하나 추가했습니다. 그리고 뒤에 Max-Age를 지정하는데, Max-Age는 초 단위로 지정해야 합니다. 따라서 여기서 지정한 Max-Age 값은 30일 동안 유효하다는 의미입니다. 이 상태로 실행한 다음 검사 창을 확인해보면 Permanent라는 이름의 쿠키가 생성됐고, 만료일이 지금으로부터 30일 후로 설정된 것을 확인할 수 있습니다.

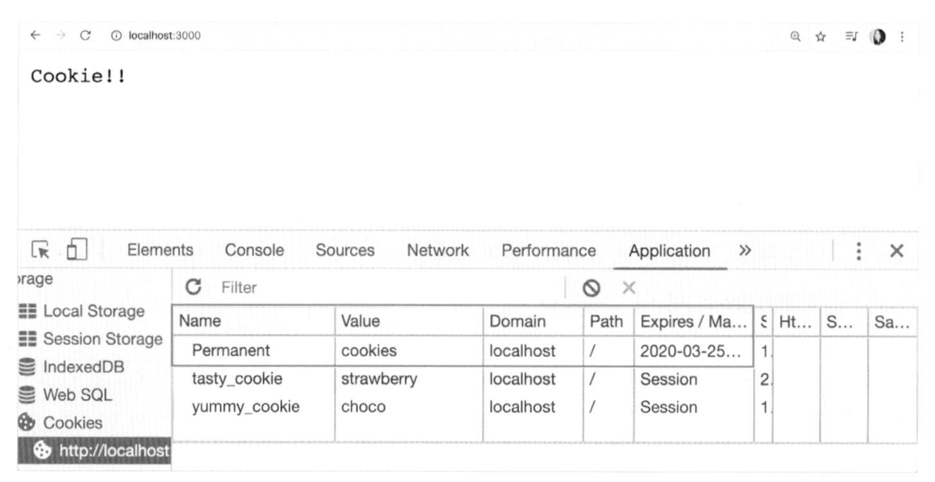

그림 6-1 검사 창에서 확인한 새로운 쿠키의 만료일

부호가 달라요!

Max-Age를 사용하는 Permanent 쿠키에서는 작은따옴표가 아닌 역따옴표를 사용하는 데 주의해주세요.

```
'tasty_cookie=strawberry',                    ← 작은따옴표 사용
`Permanent=cookies; Max-Age=${60*60*24*30}`    ← 역따옴표 사용
```

이제 쿠키를 생성하는 코드를 모두 주석으로 처리해서 비활성화하고 다시 실행해보겠습니다.

예제 6-2 쿠키를 생성하는 코드를 주석으로 처리 cookie/cookie.js

```
... 생략 ...
    // response.writeHead(200, {
    //     'Set-Cookie':[
    //         'yummy_cookie=choco',
    //         'tasty_cookie=strawberry',
    //         `Permanent=cookies; Max-Age=${60*60*24*30}`
    //     ]
    // });
... 생략 ...
```

웹 브라우저를 종료했다가 다시 실행해서 http://localhost:3000으로 접속한 다음, 검사 창을 확인해보면 다음과 같이 기존의 세션 쿠키는 모두 없어지고 Permanent 쿠키만 남아 있는 것을 확인할 수 있습니다.

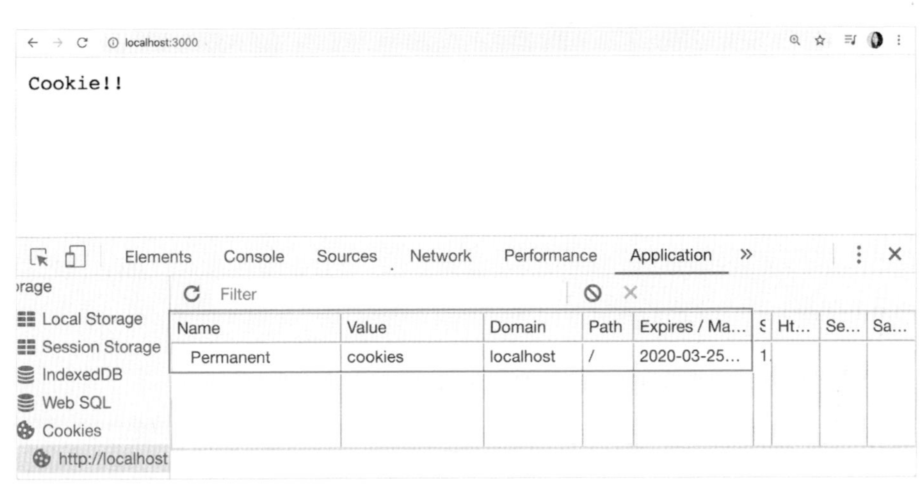

그림 6-2 Permanent 쿠키만 남고, 기존 세션 쿠키는 없어짐

즉, Max-Age나 Expires 중 하나를 사용하면 오래 지속되는 쿠키를 만들 수 있습니다. 주석으로 처리한 코드는 다시 복원하고 다음 수업으로 넘어가겠습니다.

예제 6-3 쿠키를 생성하는 코드의 주석을 해제 cookie/cookie.js

```
... 생략 ...
    response.writeHead(200, {
        'Set-Cookie':[
            'yummy_cookie=choco',
            'tasty_cookie=strawberry',
            `Permanent=cookies; Max-Age=${60*60*24*30}`
        ]
    });
... 생략 ...
```

WEB3

https://youtu.be/E9vdcUmc_ck (4분 27초)

07 쿠키 옵션(Secure와 HttpOnly)

이번 시간에는 Secure와 HttpOnly라는 쿠키 옵션으로 보안과 관련된 내용을 살펴보겠습니다. Secure는 웹 브라우저와 웹 서버가 HTTPS 프로토콜로 통신하는 경우에만 쿠키를 전송하는 옵션이고, HttpOnly는 HTTP 프로토콜로 통신하는 경우에도 쿠키를 전송하지만 자바스크립트로는 쿠키값을 가져올 수 없게 하는 옵션입니다.

앞에서 작성한 cookie.js 파일에 Secure 옵션으로 새로운 쿠키를 생성해보겠습니다.

예제 7-1 Secure 옵션을 가진 쿠키 생성 cookie/cookie.js

```
... 생략 ...
    response.writeHead(200, {
        'Set-Cookie':[
            'yummy_cookie=choco',
            'tasty_cookie=strawberry',
            `Permanent=cookies; Max-Age=${60*60*24*30}`,
            'Secure=Secure; Secure'
        ]
    });
... 생략 ...
```

Secure라는 이름으로 쿠키를 생성하고 세미콜론 뒤에 Secure 옵션을 지정해 HTTPS 프로토콜로 통신하는 경우에만 쿠키가 생성되게 했습니다. 이때 Secure=Secure;는 쿠키 이름과 값으로서 아무런 의미가 없습니다. 다른 이름과 값을 사용해도 됩니다.

이 상태로 실행하고 웹 브라우저에서 http://localhost:3000으로 접속합니다. 그리고 웹 브라우저의 검사 창에서 요청(Request) 헤더를 살펴보면 쿠키에서 방금 추가한 Secure 쿠키가 없는 것을 확인할 수 있습니다.

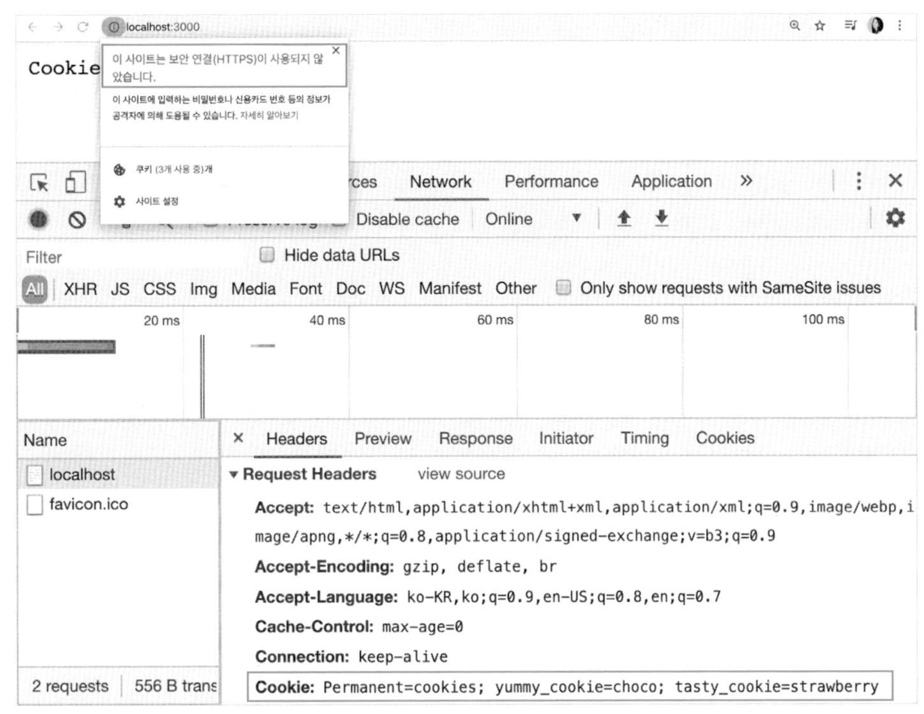

그림 7-1 방금 추가한 Secure 쿠키는 생성되지 않음

이는 현재 우리가 통신을 할 때 HTTPS가 아닌 HTTP를 사용하기 때문입니다. 그렇다면 HTTPS를 사용할 때만 웹 브라우저가 웹 서버에 쿠키를 전송할 수 있게 하는 이유는 무엇일까요? 이는 쿠키값을 가로채면 악의적으로 사용할 수 있는데, HTTP를 통해 통신하면 쿠키값을 너무 쉽게 가져갈 수 있기 때문입니다. Secure를 이용해 HTTPS 통신을 할 때만 쿠키를 전송할 수 있게 하면 쿠키값을 가로채는 것을 방지할 수 있습니다.

이번에는 HttpOnly라는 옵션으로 새 쿠키를 생성해보겠습니다.

예제 7-2 HttpOnly 옵션을 가진 쿠키 생성 cookie/cookie.js

```
... 생략 ...
    response.writeHead(200, {
        'Set-Cookie':[
            'yummy_cookie=choco',
            'tasty_cookie=strawberry',
            `Permanent=cookies; Max-Age=${60*60*24*30}`,
            'Secure=Secure; Secure',
            'HttpOnly=HttpOnly; HttpOnly'
```

```
        ]
    });
... 생략 ...
```

코드를 추가하고 실행한 다음, 웹 브라우저에서 http://localhost:3000으로 접속합니다. 그리고 웹 브라우저의 검사 창을 열고 [Application] 탭을 열어 쿠키를 확인합니다.

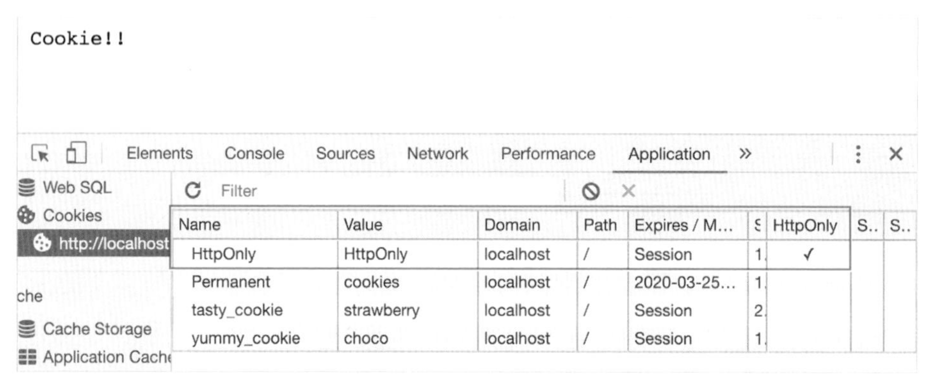

그림 7-2 검사 창에서 HttpOnly 쿠키 확인

그다음 [Console] 탭을 누르고 다음과 같이 현재 쿠키값을 가져오는 자바스크립트 코드를 작성합니다.

```
> document.cookie
```

그러면 다음과 같이 현재 쿠키값을 보여줍니다.

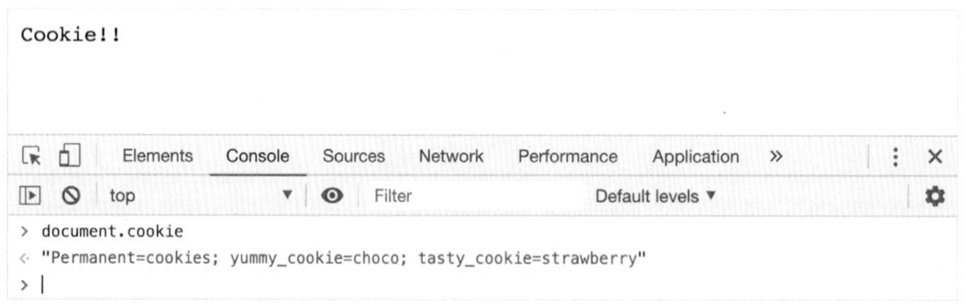

그림 7-3 자바스크립트 코드로 쿠키 확인하기

즉, HttpOnly 옵션을 지정한 쿠키를 전달하지만 자바스크립트 코드로는 그 값을 가져올 수 없는 것을 확인할 수 있습니다.

WEB3

https://youtu.be/BHM61ackDuY (4분 31초)

08 쿠키 옵션(Path와 Domain)

이번 시간에는 쿠키를 제어하는 방법의 하나인 Path와 Domain 옵션을 살펴보겠습니다. 우선 Path부터 살펴보겠습니다. 지금까지 만들었던 쿠키를 cookie라는 디렉터리에 있는 페이지로부터 만들어 보겠습니다. 그런데 `http://localhost:3000/cookie`로 접속해도 다음 그림처럼 Path가 최상위 디렉터리를 의미하는 /로 표시됩니다.

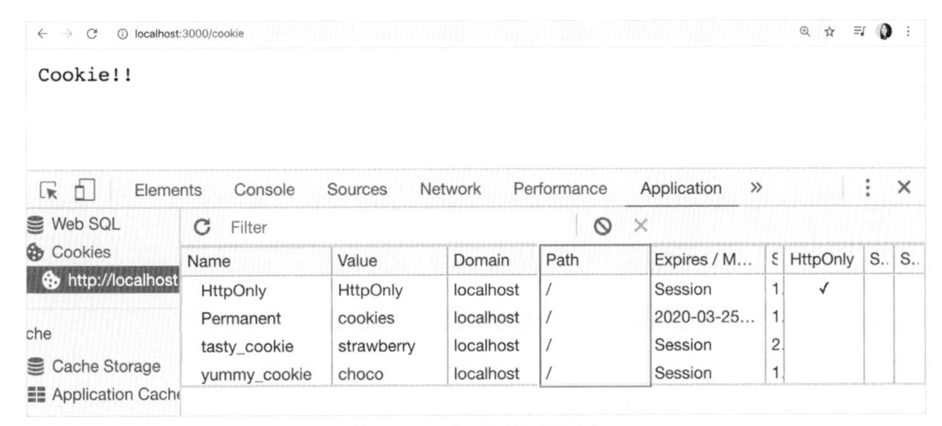

그림 8-1 `http://localhost:3000/cookie`로 접속해도 Path는 최상위 디렉터리

이 상태에서 쿠키를 생성하는 코드를 주석으로 처리하고 `http://localhost:3000`으로 접속해도 다음과 같이 쿠키가 살아 있는 모습을 확인할 수 있습니다.

그림 8-2 쿠키를 생성하는 코드를 주석으로 처리하고 재실행해도 살아 있는 쿠키

그런데 때로는 특정 디렉터리(경로)에서만 쿠키가 활성화되게 하고 싶을 수도 있습니다. 이때 사용하는 옵션이 Path입니다. 이를 실습하기 위해 Path 옵션으로 새 쿠키를 생성합니다.

예제 8-1 Path 옵션을 가진 쿠키를 생성 cookie/cookie.js

```
... 생략 ...
    response.writeHead(200, {
        'Set-Cookie':[
            'yummy_cookie=choco',
            'tasty_cookie=strawberry',
            `Permanent=cookies; Max-Age=${60*60*24*30}`,
            'Secure=Secure; Secure',
            'HttpOnly=HttpOnly; HttpOnly',
            'Path=Path; Path=/cookie'
        ]
    });
... 생략 ...
```

그리고 http://localhost:3000/cookie로 접속해보면 다음과 같이 쿠키가 제대로 생성되고, Path 열에 /cookie가 지정된 모습을 확인할 수 있습니다.

Cookie!!

Elements Console Sources Network Performance Application »

Web SQL
Cookies
http://localhost
che
Cache Storage
Application Cache

Filter

Name	Value	Domain	Path	Expires / Ma...	S	HttpOnly	S..	S..
HttpOnly	HttpOnly	localhost	/	Session	1.	✓		
Path	Path	localhost	/cookie	Session	8.			
Permanent	cookies	localhost	/	2020-03-25...	1.			
tasty_cookie	strawberry	localhost	/	Session	2.			

그림 8-3 Path 열에 /cookie가 지정된 쿠키

이 상태에서 쿠키를 생성하는 코드를 주석으로 처리해서 비활성화해보겠습니다.

예제 8-2 쿠키를 생성하는 코드를 주석 처리 cookie/cookie.js

```
... 생략 ...
    // response.writeHead(200, {
    //     'Set-Cookie':[
    //         'yummy_cookie=choco',
```

```
//          'tasty_cookie=strawberry',
//          `Permanent=cookies; Max-Age=${60*60*24*30}`,
//          'Secure=Secure; Secure',
//          'HttpOnly=HttpOnly; HttpOnly',
//          'Path=Path; Path=/cookie'
//      ]
// });
... 생략 ...
```

그다음 http://localhost:3000으로 접속해보면 다음과 같이 Path 쿠키가 생성되지 않은 것을 확인할 수 있습니다.

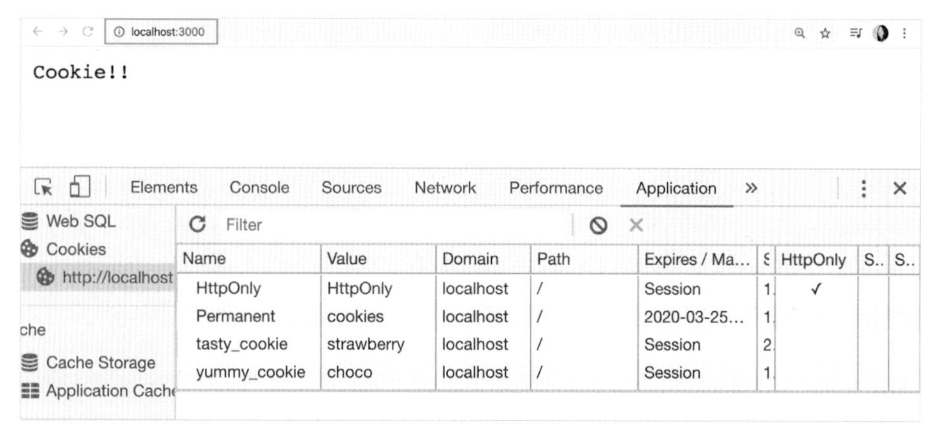

그림 8-4 http://localhost:3000으로 접속하면 Path 쿠키가 생성되지 않음

그리고 다시 http://localhost:3000/cookie로 접속해보면 Path 쿠키가 아직 살아 있습니다.

localhost:3000/cookie

Cookie!!

Elements Console Sources Network Performance Application

Web SQL
Cookies
http://localhost
che
Cache Storage
Application Cach

Filter

Name	Value	Domain	Path	Expires / Ma...	S	HttpOnly	S..	S..
HttpOnly	HttpOnly	localhost	/	Session	1	✓		
Path	Path	localhost	/cookie	Session	8			
Permanent	cookies	localhost	/	2020-03-25...	1			
tasty_cookie	strawberry	localhost	/	Session	2			

그림 8-5 http://localhost:3000/cookie로 접속하면 Path 쿠키가 살아 있음

그리고 cookie의 하위 주소인 http://localhost:3000/cookie/sub로 접속해도 Path가 살아 있습니다.

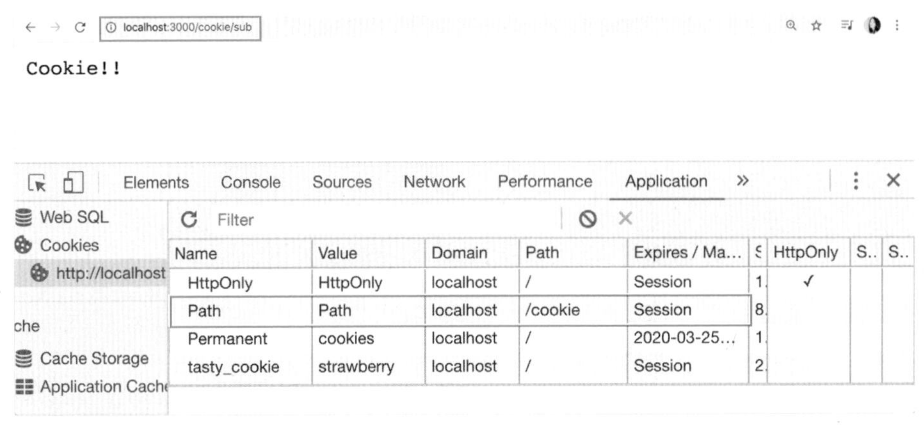

Name	Value	Domain	Path	Expires / Ma...	S	HttpOnly	S..	S..
HttpOnly	HttpOnly	localhost	/	Session	1.	✓		
Path	Path	localhost	/cookie	Session	8.			
Permanent	cookies	localhost	/	2020-03-25...	1.			
tasty_cookie	strawberry	localhost	/	Session	2.			

그림 8-6 cookie의 하위 주소로 접속해도 Path 쿠키가 살아 있음

즉, Path 옵션으로 특정 디렉터리를 지정하면 해당 디렉터리와 해당 디렉터리의 하위 디렉터리에서만 쿠키가 활성화됩니다. 따라서 웹 브라우저는 이에 해당하는 쿠키만 웹 서버에 전송할 수 있습니다.

이어서 살펴볼 옵션은 Domain 옵션입니다. 기존 코드에서 주석을 해제하고, 다음과 같이 Domain 옵션으로 새 쿠키를 생성합니다.

예제 8-3 Domain 옵션을 가진 쿠키를 생성 cookie/cookie.js

```
... 생략 ...
    response.writeHead(200, {
        'Set-Cookie':[
            'yummy_cookie=choco',
            'tasty_cookie=strawberry',
            `Permanent=cookies; Max-Age=${60*60*24*30}`,
            'Secure=Secure; Secure',
            'HttpOnly=HttpOnly; HttpOnly',
            'Path=Path; Path=/cookie',
            'Domain=Domain; Domain=o2.org'
        ]
    });
... 생략 ...
```

그다음 웹 브라우저에서 `http://o2.org:3000`으로 접속하고, 검사 창을 확인하면 다음과 같습니다.

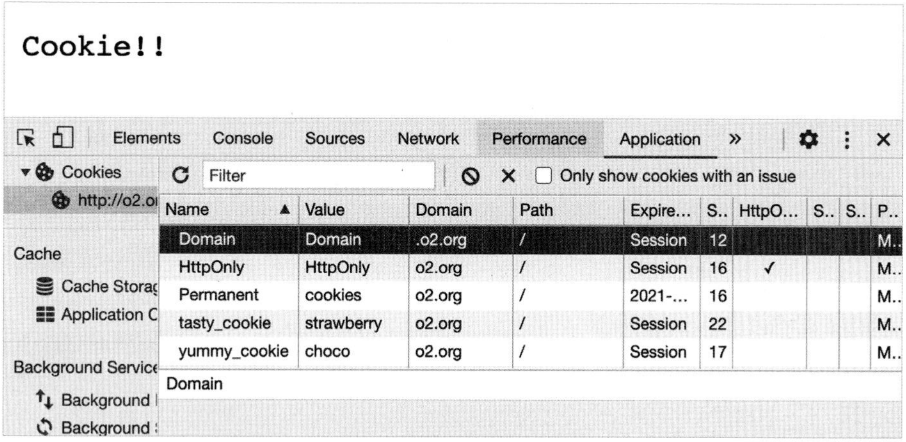

Cookie!!

Name ▲	Value	Domain	Path	Expire...	S..	HttpO...	S..	S..	P..
Domain	Domain	.o2.org	/	Session	12				M..
HttpOnly	HttpOnly	o2.org	/	Session	16	✓			M..
Permanent	cookies	o2.org	/	2021-...	16				M..
tasty_cookie	strawberry	o2.org	/	Session	22				M..
yummy_cookie	choco	o2.org	/	Session	17				M..

그림 8-7 Domain 옵션으로 생성한 쿠키

참고로 여기서 접속하는 `o2.org`라는 주소는 실습 컴퓨터에서만 임의로 동작하게 만든 도메인입니다. 따라서 실제로 다른 컴퓨터에서 이 주소로 접속하면 다른 페이지가 나옵니다. 이 책에서는 실습을 위해 `o2.org`로 접속했을 때 위와 같은 페이지가 나오게 환경을 설정했습니다.

쿠키 목록에서 `Domain` 옵션으로 생성한 쿠키만 `Domain` 열이 `.o2.org`이고, 나머지 쿠키는 `o2.org`인 것을 확인할 수 있습니다. 두 도메인의 차이를 알기 위해 쿠키 생성 코드를 주석으로 처리하고 `http://test.o2.org:3000`으로 접속합니다.

예제 8-4 쿠키를 생성하는 코드를 주석 처리 cookie/cookie.js

```
... 생략 ...
    // response.writeHead(200, {
    //     'Set-Cookie':[
    //         'yummy_cookie=choco',
    //         'tasty_cookie=strawberry',
    //         `Permanent=cookies; Max-Age=${60*60*24*30}`,
    //         'Secure=Secure; Secure',
    //         'HttpOnly=HttpOnly; HttpOnly',
    //         'Path=Path; Path=/cookie',
    //         'Domain=Domain; Domain=o2.org'
    //     ]
    // });
... 생략 ...
```

그러면 Domain 옵션으로 생성한 쿠키만 살아 있는 것을 볼 수 있습니다.

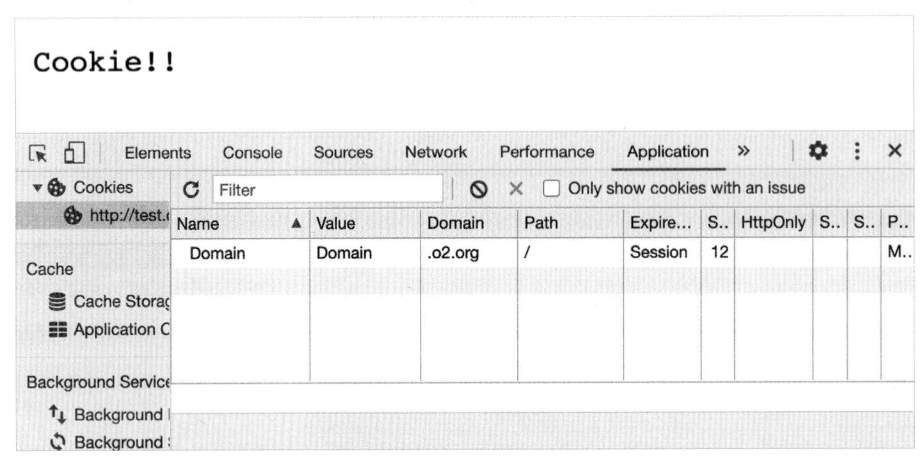

그림 8-8 Domain 옵션으로 생성한 쿠키만 살아 있음

즉, Domain 옵션은 test.o2.org처럼 어떤 서브도메인에서도 생성되는 쿠키를 만들 수 있는 옵션입니다.

지금까지 Path 옵션과 Domain 옵션을 살펴봤습니다. Path 옵션은 어느 Path에서 동작하게 할 것인지 제한하는 옵션이었고, Domain은 어느 Domain에서 동작하게 할 것인지 제한하는 옵션이었습니다.

WEB3

https://youtu.be/P99RstONEJg (2분 30초)

09 쿠키를 이용한 인증 기능 구현

인증 구현 소개

이제 마지막 과정으로 지금까지 배운 쿠키를 이용해 로그인 기능을 구현해보겠습니다. 다시 말씀드리지만, 여기서 소개하는 예제는 보안적으로 심각한 문제가 있습니다. 따라서 실무에서 바로 사용해서는 안 됩니다. 이번 예제를 통해서는 인증을 구현하는 방법에 대한 아이디어만 얻기 바랍니다.

먼저 이번 시간에 만들 기능은 다음과 같이 이메일과 비밀번호를 입력하고 [Submit] 버튼을 누르면 로그인되고, 위에 있는 로그아웃 링크를 누르면 로그아웃되는 것입니다.

[login 링크를 클릭해 로그인 페이지로 이동한 후 아이디와 비밀번호를 입력]

localhost:3000/login

login

WEB

- CSS
- HTML
- JS
- JavaScript

create

egoing777@gmail.com

••••••

Submit

[로그인되면 logout 링크로 바뀜]

localhost:3000

logout

WEB

- CSS
- HTML
- JS
- JavaScript

create

Welcome

Hello, Node.js

그림 9-1 이번 시간에 구현할 로그인/로그아웃 예제

그리고 로그인하면 다음 그림과 같이 `email`, `nickname`, `password` 등의 쿠키가 생성되는 것을 알 수 있습니다.

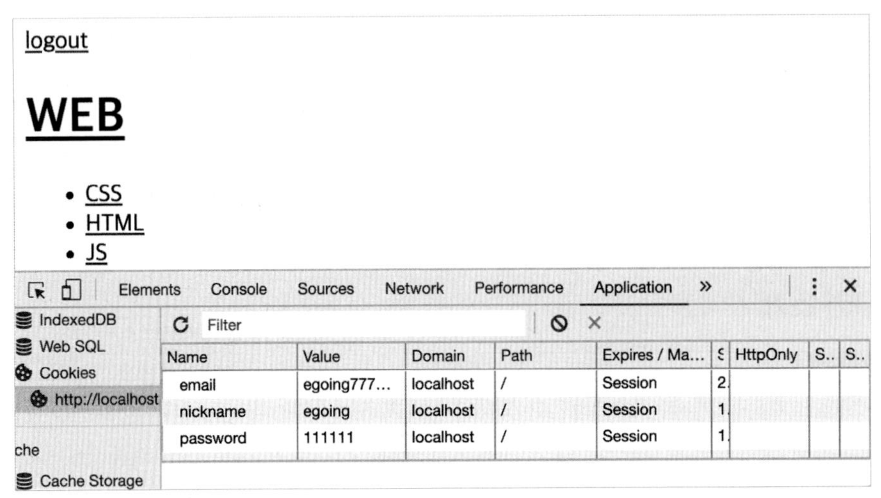

그림 9-2 로그인하면 생성되는 쿠키

이처럼 쿠키값을 바로 볼 수 있기 때문에 쿠키를 이용하는 방식이 위험하다는 겁니다. 쿠키 안에 이메일과 비밀번호, 닉네임이 그대로 저장돼 있으면 이것을 얼마든지 탈취할 수 있습니다. 특히 비밀번호가 이처럼 평문으로 작성돼 있으면 매우 위험합니다. 따라서 이 책에서는 교육용으로만 살펴보겠습니다.

그리고 로그아웃하게 되면 다음과 같이 쿠키들이 사라지면서 로그아웃 상태가 됩니다.

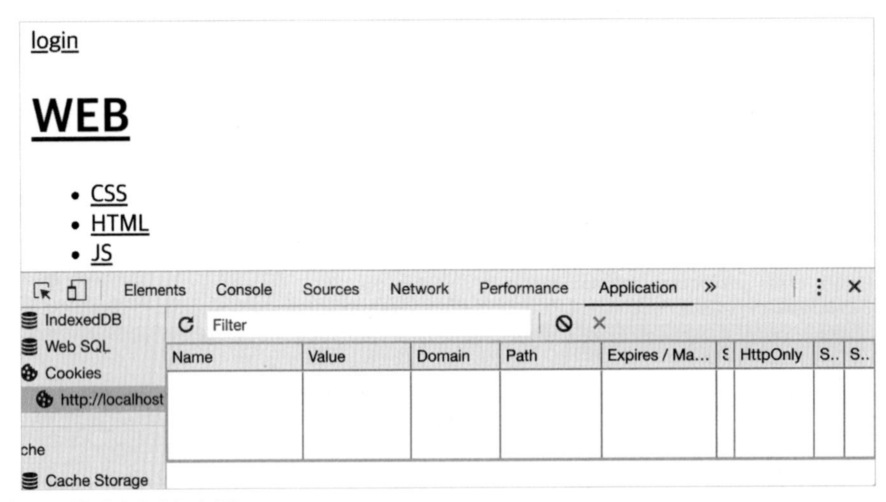

그림 9-3 로그아웃하면 쿠키가 사라짐

그리고 [create] 링크를 클릭했을 때 로그인돼 있지 않으면 글 생성 페이지로 이동할 수 없고, 로그인돼 있을 때만 글 생성 화면으로 들어갈 수 있는 기능을 구현해보겠습니다.

소개는 여기까지 하고, 다음 시간부터 실제로 애플리케이션을 구현해보겠습니다.

로그인 화면 만들기

https://youtu.be/t0NophokbCc
(3분 39초)

먼저 로그인 버튼을 만들어보겠습니다. lib 디렉터리 아래에 있는 template.js 파일을 열고 다음과 같이 코드를 추가합니다.

예제 9-1 로그인 링크 추가 cookie/lib/template.js

```
... 생략 ...
<body>
    <a href="/login">login</a>
    <h1><a href="/">WEB</a></h1>
... 생략 ...
```

서버를 실행하고 http://localhost:3000으로 접속하면 다음과 같이 로그인 링크가 나타납니다.

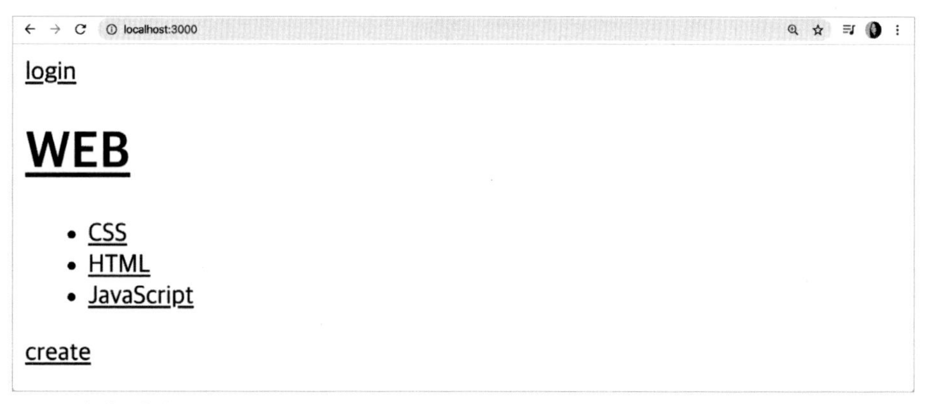

그림 9-4 로그인 링크 추가

그리고 로그인 링크를 눌렀을 때 이를 처리할 적당한 라우트와 보여줄 화면을 작성합니다. main.js 파일을 열고 마지막 부분에 다음과 같이 코드를 추가합니다.

예제 9-2 로그인을 처리할 라우트와 로그인 화면 추가 cookie/main.js

```
... 생략 ...
    } else if(pathname === '/update_process') {
        ... 생략 ...
    } else if(pathname === '/login') {
        fs.readdir('./data', function(error, filelist) {
            var title = 'Login';   ← 홈 부분의 코드를 복사/붙여넣은 다음 수정합니다.
            var list = template.list(filelist);
```

```
            var html = template.HTML(title, list,
              `
              <form action="login_process" method="post">
                <p><input type="text" name="email" placeholder="email"></p>
                <p><input type="password" name="password" placeholder="password"></p>
                <p><input type="submit"></p>
              </form>`,
              `<a href="/create">create</a>`
            );
            response.writeHead(200);
            response.end(html);
        });
    } else {
        response.writeHead(404);
        response.end('Not found');
    }
... 생략 ...
```

이렇게 작성하고 실행한 다음 [login]을 누르면 다음과 같은 화면을 볼 수 있습니다.

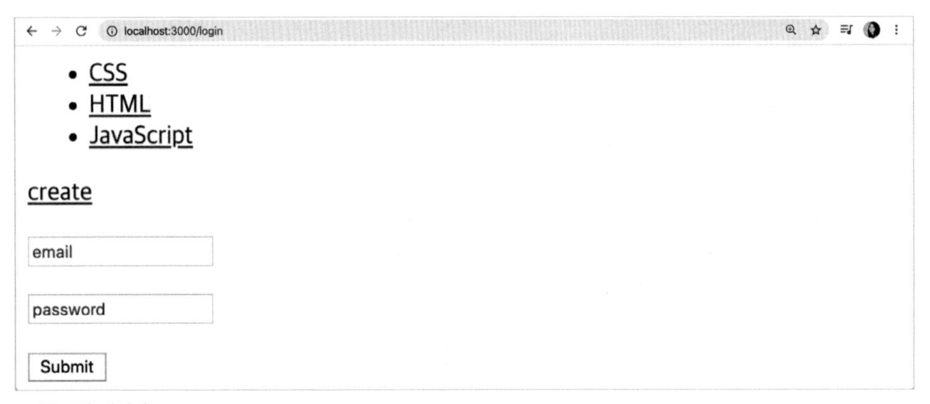

그림 9-5 로그인 페이지

로그인 화면은 모두 완성했습니다. 이제 이메일과 비밀번호를 입력하고 [Submit] 버튼을 누르면 이 값을 login_process가 받아서 로그인 처리를 하게 만들어 보겠습니다. login_process는 아이디와 비밀번호 정보를 받은 다음, 실제 로그인 정보와 일치하는지 확인하고, 일치한다면 해당 정보를 쿠키로 생성해서 로그인을 완성할 것입니다.

로그인 쿠키 생성

https://youtu.be/3JhA-I06wJE
(5분 10초)

이전 절에서는 로그인 폼을 완성했으니 이번 시간에는 이를 처리할 login_process를 구현해보겠습니다. main.js 파일에 다음 코드를 추가합니다.

예제 9-3 login_process 구현 cookie/main.js

```
... 생략 ...
    else if(pathname === '/login') {
        ... 생략 ...
    } else if(pathname === '/login_process') {
        var body = '';
        request.on('data', function(data) {
            body = body + data;
        });
        request.on('end', function() {
            var post = qs.parse(body);
            if(post.email === 'egoing777@gmail.com' && post.password === '111111') {
                response.writeHead(302, {
                    'Set-Cookie':[
                        `email=${post.email}`,
                        `password=${post.password}`,
                        `nickname=egoing`
                    ],
                    Location: `/`
                });
                response.end();
            } else {
                response.end('Who?');
            }
        });
    } else {
        response.writeHead(404);
        response.end('Not found');
    }
... 생략 ...
```

post 변수에 담긴 값은 사용자가 전송한 이메일과 비밀번호입니다.

```
var post = qs.parse(body);
```

따라서 이메일 주소는 post.email로 가져올 수 있고, 비밀번호는 post.password로 가져올 수 있습니다. 조건문을 이용해 이메일(post.email)이 'egoing777@gmail.com'이고, 비밀번호(post.password)가 '111111' 인지 확인합니다. 이때 두 개의 조건이 모두 참이어야 참을 반환하는 논리 연산자 &&를 이용합니다.

```
if(post.email === 'egoing777@gmail.com' && post.password === '111111') {
    // 아이디와 비밀번호가 일치하면 로그인 처리
}
```

아이디와 비밀번호가 일치하면 로그인 처리를 합니다. Set-Cookie를 이용해 쿠키를 생성하고, Location 을 /로 설정해 홈으로 리다이렉션합니다.

```
response.writeHead(302, {
    'Set-Cookie':[
        `email=${post.email}`,
        `password=${post.password}`,
        `nickname=egoing`
    ],
    Location: `/`
});
```

이렇게 작성한 후 실행해서 로그인하면 다음과 같이 쿠키가 제대로 생성되는 모습을 확인할 수 있습니다. 그리고 이처럼 아이디와 비밀번호가 노출되는 이유 때문에 우리가 구현하는 쿠키 방식이 위험한 것입니다.

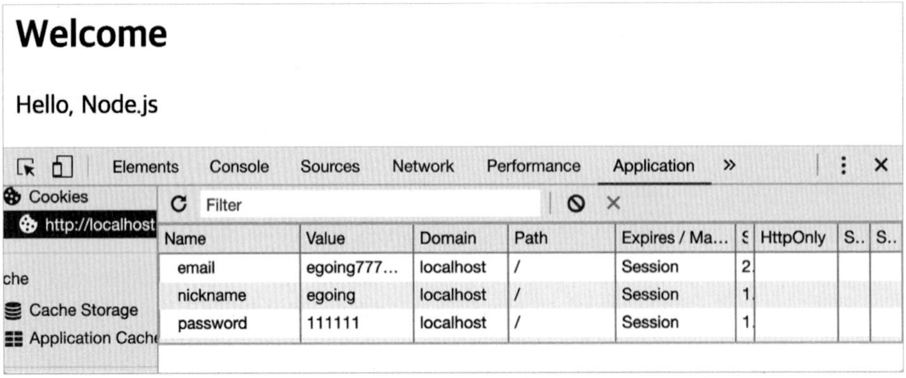

Name	Value	Domain	Path	Expires / Ma...	S	HttpOnly	S..	S..
email	egoing777...	localhost	/	Session	2			
nickname	egoing	localhost	/	Session	1			
password	111111	localhost	/	Session	1			

그림 9-6 로그인에 성공하면 쿠키가 생성됨

그리고 로그인에 실패했을 때는 다음과 같이 누군지 물어보게 처리합니다.

```
          } else {
              response.end('Who?');
          }
```

그림 9-7 로그인에 실패하면 누구인지 물어봄

로그인 상태 체크

로그인이 정상적으로 처리되면, 다시 말해 쿠키에 email, nickname, password가 올바르게 설정되면 사용자에게 로그인됐음을 알려줘야 합니다. 또한 로그인 후에는 로그아웃 기능도 제공해야 합니다.

https://youtu.be/lgxgEMdGrNo (5분 52초)

이번 시간에는 로그인에 성공하면 닉네임과 함께 로그아웃 링크를 만들고, 로그아웃 링크를 클릭하면 쿠키를 날리는(삭제하는) 기능을 구현해보겠습니다.

우선 로그인을 했는지, 로그인하지 않았는지 확인하는 코드가 필요합니다. main.js 파일에 다음 코드를 추가합니다.

예제 9-4 쿠키를 읽어오는 코드 추가 cookie/main.js

```
... 생략 ...
var template = require('./lib/template.js');
var path = require('path');
var sanitizeHtml = require('sanitize-html');
var cookie = require('cookie');

var app = http.createServer(function(request,response) {
    var _url = request.url;
    var queryData = url.parse(_url, true).query;
    var pathname = url.parse(_url, true).pathname;
    var isOwner = false;
    var cookies = {};
```

```
    if(request.headers.cookie) {
        cookies = cookie.parse(request.headers.cookie);
    }
    console.log(cookies);

    if(pathname === '/') {
... 생략 ...
```

먼저 소유자임을 확인하는 변수를 추가합니다. 이 변수의 기본값은 false입니다.

```
var isOwner = false;
```

isOwner 변수의 값은 쿠키의 값으로 이메일, 패스워드가 제대로 들어오면 true로 만듭니다. Node.js에서 쿠키의 값은 request.headers.cookie로 접근할 수 있습니다. 하지만 request.headers.cookie는 쿠키의 값이 텍스트 상태로 반환되기 때문에 가공하기가 조금 까다롭습니다. 따라서 이전 시간에 살펴본 쿠키 모듈의 parse() 메서드를 이용해 파싱된 결과를 cookies 변수에 담겠습니다.

```
var cookie = require('cookie');

var cookies = cookie.parse(request.headers.cookie);
```

이때 쿠키에 들어오는 값이 아무것도 없다면(undefined) parse() 메서드는 에러를 발생시킵니다. 따라서 먼저 쿠키의 값이 있는지 없는지 확인하고, 쿠키의 값이 있을 때만 파싱합니다. 그리고 cookie 변수는 쿠키값이 없을 때도 사용할 수 있게 빈 객체로 만듭니다.

```
var cookies = {}

if(request.headers.cookie) {
    cookies = cookie.parse(request.headers.cookie);
}
```

```
console.log(cookies);
```

우선 여기까지만 하고 쿠키값이 잘 들어오는지 확인해보기 위해 로그를 출력해보겠습니다. 애플리케이션을 실행하고 로그인해보면 정보가 잘 들어오는 모습을 볼 수 있습니다.

```
cookie — node • node /usr/local/bin/nodemon c
{
  email: 'egoing777@gmail.com',
  password: '111111',
  nickname: 'egoing'
}
```

그림 9-8 읽어온 쿠키값을 로그로 출력

예제 9-5 이메일과 비밀번호가 일치하는지 확인 cookie/main.js

```
... 생략 ...

var app = http.createServer(function(request,response) {
    ... 생략 ...
    var isOwner = false;
    var cookies = {};
    if(request.headers.cookie) {
        cookies = cookie.parse(request.headers.cookie);
    }
    if(cookies.email === 'egoing777@gmail.com' && cookies.password === '111111') {
        isOwner = true;
    }
    console.log(isOwner);

    if(pathname === '/') {
... 생략 ...
```

이제 쿠키로 전달된 이메일이 'egoing777@gmail.com'이고, 비밀번호가 '111111'이면 isOwner 변수를 true로 만듭니다.

```
if(cookies.email === 'egoing777@gmail.com' && cookies.password === '111111') {
    isOwner = true;
}
console.log(isOwner);
```

그리고 isOwner 변숫값이 잘 설정되는지 확인해보겠습니다. 정상적으로 아이디와 비밀번호를 입력했을 때는 콘솔에 true가 출력됩니다.

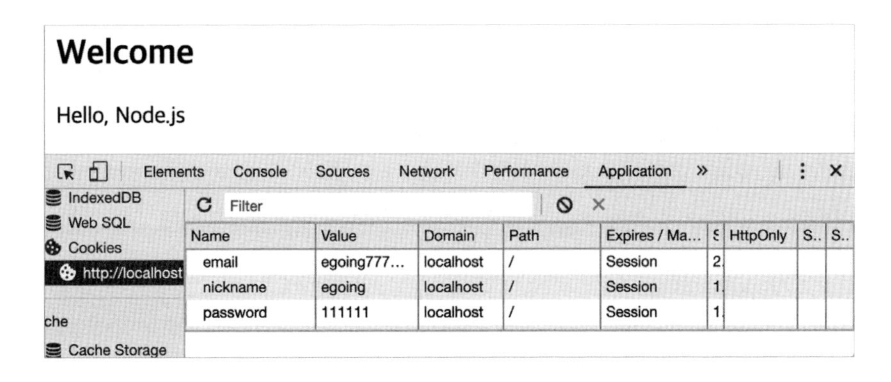

```
[nodemon] starting `node main.js`
[nodemon] restarting due to changes...
[nodemon] starting `node main.js`
true
```

그림 9-9 아이디와 비밀번호가 일치할 때는 true가 출력됨

그리고 검사 창에서 캐시를 지우고 새로 고침 해보면 false가 출력되는 것을 알 수 있습니다.

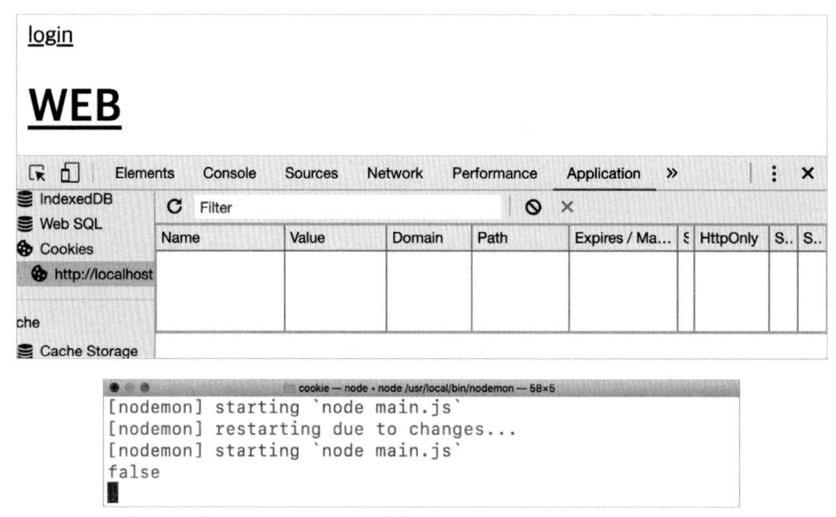

그림 9-10 아이디와 비밀번호가 일치하지 않을 때는 false가 출력됨

그런데 코드가 이렇게 산발적으로 있는 것은 좋지 않습니다. 따라서 아이디와 비밀번호가 일치하는지 확인하는 코드를 함수로 만들어보겠습니다.

예제 9-6 로그인 상태를 체크하는 코드를 함수로 만들기 cookie/main.js

```
... 생략 ...
var template = require('./lib/template.js');
var path = require('path');
var sanitizeHtml = require('sanitize-html');
var cookie = require('cookie');

function authIsOwner(request, response) {
    var isOwner = false;
    var cookies = {};
    if(request.headers.cookie) {
        cookies = cookie.parse(request.headers.cookie);
    }
```

```
    if(cookies.email === 'egoing777@gmail.com' && cookies.password === '111111') {
        isOwner = true;
    }
    return isOwner;
}

var app = http.createServer(function(request,response) {
    var _url = request.url;
    var queryData = url.parse(_url, true).query;
    var pathname = url.parse(_url, true).pathname;
    var isOwner = authIsOwner(request, response);
    console.log(isOwner);
    if(pathname === '/') {
... 생략 ...
```

이 함수는 쿠키와 같은 정보를 사용하기 때문에 매개변수로 request와 response를 모두 받습니다.

```
function authIsOwner(request, response) {

}
```

그리고 예제 9-4와 예제 9-5에서 추가한 코드를 함수 안으로 옮깁니다.

```
function authIsOwner(request, response) {
    var isOwner = false;
    var cookies = {};
    if(request.headers.cookie) {
        cookies = cookie.parse(request.headers.cookie);
    }
    if(cookies.email === 'egoing777@gmail.com' && cookies.password === '111111') {
        isOwner = true;
    }
}
```

마지막으로 isOwner를 반환합니다.

```
function authIsOwner(request, response) {
    var isOwner = false;
```

```
    var cookies = {};
    if(request.headers.cookie) {
        cookies = cookie.parse(request.headers.cookie);
    }
    if(cookies.email === 'egoing777@gmail.com' && cookies.password === '111111') {
        isOwner = true;
    }
    return isOwner;
}
```

이제 기존에 코드가 있던 자리에는 `authIsOwner()` 함수를 호출하는 코드를 작성합니다.

```
    var isOwner = authIsOwner(request, response);
    console.log(isOwner);
```

이렇게 해서 훨씬 가독성이 좋은 코드를 만들었습니다.

로그인 상태를 화면에 반영

이번 시간에는 이전 시간에 로그인 상태를 체크해서 얻은 `isOwner` 값을 이용해 로그인 상태를 화면에 반영해보겠습니다. 즉, 소유자라면(`isOwner`가 `true`라면) 화면에 로그아웃 링크를 보여주고, 소유자가 아니라면(`isOwner`가 `true`라면) 로그인 링크를 보여주는 UI를 만들어 보겠습니다.

https://youtu.be/FvgJEnFDMNk
(5분 24초)

먼저 `template.js` 파일에서 다음 부분을 상황에 따라 로그인과 로그아웃으로 변경해야 합니다.

```
<a href="/login">login</a>
```

코드를 다음과 같이 변경합니다.

예제 9-7 로그인 상태에 따라 로그인/로그아웃으로 변경 cookie/lib/template.js

```
module.exports = {
    HTML:function(title, list, body, control, authStatusUI = '<a href="/login">login</a>') {
        return `
        ... 생략 ...
            <body>
```

```
        ${authStatusUI}
        <h1><a href="/">WEB</a></h1>
        ... 생략 ...
```

이렇게 하면 authStatusUI의 값이 없으면 기본값이 '<a href="/login">login</a>'로 설정됩니다.

```
HTML:function(title, list, body, control, authStatusUI = '<a href="/login">login</a>')
```

이제 main.js 파일에서 isOwner 값에 따라 UI를 다르게 출력할 차례입니다.

예제 9-8 로그인 상태에 따라 로그인/로그아웃으로 변경 cookie/main.js

```
... 생략 ...
var app = http.createServer(function(request, response) {
    var _url = request.url;
    var queryData = url.parse(_url, true).query;
    var pathname = url.parse(_url, true).pathname;
    var isOwner = authIsOwner(request, response);
    var authStatusUI = '<a href="/login">login</a>';
    if(isOwner) {
        authStatusUI = '<a href="/logout_process">logout</a>';
    }
    console.log(isOwner);

    if(pathname === '/') {
        if(queryData.id === undefined) {
            fs.readdir('./data', function(error, filelist) {
                var title = 'Welcome';
                var description = 'Hello, Node.js';
                var list = template.list(filelist);
                var html = template.HTML(title, list,
                    `<h2>${title}</h2><p>${description}</p>`,
                    `<a href="/create">create</a>`,
                    authStatusUI
                );
                response.writeHead(200);
                response.end(html);
            });
        }... 생략 ...
```

authStatusUI 변수를 만들고, 이 값은 기본적으로 앞서 template.js에서 설정했던 것과 똑같이 로그인하는 코드로 설정합니다. 그리고 isOwner가 true라면 로그아웃하는 코드로 설정합니다.

```
var authStatusUI = '<a href="/login">login</a>';
if(isOwner) {
    authStatusUI = '<a href="/logout_process">logout</a>';
}
```

그리고 이 코드를 template.HTML 함수의 매개변수로 전달합니다.

```
var html = template.HTML(title, list,
    `<h2>${title}</h2><p>${description}</p>`,
    `<a href="/create">create</a>`,
    authStatusUI
);
```

코드를 변경하고 실행하면 다음과 같이 로그인했을 때와 로그아웃했을 때의 화면이 바뀌는 모습을 볼 수 있습니다.

그림 9-11 로그인 상태값(isOwner)에 따라 바뀌는 [login]/[logout] 링크

이번에 살펴본 코드도 자주 사용할 것 같으므로 함수로 만들겠습니다.

예제 9-9 로그인/로그아웃 UI를 변경하는 코드를 함수로 만들기 cookie/main.js

```
... 생략 ...
function authIsOwner(request, response) {
    ... 생략 ...
}
function authStatusUI(request, response) {
    var authStatusUI = '<a href="/login">login</a>';
```

```
    if(authIsOwner(request, response)) {
        authStatusUI = '<a href="/logout_process">logout</a>';
    }
    return authStatusUI;
}

var app = http.createServer(function(request, response) {
    var _url = request.url;
    var queryData = url.parse(_url, true).query;
    var pathname = url.parse(_url, true).pathname;

    if(pathname === '/') {
        if(queryData.id === undefined) {
            fs.readdir('./data', function(error, filelist) {
                var title = 'Welcome';
                var description = 'Hello, Node.js';
                var list = template.list(filelist);
                var html = template.HTML(title, list,
                    `<h2>${title}</h2><p>${description}</p>`,
                    `<a href="/create">create</a>`,
                    authStatusUI(request, response)
                );
... 생략 ...
```

먼저 함수를 만들고 앞에서 살펴본 authIsOwner 함수와 동일하게 매개변수로 request와 response를 모두 받습니다.

```
function authStatusUI(request, response) {

}
```

그리고 예제 9-8에서 추가한 코드를 함수 안으로 옮깁니다.

```
function authStatusUI(request, response) {
    var isOwner = authIsOwner(request, response);
    var authStatusUI = '<a href="/login">login</a>';
    if(isOwner) {
        authStatusUI = '<a href="/logout_process">logout</a>';
    }
    console.log(isOwner);
}
```

이때 지역변수는 최대한 적게 사용하는 것이 좋으므로 다음과 같이 지역변수를 제거합니다. 마지막으로 로그를 출력하는 불필요한 코드도 제거하고 authStatusUI를 반환합니다.

```
function authStatusUI(request, response) {
    var authStatusUI = '<a href="/login">login</a>';
    if(authIsOwner(request, response)) {
        authStatusUI = '<a href="/logout_process">logout</a>';
    }
    return authStatusUI;
}
```

이제 template.HTML을 호출하는 부분에서 방금 생성한 authStatusUI() 함수를 호출합니다.

```
    var isOwner = authIsOwner(request, response);
    console.log(isOwner);
```

이렇게 해서 기존과 똑같이 동작하지만, 재활용 가능하고 가독성이 좋은 코드가 됐습니다.

이렇게 구현한 authStatusUI 함수를 소스 곳곳에서 호출하면서 각 화면에서 로그인 여부를 표시할 수 있게 합니다.

예제 9-10 로그인/로그아웃 UI를 변경하는 함수 호출하기 cookie/main.js

```
if(pathname === '/') {
    if(queryData.id === undefined) {
        fs.readdir('./data', function(error, filelist) {
            ... 생략 ...
            var html = template.HTML(title, list,
                `<h2>${title}</h2><p>${description}</p>`,
                `<a href="/create">create</a>`,
                authStatusUI(request, response);
            );
            ... 생략 ...
        });
    } else {           ← 글의 상세 페이지에 로그인/로그아웃 추가
        ... 생략 ...
                var html = template.HTML(sanitizedTitle, list,
                    `<h2>${sanitizedTitle}</h2><p>${sanitizedDescription}</p>`,
                    `<a href="/create">create</a>
                    <a href="/update?id=${sanitizedTitle}">update</a>
```

```
                <form action="delete_process" method="post">
                    <input type="hidden" name="id" value="${sanitizedTitle}">
                    <input type="submit" value="delete">
                </form>`, authStatusUI(request, response)
            );
        ... 생략 ...
    }
} else if(pathname === '/create') {                    ← 글 생성 페이지에 로그인/로그아웃 추가
    ... 생략 ...
        var html = template.HTML(title, list, `
            <form action="/create_process" method="post">
                <p><input type="text" name="title" placeholder="title"></p>
                <p>
                    <textarea name="description" placeholder="description"></textarea>
                </p>
                <p>
                    <input type="submit">
                </p>
            </form>
            `, '', authStatusUI(request, response));
    ... 생략 ...
} else if(pathname === '/create_process') {
    ... 생략 ...
} else if(pathname === '/update') {
    ... 생략 ...
            var html = template.HTML(title, list,
                `
                <form action="/update_process" method="post">
                    <input type="hidden" name="id" value="${title}">
                    <p><input type="text" name="title" placeholder="title" value="${title}"></p>
                    <p>
                        <textarea name="description" placeholder="description">${description}</
textarea>
                    </p>
                    <p>
                        <input type="submit">
                    </p>
                </form>
                `,
```

```
            `<a href="/create">create</a> <a href="/update?id=${title}">update</a>`,
            authStatusUI(request, response)
        );
    ... 생략 ...
}
```

이렇게 해서 이번 시간에는 로그인 여부에 따라 UI를 다르게 보여주는 코드까지 구현했습니다.

로그아웃

이번에는 로그아웃 링크를 클릭했을 때 로그아웃을 처리하는 기능을 구현하겠습니다. 로그아웃을 처리하기 위해 앞에서 추가해둔 main.js 파일에 logout_process를 추가하고, 쿠키를 제거하는 코드를 추가합니다.

https://youtu.be/M2QgCTY4UZo
(2분 15초)

로그아웃을 처리하는 코드는 login_process에서 작성한 코드를 복사한 다음 변경하면 조금 더 편리하게 구현할 수 있습니다.

예제 9-11 로그아웃을 처리하는 코드 추가 cookie/main.js

```
... 생략 ...
else if(pathname === '/login_process') {
    ... 생략 ...
} else if (pathname === '/logout_process') {
    var body = '';
    request.on('data', function(data) {
        body = body + data;
    });
    request.on('end', function() {
        var post = qs.parse(body);
        response.writeHead(302, {
            'Set-Cookie': [
                `email=; Max-Age=0`,
                `password=; Max-Age=0`,
                `nickname=; Max-Age=0`
            ],
            Location: `/`
        });
```

```
        response.end();
    });
}
... 생략 ...
```

login_process와 달리 아이디와 비밀번호를 확인하는 조건문은 필요 없습니다. 따라서 조건문은 제거하고 쿠키만 제거합니다. 다음과 같이 각 쿠키값에 Max-Age를 0으로 설정하면 쿠키가 바로 삭제됩니다.

```
'Set-Cookie': [
    `email=; Max-Age=0`,
    `password=; Max-Age=0`,
    `nickname=; Max-Age=0`
],
```

이제 [logout] 링크를 클릭하면 쿠키가 삭제되고, 링크가 [login]으로 바뀌는 모습을 볼 수 있습니다.

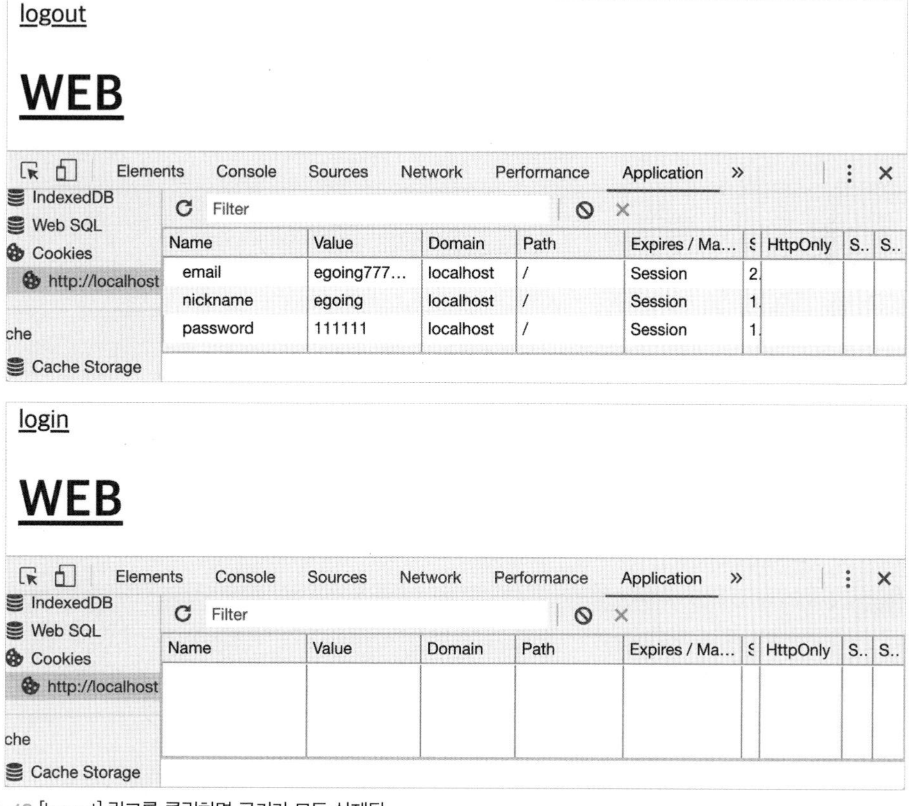

그림 9-12 [logout] 링크를 클릭하면 쿠키가 모두 삭제됨

접근 제어

https://youtu.be/ONjq__FP1ac
(5분 3초)

로그인/로그아웃 기능의 진짜 목표는 ACL(Access Control List)이라고 해서 특정 페이지에 대한 접근을 허용하거나 금지하는 데 있습니다. 이번 시간에는 로그인된 사용자만 글을 생성, 수정, 삭제할 수 있게 해보겠습니다.

먼저 글을 생성하는 페이지에서 로그인하지 않은 사용자가 글을 생성하려고 하면 "로그인이 필요합니다"라는 메시지를 출력해보겠습니다. 따라서 글 생성을 처리하는 create_process에 다음과 같이 코드를 추가합니다.

예제 9-12 로그인된 사용자만 글을 생성할 수 있게 처리 cookie/main.js

```
... 생략 ...
} else if (pathname === '/create_process') {
    if(authIsOwner(request, response) === false) {
        response.end('Login required!!');
        return false;
    }
    var body = '';
... 생략 ...
```

authIsOwner로 소유자인지 확인하고, 소유자가 아니라면 로그인이 필요하다는 문구를 출력하고, 다음 코드가 실행되지 않게 return false로 함수를 종료시킵니다.

```
if(authIsOwner(request, response) === false) {
    response.end('Login required!!');
    return false;
}
```

로그아웃한 상태에서 글을 생성해보면 다음과 같이 로그인이 필요하다는 문구가 출력됩니다.

그림 9-13 로그아웃한 상태에서 글을 생성하면 출력되는 문구

이어서 로그인한 상태에서 글을 생성하면 잘 생성되는 모습을 볼 수 있습니다.

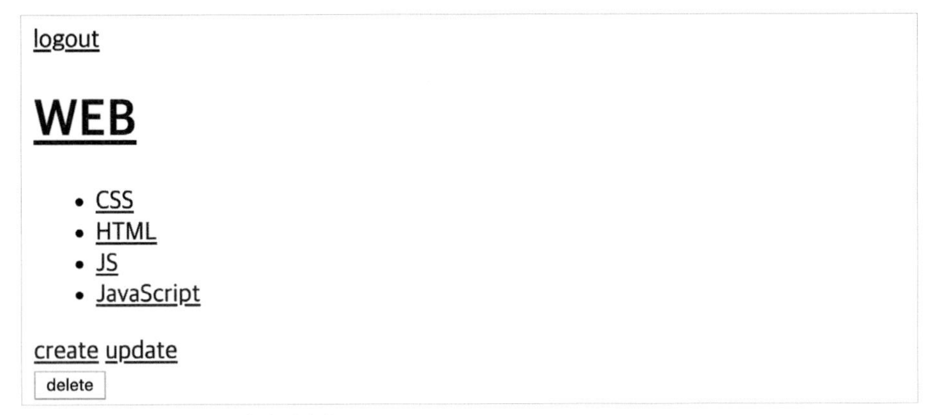

그림 9-14 로그인한 상태에서는 글이 잘 생성됨

이제 방금 추가한 코드를 create_process뿐만 아니라 인증이 필요한 create, update, update_process, delete_process, logout_process 등 모든 곳에 추가합니다. 이렇게 하면 로그인됐을 때만 해당 페이지를 보여주게 할 수 있습니다.

예제 9-13 인증이 필요한 모든 곳에 로그인 상태를 확인하는 코드 추가 cookie/main.js

```
... 생략 ...
} else if(pathname === '/create') {
    if(authIsOwner(request, response) === false) {
        response.end('Login required!!');
        return false;
    }
    ... 생략 ...
} else if(pathname === '/create_process') {
    if(authIsOwner(request, response) === false) {
        response.end('Login required!!');
        return false;
    }
    ... 생략 ...
} else if(pathname === '/update') {
    if(authIsOwner(request, response) === false) {
        response.end('Login required!!');
        return false;
    }
```

```
    ... 생략 ...
} else if(pathname === '/update_process') {
    if(authIsOwner(request, response) === false) {
        response.end('Login required!!');
        return false;
    }
    ... 생략 ...
} else if(pathname === '/delete_process') {
    if(authIsOwner(request, response) === false) {
        response.end('Login required!!');
        return false;
    }
    ... 생략 ...
} else if(pathname === '/logout_process') {
    if(authIsOwner(request, response) === false) {
        response.end('Login required!!');
        return false;
    }
    ... 생략 ...
}
```

WEB3

10 수업을 마치며

https://youtu.be/TEZltf1Y3lg (4분 38초)

지금까지 쿠키가 무엇이고 어떻게 다루면 되는지를 충분히 살펴봤습니다. 이로써 개인화를 강화할 수 있는 핵심적인 기능을 갖게 됐고, 인증이 어떻게 구현되는지도 살펴봤습니다. 지금부터는 앞으로 여러분이 도전해볼 만한 주제를 알려 드리겠습니다.

우리 애플리케이션은 인증을 위해 아이디와 비밀번호를 쿠키에 저장합니다. 이것은 매우 위험천만한 코딩입니다.

HTTP를 사용하고 있지 않다면 웹 브라우저와 웹 브라우저 사이에, 웹 브라우저와 웹 서버 사이에서 일어나는 통신을 매우 쉽게 가로챌 수 있습니다. 자바스크립트를 통해 쿠키를 납치해서 훔쳐 가는 것도 아주 쉬운 일이기 때문에 현재 쿠키에다 은밀한 정보를 저장하는 것은 매우 잘못된 구현입니다.

Filter

Name	Value
email	egoing777@gmail.com
nickname	egoing
password	111111

따라서 이번 수업에서 멈추면 안 됩니다. 후속 수업에서 다룰 세션을 이용하면 더욱 안전하게 인증 기능을 구현할 수 있습니다. 세션은 인증 정보를 쿠키에 저장하지 않습니다. 그 대신 각 사용자의 식별자만 쿠키에 저장합니다. 그리고 식별자는 어떤 의미도 갖고 있지 않습니다. 그리고 실제 데이터는 서버 쪽에 있는 파일이나 데이터베이스에 은밀하게 보관합니다. 이때도 세션 데이터가 유출되는 것은 굉장

히 위험한 일입니다만, 인증 정보 자체가 쿠키에 담겨있는 방식보다는 훨씬 안전합니다. 오늘날 대부분의 인증 시스템은 세션 인증 방식을 주로 사용합니다.

또 쿠키를 이용해 개인화 기능을 한 번 구경해보세요. 사용자의 언어 설정을 기억하고 방문 횟수를 세는 것 같은 작업을 쿠키로 처리할 수 있습니다. 다음 주소에는 쿠키를 이용해 개인화된 애플리케이션을 구현한 사례가 있습니다.

```
http://bit.ly/web2-cookie
```

이 애플리케이션은 주간과 야간에 따라 시각적으로 보이는 것을 바꿀 수 있습니다. 사용자의 선택값을 쿠키에 저장해서 다음에 방문했을 때 같은 화면을 볼 수 있게 처리했습니다. 한 번 살펴보면 도움이 될 것입니다.

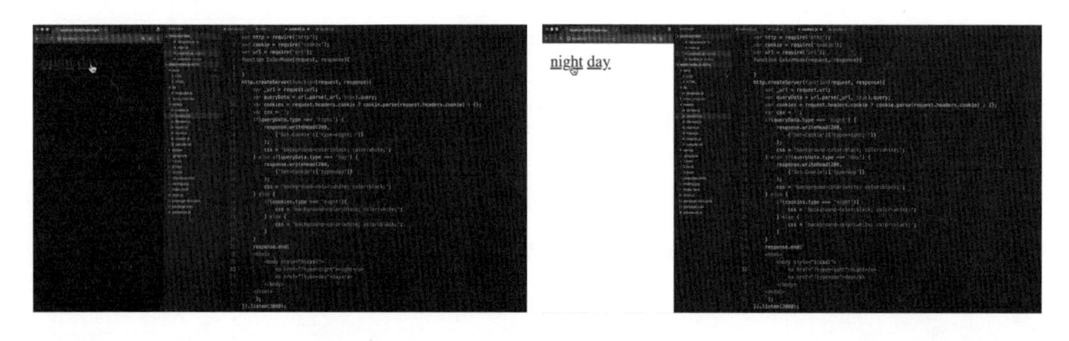

또 과거에는 쿠키가 브라우저에 정보를 저장하는 유일한 방법이었지만, 오늘날에는 다양한 방법이 생겨나고 있습니다. 예를 들면, `localStorage`나 Indexed DB가 있습니다. 이러한 새로운 대안은 더 많은 기능을 더 편리하게 사용할 수 있거나, 더 많은 데이터를 저장할 수 있습니다. 이를테면, 쿠키는 4KB 이상 저장할 수 없지만 `localStorage`나 Indexed DB는 그보다 훨씬 더 많은 정보를 저장할 수 있습니다.

localStorage
Indexed DB

또한 우리의 예제 애플리케이션에서는 사용자의 비밀번호를 암호화하지 않고 저장합니다. 이것은 심각한 잘못입니다. 코드가 유출되면 공격자는 사용자의 비밀번호를 알게 됩니다. 또 코드가 유출되지 않는다고 하더라도 개발자들이 사용자의 실제 비밀번호를 눈으로 볼 수 있습니다. 많은 사용자가 대부분의 서비스에 같은 비밀번호를 사용하는 현실 속에서 비밀번호 유출은 매우 심각한 보안 사고입니다.

이때 사용할 수 있는 보호 수단이 해시(hash)입니다. 해시를 통과하는 비밀번호는 원래 값이 무엇인지 알 수 없습니다. 실무에서는 해시뿐만 아니라 salt, key stretching 등과 같은 방법을 중첩해서 사용해 비밀번호를 보호합니다. 이러한 기능을 직접 구현하기는 어렵지만, 이 같은 작업을 대신해주는 라이브러리들이 있습니다. PBKDF2와 bcrypt라고 하는 라이브러리가 대표적인 사례입니다.

hash

hash, salt, key stretching

PBKDF2, bcrypt

앞서 쿠키를 통해 엄청난 가능성을 갖게 됐습니다. 여기까지 오시느라 고생하셨고 축하드립니다. 고맙습니다.

처음 프로그래밍을 시작하는 입문자의 눈높이에 맞춘

생활코딩! Node.js 노드제이에스 프로그래밍

05
세션과 인증

WEB4

https://youtu.be/jTct6U8VV5E (4분 51초)

01 수업 소개

지금부터 익스프레스의 세션(session)과 인증 수업을 시작하겠습니다. 이 수업은 WEB3 - Express 수업[1]과 WEB3 - 쿠키와 인증 수업[2]에 의존합니다. 익스프레스와 Node.js를 모른다면 해당 수업을 먼저 보고 이 수업에 참여하기 바랍니다.

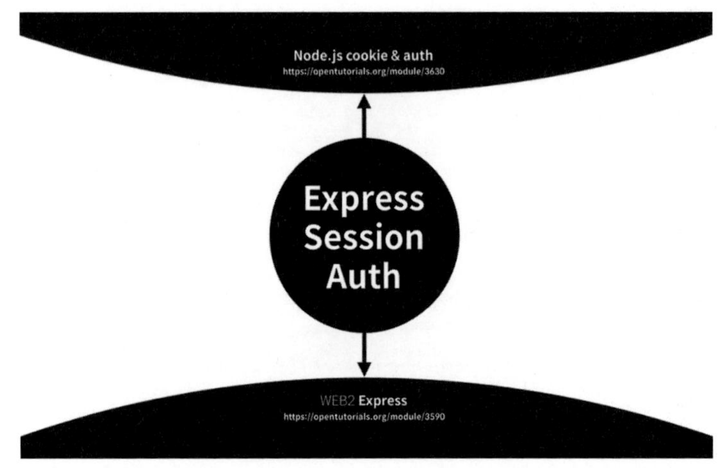

그림 1-1 세션과 인증 수업의 의존 관계

쿠키가 등장하면서 요청과 응답이라는 단순한 의사소통만 가능했던 웹이 이전에 통신했던 내용을 기억할 수 있게 됐습니다. 덕분에 개인화, 인증과 같은 혁신에 중요한 발판이 마련됐습니다.

1 https://opentutorials.org/module/3590 또는 이 책의 402쪽에서도 Express를 다룹니다.

2 https://opentutorials.org/module/3630 또는 이 책의 494쪽에서도 쿠키와 인증을 다룹니다.

하지만 인증을 구현하는 일은 매우 위험한 일이었습니다. 왜냐하면 쿠키가 유출되거나 조작될 수 있었기 때문입니다.

다음 화면은 'WEB2 – Node.js 쿠키와 인증' 수업에서 쿠키만 이용해 로그인 기능을 구현한 예입니다. 로그인해 보면 생성된 쿠키가 웹 브라우저의 개발자 도구에 나타납니다.

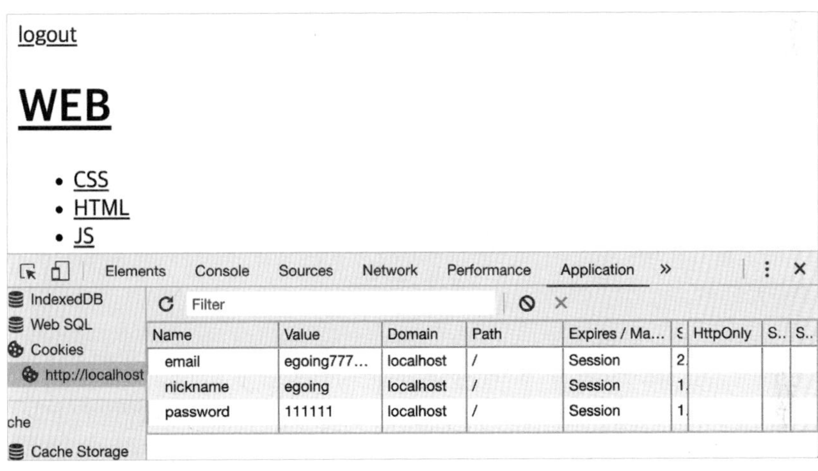

그림 1-2 쿠키의 문제점 – 이메일과 비밀번호가 노출됨

보다시피 쿠키에 담긴 이메일과 비밀번호가 암호화되지 않고 평문으로 그대로 노출됩니다. 이 정보가 유출되면 이 사이트뿐만 아니라 같은 아이디와 비밀번호를 사용하는 다른 사이트의 보안 문제도 발생할 수 있습니다. 따라서 쿠키로 인증을 구현하는 것은 보안상 문제가 발생할 수 있어서 실무에서는 잘 사용하지 않습니다.

반면 다음 화면은 쿠키로 만들어진 사이트와 같은 기능을 하지만, 쿠키가 아닌 세션으로 만들어졌습니다.

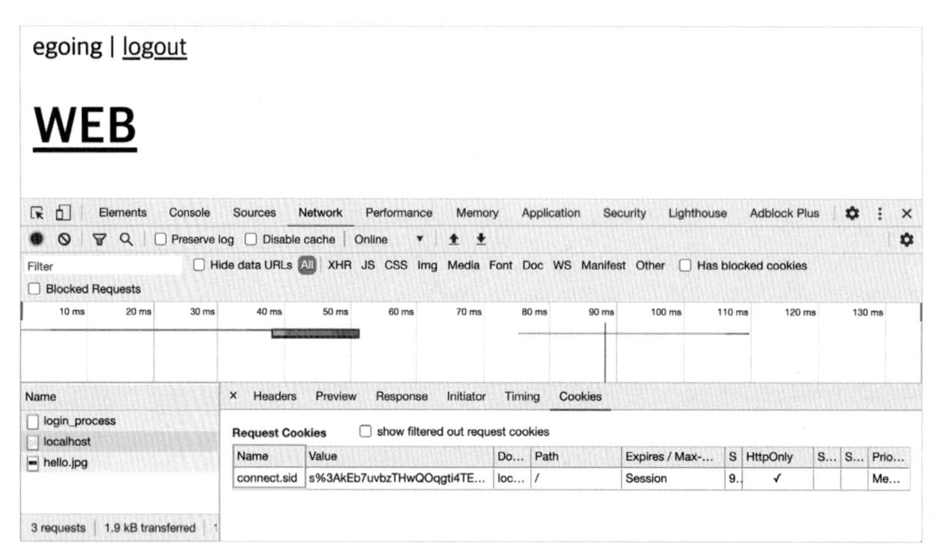

그림 1-3 쿠키가 아닌 세션으로 만든 사이트

로그인해보면 connet.sid라는 세션 아이디가 발급됩니다. 세션 아이디 자체로는 어떠한 정보를 알아낼 수 없고, 단지 사용자를 식별하는 값으로서 기능할 뿐입니다. 사용자의 실제 정보는 sessions 디렉터리에 파일로 저장되게 구현했습니다. 여기에는 사용자의 로그인 여부와 닉네임, 마지막 접속 시각 등이 기록돼 있습니다.

즉, 세션은 사용자의 민감한 정보는 서버 쪽에 은밀하게 저장해서 보호하고, 사용자의 웹 브라우저에는 이 정보가 사용자의 것인지 아닌지를 식별하는 데이터만 저장합니다. 따라서 훨씬 더 안전하고 많은 정보를 유지할 수 있습니다.

그래서 현대적인 애플리케이션은 인증을 쿠키로 구현하지 않습니다. 쿠키는 사용자를 식별하는 데만 사용하고, 실제 데이터는 서버 쪽에 안전하게 파일이나 데이터베이스 형태로 저장합니다. 이러한 기능을 하는 것이 바로 세션입니다. 지금부터 세션에 관해 살펴보겠습니다. 그럼 출발합니다.

소스 파일이 저장된 위치

이 수업의 소스 파일 저장소는 다음과 같습니다. 수업을 진행하면서 필요할 때 접속해서 소스를 확인하거나 내려받으면 됩니다.

https://github.com/wikibook/nodejs

그리고 적당한 위치에서 내려받은 파일의 압축을 풀고 source 디렉터리 아래에 있는 session 디렉터리를 여러분이 사용하는 편집기의 프로젝트 폴더로 지정합니다. 여기서부터 실습을 진행하면 됩니다.

WEB4

02 express-session 미들웨어 구동

https://youtu.be/IWFMEwmcp44 (4분 35초)

익스프레스에서 세션을 이용해 인증을 구현하는 방법을 살펴보겠습니다. 직접 세션 기능을 구현하는 것도 가능합니다만, 세션 기능을 직접 구현한다면 보안과 관련해서 여러 가지 복잡한 처리를 직접 해야 합니다. 그보다는 전문가들이 만들어 둔 라이브러리를 사용하고 자주 업데이트하는 편이 더 편리하고 안전합니다.

익스프레스 홈페이지에서 [Resources] 메뉴에 있는 [Middleware]를 누르면 다음과 같이 익스프레스에서 제공하는 미들웨어가 나옵니다.

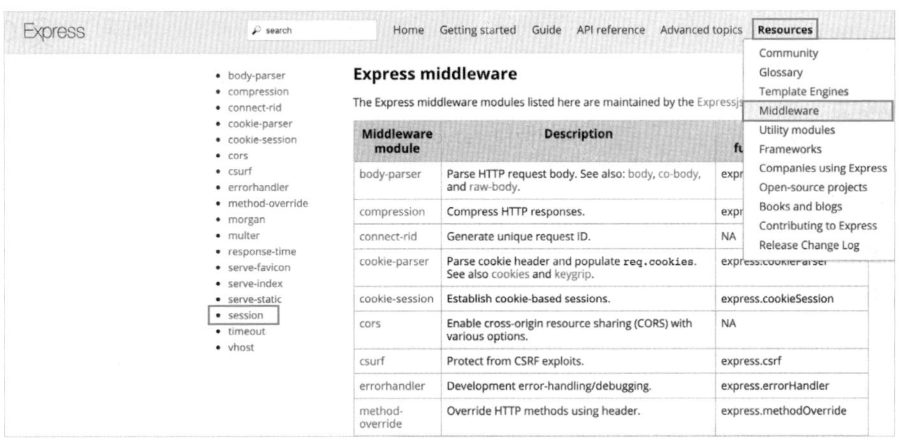

그림 2-1 익스프레스에서 제공하는 미들웨어

이 중에서 [session]을 누르면 세션을 이용하는 방법과 예제 코드[1]가 나옵니다. 먼저 프로젝트 디렉터리에서 다음 코드로 express-session 미들웨어를 설치합니다. 이때 -s 옵션은 이 프로젝트가 express-session 모듈에 의존하고 있다는 것을 명확하게 하는 역할을 합니다.

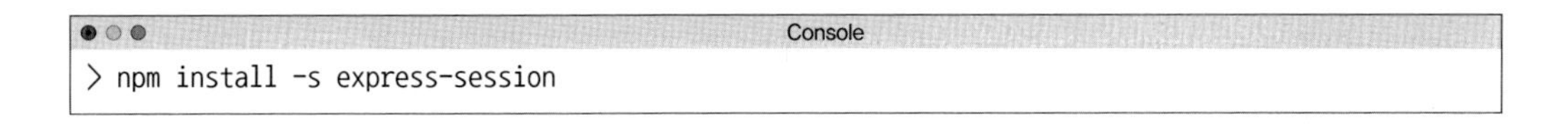

```
Console
> npm install -s express-session
```

1 http://expressjs.com/en/resources/middleware/session.html

이제 예제 소스를 이용해 세션을 사용하는 방법을 살펴보겠습니다. session 디렉터리 아래에 express-session.js 파일을 생성합니다. 그리고 미들웨어의 session 페이지 맨 아래에 있는 예제 코드를 그대로 복사해서 붙여넣습니다. 하지만 이 코드만으로는 실행되지 않으므로 맨 아래에 3000번 포트를 감시하겠다는 코드를 추가합니다.

예제 2-1 express-session.js 파일 생성 및 코드 작성 session/express-session.js

```
var express = require('express');
var parseurl = require('parseurl');
var session = require('express-session');

var app = express();

app.use(session({
    secret: 'keyboard cat',
    resave: false,
    saveUninitialized: true
}));

app.use(function(req, res, next) {
    if (!req.session.views) {
        req.session.views = {};
    }

    // get the url pathname
    var pathname = parseurl(req).pathname;

    // count the views
    req.session.views[pathname] = (req.session.views[pathname] || 0) + 1;

    next();
});

app.get('/foo', function(req, res, next) {
    res.send('you viewed this page ' + req.session.views['/foo'] + ' times');
});

app.get('/bar', function(req, res, next) {
    res.send('you viewed this page ' + req.session.views['/bar'] + ' times');
});
```

```
app.listen(3000, function() {
    console.log('3000!');
});
```

nodemon

nodemon은 pm2와 똑같이 서버가 종료되면 다시 시작하고, 파일이 수정되면 리로드하는 역할을 합니다. pm2와 비교하면 조금 더 간편하고, 기본적으로 메시지를 출력해줘서 편리합니다.

nodemon은 다음 명령어로 설치할 수 있습니다.

```
npm install nodemon
```

그리고 nodemon으로 애플리케이션을 실행할 때는 다음 명령어를 사용합니다.

```
nodemon [노드 애플리케이션 이름]
```

```
session — node • node /usr/local/bin/nodemon express-session.js — 58×8
session $nodemon express-session.js
[nodemon] 2.0.7
[nodemon] to restart at any time, enter `rs`
[nodemon] watching path(s): *.*
[nodemon] watching extensions: js,mjs,json
[nodemon] starting `node express-session.js`
```

그림 2-2 nodemon을 이용해 노드 애플리케이션 실행

이 예제를 실행하고 웹 브라우저에서 `http://localhost:3000/foo`에 접속하면 다음과 같은 화면이 나타납니다.

그림 2-3 웹 브라우저에서 `http://localhost:3000/foo`에 접속

웹 페이지를 새로 고침 할 때마다 화면에 숫자가 1씩 올라가는데, 이것이 가능한 이유는 세션 때문입니다. 웹 브라우저에서 마우스 오른쪽 버튼을 클릭한 다음, [검사]를 선택해 개발자 도구를 엽니다. 그다음 [Application] 탭을 선택하고, 왼쪽 영역에서 [Storage] → [Cookies] → [http://localhost:3000]을 선택해보면 세션 아이디가 담긴 `connect.sid`라는 쿠키를 확인할 수 있습니다.

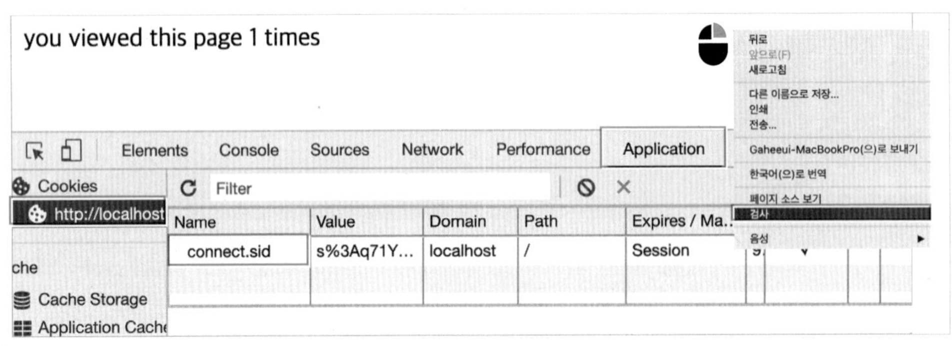

그림 2-4 개발자 도구에서 쿠키(connect.sid) 확인

이 쿠키는 사용자를 식별하는 쿠키값으로, 서버에 접속할 때마다 웹 브라우저가 서버 쪽에 전송합니다. 이 쿠키를 전송받은 서버는 쿠키에 담긴 세션 아이디에 해당하는 사용자를 식별해서 그에 맞는 데이터를 처리합니다.

자세한 내용은 다음 시간에 이어서 살펴보겠습니다.

WEB4

https://youtu.be/uoq3Bp7nKUA (4분 29초)

03 express-session의 옵션

이번 장에서는 이전 시간에 작성한 express-session.js 파일을 분석해보겠습니다. 우선 파일의 내용이 복잡하므로 다음과 같이 간추려보겠습니다.

예제 3-1 소스 코드 간추리기 session/express-session.js

```
var express = require('express');
var parseurl = require('parseurl');
var session = require('express-session');

var app = express();

app.use(session({
    secret: 'keyboard cat',
    resave: false,
    saveUninitialized: true
}));

app.get('/', function(req, res, next) {
    res.send('Hello session');
});

app.listen(3000, function() {
    console.log('3000!');
});
```

소스 코드를 저장한 다음 루트(localhost:3000/)로 접속했을 때 다음과 같이 'Hello session'이라고 출력되면 됩니다.

그림 3-1 루트로 접속했을 때 'Hello session'이 출력됨

코드를 하나씩 살펴보겠습니다. 먼저 express-session 미들웨어를 모듈로 불러와 session이라는 객체에 저장합니다.

```
var session = require('express-session')
```

그리고 사용자의 요청이 있을 때마다 app.use 안에 session 함수가 호출되어 세션이 시작됩니다. 그러면 내부적으로 express-session 미들웨어가 개입해서 애플리케이션이 세션을 사용할 수 있게 처리합니다.

```
app.use(session({
    secret: 'keyboard cat',
    resave: false,
    saveUninitialized: true
}));
```

이때 전달하는 세션 객체의 secret, resave, saveUninitialized 같은 옵션에 따라 동작 방식을 조절할 수 있습니다. 이러한 옵션을 하나씩 살펴보겠습니다. 우선 secret은 굉장히 중요한 옵션이며, 필수 옵션입니다. secret은 다른 사람이 봐서는 안 되는 내용이라서 노출하면 안 되고 자신만 아는 내용으로 입력합니다. 따라서 Git 등을 이용해 버전 관리를 한다면 소스 코드에 포함시키면 안 되고, 별도의 파일에 저장해서 관리해야 합니다. 실제 서버에 올릴 때는 이 코드를 변수 등으로 처리하는 것이 좋습니다.

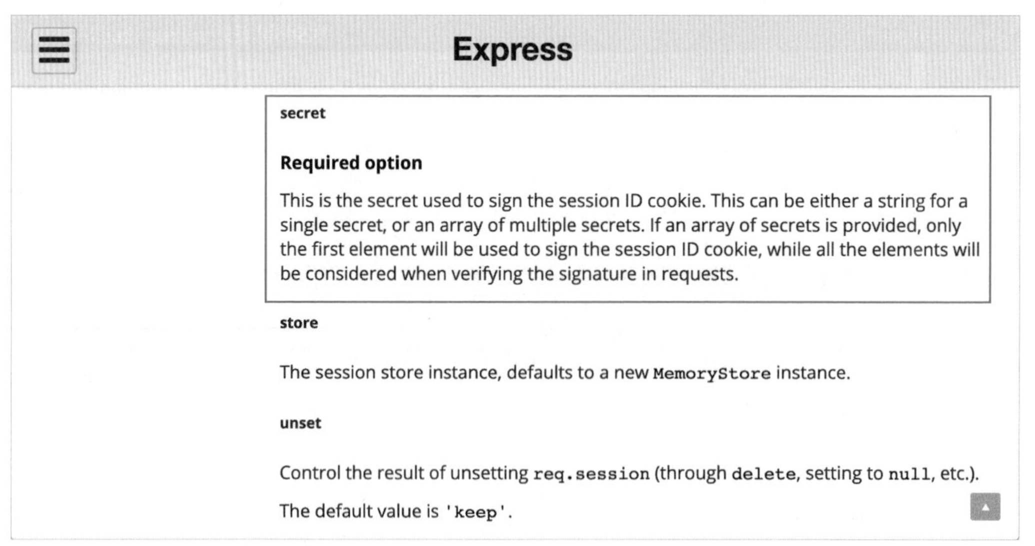

그림 3-2 session 객체의 secret 옵션

resave 옵션은 데이터를 세션 저장소에 저장할지를 설정합니다. false로 지정하면 세션 데이터가 바뀌지 않는 한 세션 저장소에 저장하지 않고, true이면 세션 데이터의 변경 여부와 상관없이 무조건 세션 저장소에 저장합니다. 이 옵션은 false로 지정합니다.

saveUninitialized 옵션은 세션의 구동 여부를 설정합니다. true로 지정하면 세션이 필요하기 전까지는 세션을 구동하지 않고, false이면 세션의 필요 여부와 상관없이 무조건 세션을 구동합니다. 따라서 false로 설정하면 서버에 부담이 될 수 있습니다. 이 옵션은 true로 지정합니다.

당장은 이 세 옵션을 명확하게 이해하기 어려울 수 있습니다. 하지만 이 수업을 마칠 때쯤이면 어느 정도 이해할 수 있을 것입니다.

WEB4

https://youtu.be/al7a_vJ0ZBQ (4분 42초)

04 express-session의 session 객체

이번 시간에는 세션을 설치하면 어떤 변화가 생기는지 살펴보겠습니다. 앞에서 작성한 express-session.js에 다음과 같이 session 객체의 내용을 출력하는 코드를 추가합니다.

예제 4-1 session 객체의 내용을 출력하는 코드를 추가 session/express-session.js

```
... 생략 ...
app.use(session({
    secret: 'keyboard cat',
    resave: false,
    saveUninitialized: true
}));

app.get('/', function(req, res, next) {
    console.log(req.session);
    res.send('Hello session');
});
... 생략 ...
```

코드를 수정하고 웹 페이지에 접속하면 다음과 같이 콘솔에 session 객체가 출력되는 모습을 볼 수 있습니다.

```
session — node • node /usr/local/bin/nodemon express-session.js — 60×8
[nodemon] restarting due to changes...
[nodemon] starting `node express-session.js`
3000!
Session {
  cookie: { path: '/', _expires: null, originalMaxAge: null,
 httpOnly: true }
}
```

그림 4-1 콘솔에 출력된 session 객체

이로써 session 미들웨어는 req 객체의 속성으로 session 객체를 추가한다는 것을 알 수 있습니다.

다음으로 session 객체의 num 속성을 알아보겠습니다. express-session.js에 다음과 같은 코드를 추가합니다.

예제 4-2 session 객체의 num 속성 session/express-session.js

```
... 생략 ...
app.get('/', function(req, res, next) {
    console.log(req.session);
    if(req.session.num === undefined) {
        req.session.num = 1;
    } else {
        req.session.num = req.session.num + 1;
    }
    res.send(`Views : ${req.session.num}`);
});
... 생략 ...
```

먼저 req.session.num이라는 값이 정의돼 있지 않다면(undefined) 이 값을 1로 설정합니다.

```
    if(req.session.num === undefined) {
        req.session.num = 1;
    }
```

그리고 req.session.num이라는 값이 정의돼 있다면 기존 값에 1을 더한 다음 req.session.num 값을 출력합니다.

```
    } else {
        req.session.num =  req.session.num + 1;
    }
    res.send(`Views : ${req.session.num}`);
```

코드를 수정하고 웹 페이지를 새로 고침 하면 다음과 같이 숫자가 1씩 증가하는 모습을 볼 수 있습니다.

localhost:3000	localhost:3000
Views : 1	Views : 5

그림 4-2 새로 고침 할 때마다 session.num의 값이 1씩 증가

세션 데이터는 서버의 메모리에 저장되므로 Node.js 서버를 종료하면 세션이 지워집니다. 따라서 Node.js 서버를 재구동하면 웹 페이지에 표시되는 숫자는 다시 1부터 시작합니다. 다음 장에서는 서버가 종료돼도 세션이 지워지지 않게 하는 방법을 살펴보겠습니다.

WEB4 https://youtu.be/GT3CPZ53_8Y (4분 26초)

05 express-session의 session store

이번 시간에 살펴볼 내용은 **세션 스토어(session store)**입니다. 세션 미들웨어는 일개 미들웨어지만, 방대한 생태계를 가지고 있습니다. 데이터베이스와 저장 방법에 따라 모듈이 나뉘어 있는데, 여기서는 가장 쉽고 간편한 파일을 이용해 세션 저장소를 다변화하는 방법을 살펴보겠습니다.

express-session의 API 살펴보기

세션 스토어와 관련된 문서는 https://www.npmjs.com/package/express-session에서 확인할 수 있습니다.

express-session

npm v1.17.0 | downloads 3.08M/month | travis passing | coverage 100%

Installation

This is a Node.js module available through the npm registry. Installation is done using the npm install command:

```
$ npm install express-session
```

API

```
var session = require('express-session')
```

session(options)

Create a session middleware with the given options.

Install

```
> npm i express-session
```

Weekly Downloads
729,135

Version	License
1.17.0	MIT

Unpacked Size	Total Files
77.1 kB	9

Issues	Pull Requests
47	27

Homepage
github.com/expressjs/session#readme

그림 5-1 express-session에 대한 API 문서

그중 세션 스토어에 관한 설명은 중간 즈음에 있으며, 'Compatible Sesstion Stores'로 검색해서 이동해보세요.

Compatible Session Stores

The following modules implement a session store that is compatible with this module. Please make a PR to add additional modules :)

★ 9 aerospike-session-store A session store using Aerospike.

★ 14 cassandra-store An Apache Cassandra-based session store.

★ 3 cluster-store A wrapper for using in-process / embedded stores - such as SQLite (via knex), leveldb, files, or memory - with node cluster (desirable for Raspberry Pi 2 and other multi-core embedded devices).

★ 6 connect-arango An ArangoDB-based session store.

★ 3 connect-azuretables An Azure Table Storage-based session store.

★ 13 connect-cloudant-store An IBM Cloudant-based session store.

그림 5-2 express-session 문서

먼저 다음 명령으로 session-file-store를 설치합니다.

```
Console
> npm install session-file-store
```

그다음 express-session.js 파일을 열고 방금 설치한 세션 파일 스토어를 불러와 미들웨어로 추가합니다.

예제 5-1 세션 파일 스토어를 불러와서 미들웨어로 추가 session/nodejs/express-session.js

```
var express = require('express');
var parseurl = require('parseurl');
var session = require('express-session');
var FileStore = require('session-file-store')(session);

var app = express();

app.use(session({
    secret: 'asadlfkj!@#!@#dfgasdg',
    resave: false,
    saveUninitialized: true,
    store:new FileStore()
}));
... 생략 ...
```

그다음 웹 페이지를 새로 고침 하면 sessions 디렉터리에 json 확장자를 가진 세션 파일이 생성됩니다.

```
Project
session
  data
  gen
  lib
  node_modules
  nodejs
  public
  routes
  syntax
  1.html
  2.html
  3.html
  checkbox.html

express-session.js
1  var express = require('express');
2  var parseurl = require('parseurl');
3  var session = require('express-session');
4  var FileStore = require('session-file-store')(session);
5
6  var app = express();
7
8  app.use(session({
9      secret: 'keyboard cat',
10     resave: false,
11     saveUninitialized: true,
12     store: new FileStore()
13 }));
```

```
Project
session
  data
  gen
  lib
  node_modules
  nodejs
  public
  routes
  sessions
    cLreFbwAvFuL4QFh1RUFk1i_vGBjUv8T.jsc
  syntax
  1.html
  2.html

express-session.js
1  var express = require('express');
2  var parseurl = require('parseurl');
3  var session = require('express-session');
4  var FileStore = require('session-file-store')(session);
5
6  var app = express();
7
8  app.use(session({
9      secret: 'keyboard cat',
10     resave: false,
11     saveUninitialized: true,
12     store: new FileStore()
13 }));
```

그림 5-3 웹 페이지에 접속하면 생성되는 sessions 폴더와 세션 파일

그리고 웹 페이지를 새로 고침 할 때마다 해당 세션 파일에 num 값이 1씩 증가합니다.

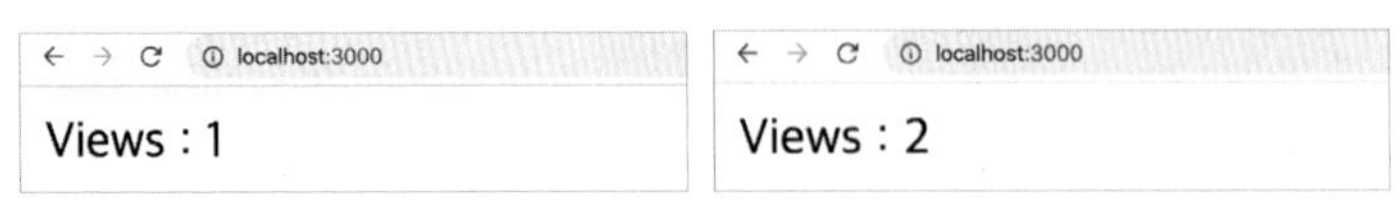

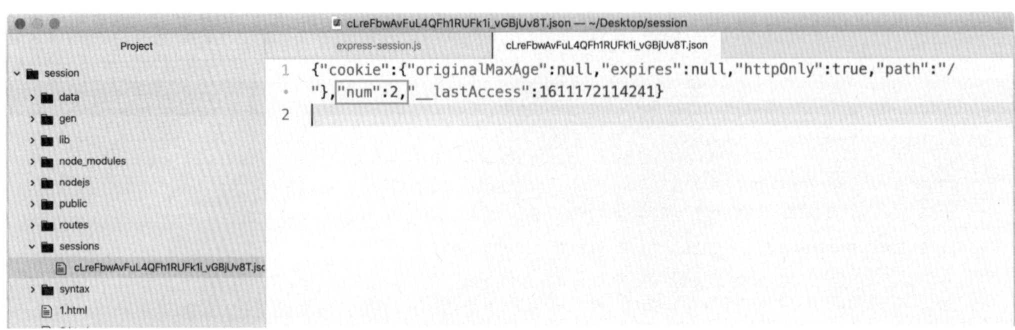

그림 5-4 웹 페이지에 접속할 때마다 세션 파일의 num 값이 1씩 증가

즉, 우리가 사용하는 익스프레스 세션 미들웨어는 사용자가 세션 아이디를 가지고 있는 상태에서 서버로 접속하면 요청 헤더에 쿠키값으로 세션 아이디를 서버에 전달합니다.

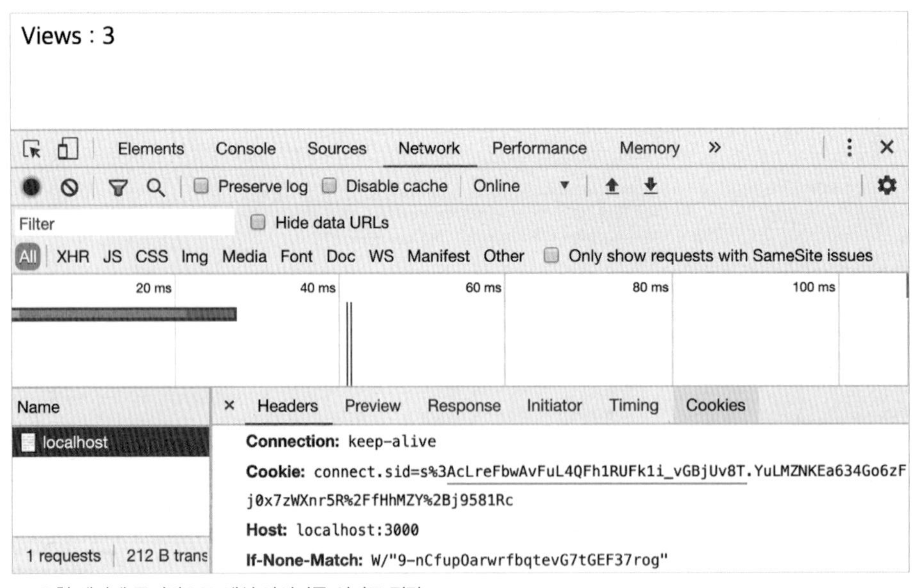

그림 5-5 요청 헤더에 쿠키값으로 세션 아이디를 서버로 전달

그러면 서버는 전달받은 세션 아이디에 대응하는 정보를 세션 스토어에서 찾은 다음(ID 값에 대응하는 파일을 읽은 다음), 해당 정보를 객체로 만들어 req 객체의 session 속성에 추가합니다.

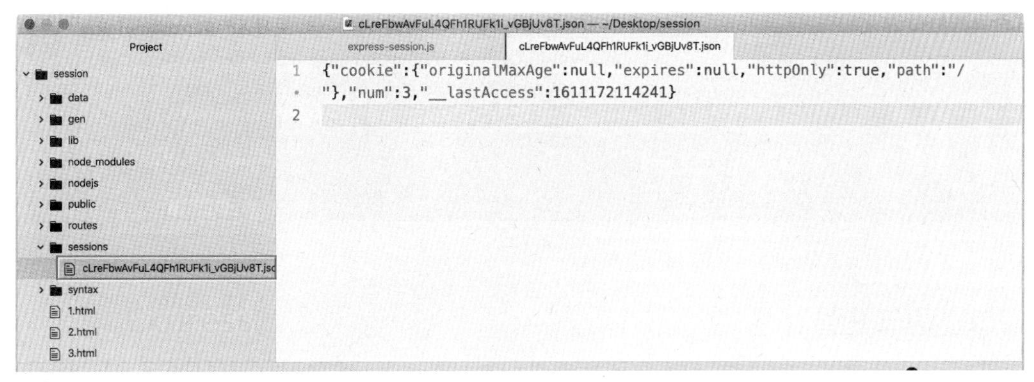

그림 5-6 세션 아이디에 대응하는 정보를 세션 스토어에서 찾음

즉, 앞서 세션 파일에 있던 num 값이 다음 코드의 req.session.num에 공급됩니다.

```
app.get('/', function(req, res, next) {
    console.log(req.session);
    if(req.session.num === undefined) {
        req.session.num = 1;
    } else {
        req.session.num = req.session.num + 1;
    }
    res.send(`Views : ${req.session.num}`);
});
```

따라서 조건문을 통해 num 값을 바꾸면 세션 미들웨어가 세션 파일의 num 값을 수정하고 요청을 마칩니다. 그러면 다음 요청 때 해당 세션 파일의 num 값을 다시 공급받게 됩니다. 그 과정에서 방금 설치한 파일 저장소를 사용하게 되고, 이번 시간에 살펴본 FileStore를 MySQL로 바꾸면 MySQL을 세션 스토어로 사용하게 되는 것입니다. 이것이 세션 미들웨어의 사용법입니다.

WEB4

https://youtu.be/VeYTZqQkhao (4분 36초)

06 express-session을 이용한 인증 구현

로그인 링크 만들기

이번 수업에서는 지금까지 배운 세션 기능을 이용해 지금까지 개발한 웹 애플리케이션의 로그인 기능을 구현해보겠습니다. 먼저 웹 페이지의 위쪽에 로그인 링크를 만들어보겠습니다. `template.js` 파일을 열고 다음과 같이 로그인 링크를 만듭니다.

예제 6-1 로그인 링크 만들기 session/lib/template.js

```
... 생략 ...
<body>
    <a href="/auth/login">login</a>
    <h1><a href="/">WEB</a></h1>
    ${list}
    ${control}
... 생략 ...
```

`main.js`를 실행하고 `http://localhost:3000`으로 접속하면 다음과 같이 [login] 링크를 볼 수 있습니다.

login

WEB

- CSS
- HTML
- JavaScript

create

그림 6-1 login 링크 만들기

그리고 [login] 링크를 클릭하면 auth의 login 페이지로 이동하게 만들어보겠습니다. 아직은 다음처럼 페이지를 찾을 수 없다는 문구가 나옵니다.

그림 6-2 login 페이지를 찾을 수 없음

따라서 로그인 링크를 클릭했을 때 처리할 라우터가 필요합니다. 이전 수업에서 각 라우터를 파일로 나눠두었습니다.

```
var indexRouter = require('./routes/index');
var topicRouter = require('./routes/topic');

app.use('/', indexRouter);
app.use('/topic', topicRouter);
```

이번에도 로그인과 관련된 라우터를 auth 라우터로 만들어보겠습니다. authRouter는 topicRouter를 복사해 재활용해보겠습니다. routes 디렉터리에 있는 topic.js 파일을 복사한 다음 이름을 auth.js로 변경하고 기존의 코드는 다음과 같이 주석 처리합니다. 주석 처리한 기존 코드를 참고하면서 코드를 수정해보겠습니다.

예제 6-2 auth.js 파일을 생성하고 로그인을 처리하는 코드 추가 session/routes/auth.js

```
var express = require('express');
var router = express.Router();
var path = require('path');
var fs = require('fs');
var sanitizeHtml = require('sanitize-html');
var template = require('../lib/template.js');

/*
router.get('/create', function(request, response) { ← 기존의 코드를 주석 처리하고 참고합니다.
    var title = 'WEB - create';
    var list = template.list(request.list);
    ... 생략 ...
});
*/
module.exports = router;
```

main.js 파일에서는 다음과 같이 코드를 추가합니다.

예제 6-3 로그인 링크를 처리할 라우터 추가 session/main.js

```
... 생략 ...
var indexRouter = require('./routes/index');
var topicRouter = require('./routes/topic');
var authRouter = require('./routes/auth');

app.use('/', indexRouter);
app.use('/topic', topicRouter);
app.use('/auth', authRouter);

app.use(function(req, res, next) {
... 생략 ...
```

먼저 /routes/auth를 가져오는 코드를 추가합니다.

```
var authRouter = require('./routes/auth');
```

그다음 /auth로 들어왔을 때 authRouter로 들어갈 수 있게 코드를 추가합니다.

```
app.use('/auth', authRouter);
```

authRouter에서는 /create 부분을 복사해서 재활용합니다. 로그인할 때의 주소를 /auth/login으로 할 것이므로 /create를 /login으로 바꾸고 우선 잘 동작하는지 확인합니다.

예제 6-4 로그인 링크를 처리할 라우터 추가 session/auth.js

```
... 생략 ...
var sanitizeHtml = require('sanitize-html');
var template = require('../lib/template.js');

router.get('/login', function(request, response) {  ← /create 코드를 붙여넣고 수정합니다.
    var title = 'WEB - login';
    var list = template.list(request.list);
    var html = template.HTML(title, list, `
        <form action="/topic/create_process" method="post">
            <p><input type="text" name="title" placeholder="title"></p>
            <p>
                <textarea name="description" placeholder="description"></textarea>
            </p>
```

```
            <p>
                <input type="submit">
            </p>
        </form>
    `, '');
response.send(html);
});
```

이렇게 작성하고 웹 페이지에 접속하면 다음과 같은 화면을 볼 수 있습니다.

그림 6-3 login 페이지에 접속

그리고 입력 폼을 로그인을 위한 폼으로 변경합니다.

예제 6-5 폼을 로그인에 맞게 변경 session/auth.js

```
... 생략 ...
var sanitizeHtml = require('sanitize-html');
var template = require('../lib/template.js');

router.get('/login', function(request, response) {
    var title = 'WEB - login';
    var list = template.list(request.list);
    var html = template.HTML(title, list, `
        <form action="/auth/login_process" method="post">
            <p><input type="text" name="email" placeholder="email"></p>
            <p><input type="password" name="pwd" placeholder="password"></p>
            <p>
                <input type="submit" value="login">
            </p>
```

```
        </form>
    `, '');
    response.send(html);
});
```

먼저 첫 번째 입력 상자는 이메일을 입력 받기 위해 name과 placehoder를 email로 변경합니다.

```
<p><input type="text" name="email" placeholder="email"></p>
```

그리고 두 번째 입력 상자는 비밀번호를 입력 받기 위해 기존의 textarea는 제거하고, type이 password이고 name은 pwd, placeholder는 password인 입력 상자로 만듭니다.

```
<p><input type="password" name="pwd" placeholder="password"></p>
```

submit 부분은 value의 값을 login으로 변경합니다.

```
<input type="submit" value="login">
```

마지막으로 form의 action을 /auth/login_process로 변경해서 폼을 입력하고 login 버튼을 클릭하면 /auth/login_proces로 이동하게 합니다.

```
<form action="/auth/login_process" method="post">
```

여기까지 잘 되는지 확인해보겠습니다. 이메일과 비밀번호를 입력하고 [login] 버튼을 누르면 login_process로 이동하는 모습을 볼 수 있습니다.

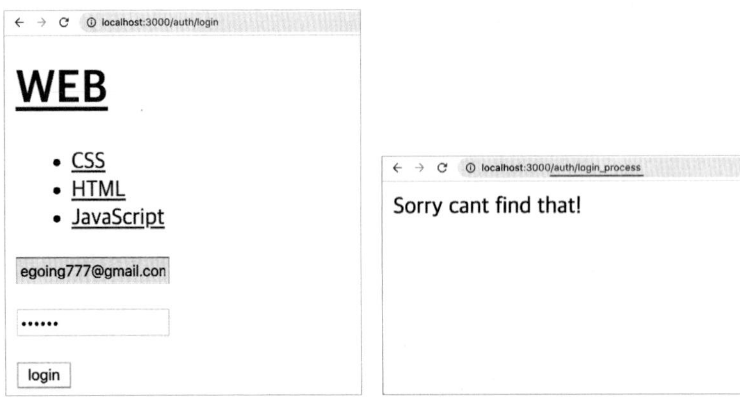

그림 6-4 이메일과 비밀번호를 입력하고 [login] 버튼을 누르면 login_process로 이동

인증 기능 구현

https://youtu.be/4Q0_pZloeUw
(5분 3초)

이번 시간에는 사용자가 로그인했을 때 사용자가 전송한 아이디와 비밀번호를 받아 인증하는 기능을 구현해보겠습니다. 먼저 사용자의 아이디와 비밀번호를 저장할 객체를 만듭니다.

예제 6-6 사용자의 정보를 저장할 객체 생성 session/routes/auth.js

```
... 생략 ...
var sanitizeHtml = require('sanitize-html');
var template = require('../lib/template.js');

var authData = {
    email: 'egoing777@gmail.com',
    password: '111111',
    nickname: 'egoing'
}
... 생략 ...
```

단, 비밀번호를 소스 코드에 입력해두면 소스 코드를 공유했을 때 비밀번호가 함께 공개될 수 있기 때문에 비밀번호는 소스 코드 밖에 위치시킬 방법을 모색해야 합니다.

또한, 비밀번호를 평문으로 저장하는 것은 죄입니다. 비밀번호는 해시나 비밀번호 암호화라는 주제로 검색해서 정보를 관리하는 관리자들도 볼 수 없게 반드시 암호화해야 합니다. 여기서는 교육을 목적으로 하므로 암호화를 진행하지 않았지만, 실무에서는 보안을 위해 해시 등으로 반드시 암호화해야 합니다.

그리고 여기서는 한 사람의 정보만 다루지만 여러 사람의 로그인 정보를 다루는 방법도 생각해보면 좋겠습니다.

이어서 login_process 요청이 있을 때 아이디와 비밀번호를 POST 방식으로 받는 라우터를 추가합니다. 기존의 /create_process 코드를 복사해서 붙여넣은 다음 이를 수정해 보겠습니다.

예제 6-7 사용자의 정보를 처리할 /login_process 추가 session/routes/auth.js

```
... 생략 ...
router.post('/login_process', function (request, response) {
    var post = request.body;
    var email = post.email;
```

```
    var password = post.pwd;
    if(email === authData.email && password === authData.password) {
        response.send('Welcome!');
    } else {
        response.send('Who?');
    }
    // response.redirect(`/topic/${title}`);
});
... 생략 ...
```

먼저 /create_process를 /login_process로 변경합니다.

```
router.post('/login_process', function (request, response) {
```

그다음 사용자가 전송한 데이터인 email과 pwd를 가져옵니다.

```
var email = post.email;
var password = post.pwd;
```

이번에는 파일을 쓰는 게 아니므로 fs.writeFile 부분은 지우고, 사용자가 입력한 정보와 authData 객체의 정보가 같은지 확인합니다. 정보가 맞다면 if 문 안에는 세션 정보를 기록하면 되는데, 우선은 성공했음을 보여주는 구현부터 해보겠습니다. 정보가 맞다면 Welcome!이라고 출력하고, 정보가 맞지 않다면 Who?라고 출력해보겠습니다.

```
if(email === authData.email && password === authData.password) {
    response.send('Welcome!');
} else {
    response.send('Who?');
}
```

여기까지 하고 테스트해보면 로그인 정보가 일치할 때는 Welcome!이라고 출력되고, 정보가 일치하지 않을 때는 Who?라고 출력되는 모습을 볼 수 있습니다.

그림 6-5 로그인 정보를 맞게 입력했을 때(왼쪽)와 틀리게 입력했을 때(오른쪽)

세션 미들웨어 설치

이번에는 login_process 요청을 처리하는 라우터에서 로그인에 성공했을 때 세션 데이터를 만드는 코드를 추가합니다.

https://youtu.be/ZmFuLoXI2Cg
(5분 43초)

예제 6-8 세션 미들웨어를 사용하기 위한 코드 추가 session/main.js

```
... 생략 ...
var compression = require('compression');
var helmet = require('helmet');
app.use(helmet());
var session = require('express-session');
var FileStore = require('session-file-store')(session);

app.use(bodyParser.urlencoded({ extended: false }));
app.use(compression());
app.use(express.static('public'));
app.use(session({
    secret: 'asadlfkj!@#!@#dfgasdg',
    resave: false,
    saveUninitialized: true,
    store:new FileStore()
}));
... 생략 ...
```

그러려면 먼저 세션을 설치해야 합니다. main.js 파일을 열고 다음과 같이 세션 미들웨어를 사용하는 코드를 추가합니다.

```
var session = require('express-session');
```

그다음 세션을 파일에 저장할 것이므로 파일 스토어를 만듭니다.

```
var FileStore = require('session-file-store')(session);
```

세션은 파일에 저장하는 방법보다는 데이터베이스에 저장하는 게 훨씬 바람직하지만 교육용이기 때문에 편의를 위해 파일에 저장하겠습니다.

이어서 세션을 실제로 미들웨어로서 앱에 설치하는 코드를 추가합니다. 이렇게 하면 애플리케이션으로 접속할 때마다 세션이 생성될 것입니다.

```
app.use(session({
    secret: 'asadlfkj!@#!@#dfgasdg',
    resave: false,
    saveUninitialized: true,
    store:new FileStore()
}));
```

이제 auth.js 파일에서 로그인에 성공했을 때 세션에 어떤 데이터를 저장할지 작성합니다.

일반적으로 세션 데이터에는 이메일과 비밀번호와 같은 정보는 저장하지 않고, 사용자가 로그인했는지 알려주는 정보와 닉네임처럼 페이지에 접근할 때마다 필요한 사용자 정보를 저장합니다. 이렇게 세션에 사용자의 정보를 담아 두면 데이터베이스나 파일에 다시 접근할 필요가 없어서 효율적입니다.

예제 6-9 로그인에 성공했을 때 세션에 저장할 데이터 작성 session/routes/auth.js

```
... 생략 ...
if(email === authData.email && password === authData.password) {
    request.session.is_logined = true;
    request.session.nickname = authData.nickname;
    response.send('Welcome!');
} else {
... 생략 ...
```

이렇게 저장하고 로그인 페이지에서 authData 객체에 저장한 아이디(egoing777@gmail.com)와 비밀번호(111111)로 로그인합니다. 그러고 나서 웹 브라우저의 개발자 도구에서 쿠키를 확인하고 프로젝트 디렉터리의 변화를 살펴봅시다.

개발자 도구를 연 다음 [Network] 탭을 선택하고 Name 아래에 있는 login_process를 선택합니다. Headers의 Response Header(응답 헤더) 부분에서 Cookie를 보면 세션의 식별자를 포함한 쿠키가 생성된 것을 확인할 수 있습니다(또는 Cookie 탭에서 sid를 확인해도 됩니다).

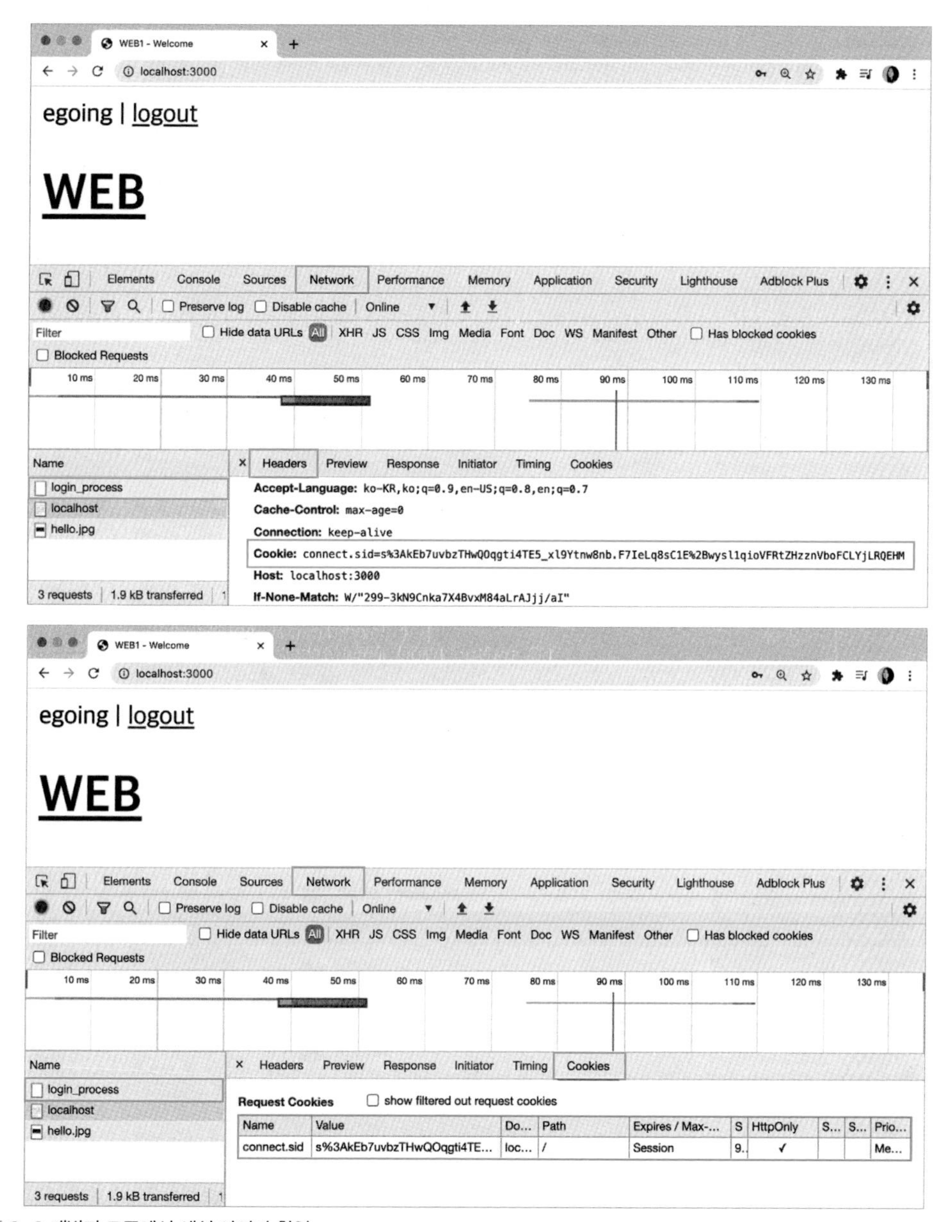

그림 6-6 개발자 도구에서 세션 아이디 확인

그리고 서버의 sessions 디렉터리 아래에 세션 아이디와 이름이 일치하는 세션 파일이 json 파일로 생성된 것을 확인할 수 있습니다. 그리고 세션 파일을 열어 보면 앞에서 로그인에 성공했을 때 처리한 두 줄의 코드에 의해 로그인 성공 여부와 닉네임이 추가된 것을 확인할 수 있습니다.

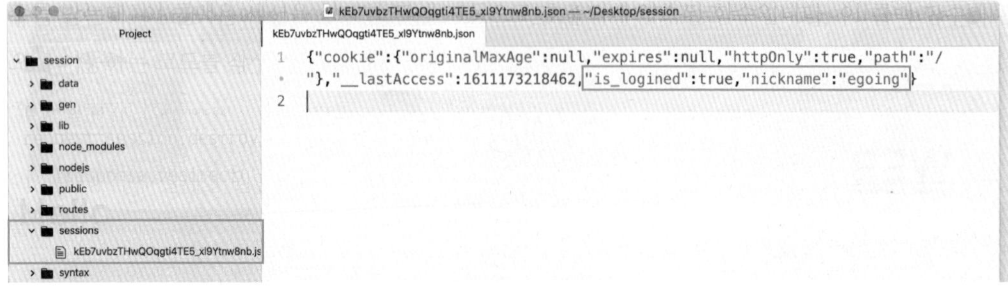

그림 6-7 sessions 디렉터리에 생성된 세션 파일

session/sessions/세션아이디.json

```
{"cookie":{"originalMaxAge":null,"expires":null,"httpOnly":true,"path":"/"},"__lastAccess":
1611173218462,"is_logined":true,"nickname":"egoing"}
```

이제 웹 사이트에 다시 접속하면 웹 브라우저는 같은 세션 아이디를 애플리케이션으로 전달하고, 세션 미들웨어는 이 값에 따라 저장한 값에 접근할 수 있게 할 것입니다.

이제 로그인 후에 홈으로 이동하는 코드를 추가합니다.

예제 6-10 로그인 후에 홈으로 이동 session/routes/auth.js

```
... 생략 ...
if(email === authData.email && password === authData.password) {
    request.session.is_logined = true;
    request.session.nickname = authData.nickname;
    response.redirect(`/`);
} else {
... 생략 ...
```

다시 로그인해보면 로그인 후에 홈으로 이동하는 모습을 확인할 수 있습니다.

그림 6-8 로그인 후 홈으로 이동

인증 상태를 UI에 반영1

https://youtu.be/I558JqKi2nI
(6분 16초)

이번에는 로그인에 성공했을 때 웹 페이지에 사용자 정보와 로그아웃 링크를 표시해보겠습니다. 우선 로그인에 성공했는지 확인해야 합니다. 메인페이지를 수정해야 하므로 index.js 파일을 열고 세션을 이용해 로그인 상태인지 확인하는 authIsOwner 함수를 작성합니다.

함수를 작성하기 전에 session 객체에 어떤 정보가 들어 있는지부터 확인해보겠습니다.

예제 6-11 세션 객체에 어떤 정보가 있는지 확인 session/routes/index.js

```
... 생략 ...
function authIsOwner(request, response) {
    console.log(request.session);
    var title = 'Welcome';
    var description = 'Hello, Node.js';
    ... 생략 ...
}
... 생략 ...
```

새로 고침을 해보면 터미널에 다음과 같은 내용이 출력됩니다. 이 정보는 sessions 폴더 아래에 세션아이디.json 파일에 있던 내용과 같습니다.

```
Session {
  cookie:
   { path: '/',
     _expires: null,
     originalMaxAge: null,
     httpOnly: true },
  __lastAccess: 1597742391436,
  is_logined: true,
  nickname: 'egoing' }
```

session 객체를 확인해 보면 is_logined가 ture, nickname이 egoing인 것을 볼 수 있습니다. 이 정보를 이용하면 로그인 여부를 확인할 수 있습니다. 이를 이용해 로그인했는지 확인할 별도의 함수를 authIsOwner라는 이름으로 만듭니다.

예제 6-12 로그인 상태인지 확인하는 authIsOwner 함수를 추가 session/routes/index.js

```
... 생략 ...
var template = require('../lib/template.js');

function authIsOwner(request, response) {
    if (request.session.is_logined) {
        return true;
    } else {
        return false;
    }
}

router.get('/', function(request, response) {
    ... 생략 ...
});
... 생략 ...
```

그다음 로그인에 성공했을 때 상단의 login 링크를 바뀌게 하려면 template.js 파일을 수정해야 합니다. template.js 파일을 열고 로그인에 성공했을 때 관련 정보를 웹 페이지에 표시하는 HTML 코드를 다음처럼 수정합니다.

예제 6-13 로그인에 성공했을 때 관련 정보를 웹 페이지에 보여주기 session/lib/template.js

```
... 생략 ...
module.exports = {
    HTML:function(title, list, body, control, authStatusUI='<a href="/auth/login">login</a>') {
        return `
        <!doctype html>
        <html>
            ... 생략 ...
        </head>
        <body>
            ${authStatusUI}
            <h1><a href="/">WEB</a></h1>
            ${list}
            ${control}
... 생략 ...
```

기존에 로그인 할 수 있는 링크를 아래와 같은 형태로 입력해 뒀는데, 이 부분을 함수 바깥쪽에서 주입할 수 있게 변경합니다.

```
<a href="/auth/login">login</a>
```

기존 함수에 authStatusUI라는 매개변수를 추가하고, 매개변수의 기본값을 <a href="/auth/login">login</a>로 설정합니다.

```
HTML:function(title, list, body, control, authStatusUI='<a href="/auth/login">login</a>') {
```

그리고 기존에 로그인 링크를 출력하던 코드를 다음과 같이 변경합니다. 이렇게 하면 authStatusUI의 값이 없으면 기본값이 <a href="/auth/login">login</a>이 되므로 이전과 똑같은 결과가 나오게 됩니다.

```
${authStatusUI}
```

그다음 HTML 함수를 이용하는 index.js 파일을 다음과 같이 수정합니다.

예제 6-14 로그인에 성공했을 때 관련 정보를 웹 페이지에 보여주기 session/routes/index.js

```
... 생략 ...
router.get('/', function(request, response) {
    var authStatusUI = '<a href="/auth/login">login</a>'
    if(authIsOwner(request, response)) {
        authStatusUI = ` ${request.session.nickname} | <a href="/auth/logout">logout</a>`
    }

    var title = 'Welcome';
    var description = 'Hello, Node.js';
    var list = template.list(request.list);
    var html = template.HTML(title, list,
        `<h2>${title}</h2>${description}
        <img src="/images/hello.jpg" style="width:300px; display:block; margin-top:10px;">
        `,
        `<a href="/topic/create">create</a>`,
        authStatusUI
    );
    response.send(html);
});
... 생략 ...
```

먼저 authStatusUI 변수를 선언하고 기본값은 로그인하지 않았을 때의 코드로 설정합니다.

```
var authStatusUI = '<a href="/auth/login">login</a>'
```

그리고 로그인 된 상태라면 authStatusUI의 값을 로그아웃할 수 있는 링크와 닉네임으로 변경합니다.

```
if(authIsOwner(request, response)) {
    authStatusUI = ` ${request.session.nickname} | <a href="/auth/logout">logout</a>`
}
```

마지막으로 authStatusUI를 template.HTML 함수의 마지막 인자로 전달합니다.

```
var html = template.HTML(title, list,
    `<h2>${title}</h2>${description}
    <img src="/images/hello.jpg" style="width:300px; display:block; margin-top:10px;">
    `,
    `<a href="/topic/create">create</a>`,
    authStatusUI
);
```

이제 로그인 상태라면 로그인 링크가 있던 자리에 닉네임과 로그아웃 링크가 출력되는 모습을 볼 수 있습니다.

그림 6-9 로그인 상태일 때 상단에 출력되는 닉네임과 로그아웃 링크

방금 작성한 코드는 다른 곳에서도 사용될 가능성이 높기 때문에 함수로 묶어보겠습니다.

예제 6-15 앞서 작성한 코드를 authStatusUI 함수로 묶기 session/routes/index.js

```
... 생략 ...
function authStatusUI(request, response) {
    var authStatusUI = '<a href="/auth/login">login</a>'
    if(authIsOwner(request, response)) {
        authStatusUI = `${request.session.nickname} | <a href="/auth/logout">logout</a>`;
    }
    return authStatusUI;
}

router.get('/', function (request, response) {
    var title = 'Welcome';
    var description = 'Hello, Node.js';
    var list = template.list(request.list);
    var html = template.HTML(title, list,
        `<h2>${title}</h2>${description}
        <img src="/images/hello.jpg" style="width:300px; display:block; margin-top:10px;">
        `,
        `<a href="/topic/create">create</a>`,
        authStatusUI(request, response)
    );
    response.send(html);
});

module.exports = router;
```

authStatusUI라는 이름의 함수를 만들고 앞에서 작성한 코드를 붙여 넣습니다. 반환 값은 authStatusUI로 합니다.

```
function authStatusUI(request, response) {
    var authStatusUI = '<a href="/auth/login">login</a>'
    if(authIsOwner(request, response)) {
        authStatusUI = `${request.session.nickname} | <a href="/auth/logout">logout</a>`;
    }
    return authStatusUI;
}
```

그리고 template.HTML에서는 변수가 아니라 authStatusUI 함수를 호출합니다.

```
authStatusUI(request, response)
```

웹 페이지를 새로 고침 했을 때 똑같이 동작하면 잘 한 것입니다.

인증 상태를 UI에 반영2

앞서 로그인 상태를 표시하는 UI를 만들어봤습니다. 지금은 홈페이지를 제외한 글의 상세 페이지와 글 생성 페이지, 글 수정 페이지 모두 로그인 상태 UI가 나오지 않고 있습니다. 이 상태를 다른 페이지에도 표시되게 해보겠습니다.

https://youtu.be/JM-2lQWTSbk
(5분 3초)

먼저 인증과 관련된 코드를 별도의 파일로 분리해서 다른 곳에서 재사용할 수 있게 만들어보겠습니다. lib 디렉터리에 auth.js 파일을 만들고 앞에서 작성한 인증 관련 코드를 옮깁니다.

예제 6-16 인증과 관련된 코드를 auth.js 파일로 옮기기 session/lib/auth.js

```
module.exports = {
     :function(request, response) {                    ← authIsOwner 함수 붙여넣기
        if (request.session.is_logined) {
            return true;
        } else {
            return false;
        }
    },
    statusUI:function(request, response) {             ← authStatusUI 함수 붙여넣기
        var authStatusUI = '<a href="/auth/login">login</a>'
        if (this.isOwner(request, response)) {
            authStatusUI = `${request.session.nickname} | <a href="/auth/logout">logout</a>`;
        }
        return authStatusUI;
    }
}
```

이때 복사해서 붙여 넣은 코드에서 authIsOwner를 this로 변경합니다.

```
if (this.isOwner(request, response)) {
```

그다음 이 모듈을 사용하는 index.js 파일을 열고 다음과 같이 코드를 추가합니다.

예제 6-17 auth 모듈을 사용하도록 변경 session/routes/index.js

```
var express = require('express');
var router = express.Router();
var template = require('../lib/template.js');
var auth = require('../lib/auth');

router.get('/', function (request, response) {
    var title = 'Welcome';
    ... 생략 ...
    var html = template.HTML(title, list,
        `<h2>${title}</h2>${description}
        <img src="/images/hello.jpg" style="width:300px; display:block; margin-top:10px;">
        `,
        `<a href="/topic/create">create</a>`,
        auth.statusUI(request, response)
    );
    response.send(html);
});
module.exports = router;
```

앞서 만든 auth 모듈을 불러오기 위한 코드를 추가합니다.

```
var auth = require('../lib/auth');
```

그리고 기존에 있던 authStatusUI를 auth.statusUI로 변경합니다.

```
auth.statusUI(request, response)
```

새로 고침 해서 확인해 보면 기존과 동일하게 잘 동작하는 모습을 볼 수 있습니다.

인증 상태를 확인하는 모듈을 만들었으니 이 모듈을 이용해 다른 페이지에도 적용해 보겠습니다.

topic.js 파일을 열고 다음 코드를 추가합니다.

예제 6-18 로그인 상태를 확인할 수 있는 UI 추가 session/routes/topic.js

```
... 생략 ...
var template = require('../lib/template.js');
```

```
var auth = require('../lib/auth');

router.get('/create', function(request, response) {
    var title = 'WEB - create';
    var list = template.list(request.list);
    var html = template.HTML(title, list, `
        ... 생략 ...
                <input type="submit">
            </p>
        </form>
    `, '', auth.statusUI(request, response));
    response.send(html);
});
... 생략 ...
router.get('/update/:pageId', function(request, response) {
    ... 생략 ...
        var html = template.HTML(title, list,
            ... 생략 ...
                </p>
            </form>
            `,
            `<a href="/topic/create">create</a> <a href="/topic/update/${title}">update</a>`,
            auth.statusUI(request, response)
        );
        response.send(html);
    });
});
... 생략 ...
router.get('/:pageId', function(request, response, next) {
    ... 생략 ...
            var html = template.HTML(sanitizedTitle, list,
                ... 생략 ...
                    <form action="/topic/delete_process" method="post">
                        <input type="hidden" name="id" value="${sanitizedTitle}">
                        <input type="submit" value="delete">
                    </form>`,
                auth.statusUI(request, response)
            );
            response.send(html);
        }
```

```
    });
});
module.exports = router;
```

먼저 auth 모듈을 사용하기 위한 코드를 추가합니다.

```
var auth = require('../lib/auth');
```

그리고 글의 생성 페이지, 수정 페이지, 상세 보기 페이지에서 로그인 상태 UI를 추가하기 위해 이를 처리하는 부분의 템플릿 코드에 다음 코드를 추가합니다.

```
auth.statusUI(request, response)
```

이렇게 해서 모든 페이지에서 로그인 상태와 닉네임을 표시하는 코드를 추가했습니다.

로그아웃

이번에는 로그아웃 기능을 구현해보겠습니다. 로그아웃 링크를 클릭했을 때 이동하는 페이지는 auth/logout이므로 routes 디렉터리 아래의 auth.js 파일에 로그아웃 기능을 구현하겠습니다. 로그아웃 기능은 다음처럼 Session의 destory 메서드를 사용해 구현합니다.

https://youtu.be/d-bT3hRkOjs
(2분 29초)

예제 6-19 로그아웃 기능 구현 session/routes/auth.js

```
... 생략 ...
router.post('/login_process', function (request, response) {
    ... 생략 ...
});

router.get('/logout', function (request, response) {
    request.session.destroy(function(err) {
        response.redirect('/');
    });
});
```

로그아웃은 정보를 전달할 필요가 없으므로 GET 방식으로 처리합니다. 세션을 보면 destroy라는 메서드가 있습니다. 이 메서드를 호출하면 세션이 삭제됩니다. 그리고 destroy 메서드는 매개변수로 콜백 함수를 받는데, 이 콜백은 세션을 삭제한 후에 자동으로 호출되게 약속된 함수입니다. 이 콜백 함수에 홈으로 이동하는 코드를 작성합니다.

```
request.session.destroy(function(err) {
    response.redirect('/');
});
```

이제 로그인 상태에서 로그아웃 링크를 클릭해 봅니다. 그러면서 웹 브라우저의 개발자 도구와 sessions 디렉터리의 변화를 살펴보세요.

기존에 있었던 세션이 삭제되고 새로운 세션이 생성되는 것을 확인할 수 있습니다.

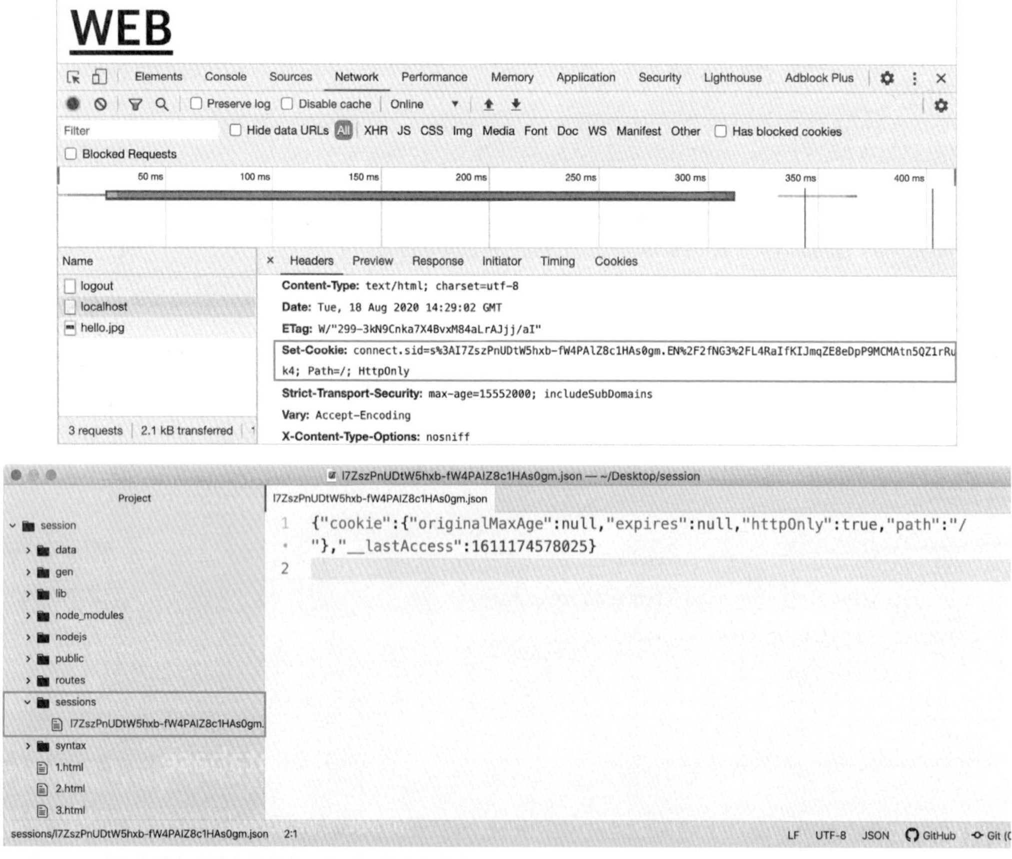

그림 6-10 기존에 있던 세션이 삭제되고 새로운 세션이 생성됨

이것은 로그아웃 링크를 클릭했을 때 destory 메서드가 호출되서 세션을 삭제하고, destory 메서드의 콜백 함수가 호출돼 홈으로 이동하면서 새로운 세션을 생성했기 때문입니다. 그리고 인증 상태가 false가 되면서 logout 링크가 login 링크로 바뀐 것을 확인할 수 있습니다.

접근 제어

이번에는 로그인이 되어 있지 않은 상태에서 글을 작성하거나 삭제하는 기능을 제한하게 만들어 보겠습니다. 먼저 제한하고자 하는 페이지로 가서 수정해보겠습니다. topic.js 파일을 열고 글을 생성하는 create_process 부분을 다음처럼 수정합니다.

https://youtu.be/f8Na7pGPPIU
(3분 49초)

예제 6-20 로그인한 상태가 아니라면 글을 생성할 수 없게 접근을 제한 session/routes/topic.js

```
... 생략 ...
router.post('/create_process', function (request, response) {
    if (!auth.isOwner(request, response)) {
        response.redirect('/');
        return false;
    }
    var post = request.body;
    ... 생략 ...
```

auth.isOwner()의 값이 거짓이라면, 즉 소유자가 아니라면 홈(/)으로 리다이렉트하고, false를 반환해 이후의 코드가 실행되지 않게 합니다.

```
if (!auth.isOwner(request, response)) {
    response.redirect('/');
    return false;
}
```

이제 로그인하지 않은 상태라면 글 생성 페이지에서 글을 작성하고 [Submit] 버튼을 클릭해도 글이 생성되지 않고 홈으로 돌아가는 모습을 볼 수 있습니다.

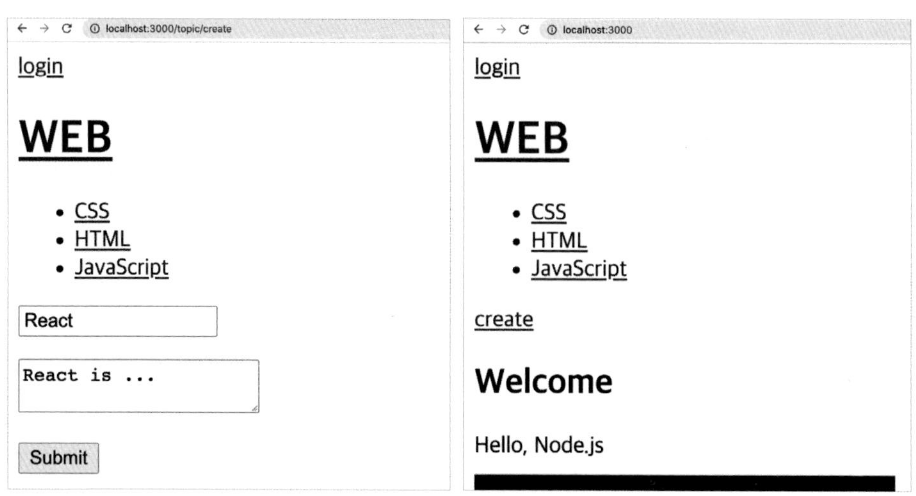

그림 6-11 로그인한 상태가 아니라면 글을 생성할 수 없게 접근 제한

그리고 방금 추가한 코드를 create 페이지와 업데이트, 삭제 기능에도 추가합니다.

예제 6-21 로그인한 상태가 아니라면 글을 생성할 수 없게 접근을 제한 session/routes/topic.js

```
... 생략 ...
router.get('/create', function (request, response) {
    if (!auth.isOwner(request, response)) {
        response.redirect('/');
        return false;
    }
    var title = 'WEB - create';
    ... 생략 ...

router.get('/update/:pageId', function (request, response) {
    if (!auth.isOwner(request, response)) {
        response.redirect('/');
        return false;
    }
    var filteredId = path.parse(request.params.pageId).base;
    ... 생략 ...

router.post('/update_process', function (request, response) {
    if (!auth.isOwner(request, response)) {
        response.redirect('/');
        return false;
    }
```

```
    var post = request.body;
    ... 생략 ...

router.post('/delete_process', function (request, response) {
    if (!auth.isOwner(request, response)) {
        response.redirect('/');
        return false;
    }
    var post = request.body;
    ... 생략 ...
```

이 상태로 저장한 다음 웹 페이지에 접속해 로그인하지 않은 상태로 각 기능을 테스해보고, 로그인한 상태로 각 기능을 테스트해봄으로써 인증에 따른 제한 기능이 제대로 동작하는지 확인합니다.

세션 저장

세션 미들웨어는 session 객체를 사용하는 코드를 모두 실행한 후 세션 스토어(세션 저장소)에 기록하는 작업을 합니다. 즉, 메모리에 저장된 세션 데이터를 저장소에 반영하는 작업을 합니다. 그런데 어떤 이유로 저장소가 굉장히 느려졌을 때 세션이 아직 저장되지 않았는데 리다이렉션이 이뤄질 수도 있습니다. 즉 인증이 안 되는 상황이 발생할 수 있습니다. 이러한 현상을 막는 방법 중 하나가 session 객체의 save() 함수를 사용하는 것입니다.

https://youtu.be/6s01DARtw2g
(2분 37초)

routes 디렉터리 아래에 있는 auth.js 파일을 열고 인증 부분에서 리다이렉션 코드를 다음처럼 수정합니다.

예제 6-22 세션 객체의 save() 함수를 이용해 세션 저장하기 session/routes/auth.js

```
... 생략 ...
router.post('/login_process', function (request, response) {
    ... 생략 ...
    if(email === authData.email && password === authData.password) {
        request.session.is_logined = true;
        request.session.nickname = authData.nickname;
        request.session.save(function() {
            response.redirect(`/`);
        });
```

```
    } else {
        response.send('Who?');
    }
... 생략 ...
```

save() 함수를 이용하면 세션 객체에 있는 데이터를 세션 스토어에 즉시 반영합니다. 그리고 그 작업이 모두 끝나면 인자로 전달받은 콜백 함수를 호출하게 약속돼 있습니다. 이 콜백 함수에서 리다이렉션을 실행함으로써 세션 스토어와의 속도 격차로 인해 발생하는 문제를 막을 수 있습니다.

WEB5

https://youtu.be/jljgLzDnVRg (4분 15초)

07 수업을 마치며

축하합니다. 여기까지 오시느라 고생 많으셨습니다. 지금까지 세션을 이용해 인증을 구현하는 방법을 살펴봤습니다. 이로써 쿠키를 이용해 인증을 구현하는 것보다는 훨씬 안전해졌습니다. 하지만 여전히 보완해야 할 부분이 남았습니다. 이번 시간에는 여러분이 관심을 가져볼 만한 주제를 둘러보고 세션과 인증 파트를 마치겠습니다.

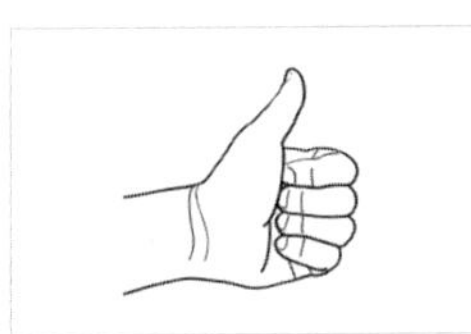

현재 우리가 만든 애플리케이션은 HTTP 프로토콜을 이용해 웹 서버와 웹 브라우저가 통신합니다.

HTTP 프로토콜로 통신하고 있다는 것은 이미 누군가 우리의 통신 내역을 보고 있다는 의미일 수 있습니다. 세션 아이디를 도둑맞는다면 누군가가 우리 대신 로그인할 수 있게 됩니다. 실무에서는 꼭 **HTTPS 프로토콜을 이용해 통신**해주세요.

우리 애플리케이션이 HTTPS 프로토콜에서만 통신하게 강제하고 싶다면 다음과 같이 세션 옵션에서 secure를 true로 설정합니다. 이렇게 하면 HTTPS에서만 세션 정보를 주고받게 됩니다.

```
app.use(sseion({
    secure: true,
    ... 생략 ...
}));
```

또한 사용자가 전송한 데이터에 자바스크립트 코드가 포함돼 있고, 그 코드가 활성화될 수 있는 상태라면 사용자는 자바스크립트를 이용해 세션 쿠키 아이디를 탈취할 수 있습니다. 이를 막으려면 사용자가 전송한 데이터에서 자바스크립트 코드를 사용할 수 없게 해야 합니다.

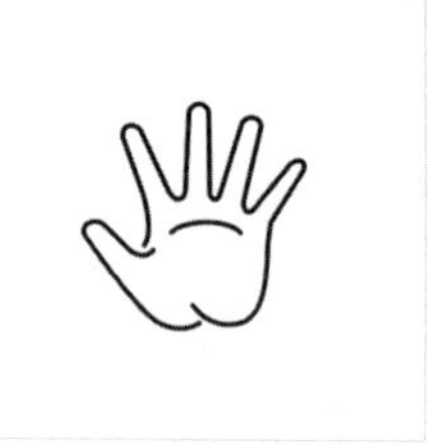

이 또한 세션 옵션으로 HttpOnly를 true로 지정하면 자바스크립트로 세션 쿠키를 사용할 수 없게 강제할 수 있습니다.

```
app.use(sseion({
    HttpOnly : true,
    ... 생략 ...
}));
```

한편 회원이 여러 명일 때는 애플리케이션이 복잡해집니다. 회원의 등록, 등록된 회원의 인증, 비밀번호를 잊어버렸을 때의 대안, 로그인했을 때 해당 회원을 조회하는 등의 기능을 구현해야 하기 때문입니다. 이처럼 다중 사용자를 수용하는 서비스를 만드는 것에도 도전해보면 좋을 것 같습니다.

federation authentication

그리고 여기서는 아이디와 비밀번호로 로그인 기능을 구현했지만, 구글이나 페이스북, 트위터 같은 회원 정보를 이용해 인증하게 구현할 수도 있습니다. 이처럼 타사의 회원 정보를 이용해 자사의 회원을 식별하는 인증 방법을 '타사 인증(federation authentication)'이라고 합니다.

oauth

타사 인증을 이용하면 고도의 주의가 요구되는 회원 정보 관리는 타사에 맡기고, 자사는 회원의 식별자만 유지함으로써 보안 사고를 방지할 수 있습니다. 더불어 회원 가입의 간편함도 제공할 수 있습니다. 타사 인증을 가능하게 해주는 도구가 OAuth입니다. OAuth를 이용하면 타사 인증을 쉽게 구현할 수 있습니다.

물론 이를 대신해주는 도구도 있습니다. Node.js에서 가장 많이 사용되는 인증 라이브러리는 Passport.js입니다.

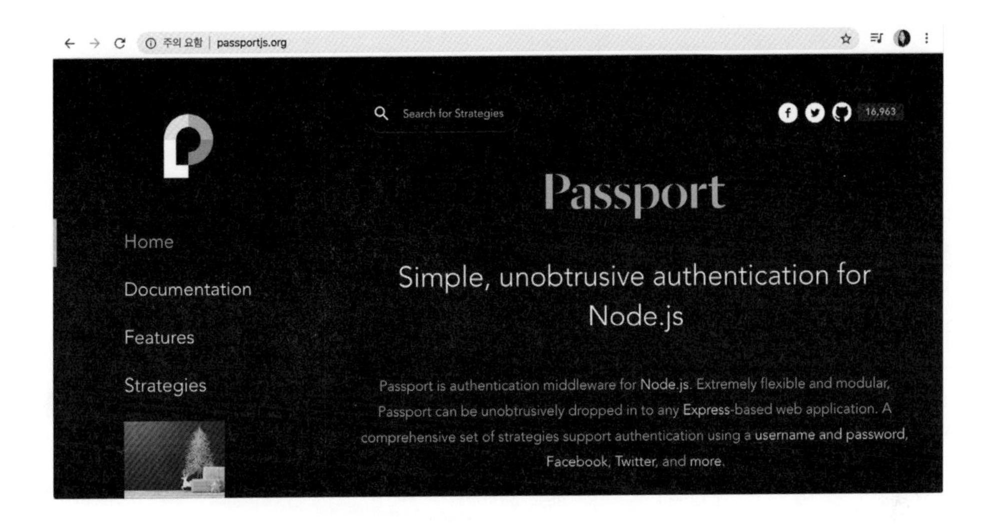

Passport.js를 이용하면 직접 타사 인증을 구현하는 것보다 훨씬 쉽게 타사 인증을 구현할 수 있습니다. 인증을 구현해야 한다면 Passport.js 같은 라이브러리를 추천합니다. 물론 이보다 더 좋은 라이브러리가 새로 만들어졌을 수도 있으니 한 번 검색해보기 바랍니다.

여기까지 해서 세션과 인증 수업을 마치겠습니다. 이제 여러분은 상용 서비스에서도 인증 기능을 구현할 수 있게 됐습니다. 물론 인증은 매우 예민한 부분이므로 계속 경계하고 고민하고 수련해야 합니다.

Passport.js, 다중 사용자, 구글 로그인, 페이스북 로그인 편은 PDF로 제공됩니다. 홈페이지(https://wikibook.co.kr/nodejs/)의 [관련 자료] 탭에 공개돼 있으며 무료로 내려받을 수 있습니다.

Memo